신종대

현재 북한대학원대학교 교수이며 총장으로 있다. 경남대학교 정치외교학과를 졸업하고 서강대학교에서 정치학 박사학위를 받았다. 한국냉전학회 회장과 『한국과 국제정치』 편집주간 등을 역임했다. 미 우드로윌슨센터 방문학자와 이후 같은 센터 북한국제문서발굴연구사업(NKIDP)에 한국 측 코디네이터로 참여했다. 『7·4공동성명 및 남북대화: 한국의 대북협상과 외교』, 『한국의 대외관계와 외교사』, 『분단 70년의 남북관계』, 『한반도 정치론』, 『한국사회의 주요 쟁점과 국가관리』 등 다수의 책과 논문이 있다.

권위주의정권기 한국정치와 북한

인사이트 학술총서 10

권위주의정권기 한국정치와 북한

초판 1쇄 발행 2025년 10월 30일

지은이 신종대
펴낸이 주혜숙

펴낸곳 역사공간
등록 2003년 7월 22일 제6-510호
주소 04000 서울특별시 마포구 동교로 19길 52-7 PS빌딩 4층
전화 02-725-8806 팩스 02-725-8801
이메일 jhs8807@hanmail.net 블로그 blog.naver.com/jgonggan

ISBN 979-11-5707-663-5 94340
979-11-5707-612-3 (세트)

이 저서는 2021년 대한민국 교육부와 한국학중앙연구원(한국학진흥사업단)
한국학대형기획총서사업의 지원을 받아 수행된 연구임(AKS-2021-KSS-1120006).

권위주의 정권기

한국정치와 북한

신종대 지음

‘한국 민주주의와 북한’,

그 역사와 미래를 물으며

책머리에

이 책은 이승만, 박정희, 전두환 권위주의정권 시기의 한국정치에 북한요인이 미친 영향을 논의하고 분석하고자 하는 시도이다. 분단 이래 남북한 간의 갈등과 대립, 그리고 체제경쟁이 가장 첨예하게 전개된 이 시기를 중심으로 과연 북한요인이 한국정치에 어떤 영향을, 어느 정도, 그리고 어떻게 미쳤는가를 살펴보고자 한다. 기존 논의의 대부분은 '북한이 한국정치에 영향을 주고 있다'라고 전제하면서도 북한을 일종의 상수로 취급하거나 통제하고 한국정치를 논해왔다.

이 책은 이와 같은 기존의 논의 경향에 대한 반성에서 출발했다. 분단 80여 년 동안 북한이 한국정치에 주는 영향의 형태나 정도는 북한의 행태를 비롯하여 시기별, 사안별로 동일하지 않았고, 국내정치와 맞물려 변화해왔다. 따라서 북한요인의 영향을 구체적이고 동태적으로 고려하지 않고는 한국정치에 미친 북한요인의 영향을 온전히 분석하고 설명하기가 어렵다.

그렇다면 과연 권위주의정권 시기의 한국정치에 북한요인은 어떤 영향을 미쳤는가. 결론부터 말하면 북한요인은 한국정치에 부정적 영향과 긍정적 영향을 모두 미쳤다. 주지하듯 역대 권위주의정권들은 남침 위협을 정치적 반대세력을 제거하거나 억압하는 구실로 삼아온 경우가 허다했다. 남침 위협의 유포는 남북한의 적대적 대치상황, 한국전쟁의 경험, 그리고 북한의 무력도발 등 객관적 상황과 국민들의 위협인식과 더불어 정권에 대한 도전의 범위를 명백하게 제한하는 역할을 해왔다.

권위주의정권 시기 "반공과 안보를 위해서는 민주주의를 제한할 수 있다"라는 정권과 여당 대 "반공과 안보를 위해서라도 민주주의를 해야 한다"라는 야당과 시민사회의 상이한 민주주의관 및 안보관 간의 갈등과 대립이 있었다. 그러나 현실은 거의 항상 전자가 후자를 압도했다. 그리고 북한요인이 거기에 힘을 실어주었다. 북한의 대남공세와 한국 국내정치에의 개입은 민주화세력과 민주화운동을 도와준 것이 아니라 궁지에 빠뜨렸다. 반면 권위주의정권의 입지를 더 견고하게 만들고 권위주의 강화에 유용한 명분이 되었다.

이처럼 권위주의정권 시기 북한요인은 한국정치 발전에 있어 분명 하나의 저해요인이었지만, 역사적으로 한국정치를 퇴행시키는 역할만을 수행한 것은 아니었다. 북한요인이 한국의 산업화는 물론 민주화에도 기여했다는 점은 하나의 큰 역설이 아닐 수 없다. 그리고 '실적에 의한 정당성'을 내세웠던 권위주의정권들이 그 실적의 크기와 속도만큼 민주화의 도전, 즉 '성공의 위기'에 직면했다는 것도 역설적이기는 마찬가지이다. 박정희 정권과 전두환 정권은 자신들이 내세운 실적에 성공하면 할수록 북한요인을 빌미로 민주주의의 유예를 정당화하기가 어려워지게 되었다. 특히 전두환 정권 시기 남한이 북한에 비해 총체적 국력 면에서 확고한 우위를 확보함으로써 북한발 안보위협의 무게 역시 줄어들 수밖에 없었다. 따라서 이전처럼 반공, 안보, 발전을 명분으로 정권 비판 세력이나 민주화운동의 탄압을 정당화할 수가 없었다.

때문에 북한요인이 권위주의정권 시기 한국정치 발전에 있어서 단지 역기능만을 초래했다는 평가는 일면적이다. 이 시기 북한요인의 위상과 역할은 이 상반된 두 기능의 역설적 결합으로 특징지을 수 있다. 어느 일방에 대한 배타적 강조는 역사적 실체와는 거리가 있다. 따라서 이승만, 박정희, 전두환 등 권위주의정권 시기 한국정치의 북한요인에 대한 분석, 이해, 평가는 더 깊은 성찰과 열린 사고, 그리고 이에 기초한 체계적 연구를 요한다.

이 책이 권위주의정권 시기 북한이 한국정치에 준 영향을 성찰·논의함으로써 오늘날 북한과 한국정치의 관계를 어떻게 인식하고 설계할 것인지를 고민하고 바람직한 방향을 모색하는 데 일조하기를 기대한다. 나아가 남북관계 규정 및 설정과 탈분단 문제를 사고하는 데에도 기여할 수 있기를 바란다.

무엇보다 한국학대형기획총서사업을 마련하고 연구할 수 있는 귀한 기회를 준 한국학중앙연구원에 감사드린다. 이 책의 초고에 대해 유용한 조언을 해준 연세대학교 박명림 교수님과 고려대학교 정재관 교수님께도 감사드린다. 끝으로 방대하고 어지러운 원고를 꼼꼼하게 교정하고 가다듬어 맵시 있는 책으로 만들어준 역사공간 편집진에게 감사의 마음을 전한다.

2025년 가을이 깊어가는 삼청동 연구실에서
신종대

차례

제2장 박정희 정권기 북한요인

제3장 전두환 정권기 북한요인

여는 글

권위주의정권기 북한요인에 대한 분석, 이해, 평가

'북한요인' 연구가 필요한 이유

해방 이후 현재까지 북한의 존재 및 북한으로부터의 위협과 압력은 그 정도의 차이는 있으나 한국의 국내정치에 영향을 주고 있다. 말하자면 한국정치의 형성과 변모, 그리고 특수성을 결정짓는 중요한 요인을 북한이라는 존재와의 대면으로 규정할 수 있다. 그러한 연유로 한국정치와 북한의 존재는 긴밀한 연관을 지니고 맞물려 있다. 따라서 북한이 미친 영향에 대한 구체적 분석 없이 한국정치에 대한 온전한 이해는 불가능하다.

이 책에서는 권위주의정권 시기 한국정치에 북한이 미친 영향을 '북한요인'을 중심으로 살펴보고자 한다. 필자는 북한요인을 '남북관계' 또는 '분단'과 일정하게 구분하여 "북한의 존재 그 자체와 북한의 내외부적 동향, 남한에 대한 제반활동 등으로 한국의 정치, 경제, 사회, 문화를 규정짓고 그것들에 영향을 미치는 북한으로부터의 압력과 구체적 행위"로 정의하고자 한다. 북한요인에 대해서는 분석 전략과 책의 구성 부분에서 상술하겠지만 이 책에서는 이 북한요인을 구조, 상황, 행위로 분류하여 분석한다.

먼저 구조적 북한요인(structural North Korea factor)은 북한의 구체적 움직임 유무와는 관계없이 (권위주의정권 시기) 정치적 반대의 범위를 반공(북)의 틀 내로 한정하는 것을 말한다. 다음으로 행위적 북한요인(behavioral North Korea factor)은 북한이 특정한 의도를 갖고 무력 또는 언술 등을 통해 한국정치에 직접 개입하거나 사건을 일으켜 영향을 주고자 하는 것을 뜻한다. 마지막으로 상황적 북한요인(circumstantial North Korea factor)은 북한 내부의 특정한 정치적·경제적·사회적 변화,

외교활동 전개 등 남한을 직접 겨냥한 것은 아니지만 정세적으로 영향을 미치는 요인을 지칭한다.

그런데 이와 같은 북한요인이 한국정치에 영향을 주는 비중이나 강도 등은 시기별로 일률적이지 않다. 다시 말해 냉전권위주의 시기와 탈냉전 민주화 시기의 북한요인이 한국정치에 미친 영향과 양상은 각기 다르다. 물론 냉전권위주의 시기 내에서도 차이가 있다. 이 책에서는 권위주의정권인 이승만, 박정희, 전두환 시기 한국정치에 북한요인이 미친 영향을 중심으로 분석하고자 한다.

그렇다면 과연 권위주의정권 시기의 한국정치에 북한요인은 어떤 영향을 미쳤는가? 결론부터 말하면 북한요인은 한국정치에 부정적 영향과 긍정적 영향을 동시에 미쳤다고 평가할 수 있다.

첫째, 북한요인은 북한과의 대결을 이유로 민주주의를 유예하며 참여를 억압하고 국민을 정치적·이념적으로 동원하고자 하는 정권에 의해 이용될 수 있는 가장 효율적이고 강력한 자원이었다. 물론 정권의 권위주의화가 북한요인의 직접적 결과라고 단정할 수는 없을 것이다. 북한요인을 권위주의정권 지속의 결정요인으로 보는 환원론적 오류는 경계해야 한다. 권위주의정권은 국제환경 변화와 분단상황, 그리고 한국사회의 내적 동학과 경로 등을 통해 중층결정된 것이기 때문이다. 그럼에도 불구하고 북한요인이 권위주의정권의 '기름진 토양'을 마련해준 것은 부인할 수 없는 사실이다. 역대 권위주의정권은 남침위협을 정치적 반대세력을 제거하거나 억압하는 구실로 삼아온 경우가 허다했다. 남침위협의 유포는 남북한의 적대적 대치상황, 한국전쟁의 경험, 그리고 북한의 무력도발 등 객관적 상황과 국민들의 위협인식(threat perception)[1]과 더불어 정권에 대한 도전의 범위를 명백히 제한하는 역할을 해왔다. 따라서 정치적 도전은 이 범위를 벗어나지 못하고, 이를 넘어선 혁신 혹은 좌경의 이념, 운동, 세력 등은 불법화되고 탄압받았다.[2]

그리하여 남북관계의 변화나 민주주의를 위한 통일논의 제기, 민주화운동은 사태의 진전에 영향을 미치는 것은 고사하고 오히려 권위주의를 강화하는 역효과를 가져오는 일이 다반사였다.[3] 예컨대 이 책에서 논의하게 될 1960년대 후반 남한에서 북한의 남침 가능성에 대한 실제적인 두려움이 존재하는 상황에서 취한 북한의 공세적 대남정책은 역설적으로 남한의 민주화세력과 민주화운동을 도와준 것이 아니라 궁지에 빠뜨렸다. 반면 권위주의세력의 입지를 더 견고하게 만들고 권위주의정권의 강화에 유용한 명분이 되었다.[4]

둘째, 북한요인은 해방 후 토지개혁과 제헌헌법의 국가자본주의적 요소 내포 등 남한의 사회경제적 개혁에 긍정적으로 기여했다. 그러나 무엇보다 북한요인은 한국의 심각한 체제혼란을 막아주고 사회통합과 국민적 통일성을 강화시켜주는 기능을 수행했다. 외부 적의 존재는 국내의 분열을 봉합하기 쉽게 하고 국민의 에너지를 국가목표에 쉽고도 효과적으로 동원할 수 있게 하는 매우 유효한 조건이다.[5] 흔히 체제와 이념을 둘러싼 갈등과 균열은 격렬하고 유혈충돌을 동반하는 걷잡을 수 없는 사태로 치달을 가능성이 매우 높다. 그런데 체제와 이념을 달리하는 북한과의 첨예한 대립과 경쟁으로 인해 남한 내 갈등과 균열은 체제 내의 그것으로 한정할 수 있었다. 민주주의의 기본조건은 사회통합과 국민적 통일성이라고 할 수 있다.[6] 그런데 첨예한 갈등상황에 처해 있는 분단국가의 민주주의 문제에서 시민권의 실현을 보장하는 조건 창출을 주도하는 것은 다름 아닌 효율적인 국가라고 할 수 있다. 국가의 효율성이 정지되는 지점에서는 사적 폭력이 분출하며, 그러한 조건에서는 민주주의만이 아니라 사회적 통합 자체가 위협을 받는다.[7] 이 점에서 "효율적인 국가 없이 민주주의 없다"[8]고 할 수 있다.

그런데 남북 간의 극단적인 대결로 한국은 한층 효율적이면서도 강력한 국가가 될 수 있었다. 이렇게 볼 때 북한요인은 한국 민주주의의 발전을 제약하는 동시에 민주주의의 기본조건을 정초하는 데 기여한 이율배반의 기능을 수행했다고 볼 수 있다.

특히 1960년대 북한요인에 의한 체제경쟁은 국민들에게서 마치 작열하는 듯한 '엘랑(elan)', 즉 산업화경쟁에 대한 열정적 집합의지[9]를 불러일으켰다.[10] 물론 북한요인을 이와 같은 순기능으로 연결시킨 것은 한국이라는 국가의 효율성이었음을 부인하기 어렵다. 유례가 드문 한국의 급속한 경제성장은 강력하면서도 효율적인 국가에 의한 사회통합과 국민적 통일성, 그리고 체제안정을 통하여 가능했다. 그리고 이 같은 경제성장은 장차 민주주의의 토대와 민주화세력의 성장을 촉진시키는 동인[11]이었다. 말하자면 한국사회가 경험한 급격한 산업화로 인하여 초래된 사회구조의 변화, 즉 사회계층의 정형화를 통한 노동자계급과 중산층의 성장이 가져오는 '산업화의 민주화 효과'를 거두었다.[12] 1980년대 민주화의 강력한 동력 형성은 이러한 변화와 무관하지 않다. 민주화에 대한 열정적 집합의지는 이때의 민주화세력의 태동과 그 궤를 같이한다. 그간의 국가주도형 산업화의 결과로 시민사회, 특히 재벌과 이에 대립되는 노동자계급 등 민중부문이 성장함에 따라 국가의 중심성은 도전받기 시작했다. 이 점에서 국가가 주도한 산업화의 성공이 역설적으로 국가 스스로 무덤을 파는 결과를 가져왔다고 볼 수 있다.[13]

이렇게 본다면 북한요인이 권위주의정권 시기 한국정치 발전에 있어서 역기능만을 초래했다는 평가는 일면적이다. 권위주의정권 시기 한국

정치에서 갖는 북한요인의 위상과 역할은 이 상반된 두 기능, 곧 역기능과 순기능의 역설적 결합으로 특징지을 수 있다. 두 기능 중 어느 일방에 대한 배타적 강조는 역사적 실체와는 거리가 있다. 다시 말해 권위주의 정권 시기 한국정치의 발전에 있어서 북한요인은 분명 하나의 저해요인이었지만, 역사적으로 한국정치를 퇴행시키는 기능만을 수행한 것은 아니었다는 점이다. 따라서 권위주의정권 시기 한국정치의 북한요인에 대한 분석, 이해, 평가는 보다 깊은 성찰과 열린 사고, 그리고 이에 기초한 체계적 연구를 필요로 한다.

기존 연구의 검토

그간 한국정치와 북한정치, 그리고 남북관계에 관한 연구는 그 양과 질 면에서 상당한 성과를 보이고 있다. 그러나 한국정치의 북한요인, 또는 북한정치의 남한요인, 나아가 이 모두를 아우른 '한반도정치'[14] 연구는 미흡하다. 그리고 몇몇 기존 연구조차 단편적이고 원론적인 문제 제기 수준에 머물렀다. 특히 한국정치와 북한의 관계를 명실상부하게 인과관계 속에서 동태적 상호작용으로 그려내는 연구성과는 극히 드문 실정이다. 이 책에서 다루고자 하는 냉전권위주의 시기는 물론이고 탈냉전민주화 시기의 한국정치의 북한요인에 대해서도 그간 선구적인 문제제기와 시각 및 방법론적 논의가 제기된 바 있다. 그러나 이 주제에 대한 본격적이고 체계적인 연구성과는 드물다. 우리가 분단을 넘어 평화와 남북의 화해와 협력, 그리고 통일을 지향한다고 할 때 남북한 정치 전개의 통합적 이해와 그 상호작용에 관한 구체적 연구는 중차대한 학문적 과제이다.

지금까지 한국정치와 북한요인의 관계를 직간접적으로 다룬 주요 연구성과 가운데 주목할 만한 것으로는 우선 길영환의 연구를 들 수 있다.[15] 길영환은 남북한을 각기 분리하여 분석하는 분절적 연구의 한계를 지적하고, 남북한의 정치를 상호침투시켜 공통적인 분석틀에 입각하여 조망·비교하고자 시도했다. 그는 대조를 보이는 남북한 두 체제의 정치스타일과 정책성과들을 분석하는 한편, 남북한의 주요 정치적 사건들과 인물들을 개별적으로 고찰한 후 그 상호연관성을 논의했다.

그는 해방 이후 한국정치 발전에서 나타난 두드러진 특성은 남북한 양 체제 간의 정통성 경쟁이었다고 규정지었다. 그리고 남북한이 자본주의와 사회주의라는 상이한 근대화전략을 추구하면서도 경제적 도약을 함께 이룰 수 있었던 것은 분단이 빚어내는 상호경쟁의 동학에 기인한다는 것이다. 또한 외부위협에 대한 인식과 그에 따른 우려는 남북한 정권의 정치적 태도와 정책에 큰 영향을 미치고, 각 정권의 권위주의적 통치를 합리화하는 기제를 제공했다는 것이다. 그의 연구는 남북한 정치 발전을 하나의 틀로서 바라볼 것을 제안하고, 분단의 부정적 영향뿐만 아니라 긍정적 측면에도 주목했다는 점에서 중요한 의미를 지닌다. 그러나 이러한 공헌에도 불구하고 그의 연구가 남북한 정치를 상호작용에 입각하여 본격적으로 분석했다고 보기는 어렵다.

서진영은 길영환과 유사하게 분단과 남북관계를 고려하지 않고는 한국정치나 북한정치를 제대로 이해할 수 없다고 강조한다. 서진영은 남북한의 대립과 경쟁이라는 조건이 한국정치에 어떠한 영향을 주었으며, 동시에 한국정치가 남북관계에 어떻게 투영되는지에 대한 기존 연구를 검토함으로써 분단국 정치에 대한 새로운 연구과제를 제기했다.[16]

한편 김진균·조희연의 연구는 분단이 한국사회를 주조하는 데 어떻게 작용했는가에 초점을 맞추었다.[17] 그리하여 분단이라는 조건이 어떠한 매개과정을 거쳐 한국사회의 문제구조를 규정짓는가를 분석했다. 이들은 한국전쟁이 분단구조를 분단의식으로 내면화시키는 결정적인 사건이었음을 지적했다. 그리고 역대 정권을 거치면서 분단의식이 더욱 강화되고 재생산되어왔다고 평가했다. 그리하여 권위주의정권은 저항집단을 의제적(擬制的)으로 공산세력과 동일시하여 제거할 수 있는 사회적 기반을 갖게 되었다는 것이다. 곧 남북한의 대립을 빌미로 사회 내의 저항이나 혼란은 곧 상대방을 이롭게 한다는 단편적 사고로 금압하고자 했다는 것이다. 물론 이러한 상황에서도 저항이 없었던 것은 아니지만 분단의식으로 인해 저항의 문턱이 한층 높아질 수밖에 없었다고 분석한다. 요컨대 분단으로 인해 자본주의 산업화에서 오는 갈등과 모순 등 한국사회의 균열이 정치사회에 반영되거나 시민사회로부터 표출되는 것이 억제되었다는 것이다.

위와 같은 논의들에서 한 발짝 더 나아간 것이 백낙청이 제기했던 분단체제론이다.[18] 그는 남북한의 상호연관성을 강조하면서 남북한이 하나의 분단체제를 구성한다고 주장했다. 때문에 이와 같은 상호연관성에 대한 인식 없이는 남한도 북한도 제대로 이해할 수 없다는 것이다. 특히 그는 남북한 지배세력 간의 대립뿐만 아니라 이들이 분단유지에 공통의 이해관계를 지니고 있음을 부각시켰다. 그러므로 분단체제 자체가 큰 폭으로 변화하지 않는 한 남북한 공히 의미 있는 변화는 불가능하다고 여겼다. 그리고 그는 분단체제를 세계체제의 하위이면서 일정한 독자성을 갖는 남북한체제의 독특한 결합으로 보았다. 백낙청의 논의는 남북한 문제를 동시에 사고하는 시각의 필요성을 제기했다는 점에서 중요한 의의를 갖는다고 할 것이다.

이만우의 연구는 분단 반세기 동안 남북한은 정통성 경쟁의 일환으로 통일정치게임을 통해서 각자의 체제를 정당화하고 반대세력을 억압하며 국민동원과 일체감을 조성해왔다고 분석했다.[19] 이러한 게임의 일차적 목적은 분단의 해소보다는 오히려 각 체제나 정권을 유지하는 데 있었다. 따라서 통일 이슈는 흔히 각 정권의 안보와 이익에 봉사하는 강력한 도구로 활용되기도 했다는 것이다. 그는 남북한의 통일정치게임이 정통성, 통치, 선전, 해방, 교화와 동원의 차원에서 전개되고 활용되어왔음을 지적했다. 또한 언술적으로는 통일정책과 통일방안을 제시하면서도 실제로는 반통일적 행태를 보여왔다는 것이다.

이상과 같은 논의들은 한국정치의 북한요인을 이해하고 분석하는 데 유용한 시사점을 준다. 그러나 북한요인과 한국정치 간의 공변(covariation)에 보다 초점을 둔 연구도 있다.

먼저 박명림의 연구는 제2공화국 시기 한국의 민주주의와 통일논의를 둘러싼 균열과 그 시계열적 궤적이 북한의 존재 및 행위와 얼마나 긴밀히 맞물려 있는가를 보여준다.[20] 요컨대 4·19혁명 후 열린 민주적 공간에서 분출된 급진적 통일논의와 이에 대한 북한의 적극적 개입이 제2공화국의 민주주의 유지에 부정적 영향을 끼쳤다는 것이다.

북한은 통일논의를 둘러싼 남한 내의 균열과 논쟁에 남북협상과 교류를 주장하며 적극 가담하였고, 남한의 학생들과 혁신세력들도 북한의 직접 호응을 예상하고 호소하는 단계로까지 나아갔다. 그리하여 제2공화국의 통일논의는 분단국가가 수용할 수 있는 한계를 넘어서기도 했다. 그러나 민주주의가 공고해지기도 전에 체제가 수용할 수 있는 범위를 넘어선 급진적인 통일문제 제기는 민주화 자체를 역진시킬 수도 있음을 민주당 정권의 등장과 붕괴 과정이 보여주었다는 것이다.

한편 이종석의 연구는 남북관계와 국내정치의 함수관계를 추적하면서 탈냉전시대의 남북관계가 국내정치와 맺어온 연관성 규명을 시도한다.[21] 그는 탈냉전으로 인해 그간 남북한 간에 논의되어왔던 담화의 성격과 구조는 물론 남북관계의 특징조차 상당 부분 바뀌었다고 보고, 탈냉전시대의 남북관계가 지닌 특징과 사례를 논의한다. 동시에 지난 반세기 동안 분단이 적대적 의존관계와 거울영상효과를 통해서 어떻게 남북한의 국내정치에 영향을 주었는가를 보기 위해 몇 가지 유형분석을 시도한다. 특히 이러한 유형분석은 분단이 단일한 방식이 아니라 다양한 형태로 남북한의 국내정치에 영향을 주었음을 보여준다는 점에서 의미가 있다. 우리는 이를 통해 분단과 남북한 국내정치의 관계를 더 구체화하여 분석할 수 있는 하나의 준거점을 얻을 수 있다.

이종석의 또 다른 연구[22]는 분단구조가 유신체제 형성에 어떤 영향을 주었는가를 다룬다. 그는 유신체제 수립의 원인이 무엇이든 분단의 영향을 고려하지 않고는 설명하기 어렵다고 보았다. 그는 유신체제가 집권세력이 통일지향적 언술과 남북한의 적대적 갈등을 동시에 이용하여 성립시킨 체제라고 말한다. 박정희는 갑자기 밀어닥친 세계적 해빙 무드 속에서 국가생존을 위해서 군사력 강화와 사회체계의 동원화를 강도 높게 시도했다. 다른 한편 박정희는 분단상황을 이용하여 때로는 안보강화론으로, 때로는 통일 지향적 언술을 통하여 유신체제의 기반을 다져나갔다. 그리고 분단구조 자체가 박정희의 절대권력을 향한 주관적 의지를 현실화시켜주는 작용을 했다고 주장한다.

또한 이종석은 남한의 유신체제와 북한의 유일체제의 형성이 갖는 차이에도 불구하고 비슷한 시기에 남북한에서 공히 독재체제가 등장한 사실에 주목하여 주석제의 신설과 유신체제 간의 일정한 상관성을 상정한다.

류길재의 연구는 박정희 정권의 등장과 형성에 북한요인이 어떻게 작용했는가를 분석한다.[23] 그는 박정희 정권은 역대 어느 정권보다 북한으로부터의 위협을 크게 인식하고 또한 강조하였는데, 이는 남북한의 경제력 격차를 반영한 것인 동시에 근대화 과업의 성공적 추진을 위한 동원된 조처였음을 지적한다. 그리고 박정희 정권의 업적인 경제발전과 독재정치는 동전의 양면이었지만, 그것은 박정희에 의해 북한을 이기겠다는 목표를 위한 것으로 치부되었다는 것이다. 또한 박정희 정권의 반공은 단지 박정희 자신의 좌익전력 의혹을 불식시키고 미국으로부터 쿠데타를 승인받기 위한 것만은 아니었다고 분석한다. 말하자면 그가 주창한 반공은 대내외적 자원과 지원을 동원하기 위한 것이었다고 본다. 반공은 경제성장을 위한 자원을 국내외에서 최대한 동원하도록 해줄 뿐만 아니라, 경제성장을 효율적으로 추진하기 위해 국내 반대세력을 제압하는 적절한 수단이었다는 것이다.

정준표의 연구는 남한의 역대 선거에 대북문제가 돌출되어 선거결과에 영향을 미쳤음을 주목하고 선거와 북한변수 간의 연관을 규명하고자 시도했다.[24] 그의 연구는 북한변수가 국내정치 변이에 미치는 영향을 보기 위해 선거라는 구체적인 종속변수를 설정하여 분석을 시도했다는 점에서 의미가 있다. 정준표 역시 이종석과 유사한 방식으로 북한변수를 유형별로 분류하면서 '북풍'을 북한변수 중에서 전쟁발발에 대한 불안감을 주는 북한과 관련된 사건으로 파악했다. 또한 북풍은 왜 발생하는가에 대해 북한의 의도나 고의성 여부, 정부·여당과 언론에 의한 북한변수의 과장·왜곡 등의 문제를 검토한다. 그에 따르면 많은 경우 북풍이 여당에게 유리하게 작용한 것은 사실이지만, 북한이 반드시 선거에 영향을 주고 여당을 봐주기 위해 북풍을 일으킨 것은 아니라고 보았다. 북풍의 단초는 북한이 제공했지만 정부·여당과 언론이 이를 확대·과장한 측면이 컸다는 것이다. 그리고 북풍이 구체적으로 득표율에 얼마나 변화를 주었으며, 당락을 뒤바꾸었는지에 대하여 사례 중심으로 경험분석을 시도한다.

이 책은 북한이 한국정치에 미친 영향과 그 결과를 살피는 데 초점을 두고 있다. 그러나 한국정치가 남북관계나 북한정치에 영향을 미치는 측면이 있으며, 이에 대한 논의도 중요하다. 이와 관련하여 박명림의 연구[25]는 남한 국내정치와 북한문제의 관계를 다루고 있다. 그는 김대중 정권의 대북포용정책을 분석하면서 남한 내부의 민주주의 발전이 대북관계 개선에 있어서 비록 필요충분조건은 아니지만 하나의 중요한 요소였다고 평가한다. 한마디로 시민사회의 성숙을 수반하는 민주주의의 발전이 민족문제의 바람직한 해결을 위한 선결과제라는 것이다.

또한 김대중 정권의 정상회담 추진은 국내정치와 연결되어 있었는데, 특히 2000년 4·13총선 전에 정상회담 일정을 발표한 것은 이를 상징적으로 말해준다는 것이다. 그러나 결과적으로 총선에서 야당이 승리함으로써 '여당승리=정치안정=남북관계 이니셔티브 장악'이라는 정권의 논리가 국민들로부터 인정받지 못했다고 한다. 이는 남북관계가 남한의 결정적 우위로 돌아선 상황에서 북한카드의 활용은 과거와 같이 국내정치에 파괴력을 가질 수 없다는 사실의 반증이라는 것이다. 이는 또한 북한카드를 국내정치에 활용하는 것에 대한 국민들의 거부의사를 나타낸다는 것이다. 그리고 국가보안법 개정을 비롯한 남한 국내문제에 북한이 강력히 개입하는 것은 긍정적 효과보다는 부정적 효과를 가져온 측면이 더 컸다고 분석한다.

동시에 박명림은 북한정치에 가하는 남한요인의 압력을 지적한다. 예컨대 국가보안법과 같은 국내 냉전요소를 남한이 먼저 청산하는 것은 곧바로 북한 국내정치에 대한 강력한 압력요소로 작용하지 않을 수 없음을 강조한다. 곧 남한이 국가보안법을 개폐할 경우 북한은 반민주적·반인권적·반통일적 법령과 제도의 개폐에 대한 국제적 압력과 남한으로부터의 요구를 받아야 하는 상황에 직면한다는 것이다. 말하자면 남한의 민주화가 북한 내부에 가하는 압력의 요소이자 남북 냉전구조의 해체에 기여하는 역할을 수행한다는 것이다.

김도종의 연구는 김대중 정권에서 대북포용정책의 기조가 어떻게 유지될 수 있었는가에 대하여 국내정치적 요인을 검토·분석한다.[26] 말하자면 그는 국내정치가 대북정책에 어떤 영향을 주는가에 관심을 기울인다. 그는 김대중 정권이 대북정책에서 일관성을 유지할 수 있었던 것은 보수세력의 정권 재창출의 실패로 국내 보수세력의 후퇴현상이 발생했고, 외환위기라는 국가적 위기상황으로 인해 대통령의 정국 주도권이 강화되었기 때문에 가능했다고 분석했다. 또한 정치 및 정당 구도가 집권세력에 유리하게 형성되어 있었고, 야당은 선거 후유증으로 인해 정부 정책에 대한 비판을 통해 국민 지지를 확보하지 못했던 점도 유리하게 작용했다는 것이다. 특히 그의 연구는 국내요인과 대북정책의 상관성, 곧 '안'과 '밖'의 관계를 설명하고 입증하는 데 있어서 직면하는 방법론적 난관에 대한 고민을 담고 있다는 점에서 주목되며 유익한 시사점을 준다.

임수호의 연구는 남북관계 분석에서 국제체계 변수와 국내정치 변수를 동시에 고려하는 분석틀을 제시하고자 했다. 그는 신고전적 현실주의와 제2이미지역전이론을 활용하여 남북관계 연구에서 국제체계 변수와 국내정치 변수가 어떻게 연계될 수 있는지를 논의했다. 그는 남북관계가 한국의 대북정책과 북한의 대남정책의 상호작용의 결과로 가정할 때, 국제체계 변수와 한국과 북한의 국내정치 변수가 어떻게 맞물려 대북정책과 대남정책 결정에 영향을 미치는지 그 메커니즘에 대한 분석을 시도한다. 결론적으로 그는 남북한의 국내정치 변수가 가장 중요한 변수라고 말할 수는 없지만, 국내정치의 역할은 중요하며 탈냉전과 더불어 남북관계에서 국내정치 변수가 작동할 수 있는 공간은 더 확대되고 있다고 평가한다.[27]

이상과 같이 기존 연구들은 상당히 다양한 관점과 시기, 그리고 분석대상으로 한국정치와 남북관계 및 북한요인 간의 문제를 접근했으므로 일반화하여 평가할 수는 없다. 그러나 대체로 다음과 같은 특징을 가지고 있다. 첫째, 분단하 남북한의 상호연관을 강조하면서 남북한의 발전경로를 하나의 분석틀로 비교·분석하고자 시도한다. 둘째, 분단 또는 남북관계가 어떻게 한국의 국가발전을 규정하고 국내정치에 영향을 미쳐왔는가에 관심을 기울인다. 셋째, 더 구체적으로는 어떠한 계기와 이슈, 그리고 경로를 통해 북한요인이 국내정치에 영향을 주고 있는가를 시론적으로 분석하는 연구들이 대종을 이룬다고 하겠다.

이들 연구 가운데 이 책에서 다루고자 하는 한국정치의 북한요인에 보다 직접적으로 초점을 둔 것은 위의 김진균·조희연, 백낙청, 박명림, 이종석, 류길재, 정준표의 연구를 들 수 있다. 이들 연구는 첫째, 분단이 한국의 사회구조와 정치를 어떻게 주조, 왜곡시켰는가 하는 탐색이 중요하다는 문제의식을 공유한다고 할 수 있다. 둘째, 더 구체적으로 백낙청의 분단체제론은 남북한을 통칭하는 하나의 상위체제(동시에 세계체제의 하위체제인)적 틀과 분단체제의 압도적 규정성으로 인한 한국정치의 근본적인 한계를 거시적으로 조망하는 시각을 제공하고 있다. 셋째, 여타 기존 연구들이 한국정치와 북한요인 간의 상호연관을 강조하면서도, 그 연관의 구체적인 내용을 소홀히 했던 점에 비추어 이들 연구가 갖는 의미는 적지 않다. 기존 연구의 대부분은 북한요인이 국내정치 변동에 어떻게 개입하고 영향을 미쳤는지 등에 대한 구체적 분석이 미흡했지만 박명림, 이종석, 정준표 등의 연구는 이에 대한 분석을 일정 정도 시도했다는 점에서 의미를 가진다. 또한 임수호의 연구도 유용한 시사점을 제공한다.

그러나 이러한 공헌에도 불구하고 이들 연구 역시 한계가 없지 않다. 즉, 한국정치의 북한요인을 양자 간의 동태적 상호작용, 양자의 인과 메커니즘, 분석 수준에서의 구조와 행위의 변증법적 통합, 북한요인과 국내요인 및 국제요인과의 위계 및 상호연관의 맥락에서 역동적으로 파악하고 있지는 않다. 따라서 대부분의 논의가 인과적 설명보다는 병렬적 서술에 머무르고 있다. 또한 북한요인과 국내정치의 관계를 구체적이고 실증적으로 분석한 연구가 희소하다. 물론 필자가 이와 같은 기존 연구의 한계를 인지한다고 하여 그에 대한 만족스러운 대안을 제시할 수 있다는 의미는 아니다. 북한요인과 한국정치 간의 공변에 대하여 인과관계를 설정하고 이를 입증하는 것은 방법론적으로나 자료상으로나 실로 난제가 아닐 수 없다. 말하자면 기존 연구의 한계는 상당 정도 이와 같은 구조적 한계의 반영이라고 할 수 있다. 그것은 치열한 방법론적 고민과 자료발굴, 그리고 지속적인 연구성과의 축적에 의해 점진적으로 극복할 수 있는 문제일 것이다.

이와 같은 방법론적 과제와 더불어 한국정치에 북한요인이 미친 영향에 대한 시기별, 주제별로 체계적이고 심층적인 연구의 축적이 일천하다. 이 책에서 시도하고자 하는 권위주의정권 시기 한국정치의 북한요인에 대해서도 박정희 시기에 초점을 둔 일부 연구가 있을 뿐이다. 대부분은 다른 주제를 다루면서 이승만, 전두환 시기 한국정치의 북한요인을 극히 단편적으로 언급하는 수준이다. 요컨대 권위주의정권 시기 한국정치의 북한요인을 포괄적, 체계적으로 논의하고 분석하는 연구는 아직까지 불모상태이다. 따라서 이승만, 박정희, 전두환 시기 북한요인의 형성 및 전개 과정에 대한 체계적 분석을 통해 시기별 특징을 추출하고 파악할 필요가 있다.

더불어 세 권위주의정권 시기 간의 유사점과 차이점을 비교 분석하고 종합하여 제한된 수준에서나마 일반화해보려는 시도가 필요하다. 이러한 작업은 향후 체계적인 탈냉전민주화 시기 한국정치의 북한요인 연구를 위한 기초가 되는 동시에 양 시기를 비교 분석하는 의미 있는 준거로서 기능할 것이다. 이승만, 박정희, 전두환 시기를 포괄하는 연구를 통해 위에서 지적한 권위주의정권 시기 한국정치의 북한요인에 관한 심층적 연구와 방법론적 진전에 일정하게 기여하는 것이 이 책의 목적이자 의미라고 할 수 있다.

이론적 자원과 분석틀

북한이 한국의 정치, 경제, 사회, 문화 등과 밀접한 연관을 지니고 이에 영향을 미친다는 점은 비교적 분명하다. 그러나 이를 입증하는 것은 난제라고 할 수 있다. 즉, 양자 간의 관계를 설명함에 있어서 종속변수로 설정한 한국의 정치, 사회 등의 변화가 독립변수로 설정한 북한요인의 영향인지, 아니면 여타 요인의 영향에 의한 것인지 엄밀하게 확증하기 어렵기 때문이다. 연구자들 사이에 양자의 연관성에 대해서는 일정한 공감대가 있으나 인과관계 설정에는 논란이 분분하다. 더욱이 이를 실증하기는 쉽지 않다. 또한 북한요인에 분석의 초점을 맞추는 것은 자칫 한국의 정치와 사회를 북한요인에 환원시키는, 따라서 국내요인과 국제요인을 상대적으로 과소평가하는 결과를 초래할 수 있다. 그리하여 북한요인의 규정성을 실제 이상으로 과대평가할 가능성을 배제할 수 없다. 그러므로 이와 같은 한계를 최소화할 수 있는 연구방법과 분석전략을 모색하여 북한이 한국정치에 미치는 영향과 양자 간의 상호연관을 적절하게 포착하고 설명할 수 있는 분석틀 확보와 적절한 종속변수의 설정이 중요하다.

기존 연구의 검토에서도 언급했듯이 한국정치의 북한요인과 직간접적으로 관련된 연구의 대부분이 북한요인과 국내정치를 구체적, 체계적 매개 없이 기계적으로 결합시키는 경향을 보인다. 더욱이 실증적 연구와 이론적 틀 양자를 적절하게 결합시킨 연구는 접하기 어렵다. 이는 한국정치, 북한정치, 그리고 남북관계 연구에 비해 아직은 이 분야가 연구의 불모지대로 남아 있는 사정에도 기인한다. 따라서 현재 중요한 것은 한국정치의 북한요인에 관한 역사적 사실을 검토하고 체계적으로 정리하는 일이다. 더불어 그러한 사실을 올바르게 해석하고 설명할 수 있는 이론화를 추구해야 한다. 한국정치의 북한요인을 설명하기 위한 이론적 자원 및 분석틀은 국내정치와 국제정치의 연계 및 상호작용을 다루는 이론들과 한국정치와 남북관계에 관한 기존 논의들에서 시사점을 이끌어낼 수 있을 것이다.

그렇다면 북한요인이 한국정치에 주는 영향을 어떻게 설정하고 검증할 수 있는가? 그간 양자의 연관과 상호작용 관계를 파악하는 데 기여해온 적대적 상호의존관계,[28] 거울영상효과,[29] 그리고 대쌍관계동학[30] 등은 분석틀로서 각기 나름대로 의미를 지닌다. 그러나 이들 분석틀도 북한과 한국의 정치, 사회 간의 상호관계나 북한이 미치는 영향을 구체적이고 엄밀하게 분석하는 데에는 제약이 있다. 예컨대 적대적 상호의존은 상호 간의 적대 때문에 체제유지가 가능하고 체제유지를 위해 화해·협력보다는 갈등·대립을 선호한다는 점 외에는 별로 설명해주지 못한다. 또한 북한의 한국전쟁 개전을 이 틀로는 설명하기도 어렵다. 거울영상효과 역시 분단하에서 남북한이 정책, 제도, 통치양태 면에서 '서로 미워하면서 닮아간다'는 점과 상호 불신과 상호 위협인식으로 인해 안보 딜레마에 빠지는 점 등은 예리하게 짚어낼 수 있었다. 그러나 남북관계의 동학과 북한과 한국 국내정치의 연관과 상호작용에 대해서는 그 이상 설명해주지 못한다.

그에 비해 대쌍관계동학은 분단하 남북한 내부의 움직임과 남북관계 동학 등 분단질서의 동태성을 포착하는 데 유용하다. 특히 남북한이 분단질서를 구성하고 상호작용할 뿐만 아니라, 그렇게 구성된 질서가 다시 하나의 구조적 조건으로 작용하면서 남북한 두 행위자에게 특정의 조건을 부과한다는 상호성과 그러한 작용이 반복된다는 계속성의 측면을 논급했다는 점에서 의미가 있다. 그러나 대쌍관계동학의 초점은 주로 분단질서의 구성과 작동방식에 맞추어져 있다. 때문에 북한과 국내정치의 연관과 상호작용에 대해서는 원론적 차원에서 언급하는 데 머물고 있다. 따라서 분단이 국내정치 및 사회에 미치는 영향을 구체적이고 적절하게 설명할 수 있는 분석틀에 대한 고민과 실증적 연구의 축적을 통해 이론화의 기반을 하나하나 정초해나갈 필요가 있다. 이와 같은 분석틀 확보와 이론화 노력의 일환으로 이 책에서는 국내정치와 외적 요인의 연관 및 상호작용에 관한 기존의 이론적 자원들을 비판적으로 검토하여 활용하고자 한다.

우선 한 국가 내부의 정치적·경제적 구조나 그 변동이 대외정책을 통해 국제체계에 변수로서 작용하는, '안에서 밖으로의 외연화' 과정에 대한 논의를 들 수 있다. 예컨대 전쟁 발발과 국가의 성격, 정치체제의 유형, 사회경제적 구조, 민족주의, 여론 등이 어떠한 인과관계를 갖는지를 밝히려는 레비(Jack Levy)의 논의,[31] 산업화를 거친 강대국들이 감행하는 과대팽창정책의 근본 원인과 내용을 해당국 내의 주요 파벌적 집단들 간의 결탁(logrolling)과 이데올로기에 초점을 맞춘 복합적인 국내연합정치의 모델을 통하여 규명하려는 스나이더(Jack Snyder)의 논의,[32] 러셋(Bruce Russett)의 핵정책의 국내정치적 통제에 관한 논의,[33] 카첸스타인(Peter Kazenstein)의 국내경제 구조와 대외 경제정책의 연관성 분석[34] 등이 그것이다. 대외정책에서 국내정치 요인의 중요성을 강조하는 이들 논의는 남북관계 및 대북정책의 국내정치 요인 분석에 참고할 수 있다.

또한 거비치(Peter Gourevitch)는 제2이미지역전이론(the second image reversed theory)[35]을 통해 '밖에서 안으로의 내재화' 명제를 제시한다. 즉, 국내정치의 국제적 기원과 원인을 주목할 필요가 있다는 것이다. 거비치는 국제질서의 변화에 대응하는 국가의 정책 대응은 국가가 어떤 정권유형(regime type)을 지니고 있으며, 어떤 종류의 정책연합(coalition pattern)을 형성할 수 있느냐에 따라 결정된다는 것이다. 물론 국가의 정책대안은 근원적으로 국제질서가 규정하는 범위 내로 한정되어 있다. 거비치의 제2이미지역전이론은 북한요인이 국내정치에 미친 영향을 살펴보는 데 유용한 이론적 자원이라고 할 수 있다. 또한 커헤인

(Robert O. Keohane)과 밀너(Helen V. Milner) 등은 신제도론적 관점을 채택하여 국제화 현상과 개별 국가 내의 사회제도나 정치제도 간의 관계를 체계적으로 연계시키고 있다. 이를 통해 국제화가 각 국가의 국내정치 및 경제현상에 미치는 영향을 경험적으로 연구할 수 있는 이론틀을 제공하고 있다.[36] 이들의 논지는 국제정치 및 경제의 압력은 국가의 정책 선택에 압력을 미치되, 그 결과는 개별 국가의 사회나 정치제도를 통해 매개되어 나타난다는 것이다.

위에서 '안에서 밖으로의 외연화'와 '밖에서 안으로의 내재화'와 관련된 논의들을 언급했다. 그런데 '안'이 '밖'을 결정하는가, 아니면 '밖'이 '안'을 좌우하는가 하는 논쟁은 사실 소모적이다. 양자가 모두 옳기 때문이다. 대외환경과 국내정치는 밀접한 상호연관을 가지며, 따라서 그것은 하나의 전체로서 동시에 분석되어야 한다. 이 점에서 '밖으로부터 안으로' 또는 '안으로부터 밖으로'라는 양분적 인과를 넘어 '안'과 '밖'을 동일선상에 놓고 그 상호작용 관계를 동시에 파악하는 양면게임이론(two-level game approach)은 그와 같은 모델에 근접하는 노력으로 볼 수 있다.[37]

한편 한국정치의 북한요인 논의와 관련하여 특정한 역사적 구조를 구성하는 물질적 능력, 사상, 제도 간의 상호작용과 사회세력, 국가형태, 세계질서 간의 역학관계에 대한 콕스(Robert W. Cox)의 논급은 중요한 이론적 자원이다.[38] 콕스의 논의는 북한요인이 국제환경과 맞물려 한국정치에 영향을 주고 그것과 상호작용하는 역사적 구조임을 성찰하고 시간적 지평 위에서 분석하는 데 유용하다.

따라서 위와 같은 국내의 정치 및 사회와 외적 요인 간의 상호연관 및 작용에 관한 다양한 이론들을 비판적으로 검토하여 북한요인이 한국정치에 미치는 영향과 양자 간의 관계를 적절하게 포착하고 설명할 수 있는 분석틀을 모색하고 제시할 필요가 있다.

위에서 검토한 이론적 논의 가운데 이 책의 초점인 한국정치의 북한요인 분석과 관련하여 백낙청의 분단체제론은 물론이고 대쌍관계동학에서 말하는 남북관계와 남북 내부의 상호성과 분단질서의 동태성은 유용한 지침을 제공해주고 있다. 또한 거비치가 논의하는 '밖에서 안으로의 내재화' 명제와 밖의 변화에 대응하는 특정 국가의 정책 선택이 정권유형 및 정책연합에 영향을 받는다는 지적도 요긴하다. 더불어 국제화가 국내정치 등에 미치는 커헤인과 밀너의 논의도 참고할 만하다. 특히 거비치와 커헤인 등의 논지는 국제체계 변수를 대외정책의 일차적 결정요인으로 간주하지만, 이 국제체계 변수는 정책결정자의 인식 및 국가-사회관계 등 국내의 매개변수에 의해 일정 정도 간섭받고 조정된다는 신고전적 현실주의(neo-classical realism)의 문제의식과도 맥락이 닿아 있다고 할 수 있다.

그들의 논지는 북한요인과 남한요인이 남북한의 정치에 미치는 영향이 일면 유사하면서도 다르게 나타날 것이라는 점을 상기시킨다. 나아가 북한요인의 영향이 한국정치의 구조 및 시기에 따라 다르게 작용할 것임을 시사해준다. 그럼에도 불구하고 이 책의 논의는 기본적으로 국내의 매개변수를 고려하되 독립변수로서의 북한요인에 방점과 무게를 두고 있음을 밝혀둔다. 그리고 '안과 밖의 일원화' 명제와 콕스의 논의도 국내정치-남북관계-세계질서 간의 연관과 상호작용을 살피는 데 시사점을 준다. 특히 콕스의 역사적 구조와 그 구성요소 및 역학관계에 대한 논의는 한국정치의 북한요인 논의를 위한 분석틀을 구상하는 데 도움을 준다. 또한 브로델(Fernand Braudel)의 '시간 지속' 개념[39]도 한국정치

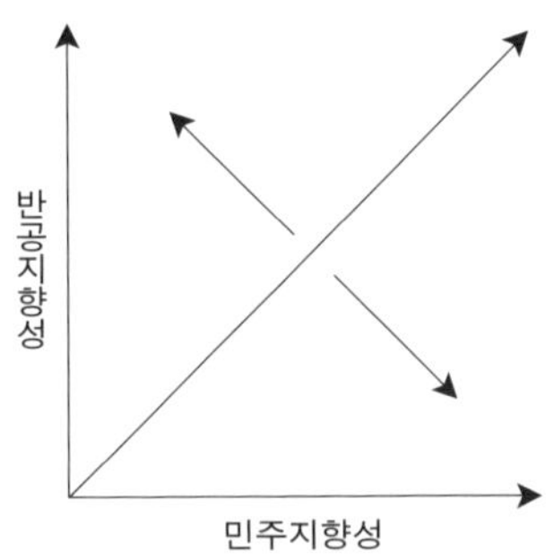

그림1 반공, 민주 지향성과 한국정치

의 북한요인을 이해하고 개념화하는 데 참고할 수 있다.

지금까지 검토한 관련 논의들은 나름대로 한국정치의 북한요인을 설명하는 데 유용한 시사점과 방향을 제시해주고 있다. 그러나 특정 논의에 의존하는 것만으로는 한국정치에 미친 북한요인의 영향을 적절하게 설명하기 어렵다. 그러므로 기존 논의의 통찰과 시사점을 반영하여 권위주의정권 시기 한국정치의 북한요인을 보다 적실성 있게 설명해줄 새로운 이론적 틀(theoretical framework)이 필요하다. 그러나 만족스러운 이론적 틀의 제시는 필자의 능력을 벗어나는 일이다. 다만 이러한 이론적 틀 모색의 일환으로 북한요인이 한국정치에 미치는 영향을 살피기 위해 크기와 방향을 갖는 힘이라는 벡터(vector) 개념을 빌려 해석을 시도해보고자 한다.

다시 말해 1948년 정부 수립 시부터 반공체제와 결합한 자유민주주의 이념의 이식 및 자유민주주의의 제도화로 한국정치는 그림1에서 보는 바와 같이 민주지향성과 반공지향성이라는 서로 길항하는 두 벡터의 정도와 그 합(vector-sum)의 결과에 의해 규정되어 왔다고 볼 수 있다. 즉, 벡터 합에 따라 해당 시기 한국정치의 지형(political terrain)이 결정된다고 상정할 수 있다. 탈냉전과 민주화 이후에는 반공 대 민주의 길항보다는 보수 대 개혁[40]의 길항이 상대적으로 우세해졌다고 할 수 있다.

한편, 이 길항하는 벡터 작용은 남한의 국내정치에만 국한되지 않는다. 국내정치-남북관계-세계질서는 각각의 수준에서 반공·보수 대 민주·개혁, 적대 대 화해, 냉전 대 탈냉전 등과 같이 길항적으로 작용하는 두 벡터 합의 동학 속에 긴밀하게 맞물려 영향을 주고받는다고 상정할 수 있다. 북한정치에도 잠재적으로나마 폐쇄·유일 대 개혁·개방 등의 길항하는 벡터를 상정할 수 있으며, 이 역시 남북관계-세계질서와 맞물려 있다고 볼 수 있다.

세 수준 간의 관계와 영향력 정도는 대칭적이지 않고 국내정치와 남북관계의 경우 세계질서에 대해 종적이고 불균등하다고 할 것이다. 다만 남북한 국내정치의 변화가 세계질서에 영향을 미치는 정도보다는 남북관계의 변화를 통해 세계질서의 변화에 일정 정도 기여할 수 있다는 점이다. 요컨대 우리는 '벡터합동학(vector-sum dynamics)'이라고 칭할 수 있는 분석틀을 통해 남북한의 국내정치-남북관계-세계질서의 상호연관과 작용 메커니즘을 설명할 수 있을 것이다. 더불어 이 분석틀에서는 '역사적 구조'로서의 분단질서의 동태성과 이행을 논의할 수 있다. 다만 이 책에서는 한국정치의 북한요인이 작동하는 위와 같은 전반적인 구도를 염두에 두되 분석의 초점은 어디까지나 권위주의정권 시기 한국정치의 북한요인에 한정한다.

위에서 지적했듯이 두 길항하는 벡터의 정도와 그 합에 따라 한국정치의 전개라는 결과치(방향과 크기를 갖는 힘)가 결정된다고 할 수 있다. 즉, 두 벡터의 정도와 벡터 합에 따라 시기별로 구체적인 한국정치의 지형이 결정된다. 그런데 북한요인이 두 벡터의 방향과 힘에 영향을 주는 주요 변수임을 부인하기 어렵다. 반공지향성과 민주지향성의 길항을 전자로 기울게 하는 중요 변수가 북한요인이다. 냉전권위주의 시기의 북한요인은 민주지향성보다는 반공지향성과 선택적 친화성을 갖기 때문이다. 특히 냉전권위주의 시기의 북한요인은 정치지형에서 반공지향성을 강화하는 데 기여했다. 반공지향성이 강화될수록 북한요인의 영향력 또한 증폭되었고, 또한 그만큼 민주지향성은 위축되었다. 지배세력은 분단을 빌미로 민주지향성을 제한하려고 한 반면, 저항세력은 반공과 안보를 위해서라도 이를 견지해야 한다고 맞섰다. 또한 지배세력은 분단을 이유로 안보와 성장을 강조했고, 저항세력은 민주와 분배도 양보할 수 없는 가치라고 주장했다. 냉전권위주의 시기에는 거의 전자가 후자를 압도했는데, 전자의 논리에 힘을 실어준 것이 북한요인이었다.

정리하자면 북한요인은 반공지향성과 민주지향성이라는 두 벡터의 움직임에 영향을 주는 주요 변수이며, 벡터 합의 결과는 예컨대 지배세력과 저항세력의 역관계, 안보·성장 대 민주·분배 등과 같은 담론 경쟁, 그리고 궁극적으로 정치지형의 변화로 나타낼 수 있다. 이처럼 벡터합동학으로 북한요인이 한국정치에 영향을 미치는 과정과 결과에 대한 인과설명을 시도해볼 수 있다. 벡터합동학은 길항하는 힘과 그 힘의 크기와 방향을 거친 수준에서나마 파악·분석하고 동태적으로 그려낼 수 있는 장점이 있다. 그런 점에서 북한요인이 지배세력 대 저항세력 간의 정치균열과 역관계, 담론 간의 경쟁과 우·열세, 그리고 정치사회, 시민사회의 지형 변화에 어떻게 영향을 미치고, 어떠한 결과를 가져오는지를 검토하고 설명하는 데 상대적으로 유용한 분석틀이라고 할 수 있다.

냉전권위주의 시기 북한요인은 민주·분배 이슈보다는 안보·성장 이슈가 강조되는 분위기를 조성함으로써 국가, 정치사회, 시민사회 영역[41]

의 인식과 담론, 그리고 역관계에 영향을 주었다. 과거 권위주의정권은 정치사회나 시민사회의 정치적 반대나 민주적 압력을 제압하고, 국가 영역의 담론과 의제를 관철시키는 데 북한요인을 유용하게 이용했다. 그리하여 북한요인은 정치적 반대를 금압하는 데는 물론 권위주의적 법·제도, 그리고 정책의 시행에도 영향을 주었다.[42]

냉전권위주의 시기 한국정치의 북한요인을 더 잘 이해하기 위해서는 탈냉전민주화 시기와의 간략한 비교 검토가 필요하다. 탈냉전민주화 이후 북한요인이 한국정치에 미치는 영향은 냉전권위주의 시기와 비교하여 변화와 지속의 면을 동시에 보이고 있다. 우선 지속의 측면으로는 정적을 그 진위와는 관계없이 친북·용공으로 몰거나 정치적 의제나 스펙트럼을 분단을 빌미로 제한하는 것은 크게 달라지지 않았다.[43] 탈냉전 이후에도 냉전반공주의를 크게 탈피하지 못한 지배세력은 항시 북한요인을 정략적으로 이용하고자 했다. 이는 저항세력의 제압은 물론 국면전환용으로 북한요인 동원만큼 유용한 것은 없었기 때문이다. 지배세력의 입장에서는 북한요인을 이유로 억눌려 있던 정치, 경제, 사회 전반에 걸친 변화와 개혁 요구가 분출될 경우, 과거 냉전권위주의에 기반을 둔 자신들의 입지가 무너질 수 있다는 위기감을 가질 수 있었다.

그러나 1987년 6월 민주항쟁을 전후하여 지배세력의 '선안보 후민주' 주장은 약화되었고, 저항세력의 '안보와 민주주의 병행 내지 분리' 주장이 시민사회로부터 지지와 동력을 얻게 되었다. 그리하여 냉전권위주의 시기와 비교할 때 북한요인의 위력은 일정하게 약화되었다. 그러나 지배세력은 노태우, 김영삼 정권에서도 민주·개혁 지향성이 확장 조짐을 보이자 북한요인을 호출하여 이를 저지하고자 했다. 국가보안법은 이를 담보하는 핵심 기제였다. 분단질서하에서 국가보안법의 유지와 북한요인 동원의 효력은 정치적 경쟁에서 거의 결정적인 영향력을 행사해왔다.

그런데 김대중 정권 출범 후 북한요인 동원의 주체가 극적으로 변화했다. 개혁적 보수세력의 집권으로 국가에 의한 북한요인의 동원이 사라지자, 이제 시민사회나 정치사회의 냉전적 보수세력이 국가의 안보능력과 북한에 대한 우려를 표명하고 나선 것이다. 과거 이승만 정권에서 노태우 정권까지는 북한요인 동원 주체가 주로 냉전보수적 국가와 정치사회의 여당이었다. 그러나 김대중, 노무현 정권에서는 시민사회, 언론, 그리고 정치사회의 냉전적 보수세력으로 그 주체가 바뀌었다. 이와 더불어 냉전보수적 시민사회의 조직화가 이루어짐으로써 국가와 시민사회의 갈등뿐만 아니라 시민사회 대 시민사회의 갈등 구도도 등장했다. 이와 같이 탈냉전민주화 이후에도 북한요인이 국내의 정치와 사회에 여전히 커다란 파장을 불러일으키는 요인으로 작용하고 있다.[44]

이 책의 초점은 어디까지나 권위주의정권 시기 한국정치의 북한요인이지만 위와 같은 한국정치의 북한요인이 갖는 지속과 변화를 염두에 둘 필요가 있다. 그런데 북한요인이 민주와 반공이라는 두 지향성의 길항과 결과에 작용함으로써 한국의 정치에 영향을 미친다고 할 때 구체적으로 무엇을 종속변수로 선정할 것인가?

앞에서 북한요인이 두 지향성의 길항과 그 결과로서 세력 간의 역관계, 담론 경쟁, 정치지형 변화에 영향을 미친다고 지적한 바 있다. 그러나 한국정치의 북한요인에 대한 분석을 위해서는 연구목적에 따라 구체적 종속변수와 조작 가능하고 검증 가능한 세부 지표를 설정할 필요가 있다. 구체적 종속변수로는 특정 사건, 여론, 주가 동향, 선거, 인식, 정체성, 정치균열, 정책결정, 정책·제도, 지배연합, 정권유형, 국가성격 등이 포함될 수 있을 것이다. 이들 종속변수는 한국의 정치, 경제, 사회의 북한요인을 들여다보는 일종의 '미시적 창'이라고 할 수 있다. 그 가운데 이 책에서는 그림2에서 보는 바와 같이 북한요인이 두 지향성의 길항과 그 결과로서 한국정치에 미치는 영향을 보기 위해 구체적으로 정치균열, 정책·제도, 그리고 통치양태를 종속변수로 선정하여 논의한다. 물론 이 과정에서 국가–정치사회–시민사회 관계, 대북인식, 담론, 정체성 등도 부분적으로 논의될 것이다.

그렇다면 북한요인이 한국정치에 주는 (인과적) 영향을 어떻게 검증할 것인가? 앞서 지적했듯이 이는 방법론적으로나 자료상으로 쉽지 않은 문제이다. 그래서 이 책에서는 다음과 같은 논의 방법을 상정한다. 앞의 벡터합동학에서 제시한 한국정치의 두 벡터인 반공지향성(A)과 민주지향성(D)의 힘의 관계를 세 가지로 나눌 수 있다. ① A＞D, ② A=D, ③ A＜D 등이 그것이다. 그리고 이를 t+1 시점에서의 두 벡터의 세 가지 경우라고 했을 때, t+2, t+3··· t+n 시점에서 ①의 정도가 더욱 강화되거나(ⓐ) ②가 A＞D 또는 A＜D로 변화되는 경우(ⓑ), 그리고 ③이 A＞D로 역전되는 경우(ⓒ), 반사실적 가정(counterfactual analysis)[45]을 통해 북한요인의 영향을 식별할 수 있다면 ⓐ, ⓑ, ⓒ 각각을 북한요인의 영향 또는 효과로 볼 수 있을 것이다.

그럼에도 불구하고 경우에 따라 양자 간의 인과관계 설정은 단지 '가상의 인과' 또는 인과적 추론에 불과할 수 있다. 그리고 많은 경우 실제 분석에 있어서 한국정치에 대한 북한요인의 영향 논의는 뚜렷한 인과논리보다는 사실상 정황논리 수준에 그칠 수 있을 것이다. 우리가 한국정치와 북한요인 간의 인과 설명을 시도하더라도 역사적 제도주의의 방법론[46]처럼 양자 간의 관계를 '느슨한 인과관계' 수준에서 설명하는 데 만족해야 할지도 모른다. 느슨한 인과관계로 접근하면 북한요인 자체가 한

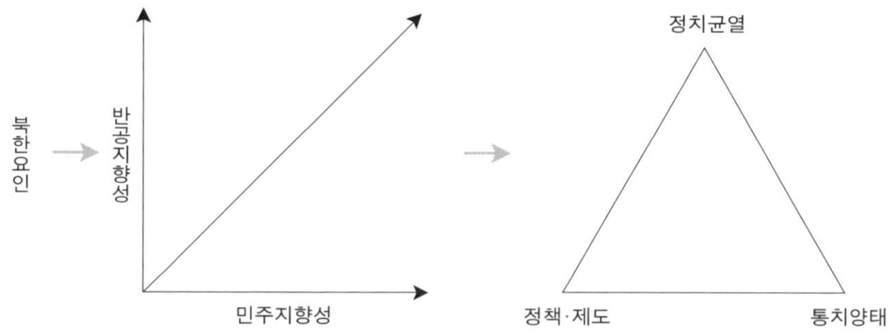

그림2 한국정치의 북한요인 분석틀

국정치를 곧바로 결정한다기보다는 조건 짓는 맥락(context) 또는 범위(scope)를 제공한다는 의미가 된다.

우리가 양자 간의 인과관계를 이론적·개념적으로 설명하기 위해 지속적으로 노력해야겠지만, 현재로서는 북한요인의 작용으로 정치균열, 정책·제도, 통치양태에서의 변화가 발견 또는 식별되고, 이를 비록 엄격한 인과논리는 아니지만 맥락적으로 설명할 수 있다면, 이 또한 북한요인의 영향이라고 간주하는 수준에 만족해야 할지도 모른다. 이 책에서는 앞에서 검토한 거비치의 제2이미지역전이론, 커헤인과 밀너의 국제화가 국내정치에 미치는 영향, 그리고 국제체계 변수가 국내구조의 매개를 거쳐 국내정치에 영향을 미친다는 신고전현실주의 접근을 활용하여 그림2와 같이 분석틀을 제시하고, 이를 바탕으로 권위주의정권 시기 한국정치의 북한요인을 분석·논의하고자 한다.

한국정치의 북한요인을 규명하고자 하는 이 책에서 양자 간의 인과관계를 실증할 수 있는 자료의 구득이 무엇보다 중요하지만 현실적으로 만족스러운 자료는 많지 않다. 따라서 다음과 같은 자료를 중심으로 최대한 양자 간의 인과관계에 대한 논증을 시도할 것이다. 우선 한국

측 자료로는 대통령 연설문, 국회속기록 등 정부의 공식기록, 중앙정보부·국군보안사령부·국토통일원 등의 간행물, 각종 민간단체나 기념사업회 등에서 간행한 자료집, 관련인사들의 회고록, 증언채록물, 특히 당시 신문자료를 중점적으로 활용한다. 다음은 북한에서 간행한 『로동신문』, 『김일성선집』, 『김일성저작선집』, 『조선중앙연감』, 『조선전사』 등의 자료를 이용하며, 국토통일원·중앙정보부·국사편찬위원회, 각 연구소에서 간행한 북한 관련 자료집도 참고한다. 그리고 미국 측의 자료도 활용한다. 그 외 미 국무부가 편찬한 「미국의 대외관계집(*FRUS*)」과 미국 우드로윌슨센터 산하 북한문서 관련 프로젝트(North Korea International Documentation Project, NKIDP) 등이 소장하고 있는 구동구권 사회주의국가의 북한 관련 문서 등을 활용한다. 미국 국립문서기록관리청(The National Archives and Records Administration, NARA) 소장 한국 현대사 관련 자료들도 참고한다.

분석 전략과 책의 구성

본론에 앞서 북한요인이 한국정치에 미친 영향을 구체적으로 논의하기 위해서는 다음 사항에 대한 고려가 필요하다. 첫째, 북한요인이 한국정치에 가하는 강도(强度)와 영향력은 분단 시점에서 처음 형성된 그대로 결빙(freezing)된 것이 아니라 시기별로 변화를 거듭해왔다는 것이다.[47] 말하자면 우리는 시기별로 다른 영향력, 성격, 그리고 모습을 지닌 북한요인을 마주해왔다고 말할 수 있다. 따라서 한국정치에서 북한요인이 갖는 동태성을 파악하기 위해서는 북한요인이 한국정치에 미친 영향을 통시적으로 접근하고 분석할 필요가 있다. 요컨대 한국정치의 북한요인을 시간변수를 고려한 역사적 구조로 볼 필요가 있는 것이다.

둘째, 한국정치에 미친 영향을 구체적으로 논의하고 파악하기에는 북한요인은 여전히 추상적인 개념이며, 한국정치의 북한요인 효과 또한 여전히 추상화의 사다리(ladder of abstraction)를 내려오지 못한 상태이다. 이 책의 서두에서 언급한 것처럼 구조적 북한요인, 상황적 북한요인, 행위적 북한요인으로 나누어 분석할 것이다.

우선 구조적 북한요인은 북한의 존재로 인해 한국의 정치구조를 총체적으로 조건 짓고 한국정치의 전반적인 경기규칙과 한계를 규정짓는 것으로 정의할 수 있다. 이 요인은 북한의 구체적 움직임 유무와는 관계없이 정치적 반대의 범위를 반공(북)의 틀 내로 한정하는 것을 말한다. 이 범위를 벗어나는 정치행위는 국가에 의해 북한과의 연계 간주로 탄압받는 근거가 된다. 반면 행위적 북한요인은 북한이 특정한 의도를 갖고 한국정치에 직접 개입하거나 사건을 일으켜 영향을 주고자 하는 것으로 정의한다. 예컨대 무장게릴라침투사건, 북한 정규군의 위협 행동, 테러행위, 납북사건, 남한에 대한 각종 제의나 국내정치 이슈에 대한 성명, 선전선동 캠페인 등을 들 수 있다. 이런 점에서 행위적 북한요인은 다시 무력적 행위와 언술적 행위로 나눌 수 있다.

한편 상황적 북한요인은 위 두 요인의 중간 영역에 속하는 것으로서 북한 내부의 특정한 정치적·경제적·사회적 변화, 정책 결정, 외교활동 전개와 같이 남한을 직접 겨냥한 것은 아니지만 정세적으로 영향을 주는 요인으로 정의한다. 예를 들면 북한 내부의 정책·제도나 권력구조의 변화, 경제력·군사력 등의 체제역량 변화, 소련이나 중국과의 상호방위 조약 체결 등의 대외관계가 이에 해당한다. 그리고 남한 정권이 북한의 비의도적 행위와 의도적인지 아닌지 불명한 경우 등을 의도적으로 이용함으로써 영향을 미치는 경우도 이에 포함한다.[48] 예컨대 귀순, 북한과의 실제 연계 여부가 불명한 간첩사건, 지하조직사건 등이 그것이다.[49]

단순화하면 구조적 북한요인은 일종의 상수라고 볼 수 있다. 그리고 행위적 북한요인과 상황적 북한요인은 북한의 움직임과 태도에 따라 국내정치에 공변을 일으키는 변수라고 할 수 있다. 그러나 현실에서는 이 세 가지 요인이 뚜렷하게 구분되어 나타나기보다는 혼재되어 나타나는 경우가 많다.

이처럼 북한요인을 세 가지로 구분하여 접근하고자 하는 이유는 구조적 요인에만 분석의 초점을 두어 상황적, 행위적 요인을 간과할 경우 북한요인의 규정력과 역할을 (시간의 흐름에 따라) 경험적으로 확인, 평가하기가 어렵기 때문이다. 때문에 이 책에서는 한국정치에 영향을 준 구체적인 상황 조성자이자 구체적인 행위자로서 북한의 역할에 주목할 것이다. 요컨대 한국정치에 미친 북한요인은 이 세 가지 요인의 합작품이라고 할 수 있다. 이 책에서는 그림2 분석틀에서 보는 것처럼 북한요인이 반공지향성과 민주지향성의 길항에 작용함으로써 권위주의정권 시기 한국정치에 영향을 준 것으로 설정한다.

앞서 언급한 것처럼 이 책에서는 우선 세 권위주의정권[50] 시기에 나타난 정치균열(political cleavages)[51]에 북한요인이 미친 영향을 분석할 것이다. 물론 이때 정치지형에 나타난 정치균열은 해당 시기의 국가, 시민사회, 그리고 정치사회 간의 대립구도와 역관계에 의해 규정된다. 그런데 북한요인의 영향으로 이들 간의 역관계가 변화함으로써 정치균열 구도가 다시 변모한다는 점이다.

또한 이 책에서는 세 권위주의정권에서 채택된 일련의 정책·제도의 형성과 변화에 미친 북한요인의 영향을 분석한다. 그리하여 북한요인이

가하는 압력에 대한 반영 내지 반사로 볼 수 있는 정책 또는 제도가 한국 정치를 어떻게 틀 지우고, 또한 한국 민주주의의 외연과 내포를 어떻게 축소시켜나갔는가 하는 과정을 볼 수 있을 것이다. 여기서 정책이란 "국가권력이 그 물질화된 형태인 국가장치를 통해 사회질서의 재생산을 위하여 특정하게 개입하는 실천적 행위"[52]라고 할 수 있다. 제도는 "행위자들의 이익에 대한 정의에 영향을 미치는 동시에 행위자들 간의 권력관계를 구조화시키는 국가와 사회의 모든 장치"[53]이다. 그런데 북한요인으로 인한 정책·제도의 형성 및 변화가 이를 둘러싼 정치균열과 유리되어 일어나지는 않는다.

따라서 이 책에서는 제주4·3사건, 여순사건, 국회프락치사건 등 북한요인을 빌미로 한 정책·제도의 형성 및 변화를 둘러싸고 당시 국가, 정치사회, 시민사회의 세 영역에서 정치균열이 어떻게 전개되었는가를 살펴볼 것이다. 그리고 이러한 정치균열과 세 영역에서의 역관계가 어떻게 발췌개헌, 한국전쟁 후 사사오입 개헌, 제헌헌법의 경제조항 수정 등 정책과 제도에 반영되고, 나아가 정책·제도 변화를 매개로 분단국가 수립 시의 반공과 결합한 자유민주주의체제가 이승만의 강압적 통치체제 구축, 극우반공체제 강화라는 통치양태(mode of governing)[54]의 변화를 초래했는가를 분석하고자 한다. 그와 같은 통치양태의 변화를 통하여 분단국가 수립 시의 자유민주주의체제는 제한적 다원주의(limited pluralism)[55] 체제로 변화되었다.

이러한 통치양태 변화는 박정희 시기에도 나타났는데, 1960년대 중반까지의 제한적 다원주의 체제가 1960년대 말 일어난 북한의 군사모험주의를 구실로 한 삼선개헌을 거쳐 노골적 독재체제인 유신체제로 이행되었다. 그리고 유신체제 출범을 정당화하는 데에도 북한요인이 크게 동원되고 작용했다. 또한 1980년 '서울의 봄'과 광주항쟁의 민주화 요구를 억압하고 출범한 전두환 중심의 신군부는 7년 단임을 명분으로 내세우며 권위주의체제를 재수립했는데, 신군부 역시 집권 과정에서 북한요인을 적극 활용했다.

한국정치에서 각 북한요인이 미치는 직접적인 영향력의 정도는 궁극적으로 구체적인 연구를 통해 논증해야 할 사안이지만, 일단 구조적 북한요인＜상황적 북한요인＜행위적 북한요인 순으로 가정해볼 수 있다. 각 요인의 차이를 정치적 저항과 관련시켜 비유한다면, '구조에서는 저항(voice)이 허용되고, 상황은 저항을 제약하나 행위는 저항을 침묵시키고 충성(loyalty)을 불러낸다'고 명제화할 수 있을 것이다.[56] 또한 영향력의 정도가 큰 북한요인일수록 국가의 입지와 영향력이 강화되고 정치사회와 시민사회의 그것은 약화된다고 할 수 있다. 그리고 북한요인의 영향을 더 직접적이고 반응성이 높은 순서로 배열한다면, 정치균열＞정책·제도＞통치양태 순으로 설정해볼 수 있다. 요약하면 원론적으로 말해 북한요인은 행위, 상황, 구조 순으로 종속변수와 보다 직접적인 인과관계를 갖는다고 볼 수 있다. 반면, 종속변수는 정치균열, 정책·제도, 통치양태 순으로 독립변수인 북한요인과의 인과관계 설정이 용이하다고 할 것이다.

그런데 정작 중요한 문제는 북한요인이 구체적으로 어떠한 메커니즘을 거쳐 반공지향성과 민주지향성의 길항을 통해 정치균열, 정책·제도, 통치양태 등의 종속변수에 영향을 미치는가 하는 점이다. 왜냐하면 그림2 분석틀에서 보듯이 북한요인이 종속변수에 곧바로 영향을 미치기보다는 두 지향성의 길항과 벡터 합의 매개를 거친다고 보기 때문이다. 이 책에서는 다음과 같은 인식 메커니즘과 경로를 통해 북한요인이 국내정치에 영향을 준다고 설정한다. 우선 북한요인에 대한 인식은 남북한 힘의 관계, 국가-정치사회-시민사회 관계 등과 같은 국내의 정치적 맥락 속에서 여과·조정된다고 할 수 있다. 그런데 우리가 다루고자 하는 권위주의정권 시기의 국가, 정치사회, 그리고 시민사회 영역의 인식주체는 상호 간의 역관계는 물론 북한요인 관련 정보원의 질과 양에서 현격한 차이가 있었다. 이 점에서 국가는 정치사회와 시민사회를 압도한다. 이는 상충되는 정보와 북한요인의 실재(또는 실체)를 둘러싼 논란과 갈등의 근원이 된다.

더욱이 각 영역의 인식주체는 북한요인을 동일하게 인식하고 평가하지 않는다. 말하자면 각각의 대북 이미지, 한국전쟁 등과 같은 역사적 기억, 그리고 이해관계, 선호와 더불어 북한의 의도 및 능력, 최근 경향에 대한 평가에 따라 위협인식은 다르게 나타날 수 있다. 사실 위협인식은 실재 그 자체에 대한 단순 반영물이 아니다. 실재에 대한 일종의 이미지를 만들어내는 '인식구조물(cognitive)'이다. 따라서 위협이 명백한 경우에도 이를 하찮게 여기는가 하면, 객관적으로 위협이 없는 경우에도 위협으로 받아들일 수 있는 것이다. 여기에서 국가, 정치사회, 시민사회 간의 북한요인의 위협에 대한 상충된 인식과 북한요인에 대한 대응을 둘러싼 균열·갈등이 발생할 소지가 있다. 문제는 그러한 위협인식이 여러 정황상 얼마나 객관적 사실에 근접하느냐이다.

그러나 명백한 조작의 경우를 제외하고는 실제와 과장, 그리고 조작 여부를 뚜렷하게 구분하기란 사실상 용이하지 않다. 인식주체의 정보원 차이와 위협인식의 차이가 이러한 어려움을 가중시킨다. 때문에 위협인식은 주관적 인식을 대상으로 한다는 점에서 방법론적으로 취약성을 안고 있음에도 불구하고 북한요인의 국내 매개를 파악하는 데 유용한 시사점을 제공한다. 요컨대 북한요인은 국가, 정치사회, 시민사회의 (위협) 인식이라는 프리즘을 거쳐 두 지향성에 영향을 미치고, 그 결과가 정치균열, 정책·제도, 그리고 통치양태 변화에 반영된다고 볼 수 있다.

이 책은 이승만, 박정희, 전두환 권위주의정권 시기 한국정치의 북한요인을 논의하고 있으나 세 정권 시기를 균등하게 심층 분석하지는 않는다. 이승만과 전두환 정권, 유신체제 이후 박정희 정권 시기에 대해서는 상대적으로 간략하게 다루고, 5·16쿠데타에서 유신체제 수립 이전인 제3공화국 시기에 대해서는 집중적이고 심층적으로 분석한다. 그 이유는 다음과 같다.

우선 북한요인이 한국정치, 그 가운데에서도 정치균열, 정책·제도, 그리고 통치양태 변화에 미친 영향이 비교적 뚜렷하고 풍성한 시기이기 때문이다. 둘째, 북한요인에 대한 접근이나 대응을 둘러싸고 국가, 정치사회, 시민사회 간에 가장 논란이 많았던 시기이기 때문이다. 즉, 이 시기에 북한요인에 힘입은 '산업화의 민주화 효과' 내지 산업화 '성공의 위기(crisis of success)'로 인하여 역설적으로 북한요인을 둘러싼 반공지향성과 민주지향성의 길항이 격렬해졌다. 그리고 그 길항의 구체적 형태로 '두 개의 민주주의' 및 '두 개의 안보관'의 격돌이 본격적으로 고조되는 시기라는 의미와 중요성을 갖는다. 셋째, 북한요인이 주로 정치적 반대세력을 탄압하는 구실이나 정략으로 활용되었던 부정적·소모적 측면뿐만 아니라, 본격적 체제경쟁과 산업화의 동력으로 기능하는 긍정적·건설적 측면을 동시에 볼 수 있는 시기이기 때문이다. 넷째, 집권 과정에서 '용공' 또는 '친공'으로 공격받던 장본인이었던 박정희 자신이 집권 내내 정치적 반대세력을 '용공'으로 몰아 탄압했던 시기이기 때문이다.

이는 분단국가 한국에서 반공과 민주를 조화시켜 민주주의를 구현하는 과제가 집권세력의 성격 및 선택에 달려 있는 문제인가, 아니면 분단 구조로 인하여 집권세력은 행위주체의 특성과 무관하게 북한요인을 강조하며 민주보다는 반공을 우선시하는 경향성을 띠는가 하는 문제[57]를 제기한다. 민주화 이후의 노태우, 김영삼 정권도 북한요인을 강조하며 반공과 안보를 우선시하는 경향을 보였다는 점에서, 이 시기는 그와 같은 문제를 논구하는 데에도 중요하다.

이 책의 구성은 다음과 같다.

먼저 제1장에서는 한국정치에서 북한요인이 어떻게 형성되어 왔으며, 북한요인이 반공지향성과 민주지향성의 길항에 왜, 어떻게 영향을 미치는가? 그리고 두 지향성의 길항 결과가 한국정치의 틀을 주조하고 국내정치의 변화를 가져오는 데 어떠한 영향을 미쳤는가를 추적하고 분석한다. 또한 북한요인이 정치균열, 정책·제도, 그리고 통치양태 변화에 미친 영향을 논의하며, 이를 통해 한국정치에 북한요인이 작용하는 틀과 메커니즘의 기원과 원형을 살펴본다.

보론인 '제2공화국 붕괴와 5·16쿠데타의 북한요인'에서는 제2공화국 붕괴와 5·16쿠데타에 미친 북한요인의 영향을 추적하는 동시에 북한이 반공지향성을 국시로 한 5·16쿠데타와 군사정권을 어떻게 인식하고 반응했는가를 살펴본다. 그리고 북한요인이 4·19혁명 이후 분출된 민주주의와 통일문제를 둘러싼 국내의 정치균열에 미친 영향과 결과, 그리고 그것이 갖는 함의가 무엇인지를 논의한다.

제2장은 국내의 정치균열에 북한요인이 어떻게 개입하고 영향을 주었는가를 논의한다. 이를 위해 북한요인을 동원한 박정희 정권의 득표 전략이나 저항세력을 제압하려는 시도 등이 어떻게 전개되었는가를 몇 가지 사례를 중심으로 살펴본다. 북한요인 동원이 효과 면에서 동일한

것은 아니라고 할 때, 그러한 차이를 가져오는 데 있어서 북한과의 연계성 여부나 정도, 당시 북한요인에 대한 위협인식 등이 어떻게 작용했는가를 분석한다.

또한 북한요인이 박정희 정권 시기 한국사회의 3대 과제라고 할 수 있는 산업화, 민주화, 통일문제에 미친 영향을 논의하고 평가한다. 당시 북한요인이 미친 영향은 일단 산업화를 제외하고는 부정적이었다고 할 수 있다. 그러나 산업화의 민주화 효과와 민주화 동력을 바탕으로 이후 통일논의와 남북관계의 이니셔티브를 남한이 쥐게 되었다는 점에서 이 시기의 북한요인 영향은 민주화와 통일문제와 관련해서도 단순치 않은 성찰을 요한다. 특히 이 장에서는 박정희 정권이 자유민주주의를 형해화하며 노골적인 독재체제로 이행하는 데 북한요인이 어떤 영향을 미쳤는가에 대하여 논의한다. 그리고 박정희 정권이 제한적 다원주의를 폐기하고 노골적 독재체제로 나아가는 과정에서 국가, 정치사회, 시민사회 영역 간에는 어떤 균열과 갈등이 있었는가를 살펴본다. 또한 일반 국민들은 왜 유신체제와 같은 독재체제의 등장을 막지 못했는지, 그리고 그러한 결과를 가져오는 데 작용한 북한요인의 영향이 무엇이었는지에 대하여 분석한다.

보론인 '유신체제 시기 한국정치의 북한요인'에서는 유신체제에서 북한요인을 구실로 정치균열을 봉쇄함은 물론 전시체제적 정책과 제도를 정비하면서, 사회를 어떻게 질식 상태로 만들어갔는가에 대해 고찰한다. 그리고 이에 대한 정치사회와 시민사회의 반대와 저항이 어떻게 나타났는가를 살펴본다. 아울러 통일, 안보, 그리고 성장을 명분으로 한 유신체제가 왜 정당성을 잃고 결국 붕괴할 수밖에 없었는가를 분석한다.

제3장은 전두환 정권이 권력을 장악하고 유지하는 과정에서 북한요

인을 어떻게 동원하고 소비했는가에 대한 분석이다. 그리고 안보와 성장의 기치를 내걸고 올림픽 유치와 경제 실적을 통해 정통성 만회를 도모하던 전두환 정권이 강력한 민주화 요구에 직면하여, 결국 대통령직선제 개헌안을 수용할 수밖에 없었던 전후 사정을 검토한다. 또한 전두환 정권 시기에도 북한요인이 민주주의를 제약하는 요인이었음에도 1987년 민주화 국면에서는 오히려 민주주의를 촉진하는 긍정적 역할을 한 이유에 대해서도 살펴본다.

맺는 글에서는 이 책의 주요 내용과 발견점, 그리고 주장을 요약하고 이것이 한국정치 논의에서 갖는 기여와 함의를 제시한다.

에필로그에서는 1987년 민주화 이후 노태우, 김영삼 정권에서도 왜 북한요인의 정략적 동원과 활용 기도 면에서 과거의 권위주의정권과 별반 차이를 보이지 않았는지에 대해 살펴본다. 민주지향성 강화와 반공지향성 약화에도 불구하고 왜 북한요인 동원이 일정한 효력을 지속적으로 발휘하게 되었는지도 분석한다. 또한 민주화 이후 두 정권과 과거 권위주의정권들의 연속성에도 불구하고 양자 간에 북한요인 소비에서 보이는 차이점과 그 원인이 무엇인지에 대해서도 논의한다.

제1장

이승만 정권기

북한요인

적 없이는 살아갈 수 없는 것 같다. 문명의 과정에서 적이라는 존재를 없앨 수는 없다. …적의 존재가 국가에 필수적인 공동체 의식을 형성한다. …적의 존재는 국가의 성공에 긴요하기에 적이 존재하지 않는다고 해도 국가는 반드시 적을 만들어 낸다.

— 움베르토 에코, 『적을 만들다』 중에서

해방 후 지역적 분단으로 인해 북한요인은 한국정치에 영향을 주는 변수로 등장했다. 그러나 초기 단순한 지역적 분단하에서는 남한의 국내정치에 미칠 북한요인의 향방은 불투명했고, 그 영향력 또한 상대적으로 크지 않았다. 그런데 이 지역적 분단은 이념적 분단→사회적 분단→체제적 분단으로 점층적으로 굳혀졌다. 이러한 단계를 거치면서 북한요인의 강도와 영향도 비례하여 커졌다.

이와 같이 형성·변화된 북한요인은 한국정치의 틀인 반공체제와 결합한 자유민주주의의 전개에 영향을 미쳤다. 곧 한국정치는 민주지향성과 반공지향성이라는 두 '벡터 합'의 결과에 의해 규정되었는데, 두 벡터의 길항에 영향을 준 것이 바로 북한요인이었다. 권위주의세력은 북한요인을 빌미로 민주지향성을 제한하려고 한 반면, 민주화세력은 반공을 위해서라도 민주지향성을 견지해야 한다고 맞섰다. 그러나 현실은 거의 전자가 후자를 압도했다. 이는 북한요인의 작동이 민주지향성을 약화하고 반공지향성 강화를 초래하는 메커니즘에 기인한 것이었다.

이 장에서는 한국정치에 있어서 북한요인이 어떻게 형성되어 왔으며, 또한 북한요인이 한국정치의 틀을 규정짓고 국내정치의 변화를 초래하는 데 어떤 영향을 미쳤는가를 추적하고 분석한다. 이를 통해 한국정치에서 북한요인이 작동하는 메커니즘과 양상의 원형을 볼 수 있을 것이다.

1. 북한요인의 형성과 기원

한국정치의 틀: 반공과 자유민주주의

한국정치에서 북한의 존재는 남한이 반공체제를 형성하고 자유민주주의 이념과 체제를 제도화하는 데 기여했다고 볼 수 있다. 1945년 12월 16일부터 25일까지 전후처리 문제를 놓고 열린 모스크바 삼상회의의 결정안[1]이 발표됨으로써 해방정국은 큰 분수령을 이루었다. 소군정은 임시정부 수립에 대한 모스크바에서의 결정이 있은 이후 북한에서 이듬해 2월 8일 북조선임시인민위원회를 설립했다. 이 임시인민위원회는 하나의 분명한 지배체제였다. 사실상의 분단 정권이었던 것이다.[2]

미군정 역시 미소공동위원회 개최를 앞둔 시점에서 남한에서 반탁을 지지하는 우파 민족주의세력을 강화하고 독자적으로 국가를 형성할 일련의 조치를 취해나갔다. 1946년 2월 23일 발표된 정당에 관한 규칙을 명시한 미군정 법령 제55호는 바로 이러한 맥락에서 이해할 수 있다. 즉, 미군정은 미소공동위원회에 대한 민전(민주주의민족전선)을 비롯한 여타 좌익정당, 사회단체 등의 영향력 및 발언권을 제한·차단시킬 필요가 있었다. 그 구체적인 방법으로 마련된 것이 정당등록법이었다. 이는 곧 좌익 또는 공산주의 이념과 운동을 국가뿐만 아니라 정치사회 영역에서도 배제시키는 체제로서의 반공체제의 형성을 의미했다.

이와 같이 이미 이 시점에서 남한에서도 북한과의 대립적 경쟁을 상정한 강력한 반공체제가 형성되고 있었다. 이러한 초기 구도는 그대로 남한 국가의 원형으로 굳어지게 되었다.[3] 이때부터 남북은 이미 다른 길을 가기 시작했다.[4] 1947년 중반 이후 단정 수립으로 나아가는 과정은 좌파세력의 전면적 배제 위에서 우파세력이 최종적인 국가권력을 장악하는 과정이자 반공체제의 강화과정이었다. 미군정은 단정으로 나아가면서 자유민주주의 제도와 이념을 남한 반공체제와 단정 정당화의 기제와 이념으로 이식하고자 했다.[5] 반공체제와 결합한 자유민주주의 이념의 이식 및 자유민주주의의 제도화는 이후 한국정치의 기본 틀이 되었다. 동시에 그것은 미국의 의도였고 압력이기도 했다.

미국은 사회주의 진영과의 대립이라는 냉전 구도하에서 한국을 반공의 보루로 만들려고 했다. 뿐만 아니라 '민주주의의 표본적 전시장'으로 만들 필요가 있었다.[6] 민주주의가 아닌 독재는 공산화를 초래할 수 있다고 우려했기 때문이다. 공산화를 막기 위해서라도 독재를 견제한다는 것이 미국의 목표였다.[7] 이후 이승만 정권과 박정희 정권이 민주주의의 외연을 폐기할 수 없었던 것도 미국으로부터의 압력에 기인했다.[8] 말하자면 역대 정권은 민주주의에 대한 압력을 국내와 미국으로부터 동시에 받고 있었다. 그러나 역대 정권들은 북한요인을 통해 이러한 압력을 무시하고 권위주의를 강화하고자 시도했고 종종 성공했다.

반공체제와 자유민주주의의 결합은 우선 북한과의 대치상태에서 좌파이념과 세력을 정치사회에서 배제함으로써 정치적 경쟁의 틀을 매우 협애한 이념적 스펙트럼 내로 제한하는 기능을 했다. 또한 자유민주주의의 내용을 형식적, 절차적 수준의 것으로 한정했다. 이를 통해 시민사회와 절연된 보수엘리트 세력 간의 정치적 경쟁을 제도화했고, 보수양당제의 제도적 기반을 마련했다. 그리고 무엇보다 자유민주주의 이념은 북한과의 체제 대결에서 남한 반공체제를 정당화하는 이념으로 기능했다.[9]

1948년 제1공화국 수립 이후 자유민주주의는 분단한국에 존재이유(raison d'être)를 부여하는 핵심적 이념이었다. 체제의 기저 이념으로서 반공주의를 말할 때 그것은 적어도 표면상으로는 그보다 상위의 규범이며 가치인 자유민주주의를 수호하기 위한 것이다. 자유민주주의는 말할 것도 없이 공산전체주의와 대비되는 이념이며 체제이다. 공산전체주의 사회는 일체의 개인적 자유와 권리가 부정되고, 정치하게 이론화된 이데올로기를 통하여 물리적으로 통제된다. 그러면서 사적 소유와 경쟁적 시장기제의 부정을 중심으로 한 경제적 생산체제에 기반을 둔, 그야말로 숨 쉴 틈 없이 폭력적 수단에 의해 전일적으로 통제되는 사회이다. 반면 자유민주주의는 개인의 자유와 기본권이 존중되고, 다원적이고 개방적이며 밝고 번영된 사회의 이미지를 갖는다. 음산하고 지옥 같은 전체주의 사회의 이미지에 비해 자유민주주의체제의 우월성은 너무나 확연했다. 또 그렇게 교육했다.[10]

자유민주주의와 의회의 민주적 운영에 대한 이승만의 초기의 강한 결의는 무엇보다도 북한에 김일성이 세운 공산주의 국가에 대한 대응이라 할 수 있다. 체제 존립의 일차적 근거를 북한 공산주의세력과의 전면적인 대립에서 구해야 했던 그로서는[11] 남한에서의 자유민주주의 구현이 불가피했다.[12] 이것이 북한요인이 한국의 자유민주주의에 정(正)의 영향을 준 측면이다.

그러나 다른 한편으로는 북한의 존재는 자유민주주의 이념을 형식화하는 데에도 큰 영향을 미쳤다고 볼 수 있다. 그리하여 '자유민주주의'를 지키기 위하여 '반공'을 해야 한다는 것이 지나치게 강조됨으로써 급기야는 반공을 위하여 자유민주주의를 제한할 수밖에 없다는 논리로 전도되었다.[13] 더 나아가 '반공=자유민주주의'라는 등식이 건국 이후의 정치현실을 지배해왔다고 할 수 있다.[14] 물론 이것이 가능했던 것은 전체주의 지배로 변질된 현실 사회주의권과 북한의 존재였다. 즉, 이 등식의 사회내적 침윤은 북한과의 '적대적 의존'의 파생물이었다.[15] 그리하여 제1공화국으로부터 1980년대 중반에 이르기까지 정치체제는 그 대부분이 자유민주주의체제와는 거리가 먼 민간독재 아니면 군부독재체제였던 것이다.

이후 제1공화국은 헨더슨(Gregory Henderson)이 지적했듯이 "민주주의와 전제정치의 불편한 결합"[16]이었다. 그러나 이때의 민주주의는 반공투쟁을 위해 유보된 이상, 하나의 수사에 지나지 않았다. 아니면 전제정치를 통하여 지속적으로 유린된 하나의 정치적 원리, 또는 이를 위한 하나의 이념적 도구에 불과했다. 한마디로 민주주의의 수호라는 이름으로 반민주주의를 정당화하였던 것이 분단 후 한국정치의 실제 모습이었다.[17] 이것이 북한요인이 자유민주주의에 미친 부(負)의 영향이다.

이와 같이 한국정치의 기본구도를 틀 지우는 북한요인의 영향을 그림3과 같이 벡터 해석적으로 표현할 수 있다. 즉, 출발부터 반공체제와 결합한 자유민주주의 이념의 이식 및 자유민주주의의 제도화로 한국정치는 민주지향성과 반공지향성이라는 두 '벡터 합'의 결과에 의해 규정되어왔다고 볼 수 있다. 벡터의 정도에 따라 한국정치의 지형이 결정된다. 그런데 시민사회가 활성화되지 않은 조건에서 두 벡터의 정도에

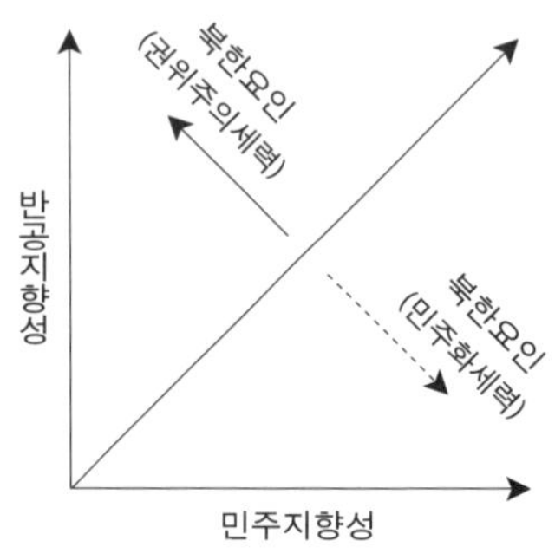

그림3 북한요인과 정치지형의 관계

영향을 주는 것이 구체적 국면에서의 북한요인이다. 권위주의세력은 북한요인을 빌미로 민주지향성을 제한하려고 한 반면, 민주화세력은 반공을 위해서라도 민주지향성을 견지해야 한다고 맞서왔다. 그러나 현실은 거의 항상 전자가 후자를 압도했다. 그리고 전자의 논리에 힘을 실어준 것이 북한요인이었다.

애초 남한의 자유민주주의가 반공의 보루를 구축하기 위해 미군정에 의해 외삽(外揷)되었다는 사실은 곧 자유민주주의가 국민들 속에 충분히 내면화되어 있지 못했다는 의미와 다르지 않다. 공산주의와의 이데올로기 대결의 차원에서 이해된 자유민주주의가 남한의 국가이념이 되는 것은 당연했다. 그러나 건국 초기 자유민주주의는 이를 담보할 사회세력 등 현실의 토양에 기반했다기보다는 다분히 언술적·규범적 측면이 강했다. 그러나 북한에서 초기의 억압정책과 토지개혁 등의 급진적 개혁으로 많은 사람들이 월남하거나 반공주의자가 됨으로써 점차 자유민주주의의 토양이 조성되어갔다. 그렇다면 1948년 제1공화국 수립에서 한국전쟁 발발 전까지 남한의 반공주의는 반드시 위로부터 주어진 측면만 존재했던 것은 아니었다고 볼 수 있다.

한국에서 전후 끊임없이 정권에 의한 이념적 호명(ideological interpellation)이 가능할 수 있었던 이유는 한국전쟁의 경험이 가장 큰 영향을 끼쳤다. 그러나 그 이전 공산통치의 경험도 큰 영향을 끼쳤다. 이념적 호명과 동원은 정권이 이용한 측면도 존재하였으나 그러한 호명과 동원을 가능하게 한 역사적 경험 없이는 불가능하다. 북한에서 토지개혁 시 남하한 사람의 상당수는 식민시기 기득권자였거나 친일파, 기독교인이었다. 그러나 그들이 전부는 아니었다. 상당수는 친민족주의적·반공산주의적 이유 때문에 월남했다.[18] 남북한은 각기 체제를 공고히 하기 위해 상대로부터 체제수호적인 인력을 받아들이는 동시에 체제비판적인 요소를 배제할 필요성을 느꼈다. 그리고 이러한 필요성에 따라 인구이동이 이루어졌다. 이는 양 체제를 강화하는 한편으로 상대 체제에 대한 반감을 더욱 깊게 했다.[19]

그러나 이와 같은 사정에도 불구하고 한국의 자유민주주의는 한국전쟁을 경험함으로써 비로소 국가이념으로 내면화되었다고 볼 수 있다. 반공이데올로기가 내면화된 계기 역시 한국전쟁으로부터 비롯되었다.[20] 자유민주주의와 반공이데올로기의 내면화가 동전의 양면처럼 동시에 이루어졌다는 사실은 한국 자유민주주의의 전도를 예고했다. 달리 말하면 권위주의정권이 '반공이 곧 자유민주주의'라는 억설을 펼 수 있는 정황과 명분이 주어졌다. 실향민, 전쟁 유족 등 한국전쟁이 초래한 엄청난 상흔은 그와 같은 억설을 용이하게 하는 요소였다. 한국전쟁을 통해 실체화된 안보의식이 반공이념을 확산시키고, 그리하여 '자유민주주의를 지키기 위해 반공을 해야 한다'는 논리가 '반공을 위해 자유민주주의를 제약할 수 있다'는 논리로 굴절될 수 있는 정치상황이 효과적으로 조성되었다.

더욱이 남북한의 극단적 대립으로 긴장이 고조된 상황에서는 북한의 군사적 위협에 대처하려는 국가안보 목표가 최우선시될 수밖에 없었다. 그에 따라 자연히 반공이 강조되지 않을 수 없었다. 즉, 반공주의와 민주주의가 사실상 동의어로 간주되기 쉬운 상황이 초래되었다고 할 수 있다. 그 결과 자유민주주의는 반공주의에 의해 훼손되었다.[21]

반공주의가 헤게모니를 갖는 정치지형에서는 중간영역이 거부되고 이념적 양분법이 지배한다. 진보당에 대한 탄압이 그 좋은 보기이다.[22] 진보당이 주장한 민주주의는 당시 보수우파인 자유당이나 민주당이 주장한 사유재산권과 반공주의로 집약되던 민주주의 개념과 여러모로 거리가 있었다. 진보당의 주장은 사회적 권리나 경제적 평등을 중시했다. 이것이 곧 용공으로 의제되었던 것이다. 진보당의 운명에서 보듯 북한과 첨예한 대립상태에 있었던 한국은 좀더 극단적으로 말한다면 이념적으로 사회민주주의와 공산주의의 구분조차 인정하지 않을 만큼 경직된 사회였다.[23] 이와 같은 흑백논리가 지배하는 구조에서 다양하고 개방된 정치경쟁을 요체로 하는 민주주의는 발전하기 어려웠다.

그러나 자유민주주의의 형해화에도 불구하고 한국정치에서 민주주의라는 말이 사라진 적은 결코 없었다. 아니, 사라질 수 없었다. 이는 자유민주주의의 한 측면이 다름 아닌 김일성의 '공산독재'에 대응한다는 데 있었기 때문이다. 자유민주주의를 분단한국의 국가이념으로 선정했던 이승만 정권은 말할 것도 없고 유신체제나 전두환 정권 역시 예외가 아니었다. 박정희 정권은 서구식 자유민주주의에 대해 사회의 권위주의적 위계질서와 같은 전통적 유교문화의 덕목을 강조했다. 또한 어떤 주체적 민족문화의 장점을 강조하면서 개인주의적, 자유주의적 이념에 기반을 둔 서구식 자유민주주의에 대응하고자 했다. 그러나 '한국적 민주주의' 또는 관료적 능률과 규율을 강조하는 '행정적 민주주의'에서 보듯 결코 민주주의라는 외양을 벗어 던질 수는 없었다.[24] 그러나 이때의 '민주주의'는 민주주의와는 거리가 멀거나, 어디까지나 반공을 전제로 하거나 반공과 민주주의를 등치시키고자 했다. 심지어 어떤 '반공독재'도 '공산독재'보다 우월하다는 논리까지 대두되었다.

이와 같은 반공주의의 위력은 해방 후부터 1980년대 민주화 국면, 그리고 탈냉전까지 다소간 정도의 차이는 있으나 지속되었다. 이는 예컨대 1980년대 민주화 국면에서 지배권력이 권위주의에 반대하는 민주화세력에 대응하여 '현상유지의 권위주의의 온존이냐, 개혁적 민주화냐'의 대립선에서 갈등하는 국면을 통해 엿볼 수 있다. 즉, 기득세력이 민주화세력에 저항하기가 쉽지 않자 독재·민주의 대립구도를 보수·혁신의 대립구도라는 구체제의 이념적 억압체계를 그대로 재현하려는 것으로 나타났다.[25] 말하자면 반공주의가 민주화를 둘러싼 사회세력 간 갈등관계에 갑자기 삽입되었던 것이다. 그러므로 권위주의의 신봉자들이나 (그들의 관념이나 수사와는 관계없이) 실제로 권위주의체제에 긍정적으로 기여한 사람들은 민주주의자가 되고 반체제 민주화세력은 혁신, 좌경, 용공 세력으로 몰리게 되었다.[26] 우리는 여기에서 북한요인의 개입으로 강화되어온 반공지향성이 민주지향성을 제약하고 권위주의를 조장하는 메커니즘의 오랜 관성과 유산을 확인할 수 있다.

북한의 토지개혁과 '북풍'의 기원

토지개혁은 해방 직후 한국사회의 가장 중심적인 개혁의제였다. 제2차 세계대전 종전 후 한국의 혁명적 상황에서 어떠한 체제도 토지문제의 근본적 해결 없이는 안정을 구가할 수 없었다. 토지개혁은 당시 가장 절실하고 긴급한 대중의 요구였으므로 우익 정당마저도 토지개혁 약속을 강령에 담지 않을 수 없었다.[27] 식민지배 구조의 급진적 변혁을 추구하지 않은 미군도 이러한 점을 인식하여 토지문제 해결에 적극적이었다.[28] 그만큼 토지문제는 갈등의 중심축이었다.

미국이 전후 일본에서 취한 농지개혁과 마찬가지로 남한에서 미국의 농지개혁 또한 아래로부터의 요구를 수용한 위로부터의 예방조치적 개혁이었다. 미군정은 일본 식민주의가 남겨놓은 가혹한 소작제로 인한 조선 농민의 참혹상을 목도하고, 진주한 지 한 달도 안 되어 10월 5일 군정 법령 9호로 '비상사태'를 포고하고 '소작료 3·1제'를 시행하지 않을 수 없었다. 이 비상사태 포고는 소작료를 총액의 1/3을 넘지 못하게 했으며, 1/3을 넘을 경우 소작 계약 자체를 무효화시켰다. 이것은 남한의 좌파와 농민들의 3·7제 요구가 증가하고, 북한의 3·7제 실시가 남한으로 전해진 데 따른 대응이었다. 38선 이북으로부터의 '북풍', 곧 북한요인은 이미 1945년부터 38선 이남에 영향을 미쳤다.[29]

미군정은 1948년 3월 22일 토지개혁 실시 계획의 발표와 함께 이를 단기간에 완료했다. 물론 그것은 신한공사의 소유토지에 한정된 것이었다. 미군정의 급격한 선제적인 토지개혁은 남한 정부가 들어선 이후 토지개혁을 실시하게 하는 데 있어 강력한 압력이 되지 않을 수 없었다. 그러나 주목할 것은 이에 앞선 압력이 북한으로부터 왔다는 점이다.[30] 북한의 혁명적 변화를 남한은 뒤늦게 따랐던 것이다. 이 점에서 혁명은 개혁을 강요하였다고 볼 수 있었다.[31] 우리는 이를 북한 내부의 변화라는 상황적 북한요인이 남한의 토지개혁 정책에 압력을 가하고 촉진시키는 역할을 한 시원적인 대표 사례라고 부를 수 있을 것이다.

북한에서 토지개혁이 실시되던 당시, 전체 지주의 87%에 달하는 약 2만 6천 가구는 이주자경(移住自耕)을 선택한 것이 아니라 이를 포기하고 아예 38도선을 넘어 내려왔다. 이것은 38선을 의식한 의도적인 반동 남하정책, 다른 말로 하면 반혁명의 수출정책이었다. 따라서 북한으로부터 불어온 '북풍'은 단순히 혁명의 남하만은 아니었던 것이다.[32] 북한으로부터의 대규모 월남은 북한사회의 변화와 함께 남한사회에 큰 영향을 끼쳤다. 북한에는 반동적 압력의 완화를 가져왔고 남한에는 서로 다른 두 영향을 가져왔다. 당시 북에서 남으로의 영향은 '북한사회의 변화가 끼친 영향'과 '대규모 남하가 끼친 영향'의 두 가지였다.

김일성은 1946년 4월 토지개혁에 대한 당내 토론에서, 토지개혁과 같은 민주개혁을 하여 남한에 북풍을 불어넣어 그들의 반동적 선전을 분쇄하고 남한의 민주개혁을 촉진시켜 38선을 없애야 한다는 요지로 연설했다. 그런데 탈식민 후 북한이 남한체제와 민중에게 끼친 영향, 곧 '북풍'은 하나가 아니라 두 방향에서 함께 불었다. 하나는 토지개혁과 친일세력 배제에 의한 남한 민중들의 개혁에 대한 기대였고, 다른 하나는 이로 인한 구체제 지배세력의 월남 및 남한 국가기구로의 결집, 그리고 이들이 퍼뜨리는 공산주의에 대한 나쁜 소문에 의한 남한 민중들의 반공의식의 확산이었다.

어느 것이 더 큰 영향을 주었는지는 즉각 확인되지 않았지만 시간이 지나자 후자의 영향이 더 크고 심대했다는 사실이 드러났다.[33] 그것은 1948년 질서의 시기 동안 남한에서 만연한 반공주의로 표출되었다. 북한으로부터의 남하의 증가는 북한 내 저항의 감소로 이어졌다. 그리고 이것은 남한체제에 대한 충성을 강화해주었다. 결국 남한을 강화해준 요인의 하나는 혁명 과정에서 나타난 소군정과 김일성체제의 급진주의

였다. 남하를 선택한 사람들이 북한을 지지하지 않았을 것임은 불문가지이다.[34]

제1공화국하에서 토지개혁이 헌법에 명시되고 정부가 이에 적극적인 자세를 보인 것은 분단정부 수립과정에서 초래된 정통성의 위기와 관련된다. 제1공화국 정부는 분단정부의 수립에 대한 국내외적 지지의 취약이라는 정통성의 위기에 직면했다. 이는 5·10 선거과정에서 좌익세력의 선거반대투쟁, 김구와 김규식을 비롯한 중간파 세력의 선거 불참, 선거 직후 선거를 감시한 유엔 한국임시위원단의 선거 합법성 인정 지연, 그리고 제주4·3사건과 여순사건에서 입증된 일반 국민들의 지지 취약 등에서 잘 드러난다. 그에 따라 이승만 정권은 자신이 보수반동적 정권이 아니라 개혁적·진보적 측면을 갖고 있다는 점을 대내외에 확인시킬 필요성에 직면했다. 이승만은 지주계급의 정당으로 인식되는 한민당 인물을 자신의 내각에 포함시키지 않으려고 노력했다. 나아가 농지개혁을 담당하는 주무부서에 과거 공산당 활동 경력이 있는 조봉암을 장관으로 임명했다.[35] 토지개혁에 관한 한 남한은 지주의 국가가 아니라 농민의 국가처럼 보였다.[36] 이와 같은 사정 역시 북한으로부터의 압력과 무관하지 않았다.

결국 초기 북한에서의 토지개혁은 남한에서의 토지개혁을 불가피하게 했고,[37] 토지개혁을 통해 지주계급이 대거 몰락함으로써 이후 자본주의적 산업화를 위한 사회구조적 기반이 조성되었다고 볼 수 있다.[38] 지주들은 경제적 이익과 전통적인 정치적 영향력을 확보하기 위해 종종 자본주의 산업화나 국가의 산업화 정책에 저항한다.[39] 이렇게 볼 때 북한의 토지개혁이 남한의 토지개혁을 촉진시켰고, 토지개혁 과정에서 지주들이 몰락함으로써 산업화의 기반을 정초하였다고 할 수 있다. 토지개혁은 입법 단계에서 지주들의 정치적 조직이자 이승만 정권의 지배연합 세력 중 하나였던 한민당의 거센 저항을 받았다. 그럼에도 지주들의 반대는 미군정의 초기 점령정책을 역전시킬 수 없었다. 나아가 전전 시기에 토지개혁을 열망했던 국민들로부터 최소한의 지지를 끌어내려는 초기의 국가와 그 엘리트의 긴박한 요구를 무력화시킬 정도로 강력한 것은 아니었다. 토지개혁은 대지주·소작인 관계에 기반한 반(半)봉건적 소작제를 붕괴시키고 이를 허용하지 않는 새로운 분할지 제도로 변형시켰다. 그 결과 수많은 소농이 생겨났고, 대지주계급의 경제적 기반이 해체되었다.[40]

토지개혁으로 농지를 분배받은 농민들이 제1공화국의 지지기반이 되었다는 점은 분명하다. 미군정과 제1공화국 정부가 의도하였던 '체제의 수호를 위해서는 지주계급과의 보수적 지배연합을 절연하더라도 농민들의 토지 요구를 수용하여 그들을 혁명적 정치세력으로부터 떼어내고자 하는' 정책은 토지개혁을 통하여 대체로 성공했다.[41] 토지개혁에 대해 보수적 지배연합은 동의하기를 주저했으나 그것이 공산당을 막는 최상의 길이었기 때문에 동의할 수밖에 없었다는 점이다.[42] 말하자면 그것은 반공을 위한 토지개혁이었던 것이다.

여기서 우리는 해방 직후 변혁의 열기로 끓어오르던 전국 각지의 농촌사회가[43] 어떻게 하여 토지개혁과 전쟁 이후에는 보수화되어 집권여당의 지지기반으로 전화되었는가에 대한 의문의 일단을 풀 수 있다.[44] 요컨대 초기 북한의 토지개혁은 혁명적 열기를 남하시킴으로써 남한의 토지개혁을 압박했고, 남한은 토지개혁을 통해 농민들이 체제내화됨으로써 체제의 안정화를 가져왔던 것이다. 즉, 북한의 혁명은 남한의 개혁을 불러왔고, 남한의 개혁은 농민들을 정치적으로 보수화시켰다. 그리고 이는 체제의 안정화로 귀결되었다.

이렇게 보면 북한의 의도와는 무관하게 상황적 북한요인이 남한의 토지개혁을 압박함으로써 남한체제의 안정화는 물론 이후 산업화의 기반을 정초하는 데 기여했다고 할 수 있다. 이러한 상황적 북한요인의 기여는 한 번으로 그치지 않았다. 1960년대 남한의 압축적 산업화를 추동하고 국민들을 강렬한 산업화 의지로 결속시키는 데에도 기여하였음을 2장에서 살펴보게 될 것이다. 말하자면 산업화의 기반과 동력이 북한요인으로부터 제공되었다고 해도 지나친 억설은 아닌 것이다. 우리는 여기서 적대적 상호의존과 대쌍관계동학의 원형적 모습과 북한요인이 한국정치에 주는 역설의 연원을 엿볼 수 있다.

2. 정치균열과 북한요인

여순사건 및 국회프락치사건과 소장파의 몰락

북한과의 대결이라는 제로섬 조건하에서 자유민주주의가 허용하는 정치적 반대와 그것이 정치적 불안과 사회적 혼란에 의해 체제를 약화시키는 행위로 해석될 반체제적 반대 사이의 경계는 애매한 것이었다. 남북협상세력의 몰락, 반민특위 활동의 좌절, 그리고 소장파[45]의 몰락 등을 초래한 이승만 정권의 강압적 정국 변환은 외부 적대세력의 존재가 내부의 반대세력 제압을 위해 활용되는 관행의 원형이 되었다.[46]

1948년 10월 19일 일어난 여순사건은 1948년 5·10선거 이전에 발생한 제주4·3사건과는 달리 전남 동부지방이 순식간에 '인민공화국' 지지를 외치는 좌익의 손에 넘어갔다는 점에서 큰 충격이었다. 5·10선거를 저지하기 위해 남로당의 지령으로 제주도에서 1948년 4월 3일에 시작된 무장봉기는 대한민국 정부수립 이후에도 진정되지 않았다. 이에 정부는 제주도 전역에 계엄령을 선포하고 여수에 주둔하고 있던 제14연대를 파견하여 반란을 진압하려고 했다. 그러자 군 내부에 침투해 있던 좌익세력의 선동으로 제14연대가 여수에서 반란을 일으켰다.[47] 10월 19일 밤 여수시내에는 때 아닌 기관총 소리가 천지를 진동하였고 경찰서와 파출소, 군청, 역 등 주요기관이 반란군의 수중에 들어갔다. 이 사건은 제14연대의 일부 장교와 공산계열에 의해 계획된 것이었다. 이들은 20일 아침에는 통근열차로 순천에 침입하여 경찰서 등을 습격하여 반란군과 경찰 간에 전투가 벌어짐으로써 큰 피해가 발생했다. 한편 반란군을 소탕하러 가던 광주의 제4연대도 이들과 합류하여 경찰서를 점령하고 인민재판소를 열어 우익인사와 일반주민, 경찰 등을 죽임으로써 많은 사상자가 발생했다.[48] 당시 전라남도의 발표에 의하면 11월 1일 사망 및 행방불명이 여수는 4,800명, 순천은 1,953명이었다.[49] 미군의 지원으로 반란을 진압할 수 있었지만 이 사건은 공산주의의 잔혹성을 일반에 각인시키는 결과를 가져왔다. 여순사건이 있은 지 얼마 지나지 않은 1948년 12월 20일, 대구에 있던 제6연대에서도 반란사건이 일어나 연쇄적으로 준전시상태가 조성되었다.[50]

북한은 1948년 하반기부터 남한에서 일어나고 있는 무장투쟁을 지원하기 위하여 유격대원을 침투시켰으며, 여순사건이 발발하자 평남 강동군에서 훈련 중이던 유격대원을 오대산지구로 침투시켰다.[51] 또한 각종 선전매체를 통해 인민봉기를 선동했다. 그리고 남로당 조직에 군사부를 설치하고 여러 무장행동대를 편성하여 파괴공작에 나섰다. 1948년 4월 3일에 발발한 제주도에서의 무장봉기는 정부수립 직전 한 달 이상 소강상태에 접어들었으나 정부수립을 전후하여 다시 격화되었다. 제주도의 초기 저항을 주도했던 지도자들은 1948년 7월에 비밀리에 제주도를 빠져나와 해주에서 열린 남조선인민대표자대회에 참석했다. 회의에서 저항의 중심인물인 김달삼은 제주항쟁에 대해 보고하여 참석자들로부터 많은 박수를 받았으며 박헌영, 홍명희와 함께 30명의 주석단에 선출되었다. 항쟁지도부의 북한 국가수립에의 가담은 미군과 남한 정부로 하여금 제주 저항이 북한공산주의자들과 연계된 것으로 인식하게 했다.[52]

실제로 김달삼을 비롯한 제주 저항의 지도부를 북한 국가수립에 참여시킨 것은 노동당의 지시였으며, 당 중앙은 이들을 대신하여 제주항쟁을 지도할 조직원(리재옥)을 파견하여 제주도에서의 항쟁을 자신들의 전국적 투쟁전략과 연계시켰다. 이로부터 국내적 저항이 북한의 중앙좌파와 연계된 것으로 인식되기 시작했다. 이제 남한에서의 저항은 북한에 대한 지지로 받아들여졌다. 모든 저항이 실제 그러했느냐의 여부에 관계없이 남북한 수뇌부는 그렇게 받아들이고 있었다. 곧 남한좌파의 저항이 북한의 사주로 인식되는 데에 남한국가의 반좌파 공격의 정당성이 근거하고 있었다. 이것은 남한의 자생적 저항세력에게는 파멸적 결과를 초래하는 재앙이었다. 그러나 북한은 간첩침투와 게릴라부대 남파를 비롯하여 전 간기 동안 끊임없이 남한의 저항을 촉발하고 지도하려 시도했다.[53]

여순사건 발발 이틀 후인 10월 21일 이범석 국무총리는 제14연대장 오동기 소령이 좌익과 결탁한 것을 포착하여 관련자를 검거하던 중 14연대 1개 대대가 반란을 일으켰다고 발표했다. 10월 22일 김태선 수도경찰청장은 최능진, 오동기 등이 남북노동당과 결탁하여 무력으로 대한민국 정부를 전복하고 김일성 일파와 합작하여 자기들이 숭배하는 정객을 수령으로 공산정부를 수립하려 했다며 쿠데타 직전에 이들을 검거했다. 그리고 쿠데타 모의를 주도한 자들의 말단 세포분자들이 여순사건을 야기한 것[54]이라고 설명했다. 이어 11월 3일 수도경찰청은 좌익계열에 대한 일제 검거는 물론 우익 진영에 속하는 남북협상파의 일부 주요 인물들까지도 검거했다. 이때 시중에는 여순사건의 배후에 김구의 선동이 있었다는 루머가 나돌았다. 실제 여순사건에 대한 정부 발표의 주요 표적 중 하나는 바로 김구였다. 이승만과 극우단정세력은 여순사건을 기화로 그때까지 손대기 어려웠던 김구와 남북협상세력을 포함한 김구 지지세력을 제압하고자 했다.

정부는 여순사건이 발발했을 때 국회에 출석하여 허위·과장 보고하여 국회의원들을 위협하였고, 최능진과 오동기 등이 여순사건의 배후라고 발표하여 그들의 반국가적 성격을 부각시켰다. 동시에 김구 측에 압박을 가했다. 이 시기에 김구의 최측근인 엄항섭 등을 검거하고 극우극좌의 합작음모가 있었다고 계속 주장한 것도 바로 김구를 겨냥한 것이었다. 이는 이승만과 극우세력의 반공정책이 공산주의자들만을 대상으로 한 것이 아니라, 자신들을 반대하는 반공우익세력도 주요 타격 대상으로 삼고 있었음을 의미한다.[55] 이러한 양상은 이후 이승만 집권 시기는 물론이고 박정희, 전두환 시기에도 반복된다.

여순사건으로 국가보안법이 제정되었지만 정부 내에서도 사찰부서, 경찰, 검찰 간에 그 적용범위를 둘러싸고 논란이 빚어졌으며, 제헌국회 내 소장파의 영향력 또한 건재했다. 김구와 김규식도 미군 철퇴를 계속 주장했고, 수도경찰청장 김태선이 외군 철퇴를 주장하는 자는 공산도배라고 비난했지만 별 효력이 없었다.[56] 그런데 국회프락치사건[57]으로 상황은 급변하기 시작했다. 1949년 5월 17일, 소장파 이문원 의원 등 세 의원의 구속을 시작으로 소장파 국회의원 다수가 남로당과 연결되어 국회에서 프락치 활동을 했다고 발표하자 세상은 발칵 뒤집어지고 원내에는 공포 분위기가 엄습했다. 소장파 의원들이 반민특위 활동을 주도했기 때문에 세 의원의 구속은 국회에서 큰 파장을 일으켰다. 의원 구속 문제는 6·6반민특위 습격테러, 국회프락치사건 등 상호 연관성 있는 사건으로 그 파장이 이어졌다.

5월 31일 파고다공원에서는 당국의 방조하에 세 의원의 석방 요구에 동의한 88명의 의원을 적색분자로 규탄하는 '민중대회'가 개최되었다. 이 민중대회에서는 '세 의원은 공산당인데 이들을 석방하라고 한 88명의 의원 역시 공산당이다. 이 공산당 사람들이 반민법의 (해당자들에 대한) 공소시효 기간을 연장시켰다'고 비난했다. 이 민중대회는 반민법 대상자들이 주동했다는 점에서 실제로는 반민특위를 겨냥한 것으로 볼 수 있다. 1949년 6월부터 빈발한 서울과 지방의 반공 대중집회에서 구속의원들은 반동의원으로 규탄되었고 그들을 선출한 몇몇 지역구에서는 소환 움직임이 일어났다. 이러한 대중집회를 통한 반공드라이브는 그대로 의회 내로 침투하여 개혁파 의원들을 위축시켰다.[58] 6월 6일 정부와 경찰은 반민특위를 와해시키기 위한 습격을 감행했다. 국회는 분노하고 반발했지만 정부와 경찰은 반민특위를 와해시키려는 집요한 활동을 멈추지 않았다.[59]

구속된 이문원 의원 등이 남로당 프락치라는 증거는 충분하지 않았다. 때문에 국회프락치사건은 6월 17일 국회부의장 김약수 외 6명이 미 군사고문단 설치 반대의 진언서를 유엔 한국위원단에 낸 며칠 후 체포되면서 본격적으로 사건화되었다. 6월 23일 수도경찰청장 김태선은 '국회의원이라는 지위를 과대히 평가하여 공공연히 남로당과 결탁하고, 대한민국정부를 파괴하여 남한에 공산국을 세우려는 의도 아래 그 수단과 방법을 가리지 않고 내외에서 악질적인 공산당의 지령 아래 실천행동을 감행해왔던 것'이라는 담화를 발표했다.[60]

국회프락치사건은 국회 내 개혁적 소장파세력이 몰락하는 계기가 되었다는 점에서 현대정치사에서 중요한 의미를 갖는다. 제헌국회에서 이승만세력, 민국당으로 이름을 바꾼 한민당세력, 소장파세력은 여순사건, 반민특위, 외군철수와 통일방안 문제, 농지개혁법안의 제정을 둘러싸고 사사건건 갈등하고 때로는 연대했다. 특히 소장파 의원들의 외군철수와 평화통일 주장은 미군철수를 앞두고 북진통일을 주장하던 이승만 정권에 직접적인 도전이 되었다.

검찰 발표에 따르면 1949년 3월 당시 검찰은 국회 안팎에서 쏟아지는 외군철수, 남북 통일협상 등의 주장이 북한과 남로당의 대남선전과 너무나 흡사하다는 점에 의혹을 갖고 내사해왔다는 것이다. 검찰은 그 과정에서 소장파 의원의 중심인물인 김약수, 노일환, 이문원 등이 남로당 중앙위원인 이삼혁 등과 접촉한 것이 확인되었다고 밝혔다. 이어 남로당 연락책 정재환이 지니고 있던 비밀문서를 압수한 결과, 이 암호문은 박헌영에게 보내는 국회 내 남로당 의원의 프락치활동 공작보고서[61]로 판명되었다는 것이다. 결국 검찰의 주장은 1949년 1월 27일경부터 국회 내에서 프락치활동이 시작되었고 남로당에 포섭된 노일환, 이문원 두 의원은 남로당의 이삼혁으로부터 외국군 철퇴안에 대한 결의안 상정을 지령 받았다는 것이다. 그리고 이 지령에 의해 김약수 등을 포섭했다는 것이다. 물론 노일환, 서용길 등은 자신들이 남로당의 첩자가 아니며, 이 사건이 정치적으로 조작되었다고 주장했다.[62]

1949년 6월 당시 시점에서 남과 북에서 공산주의자들의 활동이 특별히 두드러졌다고 볼 근거는 없었다. 다만 당시 북한의 남한사회 전 영역에 대한 광범하고도 집요한 비밀첩자 침투 노력에 비추어보아 소장파의 일부 핵심이 그들의 노선에 동조한 사람들과 접촉했을 가능성까지 부인할 수는 없다.[63] 남로당의 첩자라는 의심을 받은 국회의원들의 국회 내에서의 진술을 보더라도, 그들은 남로당의 첩자가 아니라고 강력히 주장하였지만, 일부는 미지의 인물로부터 비밀스러운 접촉시도가 있었음을 시인하기도 했다. 당시 군대 내 좌파세력의 침투를 미루어보더라도 북한의 수많은 첩자들이 국회의원이라고 하여 예외적인 영역으로 놓아둘 이유는 없었다.[64] 군대와 국회의원 등에 대한 공작은 1950년대는 물론이고 5·16 직후와 제3공화국에서도 계속되었다.[65]

당시 북한의 대남공작 부문에서 일했던 인사의 증언에 의하면, 프락치사건은 남로당 계열뿐만 아니라 북로당 측의 성시백과 선이 연결되어 있었다고 한다. 그러나 연루된 국회의원들 가운데 남로당의 지도를 받은 사람들이 있었다고 하더라도 그들이 남로당의 정식 세포조직으로서 '프락치조직'을 형성했던 것은 아니었다. 단지 좌익 동조자 그룹 수준이었다.[66] 이렇게 본다면 국회프락치사건이 확대·과장되고 조작된 면이 없지 않았지만 그것이 완전히 조작된 것이라고 단언할 수는 없을지 모른다. 정부수립 이후에도 남한에서 남로당과 북로당이 도처에서 활동[67] 하면서 각 분야에 침투하고자 노력했는데, 그것과 정황적 연관을 갖는 대표적인 사례가 이 사건이었다고 볼 수 있다.

이승만 정권은 당시의 반공 분위기를 정당화하는 동시에 정치적 반대세력을 제거하기 위한 계기가 필요했다. 그런데 외군철수, 남북 통일협상 등을 주장하는 소장파 의원들의 주장은 좋은 빌미가 되었다. 이승만 정권은 국회의원 체포가 '비민주적 처사'로 비칠 수 있음을 알고 있었다. 그러나 국회에 침투한 공산주의자들의 싹을 자르기 위해 부득이한 조치였다고 정당화했다. 이 사건으로 이승만은 국회 내 개혁적인 세력을 소멸시키고 보수세력을 중심으로 의회를 지배할 수 있게 되었다.[68] 이는 민주지향성 약화와 반공지향성 강화를 의미한다. 이처럼 국회프락치사건을 계기로 한 소장파의 몰락은 정치사회 내 최대 저항세력이 제거되었음을 말하며, 동시에 정권과 의회 간의 견제와 균형관계의 붕괴를 의미한다. 이는 이견과 경쟁의 정치균열 범주가 비대칭적으로 우경화되었음을 뜻한다.

그런데 이승만 정권이 국회 소장파에 대해 그와 같은 극단적 조치를 취할 수 있었던 배경은 공산주의자들의 조직적 침투와 공작·선동에 의한 여순사건이 초래한 극도로 경직된 사회의 반공 분위기에서 찾을 수 있다.[69] 요컨대 군사반란 형태로 나타난 행위적 북한요인의 대두 이후 상황적·조작적 북한요인의 영향력이 동반 상승했던 것이다. 이 사건을 통해 알 수 있듯 북한과의 반목과 대치상태에 있는 반공국가에서 특정 이슈에 대한 적대국과의 외양적 일치나 유사는 허용되기 어려웠다. 그것은 사실의 진위 여부와 관계없이 북한과의 연계를 상정하게 하고 탄압하게 하는 구실을 제공했다.

국제공산당사건, 뉴델리밀담설, 진보당사건과 반대세력 위축

한국전쟁과 정치균열의 변화

행위적 북한요인이, 특히 여순사건과 한국전쟁과 같은 무력적 형태로 표출되면 북한요인의 실재에 대한 논란을 불식시키고, 그 위협성을 사회 기저에까지 침투·각인시킴으로써 체제를 강화하고 민주주의를 약화시키는 결과를 낳는다. 즉, "늑대다!"라는 목동의 외침에 대한 사람들의 의구심은 늑대를 직접 보는 순간 사라진다. 일견(一見)의 효과는 백문(百聞)의 논란을 잠재운다. 뿐만 아니라 한동안 '외침'만으로도 위협인식을 불러일으킬 수 있다. 그리고 군사반란과 전쟁의 형태로 표출된 행위적

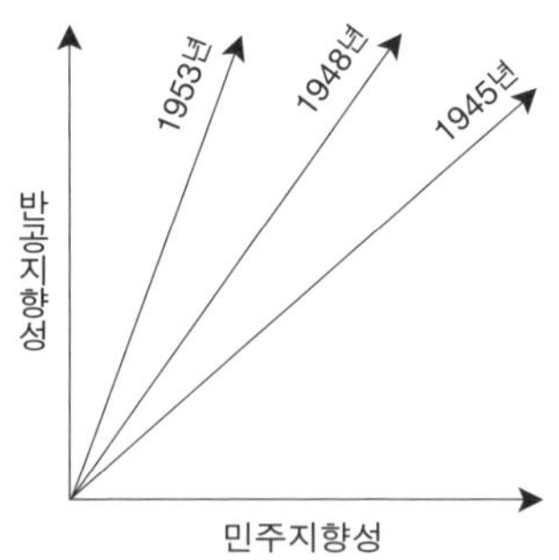

그림4 북한요인과 정치지형 변화

북한요인은 북한요인의 성격과 영향력 자체를 크게 변화시킨다고 할 수 있다. 그리하여 이전 시기에는 문제시되지 않거나 미미하게 받아들여졌던 북한요인마저 위협으로 인식하게 하고, 조작적 북한요인조차 위협으로 인식하게 하여 그 동원을 용이하게 한다.

달리 표현하면 1945년의 북한요인과 1948년의 북한요인, 그리고 한국전쟁 이후의 1953년 북한요인의 영향력은 동일하지 않다. 그림4와 같이 북한요인은 정치지형에서 반공지향성을 강화하는 데 기여했는데, 반공지향성이 강화될수록 북한요인의 위력 또한 더 증강되는 반면 민주지향성은 그만큼 약화되었다. 다시 말해 한국정치에 미치는 구조적·상황적·행위적 북한요인의 강도, 범위, 그리고 영향력이 여순사건과 한국전쟁이라는 두 결절점에서 단절적으로 상승해왔다는 의미이다.

특히 한국전쟁은 정치균열의 스펙트럼에서 명백한 단절성을 창출했다. 전쟁 이후 남한 내 유격대의 소멸로 좌익세력은 최종적으로 정치지형으로부터 제거되었다. 따라서 반공국가에 대한 직접적 위협세력은 소멸되었다. 또한 남북협상파도 전쟁 중 월북하거나 납북되어 남한 내 좌파, 중도파[70]는 대폭 제거되고, 전후 정치대립의 지형은 보수우익 진영

내의 대립으로 축소되었다.[71] 그리하여 해방 이후 독립운동의 다양한 분파 간의 폭력적인 정치적 투쟁은 보수엘리트 세력을 중심으로 좁혀졌다. 이로부터 정치균열은 예전에는 양자 모두 같은 정치적 지배연합의 구성원이었던 국가엘리트와 그 반대파인 한민당·민국당 그룹 간의 민주주의 대 권위주의라는 통제된 정치적 갈등으로 대치되었다. 그것은 '찻잔 속'의 균열과 갈등이었다. 따라서 한국전쟁 이후 헤게모니적 이데올로기로서의 국가안보와 자본주의는 결코 의문시되거나 도전받은 적이 없었다.[72] 한국전쟁이 가져온 또 다른 결과는 전전에 급진적으로 정치화되고 좌파급진주의의 중심세력이었던 노동자와 농민이 완벽하게 탈정치화되어 무력화되거나 정부·여당의 강고한 지지기반이 되었다는 사실일 것이다.[73]

또한 한국전쟁으로 인구의 대규모 이동이 있었고, 특히 북한인구의 유입은 북한의 토지개혁 시 남하에 이어 재차 남한사회의 지배이데올로기로서 반공이념의 강화에 크게 기여했다.[74] 더불어 한국전쟁은 한국사회에 심대한 고통과 정신적 충격을 가했다. 전쟁의 참혹상은 국민 개개인의 뇌리에 깊숙이 각인되었다. 분단은 휴전선을 따라 더 깊이 새겨졌고, 심리적 분단 또한 이를 뒤따랐다. 이를 집단적인 경험에 따른 '역사적 기억'으로서의 북한요인이라고 일컬을 수 있다. 그것은 동시에 북한요인의 강도와 영향력이 현격히 커지고 내재화되었다는 의미이기도 했다. 그리하여 공산주의에 대한 공포, 공산주의자라는 낙인에 대한 공포는 정치문화의 내재적 일부분으로 자리 잡게 되었다. 전쟁의 직접적 경험은 그것을 어떻게, 어떠한 것으로 기억할 것인가 하는 문제조차도 국가가 통제할 수 있도록 조작되었다. 전쟁의 경험과 고통은 언어를 통제하고 공통의 언술체계를 통제하며, 보다 직접적이고 현실적인 반공주의적 세계관을 재생산하는 이데올로기적 국가기구에 의해서 취합되고 표출되기에 이르렀다. 전전과 전후 정치의 큰 차이는 바로 여기에 있었다.[75]

이제 북으로부터의 끊임없는 남침의 위협을 부각시킴으로써 국가는 쉽게 고갈되지 않는 자원을 무한정 사용할 수 있었다. 따라서 현존하는 정치질서의 안정은 항상 북으로부터의 남침위협과 연계되어 설명되었다.[76] 아울러 국가에 의한 북한요인의 동원과 과대포장, 그리고 조작이 효력을 발휘할 수 있는 여지가 커졌다. 이로 인해 저항세력에 대한 관용 수준은 극도로 축소되고, 반공주의와 국가안보의 저촉 범위는 확대되었다. 북한은 이제 이미지가 아니라 집단적 체험에 입각한 실제의 적대집단이었다. 그리고 이는 다시 더 강화된 적대적 이미지와 역사적 기억으로 단단히 각인되었다. 이는 '반공을 위해 자유민주주의를 제약할 수도 있다'는 집권세력의 억설을 강화하는 조건을 부여했다. 이전 시기에는 제기할 수 있었던 분단국가와 정권에 대한 반대는 전쟁이라는 극단의 무력적 형태로 표출된 행위적 북한요인으로 인해 침묵할 수밖에 없었다. 또한 이후 시점부터 한동안 북한의 존재 및 분단상황, 곧 구조적 북한요인을 동원하는 것만으로도 일체의 정치적 반대를 제압할 수 있었다.

위에서 논의한 바와 같이 국가는 정치사회나 시민사회로부터의 정치적 반대나 민주화 압력을 제압하고 국가의 선호를 관철시키는 데 북한요인을 유용하게 이용했다. 곧 국내의 정치적 반대를 남북 간의 갈등으로 전치하거나 북한요인과 연계하여 탄압했다. 북한 역시 남한요인을 동원하여 반대파를 제압했다. 예컨대 1956년 일어난 '8월종파사건', 1957년의 '최창익그룹사건', '제3당사건' 등에서 보듯 반대파를 남한과

연계시켜 탄압하였던 것이다.[77]

앞에서도 지적하였듯이 남북한의 첨예한 체제적·이념적 대립 상황에서 애국적 반대행위와 체제전복 행위는 그 경계가 모호한데,[78] 이것은 두 가지 의미를 가진다. 하나는 정권이 정치적 반대를 북한과의 '가공적(架空的)' 연계로 탄압할 수 있는 여건을 만들어준다는 것이다. 다른 하나는 리더십이나 공안기관에 있어 적대국과의 외양상 공명조차 '실제' 위협인식의 대상이 될 수 있다는 사실이다. 후자는 한국정치의 북한요인을 보는 데 특히 중요하다. 위협인식은 사태에 대한 객관적 반영일 수 있지만 인식주체에 의한 주관적 구성물이기도 하다. 때문에 정책결정자는 대북이미지, 북한의 최근 경향성 등을 바탕으로 객관적으로 위협이 부재하거나 연계가 모호한 사안에 대해서도 이를 실제적인 위협으로 인식할 수 있는 것이다. 이와 같은 조건에서 조작적 북한요인이 동원되거나 효력을 발휘하며, 또한 북한요인의 조작 및 과장 여부를 둘러싸고 국가, 정치사회, 시민사회 영역 간에 논란과 갈등이 일어날 수 있다.

해방 후 북한에서의 사회주의혁명 및 국가건설의 진행은 혁명 대 반혁명, 단정 대 통일국가 수립이라는 국내의 균열구도를 둘러싼 갈등을 한층 격화시키는 역할을 했다. 또한 북한에서의 사회주의국가 건설은 반사적으로 반공과 결합한 자유민주주의 이념과 체제를 제도화하는 데 기여했다. 특히 해방 직후 혁명적 열기의 작렬로 한동안 강한 국가와 강한 정치사회, 그리고 강한 시민사회 간에 새로운 국가건설을 둘러싼 균열과 각축이 벌어졌다. 그러나 북한에서 북조선임시인민위원회가 모태가 되어 사실상 독자적인 국가건설로 나아감에 따라 남한 역시 좌파 배제와 반공체제를 요체로 하는 단정 수립 과정을 밟게 되었다. 이로 인해 삼자 간의 균형은 국가의 강화와 정치사회와 시민사회의 약화로 변전되었다.

이승만 정권은 여순사건을 계기로 좌익세력 소탕을 명분으로 국가보안법을 제정하고 사회 전반에 걸쳐 대규모 숙청작업을 감행했다.[79] 그리고 1949년 국회프락치사건에서 반공을 이용하여 국회 내 개혁세력을 고사시킨 데 이어 전시인 1952년 부산 정치파동에서 '국제공산당사건'을 조작하여 내각제 개헌을 주장한 야당 의원들에게 친공 혐의를 뒤집어씌웠다. 또한 1954년 사사오입 개헌 파동 때는 야당 의원들이 인도 뉴델리에서 북한 공산주의자와 접촉했다는 '뉴델리밀담설'을 유포하여 개헌에 반대하는 보수야당을 제3세력이나 용공세력으로 몰아붙여 제압하고자 했다. 그리고 1956년 제3대 대통령선거에서 진보당의 약진과 조봉암의 부상에 위기의식을 느낀 이승만 정권은 1958년 진보당사건을 계기로 간첩 혐의와 국가보안법 위반 혐의로 정적 조봉암을 제거하고자 했다.

국제공산당사건

국제공산당사건은 이승만 정권이 1952년 5월 25일 새벽 0시를 기해 비상계엄을 선포하고 국회 버스로 등원하던 47명의 국회의원을, 버스에 국제공산당의 비밀공작금을 받은 국회의원이 타고 있다는 이유로 헌병대로 끌고 감으로써 시작되었다. 신태영 국방부장관은 "공산잔비의 출몰이 빈번하여 후방치안을 교란하고 민심을 소란케 하고 있는바 복잡다단한 현 시국은 최단기간 내에 후방치안의 완전확보를 절대적으로 요청하고 있"[80]다는 이유로 전남북과 부산시를 포함한 경남도 일부 지역에 비상계엄을 선포한다고 발표했다. 헌법에 규정된 국회 승인도 없이 계엄령을 선포한 것이다. 물론 당시 임시수도였던 부산시 일원에 비상계엄을 선포할 정도로 공비출몰이 빈번했다는 보고는 없었다.[81] 계엄선포 다음 날인 5월 26일 정오 무렵 국회로 등원하던 의원들은 임시의사당 정문에서 헌병대에 의해 버스에 탄 채로 끌려갔다. 완전 무장한 헌병대는 버스를 포위하고 불심 검문을 하려 했다. 의원들이 버스 문을 잠그고 저항하자 헌병대는 크레인을 동원하여 버스 자체를 헌병대 본부로 끌고 갔다.[82] 그리고 국제공산당의 비밀공작에 관련된 혐의가 있다는 날조된 이유로 의원 5명을 즉석에서 구속시켜버렸다.[83]

1952년 대통령선거를 앞둔 시점에서 국회는 야권이 우세한 세력 분포를 보여 국회에서 간선으로 대통령을 선출하게 되어 있는 당시의 헌법 규정상 이승만이 재선되기는 어려운 상황이었다. 이승만 정권은 정부의 직선제 개헌안이 야권의 완강한 반대에 부딪히자 잔여 공비를 소탕한다는 명목으로 비상계엄령을 선포했다.

국제공산당사건은 원내 자유당 주류의 장면 추대와도 관련이 있었다. 계엄령이 선포된 5월 25일 원내 자유당의 주요 인사들이 장면 추대와 관련된 중대한 회의를 예정했으나 비상계엄으로 무산되고 말았다. 국제공산당사건에 연루된 혐의로 체포된 국회의원들은 대부분 장면 추대에 간여했던 인사들이었다. 5월 27일 공보처에서는 구속된 의원들이 국제공산당의 비밀정치공작에 관련되었다고 발표했다. 이승만과 똑같은 반공주의자인 장면 지지자들이 국제공산당 관계자, 즉 용공인사로 지목된 것은 아이러니가 아닐 수 없었다.[84]

이승만 대통령은 계엄선포에 대해 질서유지책이고 의원 체포는 지하공작과 관계된 것이라며 "현 위기의 책임이 공산주의자의 음모, 공산게릴라 활동 및 반항적인 국회의원들에게 있다"[85]고 비난했다. 계엄선포와 국제공산당사건, 그리고 개헌 찬반으로 정국이 극도로 혼미한 상황에서 장택상이 이끄는 신라회가 중심이 되어 국회에 계류 중인 정부와 국회 측의 두 개의 개헌안을 발췌하여 양자의 혼합·절충을 시도했다. 즉, 대통령을 직선으로 뽑는 대신 국무총리의 제청에 의한 국무위원의 임명과 면직, 그리고 국무위원에 대한 국회의 불신임권을 인정하는 모양새를 갖추고자 했다. 그러나 발췌개헌안의 핵심은 어디까지나 대통령직선제의 관철이었다.[86] 결국 발췌개헌안은 의원들을 연행, 이틀간 감금한 뒤인 7월 4일 밤 기립표결을 강행한 끝에 재석 166, 가 163으로 통과되었다. 이후 부산지역을 포함한 비상계엄이 해제되고 국제공산당사건도 흐지부지되었다.

이와 같이 이승만은 직선제 개헌으로 재선을 모색하는 자신에 맞서 내각책임제 개헌을 추진하며 대통령 교체를 시도하던 의회와의 정치균열과 갈등을 국제공산당사건을 통하여 잠재우고자 했다. 그리고 결국 직선제를 포함한 발췌개헌을 끌어냄으로써 재선에 성공했다.

뉴델리밀담설

이승만은 발췌개헌으로 재선에는 성공했지만 임기가 1956년에 끝나게 되어 있었다. 그는 또 한 번의 개헌으로 권력을 연장하고자 했다. 자유당은 1954년 5월 제3대 민의원 선거에서 과반이 넘는 의석을 확보한 데 이어 무소속 영입에 힘을 기울였다. 마침내 136명의 서명을 확보한 자유당은 1954년 9월 8일 대통령 중임 철폐를 골자로 하는 개헌안을 국회에 제출했다. 그러나 초대 대통령에 한해서 연임을 허용한다는 데 대해서 응답자의 78.8%가 반대했다는 여론조사 결과에서 알 수 있듯 반대 여론이 높아 국회에 상정되지 못했다.[87]

그런데 1954년 10월 27일 뉴델리밀담설이 터짐으로써 개헌안 상정은 탄력을 받게 되었다. 민국당 선전부장 함상훈이 '전 민국당우에게 고함'이라는 성명에서 제3세력이 민국당 일부와 연락하여 김일성·이승만 정권을 배제하고 중립적인 제3정권을 수립하려 한다는 설을 퍼뜨렸다. 그리고 신익희 국회의장이 1953년 5월 영국 엘리자베스 2세 대관식에 참석하고 귀국하던 도중 인도 뉴델리에서 북의 조소앙을 만나 남북협상 문제를 비밀리에 논의했다는 말을 들었고, 1954년 3월에는 조소앙의 밀사 오경심이 신익희를 만났다고 주장했다.[88] 그러나 뉴델리밀담설은 신익희 국회의장과 함께 영국에 다녀온 김동성 전 국회부의장이 함상훈의 주장이 전혀 사실무근한 낭설이며 민국당에서도 함상훈을 제명시킴으로써 해프닝에 그쳤다.[89]

그런데 자유당은 이 절묘한 기회를 놓칠세라 즉각 뉴델리밀담설을 적극 부각시켰다. 제3세력의 대두 가능성이라는 용공 프레임과 북한요인을 동원하여 개헌과 관련한 자유당의 내분을 잠재우며 태도가 모호한 의원들을 붙잡아두고 국민투표제가 필요하다는 명분으로 적극 활용하고자 했다. 반공혈전대 사령부 명의로 "민국당은 역적이다" 등의 벽보도 나붙었다. 연일 관제 반공시위가 벌어지는 가운데 국회에서는 1954년 11월 4일 긴급동의로 들어온 '남북협상 중립배격 결의안'을 통과시켰고, 11월 6일 국토통일에 대한 국시를 천명했다. 11월 11일에는 유엔 감시하에 북한지역에서 모든 공산군이 물러난 뒤 선거를 실시하는 것만이 국시임을 재천명했다. 11월 24일에는 서울운동장에서 170개 중등학교, 10만여 학생들이 이를 지지하는 궐기대회를 열었다.[90]

당시 개헌을 둘러싼 국회 내 정치균열의 핵심 쟁점은 상황주의(situationism)와 민주주의(democracy)의 대립이었다. 개헌 지지자들은 국난의 비상상황에서는 영도력 있는 지도자가 계속 집권하도록 해야 한다고 주장했다. 반면 개헌 반대자들은 전쟁이나 자연재해, 경제공황 같은 상황은 쉽게 판단할 수 있지만, 일상적 국면에서는 무엇이 '비상상황'인지 판단하기 어렵다고 했다. 또한 이승만에게만 중임 금지 조항을 예외로 적용하는 것은 '법 앞의 평등'에 배치된다며 임기 연장에 따른 독재화에 반대했다.[91] 그러나 이승만 정권은 개헌안 상정에 대한 반대 여론과 의원들의 개헌 반대의 장벽을 뉴델리밀담설을 계기로 한 일련의 반공드라이브로 돌파하고자 했다. 이승만 정권은 이 반공드라이브에 편승하여 11월 20일 개헌안을 상정했고, 11월 27일 표결에 붙였다. 그러나 재적 203석 가운데 찬성 135표, 반대 60표, 기권 7표를 얻어 1표 차로 부결되었다. 그런데 이틀 후 자유당은 '사사오입'이라는 해괴한 논리를 앞세워 가결을 선포했다.

진보당사건

이승만 정권은 사사오입 개헌으로 권력을 연장할 수 있었지만 그 결과 반이승만 세력의 집결체인 민주당과 진보당이라는 강력한 두 야당이 출현함으로써 이승만과 자유당은 행동에 상당한 제약을 받았다.[92] 특히 1956년 5월 제3대 정·부통령 선거에서 진보당의 조봉암에게 총투표자 중 23.8%(유효표로는 30%)가 표를 던졌다는 사실과 헌법상 대통령 유고 시 승계권을 지닌 부통령에 자유당의 이기붕을 제치고 민주당의 장면이 46.4% 득표로 당선됨으로써 이승만과 자유당의 위기감이 더욱 고조되었다.

앞서 살펴본 바와 같이 한국전쟁으로 남한 내 좌파와 중도파가 대폭 제거되고, 전후 정치균열은 보수우익 진영 내로 축소되었다. 그리하여 정치균열은 이승만 정권과 한민당·민국당 간의 민주주의 대 권위주의라는 제한된 범주로 좁혀졌다. 정치적 반대세력을 제압하기 위해 북한요인 동원을 정권유지의 보도로 활용해왔던 이승만은 이제 자신 못지않게 반공을 기저이념으로 하는 민국당 등 반공우익세력에까지 북한과의 연계조작을 시도했다. 좌익이나 중도파에게 가해졌던 용공조작이 그들의 제거로 인해 정치경쟁의 이데올로기 지형이 축소되면서 보수야당에까지 확대되었던 것이다. 다시 말해 극도의 체제적·이념적 대립 속에서 이데올로기 지형이 극도로 좁아짐으로써 조작적 북한요인의 적용범위는 넓어졌다.

1953년 북한요인과 1948년 북한요인의 차이는 여기에 있었다. 1948년 북한요인에서는 완전 조작된 북한요인은 정치사회나 시민사회로부터 큰 동력을 얻을 수 없었다. 이 차이를 가져온 것은 말할 것도 없이 한국전쟁이라는 가장 극단적인 형태로 표출된 행위적 북한요인이었다. 조작적 또는 상황적 북한요인을 동원한 정치적 탄압이 효력을 발휘할 수 있었던 것은 한국전쟁이라는 최고 위협 수준의 행위적 북한요인이 선행되었기 때문이다.

보수야당세력에까지 가해진 이승만 정권의 반공조작 시도를 상정할 때, 진보당사건을 계기로 한 조봉암의 제거는 그리 놀랄 일이 아니다. 진보당사건은 1958년 1월 12일, 간첩혐의와 국가보안법 위반 혐의로 다수의 진보당 간부를 검거하면서 시작되었다. 진보당의 평화통일론은 이승만 정권의 무력북진통일론을 정면에서 부정하는 것으로 보수세력에게 위협이 됨으로써 탄압의 대상이 되었다. 북한이 1956년 4월에 개최된 조선노동당 제3차 당대회를 통해 '평화통일론'을 채택하고 남북대화 및 경제교류를 활발히 제의했던 상황도 보수세력의 위협인식을 고조시키는 이유가 되었다.

진보당의 평화통일정책이 위헌이 아니라는 이유로 진보당 간부들이 무죄를 선고받았음에도 불구하고 결국 조봉암에 대해서는 대남간첩인 양명산[93]으로부터 돈을 받는 등 간첩활동을 했다는 이유로 사형에 처했다. 이는 진보당사건이 진보당이라는 정당 자체나 정강정책보다는 강력한 정치적 라이벌로 부상한 조봉암 개인을 제거하는 데 본래 목적이 있었음을 의미한다. 말하자면 1956년 제3대 대통령선거에서 진보당의 약진과 조봉암의 부상에 위기의식을 느낀 보수세력(이승만, 자유당, 그리고 민주당)이 공동전선을 펴 간첩 혐의와 국가보안법 위반을 구실로 협공을 가한 것이었다. 북한 또한 1956년 '8월종파사건'을 통해 박헌영 등의 남로당 세력에게 간첩혐의를 덮어씌움으로써 이들을 제거했다. 말하자면 남북한이 공히 정치적 라이벌에게 적대국과의 연계등식을 설정하여 제압하고, 일체의 정치적 반대를 불허하고자 했다. 남북의 두 정권은 마치 거울영상처럼 적대적 상동화(相同化)의 모습을 보여주었다.

분단으로 인한 북한과의 대치상황에서 보수세력에 의한 반공이데올로기의 정치적 이용은 사회민주주의와 공산주의를 구별하는 기준을 지극히 애매하고 자의적으로 만들었다. 1950년대의 정치적 대표체계는 이데올로기적인 스펙트럼상에서 중간파 정당조차도 제도권에서 조직화될 수 없었던 매우 제한적인 것이었다. 이와 더불어 반공보수 질서가 구획해놓은 정책과 이슈 영역을 넘어서는 어떤 것도 그 표출이 허용되지 않았다. 민주당은 자유당과 더불어 이러한 정치경쟁의 틀을 만들고 경영한 두 중심세력 중 하나였다.[94] 이러한 조건은 진보당과 같은 영향력 있는 중도적 색채를 띤 정당들을 정치무대에서 도태시키는 결과를 가져왔다.[95] 이승만 정권이 조봉암을 탄압하려고 할 때 민주당은 수수방관했다.[96] 한마디로 진보당과 조봉암은 정치적 대표체계를 협애화시키는 북한요인과 정권에 의한 반공 조작적 메커니즘이 낳은 희생양이었다.

물론 진보당과 북한과의 연계를 일정 정도 시사하는 주장도 있다. 즉, 북한의 지령하에 진보당이 조직되었다는 윤기정의 주장[97]은 완전히 과장된 것이지만, 진보당의 결성과 활동이 북한과 일정한 연관을 갖는다는 것이다. 우선 재판과정에서 조봉암 자신이 대남공작원 양명산에게 정치자금을 받았음을 인정했다는 점, 그리고 조봉암이 북에 밀사를 파견한 사실에 대해 북한이 시인했다는 점 등이 지금까지 주목받지 못했다는 것이다.[98] 그러나 북한의 대남공작 부문에서 일한 한 인사의 증언에 의하면 조봉암이 북에 밀사를 보낸 것은 사실무근이라고 한다. 다만 조봉암이 대남공작원 양명산으로부터 정치자금을 받은 것은 사실인데, 자금의 출처가 북한 노동당이라는 것은 알지 못했다는 것이다.[99] 철저한 반공주의자인 장택상조차도 조봉암은 결코 공산주의자가 아니며, 김일성의 첩자로부터 돈 몇 푼에 팔릴 위인이 아니라고 일축했다.[100]

어쨌든 조봉암이 양명산과 접촉하고 돈을 받은 것이 사실이라면 정적 제거를 노리던 이승만 정권에는 더없이 좋은 빌미가 되었을 것이다. 진보당이나 조봉암이 북한에 동조하는 용공정당이나 공산주의자가 아니었음은 말할 나위도 없다. 그럼에도 극도의 반공이데올로기를 동원하여 정적을 제거하고자 기도하던 보수지배세력에게는 대남공작원과의 접촉 자체가 곧 용공으로 간주되었고, 탄압의 강력한 근거가 되었던 것이다. 그것이 진보당과 조봉암에게는 비극이었다.

여기서 정권의 북한요인을 동원한 반대세력 탄압이 북한과의 연계를 상정할 수 없는 완전한 용공조작에 근거했다면, 그 효력은 강하지도 오래 지속되지도 않았을지 모른다. 문제는 정치적 반대에 대한 탄압에 많은 경우 조작적 북한요인이 동원되었지만, 시기와 사안에 따라서 북한과의 직간접적 연계가 없지 않았다는 데 있었다.

궁극적으로 여야 보수 양당의 협공으로 조봉암의 제거가 가능했던 조건은 한국전쟁으로 인한 이데올로기 및 정치지형의 협애화와 우경화, 그리고 시민사회의 무력화에서 찾을 수 있다. 조봉암은 1956년 5월 15일 제3대 대통령선거에서 216만여 표(이승만 504만여 표)를 획득함으로써 대중으로부터 놀라운 지지를 받았다. 조봉암에 대한 상당한 지지에도 불구하고 시민사회에서는 그의 처형에 반대하는 조직적 저항은 표출되지 않았다. 대중은 조봉암의 노선에 지지를 보내면서도 반공주의의 압도적 규정력 속에서 침묵했던 것이다. 지지와 침묵의 간극은 '반공을 위해서라도 민주주의를 실현해야 한다'는 요구가 '반공을 위해 민주주의를 제한할 수밖에 없다'는 상황논리를 넘지 못하는 현실에서 비롯되었다. 물론 전자의 압력으로 인해 이승만 정권이 권위주의를 제도화할 수는 없었다.[101] 그리고 반공을 빌미로 한 민주주의 이념과 제도의 형해화와 침식은 다른 한편으로 민주주의 회복을 위한 저항세력의 투쟁과 참여를 점차 확대하는 결과를 불러왔고, 이는 후에 4·19혁명으로 표출되었다.

3. 정책·제도 형성과 북한요인

여순사건과 국가보안법 제정, 학도호국단 창설

여순사건을 계기로 국회에서 미소 양군 철퇴반대 결의와 병역법 제정 등이 이루어지게 되었고, 더불어 대대적인 숙군작업이 벌어지게 되었다. 그리고 한민당이 중심이 되어 국가보안법[102]을 제정했다. 저항세력 탄압과 민주화의 걸림돌로 작용해온 국가보안법은 여순사건 종결 직후 군에 대한 대대적 숙청을 벌이는 과정에서 제정되었다.[103] 비상적 사태를 명분으로 정부 주도가 아니라 한민당 국회의원들이 법의 제정을 서둘렀고 법사위에서 초안을 마련했다.

그러나 이 초안에 대해 많은 국회의원이 문제를 제기했다. 더욱이 국회에 출석한 법무부장관과 검찰총장조차도 상당한 법률적 문제점을 지적했다. 특히 1948년 11월 19일 국회가 국가보안법을 통과시키기까지 소장파 의원들이 여러 가지 수단으로 반대했으나 끝내 저지에 실패했다. 소장파 의원들은 국가보안법이 일제 강점기의 치안유지법과 같은 것이라며 극구 반론을 폈으나 이를 저지하지는 못했다.[104] 그런데 국가보안법 찬성론자와 반대론자의 논거가 동일하게 민주주의 수호와 인민보호였음은 큰 아이러니였다. 법이 만들어지던 시점부터 이미 이후 지속될 서로 다른 두 민주주의 간의 갈등의 원형을 볼 수 있다. 즉, 민주주의의 수호를 위해 국가보위를 위한 입법을 하자는 논리와 민주주의를 위해 반민주 악법은 용납할 수 없다는 '두 개의 민주주의'가 대립한 것이다.[105] 문제는 정권 차원에서 정치적 반대세력을 제압하는 데 국가보안법을 적용하거나 법 내용 자체가 공권력에 의한 주관적·자의적 판단이 가능하도록 애매하고 포괄적으로 규정되어 있었다는 점이다. 그 결과 정치적 악용 가능성이 다분했다.

이승만 정권은 여순사건을 계기로 국가보안법 제정과 더불어 대규모 숙청작업, 학도호국단과 대한청년단 창설, 그리고 애국반[106] 편성 등을 통해 반공국가를 강화하고 강압통치의 제도화를 이루어나가기 시작했다.[107] 준군사적 조직인 학도호국단은 1948년 10월 당시 안호상 문교부장관이 작성한 조직요강에 따라 민족의 주의와 사상을 통일하고 학원 내 좌익세력 책동을 분쇄하여 애국적 단결심을 함양한다는 취지하에 1949년 4월 22일 창설되었다. 학도호국단의 주요 목표는 멸공의식의 앙양이었다. 학도호국단은 문교부 내에 중앙학도호국단 사무국을 설치하여 학생활동과 학도호국단의 한 단위인 군사훈련반을 지도했다. 학도호국단의 실제 구성원은 약 50만 명 정도였던 것으로 보인다.[108]

또한 여순사건 이후 청년단체의 통합이 급진전되었다. 이승만 대통령의 유시에 따라 민족청년단을 제외한 대동청년단, 청년조선총연맹 등 5개 청년단체와 군소 20여 청년단체가 통합작업을 벌여 1948년 12월 19일 대한청년단 결성 대회가 열렸다. 1949년 1월 20에는 이 대통령의 지시에 따라 민족청년단이 합류하여 대한청년단은 전국 청년 800만을 망라하는 통합 청년단체가 되었다. 대한청년단은 이 대통령에게 충성을 바친다는 사적 측면을 넘어 경찰의 보조조직으로 준경찰 또는 민의 동원 돌격대 역할을 맡았고, 한편으로는 준군사 단체의 성격을 지녔다.[109] 이승만 정권은 언론에 대한 통제도 한층 강화했다. 1948년 10월경부터 『서울신문』 등이 정간·폐간되었다. 또한 정부가 취한 기사게재 금지 7개항이 1949년 초 국회에서 논란이 되었다. 내무·국방·법무·공보 등 정부 4개 부처가 결정한 기사게재 금지 7개항은 대한민국 국시·국책 위반, 대한민국 정부 모해, 공산당과 이북괴뢰정권 인정 내지 옹호 등이었다.[110]

무엇보다 정부의 좌익에 대한 가장 강력한 통제장치는 일제가 군국주의 파시즘 통치를 강화하기 위하여 1936년 공포한 조선사상범보호관찰령 등을 상기시키는 국민보도연맹[111] 조직이었다. 국민보도연맹은 1949년 6월 5일 창설되었는데, 대한민국을 수호하고 공산주의를 박멸하기 위하여 과거에 좌익단체에 가입했거나 좌익운동 경력자를 모두 가입시켜 일정한 심사와 교육을 받게 하고자 만든 단체였다. 물론 이 조직을 통해 좌익을 분열·이간시킨다는 것도 그 중요 목적이었다. 국민보도연맹 맹원은 30만 명 정도로 추산되었는데, 한국전쟁 발발 초기에 많은 맹원들이 학살되는 등 엄청난 희생이 있었다.

한국전쟁과 제헌헌법의 개정

1948년에 제정된 제헌헌법은 1952년 개정을 거쳐 다시 1954년에 개정되었다.[112] 전시인 1952년의 개헌이 부산정치파동이라는 폭력을 수반하며 대통령직선제를 관철시켰다면, 사사오입 개헌으로 알려진 1954년 개헌의 쟁점은 국민투표제와 초대 대통령의 연임 문제, 그리고 경제조항 개정의 문제[113]였다.

정부수립 이래 국가형성 과정에서 이승만 정권은 끊임없이 국회의 견제를 받았다. 제헌의회 초기에는 소장파와 대립하였으며 이후에는 민국당의 저항을 받았다. 이승만 정권은 전시상황에서 강력한 정부의 필요성을 역설하였으나 국회로부터 지속적 견제를 받았다. 이에 이승만은 그 원인이 국회의 권한을 과대하게 보장한 헌법에 있다고 판단하고, 국회의 권한을 약화시키고 대통령의 권한을 강화하기 위해서 개헌을 서둘렀다. 그러나 정부에서 제출한 직선제개헌안이 1952년 1월, 표결에서 재석 163, 가 19, 부 143, 기권 1의 압도적 표차로 부결되었다. 그러한 상황에서 4월 17일 원내 자유당, 민주당, 민국당, 민우회, 무소속 123명이 서명하여 내각제개헌안을 제출했다. 이는 개헌 정족수인 국회의원 2/3보다 1명 많은 숫자였고, 이승만 정권은 정치적 위기에 직면했다.

정부는 야권의 직선제개헌안 제출에 맞서 5월 14일, 1월에 부결된 개헌안을 수정하여 대통령직선제와 국회 양원제 개헌안을 다시 제출했다. 두 개의 개헌안이 제출된 국회는 전례 없는 갈등 속에 있었다. 이승만 정권은 바로 이때 '부산정치파동'[114]을 일으켜 계엄령을 선포하고, 이른바 '국제공산당사건'을 조작하여 공포 분위기를 조성했다. 즉, 내각제 개헌을 주장하는 의원들에게 친공 혐의를 덮어씌움으로써 이들의 입을 봉쇄하고자 한 것이다.[115] 그리고 이런 위압적 분위기 속에서 무기명 투표도 아닌 기립 표결로 직선제개헌안을 통과시켰다. 이는 개헌 절차의 반민주성 면에서도 제헌헌법 제정과정에서 합의된 자유민주주의제도에 대한 훼손이었다.

한편 부산정치파동으로 대통령직선제 개헌을 단행한 이승만은 1954년

다시 대통령 중임 제한을 철폐하고 장기집권을 획책하고자 이른바 '사사오입' 개헌을 시도했다. 자유당은 개헌안 초안이 마련되면서 소속의원을 상대로 서명 작업을 벌였으나 비공천 당선자나 무소속 의원 출신 37명은 서명에 크게 저항했다. 이에 자유당 지도부는 회유와 협박으로 개헌선인 136명을 확보하여 국회에 개헌안을 제출하는 데 성공했다. 개헌안이 제출된 이후 자유당과 야당 측이 각기 활발한 선전활동을 펴는 가운데 이른바 '뉴델리밀담설'이 제기되어 개헌 정국에 큰 영향을 주었다.

10월 27일, 민국당의 함상훈은 "신익희 선생이 1953년 6월 국회의장의 자격으로 영국 여왕의 대관식에 참석하고 돌아오는 길에 인도 뉴델리에서 전쟁 중 납북된 조소앙 씨와 밀담을 갖고, 이른바 비공산, 비자본의 제3세력을 규합, 남북협상의 추진으로써 한국의 중립화를 획책했다"는 성명을 발표했다. 그는 또한 제3세력이 민국당 내부에까지 침투해 있다고 주장했다. 이 발표에 대해 민국당 측은 사실무근이라는 성명을 내고 함상훈을 당에서 제명 조치했다.[116]

11월 5일, 국회가 열려 이 문제를 다루게 되었는데, 의사당 주변인 태평로 일대가 인산인해를 이루어 기마대가 출동하여 군중을 진정시켜야 했다. 국회에 출석한 함상훈은 "일본의 김삼규, 미국의 김용중 같은 사회당 좌파세력이 민국당에 침투한 것을 알고 당내에서 방지하려 했으나 뜻대로 되지 않아 성명을 내게 된 것"이라고 주장했다. 그리고 "신익희 씨가 한때 당 운동을 중지하고 조봉암과 같이 야당연합을 위해 민주연맹 조직을 기도했으며… 조봉암을 공산당이 아니라며 포섭하려 했으나 나는 그가 제3세력인 것을 알고 여기에 반대했다"고 말했다. 함상훈의 발언 도중 여야 의원들 간에 고성과 야유가 오갔다. 신익희와 동행했

던 김동성 의원은 증언에 나서 신익희가 뉴델리에서 조소앙을 만난 일이 없다고 밝혔다.[117]

김동성의 발언으로 뉴델리밀담설은 사실무근으로 밝혀졌지만, 신익희와 민국당에 일단 제기된 의혹이 완전히 해소되기는 어려웠다. 자유당은 호기를 놓칠세라 그간 개헌에 회의적이었던 당내 반대세력을 제압하고자 했다. 즉, '제3세력'의 대두를 막기 위해서라도 국민투표제가 가미된 개헌이 필요하다는 억지 논리로 공포의식을 자극하여 소속 의원들의 결속을 다지고자 했다.[118] 뉴델리밀담설이 가져온 효과는 개헌을 반대하는 것은 곧 제3세력을 옹호하는 행위로 간주될 수 있었다는 것이다.

이승만 정권의 야권에 대한 북한요인 동원은 계속되었다. 사사오입 개헌 파동 이래 야당연합전선이 추진되자 1954년 12월 18일 밤, 신익희·김준연·정일형·곽상훈 등 야당 지도급 인사의 집으로 남북협상을 호소하는 내용의 북한이 보내온 것으로 가장한 불온문서가 투입되어 정국을 긴장시켰다. 이 신당 운동 방해공작은 국회에서 큰 논란이 되었다. 여야 동수로 특별조사단을 구성한 국회는 약 2개월간의 조사 끝에 헌병총사령부 소속 군인들이 이를 조작했음을 밝혔다. 즉, 그들이 야당지도자들에게 북한과 내통했다는 올가미를 씌워 야당 탄압의 구실을 줌으로써 자유당 정권에 충성하고 입신양명을 기대했다는 것이다.[119] 북한요인을 동원한 웃지 못할 촌극이었다.

한편 1948년 제정된 제헌헌법은 운수, 통신, 보험, 전기 등 기간산업 및 주요산업의 국·공유화와 국민적 필요에 따른 사영기업의 국·공유화를 명문화하는 등 국가자본주의적 요소를 강하게 포함하고 있었다.[120] 그러나 이 같은 국가자본주의적 요소는 한국전쟁으로 초래된 이데올로기 지형의 변화와 함께 급속히 사라지게 되었다. 즉, 1954년 개정된 헌법에서는 주요사업의 국유화 조항을 삭제하고 사영기업의 국유화도 특정한 경우가 아니면 금지하는 '포지티브 시스템'으로 바뀌었다. 국가자본주의적 요소를 제거하고 완전한 자유경쟁적 시장경제체제를 지향하도록 수정된 것이다. 이승만 정권은 이 같은 헌법의 경제조항 개정과 함께 귀속재산 처리를 과감하게 실시함으로써 물적 토대에 있어서도 국가자본주의적 요소를 탈피하게 되었다. 특히 한국전쟁 후 귀속재산 처리는 자본축적 및 동원의 핵심 분야인 은행의 민영화까지도 강력히 추진함으로써 본격적으로 자본주의체제를 향해 나아가게 되었다.[121]

이승만 정부는 1954년 2월 개헌 발의를 하면서 '1948년 제헌헌법의 경제조항이 사회주의 방면에 치우친 경향이 강하며, 외국에서도 대한민국이 경제활동에 관한 한 국가사회주의라든지 사회주의적 입법을 했다고 평하는 사람이 있어 외자 도입의 부진이 우려된다'며 개헌의 필요성을 강조했다. 국회의 개헌 발의와 더불어 원내에서는 다양한 찬반 의견이 있었다. 논란 끝에 정부가 발의한 개헌안은 철회되고, 11월에 자유당 의원 135명이 헌법개정안을 발의하여 우여곡절 끝에 통과되었다. 11월의 개정안은 2월의 정부안과 대동소이했으나 경제체제의 중점을 국유국영의 원칙으로부터 사유사영의 원칙으로 바꿈으로써 생산력의 고도 증강과 국가경제의 비약적 발전을 도모한다는 내용을 명시했다. 다시 말해 제헌헌법의 균등경제에서 경제성장으로 경제정책의 목표가 전환되었고, 이를 실현하기 위한 수단으로 자유주의가 채택되었다.[122]

이와 같은 개정이 가능했던 이유는 국회프락치사건과 국제공산당사건, 그리고 한국전쟁을 거치면서 국회 내부 세력관계의 변화, 즉 사회민주주의적이거나 국가사회주의적 지향을 갖는 의원들이 사라지거나 위축되었기 때문이었다. 그리고 자유당을 중심으로 한 이승만 세력의 결집과 무엇보다 한국전쟁으로 인한 이데올로기 지형의 급격한 우경화에서 찾을 수 있다.

첨예한 갈등과 대치상태에 있는 분단국가에서 권위주의적 또는 전시체제적 정책과 제도가 등장할 가능성이 상존하는 것은 사실이다. 그러나 그것만으로는 왜 이전에는 정치적 반대에 부딪혀 시행하지 못했던 정책과 제도가 특정 시점에서는 가능하게 되는가를 설명하지 못한다. 말할 것도 없이 여순사건 및 한국전쟁과 같은 행위적 북한요인이 정치균열과 갈등을 약화시키고, 정치사회, 특히 야당과 시민사회에 대한 국가의 역관계를 한층 강화시킴으로써 이를 가능하게 하는 공간을 제공한 것이다.

이러한 사정은 앞으로 살펴보게 될 박정희 정권에서도 동일하게 되풀이된다. 이승만 정권은 이 비상적 사태를 계기로 국가보안법 반대 등 정치적 반대를 이적행위 또는 공산세력의 음모와 동일시함으로써 효과적으로 탄압할 수 있었다. 이와 같은 '정치적 반대=용공'이라는 정권에 의한 다분히 작위적인 설정은 이후로도 계속되어 정치균열을 냉각시키고 반대세력을 제압하여 권위주의정권이 선호하는 정책과 제도를 관철시키는 유용한 도구로 기능했다.

4. 통치양태 변화와 북한요인

여순사건 및 국회프락치사건과 이승만의 강압통치

역대 정권은 정도의 차이는 있지만 북한의 위협을 빌미로 한 전시 혹은 준전시 통제체제를 유지하고, 이를 정치적 반대에 대한 유용한 대응도구로 활용했다. 이승만 정권 초기의 전시체제화는 바로 그 원형을 제공하였다고 볼 수 있다.[123] 북한과의 대결이라는 제로섬 조건하에서 자유민주주의가 허용하는 정치적 반대와 그것이 정치적 불안과 사회적 혼란에 의해 체제를 약화시키는 행위로 해석될 반체제적 반대 간의 경계는 애매한 것이었다. 이 경계의 애매함은 이승만 체제를 권위주의로 나아가게 했던 중요한 자원이며 공간이 되었다.[124] 더욱이 행위적 북한요인의 작용과 더불어 경계 설정의 애매함은 점차 심화되었다. 이러한 조건 속에서 북한요인을 정권의 권위주의 강화에 이용하는 통치양태는 이승만 정권 전반에 걸쳐 진행되었다.

1948년 두 분단정권의 수립 이후 2년 동안 남한과 북한의 국내정치는 맞물려 돌아갔다. 남한과 북한 어느 쪽도 아직 분단을 합법적이고 제도화된 것으로 받아들이려 하지 않았다. 분단국가 수립을 저지하기 위한 좌파세력의 무력투쟁노선에 따라 1948년 2·7구국투쟁, 제주4·3사건, 5·8총파업 등이 잇달아 발생했다. 그런데 이러한 무력투쟁은 남한 반공체제를 오히려 강화시켜주었다. 그 점에서 1948년 10월에 발생한 여순사건은 남한 단독국가 수립을 역설적으로 안착시키는 분기점을 이루었다.

이승만의 강압통치 구축은 제주4·3사건 진압과정에서 발생한 여순사건을 계기로 급속히 조성된 전시통제 체제화를 통해 본격화되었다. 여순사건 등과 같은 남한의 게릴라 투쟁은 남한 내 인민들로부터 나온 자생적 저항과 북한으로부터의 게릴라 요소의 투입에 의한 저항의 결합이었다. 정부수립 2개월 후 발생한 이 반란사건은 남한체제를 크게 동요시켰지만, 결과적으로는 안정시키는 데 크게 기여했다. 여순사건은 남한 내 좌파적 요소를 청산하고 국가를 강화하며, 분단의 벽을 한층 높였다는 점에서 한국전쟁이 몰고 올 결과가 어떠할 것인지를 앞서 보여준 축도였다.[125] 또한 여순사건은 비록 그 성격과 형태는 다르지만 1968년 북한의 군사모험주의가 남한의 국내정치에 몰고 올 파장[126]의 축도도 그 속에 포함하고 있었다.

여순사건을 계기로 미국은 대한 군사원조를 재검토하여 군사지원을 강화하였으며 주한미군의 철수를 1949년 6월로 연기했다. 또한 이 사건으로 군내 좌익세력의 문제가 본격적으로 대두되면서 숙군이 시작되었다. 무려 전군의 약 9%에 달하는 4,749명이 처벌됨으로써 숙군은 남로당세력뿐만 아니라 광복군계를 포함한 대부분의 반이승만 성향의 군관계 인물들을 제거하는 계기가 되었다. 이와 같은 숙청작업은 비단 군에만 국한되지 않았다. 정부는 1948년 11월 7일 각 부처, 도·군 등 지방관청, 학교, 사회단체까지 사상이 의심되는 자를 숙청할 것을 지시했고, 청년단체와 부녀단체로 하여금 이 작업을 후원하도록 했다.[127]

이 과정에서 국회 소장파와 한민당, 언론 등에서는 이승만 정권이 여순사건을 정치적으로 악용하며 강압정책을 쓰고 있다고 비난했지만[128] 고조된 반공 분위기 속에서 큰 반향을 불러일으키지는 못했다. 동요의 조짐을 보이던 이승만 정권은 여순사건과 숙군을 통해 정권 안정의 발판을 마련했다. 한마디로 이승만은 1948년 정부수립 시점이 아니라 여순사건을 겪고 나서 명실상부한 반공체제로의 전환에 성공, 북한 공산주의체제에 맞서는 체제를 갖추어갔던 것이다.[129] 그리고 1949년 국회프락치사건을 통한 소장파세력의 무력화로 반공체제를 더욱 공고히 할 수 있었다. 결국 소장파의 붕괴는 이승만의 강압통치체제를 급속히 정착시키는 계기가 되었다.[130]

한국전쟁과 극우반공체제의 구축

해방 이후 이승만과 김일성은 각자 38선의 남과 북에서 자신들의 정치적 입지를 확대해나가는 가운데 상대방에 대한 부정적 인식을 키워갔다. 특히 이승만과 김일성 모두 '거울영상' 속에서 서로를 경계하며 상대방이 먼저 침공할지도 모른다는 인식을 갖게 되었다. 한국전쟁은 이와 같은 상호 적대적 이미지를 '실체'로 바꾸어놓았다. 이승만은 자신이 예측했던 대로 공산주의자들이 전쟁을 일으키자 기존의 반공신념을 더욱 굳혔으며, "내가 그럴 거라고 했지(I told you so)"라는 입장에서 반공정책을 한층 강화했다.

이승만과 김일성은 전쟁의 경험으로 남북한 사회에 반공의식과 반미

의식이 고착화되자, 이를 자신들의 정치적 목적에 활용했다. 남북한 지도자들은 내부 결속을 도모하고 정치적 입지를 강화하는 데 상대방을 '속죄양'으로 삼았으며, 상대방에 대한 비난을 고조시켰다. 이에 따라 남북한 사회에서 상대방에 대한 적대감이 확대 재생산되는 악순환이 계속되었다.[131] 무엇보다 한국전쟁이 가져온 가장 큰 효과는 분단질서의 안정화였다.[132] 이제 남북한은 각기 다른 체제원리와 이념이 지배하는 독립된 국가가 되었다.

1948년 집권한 이승만은 한국전쟁이 발발했을 때, 정치적 기반이 상당히 불안정한 상태였다.[133] 즉, 한민당과 자신을 추종하는 극소수세력의 동의만으로 성립된 정권이었기 때문에 단정의 정당성을 인정하지 않으려는 민중과 민족주의적 정치세력의 거센 도전에 직면해야 했다. 정부수립을 전후한 일련의 무장투쟁, 그리고 1950년 5·30선거[134]의 결과가 이를 잘 말해주고 있다. 여순사건 진압으로 남한 반공국가가 강화되었음에도 불구하고 전쟁 이전에는 사회 전반에 대하여 헤게모니를 가질 수 없었다. 그러나 한국전쟁으로 상황이 극적으로 역전되었다. 이승만은 전쟁이라는 극단적인 사회상황을 자신의 정치권력 강화에 최대한 이용하고자 했다.[135]

이승만 정권은 1952년 국제공산당사건과 발췌개헌으로 권위주의정권으로 그 성격을 굳혀가기 시작했다. 전시를 빌미로 권위주의 통치양태를 노골화한 것이다.[136] 그런데 이승만 정권에 의한 발췌개헌 과정에서 자유민주주의 절차가 훼손되었음에도 전쟁 후 국가의 통치구조는 상당 정도의 정당성을 갖게 되었다. 한국전쟁이 종결된 시점에서 한국은 이제 더 이상 단순히 외삽적인 국가가 아니었다. 남침을 감행한 북한정권이 존재하는 한 국가는 그 당위적 존재이유를 갖게 되었다. 전쟁의 경험과 이를 이용하는 국가에 의해 부과되는 반공이념은 사회에 국가의 정당성을 침투시키고 공고화하는 데 가장 중요하고 유용한 도구가 되었다. 반공이 정치균열의 한계를 틀 지운다는 사실은 전쟁 경험의 참혹성과 한국의 이데올로기 국가기구의 효율성을 입증하는 것이다.[137]

또한 한국전쟁은 이데올로기적, 정치적, 사회적 수준에서 남한사회에 지대한 영향을 미쳤다.[138] 우선 해방정국의 이데올로기 지형이었던 '좌경 반쪽 지형'은 우파단정세력의 국가권력 장악 이후 서서히 우경화되었다. 그리고 한국전쟁을 결정적 계기로 하여 해방정국의 정반대 형태인 '우경 반쪽 지형'으로 반전되었다.[139] 말하자면 한국전쟁 발발 전 국가의 이데올로기적 토대는 국가기구의 강력함과는 대조적으로 정당성을 결여하고 있었다. 통일된 하나의 민족국가에 대한 당시 국민들의 열망은 국가에 의해 위로부터 부과되는 서구 자유민주주의적 이념을 받아들이기 어렵게 만들었다. 그리하여 국가의 운영은 국가가 표방하고 열망하는 이상과 일치하지 않았다. 국가는 막 태동하는 사회의 기층조직들을 억압하기 위해서 '공산주의의 위협'을 활용했고, 그럼으로써 반공주의를 실제 이데올로기적 기반으로 대체하였던 것이다. 그러나 그것만으로는 결코 용이하지 않았음을 제1공화국 초기 일련의 정치적 불안정에서 알 수 있다. 그런데 이를 한국전쟁이라는 가장 격변적이고 극단적인 행위적 북한요인이 해결해주었다.[140]

한국전쟁에서의 경험과 엄청난 상흔은 이미 확산되어 있던 반공주의를 강화했고, 당시까지 부족했던 이데올로기적 정당성을 국가에 부여했다. 한국전쟁의 가장 중요한 효과는 분단국가의 존재와 국가안보 이데올로기가 전적으로 일치하게 되었다는 점이다. 그리고 반공주의가 자유다원주의와 민주적 규범 및 가치와 같은 다른 경쟁적 신념체계를 압도하게 되었다.[141] 다만 이승만 정권은 북한요인을 동원한 발췌개헌과 사사오입 개헌, 그리고 한국전쟁과 더불어 극우반공체제를 구축해나갔으나 선거민주주의와 복수정당제 등 자유민주주의의 기본요건을 폐기할 수는 없었다. 그래서 민주주의의 틀을 유지하면서도 실질적으로는 야당과 반대세력에 대한 탄압과 통제를 강화하는 권위주의적 통치양태를 강화하고자 했다.[142]

한편 제1공화국이 국가자본주의적 내지 '비자본주의적 발전의 길'적인 요소를 다분히 지니고 있었다고 할 때, 이 같은 국가자본주의적 요소는 한국전쟁으로 초래된 이데올로기 지형의 변화와 함께 급속히 사라지고 완전한 자유경쟁적 시장경제 정책과 체제를 지향하도록 수정되었다.[143] 또한 한국전쟁은 막강한 국가기구의 양적 팽창뿐만 아니라 억압적 국가기구의 내부 구성의 변화를 가져왔다. 즉, 억압적 국가기구 내에서 군의 중요성이 급속도로 부상하고 경찰의 위상이 상대적으로 약화되었다. 이 같은 군의 팽창은 중장기적으로 볼 때 1960년대 이후 군의 정치참여와 군부통치의 초석을 마련하는 계기가 되었다. 그리고 강력한 정부의 필요성이라는 명분하에 국가기구 중 입법부 역할이 대폭 축소되고 행정부가 강화됨으로써 독재체제의 지속을 용이하게 만들었다.[144]

5. 마무리

북한요인이 한국정치에 영향을 주었다고 하더라도 구조적, 상황적, 행위적 영향력은 대등하지 않았다. 그때그때의 구체적인 국내의 매개변수를 거쳐 각기 상이한 영향을 미쳤던 것이다. 예컨대 초기 북한의 토지개혁이라는 상황적 북한요인은 그 혁명적 열기를 남하시킴으로써 남한의 토지개혁을 압박했다. 북한 내부의 혁명이 남한의 개혁을 불러왔던 것이다. 또한 행위적 북한요인, 그중에서도 위기적 형태로 표출된 행위적 북한요인의 영향은 뚜렷하고 깊었다. 예컨대 국내의 정치적 반대에 부딪혀 시행되지 못하던 특정 정책과 제도들이 위기적 형태의 행위적 북한요인과 더불어 시행되는 패턴의 반복을 발견할 수 있다. 행위적 북한요인이 이를 가능하게 하는 공간을 마련해준 것이다.

또한 행위적 북한요인은 정권이 저항세력을 탄압하기 위해 조작적 북한요인과 상황적 북한요인을 동원하는 것을 용이하게 했다. 요컨대 행위적 북한요인의 뒤를 따라 상황적·조작적 북한요인의 영향력이 동반 상승했다. 더불어 북한요인을 동원한 반대세력 탄압이 북한과의 연계를 상정할 수 없는 완전한 용공조작에 근거했다면 그 효력은 강하지도, 오래 지속되지도 않았을 것이다. 문제는 반대세력을 탄압하는 데 있어 많은 경우 조작적 북한요인이 동원되었지만, 시기와 사안에 따라서 북한과의 직간접적 연계가 있었다는 점이다.

그리고 여순사건과 한국전쟁의 영향에서 보듯 위기적 형태로 표출된 행위적 북한요인은 북한요인을 둘러싼 논란을 불식시키고 그 위협성을 사회 기저에까지 침투시킴으로써 체제를 강화하고 민주주의를 위축시키는 결과를 초래했다. 위협적인 행위적 북한요인은 북한요인의 성격과 영향력 자체를 변화시켰다. 그리하여 이전 시기에는 문제시되지 않거나 미미하게 받아들여졌던 북한요인조차 위협으로 인식하게 하며, 조작적 북한요인의 동원마저 용이하게 했다. 달리 표현하면 1945년의 북한요인과 1948년의 북한요인, 그리고 한국전쟁 이후의 1953년 북한요인의 영향력은 동일하지 않았다. 한국정치에 미치는 북한요인의 강도와 영향력이 여순사건과 한국전쟁이라는 두 결절점에서 단절적으로 상승해왔다고 할 수 있다. 따라서 두 결절점하에서의 구조적, 상황적, 행위적 북한요인은 각기 다른 의미와 파급효과를 갖는다고 할 수 있다.

한국전쟁이라는 극도의 위기적 형태의 행위적 북한요인이 1948년의 구조적 북한요인을 포함한 북한요인 자체의 성격과 영향력을 다시 규정했다고 할 수 있다. 그 결과 1953년의 구조적, 상황적, 행위적 북한요인의 강도와 파급력은 전전과는 비교할 수 없을 정도로 커졌고, 북한요인에 대한 국가의 위협인식도 고조되었다. 그러한 위협인식은 비단 국가에만 한정되지 않았다. 정도의 차이는 있지만 정치사회와 시민사회의 기저에까지 침투하여 민주주의의 걸림돌로 작용했다.

이와 같이 분단질서하의 행위적 북한요인은 정치사회와 시민사회를 위축시킨 반면 국가를 강화했다. 또한 행위적 북한요인의 적나라한 표출은 출발 시 남한 분단국가의 양 축이었던 반공지향성과 민주지향성의 결합을 반공지향성 쪽으로 비대칭적으로 기울게 만들었다. 행위적 북한요인의 작동으로 전자는 강화되고 후자는 약화되었기 때문이다. 그로 인해 정치지형은 우경화되었다. 이로써 한국정치는 북한요인의 압력으로 반공과 민주의 두 길항하는 힘의 동학(dynamics) 속에서 전개되었다.

앞에서 살펴본 바와 같이 이승만 정권은 저항세력을 탄압하고 정권의 권위주의화를 정당화하기 위하여 북한요인을 동원·조작하였는데, 한국전쟁의 여파로 인한 반공지향성의 압도적 규정력을 활용하여 야당이 '충성스러운 야당(loyal opposition)'의 범주를 벗어날 때 북한과의 연계로 치환시켜 제압했다. 이를 통해 국가권력을 더욱 강화하고 정치균열과 저항을 봉쇄하여 권위주의정권을 담보하기 위한 정책·제도를 관철시킬 수 있었다. 그리고 이는 다시 그 반작용으로 기존의 반공지향성을 더 강화시켰다. 요컨대 북한요인과 정치지형상의 반공지향성은 일종의 작용·반작용의 상승관계에 있었던 것이다. 물론 조봉암과 진보당에 대한 대중의 지지가 함의하듯 북한요인의 작용과 반공지향성의 지속적 강화 속에서도 민주지향성이 결코 소멸되었던 것은 아니었다. 그러나 북한요인을 저항세력을 탄압하는 강력한 권력자원으로 유용하게 활용하는 이승만 정권의 파상공세 앞에서 민주지향성은 무력해질 수밖에 없었다.

단정 수립으로 나아가는 과정은 좌파세력의 배제 위에서 우파세력이 국가권력을 장악하는 과정이자 정치경쟁을 보수우파적 틀 내로 한정하는 과정이었다. 다만 체제의 기저이념으로서 반공주의는 그보다 상위의 규범이자 가치인 자유민주주의를 수호하기 위한 것이었다. 때문에 애초에는 정치지형에서 반공지향성과 민주지향성이 일정한 대칭적 균형을 이루었다. 그러나 여순사건, 국회프락치사건, 한국전쟁 등 일련의 행위적, 상황적 북한요인의 발생 및 동원으로 힘의 균형은 반공지향성 쪽으로 기울었고, 초기의 국가-정치사회-시민사회 간의 일정한 균형도 급격하게 깨져나갔다. 그에 따라 정치사회나 시민사회의 힘에 비해 국가권력이 한층 강화되었고, 해당 시기의 정치균열은 약화되거나 봉쇄되었다. 그 결과 반공체제를 강화하는 일련의 정책·제도의 변화는 물론이고, 이승만의 강압적 통치체제 구축, 극우반공체제 강화 등과 같은 통치양태의 변화가 일어날 수 있었다.

제2공화국 붕괴와 5·16쿠데타의 북한요인

제2공화국의 붕괴는 민주지향성과 통일지향성[1]이 분단국가가 갖는 반공지향성의 한계를 넘는 지점에서 일어났다. 이는 분단국가에서 민주지향성과 통일지향성이 반공지향성의 한계선을 넘어서까지 무한히 확장될 수 있는 것은 아니라는 의미이다. 특히 통일지향성의 급격한 분출은 결국 통일지향성의 위축은 물론이고 민주지향성마저 역진시켜 재권위주의화를 가져올 수 있음을 제2공화국의 민주주의 실험은 보여주었다. 그리고 5·16쿠데타 주도세력이 민주지향성과 통일지향성의 과잉확장이 반공지향성을 과잉축소시킨다는 명분으로 감행한 쿠데타가 어떠한 배경과 계기에서 가능할 수 있었는가를 검토할 필요가 있다. 또한 그러한 쿠데타의 명분이 어떻게 정치사회나 시민사회로부터 일정한 동의를 구할 수 있었는가도 중요하다. 이 글에서는 제2공화국의 붕괴와 5·16쿠데타에 미친 북한요인의 영향을 추적하는 동시에 북한이 반공지향성을 국시로 하는 5·16쿠데타와 군사정권을 어떻게 인식하고 있었으며, 어떠한 대남정책을 수립·전개했는가도 살펴볼 것이다.

제2공화국의 민주주의 실험과 북한요인

4·19혁명[2]으로 이승만 정권이 붕괴된 것은 미국에 의해 이식된 자유민주주의의 틀을 이승만 정권이 극도로 형해화하고 거의 폐기하려고

한 데서 기인한다. 공산독재의 대립물로서 자유민주주의의 존재이유가 동의를 잃는 시점에서 자유민주주의를 빈사상태에 빠뜨린 이승만 독재정권은 시민사회의 저항과 미국의 압력[3]으로 종말을 고했던 것이다. 4·19혁명을 계기로 한국정치의 길항하는 두 지향성의 하나로서, 반공지향성의 존립근거인 민주지향성[4]은 정권에 의한 그간의 위축만큼이나 확장되어 나타났다.

민주당 정권이 등장하자 국민들은 곧 민주주의가 만개할 것으로 기대하는 분위기였다. 그러나 민주당 정권은 그 물적 토대와 보수적 이념 성향에서 이승만 정권과 기본적으로 동일했다. 그러면서도 시민사회에 대한 통제력은 이승만 정권에 비하여 약화되었다. 정책수행 능력 또한 매우 취약했다. 반면 시민사회는 4·19혁명을 주도한 사실로 인해 민주당 정권에 개혁의 과업을 신속히 이행하라고 엄청난 압력을 행사했다. 결국 민주당 정권은 시민사회를 통제하지 못하였을 뿐만 아니라 군부도 통제하지 못했다. 민주당 정권하의 정치사회는 자유민주주의의 명분과 이에 따른 정치적 개방 덕분에 용공으로 탄압받던 혁신세력의 정치활동이 보장되어 이념적으로 보수와 혁신의 일정한 대립구도가 성립되었다. 물론 7·29총선 결과에서도 나타났듯[5] 당시의 혁신세력은 그다지 큰 대중적 지지기반을 확보하지 못했다.[6]

그럼에도 불구하고 보수와 혁신이 갈등하는 양상은 당시 정국에 상당한 파란을 몰고 왔다. 날카로운 이념적·정치적 대립은 정치질서, 특히 민주체제를 뒷받침해줄 다른 사회적 여건이 취약할 경우 정치에 결정적인 영향을 미친다.[7] 첨예한 이념적·군사적 대치상황에 있는 분단국가에서는 그 영향은 더욱 증폭된다. 더욱이 그러한 국내의 정치균열과 갈등에 북한요인이 직간접적으로 개재되어 그 수준과 폭을 증폭시킬 때 사태는 걷잡을 수 없이 전개될 수 있다. 북한과의 대결이라는 제로섬 조건 하에서 자유민주주의가 허용하는 정치적 반대와 그것이 정치적 불안과 사회적 혼란에 의해 체제를 약화시키는 행위로 해석될 반체제적 반대 사이의 경계는 애매한 것이었다.[8] 때문에 정치적 반대가 자생적인지 아니면 북한과 연계되어 있는지 구분 자체가 모호할 수 있다. 시민사회나 정치사회의 야권은 이를 분리시켜야 한다고 주장하는 반면 국가는 이를 연계시켜보려는 속성 내지 경향을 갖는다고 할 수 있다.

4·19혁명을 통한 민주질서의 회복을 위한 투쟁에서 학생들과 민주당은 서로 연합할 수 있었다. 그러나 학생을 비롯한 지식인들이 급진적 이념에 근거하여 반공주의를 기반으로 한 분단국가에 대해 근본적인 문제를 제기하고자 했을 때, 그들과 민주당의 분열은 거의 필연적이었다. 민주당의 입장에서 민주질서의 복원은 수용 가능한 요구였으나 분단구조를 변화시키려 한 젊은 세대의 시도는 그 수용 범위를 넘는 것이었다.[9] 민주당 정권의 입장에서는 그러한 젊은 세대의 요구는 정부 전복과 민심 교란, 그리고 간첩활동을 전개하려는 북한의 의도에 이용되는 것으로 해석될 수 있었다.

한마디로 제2공화국의 민주주의 실험은 냉전시대에 반공과 민주주의 사이를 왕복할 수밖에 없는 한국정치의 출발이 갖는 한계와 범위를 적나라하게 보여주었다. 그것은 다름 아닌 국가형성 시기의 건국의제로부터 주어진 한계였다. 이는 냉전과 분단하에서 남한에서 가능했던 민주주의의 상한과 하한으로서 '한국민주주의의 한계'[10]라고 부를 수 있다. 곧 분단국가의 최소한의 안정이라는 하한선과 민주주의의 최소한의 유지라는 상한선 사이의 정치적 공간이 그것이다. 이 점에서 한국의 정치 행위자들이 그 한계 내에서나마 자율적으로 행위할 수 있는 공간이 존재했다. 그러나 그 한계를 넘으려는 급진적 움직임의 등장, 특히 분단국가의 기저를 흔드는 지점으로 나아가자 국가가 아니라 정권은 지지기반 없이 허공에 뜬 존재가 되어버리고 말았다.[11] 말하자면 한국의 민주주의 실험은 민주주의를 정치적 불안정, 좌경화 등과 연결 짓는 불행한 결합 속에서 침몰했던 것이다.[12]

당시 혼란스러운 정국에서는 힘과 결단이 요구되었는데, 민주주의는 오히려 분열을 촉진하고 권력을 아무에게나 거저 주는 유약함과 우유부단의 이미지로 비쳐졌다.[13] 민주당 정권 10개월 동안 일어난 가두시위는 총 2,000건에 달했고, 시위에 참가한 연인원은 100만 명을 헤아렸다. 5·16 후 국가재건최고회의는 제2공화국 시절 매일 평균 7.3건의 시위가 일어났으며, 매일 평균 3,876명의 국민들이 서울 거리에서의 가두시위에 참가했다고 발표했다. 민주당 정권은 그 같은 사태를 막기 위해 어떤 강경 조치를 취하면 그것이 독재적 조치로 간주되지나 않을까 우려하여 어떠한 단호한 조치도 취하지 못했다. 그래서 민주당 정권하에서 경찰력은 크게 위축되고 말았다.[14]

많은 국민들은 북한의 위협에 비추어 이와 같은 혼란을 우려의 눈으로 바라보았다. 민주당 정권의 무능에 실망한 지식인들도 '민주주의는 한국에 적합하지 않다'고 생각했다.[15] 사실 7·29총선에서 민주당이 승리한 것도 민주당이 제시한 비전에 대한 국민들의 절대적인 지지라고 보기는 힘들었다. 민주당이 그간 이승만 독재정권과 투쟁해온 데 대한 보답의 성격이 짙었다. 국민들의 눈에는 이승만 정권이 붕괴된 상황에서 민주당의 존재이유 역시 사라져버릴 수 있는 것이었다.[16] 더욱이 민주당 신구파 간의 도를 넘는 파벌갈등은 민주당 정권의 집권능력 약화를 부채질했다. 5·16쿠데타에 대해 "올 것이 오고야 말았다"라는 윤보선의 첫마디는 이를 극명하게 보여주었다. 요컨대 민주당 정권은 국민을 선도할 체계적인 이념도 없었고 효율적인 정치적 지도력도 결여했다.

더욱이 민주당 정권은 독재정권에 대한 반작용으로 등장했기 때문에 자유민주주의의 실현을 정치적 정통성의 근거로 삼을 수밖에 없었다. 그 결과 집회, 언론, 결사, 시위, 정당 결성 등의 시민적·정치적 권리에 대한 제한이 철폐되어 사회세력의 집단행동을 규제할 수 있는 법적 근거를 상실하고 있었다.

국가의 이러한 통제력 상실은 정치적 혼란으로 이어졌다.[17] 민주당 정권은 법원, 의회, 경찰서, 언론사 등이 습격당하고 점거당하는 사태에 직면하여 질서유지 능력조차 없는 무능정권으로 규탄당하면서 여론과 야당, 다른 파벌로부터 퇴진압력을 받았다. 반면에 질서유지를 위해 국가보안법 개정과 시위 규제를 추진하자[18] 이번에는 학생들과 혁신세력들로부터 "철폐하라 2대 악법, 물러가라 장 정권, 장 정권 타도하자"는 거센 반발에 직면했다. 2대 악법 반대시위는 횃불시위로까지 발전하였고 전국의 주요 도시로 확산되었다. 이처럼 민주당 정권은 서로 다른 두 압력 사이에 끼인 위치로 내몰리고 있었다.[19] 이는 분단국가에서 반공과 민주를 조화시켜 민주주의를 구현하는 과제가 결코 쉽지 않음을 상징적으로 보여준다.

특히 국가보안법의 개정 이유와 과정을 추적해보면 한국의 민주주의와 분단문제, 북한의 존재가 얼마나 긴밀히 맞물려 있는가를 새삼 확인할 수 있다.[20] 국가보안법 개정 문제는 4·19혁명의 성공과 함께 즉각적으로 제기되었는데, 이는 구체제가 얼마나 자주 반공을 정략적으로 이용했는가를 반증하는 것이었다. 이 법안은 1958년 12월 24일 자유당 정권이 이른바 '2·4파동'을 일으켜[21] 300여 명의 무술괴한을 동원하여 야당

의원들을 의사당 밖으로 축출한 뒤 의석을 에워싼 공포 분위기 속에 자유당 의원들 단독으로 개악, 통과시킨 것이었다.[22] 4·19혁명의 성공과 함께 1960년 5월 30일 반민주적인 독소조항을 제거한 개정된 국가보안법이 국회에서 통과되었다. 그러나 정작 문제는 정부 스스로가 국가보안법의 개정에 따른 결과를 수용하기 어려운 상황으로 내몰리고 있었다는 점이다. 즉, '이빨 빠진' 개정된 국보법으로는 정부의 수용 범위를 넘는 요구를 제기하는 세력을 적절하게 규제할 수 없게 되고 만 것이다. 마침내 국가보안법 개정 7개월 만인 1960년 12월 13일 장면 총리는 참의원에서 다시 이 법의 개정 필요성을 역설하지 않으면 안 되었다.[23] "보안법을 갖다가 너무 지나치게 참 독소를 뺀다고 참 지나치게 빼놓아서 빨갱이를 지금 잡아 다스리려고 해도 법률의 미비한 점 때문에 철저하게 할 수 없다."[24] 한쪽으로 휘어진 막대를 바로 잡으려다 다른 쪽으로 또 너무 휘어져 쓸모가 없어져 곤혹스럽다는 것이다.

1960년 말을 고비로 국가보안법 개정 등 민주당 정권의 보수 선회를 강요하는 혁신세력의 움직임이 더욱 빈발했다. 1960년 12월 16일 여수·순천지역의 교사와 학생이 중심이 된 집단 월북기도 사건 등 충격적인 사건이 연속으로 발생했다. 이러한 사태는 민주화와 자유화의 흐름 속에 안보와 치안유지 문제로 혼미한 논쟁에 빠져들던 사회분위기에 심각한 일격을 가했다. 이 사건으로 인해 민주당 정권은 야당과 언론으로부터 치안유지능력과 안보태세에 무방비상태에 놓여 있는 것이나 마찬가지라는 비난을 받지 않으면 안 되었다. 야당과 언론은 장면 내각의 총사퇴까지 요구했다. 내각 총사퇴의 요구가 민주개혁을 하지 않아서가 아니라 치안유지능력의 부재 때문이라는 것은 민주혁명을 거쳐 집권한 정부에게는 하나의 역설이었다. 더욱이 국가안보능력의 결여가 거론된 것은 독재가 아닌 민주정부로서는 일반의 예상되는 우려를 확인시켜주는 것이었다. 민주정부는 대중에게 자신들은 결코 그렇지 않다는 것을 보여주어야 한다는 강박의식을 가졌다. 그것이 민주당 정권을 정상보다 더 우선회하게 한 요인의 하나였다.[25]

더욱이 혁신세력과 학생들의 통일방안이 봇물처럼 터져나오자[26] 국론이 분열된 가운데 민주당 정권은 경제정책상의 실책을 범하고 4·19 당시 반민주행위자 처벌, 부정축재 관련자 처벌 등에서 미온적 태도를 보였다. 그리하여 민주당에 대한 세간의 비판 수위는 나날이 높아갔다. 도처에서 정권을 규탄하는 시위와 성토대회가 열렸다. 이에 당황한 정권은 대남간첩의 색출과 단속을 강화한다는 명목 아래 1961년 3월 10일 각의를 소집하여 반공 법안을 의결하고 3월 중으로 민의원에 제안하기로 했다.[27]

민주당 정권이 인식하기에 개정된 국가보안법은 공산주의국가와 대면해 있는 분단국가에서는 존재이유가 거의 없었다. 그들의 입장에서 그것은 민주화와 자유화를 보장한다는 취지를 과도하게 따르다보니 공산세력의 침투로부터 국가를 유지해야 한다는 국가의 존재이유를 무력화시키는 것이었다. 분단국가에서 반공과 민주를 적절하게 결합하는 문제는 민주적 리더십에는 가장 어려운 선택의 문제였다. 정권은 결국 ① 국가의 질서와 안녕의 유지, ② 야당으로서 받은 반공조작과 탄압의 재연, ③ 국민의 자유와 기본권의 제한 가운데 예상되는 ②, ③의 비난에도 불구하고 ①을 가장 중시했던 것이다. 국가보안법의 개정 움직임과 동시에 또 하나의 보수 선회를 보여주는 것으로 시위규제법의 개정 시도가 있었다. 이는 시위규제와 국가보안체제의 강화라는 국내 민주화문제의 역전과 남북문제 보수화의 기묘한 맞물림이었다.[28]

남한에서 3·15부정선거와 4·19혁명이 일어났던 1960년에 북한에서는 오랜 권력투쟁 끝에 김일성이 자신의 권력을 공고화하는 데 성공했다. 경제적으로도 북한은 1957년부터 시행된 5개년계획의 목표를 1년이나 앞당겨 성취함으로써 낙관적 분위기가 지배했다. 북한의 이와 같은 낙관적 정세관과 정치적 안정 및 경제적 발전은 북한지도부의 적극적인 대남정책 추진의 원동력이 되었다. 북한이 '자유총선거' 실시 또는 과도기적 조치로서 '연방제' 및 '경제교류·협력'이라는 대남제의를 계속할 수 있었던 것은 우세한 체제역량에 기인했다. 이는 당시 정치적으로 불안하고 경제적으로 빈곤을 면치 못하던 남한의 소극적 대북정책과 대조된다. 북한의 적극적 대남공세는 남한 리더십의 대북 의구심과 경계심을 자극했고, 자연히 남한의 대북정책은 소극적이고 신중할 수밖에 없었다.[29]

북한은 남한에서 4·19가 일어난 지 이틀 후인 4월 21일 조선노동당 중앙위원회 명의로 '남조선 인민들에게 고함'이라는 호소문을 발표하고 현재 남한에서 발생한 사태의 원인은 바로 미국의 남한 강점과 이승만 정권의 반동통치에서 비롯되었다며 파국에 처한 남한의 현 사태를 수습할 대책을 토의하기 위하여 남북한의 정당·사회단체 대표들이 연석회의를 긴급히 소집할 것을 제의했다.[30] 남북한 대표들이 한자리에 모여 긴박하게 사태 수습책을 논의하고 남한 인민들의 긴급한 생활문제를 해결하기 위한 대책을 강구할 것을 주장했다. 그리고 남한의 정치적 위기와 경제적 파국을 수습하는 데에는 북한의 풍부한 재원과 강력한 경제토대에 의거하지 않고서는 불가능하다는 것을 역설하고 조속히 머리를 맞대고 제반 문제를 협상하자고 촉구했다.

남한에서 통일문제가 쟁점으로 본격적으로 표출된 것은 7·29총선이 계기였다. 혁신정당들은 통일문제를 선거 이슈로 제기하며 관심을 증폭시켰다. 혁신정당의 대표 격인 사회대중당은 남북 간의 경제·문화·인사교류 등을 주장함으로써 통일문제에 대해 보다 적극적인 입장을 보였다. 그러나 민주당은 이승만 정권 시기의 북진통일론을 폐기하고 유엔 감시하의 자유선거안을 내세웠지만, 남북교류에 대해서는 북한 측의 파괴·교란 등을 거론하며 소극적인 태도로 일관했다.[31] 7·29총선에서 참패한 혁신세력은 새로운 전환점을 찾으려는 듯 통일논의를 더욱 가열차게 전개했다. 이들은 남북협상, 외세배격, 남북교류, 중립화통일 등을 주장하였고, 대학생들은 남북학생회담과 학술토론회의 개최 등을 요구했다.

북한은 7·29총선을 계기로 남한에서 통일에 대한 열기가 활기를 띠자 많은 관심을 보였다. 이 무렵 주요 혁신정당이 주장한 유엔 감시하에 총선을 치르자 등의 제안은 북한 언론에 전혀 보도되지 않았지만 남북교류론과 '남북통일위원회' 주장 등은 관심 있게 보도되었다.[32] 이러한 상황에서 김일성은 1960년 8월 14일 '8·15 경축보고대회'에서 새로운 이른바 '과도적 연방제'안을 제안했다. 이 연방제 안이 갖는 특징은 남북 양 정부의 합작을 주장했다는 점이다. 4·19 시기 북한의 통일공세가 갖는 가장 특징적인 요소는 교류·협력에 관한 강조였으며, 그 가운데에서도 특히 경제교류의 강조였다.[33] 이 무렵 북한의 통일공세는 남한의 경제적 파국을 강조하고, 북한의 경제성장의 성과를 과시하는 것에 비중을 두었다. 8월 14일에 발표한 과도적 연방제 안도 이와 같은 특징이 두드러졌다.

당시 남한은 본격적인 경제성장을 시작하지 못한 상태였지만 북한은 고속성장을 하고 있을 때였다. 북한은 구체적인 남북교류협력 방안을 제시하면서 모든 부문에 대한 원조와 지원계획을 가지고 있다면서 자신들이 이룩한 경제성과를 바탕으로 대남공세를 강화했다. 북한의 공세적 연방제 제안에 대해 민주당 정권은 내부의 정치적·경제적 혼란으로 인해 수세적이고 소극적인 대응에 그쳤다. 즉, 기존의 유엔 감시하에 총선거를 실시하자는 주장을 되풀이했을 뿐이다.

민주당 집권기에 나타난 혼란과 경제적 침체는 4·19혁명 때 국민들이 기대했던 상황은 아니었다. '경제 제일주의'를 내건 정권은 미국의 지원을 확보하기 위해 환율인상과 원조자금 지출에 대한 미국의 감독을 받아들였다. 그러나 환율인상은 결과적으로 경제난을 가중시키는 요소가 되었다. 당시 실업률은 23.7%라는 엄청난 수치를 기록했고 물가는 38%나 상승했던 반면 생산량은 9.8%가 감소하는 등 경제적 파탄상태가 지속되었다.[34] 학생들은 민주당이 효과적인 경제정책을 수립하지 못하고 갈수록 외세에 굴욕적인 자세를 취한 데 실망한 나머지 북한체제에 매력을 느끼기 시작했다. 민주당 정권이 주장하는 정책으로는 경제위기 극복이 가시화되기 어려운 국면에 들어서자 학생운동은 혁신세력과 연대하여 통일운동으로 전환하게 되었다. 이는 남한의 경제적 파탄은 통일을 통한 민족경제의 형성에 의해서만 해결될 수 있다는 지식인들의 인식에 기인했다. 북한의 우세한 경제사정을 반영한 인식이었다고 볼 수 있다.[35]

장면 총리는 혁신계와 학생들의 중립화 통일방안 및 남북교류론 주장에 대해 1961년 4월 20일 국회연설에서 "용공보다는 차라리 분단된 현상이 낫다"라고 입장을 밝혔다. 또한 5월 10일 기자회견에서는 "남북학생회담을 주장하는 학생들의 동향은 통일을 희망하는 안타까운 심정에서 나온 것으로 이해한다. …정부는 이러한 위험한 입장을 절대 허용할 수 없다"라고 하면서 "빠른 시일 안에 통일연구소를 설치하여 여·야가 협력해서 통일문제를 다루게 할 방침"이라고 말했다.[36]

그러나 학생들은 만일 정부가 남북통일을 위한 조치들을 즉시 취하지 않는다면, 자신들이 직접 판문점으로 행진하여 북한 측과 통일협상을 벌이겠다고 선언했다. 정부가 이에 호응하지 않자 '민족통일연맹'을 결성한 서울대생들은 1961년 5월 4일, 5월 20일을 기해 판문점에서 북한 학생들과 회담하겠다는 성명을 발표했다.[37] 물론 북한은 민족통일연맹의 제의를 환영했다. 나아가 5월 9일 '조국평화통일위원회'를 결성(5월 13일 공식 출범)하였는데, 이는 남한 내 통일논의를 더욱 자극하고 혁신계의 입장을 고무하기 위한 것으로 볼 수 있다.[38] 그러나 얼마 후 반공을 국시로 하는 5·16쿠데타가 일어남으로써 일체의 통일논의는 중단되었다.

제2공화국의 붕괴와 5·16쿠데타, 그리고 북한요인

4·19혁명 이후 한국 민주주의 실험기였던 민주당 정권의 붕괴원인은 여러 각도에서 찾을 수 있다.[39] 흔히 민주당 신구파 간의 파벌갈등이 정권의 통치능력 약화를 부추겼고, 이에 실망한 국민들이 지지를 철회했다는 것이 붕괴요인으로 지적된다. 또한 정권의 '경제 제일주의'에 입각한 제반 경제시책이 소기의 성과를 거두지 못하여 경제적 위기상황이 지속되었던 점도 주요하게 거론된다.[40] 분명 이들 요인도 일정하게 작용했을 것이다. 다만 전자는 붕괴의 책임을 민주당 자체에만 둔다는 점에서, 후자는 민주당 집권 이전과 붕괴 당시 사이에 경제상황이 현격한 차이를 보이지 않았다는 점에서 한계를 지닌다. 더욱이 한국은 정부수립 이래

로 정치가 경제를 지배했다는 점에서 경제적 요인을 정권 붕괴의 결정적 요인으로 보기는 어렵다. 한편 군부의 급속한 양적 팽창에 따른 진급 적체로 인한 불만 확산이 결정적 요인으로 거론되기도 하며[41] 미국의 비개입과 방관적 태도도 일조한 것으로 지적된다.[42] 그러나 전자는 군 내부의 불만만으로는 쿠데타의 명분을 확보하기 어렵다는 점과 후자 역시 쿠데타 성공의 한 요인으로는 볼 수 있겠지만 발생요인으로 보기는 어렵다. 따라서 정권 붕괴의 원인을 적절하게 설명하기 위해서는 위에서 지적한 요인들과 더불어 다른 요인에도 주목해야 한다.

우리는 또 다른 요인을 앞에서 살펴본 바와 같이 통일문제 등을 둘러싼 이데올로기적, 사회적 양극화 현상과 남한의 쟁투에 대한 북한의 활발한 개입에서 찾을 수 있다. 사실상 민주당 정권의 붕괴는 어떤 사회·경제적 이슈로서의 분배 문제나 노동문제가 아닌 '남남갈등',[43] 곧 통일문제를 둘러싼 정치적 위기의 결과였다고 볼 수 있다.[44] 이는 민주당 정권의 통치능력 부재와 파벌갈등, 경제적 위기상태 지속 등으로 인해 국민들의 실망감이 깊어지는 상황이었지만, 그것만으로는 쿠데타의 충분조건이 될 수는 없었다는 의미이다. 그러한 충분조건은 분단국가가 감당할 수 있는 수준을 벗어난 통일논의와 이를 둘러싼 균열로 한층 가중된 사회적 혼란으로부터 주어졌다고 할 수 있다. 더욱이 남한 내 사태에 북한이 적극 개입하여 남남갈등을 부추김으로써 통일논의를 둘러싼 균열과 혼란은 체제를 위협하는 정치적 위기로 나아갔다.

이제 이러한 혼란의 종식을 바라는 것은 비단 군부만이 아니었다. 민주당 구파는 물론이고 일반 국민들 사이에서도 난국 타개를 희망하는 분위기가 확산되었다. 5·16쿠데타는 이러한 사태 진전에 대한 군부의 응답이었다.[45] 미국 역시 분단국가의 안정과 질서유지를 희망하고 있었던 만큼 이에 반대할 이유가 없었다.

남한이라는 국가는 일차적으로 반공체제로서의 존재이유와 역할을 갖는다. 이것은 국가의 기본조건이다. 때문에 민주주의는 이 기본조건과 병립할 때 존립할 가능성이 큰 반면 충돌할 때는 존립 가능성이 매우 낮다.[46] 분단국가에서 민족문제가 갖는 균열은 폭발성을 가질 수 있고, 그러한 폭발성은 민주화문제와 결합될 때 민주화를 어렵게 만드는 요인이 될 수 있다. 분단체제하의 남북한 대결과 민족문제를 둘러싸고 첨예하게 얽혀 있는 통일 이슈의 '하중'이 매우 큰 조건하에서 민주당 엘리트들은 통일문제와 민주화문제를 동시에 풀어나가지 않으면 안 되었다. 다시 말해 통일 이슈와 민주화문제가 중첩되기 쉽고 또 중첩될 때 그것이 가져올 긴장과 위기상황을 한편으로 하고, 이를 해결할 민주당 엘리트들의 역량을 다른 한편으로 할 때 양자 간에는 큰 격차가 생길 수밖에 없었다.[47]

이러한 조건에서 반공체제라는 분단국가의 수용 범위를 넘는 통일논의와 이에 대한 북한의 깊숙한 개입은 통일문제의 진전은 고사하고 제2공화국의 민주주의 유지 자체에 부정적인 영향을 주었다. 탈냉전민주화 이후에도 통일문제를 둘러싼 남남갈등의 증폭·확대가 남북관계를 퇴행시키고 민주주의를 침식할 가능성은 여전히 존재했는데, 통일문제를 둘러싼 남남갈등의 원형적 모습을 제2공화국에서 발견할 수 있다.

제2공화국의 민주주의 실험은 소중한 경험인 동시에 대다수의 국민들에게 '민주주의=혼란=국가안보 위협'이라는 이미지를 심어주는 계기가 됨으로써 이후 한국정치 발전에 부정적 요소로도 작용했다. 또한 민주적 공간을 비집고 분출된 통일논의의 과열과 북한의 적극적인 개입은 이후 통일논의를 급속히 냉각시키고 민주주의를 역진시키는 결과를 가져왔다. 실력 배양이 전제되지 않은 상태에서의 통일논의 활성화와 과도한 민주적 요구는 북한에 사회혼란을 조장할 수 있는 공간을 제공해 줄 뿐이라는 인식을 강화시켰다. 이는 집권세력이 이데올로기적인 교화를 통해 주입해온 측면을 무시할 수 없지만 제2공화국에서의 경험이 크게 작용했다고 볼 수 있다.

일반적으로 정치지형에서 민주지향성이 강할 때는 반공지향성은 상대적으로 약화된다. 그리고 민주지향성 강화와 반공지향성 약화는 곧 통일지향성 강화로 연결될 수 있다. 그러나 분단국가에서 민주지향성과 통일지향성이 반공지향성을 압도할 정도로 '과잉' 확장될 수 있는 것은 아니다. 특히 통일지향성의 급속한 확장은 결국 통일지향성의 위축은 물론이고 민주지향성마저 역진시킬 수 있음을 제2공화국의 민주주의 실험이 보여주었다.

말할 것도 없이 그러한 조건은 구조적 북한요인에 기인했지만, 통일이슈에 대한 활발한 개입과 공명 등 행위적 북한요인은 민주주의의 실험공간을 더욱 좁히는 결과를 초래했다. 이것이 함축하는 바는 분단국가의 민주주의나 통일문제는 보다 깊은 성찰과 신중(prudence)[48]을 요하는 과제라는 점이다. 제2공화국의 경험은 의지의 과잉으로 시대적 조건을 간과한 사려 깊지 못한 최대강령적 민주주의나 낭만적 통일지상주의는 그 반명제로 귀결될 수 있음을 보여준다.

제2공화국은 민주지향성과 통일지향성이 분단국가가 갖는 반공지향성의 한계를 넘는 지점에서 붕괴하였다고 볼 수 있다. 그리고 민주지향성과 통일지향성의 붕괴와 반공지향성의 복원은 동시에 이루어졌다. 쿠데타 주도세력은 민주지향성과 통일지향성의 과잉확장이 반공지향성을 과잉축소시킨다는 명분으로 쿠데타를 일으켰다. 남한 분단국가 수호의 보루이자 반공의 첨병임을 자임한 군부세력이 반공지향성의 복원을 천명하며 전면에 등장했던 것이다.

앞서 살펴본 민주당 정권의 붕괴원인을 뒤집으면 5·16쿠데타의 원인이 된다. 5·16쿠데타도 다른 제3세계 국가의 경우와 마찬가지로 군부의 과대성장과 군부 내 불만이라는 촉발요인(push factor), 군부 밖의 정치적·사회적 유인요인(pull factor)이 복합적으로 중첩되고 상호작용을 일으키면서 발생했다고 할 수 있다. 5·16쿠데타는 민주당 정권의 지도력 부족, 부패, 진취성 결여 등에 대한 일부 군인들의 '반공적인 반발'이었다.[49] 그들 행동의 본질은 확고한 조직, 명확한 계획, 신속한 행동, 그리고 무엇보다 민주주의의 억제였다. 민주당 정권의 통제력은 취약했던 반면 쿠데타 주도세력의 통제력은 확실히 강력했다[50]는 지적은 그 전형적 예라고 할 수 있다. 한국전쟁으로 군이 급팽창하고 민간부문에 비해 상대적으로 근대화되어 있던 상황에서 군부정권의 등장 가능성은 상존하고 있었다고 볼 수 있다. 제3세계의 많은 사례가 이를 보여주고 있다.

그런데 왜 군사쿠데타가 1961년 시점에서 감행되고, 또 성공할 수 있었는가는 다른 설명이 필요하다. 여기서 성공이란 쿠데타 자체의 성공만을 가리키는 것이 아니다. 일반 국민이 5·16쿠데타를 어떻게 받아들였는가도 포함한다. 단적으로 말하면 촉발요인에 명분을 준 것은 유인요인이었다. 그리고 유인요인 가운데 주요한 역할을 한 것이 앞에서 지적했듯이 혁신세력과 학생들이 제기한 통일문제를 둘러싼 이데올로기적, 사회적 양극화 조짐과 북한의 적극적인 국내정치 개입이었다고 할 수 있다. 다시 말하면 제2공화국은 궁극적으로 군부의 쿠데타 감행으로 붕괴되었지만, 군부 쿠데타의 공간을 제공한 반공체제의 한계를 넘는 통일논의로 인한 체제적 수준의 정치적 위기에 주목할 필요가 있다. 그리고 이러한 위기는 우세한 경제력을 바탕으로 한 자신감 넘치는 북한의 적극적 개입, 즉 행위적 북한요인으로 더욱 증폭되었다고 볼 수 있다.

군의 진급문제를 둘러싼 불만만으로는 쿠데타가 일어날 수 없다. 그것이 명분을 제공할 수는 없기 때문이다. 명분을 제공하기 어렵다는 것은 쿠데타에 대한 국민의 지지 내지 소극적 동의를 끌어내기 어렵다는 말과 다르지 않다. 실제로 소장 장교들의 불만이 쿠데타 거사를 위한 강력한 도화선이 되었다고 해도 그것만으로는 쿠데타를 도모하기 어렵다. 더 적절한 명분이 필요한 것이다. 즉, 민주당 정권이 지속될 경우 자칫 남한이 적화될 위험성을 안고 있다는 위기의식을 공유할 수 있을 때 쿠데타와 같은 과격행동이 나올 가능성이 높다. 민주당 정권하의 남한은 사실상 4·19 후유증으로 심각한 혼란에 빠져 있었고 정권의 무능으로 국민의 지지는 하락하고 있었다. 그와 같은 상황에서 군부에 맞설 만한 조직이나 세력은 존재하지 않았다. 학생집단은 목소리는 높았으나 힘을 지닌 조직이 아니었다. 당시 한국에서 군부처럼 강력하고 조직화된 집단은 없었다.[51]

쿠데타 주도세력들 사이에 하나의 공감대가 형성되어 있었는데, 그것은 민주당 정권의 민주주의가 사회적·정치적 혼란을 격화시키고 있다는 인식이었다. 그리고 그것을 그대로 둔다면 국가안보가 크게 위협받을 수 있다는 우려였다. 즉, 민주주의로는 한국이 당면한 위기와 문제를 해결해나갈 수 없다는 판단이었다. 곧 국가안보에 대한 우려와 민주당 정권에 대한 불신이 군부 내에 비교적 광범하게 퍼져 있었다고 볼 수 있다. 쿠데타가 일어났을 때 민주당 정권에 대한 군부의 충성이 뚜렷이 나타나지 않았던 것이 그것을 반증한다고 하겠다.[52]

쿠데타 주도세력은 민주당 정권에서의 용공사상의 대두를 '군사혁명'

의 첫 번째 명분으로 내세우고 '반공'을 국시로 표방했다.[53] 이는 혁신세력의 도전, 북한의 계속된 국내정치 개입과 이로 인한 정치적 혼란의 종식을 쿠데타 제일의 명분으로 삼았음을 의미한다. 한국군사혁명사편찬위원회는 5·16쿠데타가 불가피했던 이유로 ① 용공조직 및 단체의 출현, ② 경제적 위기, ③ 사회적 무질서와 국민도덕의 퇴폐, ④ 고질적인 정치적 병폐 등을 들고 있다.[54]

쿠데타 주도세력은 거사의 이유 가운데 "용공분자의 준동"에 따른 강력한 반공정책을 가장 중요한 쿠데타의 명분으로 내세웠다. 이승만 정권은 정치집단을 반공이냐 공산주의냐 하는 흑백논리로 재단했다. 반면 민주당 정권은 훨씬 유연하고 관대한 정치적 자세를 취했다. 그 결과 이승만 정권하에서는 잠복해 있거나 지하로 들어갔던 진보적, 혁신적 정치집단이 정치 전면에 등장했다. 이는 민주당 정권에서 진보적 또는 사회주의적 정당으로 간주된 정당이 전체 23개 정당 중에서 16개나 되었다는 사실에서 잘 나타나고 있다. 군부의 공식자료에서 '용공조직 및 집단'이라고 칭한 것은 다름 아닌 이승만 정권 붕괴 후에 생겨난 이러한 진보적, 혁신적 정치집단을 지칭한 것이었다.

그런데 정치적 관용과 이에 수반되는 사회혼란, 그리고 경제침체가 새롭게 출범한 민주당 정권을 일시적으로 마비시킨 것 또한 사실이다. 또한 민주당은 신구파의 반목으로 내부적으로 곤란에 처해 있었다. 게다가 각계의 요구도 쏟아져나와 4·19 이후 5·16쿠데타까지 대학생, 고등학생의 대규모 시위도 168건에 달했다. 같은 기간 동안 여러 노동조합과 노동자조직들에서 2만 명 이상이 참가한 시위도 35차례나 일어났다. 신문사, 통신사 등도 우후죽순으로 생겨나 1,500개를 헤아리게 되었다.

이러한 사회적·정치적 혼란 속에 경제 또한 침체되었다. 물론 이것은 일정하게 이승만 정권의 유산이었다. 또한 북한에 의한 간첩활동 역시 눈에 띄게 증가했는데, 1960년 한 해에만 해안을 통해 침투한 비밀간첩이 100여 명 체포되었다.[55] 북한은 공작원 남파 같은 침투공작을 4·19 직후 한층 강화했다. 4·19에 고무된 북한은 대남공작원 확충을 서둘렀고, 대남관계를 다루는 각 기관마다 경쟁적으로 공작원을 파견했다. 1961년 2월경에는 혁신계 몇몇 인물들에 대한 월북공작을 전개했다.[56]

혁신세력과 학생들의 통일문제 제기도 도를 넘었다. 혁신세력의 활동이 북한의 이와 같은 대남공작과 실제로 연계되어 있었는가는 불명하나 7·29총선 직전 민주당에서는 각종 선전매체를 활용하여 혁신계에 지하공작원이 침투하였다며 혁신계의 용공성을 부각시켰다.[57] 민주당은 서상일의 남북교류론이나 장건상의 유엔의 중공 승인이 필요하다는 발언도 용공성 부각의 호재로 이용했다. 또한 선거유세에서 혁신세력이 정권을 잡으면 위험하다고 주장하면서 혁신세력 입후보자에 대해 '공산주의의 4촌쯤 되는 무정부주의자에게 어떻게 국사를 맡길 수 있겠느냐'고 공격했다. 또한 조재천 법무부장관은 1960년 11월 1일, 서울대 학생들의 민통련 발기모임을 전후하여 학생들의 남북교류론을 공산 측이 물질적, 정신적으로 후원하고 있다고 경고했다. 장면 총리는 붉은 공작대가 배후에서 시위를 조종하고 민중을 선동한다고 주의를 환기시켰다.[58] 물론 당시 혁신계 인사나 학생들의 통일운동이 북한과 직접 연계되고, 북한의 침투공작으로 사주되었다고 보기는 어렵다. 다만 북한의 대남방송과 출판물이 남한의 급진적인 통일운동세력에게 간접적인 영향을 미칠 수 있는 여지는 없지 않았다.[59]

이상의 유인요인, 특히 혁신세력과 학생들의 임계점을 넘는 통일문제 제기와 북한의 가세 등 행위적 북한요인을 곧바로 쿠데타의 직접적인 원인으로 연결 지을 수는 없다. 그리고 박정희 소장을 중심으로 한 쿠데타 주도세력이 1960년 2월에 처음 계획을 세웠다면, 이 계획은 1960년 4월의 학생혁명보다 최소한 2개월은 앞선 것이라고 할 수 있다.[60] 4·19 전부터 계획되고 있던 군사쿠데타에 관해 미 중앙정보국 및 서울과 워싱턴의 미군 군사정보기관은 사전에 관련 정보를 입수하고 있었다. 또한 주한 미군사령관 매그루더(Carter B. Magruder) 역시 그 사실을 알고 있었다.[61] 더욱이 박정희는 1952년 이래 수차에 걸쳐 쿠데타를 계획한 바 있었다.[62] 따라서 군사쿠데타의 이유로 내세우는 용공집단의 출현이나 사회경제적 불안정은 하나의 구실에 불과하다고 할 수도 있다. 다시 말해 '용공집단'은 이승만의 실각 이후에 출현했지만 박정희의 군사쿠데타는 이승만 정권의 몰락 이전에 계획된 것이었다.[63] 그러나 중요한 것은 그 같은 쿠데타 시도를 4·19 이전에는 왜 감행하지 못했는가 하는 점이다. 설사 쿠데타가 시도되었다고 하더라도 사회 저변으로부터 묵인 내지 지지를 받을 가능성이 크지 않았을 것이다.

앞서 언급했듯이 민주당 정권의 통치능력 부재와 파벌갈등, 경제적 위기상태 지속 등으로 군부와 국민의 실망감이 깊어지는 상황이었지만 그것은 쿠데타의 필요조건일 수는 있어도 충분조건은 아니었다. 충분조건은 분단국가가 감당할 수 있는 수준을 벗어난 통일논의와 북한의 가담 등 북한요인에 의해 고조된 정치적 위기로부터 주어졌다고 보아야 할 것이다. 이제 이러한 위기의 종식을 바라는 것은 비단 군부만은 아니었다. 민주당 구파는 물론이고 일반 국민들 사이에서도 난국이 타개되기를 바라는 분위기가 확산되었다. 이는 5·16쿠데타를 평가하는 데 있어 촉발요인 못지않게 유인요인인 북한요인을 중시해야 함을 시사한다. 말하자면 5·16쿠데타를 성공으로 이끈 것은 촉발요인이 아니라 유인요인인 북한요인이었던 것이다.

민주당 정권은 북한의 연방제와 경제위원회 구성 및 남북정당·사회단체연석회의와 같은 제안에 대하여 의혹의 눈초리를 보냈다. 그리고 북한의 이러한 제안을 정치선전을 위한 심리전이나 평화공세로 간주하여 불가 입장을 견지했다. 북한 측의 대남선전공세와 학생운동 지지·선동 및 남한 정부에 대한 극렬한 비난은 대다수 국민과 특히 보수 성향을 지닌 민주당 정권의 대북 경계심과 거부감을 강화시켰다. 또한 북한은 남한 학생들의 남북학생회담 제의를 정치적 목적에 이용하려 함으로써 민주당 정권 및 보수세력의 대북관을 경직시키고 경계심을 자극했다. 정권으로서는 남측 상황을 유리하게 이용하려는 북측의 접근 시도나 선동을 경계할 수밖에 없었을 것이다. 반면 내부적으로 안정되어 있던 북측은 당시 남한에서 전개되고 있던 정치적 동요를 자신들에게 크게 유리한 변화나 추세로 보았을 것이다.[64]

쿠데타 주도세력은 혁신세력과 학생들의 과격한 주장과 이에 대해 북한이 적극적으로 개입 내지 공명하는 상황으로부터 쿠데타 감행의 강력한 명분을 얻었다.[65] 그리고 일반 국민들도 이에 대해 큰 이견이나 반대를 보이지 않았다.[66] 7·29총선 결과가 말해주듯이 국민들은 혁신세력에 대해 극히 제한적인 지지를 보내고 있었다. 더욱이 간첩활동이 증가하고 선거 이후 한층 격화된 혁신세력과 학생들의 주장과 움직임에 대해 북한이 공명하고 나서는 상황은 일반 국민들을 자극시켰다. 이러한 사태는 혁신세력에 대한 국민들의 반감과 반공의식을 더욱 강화시켰을 것으로 짐작할 수 있다. 그리고 쿠데타 주도세력이 북한의 대남공세가 나날이 가열되고 학생과 일부 혁신세력의 행동이 급진성을 띠는 당시의 상황을 단지 쿠데타의 구실이 아니라 실제 위기로 인식했을 가능성도 배제할 수 없다.[67] 특히 5·16쿠데타의 두 주역인 박정희와 김종필은 모두 군 정보계통에서 일한 적이 있었으므로 일반인이 잘 알지 못하는 북한 사정에 정통했다. 두 사람은 남한의 경제를 앞질러가던 북한의 빠른 경제 발전에 놀라고 또 우려하고 있었다.[68] 따라서 이들의 위협인식은 일반 국민들에 비해 훨씬 컸을 수 있다.

더욱이 당시의 정치적 위기는 쿠데타 주도세력의 인식 속에만 존재했던 가공물이 아니었다. 정도의 차이는 있었겠지만 일반인이 공감할 수 있는 객관적 실체였다. 말하자면 객관적인 위기 없이는 명분이 제공될 수 없었고, 적절한 명분 없이는 쿠데타가 일어나거나 더욱이 성공하기 어려웠다고 할 수 있다. 물론 당시의 사회혼란과 정치적 위기는 북한의 이슈 개입이나 침투활동 없이도 일어났을 것이므로 이를 북한의 개입, 선동, 그리고 사주로 인한 것으로만 볼 수는 없다.[69] 그러나 북한요인이 정치균열을 격화시키고 위기를 한층 가중시키는 데 일조한 것만은 분명하다. 상황적, 행위적 북한요인 없이 정치적 위기에 대한 위협인식이 실제와 동일한 수준으로 전개되었다고 보기는 어렵기 때문이다. 이러한 점은 5·16 직후 발간된 『사상계』의 권두언에서도 나타난다. 즉, "(정치변동기를) 틈타서 북한의 공산도당들은 내부적 혼란의 조성과 붕괴를 백방으로 획책하여 왔다. 절정에 달한 국정의 문란, 고질화한 부패, 마비상태에 빠진 사회적 기강 등 누란의 위기에서 민족적 활로를 타개하기 위하여 최후수단으로 일어난 것이 다름 아닌 5·16 군사혁명이다"[70]라고 평가한 것이 그것이다.

제2공화국의 붕괴를 가져온 5·16쿠데타는 준경쟁적 권위주의 지배를 군부 권위주의 지배로 대치시켰다고 할 수 있다.[71] 이승만의 권위주의 지배와 비교할 때 박정희를 중심으로 한 군부 권위주의 지배는 여러모로 강권지향적이고 더욱 조직화된 지배였다. 박정희 정권은 이승만 정권 시기의 대통령제를 복원시켰지만 그것보다 훨씬 강화된 형태로 정당 간의 경쟁을 초법적인 차원에서 통제하면서 권력을 박정희와 청와대에 집중시키는 강력한 권위주의적 통치양태를 지향했다.[72] 박정희 정권의 권위주의적 통치양태에도 불구하고 유신체제 수립 이전까지는 의회, 정당 활동의 상대적 활성화, 국회의원과 대통령을 뽑는 주기적 선거, 상당한 언론의 자유 등 제한적 다원주의의 외양을 유지하고 있었다.

우리는 이상에서 제2공화국 붕괴와 5·16쿠데타라는 정치변동과 그로 인한 통치양태 변화의 국면에서 작용한 북한요인의 영향을 살펴보았다. 이때 북한요인은 구조, 상황, 행위의 모든 차원을 말한다. 구조적 북한요인은 민주주의와 통일논의의 한계선을 설정했고, 상대적으로 우세한 경제력이라는 상황적 북한요인과 통일 이슈에의 활발한 개입과 공작원 침투 등과 같은 행위적 북한요인은 남한의 위기와 위협인식을 한껏 고조시켰다. 따라서 '반공 국시'는 혁신세력과 학생들에 대한 응답인 동시에 북한에 대한 대응이었다.[73] 물론 위에서도 지적한 바와 같이 북한요인이 5·16쿠데타의 단일 독립 변인은 아니었다. 그러나 북한요인에 착목하지 않고서는 5·16쿠데타의 감행 및 '성공'을 적절하고 온전하게 설명하기 어렵다. 요컨대 북한요인의 개입은 4·19혁명 이후 분출된 민주주의와 통일문제를 둘러싼 국내의 정치균열을 한층 심화·증폭시키는 동시에 제한시키며, 결국에는 봉쇄하는 데 일정한 역할을 담당했다. 나아가 일련의 반공지향적 정책·제도의 형성과 군부 권위주의라는 통치양태의 변화를 초래하는 하나의 주요 계기가 되었다.

제2장

박정희 정권기 북한요인

북한은 한국 민주주의의 발전을 제약하는 동시에 민주주의의 기본조건을 정초하는 데 기여하는 이율배반의 기능을 수행했다.

— 본문 중에서

5·16쿠데타와 더불어 형성된 일련의 정책·제도에 북한요인이 어떤 영향을 미쳤으며, 박정희 정권이 북한요인을 동원하여 어떻게 정당화할 수 있었는가? 또한 북한요인의 압력에 박정희 정권은 어떻게 대응했으며, 특히 압축적 산업화와 북한요인이 어떤 관련성을 갖는가? 이 장에서는 이러한 문제를 비롯하여 국내 정치균열에 북한요인이 어떻게 개입하고 영향을 주었는가를 논의한다. 그리고 북한요인을 동원한 득표 전략이나 저항세력을 제압하려는 시도 등이 어떻게 전개되었는가를 몇 가지 사례를 중심으로 살펴본다. 이를 위해 1963년 대선 시의 '사상논쟁', 1964년 한일회담반대운동 시의 '인민혁명당사건', 그리고 1967년 6·8부정선거 규탄운동 시의 '동백림간첩사건' 등을 검토한다.

또한 박정희 정권이 자유민주주의를 형해화하며 노골적이고 탄압적인 권위주의로 이행하는 데 북한요인이 미친 영향에 대해서도 살펴볼 것이다. 즉, 1968년에 군사모험주의라는 행위적 북한요인이 국가안보를 최우선시하는 병영국가(garrison state)[1]적 정책·제도 형성에 어떠한 영향을 주었는가를 분석한다. 그리고 박정희 정권이 북한요인을 동원하여 제한적 다원주의마저 폐기하고 유신체제로 이행하는 과정에서 국가, 정치사회, 시민사회 영역에서 일어난 균열과 갈등에 대해서도 살펴본다.

궁극적으로 박정희는 왜 유신체제를 수립하려고 했으며, 그러한 시도가 어떻게 정치사회나 시민사회의 저항을 뚫고 성공할 수 있었는가를 규명해보고자 한다. 반면 일반 국민들은 왜 유신체제와 같은 독재체제의 등장을 적극 저지하지 못했으며, 수동적이나마 이를 수용할 수밖에 없었는가?[2] 그리고 그러한 결과를 가져오는 데 북한요인이 미친 영향은 무엇인가 하는 것도 주요 분석 대상이다.

1. 정치균열과 북한요인

1963년 대선과 '사상논쟁'

'반공 국시'의 역설: 박정희의 '사상' 시비

극도의 반공지향성을 표방하며 쿠데타를 일으킨 박정희의 과거 전력과 '사상'에 대한 의혹이 5·16쿠데타 직후부터 제기되었다는 것은 역설 중의 역설이었다. 나중에 야당이 선거전략의 일환으로 박정희의 사상문제를 걸고넘어졌지만, 이는 단순히 매카시즘적 선거전략으로만 일축할 수 없는 어느 정도 근거를 지닌 것도 사실이었다.

강원룡 목사의 회고에 의하면, 1961년 여름 당시 부산대 박경일 교수로부터 박정희를 비롯한 혁명주체세력이 반공을 국시로 내세우긴 했으나 사실은 위장된 좌익세력이라는 충격적인 얘기를 들었다고 했다. 강원룡은 미8군 정보책임자 키니(Robert A. Kinney)와 미 대사관 정치담당 참사관 하비브(Philip C. Habib) 등을 만나 이 얘기를 전하고 대책을 세우도록 촉구했다.[3] 박경일은 박정희의 사상과 관련하여 '박정희가 혁명 당시 좌익세력과 연계되어 있었던 것은 분명하며, 그의 변신은 나중에 김신조 사건을 겪고서야 분명해진 것 같다'는 입장을 견지했다. 또한 박경일은 김형욱을 만나서도 박정희의 대북태도가 그 시기를 고비로 해서야 완전히 바뀌게 되었다는 증언을 들었다고 했다.[4] 한편, 1962년 1월의 '민족청년단반혁명사건'으로 구속된 당시 『여성주보』 사장이었던 김정례는 박경일을 통해 박정희의 사상 전력을 알고 있었는데, 공판정에서 '박정희는 공산당'이라고 주장했다가 12년 형을 선고받기도 했다.[5]

또한 공화당 내에서조차 이른바 반김종필세력에서 사상문제에 얽힌 의혹을 거론하고 나선 적이 있었다. 반김종필세력이 추진한 범국민정당운동이 한창 열을 올리던 1963년 6월 초순이었다. 당시 중앙정보부장이던 김재춘은 김종필이 주동이 되어 만든 공화당의 '반민주적 조직'과 간첩 황태성과의 관련설을 은근히 퍼뜨리면서 공화당의 해체를 주장했다. 김재춘에 따르면 김종필이 거물간첩 황태성을 조선호텔에 모셔놓고 공화당의 사전조직을 위한 밀봉교육에 이용했다는 것이다. 황태성이 서울시내 5개 처에 깔린 공화당의 비밀교육 장소에서 당원들이 서로의 정체를 모르는 점조직 방식으로 밀봉교육을 시켜왔다고 했다.[6] 당시 김재춘은 누차 박정희에게 이 같은 사실을 알리고 공화당과 손을 끊도록 권유했으나 결국 거절당했다는 것이다. 요컨대 김종필은 공화당을 북한의 공산당을 모방하여 만들었을 뿐만 아니라 북한으로부터 직접적인 도움과 조언을 받았다는 것이다.[7] 반공국가의 집권세력이 착수한 당 조직 방식이 공산국가의 작품이었다는 것이다.

그러나 1963년 6월 무렵에는 아직 공화당 내 헤게모니 쟁탈전에 가담하고 있던 몇몇 반김종필세력에서 간접적으로 이야기가 새어나왔을 뿐 황태성에 관해서는 전혀 알지 못하고 있었다. 그러다가 9월 말 대통령

선거 유세에 이르러 비로소 대대적으로 의혹설이 봇물 터지듯 일순 폭로되었다.[8] 당시 조선일보 워싱턴 특파원이었던 문명자 기자도 1963년 8월 육군 정보국장을 역임한 강문봉으로부터 충격적인 얘기를 들었다. 즉, 미군 정보기관 G2의 비밀정보원 출신이며 CIA 요원으로 한국에 주재하면서 '황태성사건'을 제일 먼저 알아챘던 베이커(Larry Baker)[9]가 박정희에 의해 추방돼 지금 미국에 돌아와 있다는 얘기였다. 강문봉은 과거 육군 정보국장 시절의 동료들을 통해 그 같은 정보를 입수했다고 볼 수 있다.[10] 문명자는 1963년 8월 27일 서면으로 질문서를 보내 9월 13일 베이커로부터 상세한 답변을 받았다. 베이커의 주요 증언은 다음과 같다.[11]

> ① 박 정권의 구조는 각 부처와 군에 지휘계통과 관계없이 박 의장에게 직접 보고하는—공산권의 정치위원 제도와도 같은—이중 명령계통[12]의 공산국가의 행정조직에 따라 조직되었다. ② 김종필이 지휘하는 중앙정보부가 대규모의 증권파동을 대담하게 일으키고 박정희가 행한 화폐개혁의 진정한 의도가 밝혀지자 버거 대사는 처음으로 공포를 느꼈다. 화폐개혁은 사회주의로 가는 장기계획의 첫 조처임이 명백했다. 그런 조처는 한국을 급속히 공산화시키는 수단에 다름 아니다. ③ 북한이 박정희와 밀접한 관계를 다시 맺으려고 2년 전에 장관급 공산주의자를 남파했다는 것을 한국 국민들이 안다면 크게 당황했을 것이다. 남파 후 황태성은 반도호텔에서 박정희와 적어도 세 차례 만났다. ④ 중앙정보부는 북한 공산주의자들의 침입에 대비하기 위해서가 아니라 민주주의 지향 인사들과 친미 인사들의 인권과 자유를 억압하기 위해서 운영되고 있다.

그 내용은 당시로서는 실로 놀라운 것이었다. 위 의혹의 사실 여부는 차치하고라도 남북한 통치정당의 조직구조가 상호수렴하고 있었다는 점은 주목할 만하다.[13] 미국은 자신들의 정보기관을 통해 군사정권이 모종의 밀명을 띠고 온 북한 거물을 손아귀에 넣고 있는데 그 거물은 과거 박정희와 가까운 황태성이고, 그의 임무는 통일에 관한 모종의 흥정일 가능성이 높다고 판단했다. 처음부터 5·16의 성격에 대해 의심하고 있던 미국은 북에서 밀사가 넘어오고, 군사정권이 그를 손아귀에 넣고도 쉬쉬하고 있는 데 대해 부쩍 의혹을 가졌다.[14] 박정희는 황태성을 체포한 후 간첩죄로 재판을 진행하면서도 이 사실을 공개하지 않았던 것이다. 이를 눈치챈 미 정보당국이 황태성의 인도를 강력하게 요구했으나 박정희는 거의 2년간 이를 거부해 그에 대한 미국의 의구심을 더욱 증폭시켰다.[15] 미국은 자신들을 제쳐놓고 군정 최고위층과 '밀사' 간에 어떤 흥정이 오갈 경우, 미국의 대한정책이나 동북아정책에 큰 영향을 가져오리라고 우려하고 있었다. 미국은 황태성의 인도를 요구했고 군정당국은 미국의 압력을 마냥 거부할 수 없어 결국 황태성을 미 정보당국에 넘겼다.[16]

강원룡에 따르면 미국은 1963년을 전후하여 한때 박정희의 사상 경향이 미덥지 못하여 백낙준, 박병권, 정일권 가운데 한 사람을 후임자로 총리에 앉힌 다음 박정희를 자연스럽게 물러나게 하는 방안을 검토하기까지 했다고 한다.[17] 미국은 5·16쿠데타가 일어나자 즉각적으로 쿠데타 반대를 표명하고 나섰는데, 그 주된 이유로 박정희 등 5·16 주도세력의 사상적 전력이 지적되어왔다. 미국 측이 쿠데타 초기 한때 박정희의 좌익과의 연계를 의심하였고, 이후로도 박정희의 주변 인물들에 대해 주시한 것은 사실이었다.[18] 그러나 미 중앙정보국은 이미 5·16쿠데타 직후인

1961년 5월 18일 정보보고에서 박정희의 좌익과의 연계는 1948년 이후 단절되었고, 복원될 가능성이 없는 것으로 판단하고 있었다.[19] 때문에 이후 박정희의 사상에 대한 미국 측의 우려는 이런 맥락에서 크게 벗어나지 않은 것으로 이해할 수 있다.

다만, 그 이후에도 박정희를 비롯한 5·16쿠데타 주도세력의 사상적 배경에 대한 일부의 우려는 생각보다 심각한 수준이었다. 그리고 이것이 나중에 '사상논쟁'이라는 정치공세로 점화되었다. 예컨대 동양통신의 주미특파원인 최동현(문명자의 남편)은 5·16 이후 이에 반대하는 성명을 발표하고 미국에 정치 망명했다. 그의 망명은 박정희 등 5·16 주체들의 사상적 배경으로 볼 때 한국이 공산화될지 모른다는 우려 때문이었다. 최동현은 5·16 직후 한 외신이 "5·16의 주모자들은 전직 공산주의자들"이라고 보도하자 박정희·김종필 등의 사상적 배경을 크게 의심했다고 한다. 박정희와 김성곤의 좌익전력을 그의 처(문명자는 대구 출신임)를 통해 알고 있던 최동현은 "5·16 주체들이 정권 장악 후 한국을 이북에 팔아먹을지 모른다"고 강하게 우려했다고 한다.[20]

4대 중앙정보부장으로 취임한 김형욱 역시 박정희에 대해 어느 정도 의구심을 갖고 부하들에게 황태성사건의 전모에 대한 극비 보고서 작성을 지시했다.[21] 조사결과 어떤 방식으로 만났는가를 단정할 수는 없지만, 김종필과 황태성이 연계된 것은 분명하다는 사실을 확인했다. 또한 황태성이 즉각 구속되어 유치장에 수감되지 않았고 상당 기간 반도호텔에서 유숙하였으며, 김종필과 박정희가 직접 접촉하지는 않았다고 하더라도 그를 상당히 예우했던 것만은 분명하다고 했다.[22] 박정희는 당초 황태성의 처형을 원치 않았을 것이나 미국의 자신에 대한 의구심과 압력 때문에 결국 사형 집행을 결단했을 것으로 볼 수 있다.[23] 그렇다면 박정희는 과연 쿠데타를 일으키고 대통령 후보로 나선 당시에도 '좌익'이었을까? 이에 대한 김형욱의 답변은 의외로 명쾌하다.

> 박 의장은 상황판단에 민첩한 인물이오. …박 의장은 일제하에서 민족교육의 전위를 맡던 교사에서 하루아침에 일본군국주의 천황에게 충성을 바치던 대일본 육군장교로, 일본 육군중위에서 하루아침에 광복군 중대장으로, 광복군 중대장에서 하루아침에 대한민국 국군장교로, 거기서 하루아침에 공산주의자로 변신하지 않았오? 그 양반은 하루아침에 민주주의자로 바뀌질 수 있는 사람입니다.[24]

뿐만 아니라 군내 남로당 조직 명단을 건네주고 목숨을 구한 순간, 그는 더 이상 좌익으로 회귀할 수 없는 다리를 건넜다.[25] 말하자면 박정희가 한때 설사 좌익 성향을 가지고 이에 심취하였다고 하더라도 궁극적으로 그는 '신념적 좌익'은 아니었던 것이다. 일부 5·16 주도세력의 좌익전력도 그들의 재빠른 변신에 비추어볼 때 단지 '전력'에 지나지 않는 것으로 볼 수 있다.

'사상논쟁'과 정치균열의 전개

1963년 9월 하순, 10월 15일로 예정된 제5대 대통령선거 정국은 민정당 대통령 후보 윤보선이 터뜨린 이른바 '사상논쟁'으로 뒤숭숭했다.[26] 반공이데올로기의 규정성이 압도적인 시대상황에서 그것도 반공 국시를 표방한 여당 후보를 사상적으로 공격하고 나온 한국현대사의 이례적 사태가 발생한 것이다. 이른바 야당에 의한 '북풍'의 동원이었다. 바로 이 사상논쟁을 한층 격렬한 수준으로 몰고 간 것이 황태성사건에 대한 의혹이었다. 박정희의 좌익전력 시비에서 발단이 된 사상논쟁은 황태성사건이 폭로되면서 절정에 이르렀다. 1963년 9월 25일, 야당 측은 이 황태성사건을 폭로하고 정치공세를 가했다. 이에 중앙정보부는 9월 27일 부득이 황태성사건의 전모를 발표하고,[27] 야당이 제기한 황태성의 공화당 창당 관여설을 전면 부인했다. 대부분의 국민들은 이 사실을 까마득히 모르고 있다가 이때가 되어서야 비로소 황태성사건을 접하게 되었다. 야당은 '5·16 직후 황태성이란 북괴의 거물이 김일성의 지령을 받고 내려와 군정의 고위층과 접촉을 시도했고, 공화당 사전조직에도 관여했다는 소문이 있는데 그 진부를 가리라'고 요구했다. 대통령선거가 실시되기 바로 전날까지도 야당은 거의 하루도 빠짐없이 공화당 박정희 후보의 과거 사상관계와 황태성사건의 의혹에 관해 집요하게 추궁했다. 야당이 선거전략의 일환으로 여당 후보에게 '용공 시비'를 불러일으킨 것이었다.

제5대 대통령선거의 성격을 사상논쟁으로 만든 계기는 박정희 후보가 1963년 9월 23일 서울중앙방송을 통해서 발표한 정견발표가 기폭제가 되었다. 박정희는 이번 선거를 "사상과 사상을 달리하는 세대의 대결이라고 보아야 할 것이다. 즉, 민족적 이념을 망각한 가식의 자유민주주의 사상과 강력한 민족적 이념을 바탕으로 한 자유민주주의 사상과의 대결이다"라고 선언했다. 이에 발끈한 민정당 대통령 후보 윤보선은 9월 24일 전주에서 기자회견을 하면서 "(나는) 어제 여수에서 강연회를 할 때 여수·순천반란사건의 관련자가 정부에 있다는 사실을 상기하였다"라고 하면서 "여순반란사건은 민족주의와 민주주의의 신봉자에 의하여 일어난 것이 아니었다"고 말했다. 그러면서 윤보선은 "그렇다고 내가 박 의장더러 공산주의자라고 말하는 것은 아니"라며, 다만 "박 의장의 민주주의 신봉 여부를 의심해 마지않는다"라고 덧붙였다.[28] 윤보선이 지적한 여순반란사건 관련자란 박정희 후보를 말하는 것임은 물론이다. 말하자면 윤보선은 '당신은 용공이 아닌가' 하고 직격탄을 날린 것이다. 박정희가 이 반란사건에 연루된 것으로 공표되자 선거정국의 정치균열은 '반공 대 용공'으로 전변되었다.

박정희가 제기한 '가식적 민주주의자 대 민족적 민주주의자'란 대립구도[29]보다는 윤보선 후보 측에서 제기한 '군정종식', '거물간첩 황태성과 박 의장의 연루', '박 의장 및 공화당의 용공성 의혹'이라는 '반공 대 용공' 구도가 훨씬 더 일반 대중들의 가슴과 뇌리를 자극했다. 윤보선이 전주에서 사상논쟁을 제기했을 때, 자신은 이 문제에 관해 거론할 생각이 없었으나 박정희가 싸움을 걸어왔기 때문에 응수한 것이라고 말했다. 즉, 9월 27일 윤보선은 청주 유세에 앞서 기자들과 만난 자리에서 "오늘 선거양상이 그 어떤 사상적 대결로 들어가 크게 긴장된 것은 박정희씨가 먼저 포문을 돌렸기 때문에 생긴 것"이라고 말했다. "박씨가 지적한 민족이념 없는 가식된 민주주의자 중엔 나까지 지목된 것이 틀림없는데 다른 것은 몰라도 사상적으로 나를 몰아대는 데는 도저히 견딜 수가 없다"고 목소리를 높였다. "서구식 결투라도 신청, 박정희 씨는 총 잘 쓰는 군인이지만 나는 맨주먹으로라도 맞붙어 싸우고 싶은 심정"이라고 분개했다.[30]

그러나 여러 가지 정황으로 보아 사상논쟁이 어느 개인의 감정적인 기복에 의하여 돌출된 것이라고는 보기 어렵다. 그보다는 민정당의 계산된 선거전략의 일환으로 적대국과의 사상적 연관이라는 북한요인을 동원했다고 볼 수 있다. 왜냐하면 윤보선의 전주 발언이 있기 전날인 9월

23일 낮, 민정당유세반이 전남 여수에서 선거연설회를 열면서 이와 유사한 발언을 했기 때문이다. 이날 찬조연사로 나선 윤제술은 "이곳은 여순반란사건이란 핏자국이 묻은 곳이다. 그 사건을 만들어낸 장본인들이 죽었느냐 살았느냐? 살았다면 대한민국에서 지금 무슨 일을 하고 있는가를 여러분은 아는가 모르는가? 여러분이 모른다면 저 종고산은 알 것이다"라며 선동조로 연설했다.[31] 윤제술이 15년 전 악몽을 불러들여 누구를 겨냥했는가는 명백했다. 야당이 북한요인을 동원함으로써 그날 연설회장에 모인 8천 청중을 아연 긴장하게 만들었다. 공교롭게도 바로 이날 아침 박정희의 방송연설이 있었고, 그다음 날 윤보선의 전주 발언이 있었던 것이다. 말하자면 사상논쟁은 민정당이 막판 선거 분위기를 휘어잡기 위한 비장의 카드였다고 볼 수 있다.[32]

실제 이 사상논쟁을 계기로 야당은 조직과 자금 양면에서 독주를 계속하던 공화당에 대하여 선전전에서 결정적인 대반격전을 감행했으며, 아울러 공화당을 수세에 몰아넣는 성과를 거두었다.[33] 민정당이 불을 질러놓자 사상논쟁은 단번에 요원의 불길처럼 번져나갔다. 윤보선의 발언이 있은 그날 오후, 국민의당 대통령 후보 허정은 공개 질문 형식으로 박정희의 전력과 사상문제를 걸고넘어졌다. 집권자를 표적으로 한 사상논쟁은 선거정국에 일대 회오리를 몰고 왔다.

윤보선의 전주 발언이 있던 24일 오후, 최고회의는 긴급회의를 소집한 데 이어 같은 날, 민주공화당의 서인석 대변인은 윤보선의 전주 발언에 대해 "대통령이 되겠다는 인사가 '메카시즘'의 악랄한 수법을 쓰게 되었다는 것은 선거 분위기를 극도로 해치려는 의도에서 나왔다고 볼 수밖에 없다"고 공박했다. 서 대변인은 이어 "우리는 과거에 정적을 빨갱이로 몰아넣는 악랄한 수법에 의해 많은 피해를 보았고 또 정국은 혼란을 거듭한 쓰라린 경험을 가지고 있다"고 비난했다.[34] 26일 군정당국은 극도로 긴장된 분위기 속에서 최고회의와 내각의 연석회의를 소집하고 박정희 의장의 주재하에 긴급대책을 협의했다. 3군 참모총장, 중앙정보부장, 내무부장관 등과 공화당 간부들이 참석한 가운데 긴급 본회의를 소집하고, 당장 윤보선을 구속하고 선거를 연기하여 군정을 계속 실시해야 한다고 주장했다. 그러나 야당후보를 구속하거나 선거를 중단하는 것은 파국을 초래하기 때문에 피해야 한다는 신중론이 우세하여 윤보선을 허위사실 유포 혐의로 고발하는 선에서 마무리 짓고자 했다.

그러나 사상논쟁의 불길은 좀처럼 잡히지 않았다. 9월 25일 서울 교동국민학교에서 재야 6당 공명선거투쟁위원회 주최로 열린 시국강연회에서 박정희 후보 및 공화당에 대한 여러 가지 구체적인 의혹을 공개하는 격렬한 규탄공세를 전개함으로써 더욱 큰 파문을 일으켰다. 연설에 나선 재야 정치인들은 저마다 군사정권의 비정(秕政)과 함께 박정희의 과거 경력과 사상을 통박했다. 안호상 국민의당 최고위원은 "북한에는 공산당이 있고 남한에는 공화당이 있다. 북한에는 소련군이던 김일성이란 놈이 있고, 남한에는 일본 군대였던 박정희 장군이 있다"고 직설적인 공격을 가했다. 특히 김준연 자민당 대표최고위원은 "1961년 5월 26일 자 『타임』지 17페이지를 보면 박 소장은 전에는 공인된 공산주의자였다. 그는 여순반란사건 때 반란군을 조직하는 데 협력했다"는 대목을 인용하여 폭로했다. 김준연 위원은 자신도 이력서에 'ML당 관련으로 7년 징역'이라고 기록하는데, 박정희 후보도 여순반란사건 가담 사실을 인정하고 전향했음을 솔직히 밝히라고 몰아붙였다.[35]

재야 6당 공명선거투쟁위원회가 시국강연회를 열었던 9월 25일 저녁, 서울 시내 몇 곳에 괴전단이 뿌려져 정국을 일층 긴장시켰다. 구국청년

동지회라는 이름으로 된 이 전단은 '박정희 씨에게 묻는다'라는 제목 아래 북한에서 밀파한 황태성사건의 진상을 밝히라는 요구와 공화당에 대한 사상공세가 그 내용이었다. '공화당 내에 6·25 당시 부역자 및 그의 가족이 월북한 자가 있다는 사실도 알고 있는가'와 '공화당의 중견간부인 김모 씨가 6·25 당시 부역을 했다는 사실을 아는가'란 공세는 일반 국민들이 가진 공산주의에 대한 악몽을 상기시키기에 충분했다.[36]

이 전단 살포 사건과 관련하여 허위사실 유포죄로 야당 정치인 5명이 구속되었다. 최고회의 이후락 공보실장은 9월 26일, 혁명정부의 이념은 혁명정부의 손으로 입안 기초하고 국민 절대다수의 지지를 얻어 통과된 개정헌법이 바로 그 이념이라고 반박했다. 또한 박정희 의장 개인의 이념은 자주자립을 시행할 강력한 민족주의 이념을 바탕으로 한 민주주의라면서 그들의 주장이 근거 없는 모략이라고 언명했다. 이렇게 해명하고 나선 이후락 자신이 5·16 직후에는 박정희의 사상전력에 대한 의혹을 미국 측에 제보한 장본인이었다는 점[37]을 상기하면 아이러니였다. 27일 오전 국민의당 대통령 후보 허정은 공화당 사전조직 문제와 관련 세간의 의혹을 모으고 있는 간첩 황태성사건을 정부가 석연하게 밝힐 것을 요구했다. 나아가 박정희의 과거 행적을 논의한다는 것은 불가피한 일로서 당연히 규명되어야 한다고 주장했다. 그에 대한 해명이 없다면 박정희는 공산주의와 대항할 국가의 대통령이 될 자격이 없다고 말했다.

> 국운을 좌우하는 이번 선거에 박씨의 과거 행적을 논의한다는 것은 불가피한 일이며 오히려 당연히 규명돼야 할 것이다. …나는 공화당이 작년 가을부터 본격적으로 사전조직된 사실과 증거를 알고 있다. 심지어 그들은 현직 공무원을 공무원 신분도 해제하지 않은 채 강제로 서울에 끌어다가 기술

교육을 시켰다. 기술교육이란 것은 민주사회에선 흔히 볼 수 없는 방식이었으며 그 조직수법도 민주정당의 상례에 없는 것이었다. 이 문제와 관련하여 나는 세간의 의혹으로 돼 있는 간첩 황모 사건을 정부에서 석연히 밝히기를 요구한다. 이것은 단순히 사전조직이라는 정치적 문제가 아니라 보다 본질적이고 근본적인 정치노선의 문제라고 아니할 수 없다. 공산 위협하에 놓여 있는 현 실정으로 보아 대통령이 되겠다는 사람은 반공에 의심을 받아선 안 된다. 그런데 박씨는 과거 경력과 또 그 측근에 공산주의와 관련된 사실을 갖고 있는 것으로 전해지고 있다. 일단 이런 문제가 야기된 이상 박씨 자신은 국민 앞에 자기의 지난 일을 샅샅이 발표해야 한다고 나는 주장한다. 만일 그런 해명이 없다면 그는 공산주의와 대항할 이 국민과 국군을 영도할 수 없을 것이다.[38]

그런데 앞서 보았듯이 윤보선의 9월 24일 전주 발언에 대하여 공화당은 26일 하오 윤보선을 선거법 위반으로 고발하고, 최고회의가 '국가안위에 대한 중대사'라고 '공포사격'을 가했을 뿐 더 이상의 대응을 취하지는 않았다. 또한 25일 오후 공명선거투쟁위원회 연사들이 한층 자극적인 발언을 한 데 대해서도 최고회의와 내각이 연석회의를 열고 사태를 검토했다고 보도했을 뿐이다. 사상논쟁을 계기로 야당 중진들이 박 의장을 걸어 극단적인 파상공세를 가했음에도 불구하고 최고회의와 공화당은 강경한 반격전 대신에 이상할 정도로 거의 침묵에 가까운 태도를 보였다. 이를 두고 신문에서는 공화당이 대반격을 준비하고 있는 '태풍 전야의 고요'일 뿐이다, 야당의 사상공세가 박 의장의 당선에 별다른 영향을 주지 못한다는 최고회의와 공화당의 판단 때문에 별다른 대응이 없는 것이라는 등 여러 추측이 난무했다.[39]

황태성사건에 대한 중앙정보부의 9월 27일 자 진상 발표와 해명은 분분했던 의문을 시원스럽게 해결해주기보다는 오히려 더 많은 의혹을 불러일으켰다. 9월 28일 자민당 선거 연설회에서 조영규는 간첩 황태성 사건에 관한 중앙정보부의 발표는 진상을 다 밝히지 않은 연유로 의혹이 해소되지 않았다고 비난했다. 그러고는 비밀리에 군사재판(군재)을 진행한 이유, 2년여간 사형을 집행하지 않은 이유 등을 따졌다. 또한 송요찬 장군의 말을 빌려 박 의장의 여순반란사건 연루가 사실이며, 군재에 관여했던 사람들은 이 사건의 내막을 잘 알고 있을 것이며 미군기관에도 그 기록이 남아 있을 것이라고 주장했다.[40] 최고위원이던 유양수의 말을 빌려 "공화당에는 불순한 사상을 지닌 자가 많다. 비밀조직은 천하가 다 아는 사실이다. 밀봉교육을 받은 특별부대도 있다"고 폭로했다. 유양수의 말에 의하면 김종필은 황태성을 조선호텔에 모셔놓고 공화당의 사전조직을 위한 밀봉교육에 이용했다는 것이다.[41] 김재춘은 박 의장에게 여러 번 이 같은 사실을 알리고 하루속히 공화당을 백지화시키고 그 대신 자민당[42]을 키워 그 공천을 받아 대통령에 출마할 것을 간곡히 권유했으나 박 의장은 오히려 자민당의 구성 멤버에 환멸을 느끼고 공화당을 편애해왔다는 것이다.[43]

사상논쟁의 당사자인 박정희는 처음에는 반격할 가치조차 없는 것이라면서 침묵으로 일관하거나 정면대결을 회피했다. 그리고 다른 인사의 해명이나 신문광고 등을 통해 야당의 주장을 매카시즘으로 모는 우회적인 전략을 구사했다. 박정희 후보는 10월 3일 광주 유세에서 이번 대통령선거는 "구악집단과 민중세력의 대결"이라고 단정하면서 야당 후보들이 벌이는 사상논쟁은 "낡은 메카시즘의 찌꺼기"라고 힐난했다.[44] 또한 10월 5일에는 공화당의 선거광고를 통해 전국의 지성인에게 야당이 벌이는 매카시즘을 함께 타도하자고 호소하고 나섰다.

> 전국의 지성인 여러분! 우리들은 이제 이 나라 사회의 근대화작업을 끈덕지게 방해하고 있는 일체의 '메카시즘'을 타도 청소해야 할 공동의 전선에 섰습니다. …게다가 '메카시즘'의 한국적 아류들인 그들은 그 '악습의 보검(寶劍)'을 구사하고 있습니다. '시커먼 무새우를 '메카시즘'이라는 번철(燔鐵)에 달달 볶아 새빨간 빨갱이로 만들려'는 수법을 농(弄)하고 있습니다. …전국의 지성인 여러분! 지난날의 우리 헌정사를 더듬어볼 때 여러분들은 오늘의 야당인사들이 얼마나 많은 지성인들의 건설적인 발언을 '메카시즘'적인 수법으로 탄압해왔는가를 똑똑히 알고 계실 것입니다. '참다운 반공'이 무엇인가를, 그리고 '참다운 민주주의'가 무엇인가를 이해하지 못하고 자기들의 정치지반인 전근대적인 유제가 위협을 당하면 '용공'이니 '빨갱이'니 하는 상투적인 술어로 상대세력을 학살시켰던 것이 한국적 '메카시즘'의 아류들이 저질러온 행적이었습니다. …이번 선거는 우리의 정치질서를 근대화시키려는 새로운 '민족적인 세력'과 낡은 질서를 고수하려는 외세부화의 '사대주의적인 세력'과의 싸움으로 결정되었습니다. …무슨 일이 있던지 차제에 한국적 '메카시즘'의 신봉자를 우리 사회에서 일소시키기 위해 분연히 궐기하여 과감히 투쟁합시다.[45]

박정희 집권 동안 각종 정치적 저항을 매카시즘으로 탄압했던 점을 상기할 때 이보다 더한 역설도 드물 것이다. 쿠데타 주도세력의 눈에는 자신들이야말로 진정한 반공과 경제건설의 전사요, 구정치인들은 건설적인 정책 대안도 없이 매카시즘에 매달리는 '봉건 잔재'였던 것이다. "야당은 봉건지주 모임이나 마찬가지이다. 이와 반대되는 세력이 조국의 근대화를 이루려는 5·16 혁명세력이다." 이것이 박정희의 일관된 야당관이었다.[46] 사실 그러한 인식이 크게 잘못된 것은 아니었다. 쿠데타로 한국정치의 전면에 등장했던 군부엘리트들은 이승만과 민주당 정권의 구엘리트들과는 확연히 구분되는 집단이었다. 구엘리트들은 그 대부분이 한국사회의 상층계급 출신이었다. 그들은 사회 저변의 목소리와 이익이 아닌 구질서의 큰 변화를 바라지 않는 보수세력의 기득권을 대변했다.[47] 반면 군부엘리트들은 한국사회에서의 중하층, 농민 출신이 대다수였다.[48]

한편, 야당 측의 사상공세가 치열해지자 박정희도 더 이상 가만있지 않았다. 박정희는 서울중·고교에서 가진 유세에서 '5·16 직전 용공세력이 판을 쳐 국민들이 불안에 떠는 것을 방관할 수 없어 혁명을 일으켰는데, 이러한 사태를 초래한 장본인들이 적반하장 격으로 나를 공산주의자라고 하는 것은 당치도 않다'고 반격했다.[49] 드디어 사상논쟁은 윤보선의 안동 발언으로 그 절정에 달했다. 10월 9일 윤보선은 안동 유세에서 극단적인 발언을 했다. "민주공화당은 공산당 돈을 가지고 공산당 간첩이 와서 공산당 식으로 조직한 정당이다. 북괴 무역성 부상(副相) 황태성이 20만 달러를 가지고 왔는데[50] 김종필 씨가 그를 조선호텔에 모셔다가 서울에 밀봉교육 장소를 다섯 군데나 만들어놓고 공산당 식으로 점조직을 했다."[51] 박정희는 윤보선 후보의 사상공세에 대해서 용공조작의 희생자처럼 억울함을 호소했다.

> 싸우다 힘이 부족하면 빨갱이라는 모략을 하는 것이 바로 야당이다. 과거 한민당이 이 따위 수법을 썼는데 오늘에 와서도 야당은 똑같은 수법을 쓰고 있다. 과거와 양상이 다르다면 과거에는 여당이 야당을 잡았는데 지금은

> 야당이 여당을 잡으려 하고 있다.[52] 3권을 쥐고 있는 최고회의 의장을 빨갱이로 모는 구정치인들이 정권을 잡는다면, 앞으로 우리나라에는 그들이 밉게 보는 사람은 누구를 막론하고 빨갱이로 몰리는 무서운 분위기가 될 것이다.[53]

박정희는 10월 9일 부산 공설운동장 유세에서 윤보선의 기회주의성을 비판하고 나섰다. "내가 빨갱이라면 어째서 그들 치하에서 육군소위로부터 소장까지 올라갈 수 있었으며, 전방 사단장도 하고 야전군 참모장도 할 수 있었겠는가? 내가 사단을 몰고 이북으로 넘어가면 어떻게 할 뻔했나? 또한 그런 위험한 사상을 가진 사람이 혁명을 했는데 왜 대통령으로 앉아 그것을 비호했느냐?"고 반격했다.[54] 이 자리에서 박정희는 한 걸음 더 나아가 역공세에 나섰다. '근친자의 사상문제로 결백한 사람의 출세를 막고 있는 연좌제를 시정하겠다'고 공약한 것이다.[55] 연좌제로 고통당하던 많은 유권자들 눈에 박정희는 상대적으로 진보세력이었으며, 윤보선이야말로 "썩어빠진 보수, 지주세력의 후예"로 보였을 것이다. 이 발언으로 많은 유권자들의 호응을 불러일으켰다고 할 수 있다. 실제로 "좌익세력이 많은 곳에서는 무서울 만큼 박정희 후보의 우세가 나타"났다.[56]

윤보선 후보의 사상공세에 그렇게 대응한 데는 박정희가 읽은 민심이 윤보선과 달랐기 때문이었다.[57] 박정희는 자신에 대한 용공 의혹을 제기하는 윤보선의 공격 내용을 축소 보도하도록 언론계에 개입하려는 측근들을 제지하면서 "그거 더 크게 내라고 해"라고 했다. 자신의 지지율을 떨어뜨리려는 야당 측의 북한요인 동원을 박정희는 오히려 득표로 적극 활용하고자 한 것이다. 사상문제로 죽음의 문턱을 넘나들었던 박정희는 좌익전력자의 단체인 보도연맹에 소속되었다는 이유로 6·25 개전 초기에 억울하게 학살된 사람들이 많은 경상도, 전라도 지역 민심을 비교적 정확히 읽고 있었던 것으로 보인다.[58]

당시 야당의 끈질긴 공세에 대해 박정희는 10월 10일, 유세 도중 열차 안에서 수행기자들과 회견을 통해 황태성사건을 해명했다. 박정희는 황태성이 자신의 형 박상희와 친구이며 자신에게 남북협상을 제의하러 왔음을 밝혔다. 아울러 자신이 황태성과 접선하여 남북협상을 한다는 정보를 듣고 미국이 의심하고 있다는 말도 들었으나 이는 사실무근이라고 말했다. 이 소문의 근원을 확인한즉, 반혁명사건으로 복역하고 나온 장도영계의 조웅이라고 했다. 그가 감옥에서 황태성과 같이 복역하면서 그로부터 들은 이야기를 모 외국인과 더불어 유포했다고 했으나 황태성과 대질 결과 거짓으로 밝혀졌다고 했다. 요컨대 황태성사건에 자신이나 공화당 조직이 관련되어 있다는 야당의 주장은 전부 허위로 날조된 것이라고 해명했다.[59] 박정희의 해명에 대해 10월 11일 베이커는 반박문[60]을 발표했다. 이 시기 박정희는 사상문제로 야당과 해외인사 양쪽에서 공격을 받고 있었다.

사상논쟁은 공방과 혼란 속에서 속 시원한 결론을 내리지 못한 채 10·15선거를 맞았다. 11일에는 6일 민정당을 탈당하여 공화당에 입당한 장홍염이 "공화당은 민주사회주의를 지향하는 정당이므로 혁신계의 동지들과 이념적으로 노선이 같은 공화당에 입당했다"고 밝혀 파문을 일으켰다.[61] 이는 야당의 사상공세에 힘을 실어주는 것이었다. 10월 12일 공화당도 야당에 맞불을 놓았다. 서인석 대변인은 박 의장을 빨갱이로 모는 윤보선의 가족 중에도 공산당원이 있고, 민정당의 대통령선거 사무장 전진한과 같은 당 조직부장 정성태 등도 간첩과 접선 혐의 및 좌익전력이 있다고 공격했다. 그러자 민정당 측에서는 이를 부인하는 등 혼전이 벌어졌다.[62] 사상 시비를 중심으로 한 여야의 선거전은 점점 더 이전투구로 치달았다.

그러나 북한은 사상논쟁을 둘러싸고 국내정치가 균열과 혼미를 보이던 선거기간 동안 특기할 만한 입장 표명이나 동향을 보이지는 않았다. 민정이양에 대처한 대남공작이 치열하게 전개될 것으로 예상했던 것과는 달리 1963년 전반기 북한의 대남공작은 전년도에 비해 줄어들었다. 다만 민정이양의 윤곽이 드러난 하반기부터 점차 활발한 침투양상을 보였으나 일상적인 수준을 벗어나지 않았다. 전반적으로 보아 종래의 간첩의 대량남파 방법을 지양하고 남한 내 조직 확대와 일본 등 제3국을 통한 공작 등으로 역량 축적에 주력했다고 평가할 수 있다.[63]

한편 『로동신문』에서도 남한에서 벌어지는 사상논쟁에 대한 직접적인 언급 없이 "여야 각 정파 간"의 "권력쟁탈전은 선거 일자가 박두해옴에 따라 한층 치열하게 벌어지고" 있는데, "득표수를 확보하기 위하여 온갖 방법으로 권모술수와 모략을 꾸며"서 "상대방에 대하여 갖은 비난과 공격을 퍼붓고 있다"고 비난했다. 또한 대통령선거는 이승만과 장면 정권 때와 마찬가지로 누가 대통령이 되든 "인민들과는 무관한… 결국 미제의 식민지 통치 제도를 유지하기 위한 기만극에 불과하다"고 폄하했다.[64] 오히려 윤보선 후보를 겨냥하여 경제적 어려움과 민생고를 해결하기 위해 미국 원조를 받아오겠다는 것[65]은 "지난날 이미 파산당한 리승만이나 장면의 매국행위를 그대로 답습하는" 것이라고 비난했다.[66] 이 시기 북한은 일부 '민족적' 또는 '양심적' 정치인들을 제외하고는 여야를 막론하고 휴전선 이남의 제도정치권 전체를 불신하고 있었다고 볼 수 있다.[67]

선거가 끝난 뒤에는 "《대통령선거》 놀음으로 남조선에서 달라질 것은 없다"라는 내용으로 이전의 비난을 되풀이했다.[68] 이러한 북한의 다소 소극적 행태가 황태성사건 및 사상논쟁과 어떤 연관이 있는지는 불명하다. 그러나 성명과 호소문, 선전선동 등으로 국내정치 이슈에 적극 개입하던 행태에 비추어 침묵에 가까운 태도를 보인 것은 다소 이례적이었다.

드디어 마지막 결정타를 가하려는 듯 민정당은 투표일을 이틀 앞둔 10월 13일, 박정희가 여순사건에 관련되었음을 입증할 만한 자료를 공개했다. 박정희 후보가 여순반란사건 이후 진행된 숙군과정에서 1949년 2월 13일 군법회의에 회부되어 무기징역 언도를 받았다는 요지의 1949년 2월 17일 자 『경향신문』 기사를 증거물로 제시한 것이다. 또한 서울고등군법회의에서 심판관과 검찰관이 참석한 가운데 심리한 결과 무기징역을 선고받았다는 요지의 1949년 2월 18일 자 『서울신문』 기사도 소개했다. 이에 대해 공화당 서인석 대변인은 "조작폭로 전술로서 악랄한 인신공격"이라고 응수하면서 "이는 최후의 순간에서 공화당에 해명의 시간적 여유를 주지 않음으로써 국민의 이목을 현혹시키려는 짓"이라고 비난했다.[69] 그러나 여야의 선거전은 이로써 막을 내렸다. 이제 관심은 표심의 향방이었다. 즉, 박정희의 '사상'에 의혹을 제기하는 형태로 나타난 북한요인 동원과 그로 인한 여야 간의 정치균열과 갈등을 놓고 유권자들은 과연 어떤 평가를 내릴 것인가가 초미의 관심사였던 것이다.

‘사상논쟁’의 영향과 함의

전국을 사상논쟁으로 달구었던 10·15대통령선거 결과는 공화당 박정희 후보의 승리로 끝났다. 당시 사상논쟁으로 고조된 선거 붐이 선거결과에 어떠한 영향을 줄 것인가는 예측을 불허하는 관심사였다.[70] 그러나 사상논쟁이 투표결과에 작용한 흔적은 뚜렷하지 않았다. 다만, 박정희의 득표가 해방정국의 진보세력, 1956년 선거의 조봉암 지지 세력과 일정한 관계가 있음을 보여주었다.[71] 휴전선에 가까운 지역일수록 경계심을 일으켜 박정희에게 불리하게 작용하였으나 전국적으로는 그다지 큰 영향을 미치지 않은 것으로 나타났다. 따라서 사상논쟁은 선거를 바꿔놓을 만큼의 차원 높은 이념논쟁이 아니라 과열된 선거과정에서 튀어나온 정략적 해프닝이었다고 할 수 있다.

선거가 끝난 후 박정희와 윤보선은 당선 축하와 위로 인사를 교환했고, 사상논쟁은 흔적도 없이 자취를 감추었다.[72] 그럼에도 사상논쟁은 한때 선거를 최대의 위기상황으로 몰고 갔을 뿐만 아니라, 그로 인해 선거결과의 양상에 지극히 미묘한 영향을 미쳤다는 점에서 검토의 여지가 충분하다.[73] 사상논쟁에 불을 지른 윤보선이 패배하고, 이 논쟁에서 줄곧 수세의 입장에 놓여 있던 박정희가 15만 6,000표라는 2%의 근소한 표차로나마 승리했다는 점에서 결과적으로 사상논쟁은 야당에 유리하게만 작용하지 않았다고 볼 수 있다.

특히 선거전 종반에 민정당 지원 유세자인 김사만이 “부산·대구에는 빨갱이가 많다”고 발언한 것이 선거결과에 역효과를 주었다고 분석하는 사람이 많았다. 10월 10일 경북 영주 유세에서 민정당의 김사만은 “부산·대구는 빨갱이가 많은 곳이다. 만약 김일성이를 보면 만세 부를 사람이 많다"고 발언하여 큰 물의를 일으켰다. 김사만의 발언이 신문에 보도된 뒤 부산·대구지역에서는 민정당을 규탄하는 소리가 들끓었다. 서울에서는 11일 밤 민정당 당사가 습격을 받아 간부 당원들이 테러를 당하고 기물이 파손되는 사건이 있었다. 이로 인해 종반의 선거 양상은 어수선해졌으나 공화당은 내심 회심의 미소를 지었다. 김사만의 발언은 영남지방으로부터 야당의 지지표를 앗아가는 결과를 빚었으며, 이 발언이 몰고 온 파문은 호남지방에도 거의 비슷한 반발효과를 가져왔다고 볼 수 있다. 야당의 아성인 영·호남에서 박정희 후보의 지지가 예상외로 높게 나타났던 것이다.[74] 선거가 끝나고 불과 2%의 근소한 차이로 패배했을 때 민정당은 김사만이 모든 걸 망쳐놓았다고 통탄해했다. 심지어 김사만이 공화당을 위해 선거 막판에 그런 엉뚱한 발언을 일부러 했을지도 모른다고 의심하는 이조차 있었다. 워낙 근소한 표차였기 때문에 김사만의 발언이 당락에 영향을 끼쳤을 가능성은 있다.

그러나 설혹 그 발언이 없었고 윤보선이 당선되었다 할지라도 그 차이 역시 근소했을 것이다. 따라서 선거의 대세를 크게 좌우할 것으로 생각되었던 사상논쟁은 결국 투표에는 큰 영향을 끼치지 못했다고 볼 수 있다. 사상논쟁은 선거의 흐름을 크게 바꿔놓을 만한 차원 높은 이념논쟁이 아니라 과열된 선거과정에서 튀어나온 일종의 정략이었기 때문이다. 사상논쟁은 야당이 노렸던 충격적인 효과를 발휘하지 못했다. 또한 '빨갱이'라는 말은 한국민에게는 치명적인 효과를 가져올 수 있는 용어임에 틀림없었다. 그러나 한편으로는 그 용어 때문에 시달려온 과거의 기억으로 인해 역효과를 가져다줄 수도 있었다. 민정당은 전자의 효과를 노리면서 사상논쟁에 불을 질렀겠지만, 결과는 후자의 역풍을 불러왔다고 할 수 있다.[75]

그러나 박정희의 사상문제는 5·16 당초부터 미국과의 관계에서 심각한 문제점으로 제기되었고, 박정희는 자신에 대한 미국의 우려를 의식하지 않을 수 없었다. 이는 그 후 반공을 기치로 한 북한과의 대결 강화 등 박정희 정권의 정치행태에 적지 않은 영향을 미쳤을 것으로 볼 수 있다. 따라서 결코 한때의 삽화라고만 할 수 없는 의미를 내포했다고 할 수 있다.[76] 이후 박정희는 사상공격의 희생자가 아니라 북한의 위협을 빌미로 일체의 저항을 공산주의와 연계시키는 탄압의 주체로 전도되었기 때문이다. 이처럼 사상논쟁이 불러온 파장은 이후 기묘하게 전개되었다. 사상논쟁에서 공격받았던 '용공'이 오히려 '용공'을 탄압하는 사태가 벌어졌던 것이다. 북한요인의 위협을 명분으로 반공 국시를 내걸며 쿠데타를 일으킨 장본인이 용공 내지 친공의 핵심으로 공격받는 것은 드라마틱하기까지 하다. 또 그 장본인이 정치적 반대세력을 '용공세력'으로 몰아 탄압한 것은 또 하나의 극적인 반전이 아닐 수 없다.

박정희의 전력문제는 그가 권좌에 있던 18년 내내 '확실한 유언비어'로 떠돌았다. 박정희는 자신의 좌익전력에 대한 세간의 의혹을 불식시키려는 듯 집권기간 내내 정적과 민주인사들을 빨갱이로 몰아 탄압했다. 사상논쟁이 낳은 일종의 부메랑 효과였다. 또한 사상논쟁은 황태성의 운명을 재촉했다. 황태성은 1963년 10월 22일 대법원에서 확정판결을 받아 그해 12월 12일 총살형이 집행되었다.[77] 1961년 10월 체포되어 국가보안법, 반공법 위반 및 간첩죄로 재판에 회부되었던 황태성은 선거과정에서 정국의 초점이 됨으로써 결국 처형되는 운명을 피할 수 없었다. 사상논쟁이 아니었다면 황태성의 운명은 달라졌을지도 모른다.

이상에서 고찰한 바와 같이 반공국가 지도자의 사상문제라는 북한요인의 동원은 비록 정치사회 수준에서는 격렬한 갈등과 균열을 초래했지만, 정작 시민사회에 미친 영향은 미미하거나 뚜렷하지 않았다. 그 이유는 여러 가지로 분석할 수 있겠으나, 우선 그것이 구체적인 사건이나 행위와 결합되지 않은 '사상'을 둘러싼 논쟁이었다는 점이다. 그리고 박정희가 당시까지 북한과 교감하고 있다는 결정적 증거는 제시되지 않았다. 더욱이 북한이 대통령선거를 전후하여 직간접적 방식으로 박정희 후보를 지원했다는 흔적도 발견되지 않았다. 물론 북한이 박정희 후보를 지원했다고 하더라도 관련 정보를 국가가 독점하는 상황에서 야당이나 국민들이 이를 알 수도 없었겠지만 북한이 박정희를 지원했다는 정황적, 행위적 증거 또한 없었다. 오히려 '박승만'이 되나 '윤승만'이 되나 달라질 것은 아무것도 없다는 것이 당시 북한의 입장이었다고 할 수 있다. 또한 선거 초반 야당이 여순사건과 황태성사건을 거론하며 한때 선거 분위기를 주도하는 듯하였으나 이후 박정희를 좌익과 연결 짓는 구체적인 증거 제시 없이 인신공격에 치중하는 경향을 보인 것도 원인이었을 것이다.

일반 국민에게는 사상논쟁이 야당이 정적을 용공으로 몰아붙이는 구한민당의 매카시즘적 수법을 재연한다는 인상을 주었던 것으로 볼 수 있다. 그리하여 야당의 주장에 대한 일반 국민의 신뢰도가 그리 높지 않았고, 따라서 박정희의 사상적 의혹에 대한 일반의 위협인식도 크지 않았을 것이다. 오히려 매카시즘을 동원하는 야당보다 '민족적 이념을 바탕으로 하는 민주주의'를 내건 박정희 후보 측의 참신성이 돋보였을 수 있다.[78] 때문에 박정희의 사상을 의심하는 표심을 매카시즘에 피해를 본 표심이 상쇄시키거나, 오히려 박정희가 후자로부터 전자를 넘는 지지를 끌어내었을 수 있다.

우리는 여기서 북한요인 동원이 북한과의 실제적인 연계성을 보여주지 못하는 정황적, 행위적 진공상태에서는 시민사회로부터 큰 동의를 확보하기 어렵다는 사실을 알 수 있다. 그러할 경우 시민사회는 반응을 보이지 않거나 오히려 반감을 보인다. 그러한 조건에서는 관련 정보와 매체, 그리고 강제력과 영향력을 장악하고 있는 국가에 의한 북한요인 동원도 효과를 발휘하기가 용이하지 않다고 할 것이다. 따라서 국가와 대비되는 여건을 갖춘 야당에 의한 '북풍' 동원은 재론을 요하지 않는다고 하겠다. 요컨대 사상논쟁은 북한요인 동원이 북한과의 직접적 연계 정도가 높고, 이에 대한 일반의 위협인식이 높을 경우 더 큰 효력을 발휘한다는 이 책의 가정을 반사실적으로 강화하는 사례로 볼 수 있다.

한일회담을 둘러싼 정치균열 속 북한요인

한일회담 공방과 북한요인의 개입

박정희 군사정권은 자신들이 표방한 경제건설을 달성하기 위한 자금과 기술 도입의 문제를 한일관계 개선과 베트남 파병으로 풀고자 했다. 따라서 군사정권은 과거 어느 정권보다도 한일국교정상화에 강한 열의를 보였다. 한일국교정상화 추진은 미국의 아시아정책과도 맞닿아 있었다. 1950년대 말과 1960년대 초에 이르는 미국의 경제불황과 전후 일본의 경제부흥은 미국으로 하여금 한일관계 개선을 통하여 동북아에서 안보비용을 절감하는 이른바 '지역통합전략'을 채택하게 했다. 일본의 경제원조로 한국경제를 발전시키고 이를 통해 한국과 일본이 극동지역에서 반공 보루의 역할을 수행하게 한다는 것이다. 군사정권은 출범 이후 화폐개혁의 실패(1962), 흉작으로 인한 곡물파동(1963), 차관도입계획의 차질에서 온 외환위기, 심한 인플레이션 등의 경제적 위기에 직면했다. 따라서 이를 극복하기 위해서는 외자도입을 적극화하고 외연적인 경제체제로의 정책전환을 추진해야 하는 중대한 정치적 국면에 놓여 있었다. 이는 박정희가 집권 후 가장 심각한 내부 위기를 맞게 되었음을 뜻한다. 박정희는 이러한 위기국면을 돌파하기 위해 한일협정(1965. 6. 22)과 베트남 파병(1965. 2. 5)이라는 두 가지 정책을 더욱 가속화했다.[79]

한일협정과 베트남 파병은 박정희 정권의 경제개발전략에서 외자도입의 본격화를 뜻하는 중요한 사안이었다. 박정희 정권은 제3공화국 출범 이전부터 일본과의 국교정상화를 이루기 위하여 적극적인 자세를 표방했다. 군정의 김홍일 외무장관은 1961년 5월 22일 내외 기자회견에서 정상적인 국교수립을 위해 노력하겠다고 공식적으로 밝혔다. 또한 2개월 후인 7월 19일 박정희 의장이 직접 한일회담을 연내에 일괄 해결할 방침이라고 밝히는 등 한일국교정상화를 위해 발 빠르게 움직였다. 1961년 10월에는 한일 간에 제6차 회담이 개시되어 각 분야별로 실무적 토의가 진행되는 등 활기를 보였다. 그리고 11월 11일 박정희 의장이 케네디 대통령의 초청으로 도미하던 길에 도쿄에서 이케다 하야토(池田勇人) 총리와 정상회담을 갖고 회담의 조기타결에 돌파구를 열었다.

그런데 한일회담 추진에 반발하는 북한의 대응과 비난은 빠르고 격렬하게 나타났다. 북한은 1961년 11월 24일 한일회담에 반대하는 평양시 군중대회를 개최하여 미국이 조종하는 한일회담을 배격하고 남한 동포들이 일치단결하여 미 제국주의와 일본 군국주의, 그리고 박정희 정권을 분쇄하라고 호소하고 선동했다.[80] 한편 1962년 3월 12일 개최 예정이던 한일 외상회담을 한 달가량 앞둔 2월 15일, 북한의 조국통일민주주의전선 중앙위원회는 성명을 내고 한일 간의 국교 교섭을 "미제의 조종하에 일본 군국주의자들이 남조선을 재침략하려는 것"이라고 강도 높게 비난했다. 그리고 박정희 군사정권이 이를 추수하는 것은 매국반역행위라고 규정했다. 그러면서 일본의 재침 기도를 막고 박 정권을 타도하기 위한 투쟁에 남조선 인민들이 적극 나설 것을 촉구했다.[81]

이처럼 북한이 한일국교정상화 움직임에 민감한 반응을 보이는 가운데 1962년 8월 21일 한일 예비회담이 재개되었고, 9월 14일 박정희 의장이 "국민의 비난을 받더라도 한일회담을 타결하겠다"고 강조하고 나섰다. 그리고 9월 17일에는 일본 경제인단의 방한이 예정되어 있었다. 그러자 조총련에서는 15일, 한일회담을 반대하는 재일조선인중앙대회를 개최하여 한일 양국을 싸잡아 비난했다. 북한은 10월 13일 한일회담을 반대하고 배격하는 평양시 군중대회를 개최하였는데, 이 대회에서 최고인민회의 상임위원회 부위원장 백남운은 "일본의 남조선 재침 책동은 이제 군사적 침략에 도달했다"고 주장했다.[82] 또한 12월 13일에는 다음과 같은 조선민주주의인민공화국 정부 명의의 한일회담 반대 성명을 발표하여 한일회담을 통한 미국의 남방 삼각체제 구축 시도를 우려하며 격렬한 비난을 가했다.

> 남조선《정권》은 조선 인민의 그 누구도 대표할 수 없는 미제의 괴뢰이며 침략도구이다. …만약 일본 정부가 (국교정상화) 문제를 성실하게 해결하려고 원한다면 마땅히 조선민주주의인민공화국 정부와 남조선 당국을 포함한 3자회담의 방법을 택하는 것이 그래도 정당한 일일 것이다. …남조선 괴뢰도당은 저들의 일시적이며 탐욕적인 정치적 야욕을 위하여 전 조선인민의 리익을 단 몇억 딸라에 팔아먹으려 하며 그것마저 일본 상전 앞에 엎드려 구걸하고 있다. …《한일 회담》의 주모자가 미제국주의자들이라는 것

은 비밀이 아니다. 바로 미제국주의자들은 조선통일을 방해하고 분렬을 영구화하며 남조선에서 파국에 처한 자기들의 식민지 통치의 위기를 수습하는 데 일본 군국주의 세력을 끌어들여 리용하며 나아가서는 일본 군국주의 세력을 아세아 대륙 침략의 《돌격대》로 내세울 것을 목적한 《동북 아세아 동맹》을 하루속히 결성하기 위하여 《한일 회담》을 발악적으로 추진시키고 있다. …일본 군국주의자들은 지금 《한일 회담》을 통하여 우선 남조선에 대한 경제적 침략의 길을 개척하면서 남조선에 일본 군대를 주둔시킬 데 대해서까지 흉책하고 있다.[83]

한일회담 추진은 국내에서도 강력한 저항에 부딪혔다. 일본의 오히라 마사요시(大平正芳) 외상이 1963년 1월 29일에 김종필과의 비밀협정 내용인 재산청구권의 액수(유상 3억 달러, 차관 3억 달러)를 밝히고 난 후부터 한일회담 반대운동은 전국으로 확산되는 양상을 보였다. 이는 일본에 대한 반감보다는 한국 측의 협상 자세에 대한 반감 때문이었다고 할 수 있다. 김종필이 한일국교정상화를 추진하면서 일본으로부터 수천 대의 자동차를 수입하여 폭리를 취한 새나라자동차 등 4대 의혹 사건이 드러나면서 국민적 분노가 일었다.

그러나 국내의 반대에도 불구하고 1964년 들어 한일회담은 급물살을 탔다. 박정희 정권이 한일회담 추진을 가속화하자 이를 반대하는 움직임도 조직화되기 시작했다. 3월 12일의 제6회 한일회담 본회의 개막을 앞두고 야당은 3월 6일 '대일저자세외교반대범국민투쟁위원회'를 결성했다. 또한 3월 9일 전 야당 및 각계 대표 200여 명이 '대일굴욕외교반대범국민투쟁위원회(이하 '범투위')'를 결성하고, 박정희 정권이 대내적 실정을 메우기 위하여 그 돌파구를 친일매국 외교에서 찾고 있다고 비판했다. 이와 같은 한일회담 반대운동은 이후 비상계엄령이 발동되는 6월 3일까지 이어지고, 1965년에는 다시 협정비준 반대운동으로 전개된다.

범투위는 1964년 3월 15일 부산에서 개최된 대국민 반대 유세를 시작으로 목포, 광주에서 잇달아 집회를 열었고, 3월 21일에는 서울고등학교에서 유세를 갖고 세종로까지 가두시위를 벌이며 반대 분위기를 확산시키고자 했다. 부산 유세에서 장준하는 "정보정치를 하는 박 정권에게 돈을 대줄 나라는 일본밖에 없다. 평화선을 양보하면 3년 내로 일본은 3억 달러 이상의 고기를 잡아갈 것"이라고 비판했다.

야당의 공세에 맞서 공화당도 한일회담의 조속타결을 위한 지방 유세에 나섰다. 부산 유세에서 한태연은 "야당은 일본 좌익세력과 중공과 같은 주장을 하고 있다"고 색깔공세를 가했다.[84] 3월 16일 박 대통령이 "한일협상에 우리 주장이 관철되면 야당이 반대해도 타협한다"고 언명하자 3월 19일 윤보선 민정당 대표는 이를 반박하며, "민의가 무시된 한일협상이 준비되면 의원직을 사퇴하겠다"는 결의를 표명했다.[85] 당시 야당은 굴욕적인 한일회담 그 자체를 반대하기도 했지만 박정희 정권을 비판하는 수단으로 한일국교정상화 문제를 이용하고자 했다. 그리하여 한일협상을 저지하기 위해 학생시위를 고무시키고,[86] 이를 고리로 하여 박 정권에 대한 반대 분위기를 확산시키며 야당에 대한 지지를 끌어내고자 했다.

북한은 한일회담을 둘러싸고 남한의 정치균열이 격화되자 각종 선전선동 캠페인을 전개하며 이에 한층 적극적으로 가담하는 한편, 한일회담을 반대하는 학생운동을 반미·반정부투쟁으로 전환시키려고 각종 공작을 감행했다.[87] 특히 1964년 초엔 '남조선혁명론'이 전면적으로 등장하면서 대남공작을 활발하게 전개했다.[88]

북한은 박 대통령이 한일회담 강행 의지를 밝힌 직후인 1964년 3월 18일, 평양시 군중대회를 개최하여 미국의 조종하에 감행되는 한일 간의 결탁을 반대하는 결의를 다졌다. 또한 이때를 전후하여 한일회담을 반대하는 각종 공작활동을 시도한 것으로 볼 수 있다. 이 같은 북한의 공작활동을 실제 반영한 언명인지는 불명하나 3월 20일, 엄민영 내무부장관은 한일회담 성사를 방해하기 위해 북한의 사주를 받은 재일 조총련 측에 의한 방해공작이 시작되었다고 주의를 환기시켰다. 그리고 이에 편승하여 경거망동하고 치안을 해치는 자는 엄단하겠다고 경고했다.[89] 한일회담 반대를 용공시하고 저지하겠다는 의지의 우회적 표현이었다.

야당의 반대운동에도 불구하고 3월 23일 동경에서 김종필과 오히라는 국교정상화를 둘러싼 모든 문제가 3월 말까지 완전히 일괄 타결될 것이며 5월 중에 협정을 체결할 것이라고 발표했다. 그러자 야당에서는 대대적으로 반대의사를 표명하고 나왔다. 야당은 한일국교정상화와 같은 중대한 외교적 결정은 초당적으로 민의를 반영하여 추진해야 한다고 주장하며 정권의 일방적 독주를 비판했다. 또한 김종필과 오히라 사이의 재산권 청구 문제와 관련된 비밀협정에서 합의를 본 액수가 형편없이 적다고 비난하면서 일본에 27억 달러를 청구할 것을 요구했다.[90] 김종필·오히라 회담에서 '3월 타결, 5월 조인'의 원칙이 확인되자 급기야 3월 24일, 4·19 이후 최대의 학생시위가 벌어졌다. 서울대, 고려대, 연세대 학생 약 5,000여 명이 '동경 체재 매국 정상배 일로 귀국', '평화선 사수' 등을 외치며 굴욕적인 한일회담 타결을 반대하며 일제히 시위에 돌입했다.[91]

독재정권을 무너뜨린 4·19혁명이라는 역사적 경험은 학생들의 정치 행태에 주요 동력이 되었으며, 이때를 기점으로 4·19정신을 계승한다는

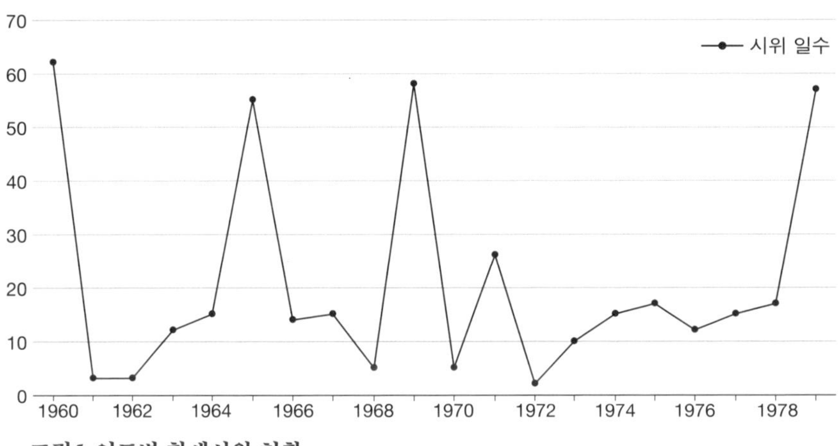

그림5 연도별 학생시위 현황

출처: 『동아연감』, 『합동연감』 각 연도.

5·16 주도세력에 실망한 나머지 반기를 들었다. 그림5에서도 볼 수 있듯이 한일회담 반대를 비롯하여 1967년 6·8부정선거 규탄운동, 1969년 삼선개헌 반대운동, 1971년 박정희의 권위주의 통치비판 등 정도에 차이는 있으나 정권이 민주적 경기규칙을 심히 이탈했을 때 예외 없이 저항운동이 일어났다. 그리고 학생들이 그 중심 동력이었다. 1979년 부마항쟁과 1987년 6월 민주항쟁도 그러했다.

3·24시위로 사태가 격화되자 3월 25일 수도권에 비상경계령이 내려졌고, 3월 26일 박 대통령이 회담 타결 후 모든 협상과정과 문서를 공개하겠다는 특별담화를 발표하여 사태 진화에 나섰다. 그러나 학생들의 저항은 좀처럼 수그러들지 않았다.

북한은 1964년 한일회담 반대운동을 전후하여 제2공화국 이래 가장 격렬하고 깊게 남한의 국내정치 이슈에 개입했다. 사실 한일회담이 남한의 국내정치 이슈만은 아니었다. 북한은 5·16쿠데타는 물론 한일회담을 자신들을 포위하기 위한 한미일 삼각동맹체제의 성립 시도로 보았기 때문이다. 당시 평양방송[92]과 『로동신문』에서 나타나듯 한일회담을 규탄하는 집회가 북한 각지에서 개최되었다. 또한 남한에 보내는 호소문, 그리고 남한에서의 회담 반대투쟁을 연일 대서특필하며 "한일회담 음모를 분쇄"할 것을 강력히 촉구했다.[93] 특히 4·19를 연상시킬 만큼 격렬한 3·24시위가 발생하자, 북한 최고인민회의는 3월 27일 남한 동포, 제 정당, 사회단체 인사 및 국회의원들에게 보내는 다음과 같은 호소문을 채택하여 한일회담 반대운동을 고무하고 지지를 보냈다.

> 지금 남조선에는《한일 합병》의 전야를 방불케 하는 새로운 엄중한 위험이 닥쳐오고 있다. …남조선 전역에 걸쳐 애국적인 청년학생들과 인민들은 미제와 그 주구들의 폭압을 박차고 매국적이며 굴욕적인《한일 회담》을 반대하는 대중적 시위를 과감히 전개하고 있다. 우리는《한일 회담》을 분쇄하기 위한 남조선 인민들의 이러한 애국투쟁을 전적으로 지지하며 투쟁에 궐기한 동포 형제자매들에게 최대의 성원을 보낸다.
>
> 남조선 동포 형제자매들! 제 정당, 사회단체 인사들! 남조선 국회의원 제씨들! 조선민주주의인민공화국 최고인민회의는 나라의 절반 땅에 망국의 비운이 무겁게 드리운 이 긴박한 시각에 범죄적인《한일 회담》을 분쇄하고 민족적 재난을 극복하기 위하여 전 민족이 하나로 뭉쳐 거족적인 구국투쟁을 전개할 것을… 엄숙히 호소한다. …침략자들을 끌어들이는 매국 역적들과 미일 제국주의자들을 반대하는 거족적 반미, 반일 구국 통일전선을 결성하자! (이렇게 하기 위해서는 전 민족의 단합이 요구되고, 또한) 전 민족의 단합은 남조선에서의 민주화를 요구한다. 남조선에서 박정희 매국 도당의 파쑈 테로 통치를 철폐하고 모든 정당, 사회단체들의 활동의 자유를 쟁취하여

야 한다. 언론, 출판, 결사, 집회, 시위의 자유가 있어야 하며 모든 정치범들은 즉시 석방되어야 한다. …남조선의 경제적 파국을 수습하고 도탄에 빠진 민생문제를 해결하는 길은 외세에 의존할 것이 아니라 외래 침략을 물리치고 자주 자립하는 데 있으며 남북의 합작을 실현하고 민족의 역량을 합치는 데 있다. 우리는 북반부에 축성된 자립적 민족경제의 튼튼한 토대에 의거하여… 경제적 방조를 남조선 인민들에게 제공할 용의를 가지고 있다. …민족 내부에 이러한 훌륭한 밑천을 두고 무엇 때문에 미 제국주의자들과 일본 군국주의자들 앞에 무릎을 꿇고 구걸을 하며 침략자들에게 예속되어야 하겠는가. …오직 남북의 합작만이 남조선이 제국주의자들의 침략과 예속에서 벗어나 민족 자립경제를 건설하고 정치적 자주를 실현할 확고한 길을 열어 줄 수 있다.[94]

표1은 한일회담을 둘러싼 남한 내의 쟁론과 균열에 북한이 거의 시간적 격차 없이 개입·가담하고, 남한은 각종 안보 관련 조치로 국내의 압력과 북한의 압력에 동시 대응하고자 했음을 보여준다. 남북한은 한일회담 이슈를 중심으로 톱니바퀴처럼 긴밀하게 맞물려 상호 공명 또는 대립하고 있었다.

그런데 한일회담을 둘러싼 정부·여당과 야당 및 학생 간의 균열과 갈등 구도에 북한이 개입함으로써 사태는 한층 복잡미묘하게 전개되었다. 첨예한 대립과 경쟁상태에 있는 분단국가에서 특정 이슈에 관한 적대국과의 실제적 공명은 물론이고 외견상 공명조차도 수용되기 어려웠다. 박정희 정권은 '한일회담 반대=북한 주장=친북·용공'으로 경계함으로써 한일회담 추진을 비판하는 야당 및 학생들의 운신의 폭을 좁히고 재갈을 물리고자 했다. 국내정치 이슈에 "설상가상으로 북한 공산주의자들

표1 6·3항쟁(1964) 전후의 국내정치와 북한요인

월	국가	정치사회	시민사회
3	7 최초 국가안전보장회의 개최(국가안전보장회의 규정심의) 16 박 대통령, "한일협상에 우리 주장 관철되면 야당이 반대해도 타협한다"고 언명 • 비상사태 수습을 위한 임시 조치법(정당·언론·출판·집회 제한) 20 최두선 총리, "대일청구권은 배상이 아니라 채권청산"이라고 언명 • 엄민영 내무부장관, 재일조총련 한일회담 방해공작과 관련 치안사범 엄단 경고 23 김종필, 오히라(大平) 회담에서 3월 타결, 5월 조인의 원칙 확인 25 수도권 비상계엄령 26 박 대통령, 학생시위에 특별담화 30 박 대통령, 서울시내 대학생 대표 11명과 면담, 학생들 일단 시위 중지	6 전 야당, 대일저자세외교 반대범국민투쟁위원회 결성 9 전 야당 및 각계 대표 200여 명, 대일굴욕외교반대 범국민투쟁위원회 결성 15 범국민투위, 한일회담 반대 대국민 유세 시작 19 윤보선 민정당 대표, "민의 무시된 한일협상 준비되면 의원직 사퇴하겠다"고 언명 21 공화당, 한일회담 조속타결을 위한 지방유세 시작	15 범투위, 전국유세 시작 23 서울대·고대·연대생 약 5,000명 대일 굴욕외교 반대시위, 34명 긴급구속 24 한일회담 반대시위 전국 확산 25 학생시위 전국 확산
4	18 정부, 범투위를 불법단체로 규정 20 정부·여당, 굴욕외교반대 4·17시민궐기대회를 폭동으로 규정 22 박 대통령, 시정의 일대 쇄신을 위한 훈령(3호)을 내각에 지시(불법시위 저지 등 5개 항목) 24 최두선 총리, 시위 구속 학생 전원 석방 발표 29 중앙정보부, 지방지부 폐쇄 결정		21 서울대·동국대·성균관대생들 시위(127명 연행, 7명 구속) 23 서울대 YTP 학원사찰진상 성토대회

상황적 북한요인	행위적 북한요인	국제정세
15 통혁당 창당준비위 결성	19 평양에서 한일회담 반대 군중대회 20 백령도 근해에서 어로 작업 중이던 어선 2척(어부 26명) 북한 경비정에 납북 22 『로동신문』, 연일 한일 회담 관련 기사 대서특필 및 선전선동(25, 26, 27, 28, 29, 31일 게재) 27 최고인민회의, 남한의 제 정당·사회단체·국회에 보내는 한일회담 반대 호소문	
	14 조선민주청년동맹, 5차 대회에 남한 청년·학생들을 초청	18 러스크 미 국무장관, 베트남 방문(베트남 지원 계속을 확인, ~20일)

월	국가	정치사회	시민사회
5	9 최두선 내각 총사직(새 국무총리에 정일권 외무장관 임명) 11 정일권 내각 발족(제3공화국 제2대) • 박 대통령, 정 내각 첫 각의에서 박력 있는 행정 등 7개항 지시 20 박 대통령, 국가안보회의 소집, 최근 북한의 간접침략 경계 21 1964년도 제6차 국가안전보장회의 개최(국군 베트남지원에 관한 보고 및 국내외 정세보고) 23 박 대통령, 시위 사태에 관해 기자회견(정국불안의 요소는 일부 정치인들의 무절제한 언동, 일부 언론의 무책임한 선동, 일부 학자들의 불법적 행동, 정부의 지나친 관용에 있다고 지적)	2 민주·자민·국민 3당 통합 선언 27 국회, 김성은 국방부장관 65대 98로 해임 건의안 부결	20 서울시내 9개 대학생 약 2,000명, 서울대 문리대 교정에서 '민족적 민주주의 장례식 및 성토대회' 개최 24 한일 굴욕회담 반대 학생총연합회 '5·16을 비판한다'는 성명 발표 25 전국 대도시에서 난국타개 학생궐기대회 30 서울대 문리대생 30명, 교내에서 단식투쟁 시작
6	3 서울 일원에 비상계엄령 선포(계엄사령관 민기식 육군참모총장) 9 김성은 국방부장관, 북한의 유언비어 날조에 현혹되지 않도록 당부 12 박 대통령, AP 기자와의 회견에서 학생시위 기간 중 북한군의 주목할 만한 움직임이 있었다고 밝힘 17 계엄사령부, 계엄선포 후 348명 구속(학생 168명, 언론인 7명, 폭력배 등 173명) 23 비상계엄 선포요건 확대(경비계엄하 언론 통제 가능) 26 박 대통령, 국회에서 시국수습특별교서 발표(반공태세 강조·여야협상 재개를 요청하고 계엄에는 학원의 과잉자유 규제와 언론횡포를 시정하는 '안전판'이 필요하다고 강조)	5 김종필 공화당 의장직 사퇴 16 여야시국협의회, 계엄 조속 해제에 노력한다는 공동성명 발표 24 국회, 계엄해제 요구안 폐기	2 서울대 문리대 교수 30여 명, 학생들의 단식투쟁 해결 안 되면 총사퇴하기로 결의 3 학생 1만 명 시위, 파출소 파괴 등 서울시내 험악한 분위기 6 공수특전단 장교, 동아일보사 침입

상황적 북한요인	행위적 북한요인	국제정세
	12 조선민주청년동맹, 남한의 청년·학생들에게 보내는 메시지 채택 25 박 정권의 학생 탄압정책 항의 규탄 평양시 학생군중대회 개최	2 베트콩, 사이공 정박 중인 미국 수송선 폭파 8 미, 한국 등 25개국에 베트남전 지원 요청 19 미 국무성, 중립 통한(統韓) 모색설 부인 23 미, 대(對)라오스 긴급대책으로 해병 2,000명 출동
1 제117차 북송선, 청진항에 도착	6 사회주의노동청년동맹 등, 한일회담 반대 운동 적극 지지 7 기자동맹 중앙위원회, 남한 언론인들에 대한 박 정권의 탄압 항의 규탄 성명 발표 9 북한군, 한국의 6·3사태와 관련 전군에 전투준비 강화령 하달 25 6·25 행사로 반미 군중대회 진행 • 12개 사회단체, 반미 공동성명 발표, "미군의 만행에 대하여 전 세계 인민들에게 고함"	6 미 제7함대, 베트남 향발

월	국가	정치사회	시민사회
7	2 박 대통령, 여당에 친서 전달(계엄해제에 앞서 사회안전을 보장할 조치가 필요하다는 '선 보장 후해엄'의 원칙) 17 김형욱 중앙정보부장, 각 도 소재지의 중앙정보부 지부를 없애고 주요 지역에 대공분실을 두겠다고 언명 18 정부·여당, 언론규제 방법으로 '신문윤리위원회'의 법제화에 합의 • 내무부장관, 학생시위가 '불꽃회' 조종이라고 발표 29 비상계엄령 해제	6 제44회 임시국회 개회 8 윤보선 민정당 대표 최고위원, 국회에서 시국대책 연설 10 정구영 공화당 의장 서리, 국회에서 공화당의 시국대책 연설 28 국회, 계엄해제 요구결의안 의결(재석 142, 가 139, 부 0, 기권 3표) 30 공화당, 학원보장법안·언론윤리위원회법안을 국회에 단독 제의 31 국회, 국군 해외 파견에 관한 안건 동의	30 언론 5개 단체 대표, 언론의 자율적 규제를 보강하고 법제화에 반대하기로 결정
8	3 한국정부, 베트남정부에 지원 공한 발송 5 언론윤리위원회법 공포 14 중앙정보부, 인혁당사건 수사결과 발표(41명 검거) • 1964년도 제9차 국가안전보장회의 개최(국가안전보장 정책상의 제반 문제점과 대비책) 24 학생시위에 내란죄 적용 25 박 대통령, 정치학생, 정치교수 발본색원하겠다고 특별담화	2 국회, 언론윤리위원회법안 심야 의결 4 국회, 여야 격돌 끝에 학원보장법 미결로 남긴 채 제44회 임시국회 폐회	3 한국신문편집인협회, 언론윤리위원회법 반대성명 20 『조선일보』 납북인사 송환 위한 100만인 서명운동 종결
9	4 각의, 언론보복 중지를 결의 9 박 대통령, 언론윤리위원회법 시행 보류와 윤리위원회 소집 무기연기 지시함으로써 언론파동 종식 16 민비연 회원에 국가보안법 위반 혐의 적용 22 검찰, 인혁당사건 재수사 착수	10 국회, 야당의 황태성 간첩사건 등 6개 특별 국정감사안 부결 17 민주·국민 양당 합당 선언	2 재야정당·사회단체, 자유언론수호국민대회 발기준비회의 구성 10 자유언론수호연맹 발족 12 박한상 인권옹호협회장, 인혁당사건 피고들이 고문당했다고 발표

상황적 북한요인	행위적 북한요인	국제정세
18 북한, 7월 15일 월맹성명에 대한 지지성명 발표 25 남부베트남 인민투쟁지지위원회와 베트남민족해방전선 대표 간 공동성명 조인	6 조선중앙통신, 한국군 베트남 참전에 대하여 제네바협정 위반이라고 보도 20 조국평화통일위원회, 미제와 그 주구들의 소위 '남북인사송환운동'을 규탄하며 성명 발표 27 『조선일보』에서 전개하는 납북인사 송환에 대해 반박 성명 발표	
5 통킹만사건에 따른 전군에 전투준비강화령 하달 6 북한, 월맹지원 성명	5 민주법률가협회, 박 정권의 언론정책 비난 성명 발표 11 조선학생위원회, 박 정권의 학원보장법 제정 관련 비난 성명 발표	4 제2차 통킹만사건(월맹 PT정 3척이 미 구축함에 어뢰 공격) 23 베트남 학생시위 폭동화 25 베트남 칸 대통령 사퇴 성명
	11 군사정전위 188차 본회담에서 공산 측, 억류된 한국어민들을 9월 15일 해주에서 한국기관에 인도하겠다고 제의 15 북한, 납북 억류했던 한국어민 219명 송환 • 조선중앙통신 보도, '태풍 속에서 구원된 남조선 어민들을 고향으로 돌려보냄과 관련하여' 발표 19 양주군에 무장간첩 출현	5 한·일·월 군사실무합의서 서명(사이공) 10 캄보디아, 대미 단교 선언 24 동·서베를린 통행증 협정 조인 28 번디 미 국무성 차관보, 도쿄에서 한일국교정상화에 적극 개입할 것을 언명 29 러스크 미 국무장관, 중공이 곧 핵실험을 할 것이라고 성명

출처: 국사편찬위원회 편, 『대한민국사연표』 상·하(과천: 국사편찬위원회, 1984); 『북한연표』(서울: 국토통일원, 1980); 『제3공화국 연표』(서울: 인간사, 1984); 청사 편집부 편, 『칠십년대 한국일지』(서울: 청사, 1984); 한겨레사회연구소 정치분과 편, 『남북한 45년사』(서울: 월간 다리, 1989); 『국방사연표: 1945-1990』(서울: 국방군사연구소, 1994) 등을 바탕으로 재작성.

의 정치공작이 그 틈새를 파고들어 상황을 항상 복잡하고 더욱 어렵게 만들어갔"으며 "아는 듯 모르는 듯 공산주의자들의 정치공세가 스며드니 민주적 공개사회의 원리가 기능하기는 참으로 어려웠다"[95]는 지적도 그와 같은 상황의 일단을 일컫는다.

박정희 정권은 한일회담에 대한 북한의 적극적 개입을 안보 이슈로 연결하여 반대세력을 제압하는 소재로 삼고자 했다. 말하자면 북한의 개입이라는 행위적 북한요인은 그 의도와 무관하게 한일회담 반대를 안보 이슈로 전화시켜 반대세력을 억압할 수 있는 공간과 구실을 제공했다. 물론 이와 같은 정권의 연계등식 시도에 우려와 비판이 없었던 것은 아니었다. 한 신문 사설은 정부가 한일회담 반대운동을 북한의 주장과 유사하다는 이유로 야당과 언론의 비판할 수 있는 자유를 위축시키는 것은 민주주의 기반 자체를 침식시킬 수 있음을 예리하게 지적하고 있다. 다소 길지만 인용할 가치가 있다.

> …공산계열이 한일회담을 반대하는 이유는 지극히 분명하다. 여러 말 할 것 없이 한국과 일본 간에 국교정상화를 성취시킨다면 이북 괴뢰집단으로서는 치명적인 타격이 되는 것이며 공산계열의 국제적 이익에 크게 배치된다는 결론이 나와 있기 때문이다. …이에 반하여 우리나라 야당 측에서 지금 한일회담의 자세를 비판하고 조속한 타결을 반대하고 있는 것은 전혀 그 출발점이 다르고 이론설정의 방향이 판이하다는 것은 삼척동자라도 알 수 있는 빤한 상식인데, 결과적으로 '한일회담 반대'가 일치된다는 것은 짓궂은 일로써, 엄 내무장관이 20일 담화를 발표하여 '공산계에 이용당하지 않도록' 경고한 것도 바로 이 결과론을 가지고 중시한 까닭이라고 추측된다.
>
> 그러나… 결과적으로 '한일회담 반대'에 일치한다고 하여 지나친 경계를

하는 나머지 야당의 '반대할 수 있는 권리'나 자유언론의 본질을 조금이라도 위축시키거나 위협이 가해진다면 우리가 디디고 있는 민주주의 기반이 위태롭게 된다는 보다 고차원의 근본문제를 생각해야 할 일이다. 한일회담에 관한 문제뿐 아니라 大는 국제 전반의 문제에서부터 小는 일상다반사에 이르기까지 결과적으로 '공산당의 주장과 일치'되는 것은 헤아릴 수 없이 많다. …전체 동포의 비원에 가까운 조국의 통일문제만 하더라도 공산당이 노리는 통일방식과 우리가 관철하려는 통일의 방식이 엄연히 다를지언정 '통일' 자체는 같은 명제일진대 공산당이 부르짖는다 해서 그 사실 하나만을 가지고 우리가 '이적'이라고 경원해야 마땅할 것인가. 공산당이 증산운동을 한다고 우리가 증산운동을 해서 안 된다고 말한다면 미친 사람이라 할 것이다. 한일회담의 반대운동도 오십보백보라 할 것이다. 자유당 말기의 한국판 '메카시즘' 전성시대에 걸핏하면 '용공'으로 야당을 몰아 때리고, 심지어 3·15마산의거 때도 '공산당의 조종'이라고 덮어씌우던 기억이 생생한 것이니 한일회담을 반대하는 야당의 움직임을 만에 일이라도 이런 사고방식의 아류로 다스리려고 든다면 큰 국가적 비극이라 아니할 수 없다. …'야당이 정부를 반대할 수 있는 권리'나 한일회담의 교섭 자세를 비판할 수 있는 '국민의 언론자유'는 끝까지 수호해야 할 민주주의의 신성한 기본사명임을 재확인하려 한다. 야당 측의 한일회담 반대운동에 편승 잠입하려는 공산간첩은 정부의 수사기능을 총동원하여 철저히 이를 소탕해주기를 바라 마지않거니와, 그와 함께 '반대'의 결과가 같아진다는 단순한 이론으로 야당활동을 비난, 견제하는 일은 추호인들 없도록 정부·여당의 언동과 거조(擧措) 있기를 바라고자 한다.[96]

'한일회담 반대=친북·용공'이라는 정권의 연계등식 설정에도 불구하고 한때 소강상태를 보이던 한일회담 반대시위는 5월에 들어서면서 다시 격화되었다. 이는 북한요인을 동원하여 저항을 억누르고자 한 정권의 기도가 큰 효력을 발휘할 수 없었다는 뜻이기도 했다. 박정희 정권으로서는 북한의 활발한 이슈 개입과 방해공작 시도에 비추어 그러한 연계등식이 나름대로 근거가 있었다. 그러나 반대세력은 한일회담 반대운동이 북한의 지령이나 북한과의 공조하에 전개되었던 것이 아니었기 때문에 설득력을 지닐 수 없었다.

5월 20일 서울시내 9개 대학의 학생 약 2,000여 명이 서울대 문리대 교정에서 '민족적 민주주의 장례식 및 성토대회'를 개최하면서 경제문제 해결, 정치적인 억압 청산, 외세로부터의 자립 요구를 본격적으로 제기하기 시작했다. 이날 박 대통령은 국가안보회의를 소집하고 최근 북한이 갖은 간접침략 술법으로 남한을 위협하고 있다고 말했다. 그리고 이에 대처할 수 있는 국가안보 태세를 다각도로 모색해야 한다고 강조함으로써 학생시위가 북한과 연계되어 있을지도 모른다는 가능성을 환기시켰다.[97] 양찬우 내무부장관은 시위와 관련한 중간수사 결과를 발표하면서 용공적 색채가 농후한 서울대 민족주의비교연구회(이하 '민비연') 학생들이 주동했다고 언명했다. 또한 일부 정치인과 이전에 혁신계에서 활동했던 인물들이 물심양면으로 시위를 방조한 사실을 포착했다고 주장했다.

이 발표에 대해 민비연 지도교수 황성모는 양 장관이 민비연을 가리켜 용공학생들의 서클 운운한 것은 학문의 자유를 부정하는 태도이며, 고의적으로 학술단체를 매장시키는 매카시즘적 수법이라고 반박했다.[98] 5월 24일, 한일 굴욕회담 반대 학생총연합회 명의로 발표된 '5·16을 비판한다'라는 제하의 성명서는 박 정권의 북한요인을 동원한 한일회담 반대운동 탄압을 통렬하게 비판하고 있다.

> …반공을 국시의 제1로 삼고 형식적이고 구호에만 그친 반공태세를 재정비 강화한다고 했다. 그들은 반공의 미명을 빙자하여 천여 명의 민족적 양심세력을 용공분자로 몰아 옥석의 구별도 주저도 없이 서대문 감옥으로 인도했다. 박정희 대통령의 권력이 사상적으로 의심받자 야당(더러)… 이승만식의 메카시적 수법을 쓴다고 통박하였던 그들이 어린 학생들에게 붉은 삐라가 든 소포를 날려 보내고 공산당으로 몰고 있다[99]는 비난을 받고도 한마디 해명도 못하고 있다. 괴소포를 보낸 자는 누구이고 이를 잡아내지 못하는 자는 과연 누구인가. 누가 과연 메카시의 수제자이고 이승만식의 신경질적 관제 날조적 반공을 정책의 상투수단으로 쓰고 있는가. 더욱이 그들은 반공의 최대 무기인 자유의 가치를 무시했으며 공산주의의 온상인 빈곤을 이 땅 곳곳에 확대해놓았다. 이것이 그들이 만든 반공태세의 재정비요 강화다. …"국토통일을 완성할 실력을 배양한다"(는 그들의 슬로건에 대해 말하자면) 그들이 배양한 실력은 기만과 부정과 부패의 천재적인 교활한 실력밖에 없다.[100]

박정희 정권이 한일회담 반대운동 일반을 북한의 사주로 생각하지 않았을 것이다. 다만 북한의 동향과 의도에 대한 방대한 자료를 확보하고 정보 분석을 하는 공안당국으로서는 반대운동 일부에 북한이 개입했을 가능성을 우려했을 것이다. 따라서 박정희 정권이 내부의 반대세력을 외부의 적대세력과 연계시키려 했던 것을 정치적 조작이라고만 일축하기는 어렵다. 이 점에서 박정희 정권의 연계등식 설정과 위협인식은 일정하게 정당화될 수 있을지 모른다.

국가와 시민사회 간의 북한요인 관련 정보 입수 경로와 이에 대한 해석의 차이가 인식의 차이를 가져올 수 있다. 국가는 1차 정보의 획득이나 수집, 그리고 정황만으로도 북한과의 연계나 위협을 느낄 수 있다. 반면 반대세력이나 일반인은 대개 정부 발표에 의존하는 2차적 정보만으로는 상대적으로 연계나 위협을 덜 느낀다고 할 수 있다. 더욱이 거기에 정치적 계산이 개재되어 있다고 생각할 때는 의혹과 불신이 가중된다.[101] 기본적으로 반대세력은 정치적 저항과 용공을 구분하려고 하는 반면, 정권은 양자를 연계시키려 하는 것도 일정 정도 이와 같은 사정에 연유한다고 볼 수 있다. 그러나 문제는 정권이 북한과의 직간접적 연계라는 일부의 개연성을 과도하게 확대 적용함으로써 연계 설정을 남용한 데 있었다.

한편 박 대통령은 5월 23일 기자회견에서 정국불안은 일부 정치인의 무궤도한 언동, 일부 언론과 학생들의 불법적 행동, 그리고 정부의 지나친 관용에 있다고 밝히면서 한일회담 반대운동에 대한 강경 대응을 시사했다. 그러나 이러한 언명도 반대운동의 확산을 막지는 못했다. 5월 25일 전국 대도시에서 난국타개 학생궐기대회가 일어났고, 5월 30일 서울대 문리대생 30여 명이 단식투쟁에 돌입했다. 마침내 6월 2일 서울대 문리대 교수 30여 명의 단식 학생들에 대한 지지 결의가 있은 다음 날 4·19 이후 최대의 저항운동인 6·3항쟁이 일어났다. 6·3항쟁은 3·24시위 이후 내걸었던 국부적이며 다양한 슬로건을 '박 정권 하야'라는 본질적인 목표로 수렴하여 정권타도운동을 벌이기 시작했다는 점에서 의미를 찾을 수 있다.[102] 박정희 정권이 정권타도운동까지 불러올 정도로 정치적으로 인기 없는 한일국교정상화에 그토록 매달렸던 이유가 경제성장을 통한 정치안정의 도모였다는 것은 하나의 아이러니였다.[103]

한일회담 반대운동은 정책결정의 불투명성이라는 측면에서는 형식적 민주주의의 왜곡을 겨냥한 것이었지만, 더 중요하게는 식민지배의 경험이라는 민족적 감정에 바탕을 둔 것이었다. 따라서 이 운동은 민주화운동보다는 반일 민족주의의 성격이 강한 사회운동이었다.[104] 일반 국민, 야당, 지식인 등의 광범위한 호응 가운데 전개된 반대운동은 군사정권이 내걸었던 '민족적 민주주의'의 허구성을 폭로하고 박정희 정권의 반민족성을 노정시키며 비정통성을 극명하게 드러내는 계기가 되었다.

6·3항쟁의 주도세력은 동북아에서 반공전선 구축을 목표로 추진된 한일국교정상화 자체를 반대하지는 않았다.[105] 오히려 그들은 적절한 배상과 주권국가로서의 의연한 협상을 요구했다. 그러나 박정희 정권은 이를 무시했고, 이것이 군정시기 실정에 대한 대중의 누적된 불만이 폭발하는 계기가 되었다.[106] 6·3항쟁은 반군사독재투쟁의 대중적 기초를 확대하고, 5·16 이후 수세적 위치에 놓였던 사회운동을 공세적 위치로 전환시키는 중요한 계기가 되었다. 이 투쟁을 통해 5·16 이후 위축되었던 정치적 분위기가 활성화되며, 군사정권에 대한 국민들의 환상이 깨지면서 사회운동의 합법적 공간이 부분적으로 확대되는 계기가 되었다.[107]

박 대통령은 6·3항쟁이 일어나자 서울시 일원에 비상계엄을 선포하여 언론·출판은 사전 검열을 받게 하였으며, 각급 학교에는 휴교령을 내렸다. 표2에서 보듯이 박정희는 집권 18년 동안 수차례에 걸쳐 전국적 또는 국지적 계엄령을 선포하여 반대세력을 제압하고자 했다. 익히 아는 바와 같이 군부는 중앙정보부와 더불어 질서를 회복하며 반대세력의 도전을 봉쇄하여 박정희가 의도한 일련의 정치적 과제를 추진할 수 있도록 담보한 최후의 보루였다.[108]

박정희 정권은 6월 5일 사태수습의 일환으로 한일회담 추진의 상징

표2 계엄 약사

선포 사유	계엄 종류	기간		지역
5·16쿠데타	비상계엄	1961. 5. 16~1961. 5. 27	12일	전국
	경비계엄	1961. 5. 27~1962. 12. 6	556일	전국
6·3사태	비상계엄	1964. 6. 3~1964. 7. 29	57일	서울 일원
한일협정 비준 반대 학생시위	위수령	1965. 8. 20~1965. 8. 26	7일	서울 일원
10월 유신	비상계엄	1972. 10. 17~1972. 12. 13	57일	전국
10·26사건	비상계엄	1979. 10. 27~1980. 5. 16	202일	제주도 제외 전국
서울의 봄	비상계엄	1980. 5. 17~1981. 1. 24	252일	전국

출처: 『동아일보』, 1981년 1월 24일, 9면; 김호진, 『한국정치체제론』(서울: 박영사, 1993), pp. 265-266.

적 존재인 김종필을 공화당 의장직에서 퇴진시키는 조치를 취했다. 한편 6·3항쟁을 계기로 정권에 대한 반대세력의 도전을 규제하기 위해 대학과 언론에 재갈을 물리고자 했다. 한일회담 반대운동이 벌어지자 언론은 4·19 전후 시기 못지않게 학생들의 움직임을 신속하게 보도함으로써 박정희 정권에 상당한 타격을 주었던 것이다. 공화당은 1964년 7월 29일 일체의 논평을 봉쇄한 가운데 '학원보호법안'과 '언론윤리위원회법안'을 국회에 제출했다. 그리고 야당의 반대를 무릅쓰고 8월 2일 언론윤리위원회법안을 통과시켰지만, 학원 내 불순세력의 침투를 막는다는 구실 아래 만들어진 학원보호법안은 학원 내 반정부운동을 철저히 봉쇄하기 위한 법안이라는 야당의 거센 반발로 국회통과가 보류되었다.[109] 이후 언론윤리위원회법안은 일선기자들은 물론이고 경영진까지 가세하여 강력한 저항운동을 벌여 그 시행이 보류되었다.[110]

북한은 이처럼 박정희 정권이 한일회담 반대운동을 탄압하고 나서자

5월 25일, 박정희 정권의 대학생 탄압을 항의 규탄하는 평양시 학생군중대회를 개최했다. 6·3항쟁이 일어난 직후인 6월 6일에는 사회주의노동청년동맹 중앙위원회와 조선학생위원회에서 남한 대학생들의 투쟁을 적극 지지 성원할 것을 호소했다. 이튿날인 6월 7일에는 조선기자동맹 중앙위원회에서 남한 언론인들에 대한 박정희 정권의 탄압을 항의 규탄하는 성명을 발표했다. 또한 6월 9일에는 남한의 6·3계엄령 선포와 관련하여 전군에 전투준비 강화령을 하달했다.

이와 같이 북한은 6·3항쟁을 전후한 시기 남한 국내정치의 균열 및 갈등 양상과 그 추이를 면밀히 주시하고 있었다. 여러 성명이나 호소문을 통해 남한 국민들과 야당 및 학생들에게 한일회담 반대, 반정부투쟁 등을 선동하였으며, 조총련의 한일회담 반대공작을 지원했다. 또한 대남 심리전의 일환으로 대남 방송시설의 확충, 불온 우편물과 전단을 살포하여 남한사회의 암흑상과 북한의 발전상을 대비시켜 반정부적 분위기를 조성했다. 그리고 한미 이간과 반미 선동을 기도하는 등 심리전을 강화했다. 또한 6·3항쟁을 전후하여 간첩침투도 활발해졌다.[111] 북한은 한일회담을 둘러싸고 벌어진 격렬한 반대운동을 틈타 남한에 통혁당과 같은 독자적인 혁명조직을 심으려고 부심했다.[112] 그러나 북한의 이러한 움직임은 박정희 정권의 위협인식을 자극하고 촉각을 곤두세우게 했다고 볼 수 있다. 이는 동시에 박정희 정권에 정부의 방침이나 정책을 비판하는 세력을 용공으로 몰 수 있는 빌미를 제공했다.

한편 야당이 계엄령 해제 결의안을 국회에 제출하고, 여야 온건파 의원들이 시국수습협의회를 구성하여 사태 수습에 나서는 등 정국 정상화의 조짐을 보였다. 그러나 계엄령 해제 시기를 둘러싸고 의견 차이로 이 협의는 결렬되었다. 박 대통령은 야당의 조속한 계엄해제 요구에 대해

6월 26일 국회에서 시국수습특별교서 발표를 통해 학원의 과잉자유 규제와 언론 횡포를 시정하는 '안전판'이 마련될 때까지 계엄을 해제할 수 없다며 물러서지 않았다.[113] 야당은 계엄령 해제안을 제출했으나 끝내 부결되었고 6·3항쟁으로 조성된 정국 경색은 더욱 심해졌다.

권중휘 서울대 총장은 6·3 한일회담 반대시위를 고무한 65명의 학생과 다수의 교수들이 좌익과 연계되어 있다고 주장했다.[114] 6월 9일 김성은 국방부장관은 "최근 북괴는 유언비어를 허위날조하여 방송함으로써 계엄 시행 후 회복되어가는 사회질서를 파괴코자 혈안이 되어 있다"고 말하고 "국민은 이에 결코 현혹되지 말"라고 당부했다.[115] 또한 박 대통령은 6월 12일 AP 기자와의 회견에서 학생들의 시위가 벌어지는 동안 북한군의 주목할 만한 움직임이 있었다고 밝히기도 했다.[116] 학생시위가 안보에 위협요인이 되고 있음을 은근히 내비쳤던 것이다.

한 신문 사설 역시 분단국가 내에서의 저항이 외환을 초래할 수 있음을 강조했다. "우리가 대내적인 혼란 내지 불안으로 약점을 보인다는 것은 곧 그들의 침략을 유발하는 것이나 다름이 없다. …외적에 직면한 나라에서의 내우란 자살이나 마찬가지다."[117] 이처럼 내우의 원인 파악과 해결 방안보다는 저항 자체가 억제 대상으로 치부되었다. 이후에도 국민들의 안보불안 심리를 자극하는 사건 발표가 이어졌다. 박 대통령은 6월 26일 국회에서 특별교서를 발표하면서 학생시위가 국가안보를 저해하고 있음을 상기시키며 반공태세 완비를 강조했다.

> …우리나라는 반공민주국가인 것입니다. 어떠한 이론, 어떠한 형식으로도 공산주의는 물론 그 중간세력과도 타협할 수 없는 것입니다. 국민 전체가 이러한 확고한 신념으로 매진해야만 승공의 날이 올 것입니다. …우리는 자

유민주우방과 더불어 반공보루의 선두에 서 있는 것입니다. …영원토록 우리는 외국의 외원(외국의 원조-필자)에 의존할 수는 없습니다. 자립이 없다면 진정한 독립이 있을 수 없습니다. 이것은 결코 배타주의도 아니요, 고립주의도 아닙니다. …이것이 바로 민족적 민주주의라는 것입니다. 혹자는 이것을 곡해하여 민족정신의 혼란을 획책하고 반공태세를 문란케 하고 있으니 탄식하지 않을 수 없습니다. 한때 거리를 나가면 그것이 이북방송이 아닌가 귀를 의심할 정도의 소리가 들렸으니, 이러고야 무슨 반공태세 완비라 하겠습니까?[118]

7월 18일 양찬우 내무부장관은 더 직접적으로 학생시위를 북한요인과 연관 지었다. 곧 김정강을 주동으로 하는 공산주의 지하운동의 전위조직인 '불꽃회'[119]에서 3·24에서 6·3에 이르기까지 학생시위를 배후조종했다고 발표했다. 불꽃회는 6년 전 서울대에 재학 중이던 김정강과 김정남이 주동이 되어 결성한 단체라는 것이다. 또한 김일성에 의한 북한사회주의 건설의 성공에 고무되어 민족해방민주주의혁명에 매진하는 것을 불꽃회의 강령과 규약으로 삼고 있다고 했다.[120] 박정희 정권은 반대운동에 쐐기를 박기 위하여 더욱 본격적으로 북한요인을 동원하여 저항세력 제압에 나섰던 것이다.

정권에 의한 연계등식에도 불구하고 6·3항쟁이 발생하고 계엄령 선포를 통해서 반대세력을 제압할 수밖에 없었다는 것은 그러한 연계등식의 설정이 설득력과 동의를 확보하지 못하였음을 의미한다. 따라서 한일회담 반대운동의 주도인물에 대한 북한과의 더 직접적인 연계성이 요구되었다. 또한 한일회담을 반대하는 것은 곧 북한의 대남전략에 공조하는 결과를 가져온다는 점을 일반 국민들에게 설득력 있게 각인시킬 필요가 있었다. 말하자면 일반의 위협인식을 자극시킬 보다 극적이고 가시적인 사건이 필요했다는 것이다. 인혁당사건[121]은 이와 같은 배경과 의도에서 나온 것으로 볼 수 있다.

'인혁당사건'과 저항세력 억압

1964년 3월 24일 한일굴욕외교 반대시위에서 6·3계엄령 선포에 이르기까지 박정희 정권은 중대한 시련에 봉착하게 되었다. 5·16 이래 최대의 위기를 맞은 박정희 정권은 반대세력들로부터 분출된 거센 항거를 제지할 방안에 대해 고심하던 중 이른바 인혁당사건을 발표하여 한일회담 반대운동을 종식시키고자 했다. 이 사건이 6·3항쟁으로 분출된 저항운동의 뒤처리 또는 제압용이라는 인상을 더욱 뚜렷하게 한 것은 이 사건으로 구속되었다가 공소 취하된 학생들이 3·24 학생시위의 중심인물이었기 때문이다.[122] 박정희 정권은 정권타도로 비화된 한일회담 반대운동을 곧 북한과 연계하여 강압적으로 잠재우고자 한 것이다. 그런데 앞서 살펴본 바와 같이 이 시기 한일국교정상화를 반대하는 북한의 이슈개입이나 공작활동이 활발하게 전개된 것은 사실이었다. 이는 박정희 정권의 위협인식을 자극하는 동시에 북한의 의도와는 관계없이 반대세력을 탄압하는 구실을 제공했다. 말하자면 정권의 반대세력 탄압 논리가 단순히 북한요인의 가공상태에서 출발한 것만은 아니라는 의미이다.

1964년 8월 14일 김형욱 중앙정보부장은 '북한의 지령으로 남한에 인민혁명당을 조직하여 비밀지하조직으로 국가변란을 기도한' 1차 인혁당사건[123]의 전모를 발표했다.[124] 인혁당은 북한의 지령에 따라 한일회담 반대 학생시위를 조직적으로 일으키는 방향으로 개편, 강화하고 3·24

학생시위가 일어나자 불꽃회 간부 등을 포섭하여 학생시위를 배후 조종했다는 것이다. 그리하여 현 정권을 타도하는 국가변란을 모의했다는 것이다.[125] 중앙정보부가 도예종 등 41명을 국가보안법 위반 혐의로 구속하며 한 발표에 따르면 혁신계 인사, 언론인, 교수, 학생 등으로 조직된 인혁당은 북괴의 노선에 동조하여 대한민국을 전복하라는 지령에 따라 움직이는 반국가단체이며, 각계각층의 인사를 포섭, 당조직을 확장하려다 발각되었다고 했다. 인혁당사건은 6·3항쟁으로 절정을 이루었던 학생운동에 찬물을 끼얹는 결과를 가져왔다.[126]

그러나 이 사건이 조작되었다는 의혹이 제기되면서 논란이 일어났다. 9월 12일 한국인권옹호협회는 특별조사단을 구성하여 무료변론에 나섰고, 심문과정에서 이들이 당한 고문의 진상을 폭로했다. 그리고 급기야 이 사건의 조작여부를 둘러싼 논란은 검사 항명파동으로 이어졌다.[127] 담당 공안부 검사들이 20일 동안 수사한 후 기소할 가치가 없다고 단정하고 불기소의견을 제시하자 검찰 고위층과 공안부 검사 전원의 대립으로 비화되었다.[128] 그러나 검찰이 구류 만료일에 숙직 중인 검사로 하여금 도예종 등 26명을 국가보안법 위반 혐의로 구속 기소하게 함으로써 3명의 검사가 사표를 제출하는 등 이 사건을 둘러싼 논란은 정치문제화되기에 이르렀다.

9월 9일 국회 질의에서 자유민주당의 김삼 의원은 인혁당사건이 "학생들의 시위를 방지하기 위해서, 국민이 학생시위에 동조하는 것을 또한 막기 위해서" 한일회담 반대시위의 "주동자들을 솔직히 말해서 때려잡기 위해서… 인위적으로 조작되었다는 여론이 구구"하다고 주장했다. 민정당의 박한상 의원은 "이번 사건은 6·3 계엄사태를 합리화하기 위해 엉터리로 조작된 것이며, 이러한 엉터리 조작에만 여념이 없는 중앙정보부는 이번 기회에 없애버리는 게 좋지 않겠느냐"고 따져 물었다. 삼민회의 조재천 의원과 민정당의 진형하 의원 역시 인혁당사건 발표는 학생시위가 곧 북한의 교사와 선동에 의한 것임을 가장하기 위해 조작된 것이라고 비판했다.[129] 그러나 민복기 법무부장관은 "인혁당은 북괴노동당 강령을 골자로 하는 규약을 토대로 조직된 불법단체이고 정부전복을 목적으로 3월 24일에서 6월 3일까지의 학생시위를 배후에서 조종했다"고 주장했다.[130]

인혁당사건은 규모나 조직 면에서 다른 조직사건에 비하여 상대적으로 낮은 수준이었지만 가장 많은 주목을 받았다. 이 사건의 조작여부[131]와 관련한 많은 논란 때문이었다. 인혁당사건은 사건에 관련된 사람들의 출신과 활동, 그리고 6·3항쟁이라는 정치적 정황을 고려할 때, 4·19혁명 이후 남아 있던 혁신적인 청년학생운동세력을 제거하려는 의도에서 나왔다고 볼 수 있다. 이는 한일회담 반대운동을 주도했던 학생운동 서클인 서울대 문리대의 '불꽃회'와 고려대의 '구국투쟁위원회' 등에 대해 배후조종 혐의를 씌운 것에서 드러난다. 기본적으로 이 사건은 한일회담 반대운동에 대한 역공세로 감행된 것으로 정치적 위기국면에서 터뜨리는 공안사건의 한 사례라고 할 수 있다.[132] 나중에 밝혀졌지만 인혁당사건은 조작이었다.[133]

김형욱은 후일 민비연[134]의 배후를 캐고 있던 중앙정보부에 의해 1962년 1월 북한 노동당의 지령에 따라 남한에 인혁당이란 비밀지하조직이 결성되었고, 이들은 전 혁신계 정치인, 현직 언론인, 대학교수 및 학생들로 구성되었으며, 이 조직이 6·3사태에 깊이 개입했다는 정보를 포착했다고 언급했다.[135] 인혁당의 하부조직이 학생운동의 리더들을 얼마나 조직적으로 지도했는지는 불명하지만, 그들을 배후 지도하고 있었던 것은 사실에 가까웠다. 물론 김형욱의 말처럼 인혁당이 노동당의 지령을 받고 노동당과 조직적 연계를 했다고 보기는 어렵다.[136] 다만, 당국의 발표처럼 인혁당사건에 연루된 인물들이 불꽃회와 조직적 연계는 없었지만, 그들에게 일정한 사상적 감화를 주었을 가능성은 있다. 불꽃회의 강령이 반제반봉건민주주의혁명론에 입각했는데, 인혁당사건 연루자들도 북한이나 통혁당[137]에서 주장하였던 반제반봉건민주주의혁명을 주장하였던 것으로 보인다.[138] 그리고 이 사건을 당시 다른 지하조직이었던 통혁당의 활동과도 연관시켜 이해할 필요가 있다. 양자가 횡적 유대를 가졌다고 볼 수는 없지만, 인혁당 관련자의 일부도 북한 혁명역량의 중요성을 일정하게 평가하고 연계를 시도했다는 점에서 그러한 추정을 가능하게 한다.

1964년 3월 북한과의 일정한 연계하에 지하에서 조직된 통혁당이 실제로 한일회담 반대운동에 구체적으로 어떤 영향을 미쳤는지는 불명하다. 다만 반미, 반정부적인 분위기를 조성하는 데 일정 정도는 역할 또는 시도를 했을 가능성이 있다.[139] 김일성은 1964년 2월 당중앙위원회 제4기 제8차 전원회의 마지막 날인 27일, 노동당의 통일정책에 대해 연설하면서 대중에 깊숙이 뿌리를 둔 정당이 남조선에 창설되어야 한다고 촉구했다. 또한 남조선의 모든 약소한 혁명조직들은 반혁명세력에 대항하여 통일전선을 형성해야 하며, 이때 북조선 인민들은 남조선 혁명조직을 기꺼이 도울 것이라고 말했다. 아울러 월북한 남조선 인민들은 남조선에서의 혁명과업을 위해 훈련을 받고 되돌아가야 한다[140]고 강조한 점을 상기할 필요가 있다.

나아가 한일회담 반대운동에 북한의 직접적 개입을 시사하는 주장들도 있다. 통혁당에 관한 1차 자료에는 통혁당 조직이 출범한 후 3·24와

6·3항쟁 등 한일회담 반대투쟁에 적극적으로 참가하여 당세를 확장했다고 기록하고 있다.[141] 또한 통혁당사건으로 김종태와 함께 구속되었던 김질락(월간 『청맥』 주간)은 1967년 월북 때, 노동당 간부들이 인혁당의 노출과 역대 민비연 회장들에게 비상한 관심이 있었음을 확인할 수 있었다고 한다. 그리하여 3·24에서 6·3항쟁에 이르는 국내 혼란이 북한과 결코 무관하지 않다는 확증을 얻었다는 것이다.[142]

위의 김일성의 연설에서도 나타나듯 1964년 2월의 제8차 전원회의의 보고는 남조선 해방이 당이 당면한 최대의 혁명과업이라는 점을 부각시켰다.[143] 한 대남공작원 출신 인사에 의하면 통혁당 창당 직후인 1964년 3월, 당 지도부가 제대로 틀을 갖추기도 전에 평양공작팀이 조급한 성과를 요구했고, 현지 지도부가 과잉충성으로 맞장구를 쳐 3·24시위에 개입했다고 한다.[144] 그러나 조희연은 1960년대 반정부 투쟁의 중요한 동력인 학생운동 속에서 통혁당 성원들은 초기 조직화 및 포섭 작업에 치중했을 뿐이라고 평가했다. 그리고 학생운동의 대중적 투쟁에 있어서도 개인적 참여 수준을 크게 넘은 것은 아니었다고 본다. 더욱이 집단적, 조직적 참여는 거의 불가능한 상태였다고 진단한다.[145]

이렇게 볼 때 인혁당사건을 정치적 저항을 봉쇄하기 위한 조작 차원을 넘어 좀더 열린 지평에서 조심스럽게 이해할 필요가 있을지 모른다. 곧 상대방과의 첨예한 대립과 적대를 체제유지의 근간으로 하는 분단국가의 집권세력이 사실 여부와 관계없이 정치적 저항을 국가에 대한 반대로 의제하고 위협으로 인식할 가능성은 상존한다. 더욱이 정황적인 개연성이 있는 사안의 경우 집권세력은 이를 상당한 위협으로 간주할 가능성은 더욱 커진다. 이는 국가와 시민사회 간의 북한요인 관련 정보원의 양과 질뿐만 아니라 위협인식의 차이에서 연유한다. 반드시 그런

것은 아니지만 국가의 위협인식 스펙트럼은 시민사회에 비해 넓고, 또 높다고 할 수 있다.

특히 체제역량의 비대칭성으로 남한의 대북 위협인식이 존재하는 상황에서 정권을 위협하는 반대세력의 저항과 이에 대한 북한의 직간접적 개입은 정권의 위협인식을 고조시킨다고 볼 수 있다. 그리하여 국가는 친북 또는 북한과의 연계가 추정되는 반대는 말할 것도 없고, 그것과 무관한 반대 역시 친북 또는 이적으로 간주하여 제압하고자 한다. 국가는 양자의 구분이 모호할 뿐만 아니라 반대세력의 도전을 제압해야 하는 상황에서 굳이 구분할 필요성을 느끼지 못한다고 할 수 있다. 반면 이를 수긍하지 못하는 정치사회나 시민사회는 의혹을 갖거나 반발한다.

이러한 점에서 인혁당사건은 결국 조작으로 밝혀졌지만, 당시 정권반대운동을 분쇄하고자 하는 정권으로서는 북한과의 실제적 연계뿐만 아니라 정황적·추정적 연계마저 탄압대상이 되었다. 나아가 북한의 주장과 흡사하냐 아니냐가 용공·이적의 기준이 되었다. 이러한 조건에서 북한의 직간접적 개입은 반대의 자유를 허용하는 민주주의 공간을 더욱 축소시켰다. 때문에 반대세력에게 있어서 북한의 지원은 도리어 자신들을 향하는 칼끝이 되고 정권을 지원하는 결과를 가져왔다.

6·8부정선거 규탄운동과 북한요인

6·8부정선거 규탄운동과 북한요인의 개입

1967년 박정희 정권은 매우 중요한 고비에 접어들었다. 박정희는 그해 5월 3일 제6대 대통령선거에서 야당인 신민당의 윤보선 후보를 1963년 대선과는 달리 100만 표가 넘는 큰 차이(5,688,666대 4,526,541)로 누르고 대통령에 재선되었다. 이것은 무엇보다 그간에 이룩한 경제실적이 가져온 결과라고 볼 수 있다. 물론 이러한 고도성장이 가능했던 것은 한일국교정상화로 인한 일본 자본의 유입과 베트남 파병으로 벌어들인 외화가 큰 역할을 했다. 박정희 정권은 1964년과 1965년에 일어난 대규모 시위로 한때 정권의 기반이 동요하기도 했으나 경제적 성과를 통해 일정한 정당성을 확보할 수 있었다. 그러나 이승만과 마찬가지로 박정희도 중임으로 만족하지 않았다. 박정희는 경제실적을 바탕으로 이미 그 무렵부터 장기집권을 위한 삼선개헌을 구상하고 있었다. 김일성이 1967년에 갑산파를 제거하고 '유일체제'로 나아갔듯이 박정희 역시 같은 해에 '유신체제'의 서곡인 삼선개헌을 도모하기 시작했다. 유일체제와 유신체제는 같은 해인 1972년에 공식적으로 태어났을 뿐만 아니라 같은 해에 배태되었던 것이다.

박정희로서는 개헌을 위해 그해 6월 8일 제7대 총선에서 여당이 원내 의석의 3분의 2를 확보하는 것이 급선무였다. 6·8부정선거는 이로 인해 빚어졌던 것이다. 선거결과 공화당 130석, 신민당 44석, 대중당 1석으로 공화당은 개헌선인 117석보다 무려 13석이나 더 차지했다.[146] 그러나 곧 무더기표, 매표, 위협에 의한 투표 등 숱한 부정행위가 밝혀지고 3·15부정선거 이래 최대의 부정선거[147]였다는 것이 드러났다.

6·8부정선거가 3·15를 빰치는 부정선거로 드러나자 먼저 대학가에서 대규모 규탄시위가 벌어졌다. 6월 9일 연세대생 200여 명은 총선규탄 성토대회를 열었고 12일에는 서울법대생, 경북대생들이 부정선거 규탄대회를 가졌다. 또한 유진오 신민당 당수가 당선자들과 더불어 중앙청 앞까지 진출하여 시위 열기를 고조시켰다. 이어 13일에는 서울대, 고

려대 등 시내 7개 대학의 학생들이 항의시위에 나서 경찰과 투석전을 전개했다. 부정선거에 대한 항의는 전국의 대학과 고교로까지 확산되었다. 9월 13일 서울대 법대 학생회는 "이로써 3·15부정선거가 재판되었을 뿐 아니라, 4·19 당시 비극의 역사가 반복됨을 보는 것이다. …친구여, 애국동포여! 질식되어가는 이 나라 민주주의의 재생을 위하여 모두 궐기하자"는 선언문을 발표하고 민주회복을 외쳤다.[148] 신민당은 "박 정권은 학생과 민주시민의 투쟁에 대한 탄압을 즉각 중지하고 항의의 원인인 부정선거의 처리를 국민이 납득할 수 있도록 과감히 조치하라"[149]고 요구했다.

박정희 정권은 6월 12일 서울대에 휴업령을 내리고 서울시에 갑호비상경계령을 발동했다. 이어 학생들의 저항에 대응하여 6월 15일 전국 28개 대학, 57개 고교에 휴업령을 내림으로써 강압적으로 학원시위를 봉쇄하는 한편, 공화당 당선자 9명을 제명하여 사태를 수습하고자 했다. 그러나 야당인 신민당은 의원등록 거부를 결의하고 총선무효화투쟁위원회를 결성, 강경한 대여 투쟁을 전개했으며 전면 재선을 요구했다. 휴업령 속에 시위는 일시 소강상태를 보이다가 6월 30일 휴업이 풀리자 다시 격화되었다. 이날 서울대 학생회장단과 투쟁위원회는 6·8총선무효화투쟁선언문을 발표했다. 같은 날 고려대생 1,500여 명은 광화문 국회의사당 앞까지 진출하였으며, 그중 100여 명이 연행되었다. 이처럼 박정희 정권은 시위 분위기를 가라앉히려고 안간힘을 썼으나 학생시위는 좀처럼 진정될 기미를 보이지 않았다.

한편 시위가 격화될수록 간첩 관련 발표도 늘어갔다. 예컨대 학생들이 경찰과 투석전을 벌이던 13일, 육군에서는 6월 4일부터 11일까지 휴전선 등지에서 간첩 16명을 사살했다고 발표했다.[150] 서울시내 9개 대학과 일부 고등학교에까지 시위가 번진 14일, 육군방첩부대는 북한이 특수부대원 28명을 남파한 사실을 알리며, 그중 일부를 생포 또는 사살했다고 밝혔다.[151] 이는 두 가지로 해석할 수 있다. 하나는 북한이 시위를 계기로 사회혼란을 격화시키기 위해 실제 간첩침투를 증가시킨 결과였다고 할 수 있다. 다른 하나는 정권이 특정 시점에 맞추어 북한요인을 인위적으로 동원하여 일반 국민들의 안보불안 심리를 자극하여 부정선거 규탄운동을 전개하는 반대세력을 제압하고자 한 의도라고 볼 수 있다. 어느 쪽이 맞는지는 단언할 수 없으나 객관적 지표상[152]으로 1967년부터 북한의 간첩침투와 무력도발이 증가한 것은 사실이다. 다만 박정희 정권이 정치적 고려하에 발표 시기를 조정하거나 인위적으로 과장하고, 또한 조작하였을 가능성도 배제할 수 없다.

그렇다면 이 시기를 전후하여 북한은 남한의 사태에 실제로 어떠한 동향을 보였을까? 북한은 한일국교정상화와 국군의 베트남 파병 문제를 둘러싸고 야기된 정치적·사회적 갈등을 틈타 민심교란을 목적으로 1967년부터 많은 무장간첩을 남파하기 시작했다.[153] 표3에서 보듯 북한은 남한에서 선거전이 본격화하는 데 편승하여 선거 분위기 파괴와 사회혼란 조성을 목적으로 휴전선 침범과 빈번한 기습공격을 감행하였고,[154] 고도로 훈련된 소부대 단위의 공작원 침투도 활발해졌다.[155] 당시 『로동신문』을 통해서도 대통령선거에 대해 "기만적 협잡《선거》놀음을 파탄시키라"고 선동했다.[156] 또한 3·24 한일회담 반대시위 3주년을 맞아서는 "남조선 청년학생들은 원쑤들의 야수적 폭압을 박차고 학원의 자유와 민주화를 위하여 투쟁의 기치를 더욱 높이 들라!"고 주장했다.[157] 또한 "남조선 청년들을 미제의 남부웰남 침략전쟁의 대포밥으로 내몰고 있는 미제와 박정희도당을 쓸어버리자!"며 베트남전 참전에

신경질적인 반응을 보이며 규탄했다.[158]

이에 정일권 총리는 북한의 이와 같은 도발적 태도는 선거를 앞두고 계획적인 교란작전을 획책하는 것이라며 안보의식 제고를 주문했다.[159] 또한 김형욱 중앙정보부장은 3월 11일, 5·3대통령선거와 6·8국회의원 선거를 앞두고 북한의 대남공작에 대처하기 위한 전국정보수사기관장 회의를 주재했다. 그는 이 자리에서 "국민 여러분은 북괴 오열의 감언이설에 조금도 현혹됨이 없이 보다 적극적인 대공전열에의 참여와 협조"가 있어야 한다고 당부했다.[160] 이 당시 일간신문에는 연일 북한의 무력도발, 어선나포사건, 간첩사건, 이수근 전 북한 중앙통신사 부사장의 월남사건[161] 등이 지면을 장식했다. 대통령선거를 불과 며칠 앞둔 4월 30일에도 북한군의 침범으로 인한 휴전선 교전과 한강으로 잠입하던 무장간첩 사살을 보도했다.[162]

그런데 이를 선거를 앞두고 정권 차원에서 조작·각색하여 발표한 것이라고만 볼 수는 없다. 당시 북한은 남한의 대통령선거 파탄과 학원시위를 선동하고 있었다. 특히 이 시기는 베트남전이 격화되고 있었고 북한이 보다 공세적인 대남도발을 전개하던 때였다.[163] 이러한 점을 고려할 때 대부분은 북한이 직접 연계되거나 가담한 행위적 북한요인으로 판단해볼 수 있다. 다만, 위에서도 지적했듯이 정권이 선거를 앞두고 발표 시기를 조정하거나 일상적인 상황적 또는 행위적 북한요인을 확대 과장한 측면도 있었을 것이다.

이와 같은 상황적 또는 행위적 북한요인의 발생이나 정권에 의한 북한요인의 동원은 국회의원 선거를 앞두고도 계속되었다. 북한은 6·8국회의원선거를 전례 없는 타락 선거라고 연일 비난하고 나섰다.[164] 그리고 치안국은 선거를 1주일가량 앞두고 북한에 의한 어선나포 등을 막기 위해 전 해양경찰대와 항공대에 비상경비령을 내림으로써 안보 경각심을 고조시켰다.[165] 또한 6월 1일, 서울지검 공안부와 중앙정보부는 신민당 전국구 후보로 입후보했던 재일교포 김재화를 국가보안법과 반공법 위반 혐의로 입건하여 구속 검토 중이라고 발표했다. 즉, 김재화가 재일교포를 통해 일화 4,000여만 원을 모아 그 가운데 한화 3,000만 원을 신민당의 유진산을 통해 헌금했는데, 그 돈이 조총련 자금이라는 혐의였다.[166] 이 때문에 유진산 등도 조사를 받았으며, 6월 2일 선거를 1주일도 남기지 않은 상황에서 신민당 중앙당 경리장부가 압수되고, 거래은행에도 인출중지 조치(6월 5일 해제)가 내려졌다. 그리하여 가뜩이나 어려운 야당의 자금사정이 더욱 악화되었다.

6월 3일, 김형욱 중앙정보부장은 김재화가 북한의 동조집단인 조총련계에 포섭되어 신민당 전국구에 등록했다고 발표함으로써 사건의 수위를 차츰 높여갔다. 이에 대해 신민당은 김재화사건과 관련한 신민당사 수색과 자금동결 및 간부소환 등은 야당탄압이라고 반발했다.[167] 그러나 6월 5일 중앙정보부는 김재화사건을 북한과 보다 직접적으로 연관시켰다. 곧 김재화의 자금이 남한 국회에 침투하기 위해 북한이 조총련에 준 공작금이라고 발표한 것이다.[168]

당시 한 신문 사설은 이 사건에 대해 "우리로서는… 김재화 씨의 자금사건 그 자체를 (판단할) 자료가 충분한 것이 못 되기 때문에 신민당 쪽에서 이야기하듯 김씨의 이제까지의 반공활동 경력 등으로 보아 그런 일이 과연 있었을까 싶기는 하나 그 이상의 추측은 삼가려 한다"고 조심스럽게나마 의아심을 나타냈다.[169] 물론 당시 북한이 공화당뿐만 아니라 야당에 대해서도 공작대상을 물색하고 있었던 정황에 비추어[170] 북한의 공작금이 조총련을 통해 김재화에게 흘러들어갔을 개연성을 전적으로

부인할 수는 없다. 그러나 중앙정보부가 김재화의 구체적인 간첩활동을 적시하지 못한 상태에서, 이를 북한과 연계시켜 구속함으로써 야당의 반발을 불러일으키고 여론의 의혹을 불식시키지 못했다.

남한에서 6·8부정선거 규탄운동이 대대적으로 일어나자 북한의 국내정치 개입도 한층 격렬하게 전개되었다. 북한은 『로동신문』 6월 10일자를 통해 6·8부정선거를 규탄하는 6월 9일의 연대생 등의 시위 관련 기사를 소개하는 것을 필두로 7월 초순까지 거의 매일 시위 관련 기사와 남한에 보내는 성명 및 호소문, 그리고 선동문구로 신문 지면을 메우다시피 했다. 처음에는 연대생 등의 시위 기사를 보도하며 남한에서의 사태를 예의 주시하던 북한은 12일과 13일에 학생들과 야당에 의한 시위가 격화되자 더욱 발 빠른 반응을 보였다. 공세 수위를 한층 더 높여 남한의 정치 이슈에 적극 개입했다. 다음의 '모두 다 투쟁의 대렬에 떨쳐나서라'는 제하의 『로동신문』 사설은 남한 사태에 대한 북한의 인식과 반응을 보여주는 하나의 증좌라고 할 수 있다.

> 남조선 인민들은 박정희도당을 반대하여 분연히 일떠섰다. …우리는 박정희도당의 협잡선거와 테로폭압, 그의 장기집권책동을 반대하여 대중적 투쟁에 궐기한 남조선 청년학생들과 인민들에게 열렬한 혈육의 성원을 보내며 싸우는 남녘땅 형제들에게 굳은 련대성을 표시한다.
> …박정희도당은 저들의 《당선》을 조작해내기 위하여 수많은 유령유권자를 《선거장》에 《동원》하였으며… 무더기투표, 대리투표를 감행하였으며… 남조선 출판물들이 이번 선거를 4·19항쟁의 도화선으로 되였던 리승만의 《3·15선거이상의 부정선거》라고 한 것이 결코 우연하지 않다. …박정희도당이 괴뢰정권에 들어앉은 후 지금까지 해왔다는 것은 미제의 충실한 주구

표3 1967년 대선 전후의 국내정세와 북한요인

월	국내정세	상황적 북한요인
3	7 정부, 1967년 행정백서에서 국군 장비 현대화를 계속 강화한다고 밝힘 9 대중당 창당(대표 서민호) 11 김형욱 정보부장, 양대 선거 대비 대공태세 당부 14 정일권 국무총리, 존슨 미 대통령과 백악관에서 회담 마치고 공동성명 발표(한국군 현대화와 베트남전의 공동수행) 30 서울에서 한·월 경제각료회의 개최(~31), 노동력 대월 수출 등 논의	22 판문점에서 북한 중앙통신 부사장 이수근 귀순
4	28 서민호 대중당 대통령후보 사퇴	
5	3 제6대 대통령선거 실시(투표율 87%) 5 공화당 박정희 후보 당선(568만 8,666표, 윤보선 후보 452만 6,541표) 8 서민호 대중당 당수, 반공법 위반 혐의로 구속 11 국방부, 유엔사령부에서 북한 휴전선 남침 시 발포할 수 있는 작전권 일부를 인수하였다고 발표	

행위적 북한요인	국제정세
15 '남조선 해방 민주·민족 연맹 방송(평남 순안)' 개시 •『로동신문』, 남한 대통령선거 파탄선동 24 학원시위 선동	22 호지명, 존슨 미 대통령에게 직접회담 및 북폭 중지를 요구
5 북한군 서부 군사분계선 침투·교전(적 3명 사살) 10 휴전선에서 총격전, 무장괴한 6명 사살 12 북한군 60~90명 휴전선 침범(사살 3명, 아군 전사 1명, 아군 휴전 후 최초로 포병사격, 보병 제7사단 제56·57·637 포병대대가 HE탄 585발, 조명탄 87발 사격) 14 외무성, 군사분계선상에서 또다시 감행한 미제의 도발 행위 규탄 성명 발표 16 북한 간첩선 순위도 남방해안 침투(간첩 9명 사살, 6명 생포) 17 북한 간첩선 1척(50톤급)을 격침, 5명 생포 28 북한군 7명이 서부지대 미군초소에 사격 후 도주, 김포지역에서 간첩 3명 사살	
1 『로동신문』, 6·8국회의원선거전이 전례 없는 타락선거라고 비난(6월 1일, 6월 2일 자) 22 북한군 서부 비무장지대 침투, 미군 막사 폭파(미군 2명 사망, 19명 중상) 27 북한 경비정, 연평도 근해에서 한국 어선단에 포격, 해군 25분간 엄호사격 교전 • 북한 경비정, 연평도 근해에서 어선에 총격, 어부 4명 피랍	

출처: 국사편찬위원회 편, 『대한민국사연표』 상·하(과천: 국사편찬위원회, 1984); 『북한연표』(서울: 국토통일원, 1980); 『제3공화국 연표』(서울: 인간사, 1984); 청사 편집부 편, 『칠십년대 한국일지』(서울: 청사, 1984); 한겨레사회연구소 정치분과 편, 『남북한 45년사』(서울: 월간 다리, 1989); 『국방사연표: 1945-1990』(서울: 국방군사연구소, 1994) 등을 바탕으로 재작성.

로서 남조선을 군사파쑈폭압의 올가미로 얽어매놓고 인민들을 가혹하게 억압착취하며《한일협정》을 조작하여 일본군국주의자들을 남조선에 끌어들이고 남조선 청장년들을 남부웰남 침략전쟁터에 끌어내여 미제 침략군의 총알받이로 삼으며 괴뢰군을 증강하고 살인무기를 끌어들이며 공화국 북반부를 반대하는 적대행동을 강화하면서 조선에서 새 전쟁을 도발하기 위한 범죄적 음모를 꾸미는 것과 같은 매국반역행위뿐이다.

…이번《선거》를 계기로 또다시 폭발된 남조선 인민들의 대중적 투쟁은 이처럼 남조선에서 줄기차게 전개되여온 투쟁의 연장이며 새로운 강력한 항거이다. …남조선에서 급격히 확대되는 청년학생들과 인민들의 대중적 시위투쟁에 겁을 집어먹은 박정희도당은 부랴부랴《갑호비상경비령》을 선포하고 무장경찰을 증원하여 최루탄을 쏘아가게 하면서 탄압에 내모는 한편 휴교령을 내려 학교문까지 걸어매고 투쟁의 불길을 꺼버리려 하고 있다. 이것은 그들이 얼마나 불안에 떨고 있는가를 보여주는 것이다. …남조선 청년학생들과 인민들은 자기들의 정당한 위업의 달성을 위하여 구국투쟁의 기치를 더욱 높이 추켜들라. 모두 다 투쟁의 대렬에 떨쳐나서라![171]

표4에서 보듯 이 시기 한국의 국내정치는 한마디로 평양과 맞물려 전개되었으며, 북한은 6·8부정선거 규탄운동의 구체적인 행위자로 가담했다. 따라서 박정희 정권은 야당 및 반대세력 외에 북한의 도전에 대응해야 했고, 반대세력 또한 북한의 '지원'과 대면해야 하는 복잡미묘한 국면이 조성되었다. 북한은 학생들과 야당의 부정선거 규탄시위와 정권반대운동을 정권타도의 호기로 삼으려는 듯 더욱 가열차게 공세를 취했다. 『로동신문』 1면 전면을 비롯하여 거의 4~5면이 연일 남한 사태 관련 기사와 선동문구로 채워졌다.

예컨대 "원쑤들의 아성을 짓부시라!", "국민의 심판을 받으라!", "남녘땅 형제들을 지원하자", "역적을 쓸어버리라",[172] "파쑈폭압을 짓부시고 최후 승리를 위하여 견결히 싸우라"[173]라는 등으로 선동했다. 또한 "항쟁의 불길을 더욱 높이라", "투쟁대렬을 확대하고 더욱 완강히 싸우라(사설)", "원쑤들에게 숨 돌릴 틈을 주지 말고 끝까지 싸우라!", "남녘땅 형제들의 의로운 투쟁을 동포애적 심정으로 열렬히 지지한다"[174]라고도 했다. 17일에는 평양에서 학생군중대회를 열고 "남조선 학생들과 인민들은 항쟁의 불길을 더욱 높여 미제와 그 주구들의 파쑈통치를 끝장내라"는 결의문을 채택했다.[175] 이와 같은 북한의 국내정치 개입과 선전선동 캠페인은 그 이후에도 한동안 계속되었다.

동시에 북한은 이 시기 선거의 과열기와 그 뒤에 닥친 걷잡을 수 없는 정국불안을 틈타 어느 때보다도 빈번히 무장간첩을 대거 남파했다. 당국은 6월 들어 전국 7개 지역에 조 또는 부대 단위의 무장간첩이 나타나 경찰과 교전을 벌였다고 발표했다. 치안당국은 휴전 이래 최고조로 노골화하고 활발해지는 북한의 무력도발에 대처하기 위하여 6월 21일 치안국 안에 작전사령부를 설치하기로 했다. 대간첩작전을 효율적으로 수행하기 위한 조치였다. 동시에 각 시·도 경찰국과 전국 경찰서에 작전계를 두기로 했다.[176]

김형욱 중앙정보부장은 6월 24일 무장간첩사태에 대해 언급하면서, 1966년까지만 해도 40명 정도였던 남파간첩이 1967년 6월 20일 현재 이미 108명에 이르고 있다고 주장했다(그림 6 참조). 이는 북한이 남한의 양대 선거를 전후한 정국혼란과 민심동요의 기회를 포착하여 이른바 '결정적 시기'에 대비하려는 것이며, 정부와 국회의 무력화로 국가시책 추진을 방해하고자 하는 책동이라고 규정했다. 때문에 북한의 간접침략

표4 6·8부정선거 반대운동(1967) 전후의 국내정치와 북한요인

월	국가	정치사회	시민사회
6	1 중앙정보부, 신민당 전국구 후보 김재화(재일교포) 국가보안법·반공법 위반 혐의로 구속 발표 5 중앙정보부, 김재화 자금이 북한이 조총련에게 준 공작금이라고 발표 12 서울시경, 갑호비상경계령 발동 • 육군, 6월 4~11일 휴전선 일대 간첩 16명 사살 발표 14 육군방첩부대, 북한특수부대원 28명 남파와 일부 사살 발표 15 전국 28개 대학·57개 고교에 휴학령 16 박 대통령, 난국 수습 담화를 통해 선거 부정 처리는 법의 심판 기대하자고 호소 21 치안국 산하 작전사령부 설치(대간첩작전 효율적 수행 목적) 24 김형욱 정보부장, 6월 20일 현재 남파간첩 108명이라고 발표 27 정일권 내각 일괄 사표 28 박 대통령, 6·8선거 책임 내무부장관 등 일부 개각 경질 30 박 대통령, 험프리 미 부통령과 주월 한국군 장비현대화 및 제2차 경제개발 5개년계획 지원 등을 협의 • 박 대통령, 일본 총리와 회담, 제2차 경제개발 5개년계획 지원 등을 약속	3 신민당, 김재화사건과의 연계는 야당 탄압이라고 반박 12 여·야, 선거부정처리 싸고 대립 • 신민당, 원흥급 구속과 전면 재선 요구(공화당 거부) 17 유진오 신민당수, 6·8총선을 선거의 쿠데타로 규정하고 전면 재선 촉구	9 연대생 200여 명 총선규탄 성토대회 개최 12 서울법대·경북대생 부정선거 규탄시위 13 6·8부정선거 규탄 학원시위 전면화 30 서울대 학생회장단과 투위, 6·8총선 무효화 투쟁 선언문 발표 • 고대생 1,500여 명 국회 앞까지 진출(100여 명 연행)

상황적 북한요인	행위적 북한요인	국제정세
28 김일성 참석하에 노동당 중앙위 전원회의 진행(~7. 3)	1 『로동신문』, 6·8국회의원 선거전이 전례 없는 타락선거라고 비난 (6. 1, 6. 2일 자) 3 간첩선 삼척군 임원리 침투 좌초(간첩 20여 명 사살, 1명 생포) 10 『로동신문』 시위 관련 기사, 성명 및 호소문, 선전선동 캠페인 13 삼척 앞바다에서 무장간첩선을 나포(2명 사살, 1명 생포) 17 경북에서 무장간첩과 교전(경찰 4명, 민간인 1명 사망, 적 1명 사살) 19 조국평화통일위 외 11개 단체 '남북한 평화협정 체결 주장' 관련 공동 성명 23 임실에서 무장간첩과 교전(형사 1명 순직, 중앙정보부원 등 5명 부상, 간첩 3명 사살) 28 무장간첩 40명 강릉 및 영월에 침투·교전(간첩 11명 사살, 1명 생포) 29 서부 군사분계선 월선 침투·교전(북한군 3명 사살) • '미군철수를 위한 공동투쟁 월간'에 즈음하여 북한 각지에서 군중대회	

월	국가	정치사회	시민사회
7	8 중앙정보부, 동베를린 공작단사건 발표(국내 교수, 학생 등 315명 관련) 11 민비연이 포함된 제2차 수사결과 발표(12, 13, 14, 15, 17일 후속 수사결과 발표) 25 검찰, 민비연 반국가단체 규정, 지도교수 황성모 등 반공법 위반혐의 등으로 구속	10 제7대 국회, 공화당의원만으로 단독 개원 21 신민당 국회의원 당선자, 전면 재선 거듭확인 등록거부 26 이효상 국회의장, 부정조사위 구성·공동사과 등 7개항의 1차 시국 수습안 제시(신민당 즉각 거부, 대통령 단안 촉구)	4 6·8부정선거 규탄 대학가 시위 재연(조기방학 실시)
8	1 박 대통령, 6·8선거 부정은 법에 의해서 처리해야 한다고 성명 26 원주에서 전투경찰대 발대식 거행	5 신민당, 이효상 의장의 제의(7. 26)를 거부, 선거무효 일괄 제소 취하 결정(낙선 의원 반발) 8 제61회 임시국회(7.10~), 야당 의원의 등원 거부로 세 차례 휴회하며 공전 끝에 폐회 14 신민당, 6·8부정사건 백서 발표 • 신민당, 해병대 1개 대대 베트남 증파에 대해 국회 동의 무시했다고 비난	
9	14 1967년도 제1차 국가안전보장회의 개최(경의선 철도 폭파사건에 대한 대책) 15 비무장지대 방책공사 시작 23 정부, 민방위법 초안을 완성(총원 50만 명 목표)	25 공화당, 양찬우·최석림·박병선·이호범 등 4명을 해당(害黨) 혐의로 제명 처분(신민당, 국회 여 단독 운영의 저의라고 비난)	25 납북 어부 83명, 4개월 만에 귀환

상황적 북한요인	행위적 북한요인	국제정세
13 일본 당국의 재일 조선인 귀국사업 파괴 책동과 관련 '조국통일민주주의전선 중앙위' 확대회의 진행	2 조선민주법률가협회 등 사회단체들 '남조선에서의 미제 침략군의 만행에 대하여' 제하의 호소문 발표 19 정읍에서 무장간첩 5명 사살, 아군 1명 전사	15 베트콩, 다낭 미 공군기지를 습격, 100여 명 사상 30 언커크, 한국 통일문제에 관해 특별성명을 발표, 평화적 통한을 다짐하고 남북 지도자의 협조 호소
11 조·월맹 간 무상군사 및 경제원조 협정 조인	7 북한군, 판문점 남방 대성동 자유의 마을 앞에서 미군 트럭 습격(아군 전사 3명, 부상 17명) 10 북한군, 서부 군사분계선 월선 아군 트럭 1대 습격(아군 3명 사망) 20 서부전선 남방한계선 넘어 침범한 북한 무장간첩(3명) 사살(아군 중대장 등 6명 전사) 21 제22차 유엔총회에서 조선문제를 불법적으로 상정하려는 미국의 범죄적 책동을 규탄하는 성명 발표 28 북한군, 미군 막사(판문점 동남 30m)를 기습(미군 3명 사망, 25명 부상)	3 존슨 미 대통령, 10% 증세와 베트남에 미군 4만 5천 명 증파의 특별교서 제출
	5 북한 간첩, 경원선 열차 폭파(초성리역 부근, 열차 4량 전복, 10명 부상) 13 북한 간첩, 경의선 열차 폭파(운정역 부근, 화차 2량 전복) 19 외무성, 조선에서 새 전쟁 도발 책동을 감행하고 있는 미제 규탄 성명 24 조선중앙통신, 납북 어부 송환 관련 보도	3 베트남 총선, 대통령에 구엔 반 티우 당선(10. 31 취임) 5 한·미 군사회담 개최, 군원문제 등 논의 23 UN 총회, 한국문제를 단일 의제로 상정하기로 결정 28 한국, 세계반공연맹(WACL) 총회에서 이사회 집행위원회단으로 피선

월	국가	정치사회	시민사회
10		25 유진오 신민당수, 부정시정과 선거부정 막는 보장 없이 국회 등원 않겠다고 성명	
11	13 최 외무, 러스크 장관과 회담(워싱턴), 국군 현대화 촉진 등을 협의 28 박 대통령, 민방위법을 대간첩작전에만 국한하도록 전면 수정 지시	6 여야전권대표자회담, 6·8총선 후 5개월 만에 개막 20 여야협상전권대표 합의 의정서에 서명(특조위에 강제 수사권, 정치사찰 금지 입법화 등) 27 신민당 의원 일괄 등록 29 신민당 의원 6·8선거 후 174일 만에 국회 등원	
12	13 서울 형사지법합의부 동백림사건 선고. 조영수·정규명 사형, 윤이상·정하룡·강빈국 등에 무기 15 대간첩 봉쇄지침 발표(대통령령 제15호) 26 내무부, 납북 후 귀환한 어부에 수산업법, 반공법 적용하고 입건하도록 지시	5 신민당, 이효상 의장에 대한 불신임안 제출(12일 부결) 19 공화당, 국회예산결산위서 예산안 부문별 심의를 날치기 종결(신민당, 불법처사 항의하고 무기한 농성투쟁 돌입) 22 신민당, 공화당의 최후통첩 거부로 부정특조법 제정 둘러싼 여야 협상 완전 결렬 28 여당 단독으로 예산안 통과 29 7대 첫 정기국회, 특조위법 유산 등으로 정쟁 불씨 남긴 채 폐회	26 납북 어부 64명 귀환

상황적 북한요인	행위적 북한요인	국제정세
	6 북한군 임진강 하구 아군 순찰정에 총격(아군 1명 실종)	
	3 북한, 동해상에서 조업 중인 남한 어선 12척과 어부 81명 납북 17 외무성, 유엔에서의 조선 문제에 관한 결정은 모두 무효라고 성명 발표	3 UN 총회에서 통한결의안 가결(찬 68, 반 23, 기권 26), 한국 문제 토의 종결 28 UN 총회 중공 가입안 부결(찬 48, 반 58, 기권 17)
12 북한·월맹 간 보건 협조에 관한 협정 집행 위한 1967~68년도 협조 계획 조인 14 김일성, 10대 정강 '국가 활동의 모든 분야에서 자주, 자립, 자위의 혁명정신을 더욱 철저히 구현하자' 발표 17 『로동신문』, '대외관계에서 완전한 평등과 주권을 행사'라는 사설에서 독자 노선 강조	5 북한, 동해 어로금지선 근처에서 남측 어선단에 사격(어부 6명 사망, 8명 중상) 24 조선중앙통신사, 북한 해역에 들어갔던 남한 어민 귀환조치와 관련하여 보도 발표 25 동해상에서 조업 중이던 아장성호 등 4척과 어부 34명 북한군에 납북	8 미 상·하 양원 합동협의회의, 구축함 2척 대한 대여를 승인 10 중공, 베트콩을 정식 외교 대표로 승인 18 동독정부, 동백림공작단 사건 협의하기 위해 페링 주한대사를 긴급 소환 20 미국, 북폭(北爆) 제한을 완화, 하노이 반경 32km의 원형지역 비행을 허용 26 미군, 북폭을 다시 강화, 월맹군 트럭 100대 파괴 27 캄보디아 시아누크 국가주석, 미국이 영토 침공을 계속하면 북한에 의용군을 요청하겠다고 경고

출처: 국사편찬위원회 편, 『대한민국사연표』 상·하(과천: 국사편찬위원회, 1984); 『북한연표』(서울: 국토통일원, 1980); 『제3공화국 연표』(서울: 인간사, 1984); 청사 편집부 편, 『칠십년대 한국일지』(서울: 청사, 1984); 한겨레사회연구소 정치분과 편, 『남북한 45년사』(서울: 월간 다리, 1989); 『국방사연표: 1945-1990』(서울: 국방군사연구소, 1994) 등을 바탕으로 재작성.

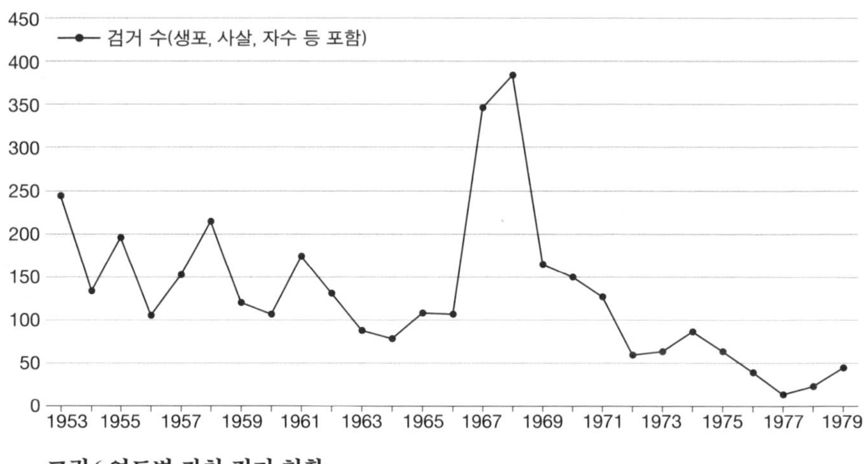

그림6 연도별 간첩 검거 현황

출처: 『북괴의 대남도발사』(서울: 내외통신, 1980), p.135.

분쇄에 전 국민적 협조가 요청된다고 언급했다.[177] 김형욱의 이 같은 언급은 국회등원을 거부하는 야당은 곧 북한의 책략에 결과적으로 동조하는 행동임을 함축하고 있었다.

한편 양대 선거를 전후하여 북한과 연계된 지하조직은 어떠한 동향을 보이고 있었는가도 주목할 필요가 있다. 당시 통혁당이 조직을 확대하던 시기였던 만큼 양대 선거를 맞아 당 소조나 연관 서클을 통하여 참여 및 영향력 행사를 시도한 것으로 볼 수 있다.[178] 북한은 6·8부정선거 규탄운동이 남한혁명의 전위조직인 통혁당 조직들의 적극적인 참가와 '지도' 아래 진행되었다고 1968년 11월 남한의 신문보도를 인용하며 주장한 바 있다.[179] 통혁당 관련 문헌도 5·3 및 6·8 양대 선거반대와 부정선거규탄투쟁을 '조직', '지도'하였으며, 7·1 대통령취임식 반대와 취임식 참여 차 방한하는 험프리(Hubert H. Humphrey) 미 부통령과 사토 에이사쿠(佐藤榮作) 일본 총리의 내한을 반대하는 투쟁을 지도하였다고 주장

했다.[180]

통혁당에 관여했던 김질락은 1967년 양대 선거에서 북한은 야당을 전적으로 지원하라는 명령을 내렸다고 술회했다.[181] 선거를 앞두고 중앙당의 전문을 전하는 연락책은 "중앙당에서는 전문을 통해 야당을 전적으로 지원하라는 명령입니다. 당의 명령이니 여러분은 아무쪼록 전 당원들에게 지시하여 베트남 파병 반대와 외국차관과 매판자본에 대한 폭로, 공화당의 파쇼 독재에 대하여 당원 각자가 모두 선전, 선동의 무기를 들고 용감히 싸우도록 하"라고 했다는 것이다.[182] 선거에 임박하여 이 중앙당 연락책과 김종태와 더불어 통혁당의 핵심인 이문규가 벌이는 토의는 주목할 만하다.

A(연락책): 저는 이번 선거에 있어서 야당을 적극적으로 지원해야 한다고 생각합니다. 어떻게 하든 박을 낙선시켜야 합니다. 윤보선이가 예뻐서가 아닙니다. …그가 당선되면 그만큼 우리의 혁명은 지연됩니다. 우리는 민주당 때처럼 윤보선을 당선시켜 연약한 정권이 들어서도록 해야 합니다. 야당이 이겨야 우리가 숨 쉴 구멍이 생겨납니다.

B(이문규): 야당놈들은 더 악질인데 뭘 그러십니까?

A: 아닙니다. …야당이란 이겨봤자 또 갈라집니다. 하기야 모두 나쁜 놈들이지만 그들이 이겨야 이것들이 빨리 망합니다. 밤낮 집안 싸움만 하고 먹는 데 정신없을 때 우리가 덮치는 겁니다. 윤보선 같은 건 하루아침에 해장감도 못 됩니다. 박은 좀 다릅니다. 동지들이 나보다 더 잘 알고 있지 않습니까? 무서운 자입니다.

B: 윤보선이가 뭐 했다고 대통령에 나서는 겁니까. 인질이 되더라도 미국돈 얻어오겠다는 친군데… 괜히 그러다간 우리마저 표를 못 얻습니다. 박정

희야 우리가 아무리 미워해도 국민들이 우리 말을 믿어주지 않습니다.

A: 신민당이 내놓은 팜플렛이 하나 있는데 공화당 욕을 잘 해놓았어요. '빈익빈 부익부', 참 좋은 말 아닙니까. 계급의식을 고취하는 데는 이 이상 더 잘 표현할 수가 없습니다. 우리는 손 안 대고 코 푸는 겁니다. 야당이라고 모두 옛날 같은 줄 알지만 요즘 신민당에는 좋은 사람들이 많습니다. 우리 말을 대변해주는 친구들이 많아요. 김수한이라든가 김대중 같은 자들 말이요. 그들의 험구를 통해서 이번 기회에 실컷 욕을 해줘야 합니다.

B: 박 정권이 너무 일을 많이 한 데다가 구정권이 너무 한 게 없어요. 베트남 파병 문제는 잘못 건드렸다간 그 가족들에게 몰매 맞기 좋을 만하고… 이런 점에 대해서 어떻게 선전, 선동을 전개해나갈 것인가를 잘 생각해보아야 할 것입니다.

A: 저두 학사주점이나 주위 사람들로부터 선거 얘기를 들은 바 있습니다만, 방금 이 동지가 말씀하신 바와 같이 도시인들이 의외로 여당에 대해서 호감을 갖고 있다는 것은 참 놀라운 일입니다. 학생들도 두 패로 갈라져서 덮어놓고 야당 말만 들을 것도 아니요, 여당만을 욕할 수 없다는 거예요. 이런 현상에 대해 우리는 어떤 새로운 대책을 세워야 할 줄 압니다.[183]

위의 진술은 모두 사실에 부합한다고 볼 수는 없지만 당시 양대 선거를 전후한 지하조직의 정세판단과 활동을 짐작하는 데는 요긴한 대목이다. 그러나 조희연이 지적했듯이,[184] 대중적 활성화의 수준이 제한적이던 1960년대 상황에서 대중투쟁에 대한 통혁당의 지도력이 높은 수준이었다고 보기는 어렵다. 따라서 양대 선거 및 6·8부정선거 규탄운동, 그리고 미·일 지도자 방한저지 투쟁을 조직, 지도 혹은 배후 조종하였다고 보는 것은 과도한 해석이라고 할 수 있다. 다만, 직간접적인 연관 속에서 그러한 투쟁의 촉발과 전개에 '일정한 그러면서 제한된 영향력'을 발휘했다고 보는 것이 사실에 가깝다.

앞에서도 언급한 바 있듯이 북한은 한일국교정상화가 이루어지고 베트남전이 확전되면서 한국군의 베트남 파병이 이루어지는 1960년대 중반부터 대남 무력도발 수위를 높였다.[185] 실제로 1965년 8월, 주한 미 대사관은 북한의 침투가 점점 빈번해지고 있고 한일협정을 둘러싼 소요로 인해 남한의 정국이 불안정하다고 보았다. 그리고 1965년 가을 미국이 남한의 대내안보 계획을 수립하기 위하여 조사하면서도 남한을 전복하려는 북한의 폭력행위가 증가하고 있고, 북한의 선전도 점차 호전성을 띠고 있다고 보고한 바 있다.[186] 김일성은 1966년 제2차 당대표자회의에서 남한정세에 대하여 "오늘 남조선 인민들의 혁명투쟁은 점차 강화되고 있으며 투쟁과정에서 인민들은 더욱 각성되며 단련되고 있습니다. …현 정세는 남조선에서 혁명역량을 급속히 장성시키며 민족해방민주주의혁명을 백방으로 촉진할 것을 요구하고 있"[187]다고 주장했다.

1년 후인 1967년 최고인민회의 제4기 제1차 회의(12월 16일)에서 김일성이 발표한 남한정세 분석에서는 "금년 한 해 동안에만 하여도 남조선 전역에서 련이어 일어나는 남조선 혁명가들의 무장소조활동과 대중적 혁명투쟁을 말살하기 위하여 동원된 미 제국주의 군대와 남조선 괴뢰군과 경찰은… 공화국 북반부의 전체 인민들에게는 남조선 인민들의 앙양되고 있는 투쟁기세에 발맞추어 그들의 투쟁을 적극 지원하여 남조선 혁명을 완수하여야 할 중대한 책임이 있"[188]다고 강조했다. 이전에 비해 공세의 수위가 한층 높아졌는데, 이는 남한의 혁명적 투쟁이 고조되어 혁명 여건이 성숙되어가고 있다고 보았기 때문이다. 이와 같은 남한정세에 대한 인식변화는 1967년 여름 제124군 특수 게릴라 부대 창설로도 입증된다.

당시 북한은 평양방송과 조선중앙통신, 『로동신문』, 『민주조선』 등을 동원하여 남한에서의 혁명투쟁상을 알렸다. "남조선 곳곳에 혁명적 소조가 진출하여 노동자, 농어민, 학생, 언론인을 포함한 광범한 인민혁명적 진출로 미제와 그 앞잡이를 공포에 떨게 함으로써 일대 혼란에 빠뜨렸다"고 혁명전야와 흡사한 어조로 보도했다.[189] 1966년 10월 제2차 당대표자회의에서 '경제·국방 병진노선'을 강조한 김일성은 1967년 초에 열린 대남공작사업 총회에서는 '어째서 대남 공작은 늘 실패만 거듭하는가. 혁명은 앉아서나 숨어서는 되지 않는다. 좀더 강력하게 대남공작을 해야 한다'고 강조했다.[190] 아울러 북한은 휴전선 일대에 걸쳐 일련의 빈번한 무력도발과 무장간첩 침투를 감행했다. 그리고 이를 소련과 중국의 입김이 아니라 독자적 판단하에 수행하고 있었다. 물론 이를 북한이 남침의사를 가진 것으로 확대 해석할 수는 없다. 당시 미 정보당국도 북한의 움직임을 남한의 베트남 파병을 겨냥하여 박정희 정권에 압력을 가하고 한국군을 묶어두는 한편, 남한 내 지하조직을 강화하고 파괴행위를 책동하는 것으로 판단하고 있었다.[191]

북한의 이와 같은 움직임은 1967년 대통령선거와 국회의원선거를 계기로 남한사회의 질서를 교란하고, 6·8부정선거 시비로 남한정국이 큰 혼란에 빠지자 이를 격화시키고자 한 것으로 볼 수 있다. 미국은 북한이 한국과 미국의 지도자를 암살할 가능성도 있다고 판단했다. 그리하여 1967년 7월 1일 박 대통령 취임식에 참석 예정인 험프리 부통령에 대한 북한공작원의 위해 가능성을 검토하기도 했다. 또한 박 대통령에 대한 암살 계획과 암살 임무를 띤 무장간첩 남파 정보를 입수하고 있었으며, 취임식 때 이와 같은 암살 시도가 있을 가능성도 배제할 수 없다고 판단

했다.[192]

위에서 살펴본 바와 같이 대일 굴욕외교를 반대하는 학생시위가 6·3비상계엄사태를 겪고도 그 기세가 좀체 수그러들지 않는 가운데 터져나온 6·8부정선거는 그야말로 화약고에 불을 지른 격이었다. 학생시위는 박정희 정권에 위협적인 존재로 등장했고, 권력 내부에서조차 4·19의 재판이 벌어질지 모른다는 우려의 목소리가 높았다. 장기집권으로 가는 삼선개헌을 추진하고 있던 박 정권으로서는 6·8부정선거 규탄 시위가 6·3항쟁에 이어 일대의 정치적 위기가 아닐 수 없었다. 그리고 북한은 이러한 남한의 사태 전개에 직간접적으로 활발하게 개입함으로써 사태를 악화시키고 위기를 가중시키고 있었다. 바로 이러한 상황에서 동백림사건이 발생했다.

'동백림사건'과 저항세력 억압

3·15부정선거에 버금가는 6·8부정선거로 일대 위기에 직면한 박정희 정권은 점점 가열되는 시위 열기를 잠재울 만한 마땅한 돌파구를 찾지 못해 전전긍긍하고 있었다. 바로 그 시기에 동백림사건[193]이 발표됨으로써 국면전환의 전기를 맞았다. 결국 이 간첩단 사건은 부정선거 규탄으로 들끓던 사회분위기와 반대세력의 저항을 급속도로 냉각시켰다.[194] 박정희 정권은 6·3항쟁으로 분출된 저항의 열기를 인혁당사건으로 잠재우려고 시도한 데 이어 '시위=북한의 사주'라는 연계등식을 '입증'하는 동백림사건과 이에 관련된 민비연사건을 터뜨렸다.

1967년 6·8부정선거의 여파로 7월 1일의 대통령 취임식을 앞두고도 산발적인 시위가 그치지 않았고, 일간 신문의 사회면은 부정선거 사례에 대한 폭로로 메워졌다. 학기 말 시험으로 일부 서울시내 대학이 문을 열자 10개 대학 학생들이 시험을 거부하고 학원정상화와 6·8부정선거를 규탄하는 시위를 벌여 경찰과 충돌했다. 시위가 재발하자 7개 대학은 방학에 들어갔고 서울시내 고등학교에는 무기한 휴교 조치가 내려졌다.

이러한 조치에 대해 6월 24일 서울대 문리대 학생회는 "…휴업령이니 조기방학이니 하는 임시방편책을 능사로 하는 자들의 어리석은 생각을 우리는 경멸한다. …우리의 적은 교활한 타협의 추파와 악랄한 탄압의 술책으로 우리의 힘을 약화시키고 있다. 눈 감고 아웅 하는 검찰수사를 믿을 수 있겠는가?"라고 비판했다. 동시에 6·8부정선거로 구성된 제7대 국회 불인정, 여당의 선거무효화 선언 촉구, 정권획득에만 부심하는 야당의 기회주의성 지양, 휴교령 철폐 등을 주장했다.[195] 6월 28일에도 서울시내 8개 대학신문 편집자 대표들이 "부정선거는 민족의 영혼을 말살"하는 "직접침략"이라고 성토하면서, "우리 조국의 생명인 민주주의를 테러한 범인을 색출하"기 위하여 "우리는 지성과 자유라는 이름의 무기를 들고 조국을 지키는 파수병이 되어야 하겠다"는 비장한 각오를 다졌다.[196]

이러한 와중에 7월 1일 제6대 대통령에 취임한 박정희는 6·8선거로 빚어진 정쟁 지양과 사리와 당리를 넘어 국가대의와 국리민복이 중요함을 강조했다. 또한 "정국의 안정은 경제발전의 대전제"라고 말하고, 경제건설 없이는 빈곤의 추방, 부정·부패의 온상이 되는 실업과 실직을 추방할 수 없으며, 공산주의에 대한 승리도 있을 수 없다고 말했다.[197] 그러나 바로 그날 신민당 유진오 대표위원은 '박정희 씨에게 보내는 공개장'에서 6·8부정선거를 '제2의 쿠데타'로 단정 지었다. 그리고 전면 재선거를 요구하면서 반성과 사과 대신 보복과 휴학조치를 하는 것은 적반하장이라고 비난했다. 만약 이에 대한 적절한 조치가 없을 경우 신민당과 국민의 항쟁은 전국적으로 계속 전개될 것이며, 금후에 있을 중대 사태의 발생 책임은 전적으로 박정희가 져야 한다고 경고했다.[198] 7월 4일에는 일부 지방대학도 방학에 들어갔으나 서울에서는 고려대와 연세대 등을 중심으로 이날은 물론 다음 날도 시위가 이어졌다.

이처럼 6·8부정선거의 여파로 학생들의 시위가 끊이지 않고 여야가 대치정국에 놓여 있는 가운데 7월 8일, 김형욱 중앙정보부장은 '동백림 간첩사건'이라는 엄청난 공안사건을 발표했다.[199] 즉, 동베를린을 거점으로 북한을 드나들면서 간첩활동을 한 학계, 문화계, 언론인, 공무원을 중심으로 한 대규모 간첩사건을 적발하여 수사 중이라는 1차 수사결과를 발표한 것이다. 이어 7월 11일 민비연이 포함된 제2차 수사결과를 발표함으로써 시위 분위기에 찬물을 끼얹었다. 민비연을 동백림사건에 묶으려 한 데서 당시 박 정권의 의도가 더욱 분명해진다. 민비연의 지도교수 황성모가 대남간첩이며, 민비연 관련 학생이 3·24시위와 6·3시위 등 학생시위를 배후 조종함으로써 결과적으로 한일회담 반대시위는 반국가단체인 북괴를 이롭게 하는 이적행위였다고 규정했다.[200] 이어 12일의 3차, 13일의 4차, 14일의 5차, 15일의 6차, 17일의 7차 등 후속 수사결과가 속속 발표되어 신문지면을 장식함으로써 반대세력을 위축시켰다.

검찰은 7월 25일 민비연을 반국가단체로 규정하고 황성모 등 7명을 반공법 위반 등의 혐의로 구속했다. 그러나 이들은 재판과정에서 한결같이 '민비연은 학술단체일 뿐'이라고 주장하며 검찰의 공소사실을 전면 부인했다. 그러나 11월 30일의 3차 공판에서 증인으로 나온 임석진(당시 명지대 교수)은 황성모의 북측과의 연계를 시사하는 중요한 증언을 했고,[201] 검찰은 12월 14일 결심 공판에서 황성모에게 무기징역을 구형했다. 다른 피고들에게도 7년에서 15년 징역의 중형이 구형되었다. 한편 동백림사건 관련 공판이 진행 중이던 9월에는 북한의 소행으로 보이는 두 차례에 걸친 철도폭파사건이 발생하여[202] 긴장감과 안보 우려를 고조시키기도 했다.[203] 이러한 행위적 북한요인은 정권의 연계등식에 힘을 실어주고 정권의 안보논리를 강화한 반면, 반대세력을 더욱 위축시키고 국민 일반의 위협인식을 자극하는 결과를 초래했다.

이처럼 6·8부정선거가 정국을 강타하며 저항운동의 열기가 가시지 않고 있던 바로 그때 동백림사건이 터짐으로써 저항운동의 확산은 결정적 타격을 입었다. 훗날 김형욱은 "세상에서는 내가 7대 국회의원선거에서 부정 시비가 많이 나오니까 이를 무마하고 국민에게 겁을 주기 위해 동백림사건을 터뜨렸다고들 하나 그것은 사실과 다르다. 동백림사건은 선거가 있기 훨씬 전부터 계획되어 추진되고 있었다"[204]고 해명했다. 그러나 "동백림사건에서 내가 저지른 큰 실수가 있다면 그것은 서울대 민족주의비교연구회 관련자들을 동백림간첩사건의 하나로 취급한 일이었다"[205]고 자신의 과오를 시인했다. 그러나 황성모는 이것이 단순한 과오가 아니라 '명백히 정치적 의도에 따른 조작'이라고 주장했다.

이와 같이 동백림사건의 근원은 6·8부정선거를 둘러싼 저항운동의 확산을 차단하는 데 있었다고 볼 수 있다. 물론 동백림사건이 100퍼센트 조작됐다는 건 아니지만 사건 관련자가 주로 유럽에 나가 있는 인텔리란 점 등을 고려, 당초 당국에서는 엄중한 경고 선에서 뒤처리를 하려고 했다. 실제로 동백림사건으로 구속된 임석진은 사건 발표 전인 1967년 5월 19일 청와대로 박정희 대통령을 찾아가 그간의 사정을 털어놓고 선처를 호소했다. 그러나 선처를 약속했던 박정희의 말과 태도가 나중에 달라지는 것을 보고 놀랐다고 한다.[206] 임석진의 말이 사실이라면 박정희 정권은 6·8부정선거 규탄운동이 전개되기 전까지만 하더라도 이를 별로 심각하게 생각하지 않았다고 할 수 있다. 말하자면 부정선거에 대한 규탄시위가 확산되자 기왕의 방침을 급선회하여 체제를 위협하는 간첩사건으로 확대 포장한 것으로 볼 수 있다.[207]

결국 6·8부정선거와 관련한 저항운동은 동백림사건과 민비연사건으로 큰 타격을 입고 기세가 꺾이게 되었다. 이처럼 1960년대 후반의 저항운동이 전체적으로 침체·약화한 데에는 여러 내외적 요인이 있겠으나 공안사건 및 북한의 위협을 빌미로 안보이데올로기를 강화하고 저항세력을 철저히 배제해나간 박 정권의 전략이 효력을 발휘했던 데에 기인한다.[208] 북한요인과 관련하여 동백림사건과 앞서 본 인혁당사건의 차이는 '북한과의 연계성' 및 북한요인에 대한 위협인식의 정도였다고 할 수 있다.

우선 인혁당사건은 연계성이 모호했던 반면, 동백림사건은 관련자 일부가 실제로 평양을 방문하고 생활비를 받아 쓰는 등[209] 상대적으로 그 연계성이 뚜렷했다. 물론 이 연계성이 곧 북한과 연계되어 남한 정부를 전복시키려는 목적을 갖는 간첩활동이었다는 의미는 아니다. 북한에서 고위간부를 지낸 한 인사는 북한이 동백림사건 관련자들에게 조직적 임무를 부여한 것이 아니라 북한의 통일방안을 선전하고 북한 사회주의제도의 우월성을 은연중에 유포하는 선전 임무 정도를 부과하려 했다는 것이다.[210] 다만 동백림사건이 발표되던 시기는 북한의 남한 국내정치의 균열과 갈등에 대한 각종 이슈 개입과 더불어 공세적 대남정책을 전개하면서 다수의 간첩을 남파하는 등 무력공세를 한층 강화하던 시기였다는 점에서 일정한 차이가 있다.

요컨대 인혁당사건과 북한의 연관이 모호·불명했다면, 동백림사건은 더 분명했다는 차이를 갖는다. 이러한 상황에서 북한요인의 동원 내지 확대 포장은 한결 용이하였고 더한층 효과를 발휘할 수 있었다. 무엇보다 동백림사건은 통혁당사건과는 비교할 수 없지만 북한과 보다 직접적인 연계를 갖는 사안이었다. 따라서 정권의 북한요인을 동원한 정치균열과 저항의 봉쇄는 인혁당사건 시기에 비해 상대적으로 효력을 발휘했다. 1967년 이후 행위적 북한요인이 빈발하고, 그에 대한 위협인식이 높아짐으로써 정치사회와 시민사회의 반대 범위는 더욱 좁아졌고, 정치적 반대에 대해 북한과의 연계를 적용하는 범위는 더욱 넓어졌다. 이 시기 활발해진 행위적 북한요인은 간첩사건을 동원하여 민주지향성을 억압하고자 한 정권에는 호재였던 것이다.

2. 정책·제도 형성과 북한요인

반공법 제정과 중앙정보부 창설

이승만 정권의 목표가 서구식 자유민주주의 국가의 건설과 이것을 위한 경제구조 건설이었고, 장면 정권의 목표가 민주화와 경제건설이었다면, 박정희 정권의 정책목표는 국가안보와 경제성장이었다.[211] 이 같은 정책 설정은 직접 북한을 의식한 것이자 북한요인이 가하는 압력에 대한 대응이었다. 이러한 박정희의 대응은 쿠데타의 출발 시점부터 뚜렷이 나타났다. 공약에서 반공을 국시로 삼는다거나 공산주의와 대결할 수 있는 실력 배양에 전력을 집중한다는 것 등이 그 단적인 예이다. 이와 같은 공약이 구체적으로 표현된 것이 바로 반공법 제정과 중앙정보부 창설이었다.

이전 민주당 정권에서도 반공법과 시위규제법을 제정하려고 시도했던 사실에 비추어볼 때, 민주당 정권하의 '용공세력'의 준동과 시위로 인한 혼란을 쿠데타의 주요 명분으로 삼은 군사정권이 이를 한층 강화하는 것은 예정된 수순이었다. 박정희의 반공 우선과 대북대결정책은 국가

정책 차원을 넘어 개인의 의식 수준에까지 내면화되었고 반공법, 중앙정보부 등을 통한 항상적이고 체계적인 특성을 띠면서 일상구조화되었다. 국가재건최고회의가 반공법[212]을 제안(1961년 7월 3일 공포)한 이유는 "이 법은 국가재건과업의 제1목표인 반공체제를 강화하여 반국가단체를 이롭게 하는 자나 이들에 대해서 협조하는 자 등을 일반 법보다 무겁게 처벌하여 국가의 안전을 위태롭게 하는 공산계열의 활동을 봉쇄하고 국가의 안전과 국민의 자유를 확보하기 위한 것"이었다. 이처럼 반공법은 5·16 이후 군사정권이 내세웠던 일관된 반공정책을 법제화하고 용공사범들에 대한 처벌을 제도화한 것이다. 박정희 정권은 표5와 표6에서 보듯이 반공법 제정을 시발로 이전 정권과는 비교할 수 없을 정도로 강화된 일련의 규제법으로 정치적 저항을 봉쇄하고자 했다.

위와 같은 제정 취지를 지닌 반공법은 그간 악명이 높았던 국가보안법보다 그 처벌 범위나 대상, 형량 등에 있어 훨씬 확대되고 강화된 모습을 띠고 있었다.[213] 즉, '반국가단체에 가입 또는 가입을 권유한 자, 이것을 찬양, 고무 또는 동조한 자, 북한으로 탈출 또는 북한에서 잠입한 자는 사형 또는 무기징역에 처하고 좌익계의 출판물 또는 문서를 소지하기만 해도 7년 이하의 징역에 처한다'는 것이다. 그 후 반공법은 세 차례에 걸쳐 수정되었는데, '친구나 친지가 공산주의자인 줄 알면서 군·경에 신고하지 않은 경우'와 '남북통일과 남북교류를 주장하는 경우', '공산주의 사상을 가지고 있을 뿐 현실적으로 행동화된 정치활동이나 사회활동을 하고 있지 않는 사람이라도 전향을 표명하지 않으면 검거 투옥의 대상이 되며, 그의 친척이나 친구까지도 사회활동의 제약을 받는다'는 내용이 포함되었다.

이 반공법은 민주당 정권에서 제정을 시도하다 좌절된 적이 있는 '반

표5 제3공화국의 주요 규제 입법

입법 내용	연도
반공법	1961. 7. 3
정치활동정화법	1962. 3. 16
국가보안법	1962. 9. 24. 강화개정
집회 및 시위에 관한 법률	1962. 12. 31
언론윤리위원회법	1964. 8. 5
국가보위법	1971. 12. 27

표6 정치적 규제법하에 검거된 인원수

연도	국가 보안법	반공법	정치활동 정화법	집회 및 시위에 관한 법률	비상사태하의 범죄처벌에 관한 특별조치법	합계
1961	293				1	294
1962			3038			3,038
1963	102	86		239		427
1964	76	176		940	6	1,198
1965	153	150		712	3	1,018
1966	139	203		49	2	393
1967	183	99		551	6	839
1968	237	559		97	1	894
1969	254	627		91	1	973
1970	204	368		25		597
1971	217	276		49	1	543
1972	175	507		24		706

출처: 한국기독교교회협의회 인권위원회, 『1970년대 민주화운동』(서울: 한국기독교협의회, 1987).

공임시특별법안'을 토대로 한 것이었다. 민주당 정권이 성안해놓고도 야당 등의 저항 때문에 통과시키지 못했던 법안을 박정희 정권이 '용공'에 대한 안티테제를 자임한 5·16쿠데타와 더불어 별다른 저항이나 이의 없이 시행하게 된 것이다.

한편 5·16으로 등장한 쿠데타 주도세력이 새로운 정치질서를 재편하고 국가기구를 개편하면서 내세운 핵심 명분이 바로 공산주의 척결이었는데, 그것을 상징적으로 보여준 것이 1961년 6월 10일 창설된 중앙정보부였다. 박정희의 집권기간 동안 중앙정보부는 군부와 더불어 정권의 중요한 통치기반이었다. 군사정권은 중앙정보부를 창설하면서 "중앙정보부는 국제적으로는 공산주의와 대결하고 있고, 국내적으로는 공산간첩과 그 동조자들이 끊임없이 준동하고 있는 우리의 현실하에서 일찍부터 요청되어온 터… 혁명정부는 일대 영단으로써 중앙정보부를 설치하여 공산 파괴 음모 등으로부터 국가의 안전을 방위하기로 결의한 것이다"라고 그 취지를 밝혔다.[214] 그러나 현실정치에서 "공산세력의 간접침략과 혁명과업 수행의 장애를 제거"하기 위해 설치된 중앙정보부의 주요 기능은 방첩활동뿐만이 아니었다. 내부의 반대세력을 억압하기 위한 제반 정보활동과 공작정치의 모태[215]가 되어왔다는 것은 주지하는 바이다.

6월 10일 법률 제619호로 공포된 중앙정보부법은 '국내외 정보사항 및 범죄수사, 군을 포함한 정부 각부 정보수사활동을 조정 감독하기 위하여 국가재건최고회의 직속으로 중앙정보부를 둔다.' 그리고 '정보부장은 정보수사에 관하여 타 기관 소속 직원을 지휘감독한다.' 또한 '정보부장, 지부장, 수사관은 범죄수사권을 갖고 수사에 있어서 검사의 지휘를 받지 않는다.' 나아가 '정보부 직원은 그 업무 수행에 있어 전 국가기관으로부터 필요한 협조와 지원을 받을 수 있다'고 규정하고 있다.[216] 한배호의 지적처럼 중앙정보부는 기능 면으로 본다면 마치 전체주의체제하의 독재정당이 수행하는 역할을 담당한 것과 별반 차이가 없다고 할 수 있다.[217]

이와 같은 막강한 권한을 지닌 중앙정보부는 박정희 집권기 핵심적인 권력기관들 중에서도 가장 방대하고 응집력 있는 국가기구로서 정부 내의 '소정부'로서 활동했다. 이는 유신체제 당시 중앙정보부에 관련된 인원이 10만에서 30만 명으로 추정되었다는 사실로도 가히 그 활동 규모를 짐작할 수 있다.[218] 이른바 '정보정치'라는 유행어가 나올 정도로 박정희 정권은 강권조직을 이용하여 야당 등에 대한 노골적인 통제를 실시했다. 또한 선거과정에도 정보기관의 조직적 개입이 이루어졌다. 이승만 정권하에서도 그러한 통제가 이루어졌지만 박정희 정권과는 규모나 강도에서 비견될 수준이 아니었다.[219] 중앙정보부는 1950년대에 이승만의 독재정치를 받쳐주던 경찰과 군첩보기관인 방첩대(CIC)에 비해 그 기능 면에서 훨씬 광범위하고 정교하며 더 발달된 대규모 국가기구였다.

중앙정보부는 반대세력을 억압하고 사회를 통제하기 위해 반공법과 국가보안법을 효과적으로 사용했다. 반공법과 국가보안법의 포괄적이고 모호한 조항들은 법 적용에 있어서 폭넓은 재량권을 행사할 수 있게 했다. 또한 강력한 수사권 외에 체포, 구금, 심문 등의 경찰권을 가지고 있었다. 그 밖에 협박, 구타, 고문, 소규모 테러행위, 뇌물 제공 등 다양한 불법적인 수단을 동원하여 사회통제를 기했다.[220] 이렇듯 중앙정보부는 업무수행, 예산의 확보 및 집행에 있어서 대통령 이외의 어떠한 기관의 간섭이나 감사를 받지 않는 특별 권력기관이었다. 한마디로 박정희 정권 18년 동안 중앙정보부는 실로 무소불위의 국가기구로서의 면모를 과시했다.

쿠데타 주도세력은 집권 직후 대공·대북 전담 국가정보수사기관을 통해 북한의 위협에 대응하는 한편, 대외적 안보에 대한 대응을 정권안보와 긴밀히 접목시키는 강화된 국가기구로서 중앙정보부를 창설했다.

그리하여 북한과 직간접적 연계를 이유로 중앙정보부가 수사를 담당한 각종 공안사건 등을 통해 공산주의와 북한에 대한 경각심과 공포심을 조장하여 이를 정권안보와 연결시키고자 했다. 그리고 국민들에게 군사정권만이 국가안보를 보장할 수 있다는 논리를 지속적으로 강조했다.[221] 중앙정보부는 이를 위한 첨병 역할을 했다. 요컨대 중앙정보부는 국가안보를 위한 정보업무 수행뿐만 아니라 정권에 대한 현재는 물론 잠재적인 반대까지도 억누르는 핵심적인 억압기구였다.

한편 중앙정보부는 민간부문을 동원하고 다양한 국가기관들 사이의 기능을 조정하는 역할을 했다. 즉, 정권의 목표를 효율적으로 달성하기 위해서 국가부문과 시민사회 내 모든 사회 부문들을 통괄, 지휘하는 보다 적극적인 국가기구로서 그 역할을 수행했다.[222] 뿐만 아니라 중요한 국가정책들이 중앙정보부를 중심으로 수행되었다. 예컨대 당시 중앙정보부장이던 김종필이 한일회담을 맡아 비밀리에 추진했으며, 1971년 남북대화 역시 당시 중앙정보부장이던 이후락을 중심으로 이루어졌다. 당시 국무총리이던 김종필은 이 과정에서 철저히 배제되었다. 이는 중앙정보부의 성격을 단적으로 보여준 하나의 사례에 불과하다.[223] 민주공화당이 정치의 표면에서 박정희 정권의 지지 기능을 수행했다면, 중앙정보부는 박정희 통치의 이면적인 통제기구이자 사찰과 정보망을 통한 억압적인 강제기구였다.[224] 중앙정보부는 당, 국가기구, 시민사회의 전 영역에 걸쳐 거미줄 같은 정보망을 구축하고 사찰업무를 수행했으며, 불법납치와 고문을 일삼는 공포정치의 상징이었다.

5·16 주도세력은 쿠데타 초기 반공을 국시로 내세워 정치사회나 시민사회로부터 별다른 저항이나 논란 없이 반공법 제정과 중앙정보부 설치를 정당화할 수 있었다. 즉, 민주당 정권하의 '용공분자의 준동과 북한

의 개입으로 인한 위기상황'에 대처한다는 것이 반공법 제정과 중앙정보부 창설의 최대 명분이었던 것이다. 물론 반공법 제정과 중앙정보부 창설을 북한요인의 당연한 귀결로 보기는 어렵다. 그것은 막강한 물리력에 기반한 쿠데타 주도세력의 정치적 통제의지, 쿠데타 직후의 강압적 분위기 속에서 정치사회와 시민사회의 위축이 낳은 결과이기도 할 것이다.

그러나 북한요인이 없었다면 그 시점에서 쿠데타를 감행하기도 어려웠겠지만, 설사 성공하였다고 하더라도 이와 같은 정책·제도를 도입할 명분이 없었을 것이다. 명분이 없다는 것은 저항이 크다는 의미로 해석할 수 있다. 그러나 반공법 제정과 중앙정보부 창설에 대해 큰 저항은 없었다. 그것은 단순히 강요된 침묵의 결과만은 아니라고 할 수 있다. 그러한 침묵을 적극적 지지라고 보기는 어렵지만 적어도 양자의 제정과 창설 당시에 그 필요성을 부인하지 않았다는 것으로 볼 수 있다.

이렇게 볼 때 제2공화국하에서 분단국가가 감당할 수 있는 수준을 벗어난 통일논의와 북한의 각종 개입으로 고조된 '반공체제의 위기'라는 인식과 우려가 반공법 제정과 중앙정보부 창설의 단초를 제공했다고 볼 수 있다. 그러한 인식과 우려가 없었다면 이와 같은 정책·제도 형성은 불가능했거나 이 시기에 등장할 수 없었을 것이다. 또한 여러 저항에 직면하였을 것이다. 그리고 이를 정당화하는 데에도 상당한 애로를 겪었을 것으로 추론할 수 있다.

이승만 독재정권의 붕괴로 민주지향성이 확장됨에 따라 분출된 통일논의를 둘러싼 국내정치의 균열과 갈등에 북한이 직간접적으로 개입함으로써 그러한 균열과 갈등은 한층 증폭되었고, 이는 결국 반공지향성 강화를 다시 불러오는 계기가 되었다. 쿠데타 주도세력은 민주당 정권에서 전개되는 정치균열과 이에 대한 북한의 개입이 반공체제의 근간을 위협한다는 명분을 내걸고 쿠데타를 일으켰고, 반공지향성을 재강화하는 일련의 정책과 제도를 도입했다. 이로 인해 일체의 통일논의는 금압되고 민주당 정권에서 확장 조짐을 보이던 민주지향성도 다시 역진되었다.

압축적 산업화

압축적 산업화(compressed industrialization)는 한국자본주의 발전의 가장 큰 특징이다. 그리고 이러한 압축적 산업화는 대부분 박정희 정권 시기에 이루어졌다. 박정희 시기에 한국이 이룩한 놀라운 산업발전은 강력한 국가주도하의 계획경제와 시장을 결합한 수출주도형 산업화 전략에 힘입은 바 컸다. 또한 미소냉전의 최전방에 위치한 지정학적 요인으로 인한 미국으로부터의 막대한 경제원조와 자원조달이 용이했다는 것도 한국 산업화의 유리한 외적 환경이었다.[225] 이를 통해 '초청에 의한 상승(promotion by invitation)'[226]을 급속하게 이룩할 수 있었다.

그러나 한국 산업화의 또 하나의 무시할 수 없는 동인은 바로 북한요인이었다. 동족과의 대립과 갈등이 경제발전을 촉진하는 동인으로 작용하였다는 것은 하나의 큰 아이러니였다.[227] "북괴경제를 압도할 수 있는 경제계획을 세우지 않으면 안 된다고 거듭 강조하여 왔거니와…",[228] "자유우방들이 북괴보다 우월할 수 있는 경제번영을 건설하는 데 협력"[229] 등에서 보는 것처럼, 경제발전 추진의 주요한 한 측면이 북한과의 대결에서 '승리'하는 데 있었다. 물론 1962년부터 시작된 일련의 경제개발 5개년계획[230]도 당시 추진되고 있었던 북한의 경제개발계획의 성공에 자극받은 것이었다.[231] 북한은 한국전쟁의 잿더미 위에서 소련과 중국 등 공산동맹국들로부터 받은 경제원조와 더불어 인민들의 노동력을 동원하여 전후복구 3개년계획(1954~1956)과 제1차 5개년계획(1957~1961)을 성공적으로 수행했다.[232] 그 결과 이미 1950년대 후반에 전쟁 전의 수준을 능가하는 성과를 거두었을 뿐만 아니라 남한을 멀찌감치 따돌렸다. 주목할 것은 북한의 놀라운 압축적 산업화 역시 분단과 남북대립으로 인한 체제경쟁에 힘입은 바 컸다는 사실이다. 북한지도부는 한국전쟁을 북침으로 몰고 가면서 남한에 대한 적개심과 체제경쟁을 고조시켜 이를 인민적 단결과 천리마운동과 같은 생산경쟁 동원의 강력한 자원으로 적극 활용했다. 그리고 1956년 '8월종파사건'[233]에서 보듯 강력한 인민적 단결과 급속한 경제성장을 강조함으로써 정치적 반대세력을 효과적으로 제압할 수 있었다.

표7과 그림7에서 보는 바와 같이 1962~1965년 북한의 1인당 GNP는 남한의 2배 이상이었고, 따라서 2배의 인구를 갖고 있는 남한 GNP를 능가할 정도였다. 곧 북한의 존재 자체가 남한에는 위협이자 위기였다. 남한의 1인당 GNP는 1975년에 가서야 북한과 동등해졌고, 1976년에는 확연히 앞서게 되었다.[234] 이렇게 볼 때 북한요인에 대한 박정희 정권의 위협인식과 경제발전에 대한 중압감은 충분한 현실적 근거를 갖는 것이었다.

이 때문에 미국 역시 경제발전을 통한 한국의 경제안정이 최선의 안전보장책이라고 판단했다. 미국은 쿠데타 주도세력 내의 내분으로 군사정권에 대해 국민들의 반감이 커졌고, 한미 간의 긴장관계로 공산주의자들의 파괴행동이 증가했다고 평가했다. 그리고 당장은 공산주의자들이 실제적 위협을 가할 가능성은 없지만, 정치적 혼란과 경제적 침체가 지속된다면 이들의 파괴행동은 훨씬 심각해질 것으로 진단했다.[235] 요

표7 남북한의 GNP와 예산

연도	남한(경상 미 달러)			북한(경상 미 달러)			미 달러
	GNP	1인당 GNP[1)]	정부예산[2)]	GNP	1인당 GNP	정부예산	물가지수
1949	15.1억[3)]	75 (377)		10.6	110 (552)		19.9
1953	13.9	68 (311)		5.18	61 (277)	2.92억	22.0
1954	14.7	70 (317)		6.83	78 (351)	4.63	22.2
1955	15.9	74 (320)		8.20	90 (393)	5.62	22.9
1956	16.1	73 (300)		10.1	108 (456)	4.97	23.6
1957	18.0	79 (322)		12.4	128 (524)	5.01	24.4
1958	19.3	82 (330)	4.61억	15.4	153 (616)	6.29	24.9
1959	20.6	85 (332)	4.62	17.6	169 (661)	7.50	25.6
1960	21.2	85 (326)	4.30	18.6	172 (662)	8.79	26.0
1961	22.6	88 (334)	4.49	21.3	192 (732)	10.12	26.3
1962	23.7	89 (320)	5.06	22.6	198 (738)	11.71	26.9
1963	27.2	100 (366)	4.48	24.2	209 (770)	12.99	27.2
1964	28.8	103 (371)	3.37	26.0	215 (777)	14.61	27.7
1965	30.1	105 (370)	3.77	27.8	224 (788)	14.85	28.4
1966	36.7	125 (425)	5.81	28.2	220 (748)	15.39	29.4
1967	42.7	142 (468)	8.44	32.8	248 (818)	16.87	30.3
1968	52.3	169 (533)	9.99	36.5	266 (838)	20.75	31.8
1969	66.3	210 (629)	14.98	37.0	261 (782)	21.95	33.4
1970	81.1	252 (716)	15.24	44.3	303 (861)	25.41	35.2
1971	94.6	288 (774)	17.77	51.3	345 (930)	31.35	37.1
1972	106.3	318 (819)	21.67	58.9	384 (990)	36.22	38.8
1973	134.5	395 (955)	21.46	69.3	440(1,064)	40.96	41.3
1974	177.7	512(1,141)	33.35	81.7	506(1,127)	48.85	44.9
1975	207.9	590(1,199)	42.44	97.0	589(1,197)	58.30	49.2
1976	285.5	797(1,523)	55.05	105.5	628(1,201)	63.87	52.3
1977	366.3	1,008(1,803)	67.64	115.3	675(1,208)	70.26	55.9
1978	500.5	1,353(2,245)	91.07	132.1	760(1,261)	79.27	60.3
1979	623.7	1,662(2,537)	119.6	148.4	839(1,282)	91.74	65.5

* 1) 1987년 불변 미 달러(美弗) 가격이 괄호 안에 표시되었음. 1950년대까지 추정환율 적용; 1981년 이후 신SNA에 의거함. 2) 남한의 경우는 중앙정부 세출. 3) 추정치(75달러×20,189천 명 연앙인구)

출처: 함택영, 『국가안보의 정치경제학』(서울: 법문사, 1998), p.287.

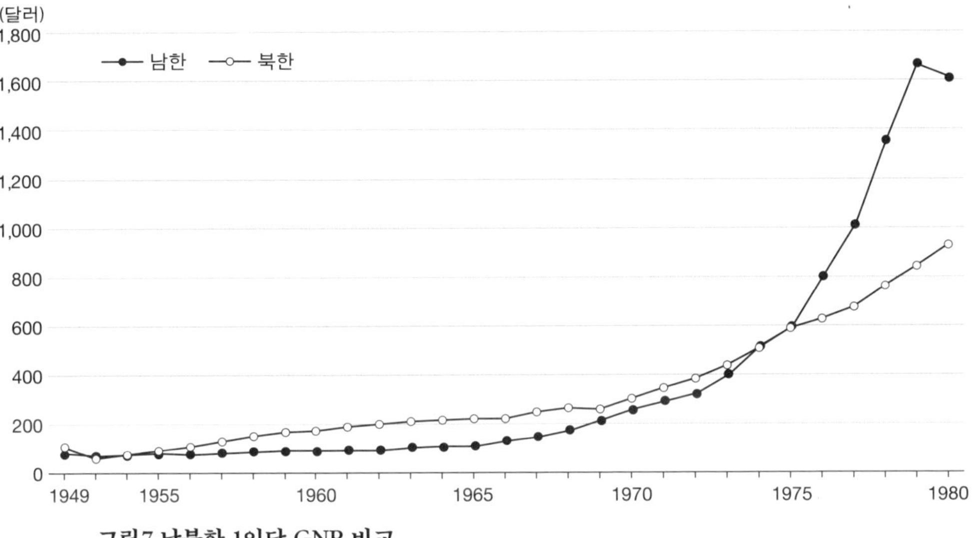

그림7 남북한 1인당 GNP 비교

출처: 함택영, 『국가안보의 정치경제학』(서울: 법문사, 1998), p.287.

컨대 미국도 1960년대 초반 상황에서 북한의 대남 직접침략 가능성을 전혀 배제할 수는 없었지만, 이보다는 한국의 경제침체와 그에 따른 정치적·사회적 불안이 한국을 공산화시킬 가능성이 한층 더 높다고 인식했다.[236] 춘궁기만 되면 식량이 모자라 대다수 국민들이 보리죽으로 연명하던 것이 당시 남한의 사정이었다. 더구나 남한은 경제난과 인구분산책의 일환으로 인력의 해외송출을 계획하고 있었다.

남한의 경제사정에 대한 북한의 선전선동은 박정희 정권을 더욱 긴장시키고 자극을 가했다. 북한은 남한이 1962년 2월 20일 해외이주법[237]을 공포한 데 대해 조국통일민주주의전선 중앙위원회 명의로 2월 25일 남한동포들에게 보내는 호소문을 발표해 군사정권을 자극했다. 곧 해외이주는 파탄 난 남한경제의 불가피한 소산이며, 남한경제의 피폐는 미국의 남한 강점에 연유한다고 규정짓고, 조국의 자주적 통일을 실현하고 미국을 몰아내기 위해 전 인민적 투쟁을 강화하라고 주장했다. 그리고 남한동포들을 이민에 내몰지 말고 "실업과 기아와 빈궁의 온갖 고통을 털어버리고 행복하고 보람찬 새 생활을 찾"아 "북반부로 넘어오려는 모든 사람들에게 길을 열어주라!"고 선동했다.[238] 1962년 초 김일성이 한 말처럼 "모두 다 기와집에서 이밥에 고깃국을 먹고 비단옷을 입고"[239] 사는 사회를 만들겠다는 북한의 선전선동은 단지 휴전선 너머에서 들려오는 공허한 메아리가 아니었다. 남북한 간 힘의 격차가 반영된 6월 21일자의 다음과 같은 최고인민회의 서한 내용에서 보는 북한의 자신만만한 주장은 체제 열위에 있는 박정희 정권으로서는 그것 자체가 이미 하나의 심각한 위협이었다.

> 과연 겨레의 행복한 앞날을 위하여 평화적 건설에 전력을 기울이고 있는 북조선으로부터 그 어떤《위협》이 존재한단 말인가? 우리의 공장과 기업소들에서 쏟아져나오는 기계들과 흘러나오는 비단들과 기름진 전야에서 무르익는 오곡백과들이 과연 그 어떤 위협으로 된단 말인가? …우리는 절대로 남침의 의도를 가지고 있지 않으며… 미국 군대가 완전히 철거한 조건하에서 남북 조선군대를 각각 10만 명 또는 그 이하로 축소할 것을 남조선 당국에 제의한다. …우리는 우리 민족 내부 문제들을 외세의 간섭 없이 우리 조선 사람끼리 남북 조선 당국자들 간에 토의 해결할 것을 주장한다. …지금 우리는 우리에게 필요한 모든 것을 자체로 생산하고 있으며 어떠한 대규모적인 공장이라도 우리 손으로 건설할 수 있고 어떠한 복잡하고 어려운 기계라도 능히 우리의 손으로 만들 수 있는 튼튼한 밑천을 가지게 되었다. 북반부에 건설된 이 강유력한 물질적 력량은 후손 만대를 두고 우리 민족 전체가 다 같이 혜택을 입게 될 전 민족적 재부라고 우리는 인정한다. 우리는

결코 북반부 인민들만 잘 먹고 잘살자고 이것을 건설한 것이 아니다. 우리는 항상 하나의 공장을 건설하여도 이것을 전 민족의 장래의 번영을 위하여 우리가 수행하여야 할 고상한 민족적 의무로 간주하고 불철주야 노력하고 있다. 우리는 여기에 축적된 이 민족적 재부가 미제에 의하여 파괴된 남조선의 민족경제를 소생시키고 령락된 인민생활을 안정시키는 데 리용되기를 진심으로 념원하고 있다. 자기 민족 내부에 자립경제 건설의 이러한 훌륭한 토대와 풍부한 밑천이 있는데 무엇 때문에 이것을 리용하지 않고 하필 외국 독점 자본을 끌어들여야 하겠는가? …우리가 만일 남북 조선의 전 민족적 력량을 합치기만 한다면 우리 민족 자체로 능히 파괴된 남조선 경제를 복구할 수 있으며 나라의 평화적 통일을 실현하고 부강한 자주독립 국가를 건설할 수 있다.[240]

북한의 이와 같은 적극적인 자세는 적화의 의도가 전혀 없었다고 하더라도 박정희 정권으로서는 위협으로 비칠 수 있었다. 더욱이 북한이 파악한 대로 "공장은 문을 닫고 탄광은 무너지고 농촌은 황폐화되"었으며, "실업자들은 일자리를 찾아 거리를 헤매고 류랑 고아들은 떼를 지어 문전 걸식하고 있으며 수백만 절량 농민들은 초근목피를 찾아 거치른 산야를 헤매고 있"던 것이 당시 남한 실정이었다고 했을 때,[241] 그것은 단지 선전선동으로 수용될 수만은 없었다. 우세한 경제력을 등에 업은 북한의 이러한 자신에 찬 주장은 남한에 대한 '흡수통일' 의지로 해석될 수 있었다. 말하자면 '1960년대의 남한'은 '1990년대의 북한'이었다.

이러한 상황에서 군사정권이 5·16쿠데타를 정당화하는 명분으로 내세우고 추진한 반공과 경제건설은 그것이 실제 동기이든 슬로건이든 북한으로부터의 압력에 대한 반작용이었다. 체제역량의 격차가 클수록 북한으로부터의 압력은 증폭되어 나타나고 위협인식 또한 커지게 마련이다. 그리고 압력의 증가는 그만큼 박정희 정권과 국민들의 산업화 의지를 촉진하는 자극제가 되었다. 그리하여 박정희 정권은 국가안보를 위한 반공만을 통치이념의 내용으로 삼을 수밖에 없었던 1950년대의 권위주의정권에 비해 훨씬 강화된 통치이념을 지니게 되었다. 1950년대 말부터의 피폐화된 경제상황 속에서 나타난 민심의 동요를 감지하고 경제발전이 시대적 요청임을 인식한 쿠데타 주도세력은 경제발전을 표방함으로써 권위주의 통치의 한 중요한 명분을 획득하고자 했다. 경제건설은 곧 군사정권의 존재이유와 직결되었기 때문에 그만큼 절실한 당면과제였다.[242] 무엇보다 박정희는 북한요인의 압력을 경제성장의 강력한 자원으로 전화시키고 활용했다는 점에서 이승만과 극명하게 대비된다. 이 점에서 북한요인 소비에 있어서 이승만이 소모적이었다면 박정희는 생산적이었다.

국가안보와 경제개발이라는 화두는 민주주의와 더불어 1960~1970년대 한국정치의 주요 논쟁을 규정하는 세 가지 키워드였다.[243] 그런데 박정희 정권은 경제성장을 통해 국가안보를 확고히 하고 민주주의를 이루어간다는 방침을 분명히 했다. 경제성장은 박 정권이 내세운 최대의 정치적 명분이자 승부수였다. 박정희는 "전투나 정치 이전에 앞장서는 경제전(經濟戰)에 있어 강력한 대적을 38선 저쪽에 두고 있는 현 정세하를 생각한다면… 총력을 민족경제의 타개에 집결케 하고 부흥에 일로 매진이 있을 뿐이다." 또한 "진정한 민주주의는 무엇보다도 먼저 건전한 경제적 토대 위에 확립될 수 있"는데, "우리의 경우는 건전한 경제적 토대는커녕 오직 생사의 기로에서 허덕이는 경제적 파탄"의 상태에 있으므로 일차적으로 경제재건에 매진해야 한다고 믿었다.[244] 이는 자유민주주의를 희생하는 한이 있더라도 경제발전을 위한 강력한 국가의 존재가 필요하다는 박정희 정권의 의지로 나타났다.[245] 국가엘리트들은 국가이익과 국가목표를 새롭게 규정했으며, 밀도 있게 단계별로 설정된 경제개발 5개년계획에 정책적 우선순위를 정했다. 그리고 국가자원을 최대한 효율적으로 동원했다. 그들은 국가안보를 자립경제라는 근대화 프로젝트에 연결 짓고 민족의 생존이 경제적 성과에 달려 있음을 분명히 했던 것이다. 이는 미국의 대한정책이 무상원조에서 공공차관으로 전환되는 등 세계체제적 작동원리에도 일치하는 것이었다.[246]

또한 박정희 정권이 내세운 경제재건은 당시 대다수 국민들의 민생문제와 직결된 주된 관심사였다. 민생문제는 민주주의 및 통일과 더불어 4·19가 제기한 과제이기도 했다. 박정희 정권이 산업화 추진과정에서 일반 국민들로부터 높은 지지를 받을 수 있었던 것도 이러한 사정과 무관하지 않았다. 쿠데타 직후 실시된 공보부의 국민여론조사는 대다수 국민들이 군사정부에 경제재건과 대책을 바라고 있었다는 것을 보여준다. 여론조사 결과 응답자의 82.5%가 경제문제를 가장 시급한 해결과제로 꼽았다.[247] 이는 민주화나 통일보다 경제건설이 우선이었음을 보여주는 대목이다.

박정희 정권은 남북 간 경제전을 강조하며 "고운 손은 우리의 적이다. …피와 땀과 눈물을 흘리자!"[248]며 남북한 산업화 경쟁을 고취하면서 국민들을 경쟁적 집단의식으로 응집·통합시켜나갔다. 한마디로 산업화에 있어 북한요인이 갖는 의미는 산업화 추진의 주요 동력을 북한과의 대결과 경쟁의지로부터 공급받았다는 것이다. 즉, 성장과 발전의 핵심적 동의 원리 가운데 하나가 북한과의 대치상태에서 초래되는 위기감에 기초하고 있었다. 또한 그 위기 극복의 대안을 경제건설을 통한 대북 우위 확보라고 인식시켰다.[249] 이와 같이 1960년대 이후의 경제발전은 대내적 정통성을 확립하는 문제와 북한과 대치한 상황에서 국가안보를 지탱할 수 있는 경제발전이 절실하게 필요하다는 인식이 결합되어 나타난 결과였다.[250]

그리고 그것이 정권 차원의 일방적 산업화 전략이 아니었다는 사실이 무엇보다 중요하다. '우리도 한번 잘살아보세'라는 위로부터의 산업화 캠페인이 아래로부터의 높은 국민적 호응과 결합되었던 것이다. 국가에 의한 근대화 전략에 국민들이 열정을 갖고 적극 호응함으로써 산업화를 수행하는 데 소요되는 인적·물적 수단과 재원 등에 대한 국가의 대내적 추출능력이 극대화되었다. 그리고 이를 통해 국민국가의 제반 여건이 재형성되고 체계를 갖추어나갔다. 이 점에서 박정희 정권 시기를 전전과 전후에 이은 '제3의 국가건설기'로 부를 수 있을지 모른다.[251] 5·16쿠데타 직후 설치된 최고통치기구의 명칭도 국가재건최고회의였다.

1960~1970년대는 국가의 급속한 팽창기였다. 사회에 대한 국가의 자율성과 통제력이 한층 강화되었을 뿐만 아니라 국가기능과 능력(capacity)이 확충되었다. 국가는 경제개발정책의 순조로운 집행을 위해 여야 정치세력의 재편성을 비롯하여 관료, 재벌, 언론, 그리고 여타 사회집단에 이르기까지 국내의 정치적 환경을 형성하는 중요 집단과 세력, 그리고 계급에 대한 통제를 더욱 강화했다. 그런 의미에서 하나의 강성국가(strong state)가 등장한 것이다. 또한 이 시기 중앙정보부, 경제기획원 등 국가기구가 창설되거나 개편되었으며, 국가기구의 팽창과 더불어 공무원 수가 지속적으로 증가하며 군부엘리트들이 주요 국가기구에 진출했다. 이 점은 근대적 행정체계의 확충, 제도화의 확대, 주민통제의 효율화 등 국가의 지속적인 팽창추세를 드러내는 한 지표로 간주될

수 있다. 또한 1961~1979년 기간의 국가의 활동, 즉 정부세입으로 나타나는 국가 추출능력의 GNP 대비 증가율의 평균치가 1963년과 1964년, 그리고 1973년을 제외하고는 GNP 증가율의 평균치보다 4.5% 정도 더 높다는 사실이다. 이 점은 세수 확충 등 추출행위에 주력하는 당시 국가 활동의 강화추세를 단적으로 입증한다. 또한 재정자립도와 조세부담률, 그리고 정부세출에서의 국방비 구성비 등이 1960년대 초 이래 지속적인 상승세를 보였다는 사실도 주목할 만하다.[252]

남북한 간의 불꽃 튀는 산업화 경쟁은 남한의 사회구조를 북한에 대한 경쟁적 체제로 재편했다. 이와 같은 산업화 경쟁은 민중의 경제적 궁핍을 요구함은 물론 산업화과정에서의 권력행사나 경쟁의 실책까지도 모두 정당화하는 분위기를 조성했다.[253] 압축적 산업화 추진으로 제3공화국의 성격은 권력구조 면에서나 정치체제 면에서 이른바 산업화의 통치구조를 보여주었다. 이는 국가의 기본목표를 부국강병으로 설정하고 산업화에 따른 경제발전을 이룩하면 다른 부분, 즉 정치, 문화, 사회 등도 선진강대국으로 도약할 수 있다는 논리를 전제한다.[254] 즉, 정치의 지향 가치와 이념을 산업화의 실현에 둠으로써 그것을 위한 모든 자원의 동원과 활용을 통치의 중요한 목적으로 삼았다. 따라서 권력구조의 논리적 정당성이나 합법화의 성격도 바로 산업화 성취라는 측면에서 구하고 있었다.[255]

이처럼 체제경쟁을 요체로 하는 경제운용은 경제의 질보다는 양 위주의 성과 과시에 매달리게 했다. 그리고 이것은 남북대립하의 힘의 우위 추구라는 이름으로 정당화되었다. 이와 같이 박정희의 경제개발정책은 경제의 총량 성장을 목표로 한 외연적 성장전략에 기초했다. 빈곤으로부터의 탈피, 민생의 안정, 경제규모의 확대 등을 위해서는 경제의 급속한 성장이 시급하고, 이것만이 정치적 정통성의 결여를 만회하며, 나아가 북한과의 체제경쟁에서 이길 수 있다고 인식했다. 따라서 경제의 총량적인 물량확대에 역점을 두었고, 이러한 성격은 시간이 지나면서 더욱 강화되었다. 박정희의 경제개발 추진은 정부가 목표를 정하고 그 목표달성을 위해 전력투구하는 실적 위주의 성장전략이었다. 이를 위해 박정희 정권은 자원배분과 정책지원을 가시적인 성과에 따라 할당하고 목표를 점차 높임과 동시에 성장을 해친다는 이유로 분배나 노동조건의 개선에 대한 요구를 억제했다. 이와 더불어 경제개발의 재원을 확보하기 위해 조세압력을 가중하였고, 외자조달의 원활화와 '중단 없는 전진'을 위해 사회안정에 대한 압력도 더욱 강화해나갔다.[256]

압축적 산업화를 추진한 박정희 정권이 갖는 특징은 무엇보다 '군사주의'[257]와 '발전주의'로 특징지을 수 있다. 군사주의는 한국전쟁의 산물이다. 주목할 점은 남북한 간의 대결과 경쟁구조 속에서 군사주의가 빚어내는 역동성이다. 그 핵심은 군사주의가 발전주의와 결합하면서 그것이 군사전략적 수준에서가 아니라 쌍방의 산업화과정에 미치는 영향과 역동성이다. 박정희는 군사주의를 소극적으로 활용하여 독재권력을 유지하고 관장하는 동력으로만 사용한 것이 아니라, 이를 산업화와 결합하여 폭발적 결과를 창출해낼 수 있게 했다.[258] 박정희 집권 18년 동안 한국경제는 괄목할 만한 성장을 기록했다. 제1차 경제개발이 시작된 1962년에서 제4차 계획이 끝난 1981년 사이에 연평균 8.3%의 높은 성장률을 보였으며, 경제규모는 무려 4.8배나 확대되었다. 한국경제의 분수령으로 일컬어지는 1963년부터 1978년까지 연평균 9.8%의 성장률을 기록했다. 압축성장이라고 평가하기에 부족함이 없다.[259]

박정희 정권은 경제성장도 국민 전체의 삶의 질을 고양시키는 것과 같은 경제 내적 논리가 아니라 승공통일의 일환으로, 곧 대북 대결의 맥락이라는 외적 논리하에서 추진했다.[260] 즉, 경제력과 국방력을 합친 국력을 북한보다 막강하고 압도적인 우위에 올려놓는 것을 국정목표의 최우선으로 삼았다.[261] 박정희는 1962년부터 1971년까지 제1, 2차 경제개발 5개년계획을 적극 추진하면서 "경제개발 5개년은 그대로 조국 통일운동이요, 전쟁을 막는 길이요, 북한동포를 구출하여 우리 민족의 평화와 번영과 복지를 약속하는 길"이라고 주장했다.[262] 박정희는 1963년 선거에서는 불과 16만 표차로 간신히 대통령에 당선될 수 있었으나 1967년 선거에서는 윤보선 야당 후보를 100만 표 이상의 압도적 표차로 따돌릴 수 있었는데, 이는 무엇보다 경제성장을 통해 정권의 정당성이 사회 저변에 상당 정도 확보되었다는 뜻이다.

1차 경제개발 5개년계획이 끝난 1967년에는 국민총생산이 8.5%로 급성장하였고, 수출도 50%나 증대하였으며, 제조업부문의 성장도 연 14%를 기록했다. 두 차례에 걸친 경제개발 5개년계획으로 경제성장을 이룩한 남한은 이제 북한과의 체제경쟁을 할 수 있는 자신감을 갖게 되었다. 박 대통령은 1970년 8월 15일 북한에 대해 경제를 중심으로 한 남북한 체제경쟁을 선언했다.[263] 즉, '자유민주주의와 공산독재 중 어느 체제가 국민을 더 잘살게 할 수 있는가, 이를 입증하는 경제개발 경쟁에 나설 용의는 없는가'라고 자신감을 피력했던 것이다. 이때는 북한의 경제개발 7개년계획(1961~1967)이 실패하여 3년을 연장할 수밖에 없었던 반면,[264] 남한은 여러 부작용에도 불구하고 두 차례에 걸친 경제개발계획의 가시적 성과가 나타나고 있었다.

요컨대 1960~1970년대는 남북 간의 긴장이 최고조에 이르렀는데, 역설적으로 이러한 긴장이 기록적 경제성장의 촉매제로 작용했다. 남북한의 산업화는 단순히 경제발전을 위해서뿐만 아니라 체제의 생존과 안보를 지탱할 수 있는 물적 토대로서의 성격을 지니고 있었다. 앞서 지적했듯이 전후 북한이 이룩한 놀라운 경제실적 역시 다름 아닌 이와 같은 체제대결의 산물이었다. 이러한 체제생존과 체제경쟁의 동학 때문에 남북한에서 산업화는 높은 강도로 추진되었다.[265] 북한으로부터의 위협을 마주하고 있었던 박정희 정권은 국가안보와 경제성장이라는 주력해야 할 두 가지 과제를 동시에 안고 있었다. 북한의 존재가 위협적이었지만 이것은 역설적으로 남한의 안보를 굳건하게 하고 급속한 성장을 가능하게 하는 정(正)의 요인이 되었다.[266]

본질적으로 남북한의 경쟁은 비폭력적 수단에 의한 전쟁의 연속이었다.[267] 남한은 북한의 경제력을 앞서기 위해 전략을 세우고 작전을 짰다.[268] 그리고 김일성의 '현지지도' 방식을 모방하듯 박정희는 경제부처 사무실과 건설현장을 수시로 찾아가 직접 상황을 확인하곤 했다. 남북한의 경제경쟁을 마치 전쟁을 치르듯 한 것이다.[269] 박정희는 수출과 경제성장의 목표를 보다 빨리, 보다 대규모로, 그리고 보다 효율적으로 달성하기 위하여 동원 가능한 자본을 집중적으로 투자하고자 했는데, 이 과정에서 재벌이라는 거대 기업군이 탄생했다. 그리고 이 목표달성에 저해되는 것으로 인식되는 노동자를 억압하였으며, 지배권력 내 분열이나 민주화 요구를 허용하지 않으려 했다. 그리고 '총화단결'의 기치하에 모든 국민적 에너지를 압축적 산업화의 달성에 쏟아붓고자 했다. 그 결과 세계에서 그 유례가 드문 압축 고도성장을 이루었다. 한마디로 그것은 '총성 없는 전쟁'이었다. 박정희는 남북한 대결을 체제대결로 인식하였으며, 이것의 핵심적인 내용은 경제성장이었다.[270] 따라서 반공의 의미는 경제에서 '북한 이기기'로 표출되었으며, 이것이 경제성장을 우선시

하는 정책에 반영되었던 것이다.[271]

박정희는 5·16 직후 남북한 비밀접촉[272]을 통해 북한으로부터 입수한 북한의 발전상을 소개하는 〈꽃피는 평양〉,[273] 〈찬란한 우리 조국〉 등 북한 선전영화를 보고 몹시 부러워하며 "우리도 빨리 저 이상으로 되어야 한다"고 동석한 각료들에게 당부했다.[274] 또한 박정희는 포항제철이 설립된 후 사장인 박태준을 만나면 "어이, 자네 회사 말이야. 언제 북한을 능가하는 거야? 난 그게 제일 궁금해"라고 말했다.[275] 이는 마치 김일성과의 경쟁의식과 앞서 발전한 북으로부터의 압력이 없었다면 산업화에 착수하지 않았을 것이라는 말처럼 들린다. 이를 '산업화의 북한요인'이라고 불러도 좋을 것이다. 이런 점에서 압축적 산업화 과정에서 남한의 국가만이 사회 속에 뿌리내리고 배태된(embedded) 것은 아니었다. 북한 역시 남한 산업화의 '배태된 참여자(embedded actor)'[276]였다고 말할 수 있을지 모른다.

박정희 정권으로서는 체제 우위에 있는 북한이라는 존재가 위협인 동시에 국내의 정치균열을 억제하고 국민적 통일성(national unity)을 통해 그 에너지를 경제성장에 쉽고도 효과적으로 동원할 수 있게 하는 매우 유효한 자원이었다. 즉, 위협적인 외부와의 대립과 갈등이 내부를 통합시키는 정의 효과를 가져왔다. 외부와의 대립과 갈등이 내부 구성원들의 에너지를 추가 동원하게 하고, 이것이 내부 결속력을 강화시켰던 것이다.[277] 세계적으로도 유례가 드문 급속한 경제성장은 역설적으로 북한으로부터의 위협을 바탕으로 한 사회통합(social integration), 국민적 통일성으로 가능했다.[278] 또한 민주주의의 가장 중요한 전제조건이 국민적 통일성이라고 할 때[279] 그러한 기본조건이 이 시기를 통해 창출되었음을 부인할 수 없다. 흔히 민주주의의 출발점으로서 언어, 종교, 민족과 같은 문화적 특성에서 갈등이 심각하지 않은, 곧 국가정체성과 공동체의 경계에 대한 구성원들의 합의가 강조된다. 국가에 대한 정통성을 부정하고 분리 독립을 추구하는 무장집단 및 그로 인한 심각한 정치적·사회적 분열의 부재가 안정적 민주주의의 기본조건이기 때문이다.[280] 그리고 "효율적인 국가 없이 민주주의 없다"[281]고 할 수 있다.

그런데 남북 간 경쟁의 심화로 민주주의 대 권위주의, 경제적 정의 대 경제발전, 그리고 민중주의적 통일 대 보수주의적 통일 세 수준에서의 정치균열은 상대적으로 미약했다. 그 결과 전반적으로 민주주의의 발생조건인 국민적 통일성이 구축·강화·유지될 수 있었다. 그리고 안보와 성장의 기치 아래 한국은 한층 효율적이면서도 강력한 국가가 될 수 있었다. 그와 같은 조건에서 실적에 의한 정당성을 도모했던 박정희 정권은 압축 고도성장에 성공했다. 주목할 것은 '산업화의 민주화 효과'[282]를 감안할 때 박정희 정권은 산업화 성공의 크기와 속도만큼 민주화의 도전에 직면할 성공의 위기[283]를 안고 있었다는 점이다.[284] 그렇다면 이 시기는 '민주주의 암흑기'인 동시에 '민주주의 여명기'였다는 이율배반이 성립할 수 있을지 모른다.

요약하면 한국경제의 재건과 발전은 북한이 연방제에서 제안한 남북합작과 경제교류를 통해 이루어진 것이 아니라, 북한요인의 위협성이 가한 의도하지 않은 결과였다. 우세한 경제력을 바탕으로 한 북한의 공세적 대남태도는 사회통합과 국민적 통일성을 강화함은 물론 국민들로부터 남북한 간의 산업화 경쟁에 대한 엘랑,[285] 즉 산업화에 대한 진취적 에너지 내지 열정적 집합의지를 더한층 진작시켰던 것이다. 따라서 북한요인의 압력을 전제하지 않고는 그러한 경쟁적 산업화 의지와 압축적 성장의 동인을 설명하기 어렵다. 이 점에서 적어도 급속한 산업화에 관한 한 북한요인은 긍정적 결과를 가져왔다. 나아가 '자본주의 산업화 없이 민주주의 없다'라는 산업화의 민주화 효과를 감안할 때, 산업화의 북한요인은 한국의 민주화에도 의도하지 않았던 '지연된 효과'를 창출했다고 볼 수 있다.

선건설 후통일 정책

박정희 정권 시기 통일논의에서의 북한요인은 산업화의 북한요인과 밀접한 관련이 있다. 북한에 현저히 뒤떨어진 상황에서 경제건설에 주력해야 했던 박정희 정권의 최우선 과제는 '선건설'이었지 '선통일'이 될 수 없었다. 따라서 통일논의가 침체되는 것은 자연스러운 귀결이었다. 이를 반영하듯 박정희는 경제건설이 곧 통일로 가는 첩경이라고 보았다. 이는 5·16쿠데타 주도세력이 내건 "북한 공산세력을 뒤엎을 수 있는 국가의 실력을 배양함으로써 민족적 숙원인 국토통일을 이룩한다"는 혁명공약에서 단적으로 드러난다. 말하자면 북한요인은 박정희로 하여금 남북한의 산업화 경쟁에서 승리함으로써 통일문제에 접근한다는 정책목표를 설정하도록 압박했다고 볼 수 있다.

반공을 국시로 한 5·16쿠데타와 더불어 제2공화국하에서 일어났던 통일 열기와 주의·주장은 금압의 대상이 되었다.[286] 박정희는 '진보적 통일논의=용공'이라는 등식하에 물리적 강제력을 동원하여 통일논의를 봉쇄했다.[287] 그리하여 1960년대를 통일정책 및 통일논의 부재의 시대로 만들었다. 김성진의 회고에 의하면, 박정희는 생전에 남북통일을 이루겠다는 말을 한 번도 하지 않았다고 한다. 그 대신 통일의 기초와 토대를 만들어놓겠다고만 했다는 것이다[288] 그의 관심은 경제건설이었지

통일이 아니었던 것이다. 박정희의 논리는 남한의 경제상황이 북한보다 우월하게 될 때까지는 적화통일을 용이하게 할 통일논의를 해서는 안 된다는 것으로 집약된다. 즉, 경제건설이야말로 공산주의와의 대결에서 승리할 수 있는 첩경이며 통일의 전제조건이라는 것이다. 때문에 그 시점까지 통일은 유예의 대상이었다.

그런데 김일성의 '남조선혁명론'이 남한을 겨냥했을 뿐만 아니라 북한 주민들을 염두에 두고 있었듯이 박정희의 '선건설 후통일' 역시 그러했다. 선건설 후통일 정책은 이승만의 '북진통일론'과 마찬가지로[289] 통일정책을 넘어 국가안보와 정권안보를 위한 정책의 일환이었다. 5·16 직후 군사정권은 승공통일, 멸공통일을 주장하며 그 외의 통일논의는 북한과 국내 기회분자의 책동에 의해 불순분자가 사회혼란을 조장하는 것으로 간주하여 억압했다. 이 과정에서 1961년 민족일보사건, 1964년 황용주 필화사건, 1966년 서민호 구속사건 등이 발생하였던 것이다. 단적으로 말해 처음부터 박정희 정권은 반공을 국시로 삼고 경제력을 배양해야만 통일을 이룰 수 있고, 또한 통일문제는 정부가 주도하여야 한다는 입장을 견지했다. 이는 제2공화국에서의 통일논의가 불러온 정국혼란, 좌경화, 국론분열에 대한 일종의 학습효과였다. 또한 박정희 등 쿠데타 주도세력의 사상 전력에 대한 미국 등의 시선을 의식하지 않을 수 없었다. 따라서 군사정권이 『민족일보』에 대한 탄압에 착수한 것은 예정된 수순이었다.

『민족일보』는 1961년 1월 12일 창간되자마자 선풍적인 인기를 끌었다. 통일문제에 있어서도 그때까지 철저히 금기시되었던 남북교류·남북협상을 들고나왔다. 그러나 5·16쿠데타가 일어난 직후인 5월 18일 언론에 대한 사전검열 조치의 발표와 함께 3,300여 명에 이르는 혁신계 인사와 이들의 입장을 대변해왔던 『민족일보』의 간부 등이 체포[290] 되었다.[291] 7월 23일 민족일보사건 공판에서 혁명검찰부 검찰관 오재옥 등이 제출한 공소장에는 이 사건을 '간첩단사건'이라고 명시했다. 즉, "민족일보 사장 조용수는 일본에 거주하는 대남간첩인 이영근과 접선하여 공작금을 받아 윤길중, 서상일, 고정훈 등 혁신계 인사들과 활동하면서 혁신계 통합 정치자금을 제공하고… 민족일보를 창간 각종 논설, 사설, 논단 등 기사를 게재하여 북한 괴뢰집단에서 주장하는 것과 동일한 또는 그 기본방향이 동일한 위장평화 남북통일방안을 비롯하여 남북협상, 경제·문화·서신 교류, 학생회담 등 대한민국의 국시를 무시하고 오히려 반국가단체의 목적사항을 선전선동함으로써 동 단체의 활동을 고무·동조하는 활동을 하였다"는 것이다.[292] 그러나 조용수가 대남간첩 이영근에게 자금을 받았다는 검찰 측의 논지는 사실 그가 일본에 살고 있던 장인 등 친지들로부터 자금 지원을 받은 것에 대한 왜곡이었다.[293] 또한 공소장에서 간첩으로 지명된 이영근은 이후 중앙정보부의 자금 지원을 받아 반공노선을 충실히 따르는 『통일신문』을 발행한 인물이었고, 같이 구속된 인물들 또한 보수적인 제도정치의 틀을 인정하면서 정치활동을 전개한 사람들이었다.[294]

『민족일보』의 폐간과 조용수 등에 대한 사형판결은 구체적 증거 없이 신문 내용의 자의적인 해석에 근거하여 이루어진 것이었다. 조용수 등의 변호인단은 재판과정에서 자금 출자자의 명단과 출자액 명세서를 증거물로 제출하고, 이영근을 제외한 출자자 전원을 증인으로 채택할 것을 요청하였으나 이른바 혁명재판부는 이를 기각했다. 변호사 노재필은 "조용수가 빨갱이이면 나도 빨갱이입니다"라는 변론으로 재판의 부당성을 비판했다. 마침내 8월 28일 김홍규를 재판장으로 하는 혁명재판소

심판부 제2부는 이 사건으로 구속된 인물들에게 실형을 언도했다.[295] 조용수를 비롯한 3명에게 사형이 선고되자 국제펜클럽, 국제신문인협회 등은 전문을 띄워 자유언론에 대한 탄압을 비판하면서 관용을 베풀어줄 것을 요구했다. 국내의 문인, 언론계 인사 104명도 진정서를 냈고, 일본에서는 이들의 구출위원회가 결성되기도 했다. 이러한 노력으로 송지영과 안신규는 무기로 감형되었으나 조용수는 사형이 확정되어[296] 1961년 12월 21일 처형되고 말았다.[297] 결국 『민족일보』는 4·19 이후 통일논의 분출과 더불어 창간되어 5·16 이후 통일논의 금압으로 폐간되는 운명을 맞았다.

『민족일보』의 폐간이 상징하듯 4·19 이후 활발하게 진행되던 통일논의는 5·16쿠데타로 냉각되고 긴 동면기를 맞았다. 제3공화국이 출범한 후 1964년 1월 10일 발표한 대통령의 연두교서 가운데 통일정책 관련 부분은 지극히 형식적이었을 뿐만 아니라 구체적인 방안을 결하고 있었다. 즉, 우리가 당면한 첫 번째 문제는 "밖으로 공산주의 침략과 대결하여 민주주의의 승리를 기하여 조국의 통일을 성취하는 일"이라고 하면서 통일 달성을 위한 외교활동과 통일에 대비하는 연구와 태세를 갖추겠다는 것이었다.[298] 후일 선건설 후통일 정책이라고 지칭되던 제3공화국 정책노선과 관련된 박정희의 통일정책에 대한 비교적 구체적 언급은 1966년 연두교서에서부터 나타났다. 이때부터 "조국의 근대화와 자립경제의 건설이 바로 통일을 향한 중요과제다"라고 밝혔다. 이는 사회 각 분야에서 남한의 역량이 북한을 능가할 때 승공통일의 길이 달성된다는 것이다. 그런데 박정희는 통일논의 시기는 '1970년대 후반기나 돼야 할 것'이라고 못 박았다. 그 이전까지는 '건설' 외에는 모두 현실성이 없는 통일방안이라는 것이다.

이처럼 박정희 정권은 통일논의를 배격했지만, 그의 측근 중 일부는 정부의 공식적인 통일방안과는 근본적으로 다른 새로운 통일방안을 제시했다. 그 좋은 예가 박정희의 대구사범 동기동창으로 5·16 이후 『부산일보』 사장을 거쳐 문화방송 사장에 취임한 황용주의 통일론이다.[299] 1964년 10월 12일 황용주는 월간지 『세대』에 논문을 발표하고 ① 남북간의 적대관계의 완화와 해소, ② 남북 간의 불가침조약의 체결과 군축, ③ 남북의 유엔 동시 가입, ④ 외국군대의 철수, ⑤ 유엔 경찰군 감시하의 남북한 총선이나 연방제 실시, ⑥ 다른 나라와의 상호 방위조약의 폐기 등의 파격적인 통일방안을 제시했다.[300] 또한 신금단 부녀의 상봉으로 이산가족의 비원과 남북교류에 대한 여망이 고조되는 가운데 10월 27일에는 공화당 이만섭 의원 외 45명이 '남북가족면회소 설치에 관한 결의안'을 국회에 제출했다. 이를 통해 민주당 정권 시기의 통일 열기는 다시 표출되는 듯했다.

그러나 박정희는 11월 3일, 국시로 내건 유엔 감시하의 남북한 자유 총선거라는 통일방안 이외에 어떠한 통일방안도 있을 수 없다고 입장을 밝혔다.[301] 박 대통령은 무작정한 여론이나 감상적인 공론만으로는 통일이 될 수 없음을 지적하면서, 북을 압도하는 국민의 단결과 군사적·경제적 실력 배양이 앞서야 한다고 강조했다. 그러나 황용주의 제안이 박정희와 교감 없이 제기되었다고 보기는 어려울 것이다. 박정희 역시 10월 18일 춘천 발언에서 국내외적 여건으로 미루어볼 때 머지않아 남북통일이 이루어질 것으로 본다고 말했다. 그로부터 사흘 후 청와대에서 열린 정부·여당 연석회의에서 통일문제를 심각하게 연구할 시기가 되지 않았는가라고 반문하면서 국회에서도 여야가 함께 이 문제를 연구해야 한다고 강조했다. 여당은 이미 국토통일연구소 설치 법안을 정식으로 제

출해두고 있었다.[302]

그러다가 황용주의 논문에 대한 보수 야당으로부터 거센 문제 제기가 1963년의 '사상논쟁'을 연상시키는 용공 시비로 비화되자 박정희는 급기야 보수적 통일론으로 회귀하지 않을 수 없었다. 더욱이 야당의 문제 제기에 공조하듯 김형욱 중앙정보부장 등 권력 내부에서부터 승공통일 외에 다른 통일방안은 없다며 황용주 용공 시비에 동조하는 상황이었다. 당시까지도 박정희와 그 주변 인물들의 '사상'에 대한 의혹은 보수 야당이나 미국, 심지어 여권 내부에서조차 완전히 불식되지 않고 있었다. 박정희가 진화에 나선 것도 그 때문이었다.[303] 김형욱은 11월 6일 정보위원회에서 "최근 일부에서 대두되고 있는 중립론 내지 남북교류론의 근거를 철저히 색출해야 한다"고 밝혔다.[304] 이는 정부의 공식 통일방안 이외의 통일논의에 대해 쐐기를 박고, 집권세력 내부에서의 '위험한' 통일논의 조짐을 차단하고자 한 것이었다.

황용주의 제안은 그것이 실제로 실현될 가능성이 있다기보다는 그러한 제안이 국민들, 특히 청년학생들과 식자층의 공화당 정부에 대한 지지를 높일 수 있다는 판단에서 나왔을 가능성이 크다. 즉, 통일문제를 국내정치 게임에 이용하고자[305] 한 것이다. 사실 당시 식자층은 통일문제에 높은 관심을 보였다. 『조선일보』가 1964년 10월 29~30일 양일간 서울에 거주하는 각계의 식자층 144명을 대상으로 설문조사한 결과, 84.7%가 통일문제에 대단한 관심을 보였다. 또한 부분적 남북교류의 필요성에 대해서도 74.9%가 공감했으며, 가족면회소 설치안에 대해서도 74.3%가 긍정적 반응을 보였다.[306] 당시 박정희 정권은 한일회담의 추진으로 청년학생들의 격렬한 반대운동에 직면해 있었는데, 그들의 관심을 통일문제로 돌려 한일회담 반대운동을 가라앉히려는 목표를 깔고 있었다고 할 수 있다.

그러나 황용주의 제안은 유엔 감시하 남북한 자유총선거라는 통일방안의 수정으로 이어지지 못하고 정치사회에서의 '남남갈등'으로 중단될 수밖에 없었다. 황용주의 통일론이나 이만섭의 남북가족면회소 설치 제안[307]은 미국의 우려와 집권세력 내부뿐만 아니라 야당으로부터 강력한 반발을 불러일으켰기 때문이다. 특히 야당 의원들은 황용주의 통일론이 북한의 통일방안과 같은 것이라고 공격했다.[308]

11월 19일 윤보선 민정당 대표최고위원 등 야 3당 영수들은 유엔 감시하의 인구 비례에 의한 남북한 자유총선거라는 통일에 대한 단일방안을 재확인하는 성명을 발표했다. 이 성명은 현재 공산측 주장과 본질적으로 같은 통일방안이 대두되고 있음을 지적하고 이러한 "용공적 논의의 온존처는 공화당의 당시(黨是)라고 할 수 있는 민족적 민주주의에 있다"고 공격했다. 삼민회 소속의 한건수 의원도 "(황용주의 논문은) 반공국가인 우리나라에서 도저히 용납될 수 없는 논문"이라며 이에 가세했다. 곧 ① 북한도 하나의 정부로 인정, ② 남북한 유엔 동시 가입, ③ 소수의 유엔경찰 감시하의 남북한 총선이나 연방제를 고려해야 한다는 점 등을 거론하며, 이는 명백한 국시 위반이라고 지적했다. 삼민회의 정일형 의원은 남북면회소 설치안에 대해서도 "남북면회소 설치안의 실현은 대한민국이 북괴를 사실상 승인하는 결과가 된다고 생각하지 않는가"라고 질타했다.[309]

이러한 야당의 반응은 통일논의의 성격보다는 당시 박정희와 개인적 친분이 있는 황용주를 고리로 사상논쟁의 연장선상에서 박정희에게 정치적인 공세를 가하려는 것이었다. 결국 집권세력 내부와 야당의 용공성 시비에 걸린 박정희 정권은 황용주를 국시 위반으로 구속하고, 이만섭

의원으로 하여금 '남북가족면회소 설치에 관한 결의안'을 스스로 철회하게 했다. 동시에 유엔 감시하의 남북한 자유총선거에 의한 통일방안을 재확인했다.

여기에서 우리는 시대를 앞서거나 거스르는 통일론의 경우 야당뿐만 아니라 집권당도 자유롭게 거론할 수 없는 일정한 한계선이 있음을 알 수 있다. 이 한계선은 때때로 통일문제를 체제문제와 연결시켜 그것을 거론한 야당을 통제하고 억압하는 수단이 되었을 뿐만 아니라, 때로는 집권세력이 새롭게 입안하고 추진하려는 통일정책에도 족쇄를 채우는 역할을 했다.[310] 황용주의 구속 경위에서도 나타나듯이 야당 진영이 앞장서서 통일논의에 엄격한 한계를 설정하며 황용주를 구속으로 몰고 간 측면이 컸다. 그 근저에는 1963년 대통령선거 시의 사상논쟁에서도 제기되었듯이 박정희를 비롯한 집권세력 일부에 대한 사상적 의혹이 깔려 있었다.[311] 이는 야당을 포함한 당시 정치사회의 이념적 지향성을 단적으로 보여주는 것으로 이후의 반대세력과 정권과의 민주화투쟁에서 야당의 기회주의적 성격을 암시하는 것이기도 했다.[312] 1963년의 사상논쟁에서와 마찬가지로 통일문제에 있어서도 집권세력과 여당은 상대적으로 '진보적'이었던 반면, 보수야당은 '수구적' 태도를 견지했다.

황용주사건이 있은 뒤 한동안 통일논의는 완전한 금기사항이 되고 말았다. 정부나 국회, 정당, 그리고 사회 어느 곳에서도 통일논의를 접할 수 없었다. 침묵만이 계속된 가운데 처음으로 입을 열고 나선 사람이 가칭 민주사회당 창당준비위원장 서민호였다.[313] 1966년 5월 10일, 서민호는 민주사회당 발기 취지문에서 "유엔을 통한 남북통일을 원칙으로 하되 국제정세의 여건이 허용하는 범위 내에서 동서독 간에 이루어지고 있는 것과 같은 남북한 서신교환, 체육인 및 언론인의 교환"을 주장하고,

집권하게 될 경우 김일성과 면담할 용의가 있음을 피력했다. 그러나 이것이 문제가 되어 서민호는 반공법 위반 혐의로 구속되었다. 이 사건은 곧 '반공법 시비'[314]로 비화되었다.

서민호의 발언을 계기로 통일논의는 재연될 기미를 보였다. 혁신계에서는 "남북한의 서신교환이나 언론인 교류 등에 관한 제의가 국시 위반이라고 한다면 도대체 우리나라의 정확한 국시는 무엇이냐"고 따지면서 '국시논쟁'이 일어났다. 원내 보수야당에서는 "반공법의 내용이 명확하지 않다"는 이유를 들어 이 법의 개정을 위한 입법투쟁을 다짐하고 나섰다.[315] 서민호를 반공법 위반으로 구속한 데 대해 법조계에서는 이러한 발언이 정당한 정치의견일 뿐 목적의식이 보이지 않는 이상 반공법 적용은 정부의 월권행위라고 해석했다. 이에 정부는 반공법 제4조가 광범한 해석과 적용으로 정치적 이용 가능성도 있으나 반공을 국시로 하는 헌법정신을 받들어 국가보안법의 허점을 보완하며 남용될 수 없게 짜여진 법이라고 강조했다. 그리고 현시점에서 공산주의의 완전 통제하에 있는 북한 동포와의 서신교환에서 우리가 얻을 수 있는 것은 거의 없고 적을 이롭게 할 뿐이라고 반박했다.

정부는 종래의 공식적인 통일방안보다 더욱 경직된 태도로 서민호 및 혁신계의 논의를 봉쇄하려고 했다. 6월 3일 김형욱 중앙정보부장은 '남북교류론을 엄단한다'고 발표함으로써 통일논의의 한계를 분명히 그었다. 결국 서민호는 '김일성과 직접면담' 부분이 문제가 되어 "반국가단체의 수괴를 자신과 대등한 위치로 끌어올림으로써 반국가단체인 북괴를 합법정부인 대한민국과 동등하게 취급했다"는 혐의로 유죄판결을 받았다. 4·19 이후 민주당 정권의 선건설론이 비정부적 차원의 통일논의를 억제하는 소극적 방어책이었다면, 박정희 정권의 선건설론은 통일논의 자체를 말살하고 통일세력, 곧 민족주의자들을 용공분자로 투옥하는 적극성을 띠었다.[316] 박 정권의 선건설론은 1964년 신금단 부녀의 상봉으로 한때 열기를 보이던 통일논의가 황용주사건의 안티테제로서 북한과의 대결 일변도로 대치된 사정과 무관하지 않다고 할 것이다.

위에서 살펴본 바와 같이 박정희 정권은 통일방안에 대한 논의보다는 통일을 위한 국력의 증대에 중점을 두는 방향으로 통일정책을 추진하고자 했다. '혼란한 정국, 무정부 상태의 사회, 그리고 경제적 파탄을 지닌 채 불시에 통일이라는 현실에 대처해나갈 수 없다'는 것이다. 때문에 박정희는 '정국의 안정, 신사회의 질서 확립, 민족의 총력을 경제건설에 집중해 실력으로써 승공할 수 있는 진실한 터전을 마련하지 않으면 안 된다'고 생각했다. 경제건설로 북한을 압도할 수 있는 실력을 쌓는 것이 가장 확실한 통일방책이라는 것이다.[317] 박정희에게 있어 그것은 일종의 통일 회피라기보다는 가장 구체적이고 분명한 통일방안이었다. 따라서 박정희와 공화당의 논리 속에서는 통일과 근대화, 경제성장은 배치되지 않았다. 그런데 이것은 남한의 보수적인 권력층의 전반적인 시각이기도 했다.[318] 이처럼 박정희 정권은 북한체제를 능가하는 충분한 국력을 남한 내부에서 구축할 때에야 비로소 통일을 달성할 수 있다고 보았다. 당시 박정희 정권에 우선적으로 중요한 것은 경제건설과 정치적 결속이었다.

이와 같은 선건설 후통일 정책이 추진된 배경에는 이전 민주당 정권하의 무분별한 통일논의가 가져온 학습효과, 북한의 적극적 대남정책, 대북 경제력의 열세, 국제적 냉전기류 등에 기인한다고 볼 수 있다. 따라서 이러한 상황에서는 박정희 정권이 아니었더라도 후통일 정책을 추진할 수밖에 없었을 것이다. 다만 박정희의 사상적 콤플렉스에 '사상논쟁'

과 황용주사건을 거치면서 통일에 더욱 소극적일 수밖에 없었을 것이다.

그렇다면 북한요인은 선건설 후통일 정책에 어떤 영향을 주었는가? 우선 냉전하 적대적 대결구도에서는 경제력 격차가 크면 열세한 측에서 대화를 기피하게 마련이다. 그것은 상대방의 경제력에 대해서 위협인식을 갖기 때문이다.[319] 박정희의 선건설 후통일도 그러한 위협인식의 정확한 반영이자 표현이었다. 통일은 남한이 북한보다 정치적, 경제적, 사회적으로 우위에 있어야만 가능하며, 북한과의 대결에서 궁극적으로 승리하기 위해서는 강력한 정치적 결속력과 경제개발에 힘을 모아야 한다는 것이 박정희의 입장이었다.[320]

그러나 특히 1960년대 후반에 통일논의가 냉각기를 맞게 된 것은 북한의 우세한 경제력과 박정희 정권의 선건설 논리뿐만 아니라 북한의 전례 없는 호전적 태도에도 기인한다.[321] 1967년부터 북한의 무력도발은 점차 그 강도를 더해갔다. 박정희 정권은 이러한 상황에서 남북교류론 등의 다양한 통일논의가 제2공화국하에서처럼 국민적 통일성을 저해하고 사회적 혼란을 조장할 가능성이 높다고 판단했을 것이다. 이런 점에서 선건설 후통일 정책은 경제력 우세라는 상황적 북한요인의 압력과 공세적 대남정책에 기반한 군사모험주의라는 행위적 북한요인에 대한 박정희 정권의 대응이었다고 볼 수 있다.

3. 유신체제로의 통치양태 변화와 북한요인

향토예비군 설치 및 삼선개헌과 북한의 군사모험주의

북한의 대남전략과 군사모험주의

1967년부터 각종 대남공세를 강화해오던 북한은 1968년에 들어 더욱 공격적이며 모험적인 대남전략을 추진했다. 1968년 1월 21일 무장게릴라부대의 청와대기습기도사건[322]과 같은 해 11월 울진·삼척무장게릴라 침투사건,[323] 그리고 같은 해 8월 중앙정보부가 발표한 통혁당사건[324] 등이 당시 북한 대남노선의 성격을 보여주는 대표적 사례이다. 청와대기습기도사건 발생 이틀 후인 1968년 1월 23일 발생한 푸에블로호피랍사건[325] 역시 한반도의 긴장을 고조시킨 원인이 되었다.[326]

주지하는 바와 같이 북한은 이미 1962년 12월 당중앙위원회 제4기 5차 전원회의에서 국방력의 강화 방침을 정립하고 노농적위대를 강화하는 등의 변화를 보였다. 그러나 북한이 더 극명한 형태로 군사모험주의적인 경향을 보이기 시작한 것은 1966년을 전후해서였다. 이와 같은 방향 전환은 1966년 10월에 열린 제2차 당대표자회의(10월 5~12일)에서 분명하게 나타났다.[327]

1966년을 전후하여 한일 간의 국교가 수립되고 베트남전이 확전되면서 한국군의 베트남 파병이 이루어졌으며, 남한의 경제성장과 중소 간의 갈등이 심화됨으로써 북한의 위기의식은 더욱 고조되었다. 안보위협에 대한 인식에서 북한은 제2차 당대표자회의를 통해 본격적인 국방력 강화를 결의하고 4대 군사노선을 공식적으로 천명했다. 이에 따라 사회는 급격하게 군사동원체제로 재편되었다. 더불어 전 사회에 통제적인 요소가 강화되었다.[328] 당대표자회의에서는 7개년계획을 1970년까지 3년간 연장할 것을 결의했고, 군사부문의 현대화를 확인했다. 군현대화는 신기술과 군비지출에서 막대한 증가를 요하는 신무기의 생산 및 수입을 의미했다. 그 결과 국가예산 중 국방비 비율이 급증[329]했다.

북한은 '국방에서 자위' 원칙을 통하여 정규전뿐 아니라 산악전과 게릴라전술, 그리고 민병동원과 같은 비정규전을 위한 국방정책과 군사교리를 확립했다. 1966년 후반 노동당의 대남사업을 책임지고 있는 연락부 지도하의 인민군 정찰국은 비정규전의 지도적 역할을 떠맡았고, 1967년부터 인민군의 침투와 게릴라작전은 점차 강화되었다.[330] 마침내 인민군은 1967년 제124군부대 등 특수부대를 창설하여 청와대기습기도사건을 일으켰다. 북한은 미 해군 소속 푸에블로호를 원산 앞바다에서 나포하는 등 군사모험주의(military adventurism or militant strategy)[331]를 연속 감행하면서 한반도의 긴장을 고조시켰다.

표8과 그림8에서 보는 바와 같이 1968년 들어 북한의 무력도발은 횟수와 강도에 있어 한국전쟁 이래 최고조에 달했다. 당시 휴전선에서의 무력충돌이 남북 쌍방 간의 작용·반작용으로 상승한 측면이 있지만, 동

표8 1968년의 주요 북한요인

월	상황적 북한요인	행위적 북한요인
1	1 김일성 신년사	4 동해 휴전선 부근에서 홍익호(6톤), 복인호(6톤) 피랍(어부 14명) 7 동해상에서 신광호 등 어선 3척 피랍(어부 31명) 21 북한 무장공비 31명, 청와대 습격하고자 침입(28명 사살, 2명 도주, 1명 생포) 22 북한, 무장공비의 서울 출현 사건 보도 23 미 정보수집함 푸에블로호, 원산 앞바다(동해 공해상)에서 북한에 피랍(승무원 83명, 사망 1명)
2	2 푸에블로호피랍사건으로 유엔군사령부·북한 간의 비공개회담 8 2·8절에 민족보위상 명령 12호 하달 10 외무성, 베트남전 관련 미국 규탄 성명 발표 20 북한 민족보위상 김창봉, 소련을 방문, 한국군 장비강화에 따른 군사지원 요청 28 북한, '베트남 인민은 정의의 반미투쟁에서 승리한다'고 성명	27 조선중앙통신, 북한지역에 들어왔던 남한 어부의 귀환조치와 관련해 보도
3	12 〈베트남 인민 반미구국 투쟁지지 기간〉 설치(3.13~19)	23 조선중앙통신, 납북어부 송환 관련 보도 발표
4	22 노동당 제4기 17차 전원회의 개최 26 국방비를 33% 증가한 16억 1,744만 원으로 확정(전 예산의 30.9%)	11 전국 청년 총동원 대회, 남한 청년학생에게 보내는 편지 채택 14 북한, 판문점 남방 대성동 입구에서 미군차량 습격(미군 2명과 카투사 2명 사망, 미군 2명 중상)
5		2 북한 경비대들, 판문점 회의장에서 난동(미군 1명 부상) 17 농동(農動)연맹 중앙위, '남한의 혹심한 절량상태, 기근과 관련하여 남한 농민에게 보내는 호소문' 발표

월	상황적 북한요인	행위적 북한요인
6		17 서해 연평도 서쪽 해상에서 양성호 등 5척, 선원 44명 태운 채 피랍
7	6 외무성, '미제의 보호하에 박 정권을 길잡이로 하여 남한을 재침하여 아시아와 세계평화를 위협하는 일본의 책동을 폭로하는 비망록' 발표	18 사로청 중앙위, '미제와 박 정권의 탄압 소동이 극도에 이르고 있다'고 공동 성명 29 목포시 허사도(許沙島)에 무장간첩 2명 출현, 주민 1명 살해하고 도주, 30일 사살
8		4 북한 휴전선 네 곳에서 남침(9명 사살, 국군 1명 전사) 20 간첩선 제주도 해안 침투/나포(간첩 12명 사살, 2명 생포)
9		3 조국전선 중앙위, '북한 정권 20주년을 맞이하면서 남한 국민에게 보내는 호소문' 채택 24 서부지역 비무장지대 침투한 적 7명 사살
10	13 외무성, 미국이 평화협정의 미명하에 행하는 전쟁확대 행위 규탄 성명 발표	14 중서부 전선에서 북한 무장공비 5명 사살 17 중부전선에서 북한 무장공비 4명 사살 19 중동부 및 동부전선에서 남하공비 5명 사살 발표 30 동해에서 어선 38척과 어부 42명 납북 31 조선중앙통신, 북한에 의해 납치되었던 남한 어부 귀환 보도 발표
11	3 미국의 전면 폭격중지와 관련, 월맹을 지지하는 성명 발표 16 외무성, 미국의 캄보디아 침략 규탄 성명 발표	5 무장공비 약 60명 울진·삼척 출현(11.13 국방부 28명 사살 발표) 7 동해 휴전선 해상에서 어선 4척과 어부 32명, 북한 쾌속정에 피랍 8 동해 어로금지선 근방에서 어부 72명 납북 25 통일혁명당 공판을 규탄하는 평양시 집회

월	상황적 북한요인	행위적 북한요인
12	30 박중국 정전위 북한측 대표, '미제 침략자들이 정전협정을 난폭하게 유린하고 있다'고 중립국 감시위원회에 서한	9 무장공비 평창군에서 일가 6명에 칼질 만행, 사망 4명, 중상 2명 20 조국평화통일위원회, '남조선에서 우심해지고 있는 미제의 만행 규탄 성명' 발표

출처: 국사편찬위원회 편, 『대한민국사연표』 상·하(과천: 국사편찬위원회, 1984); 『북한연표』(서울: 국토통일원, 1980); 『제3공화국 연표』(서울: 인간사, 1984); 청사 편집부 편, 『칠십년대 한국일지』(서울: 청사, 1984); 한겨레사회연구소 정치분과 편, 『남북한 45년사』(서울: 월간 다리, 1989); 『국방사연표: 1945-1990』(서울: 국방군사연구소, 1994) 등을 바탕으로 재작성.

구권 외교문서가 보여주듯 군사적 대립의 다수가 북한의 도발로 야기되었음은 비교적 분명하다.[332]

북한 노동당 대남공작부서에서 활동한 한 고위관리의 증언에 의하면, 1·21청와대기습기도사건 등 일련의 군사모험주의는 민족보위상 김창봉, 인민군 특수정찰국장 김정태, 노동당 대남총국장 허봉학 등 당시 북한 군부강경파의 전반적 계획과 작품이라는 것이다. 군부강경파는 민족해방과 조국통일을 위한 전략적 계획의 한 단계인 여건 조성단계에서 남한의 통치기능을 마비시키고 파급효과가 큰 청와대를 습격하기로 결정했다는 것이다. 당초 계획에서는 제124군부대가 청와대, 중앙청, 육군본부, 형무소 등을 일시에 습격하도록 계획을 수립하고 훈련에 돌입했다. 그러나 군부강경파는 한꺼번에 습격하는 것은 무리라고 판단하고 우선 청와대를 습격하고 상황을 봐가며 기타 장소를 추가 습격하는 것으로 최종 결정했다고 한다.[333]

이 작전은 결국 실패하고 말았다. 군부강경파는 '남조선해방과 적화통일전략'[334]이라는 계획에 따라 청와대기습기도사건, 울진·삼척무장게릴라침투사건, 무장소조 조직공작원 대량침투사건, 철도폭파사건, 어민

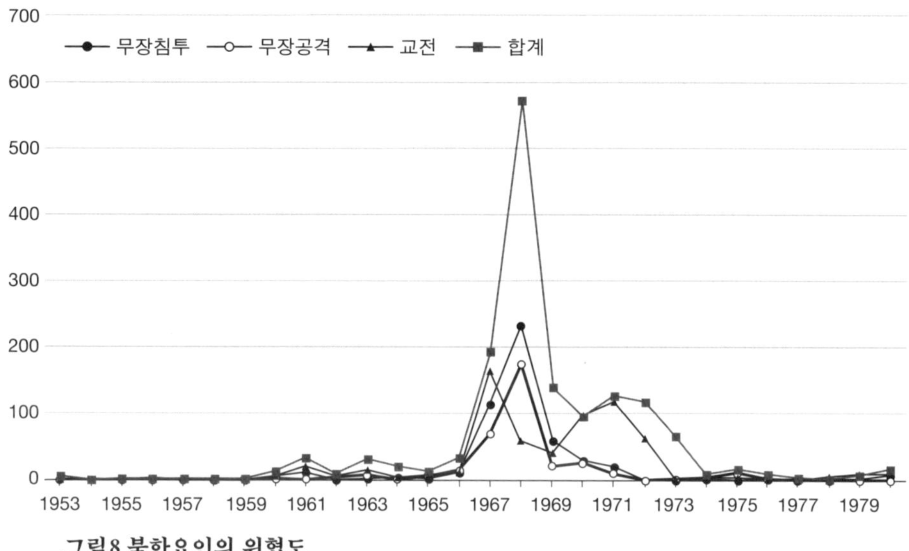

그림 8 북한요인의 위협도

출처: 이문항, 『JSA-판문점(1953~1994)』(서울: 소화, 2001), pp.361~371.

납북사건, 통일혁명당 재건공작사건 등 일련의 지속적인 대남공작을 감행했다는 것이다.[335]

북한 군사모험주의의 원형 또는 시발이라고 칭할 수 있는 1960년대 말, 북한의 무력도발이 왜 그렇게 급증했는가에 대해서는 그동안 충분한 논의가 이루어지지 않았다. 이 책에서 상론할 여유는 없지만 사실 푸에블로호피랍사건과 EC-121미정찰기격추사건 등 일련의 군사모험주의와 관련하여 북한 또는 김일성의 의도가 정확히 무엇인지에 대해서는 여전히 의문점이 많이 남아 있다.

북한이 1967년부터 남한에 대한 이와 같은 일련의 적대적인 무력도발을 강화한 이유는 군부강경파의 득세, 남한의 불안정한 정치상황을 이용한 베트남식 민족해방전쟁의 촉발, 사회혼란 조장으로 남한 경제에 타격, 남한 군대의 전투력 약화를 통한 북베트남에 대한 우회적 지원 효과, 7개년 경제계획(1961~1967)의 실패에 따른 북한 주민들의 불만 표출과 주체사상 강화, 중소분쟁으로 인한 독자적인 공격적 대남전략 추구 등 여러 각도에서 해석할 수 있다.[336]

다만 북한지도부는 세계 도처에 주둔한 미군이 국제적 분쟁에 관여함으로써 힘이 분산되어 있었고, 한국군이 베트남전쟁에 참전함으로써 한반도에서 힘이 약화되었다고 판단했을 수 있다. 때문에 새로운 세계정세를 남한혁명과 조국통일을 수행하는 '결정적 계기'[337]로 활용하자면 힘을 기를 필요가 있었다. 북한은 먼저 혁명의 기지인 자체의 힘을 기르는데 주력하면서 남한에서 지하당 등 혁명세력을 강화해야 한다는 방침을 채택했다.[338] 또한 남한의 지하당은 조직의 강화와 민심을 혼란시키는 선전, 선동 행위를 부단히 감행하여 남한 국민들에게 반정부 및 반미감정을 고취시킴으로써 정부와 국민 사이를 이간시키고 미군철수를 촉진시킨다는 것이다.[339]

북한지도부는 미군의 지원이 없고 박정희만 제거하면 남조선혁명이 곧 달성될 것으로 오산했는지도 모르겠다.[340] 김일성의 인식 또한 이와 같았음을 평양을 방문한 적 있는 솔라즈(Stephen J. Solarz) 미 하원의원과의 대담을 통해서도 알 수 있다.[341] 그러나 1968년 북한의 일련의 무력도발에 대한 남한 국민들의 반응에서도 나타났듯 남한 국민들이 비록 박정희 정권에 대한 충심 어린 지지자는 아니었을지라도 남한 정부를 확고히 지지했다. 이것이야말로 당시 유엔군사령관 본스틸(Charles H. Bonesteel)의 견해처럼 "결국 북한을 저지하게 만들었다."[342] 말하자면 반박정희가 곧 친김일성은 아니었던 것이다.

결과적으로 북한의 군사모험주의는 오히려 북한의 호전성만 여지없이 드러냈으며, 남한의 군사력을 증강시키는 계기가 되었다. 그리고 남한 국민들의 대북 경계심과 불신감을 가중시켰다. 그리고 무엇보다 박정희 정권이 제한적 다원주의에서 노골적 독재체제로 이행하는 데 있어 결과적으로 강력한 명분과 정당화의 기제를 제공했다.

군사모험주의의 국내정치 영향: 정책·제도 재편

김대중의 다음과 같은 회고처럼 당시 북한의 군사모험주의, 곧 행위적 북한요인이 국내정치에 준 영향을 생생하게 보여주는 묘사도 드물다.

> 1967년 말경 국회의원 부정선거를 둘러싼 여야당의 대립은 간신히 결말이 내려짐으로써 야당은 국회심의에 돌입하게 되었다. 야당은 전국을 대상으로 부정선거를 조사하되 부정이 심한 지구는 재선거를 한다는 조건으로 여당과 합의했다. …그런데 이 무렵 갑자기 정계를 포함한 한국의 정세를 일변시키는 중대한 사건이 벌어졌다. 그것은 1968년 1월 21일에 일어난 이른바 청와대 습격사건이다. …이 사건은 전 세계의 이목을 끌게 되는 한편, 한국민에게는 크나큰 충격을 안겨주었다. …이때 포로가 된 김신조라는 자는 텔레비전을 통한 기자회견에서 온 국민이 지켜보는 가운데 "박정희를 까러 왔다"고 말했다. 원래 국민들에게는 공산당에 대한 공포심이 뿌리 깊게 깔려 있었는데, 이 사건을 계기로 더욱 박차를 가함으로써 그 같은 공포심은 박 정권을 지원하는 감정으로 변했다. 정부는 여러 가지 강경책을 강구했는데, 국민은 이를 지지하게 된 것이다. 이 같은 상황 속에서 국회는 여야당이 일치 단결한 가운데 정부에 대해 강경조치를 취하도록 제의했다. 사태가 이쯤 되자 부정선거의 뒤처리는 제2차 문제가 되어버렸다.

한반도를 이처럼 극도로 긴장시킨 또 하나의 이유는 청와대사건이 있은 지 이틀 후인 1월 23일에 미 정보함 푸에블로호가 북한의 원산 앞바다에서 납치된 사건이 일어났기 때문이다. 이 두 가지 사건은 국내적으로도 국제적으로도 박 정권에게 긴장 정책을 취하도록 하는 계기가 되었다. 이 같은 정세로 말미암아 야당은 더욱 민주주의적인 주장을 할 수 없는 괴로운 입장으로 몰리게 되었다. 그리고 또 그해 11월 북한에서 120명의 게릴라가 삼척과 울진으로 상륙했다. 당시 한국 정부는 이들 게릴라는 지하조직 강화와 파괴활동을 목적으로 한 북한의 게릴라부대인 124군부대 소속이라고 설명했다. 이 부대에는 약 2만 명이 소속되어 있으며, 한국 내의 지하조직 강화와 파괴활동을 목적으로 훈련을 받고 있는데, 이번에 쳐들어온 것은 박 정권의 전복이 목적이었다고 밝혔다. **현실적**(강조는 필자)으로 이 같은 사건이 연속적으로 일어났기 때문에 "그럴 리가 없다"고 말할 수는 없게 된 것이다. …1969년에 접어들면서 미군 정보기 EC-121기가 동해안에서 북한에 의해 격추된 사건이 발생했다. 한국은 1968~1969년에 걸쳐 연속적으로 북한으로부터 도발을 받은 것이다. …어쨌든 그(박정희)의 3선 개헌 제안은 비상한 충격과 파란을 불러일으켰다. …결국 3선 개헌안은 국민투표에 의해 압도적 다수표로 통과되었다. 사태가 이처럼 갈팡질팡하는 사이에 진행된 것은 역시 북한과의 잇단 분쟁이 빚어졌던 것을 박정희 정권이 제대로 역이용한 데 있었던 것이다. 한국민과 야당은 결국 남북 양 정권으로부터 협공을 받은 결과가 된 셈이다.[343]

위의 회고처럼 1968년에 북한의 군사모험주의가 1·21청와대기습기도사건 등 대남무력침투로 나타남으로써[344] 이에 대한 반작용으로 남한 사회 전체가 극도의 긴장상태로 돌입했다. 한마디로 1968년 한국은 '제

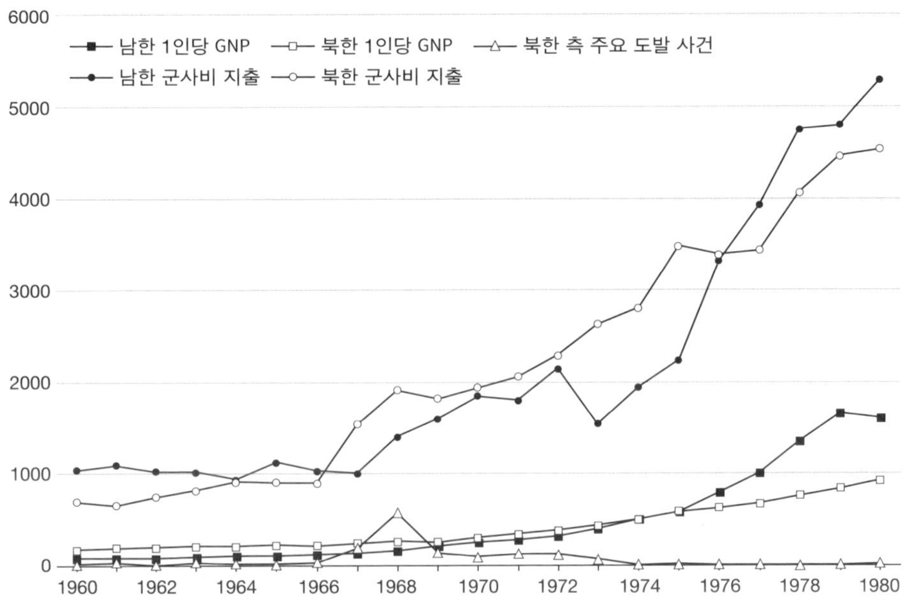

그림9 북한의 도발 사건과 남북한의 1인당 GNP, 군사비 지출 현황 비교

* 1인당 GNP 단위는 미 달러 기준, 군사비 지출 단위는 1987년 불변 100만 달러, 남북한의 군사비는 국방비+군원, 북한의 군사비 지출은 남한의 공식 추정 금액임(1961~1966년 국가예산의 19%, 1967~1971년 공식국방예산, 1972~1980년 국가예산의 30.9%)

출처: 『한국통계연감』 각년호; U.S. Department of Commerce, Bureau of Economic Analysis, *National Income and Product Accounts of the United States*, Vol. 1·2, 함택영, 『국가안보의 정치경제학』(서울: 법문사, 1998), p. 229, p. 231, p. 287 재인용; 이문항, 『JSA-판문점(1953~1994)』(서울: 소화, 2001), p. 372.

2의 한국전쟁' 가능성이 운위되는 초긴장상태에 있었다. 이는 정전협정 위반을 둘러싼 유엔사와 북한 측의 공방이 최고조를 이룬 것에서도 볼 수 있다.[345] 결국 이러한 긴장은 위로부터의 병영국가적 동원화를 용이하게 하는 분위기를 조성했다.

실제로 남한에서는 무력을 동반한 위기수준의 행위적 북한요인으로 인해 북한의 남침 가능성에 대한 두려움이 있었다. 이와 같은 위협인식은 그림9에서 보는 것처럼 행위적 북한요인의 뚜렷한 증가, 남북한의 경제력 및 군사비 격차 등이 맞물리는 상황이었다는 점에서 능히 짐작할 수 있다. 박정희 정권은 북한으로부터의 위협을 병영국가적 동원화와 정치적 억압에 유용하게 활용했다. 나아가 권력의 안정화는 물론 장기집권 정당화로 연결 짓고자 했다.[346] 또한 북한으로부터의 위협은 국민들이 정권의 강압 조치를 수동적으로나마 수용하고 정치적 저항을 유보 내지 철회하는 중요한 이유가 되었다. 말하자면 박정희 정권은 북한요인에 힘입어 정치적 저항을 억압하는 데 드는 비용[347]을 용이하게 낮출 수 있었던 셈이다. 달리 말하면 행위적 북한요인이 정권에 대한 저항세력의 도전비용을 대폭 상승시킨 것이다. 또한 군사모험주의와 같은 행위적 북한요인은 박정희 정권이 정책·제도 변경 등을 통해 국내정치를 재편하는 데 필요한 '정치적 공간'을 제공해주었다. 한마디로 1968년 군사모험주의로 표출된 행위적 북한요인은 박정희 정권에 최대의 위기이자 동시에 절호의 기회였다. 그런 점에서 남북한 적대적 의존관계의 정곡을 찌르는 다음의 평가는 흥미롭다.

> 박정희는 세계에서 가장 운이 좋은 지도자라고 미국 정부 당국자는 말하고 있다. 왜냐하면 그가 국내적으로 어려움을 당하고 있으면, 김일성은 번번이 광기를 부려 숨도 제대로 쉬지 못하는 박정희를 궁지에서 끌어내었으니 말이다.[348]

북한은 남한의 불안정한 정치상황을 계기로 자신들이 무력도발로 혼란을 조성하면 남한 내에서 베트남식 '민족해방전쟁'이 촉발할 것으로 기대했는지 모른다. 그러나 이러한 무력도발은 보수적인 남한의 농촌주민들에게 혁명적 반향을 불러일으키지 못했다.[349] 오히려 이로 인한 긴장 고조는 박정희 정권이 자의적으로 권력행사를 하게 했으며, 이것은 남한 국내정치에 부정적 영향을 주었다. 간첩이나 불순분자로 의심되는 자들에 대한 검거선풍이 일어남으로써 저항세력은 숨을 죽일 수밖에 없었고, 언론과 학생들의 비판에는 재갈이 물려졌다. 박정희는 국민들 사이에 불안을 조성하는 방법으로 북한의 침략 위협을 유효적절하게 이용했다. 그리고 스스로를 공산주의 침략을 가장 효과적으로 막아낼 수 있는 지도자로 이미지를 부각시켰다.[350] 박정희는 북한의 무력도발을 막아내기 위해서는 국가안보와 고도성장을 동시에 이루어야 한다고 믿었다. 앞에서 살펴본 바와 같이 북한의 존재가 위협적이었지만, 이것은 역설적으로 남한의 안보체제 확립과 급속한 성장을 가능하게 하는 요인이기도 했다. 따라서 선경제 후민주주의가 한동안 동력을 얻고 지속될 수 있었다.[351] 이 또한 1968년 군사모험주의라는 행위적 북한요인에 힘입은 바 컸다.

1968년의 행위적 북한요인은 정치적 저항을 침묵시켰을 뿐만 아니라 일련의 정책·제도를 재편하는 데에도 결정적인 영향을 미쳤다. 청와대기습기도사건이 있은 다음 날인 1월 22일 대간첩대책본부가 만들어진데 이어 4월 1일 향토예비군이 창설되고, 5월 10일에는 주민등록증개정안[352]이 통과되었다. 1969년 3월 1일에는 북한의 위협에 대처하고 통일에 대한 국론통일의 목적으로 국토통일원이 설치되는 등 정책·제도 면에서도 획기적인 변화를 몰고 왔다. 또한 청와대기습기도사건의 충격으로 서울시 교육위원회는 1월 29일, 초·중·고에 새 학년부터 반공교육을 강화하라고 지시하고, 1969학년도 입시 출제에 반공의 비중을 대폭 높이기로 했다. 각 학교는 반공교육 시간에 공보부에서 제작한 반공괘도를 활용하고, 중·고등학교에는 반공 도덕 교과의 전담교사를 별도로 두어

교과 전문화를 기하도록 했다.[353]

국회는 1968년 2월 6일 여야 만장일치로 "우리 국토를 우리가 지켜내겠다"는 결의안을 채택하여[354] 자주국방의 필요성을 강조했다. 또한 2월 7일 국방부는 한국전쟁 후 처음으로 전군의 제대 조치를 당분간 중지하도록 하고 이미 제대 특명이 난 장병들에게도 특명을 취소, 현 소속 부대에서 복무하도록 했다.[355] 2월 8일에는 박 대통령이 시국간담회를 열고 "지금 우리는 북괴와 생사를 건 심각한 싸움 앞에 있으니만큼 여야는 당리당략을 초월하여 국가이익을 위해 협력해야 한다"고 강조했다. 또한 과거 유엔군 중심으로 생각하던 국방 개념에서 탈피하여 국방의 주체성을 강조하고 재향군인을 무장시켜 북한에 대한 자위능력을 갖추겠다고 역설했다.[356] 이때부터 박정희는 김일성의 트레이드마크라고 할 수 있는 주체, 자립, 자위, 자주 등을 유난히 강조하고 즐겨 사용하기 시작했다. 이렇듯 남북한은 적대하고 경쟁하면서 서로 닮아가고 있었다.

한편, 2월 8일 존슨(Lyndon B. Johnson) 미 대통령은 북한의 남침에 대비하여 1억 달러의 특별 추가 군사원조를 한국에 제공하기로 결정하고, 의회에 이를 긴급히 승인해줄 것을 요청했다. 동시에 존슨 대통령은 박 대통령에게 국군 장비현대화 및 대간첩작전 장비 도입의 촉진을 위한 추가 군사원조를 약속했다. 그리고 향후 무장공비 남침에 대한 미국의 공동보복 보장, 그리고 푸에블로호피랍사건과 관련한 판문점회담의 공개 문제 등 한국 측의 요구사항에 대해 안전과 방위를 지원하겠다는 내용의 친서를 보냈다.[357]

이어 5월 27일과 28일에 제1차 한미 국방장관 회담이 워싱턴에서 개최되어 한국군 장비현대화와 1억 달러 군원의 사용 방안을 토의하는 등 한국군 현대화 계획이 본격화되었다.[358] 특히 이 회담은 한미 양국이 한국의 방위산업 육성의 필요성에 합의하여 방위산업이 시작되는 중요한 계기가 되었다는 점에서 의의가 있다. 또한 1969년 여름 국방차관회의에서 양국 정부는 M-16소총을 제조·조립할 수 있는 설비를 한국 내에 설치하는 데 합의했다. 이 합의는 한국의 무기산업에 있어서 핵심적인 조처였다. 그 뒤 1971년 11월 박 대통령은 상공부의 광공전(鑛工電) 차관보 오원철을 방위산업과 그 기초가 되는 중화학담당 경제제2수석비서관으로 임명함으로써 한국의 방위산업이 본격화되었다.[359]

박 대통령은 1968년 발생한 일련의 행위적 북한요인을 계기로 경제건설과 국가안보를 동시에 추진·결합해나가는 방향으로 정책을 선회했다. 이것 역시 박정희가 의식했든 아니든 간에 북한이 1962년 12월 10일부터 14일까지 열린 조선노동당 중앙위원회 제4기 제5차 전원회의 이래 추진해온 국방·건설 병진노선의 '남한판'이라고 할 수 있다. 이에 따라 국정목표가 '건설'에서 '건설과 국방'으로 바뀌었고, 중화학공업 추진은 자주국방을 갖추기 위한 불가결한 과제가 되었다.[360] 이와 같은 복합적 배경에서 출발한 중화학공업화 추진정책은 적잖은 부작용에도 불구하고 산업구조 고도화를 크게 앞당기는 디딤돌이 되었다.[361] 이처럼 당시 일련의 행위적 북한요인은 방위산업과 중화학공업화 추진에도 매우 중요한 영향을 미쳤다.

또한 1968년 12월에는 사상체계의 동원화를 의미하는 국민교육헌장의 선포가 있었다. 그리하여 박정희 체제는 1968년경부터 정책목표에 기존의 경제발전뿐만 아니라 '군사주의'와 '국가주의' 담론을 추가적으로 강조하고 나섰다.[362] 향토예비군의 창설과 함께 1969년 3월부터는 고등학교 이상의 각급 학교 학생들에게 군사교육이 부과되었다. 그리고 1970년에는 고등학교 여학생들에게 구급법과 간호법 등을 가르치는 교련교육이 시작되었다.

이 같은 일련의 정책·제도의 재편이 곧 1968년 발생한 일련의 행위적 북한요인의 직접적·자동적 산물이라는 의미는 아니다. 북한으로부터의 중압 내지 행위적 북한요인은 남한의 정책·제도에 영향을 미치되 남한의 체제역량, 국가·정치사회·시민사회의 역관계, 정책결정자의 인식과 의지 등의 매개를 거친다고 할 것이다.[363] 말하자면 외적 요인에 의한 특정한 정책·제도의 선택은 매개변수인 국내정치의 여과·조정을 거친다고 볼 수 있다.[364] 다만 한국전쟁 이래 행위적 북한요인의 위협이 최고조에 달한 상황에서 시도된 정책·제도 재편의 경우 매개변수의 여과·조정 정도가 제한된다고 할 수 있다. 기본적으로 국가지배적 국가·사회관계에서 발생하는 행위적 북한요인은 정치사회와 시민사회는 위축시키고 국가는 강화시킨다. 더욱이 위기수준의 행위적 북한요인은 국가나 정권으로 하여금 민주지향성의 제약을 뛰어넘어 국가나 정권이 선호하는 반공지향성 및 안보지향성의 정책·제도를 관철시킬 수 있는 '장대(pole)'를 제공한다고 할 수 있다.

위기수준의 행위적 북한요인은 국가나 정권이 선호하는 정책·제도의 채택을 가능하게 할 뿐만 아니라 정치사회 및 시민사회의 정책이나 제도의 선호에도 일정 정도 영향을 준다고 할 수 있다. 바꾸어 말하면 이 경우 국가와 정치사회 및 시민사회 간의 선호가 비록 하나로 수렴되지는 않는다고 하더라도 격차가 좁혀지고, 정책·제도의 미시적 구성을 중심으로 균열이 축소되는 경향을 보인다. 이는 국가나 정권의 정치적 공간이 더욱 확장됨을 의미한다. 그리하여 국가나 정권이 선호하는 정책·제도를 큰 저항 없이 관철할 수 있게 된다.

사실 북한요인이 한국정치에 주는 영향은 여타의 제 변수들과 중층결정의 결과라고 볼 수 있다. 다만 행위적 북한요인의 경우 국내정치 변화와의 인과관계가 더욱 뚜렷해진다. 특히 위기수준의 행위적 북한요인의 경우 국내정치 변화와 더 직접적 인과관계를 가짐을 1968년 군사모험주의로 표출된 행위적 북한요인이 정책·제도의 형성 및 재편 등 국내정치 변화에 준 영향에서 알 수 있다. 물론 북한과의 대치상태, 국가지배적 국가·사회 관계, 일반 국민의 높은 반공의식, 저항세력의 취약성 등으로 향토예비군 창설, 학생군사훈련 실시, 주민등록법 개정 등의 가능성이 상존하고 있었다. 그러나 그것만으로는 왜 이전 시기에는 정치적 반대에 부딪혀 시행되지 못하던 정책과 제도가 그 시점에서야 가능하게 되었는가를 설명하지 못한다. 따라서 우리는 이 시기에 이루어진 일련의 정책·제도의 변화를 1968년의 행위적 북한요인에서 그 원인을 찾지 않을 수 없다.

표9에서 보듯 1968년의 행위적 북한요인은 국가안보기구 강화 등 일련의 정책과 제도 변화를 초래한 중요한 전환점으로 작용했다. 예컨대 중앙정보부와 더불어 대공업무를 맡은 국군보안사령부가 1961년부터 1968년까지의 대공활동에 대해 내린 평가도 정책·제도의 형성 및 재편에 북한요인이 미친 영향을 말해주고 있다.

> 북괴의 각종 도발은 온 국민의 반공의식을 더욱 드높여주었고 상종 못할 대상이 바로 공산당이라는 사실을 일깨워주었다. 이를 실증하는 예가 바로 향토예비군의 창설로서 '내 고장은 내가 지킨다'는 국민의 국방의지를 확고부동케 했다. 이리하여 북괴의 무모한 도발이 있을 때마다 우리의 국방력과 대공태세의 강도는 이와 비례하여 증대 강화되었고….[365]

표9 북한요인과 주요 정책·제도 변화

연도	정책·제도 변화	주요 북한요인
1968	1.22 대간첩 작전본부 발족	1.21 청와대기습기도사건
	1.28 김성은 국방장관, 휴전선 방책의 복선화, 대간첩 장비 도입 앞당겨 추진	1.23 푸에블로호피랍사건
	2.6 서울시경, 전투경찰대 창설	
	2.7 국방부, 전 장병 제대 중지령	
	2.13 문교부, 반공교육강화책 수립	
	2.15 한·미, 간첩침투 즉각 대응, 한미국장방관회의 연례개최, 국군현대화 공동성명 발표	
	2.16 국무회의, 주민등록법 개정안 의결	
	4.1 향토예비군 창설	
	4.5 국방부, 전국 고교 및 대학생 군사훈련 실시 결정	
	5.26 제1차 한미국방장관 회담 개최(~29)	
	6.19 치안국, 해안산악지역 '멸공소년단', '멸공부녀단' 조직 지시	
	7.5 정부, 북한군 공격 대비 전투태세 3년계획과 방위산업 3년계획 수립	
	• 최초 국가급 대비태세 훈련 '태극연습 68' 실시	
	7.6 정부·여당 연석회의, 방위강화에 중점 둔 1969년 예산 편성 지침 결정	
	8.14 해안경찰 대폭 강화	8.24 통혁당 사건 발표
	9.19 고교 군사훈련 시작(서울 성동고)	
	10.16 문교부, 1969년부터 군사훈련 정규교과목으로 주당 2시간 실시	
	11.21 주민등록증 발급 개시	11.5 울진·삼척 무장공비 출현
	12.5 정부, 국민교육헌장 선포	
1969	1.8 공화당, 3선개헌 공식검토 발표	
	1.18 동해안 경비사령부 창설	
	3.1 국토통일원 개원	
	3.8 국방부, 병력기피자 특별단속법	

연도	정책·제도 변화	주요 북한요인
1969	4.15 주한미군, 한국군 비상경계 태세 돌입 5.7 울산경비사령부 창설 7.7 홍종철 문교장관, 학생들의 교내외 시위 일체 불허 발표 8.18 특전사령부 창설 11.29 문교부, 고교 이상 각급 학교 군사훈련 실시 결정	4.15 미 EC-121기 피격
	12.15 국방부, 예비군에 무기 지급 및 야간훈련 결정	12.11 KAL기 납북

출처: 국사편찬위원회 편, 『대한민국사연표』 상·하(과천: 국사편찬위원회, 1984); 『북한연표』(서울: 국토통일원, 1980); 『제3공화국 연표』(서울: 인간사, 1984); 청사 편집부 편, 『칠십년대 한국일지』(서울: 청사, 1984); 한겨레사회연구소 정치분과 편, 『남북한 45년사』(서울: 월간 다리, 1989); 『국방사 연표: 1945-1990』(서울: 국방군사연구소, 1994) 등을 바탕으로 재작성.

첨예한 갈등과 적대관계에 있는 분단국가에서의 국가안보는 비단 국가의 대외적 문제만이 아니라 주요한 대내적 차원의 문제이기도 하다.[366] 그만큼 분단국가에서 대외적 위협의 국내적 침투효과는 즉각적이고 직접적이다. 특히 청와대기습기도사건은 한국의 최심장부를 직접 강타하려 한 일대 위기적 사건이었다. 일반적으로 외부로부터의 위협이 사회 전체에 관련된 것이라고 인식되는 한 내부의 갈등 때문에 외부의 적에 대한 일치된 행동이 제약받지 않는다.[367] 북한으로부터의 위협은 6·8부정선거의 여파로 갈등하던 여야 정치권을 일시적으로나마 결속시켰다. 아니, 야당으로서는 행위적 북한요인이 가하는 '강제된 결속'이었다. 그리하여 2·8예산파동으로 극도로 대립하던 여야가 국가적 비상사태 앞에 초당적 대책에 나서지 않을 수 없었다. 여야는 1월 27일 여야 중진대책회의를 열고 국가안보체제를 강화하기 위한 대책을 협의했다. 이어 2월 6일 국회는 여야 만장일치로 국가방위 및 안전보장 태세 확립

에 관한 결의안을 통과시켰다.[368]

북한으로부터의 실제적인 위협에 직면하여 일반 국민들은 정치적 반대를 유예하고 국가를 중심으로 단결할 필요성에 공감했다.[369] 국민들 사이에서는 남한사회를 북한의 위협으로부터 지켜야 한다는 정서와 결속감이 강화되었다.[370] 그 결과 애국심이 강조되고 관련 제도의 정비 필요성 및 일련의 안보 및 반공정책 강화에 대한 사회적 공감대가 형성되었다. 한마디로 위기수준의 행위적 북한요인은 남한사회를 '태극기 아래 결집'시켰다.[371]

1968년 북한의 군사모험주의로 조성된 위기상황으로 인하여 박정희 정권에 대한 반대 여론과 저항세력의 입지는 더욱 위축되었다. 반공지향성과 안보지향성이 강화되는 상황에서 저항세력의 운신의 폭은 좁아지고, 민주지향성은 약화될 수밖에 없었다. 북한으로부터의 위협이 내부를 결속하고 반대를 제압하며, 나아가 병영국가적 정책·제도를 채택하고 노골적 독재체제로 이행하는 데 구실을 제공했다고 볼 수 있다.

그림10은 북한요인의 작용으로 반공지향성과 안보지향성의 동반 상승을 보여주는 유용한 지표이다. 이는 반공, 안보와 친화성을 갖는 권위주의와 이를 견제하는 민주주의 간의 비대칭적 길항을 의미하기도 한다. 북한은 위기수준의 행위적 북한요인을 통해 박정희 정권에게는 위기를 주려고 했고 저항세력에게는 기회를 제공하고자 했는지 모르겠다. 그러나 결과는 박정희 정권에게는 기회를 제공하고 저항세력에게는 위기를 안겨주고 말았다. 이는 해방 후부터 반복되어온 한국정치의 북한요인이 갖는 역설적 메커니즘이다.

북한의 위협에 효과적으로 대처하기 위해서는 정치적 자유를 일부 제한할 수 있다는 것은 정권의 논리만은 아니었다. 극적인 외적 위협은 국

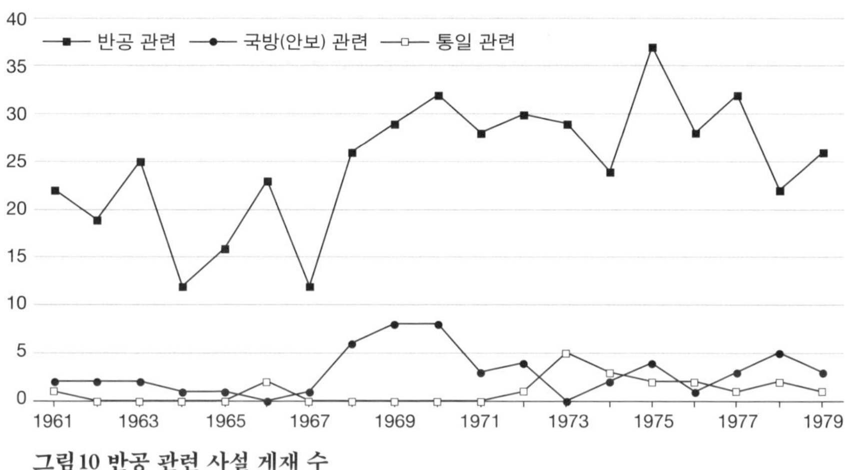

그림10 반공 관련 사설 게재 수

출처: 김혜진, "한국사회 반공이데올로기에 관한 연구: 1961~1979년 대북한 인식을 중심으로," 『중국연구』 제9집(건국대 중국문제연구소, 1990).

민들의 인식을 변화시키기 마련이다.[372] 당시 다수의 국민들은 물론이고 대학생들의 의식도 정권의 논리와 크게 다르지 않았다는 점은 흥미롭다. 표10은 1968년에 대학생 5,883명을 대상으로 실시한 설문조사이다. 이 조사에서 "전 국민의 자유를 어느 정도 제한하는 일이 있더라도 국내 질서를 유지하는 것이 좋다"라는 문항에 응답자의 76.5%가 찬성했으며, 14.2%가 반대했다. 심지어 "선의의 독재는 비능률적인 민주주의보다 낫다"라는 문항에 76.3%가 찬성하고 15.8%만이 반대하고 있다는 점은 놀랍다.[373]

또한 표11의 공보부 실시 국민여론조사 결과에서도 나타나듯, 부패한 정부나 개인의 자유가 없는 정부보다 공산주의 정부가 살기에 가장 나쁜 정부라는 데 훨씬 많은 사람들이 동의하고 있다는 점도 주목할 만하다. 여론조사 결과 공산주의 하면 제일 먼저 떠오르는 것이 독재라는

표10 전국 대학생의 정치적 태도

조사 항목	찬성	반대	무관
전 국민의 자유를 어느 정도 제한하는 일이 있더라도 국내 질서를 유지하는 것이 좋다.	76.5%	14.2%	9.3%
선의의 독재는 비능률적인 민주주의보다 낫다.	76.3%	15.8%	7.9%
"좋아도 내 나라, 나빠도 내 나라"란 말은 원칙적으로 좋은 태도의 표현이라 할 수 있다.	65.8%	22.6%	11.6%
평화시대라 할지라도 병역의무는 국토방위를 위하여 꼭 필요하다.	70.1%	18.3%	11.6%

조사 시기는 1968년 6월 말~11월 말, 대상은 5,883명

출처: 전용신, "한국 대학생의 정치적 태도," 『고려대학교 논문집: 인문·사회과학 편』 제15집(1969), pp. 33~50.

표11 1968년 4월 공보부 실시 전국여론조사

• 살기에 가장 나쁜 정부

공산주의 정부	부패한 정부	개인의 자유가 없는 정부
34%	17.9%	19.6%

• 공산주의에 대한 인식

지역	독재	무력침략
서울	82.6%	7.3%
지방	68.9%	6.6%

출처: 『조선일보』, 1968년 5월 7일; 『동아일보』, 1968년 5월 8일.

데 서울지역은 82.6%, 지방은 68.9%가 답하고 있다.[374] 이는 공산독재보다는 선의의 독재가 더 낫다는 대학생들의 인식과도 맥락을 같이한다고 볼 수 있다. '공산독재'보다는 '반공독재'가 우월하다는 정권의 논리가 상당 정도 시민사회에 침윤되어 있었음을 반증하는 지표라고 할 수

있다.

이렇게 볼 때 반공이데올로기와 국가안보이데올로기는 단순히 국가의 강제력과 동원으로만 지탱된 것이 아니라 일반 국민들에 의해 상당한 정도로 수용되었다는 사실을 알 수 있다. 여기에는 북한의 적대행위가 결정적으로 작용했다고 할 수 있다. 또한 이를 통해 당시 인구 구성에서 대다수를 차지한 농민, 노동자 등 사회적 소외층과 도시 중산층이 제한적 다원주의에서 권위주의 강화로 박정희 정권의 점진적 이행과 유신체제 수립을 과연 어떻게 받아들이고 있었는가를 짐작할 수 있다. 다시 말해 이로부터 그들이 북한으로부터의 위협을 명분으로 하여 권위주의 강화로 나아가는 박정희 정권을 왜 묵시적으로 동의하거나 설사 동의하지 않았더라도 박정희 정권 반대운동에 적극 동조하지 않았는가를 설명하는 하나의 실마리를 얻을 수 있다.

매우 아이러니한 것은 청와대기습기도사건 등의 행위적 북한요인은 통혁당의 종말을 재촉함으로써 박정희 정권을 위협할 수 있는 요소를 제거하는 결과를 가져왔다는 점이다. 청와대기습기도사건 이후 간첩과 용공분자에 대한 남한 공안 당국의 추적이 강화되어 1968년 7월 4일에는 통혁당의 김종태가, 24일에는 이문규가 체포되었다. 그 뒤 당국은 모두 158명의 관련자를 체포하여 통혁당을 일소해버릴 수 있었다. 다시 말해 '혁명의 지원'이 '혁명의 궤멸'로 귀결된 것이다. 통혁당의 김질락은 이미 1967년 5월, 남한 정국 혼란 시 무력지원을 할 테니 일거에 타격을 가하라는 북측 지도원에게 이 점을 꼬집어 말하고 있다.

…데모가 일어나고 국내가 요란할수록 북에서는 가만있어야 한단 말이오. 당신들이 얼렁얼렁하고 소란을 피우면 우리가 밑에서 일하기 더욱 곤란하

> 단 말이오. 그들은 눈도 없고 귀도 없답니까. 대번 이건 빨갱이들이 하는 수작이라고 냄새를 맡고 경계를 엄중히 하고 주모자를 이 잡듯이 잡아낸단 말이오. 그렇게 되면 아무리 날개가 돋혀 있어도 도망가기는 틀린 일이 되고 희생자만 많이 낸 후 혁명은 다시 원점으로 되돌아가야 할 판이 돼버리는 겁니다.[375]

김질락은 1년 뒤 찾아올 통혁당의 운명을 마치 예고하고 있는 듯하다. 요컨대 청와대기습기도사건은 통혁당 붕괴의 북한요인이었다. 달리 말하면 박정희 정권 안정화의 북한요인이다. 이는 1948년 여순사건으로 군부 내에 침투해 있던 좌파들이 괴멸되는 결과와 유사하다.

지금까지의 논의로 볼 때 1968년은 행위적 북한요인으로 인한 안보위기가 정치균열을 억압하고 정책·제도를 재편하여 제한적 다원주의를 제한하는 통치양태의 변화로 나아가는 전후의 '역사적 전환점(historical junctures)'이라 부를 만하다.[376] 앞의 이승만 시기에서 논의한 바와 같이 1948년의 여순사건이 국가보안법 제정, 숙군 단행, 학도호국단 창설 등을 통해 이승만의 강압적 통치양태를 향한 길을 열어준 것과 마찬가지로 1968년의 행위적 북한요인은 유신체제로 가는 길을 열어주었다고 할 수 있다. 다시 말해 박정희 정권은 1968년의 행위적 북한요인을 빌미로 병영국가적 동원화가 진행되는 가운데 1969년 10월에는 삼선개헌안을 공포하고, 1971년 12월에는 국가비상사태를 선포했다. 그리고 이는 마침내 1972년 10월 유신체제 수립으로 이어졌다. 이렇게 볼 때 1968년에 발생한 행위적 북한요인의 충격은 정치균열 억압과 정책·제도 재편뿐만 아니라 노골적 독재체제로의 이행이라는 통치양태의 변화에도 영향을 주었다고 할 수 있다.[377]

위기수준의 행위적 북한요인의 효과는 북한으로부터의 위협이 실재함을 결정적으로 입증해준다는 데 있다. 역사적 기억 속에 가물거리던 한국전쟁의 참혹성을 다시 불러내어 그것이 단지 역사와 기억이 아니라 '현실'임을 사회 전반에 침투시키는 결과를 가져온다.[378] 그리고 이는 다시 사회 전반에 걸쳐 강화된 기억으로 자리 잡는다. 이때부터는 정권의 위협인식은 더욱 높아지고, 정치적 반대에 대한 관용의 폭은 더욱 협소해진다. 그리고 정권에 의한 기억의 동원만으로도 위협은 실재적인 것으로 전화되어 정당성을 확보한다. 사실 이 지점에서는 가상적 위협과 실재적 위협의 구분 자체가 모호해지며 자의적으로 설정된다. 이러한 조건에서 정권에 의한 북한요인의 동원비용은 현격히 저하되고 반대세력의 저항비용은 급격히 상승할 수밖에 없다. 표출된 행위적 북한요인이 위협적일수록 그러한 동원이 보다 효과적임은 물론이다.

이와 더불어 위기수준의 행위적 북한요인의 발발로 국가의 대내적 자율성은 한층 증폭되었다고 할 수 있다. 국가는 북한의 위협에 대처한다는 명분으로 저항세력의 반대를 무력화시키면서 관련 정책·제도를 수립하고 시행할 수 있는 확대 강화된 자율성을 확보하게 되었다. 즉, 반공지향성과 민주지향성이 비대칭적으로 길항하게 되고, 전자가 후자를 압도하게 되었다는 의미이다. 향토예비군 설치, 학생군사훈련 실시, 삼선개헌 강행 등에 대한 정치사회와 시민사회로부터의 일정한 저항에도 불구하고 이를 관철시킬 수 있었던 것은 바로 그러한 사정에 기인한다고 할 수 있다.

안보와 민주의 길항과 북한요인

향토예비군 설치 공방

위기수준의 행위적 북한요인의 발발과 더불어 반공지향성을 상징하는 향토예비군 설치가 본격화되었다는 것은 북한요인이 반공지향성을 강화시킴을 보여주는 구체적 예라고 할 수 있다. 이는 동시에 민주지향성 벡터가 한층 더 약화되었음을 의미한다. 물론 1968년의 행위적 북한요인이 발생하기 이전에도 북한의 무력도발이 점증하는 데 대비한다는 이유로 향토방위법을 통과시키고자 했다. 그러나 야당의 강한 반발로 무산되었다. 그 이전의 북한요인은 이러한 반발을 돌파할 만한 위기적 수준이 아니었기 때문이다.

정부 차원에서는 이미 1·21청와대기습기도사건이 발생하기 전부터 북한의 점증하는 도발행위에 대한 우려와 대비책을 심도 있게 논의했다.[379] 그럼에도 불구하고 남한의 심장부를 강타하기 일보 직전까지 간 무력침투사건이 발생했다. 1월 6일 정부는 박 대통령 주재로 1군사령부 회의실에서 대간첩 비상치안회의를 열었다. 이 회의에서는 1967년 1년 동안 발생한 열차 폭파사건, 양민 살해 등 북한 간첩에 의한 각종 도발행위에 대한 보고와 1968년의 정세분석을 종합 검토하여 군관민 차원의 종합 대간첩 대책을 협의했다.

박 대통령은 유시를 통해 "북괴는 우리의 국력이 날로 증대되어감에 따라 간첩 남파의 성격과 규모를 전혀 새로운 형태로 바꿔가고 있다. 올해는 작년에 비해 약 10배에 달하는 무장간첩을 보내 전면적인 유격전을 시도하고 이른바 결사대를 남파하여 경찰서, 교량, 터널, 군사시설 및 국가의 주요시설을 파괴할 책략을 꾸미는 뚜렷한 기미가 있"다며 "이와 같은 상황에서 우리가 저들의 만행을 철저히 섬멸하기 위해서는 군·관·민이 혼연일체가 되어 상호협조체제를 확립하고, 범국민적으로 공산간첩을 잡는 데 궐기해야" 한다고 강조했다.[380] 박 대통령의 이와 같은 언명은 북한의 위협을 강조함으로써 반대세력을 제압하고 정권에 대한 지지를 유도하고자 하는 단순한 수사만은 아니었다. 그것은 상당 부분 사실에 근접한 정세판단이었다. 당시 한미 간에는 1966년부터 점차 격화된 북한의 심각한 무력도발 양상에 대한 대응방안을 놓고 여러 차례 협의를 진행해오고 있었다.

한편, 야당인 신민당의 원내대책협의회는 1월 6일, 여당인 공화당이 국회 본회의 통과를 서두르고 있는 향토방위법의 통과를 강력히 저지했다. 그리고 예산무효화 투쟁과 여당 단독으로 강행한 2·8예산파동에 대한 의장단의 인책을 계속 요구한다는 종전의 방침을 확인했다. 이 회의에서는 특별조사위원회법과 부정선거재발방지보장법의 제정은 의정서대로 한다는 방침도 재확인했다.[381] 또한 같은 날 신민당은 정부와 여당을 향해 '4월의 정치 및 경제의 위기설을 경계하고 이에 대한 철저한 대책을 세우라'고 요구했다.

박영록 신민당 대변인은 성명을 발표하여 "공화당이 여야 협상 의정서를 배신하고 예산안을 날치기로 통과시켰을 뿐 아니라 앞으로 향방법의 통과 기도 등으로 4월경 정치위기가 올" 여러 징후를 보이고 있다고 경고했다. 그는 또 "(외국원조가) 감소하고 13억 달러에 달하는 막대한 차관의 상환시기가 되었음에도 상환능력이 없는 (업체가) 속출하는 등 경제계의 누적된 모순이 표면화하여 4월에는 경제위기까지 겹치게 될 것"이라고 주장했다. 박 대변인은 "이러한 위기는 공화당 정권이 전시효과만을 노린 사이비 근대화정책으로 빈익빈 부익부의 결과를 초래했기 때문"이라고 목소리를 높였다.[382] 그러나 야당의 공세는 청와대기습기도 사건으로 묻히게 되었다. 그리하여 향토방위법 통과를 둘러싸고 전개되어오던 정치균열은 위기수준의 행위적 북한요인의 발발로 새로운 국면으로 접어들었다.

박 대통령은 2월 1일 서울-수원 간 고속도로 기공식에서 북한의 무장공비 침투에 대해 처음으로 언급하면서 '아무리 우리 국민이 자유와 평화를 사랑하고 남북통일을 전쟁수단에 호소하지 않는다 해도 자중과 인내는 한도가 있다는 것을 엄숙히, 그리고 분명히 김일성 일당에게 경고한다'고 밝혔다. 신민당의 유진오 당수도 2월 2일 국회에서 공비사건에 대해 언급하면서 "정부를 비판한다 하더라도 공산주의와 동조할 사람은 없"다는 것을 북한은 똑똑히 알아야 할 것이라고 경고했다.[383] 그리고 '공산주의와 싸우기 위해서는 힘을 갖추는 것뿐만 아니라 우리 체제의 우월성을 확신하고 공산주의와 싸워 이길 수 있도록 민주적 체제를 확립해야 한다'고 강조했다.[384]

야당은 정권의 반공과 안보에 수긍하면서도 북한요인을 빌미로 한 민주주주의 침식 가능성에 대해 우려했다. 민주주의가 가장 확실한 반공이라는 것이 야당의 논리였다. 또한 야당은 휴전선에서의 만약의 사태를 우려하여 일찍부터 베트남 파병을 반대해왔는데, 베트남전을 한국의 제2전선 운운하는 당국자의 말은 북한에게 재침 구실을 주는 위험한 발언이라고 말했다.[385] 야당은 치안부재, 안보부재를 초래한 정부의 무능을 질타하고 관계자들의 자진사퇴를 요구하며, 국민들에게 충격과 위기감을 준 데 대해 대통령이 국회에 나와 해명하고 사과해야 한다고 주장했다.

그러나 박 대통령은 북한의 위협에 대처하기 위해서는 민주체제의 확립보다는 힘을 길러야 한다고 강조했다. 한목소리를 내는 호전적 공산독재에 대응하기에 민주체제는 취약할 뿐만 아니라 위험하다는 것이 그의 인식이었다. 이 점에서 민주주의와 반공의 관계를 보는 야당과 박정희의 논리는 대척(對蹠)을 이루고 있었다. 박 대통령은 1968년 2월 7일 경전선 개통식에서 무기공장을 완공하여 250만 재향군인이 무장한다면 김일성이 자랑하는 100만 노농적위대를 압도할 수 있다고 발언했다. 그리고 "모든 국민은 공산주의자들과의 싸움을 군·경에만 맡긴다는 안이한 태도를 버리고 앞장서서 스스로 간첩색출의 눈과 귀가 되어야 한다"고 당부했다.

박 대통령은 "모든 국민의 협력을 조직화하기 위해 향방법을 만들겠다"며, "제대 장병이 무기를 그대로 가지고 귀향, 주말이나 1개월에 몇 번씩 사격훈련을 하도록 해서 이들이 자기 고장에 침입한 무장공비 섬멸의 제1차적인 역할을 맡도록 하겠다"고 말했다.[386] 그리고 그간 국민의 기본권을 침해한다는 이유로 향토방위법 제정에 반대하던 여론을 지적하면서 "서울에 무장공비 몇 명 와서 총소리가 몇 방 꽝꽝 나니까 (반대하던 사람들도) 이제부터는 정신을 차린 것 같다"고 여론을 환기시켰다. 동시에 "앞으로는 (1·21청와대기습기도사건보다) 훨씬 더 공산당의 발악적인 행동이 있다는 것을 전 국민들이 각오"해야 한다고 강조했다.[387]

위기수준의 행위적 북한요인의 발발로 인해 야당의 주장은 수세적이었던 반면 박정희의 언명은 공세적이고 힘이 들어가 있었다. 이는 6·8부정선거 여파로 야당의 공세에 수세적으로 대응해왔던 이전 상황의 기묘한 역전이었다. 위기수준의 행위적 북한요인의 발발과 관련한 박 대통령의 연설 요지는 다음과 같다.

> 1970년에 적화통일을 하겠다고 호언한 북괴 김일성도당은 우리의 경제발전으로 이것이 불가능해지자 경제발전을 방해하기 위해 무장공비를 남파, 치안을 교란하고 경제시설을 파괴, 한국이 월남과 같이 불안하다는 인상을 줌으로써 외국의 투자를 방해하려는 책동을 하고 있다. 금년에는 무장공비 침투가 어느 때보다도 많을 것을 각오, 국민들은 당황하지 말고 침착하게 언제 어디서든지 이들을 격멸할 수 있는 자신을 가져야 되겠다. 무력에 의한 북진통일이 아니고 경제건설을 통한 평화적 통일을 이룩하기 위해서 우리는 빨리 경제건설을 이룩해야 되겠다. 전방의 국방태세를 강화하는 한편 후방에서도 국민 전부가 싸우면서 경제를 건설하는 태세를 갖추어야 한다. 북괴만행 규탄대회도 좋지만 실질적인 정신무장이 필요하다. 무장공비 침입사건이 있자 피난 준비를 한다, 금을 사들인다, 부산에 방을 구한다고 법석을 떤 일부 얼빠진 사람들이 어떻게 공산주의자와 싸워 이기겠는가. 우리는 들에 나가면서도 총을 가지고 가 유사시에 쓸 수 있도록 국방체제를 뜯어고쳐야 한다. 원자무기가 있고 유엔군이 있다는 안이한 생각을 버리고 1차적으로 우리의 힘으로 막아야 한다는 각오를 굳게 해야 되겠다.[388]

박정희의 연설은 마치 1960년대 북한의 지도원칙인 "한 손에는 총을, 다른 한 손에는 낫과 마치(망치)를"이라는 유명한 슬로건을 연상하게 한다.[389] 정부는 무장공비 침투 등 북한의 도발행위에 대항하기 위한 국방력 강화의 일환으로 추진해온 향토예비군 설치문제를 협의하고, 우선 3월부터 향군 무장과 조직을 단계적으로 실시하기로 방침을 세웠다.[390] 국무회의에서는 2월 20일 국회에 계류 중인 향토방위법을 폐기하기로

표12 향토예비군 설치와 정치균열(1968)

월일	정치균열
4.1	향토예비군 창설
4.12	국무회의, 향토예비군설치법 개정안 의결
5.2	국회 국방위, 향토예비군설치법 변칙 통과
5.6	국회 법사위, 야당 퇴장 후 여당 단독 예비군법 통과
5.10	국회 본회의, 야당 불참 가운데 여당 단독 예비군법 통과
6.4	향토예비군설치법 시행령 개정(예비군 교육, 무기관리 등 경찰서장 위임)
6.13	향토예비군법시행령 공포
7.5	국방부, 향군법에 따라 제1보충역 35만 8,000명으로 향군 편성 지시

결정하고, 100만 향군의 무장과 조직을 목표로 한 향토예비군설치법 시행령을 의결했다.[391] 2월 28일 박 대통령은 향군 전국총회에서 250만 향군 중 제1단계로 100만 명에 대한 무장을 3월 1일부터 착수하여 1개월 이내에 전국적인 편성을 끝낼 계획임을 밝혔다.

이에 대해 신민당 유진오 당수는 2월 21일, 정부가 1·21 사태를 영구집권 태세 강화에 역이용하고 있어 국가와 민족의 일대 위기라고 주장하고, 향토방위법과 향군무장을 반대했다. 3월 20일 신민당은 향군무장에 반대하기로 당론을 확정 짓고, 그 대안으로 10개 예비사단의 활용 강화와 군경의 장비현대화 및 기강확립 등을 제시했다. 이틀 후 박 대통령은 울산석유화학공장 기공식에서 향군무장을 반대하는 야당 정치인들을 비난하고 정부는 무슨 일이 있더라도 향군무장계획을 강력히 추진하겠다고 말했다. 표12에서 보듯 향토예비군 설치 관련 법률은 야당의 반대에도 불구하고 정부·여당 주도로 일사천리로 진행되었고, 5월 2일 향군법이 여야 대치 상태에서 일부 조항이 수정되어 국회 국방위원회를 통과했다.

유진오는 국회 본회의에서 향군 조직 및 무장은 법 통과와 예산 조치에 앞서 이미 전국적으로 추진된 헌정파괴 사태라고 비난하고, 만약 국회가 향토예비군법을 추인한다면 법치국가 체제가 무너지고 말 것이라고 주장했다. 그러나 그날 밤 신민당 의원들이 전원 퇴장한 가운데 공화당과 10·5구락부 의원들만으로 회기 10일간 연장 동의를 가결했다. 그리고 5월 10일 국회 본회의에서 신민당 의원들이 전원 불참한 가운데 향토예비군설치법 개정안과 주민등록법 개정안[392]이 통과되었다. 5월 11일 유진오는 지방 유세에서 향토예비군법은 준군사적 조직으로서 민주주의와 선거를 있으나 마나 한 것으로 만들었다고 하면서 민주주의를 존폐의 위기에서 구출하기 위해 이를 분쇄하는 폐기투쟁을 벌이자고 호소했다. 그러나 향토예비군은 이미 4월 1일 대전에서 창설식을 개최하고 발족된 상태였다. 또한 간첩색출을 명목으로 한 주민등록증이 11월 21일부터 고유의 개인번호와 함께 발급되었다.[393]

박 대통령은 향토예비군 창설에 앞서 3·1절 기념사를 통해 "우리는 6·25 이래 최대의 도전을 받고 있다"고 말하면서 "북괴는 이제 간접침략에서 직접침략으로 전환, 금년을 전쟁준비의 해로 정하고 앞으로 더 노골적인 침략을 가해올 것"이라고 강조했다. 때문에 "전 국민이 궐기하여 반공투쟁의 대열에 참여할 것"을 호소했다. 이어 박 대통령은 "향군의 무장 이외에 경찰장비 강화, 예비사단의 전투력 증강, 해안선·국가중요시설의 경비 강화" 등 여러 시책이 진행되고 있음을 밝혔다. 아울러 "경제건설 추진에 속도를 늦추어서는 안 된다"고 강조하면서 "우리 경제가 지속적으로 성장하고 자유롭고 번영된 민주사회의 바탕이 튼튼해

지면 북괴는 무력남침이라는 기본전략을 변경하지 않으면 안 되는 시기가 꼭 오고야 말 것"이라고 했다. "공산도당과의 타협이나 그들에 대한 양보 및 후퇴는 죽음을 뜻하는 것"이기 때문에 "힘을 갖추는 것만이 적의 침략을 막는 길"이라고 못 박았다.[394]

야당의 향토방위법 제정 및 향토예비군 창설에 대한 반대에도 불구하고 향토예비군은 창설되었고, 국회에서는 4월 24일에서야 향토예비군 설치법 개정안에 대한 정책 질의가 있었다. 신민당의 조흥만 의원은 "예비군 조직은 국민의 기본권을 제한하는 위헌이 아니냐"고 따지면서 "법의 근거도 없이 이미 무장에 착수한 것은 위법"이라고 비판했다. 같은 당의 김수한 의원은 "현재 치안이 예비군 등의 조직 없이는 불안할 정도"인가라고 따졌다. 이에 대해 최영희 국방부장관은 "북괴의 도전에 대비하기 위해서는 병역법만으로 부족하여 예비군법의 개정이 절대 필요하다"고 말했다.[395] 4월 25일 국회에서 질의에 나선 서민호 의원은 '1·21사건 때 군이나 경찰보다 먼저 국민이 여러 방면에서 협조를 했고 반공사상으로 똘똘 뭉쳐 있는데 새삼스럽게 이 법안을 통과시키려는 저의가 무엇이냐'고 따져 물었다.[396] 또한 김수한 의원은 '혹시 선거운동이 치열할 때 간첩색출을 명목으로 검문·검색을 강화하여 야당운동원들에게 심리적 위압감을 주기 위한 방편이 아니냐'고 추궁했다.[397]

이어 4월 26일 국회 국방위원회 단독심의에서 질의에 나선 신민당의 장준하 의원은 "현재 진행 중인 예비군 편성에서 친여적인 인사만 간부로 임명하고 친야적으로 알려진 인사들은 소외시키는 등 벌써부터 정치적으로 움직이고 있다"면서 정치적 악용 가능성을 지적했다. 또한 "예비군 무장은 한국 안에 이미 거점을 확보한 공산당 또는 잠재 공산당에 무기의 유출을 허용, 그들을 월남의 게릴라처럼 만들어줄 우려조차 있지 않느냐"고 물었다. 답변에 나선 최영희 국방부장관은 예비군의 정치적 악용 가능성을 막도록 하겠으며, 무기 등이 불순한 세력에게 유입되지 않도록 주민 성분을 면밀히 파악하여 실시하겠다고 말했다.[398]

같은 날 신민당은 예비군의 무장 및 전국적인 조직을 반대한다는 원칙을 세웠다. 즉, 정부가 제안한 예비군법 개정안에 대해 폐기투쟁을 벌이고, 공비 토벌을 위해서는 전투경찰, 유격대대, 예비사단 등을 활용하는 동시에 민간지원 방법을 검토, 법제화한다는 방향으로 의견을 모았다.[399] 그러나 서울시내 국제전신전화국 폭발물사고,[400] 사이공 시가전 등 베트남전 관련 보도, 서울·경기 일원 대규모 간첩색출작전 전개,[401] 임자도고정간첩사건 발표[402] 등으로 야당의 반대는 점점 무색해졌다.[403] 이러한 상황적·행위적 북한요인은 북한에 대한 경각심과 안보불안을 자극함으로써 박정희 정권의 향토예비군 설치를 정당화하고 편성을 촉진하는 데 일조했다.[404] 마침내 예비군은 1968년 8월 15일까지 예비역 192만 명 중에서 187만 명으로 편성 완료되었다.[405] 1968년 1월 청와대 기습기도사건이라는 행위적 북한요인이 박정희 정권의 향토예비군 설치에 대한 명분과 동력을 제공했으나 야당의 향토예비군 설치에 대한 반대로 이를 둘러싼 정치공방이 이어졌다. 그러나 위에서 열거한 일련의 사건들로 야당의 반대는 점점 무색해졌고, 정부·여당의 향토예비군 설치를 정당화해주는 역할을 했다.

그렇다면 일반 국민들은 여야 균열과 공방의 쟁점이었던 향토예비군의 설치를 어떻게 바라보고 있었는가? 1968년 4월 공보부가 실시한 전국 국민여론조사 결과에 따르면, 향토예비군 무장에 대하여 표13과 같이 응답자 대부분이 동의한 것으로 나타났다. 다만 남침 대비책 중 향토예비군의 무장보다는 국민들의 정신무장이 가장 중요하다고 인식하

표13 1968년 4월 공보부 실시 전국 국민여론조사

• 예비군 무장

지역	전적으로 찬성	원칙적으로 찬성하나 현행법은 무리	전적으로 반대
서울	44.7%	39.8%	4.9%
지방	51.1%	26.0%	3.8%

• 예비군 무장의 향토방위 효과 전망

지역	매우 잘될 것	다소 잘될 것	과거와 마찬가지일 것	오히려 나쁜 결과 초래할 것
서울	20.1%	59.7%	5.2%	3.7%
지방	25.7%	45.6%	3.2%	2.3%

• 남침 대비책

지역	예비군 무장	군·경의 병력 강화	미국의 국군장비 지원 강화	국민정신 무장	기타
서울	3.7%	16.1%	17.4%	43.8%	
지방	7.7%	15.2%	16.1%	33.9%	

출처: 『조선일보』, 1968년 5월 7일; 『동아일보』·『중앙일보』, 1968년 5월 8일.

고 있었다. 국민 정신무장의 구체적 내용이 무엇인지는 나타나지 않으나 안보의식과 반공의식을 확고히 하는 것이라고 짐작할 수 있다. 야당도 물리적인 무장보다는 국민들이 남한체제를 북한의 위협에 맞서 지켜내겠다는 신념을 가질 수 있도록 민주주의를 확립하는 것이 바로 국가안보와 반공의 첩경이라고 강조했다. 그러나 앞에서도 논의한 바와 같이 어떠한 반공독재도 공산독재보다는 우월하다는 것이 당시 지식인은 물론이고 일반 국민들의 정서였다고 할 때, 일반 국민들의 다수가 야당의 논리에 다가갔다고 보기는 어렵다.

"1·21공비침입사건과 푸에블로호피랍사건을 계기로"[406] 민방위체제를 강화할 필요성이 제기되면서 만들어진 향토예비군제는 단순한 군사적 의미 이상의 병영국가적 동원체제의 중요한 증좌로 볼 수 있다. 향토예비군의 편성은 성인을 병영국가적 동원기제 속에 묶어둠으로써 그들의 행동과 사고를 통제할 수 있었다. 또한 정치적 저항세력의 견인으로부터 그들을 일정 정도 떨어뜨려놓을 수도 있었다. 그리고 선거기간 중 간첩색출 등을 구실로 예비군 동원령을 발동하여 공포 분위기를 조성하고, 야당 지지자들을 묶어두는 수단으로 악용할 소지도 있었다. 야당은 이런 점 때문에 향토예비군 창설을 반대했던 것이다.

그러나 향토예비군 창설을 둘러싼 균열과 공방은 정치사회 수준의 것이었지 시민사회 수준에서는 주목할 만한 균열이 없었다. 향토예비군 창설에 대한 일반 국민들의 저항이 크지 않았던 것은 위기수준의 행위적 북한요인이 반공지향성과 민주지향성의 길항을 전자로 경사시켰기 때문이라고 볼 수 있다. 정치지형에서 민주지향성이 약화되었다는 것은 반공지향성과 안보지향성이 그만큼 강화되었다는 뜻이다. 이제 이러한 정치지형에서는 향토예비군의 정당화를 넘어 삼선개헌 등과 같은 박정희의 장기 집권욕을 관철시키기가 한결 용이해졌다. 결국 박정희의 장기 집권욕을 충족시켜준 '은인'은 다름 아닌 김일성이었다. 그리고 삼선개헌이 유신체제 수립으로 가는 징검다리[407]였다고 할 때, 1968년에 일어난 위기수준의 행위적 북한요인은 제한적 다원주의에서 노골적 독재체제인 유신체제로 이행하는 단초를 제공했다.

삼선개헌과 정치균열

삼선개헌은 유신체제 수립으로 가는 징검다리였다. 그리고 1968년의 위기수준의 행위적 북한요인은 박정희를 태운 '개헌열차'가 달릴 수 있는 동력이 되었다. 박정희는 장기 집권욕으로 1966년경부터 개헌열차를 탔으나[408] 1968년 이전에는 출발할 수 있는 연료가 부족했고 선로 또한 시원치 않았다. 이를 적대적 상호의존 관계에 있던 북한의 군사모험주의가 해결해주었다. 그런데 박정희에게 있어 삼선개헌은 종착역이 아니라 유신이라는 종착역으로 가기 위한 일종의 환승역이었다.

동백림사건의 재판이 진행되고 있던 1968년 1월 21일의 청와대기습기도사건을 시작으로 푸에블로호피랍사건, 임자도고정간첩사건, 통혁당사건, 울진·삼척무장게릴라침투사건, 미 정찰기 EC-121기 격추사건 등 북한에 직접 원인이 있는 사건의 연발과 남북대립의 격화는 북한요인을 동원한 삼선개헌을 가능하게 하는 '기회의 창'을 열어주었다. 북한의 계속되는 무력도발은 안보를 구실로 한 개헌에 대한 국민의 비판과 의문의 표명을 봉쇄하여 정부와 공화당을 도와주는 역설적 상황을 초래했다.[409] 특히 외부로부터의 위협이 내부로부터 위협과 맞물린 통혁당사건까지 가세함으로써 사태는 더욱 악화되었다.

1968년 8월 24일 김형욱 중앙정보부장은 일단의 지식인들이 북한의 지령을 받아 1970년대 무력적화통일을 위해 재남 지하당을 망라, '결정적 시기'를 만들어 민중봉기와 국가전복을 꾀했다는 '통일혁명당[410]사건'을 발표하여[411] 세상을 깜짝 놀라게 했다.[412] 통혁당사건은 북한의 위협이 단순히 외재하는 것이 아니라 심각한 수준으로 내재하고 있음을 보여주었다는 점에서 충격적인 사건이었다. 이러한 일련의 행위적 북한요인의 발발로 박정희 정권의 반공·안보드라이브는 점점 강화되었다. 이는 민주주의에는 침묵을 요구했다. 1968년은 한마디로 반공으로 날이 새고 안보로 날이 저무는 해였다. 여기에 삼선개헌의 강행은 제한적 다원주의의 훼손과 노골적 독재체제로의 서막을 보여주는 하나의 상징적이고 구체적인 사건이었다.

1969년 1월 7일 윤치영 공화당 의장 서리의 기자회견으로 삼선개헌 논의는 본격적으로 막이 올랐다. 윤치영은 "조국 근대화 작업의 완성이라는 지상명령을 수행해야 되는 우리 실정으로 강력한 리더십이 필요하다"고 역설했다. 동시에 이 같은 강력한 리더십을 계속 유지해야 하는 지상명령 수행에 차질이 없도록 하기 위해서는 필요하면 대통령의 2차 이상 중임 조항까지 포함해서 개헌문제를 연구할 수 있다고 했다. 이에 앞서 길재호 공화당 사무총장도 개헌문제를 검토하고 있다고 흘린 바 있었다.[413] 일본에서 귀국한 김종필은 4월 27일 "북괴의 전면 도발 행위가 점고(漸高)하고 있는 우리나라를 계속 안정과 번영으로 이끌기 위해서는 박 대통령의 강력한 영도가 절대로 필요하다"고 역설했다.[414] 여당 인사들이 개헌 논의에 불을 지피고 나오자 야권에서는 박정희가 자신의 권력유지를 위해 북한의 남침위협을 과장하고 있으며, 이것이 오히려 국가안보를 해친다고 비판했다. 신민당은 일체의 개헌에 반대하며 여당에 의해 이러한 정치음모가 추진될 경우 국민과 더불어 저지투쟁을 벌이겠다고 선언했다.

1월 14일 신민당은 개헌을 저지하기 위해 5인위원회를 구성했다. 이어 1월 17일 유진오 신민당 당수는 "공화당의 개헌논의는… 공화당이 장기집권하겠다는 것에 불과하"며, "국민 대다수는 이를 원치 않고 있다"고 했다. 그리고 "반공의 바탕 위에서 자유, 자주, 자립의 민주정신을 진작하여 철통같은 국민의 정신적 단결을 도모해야 함에도 박 정권은 북괴의 침략야욕을 역이용하여 국민의 자유를 억압하고 언론을 봉쇄하여 삼선개헌을 획책함으로써 국민을 두 조각으로 갈라놓으려 하고 있다. 삼선문제로 인해 국방태세에 금이 간다면 그 책임은 박 정권에 있다"고 공박했다.[415] 이어 박정희의 삼선개헌을 당의 운명을 걸고 범국민적인 투쟁을 벌여 기필코 저지하겠다고 결연한 의지를 피력했다. 삼선개헌 발의에 대해 야당의 정일형 의원은 여당의 논리를 반박하면서 "개헌은 사회적, 문화적, 경제적, 정치적 혼란을 초래해서 김일성 도당과 공산주의의 온상을 만들게 되는 국제적 위기가 조성될 것"[416]이라고 주장했다.[417] 위의 김종필과 정일형의 삼선개헌을 둘러싼 발언에서 보듯, 개헌 찬반의 이유가 모두 북한 위협으로부터의 체제 수호에 있었다는 점은 흥미롭다. 이와 같은 상반된 두 가지 안보관은 '반공을 위해서는 민주주의를 제약할 수 있다'와 '반공을 위해서라도 민주주의를 해야 한다'는 상이한 민주주의관의 격돌과 맞닿아 있다.

표14에서 보는 바와 같이 단적으로 말해 삼선개헌을 둘러싼 정치균열의 핵심은 다름 아닌 반공(안보)과 민주의 길항이자 갈등이었다. 분단국가에서 그것도 위기수준의 행위적 북한요인이 개입하는 상황에서 양자의 조화와 균형은 접점을 찾기 어려운 딜레마였다. 두 지향성을 각각 대변하는 세력들의 대척적 논리는 각기 일정한 정당성을 지니고 있었다. 그러나 극단순화의 위험을 무릅쓰면, 민주주의 없이도 국가는 생존할 수 있지만 안보 없이는 국가의 생존 자체가 위협을 받는다고 할 수 있다. 또한 "효율적인 국가 없이 민주주의 없다"[418]고 할 때 민주는 반공(안보)과 대칭적으로 길항하기 어려웠다. 더욱이 일반 국민들이 행위적 북한요인의 위협이 가시화된 시점에서 반공(안보)과 민주의 양자택일을 강요받았을 때 민주를 선택할 가능성은 높지 않았다. 삼선개헌을 둘러싼 정치균열은 이와 같은 반공(안보)과 민주의 비대칭적 길항 상황에서 전개되었다.

표14 삼선개헌과 정치균열의 전개(1969)

월일	정치균열
1.8	공화당 삼선개헌 공식 검토 발표
1.9	공화당 정책위 의장단, 개헌 논의를 당 공식기구에서 검토하기로 결정
1.10	박 대통령, 연두기자회견에서 개헌 의견 발표
1.17	유진오 신민당 총재, 연두기자회견에서 '삼선개헌 저지' 언명
1.29	신민당, 박 대통령에게 개헌의사를 묻는 질문서를 국회에 제출
2.3	정정법 해금인사, 삼선개헌반대범국민투쟁위 발기준비위원회 구성
2.10	박 대통령, '임기 중에는 현행 헌법을 고치지 않았으면 하는 것이 솔직한 심정'이라고 답변
3.31	신민당·범국민투쟁위원회, 삼선개헌반대투쟁 협의
4.15	공화당, 항명 이유로 양순직·예춘호·정태성·박종태·김달주 의원 제명
5.8	유진오 신민당 총재, 광주에서 삼선개헌저지투쟁 표명 윤치영 공화당 의장 서리 기자회견에서 삼선개헌 필요성 주장
5.21	신민당 전당대회에서 유진오 총재, '삼선개헌은 민주주의의 돌아오지 않는 다리'라고 연설
6.3	길재호 공화당 사무총장, 연임금지 삭제, 대통령에 비상대권 주는 개헌 역설
6.5	신민당·재야, 삼선개헌반대범국민투쟁준비위 결성(위원장 김재준 목사)
6.12	서울대생 헌정수호 선언 및 농성(6.16, 6.17)
6.19	삼선개헌 반대 학생시위 시작
7.3	삼선개헌 반대시위 전국 확대
7.7	박 대통령, '개헌이 합법적으로 발의되면 적법조치하는 것이 정부 의무'라고 공개답변 홍종철 문교부장관, 학생들의 집회·시위 일절 허용 않겠다고 언명
7.25	박 대통령 특별담화, '개헌 표결로 신임 묻겠다'고 선언
7.29	신민당 조흥만, 성낙현 의원 삼선개헌 지지
8.8	『동아일보』 삼선개헌 반대 사설 게재

월일	정치균열
8.9	신민당 의원 가두시위
9.5	신민당 확대간부회의, 개헌통과 저지 위해 당 해산하기로 결정
9.6	신민당, 박 대통령 탄핵소추 결의안 국회 제출
9.7	신민당 임시 전당대회, 당 해산 결의와 동시에 신당 발기 준비위 구성
9.8	구신민당 소속 의원 44명, '신민회'란 새 교섭단체로 등록
9.12	공화당 의원총회, 박 대통령 1기만 재임하도록 결의
9.14	공화당 정우회 소속의원, 개헌안 국민투표 법안을 122표로 전격 가결(국회 제3 별관)
9.16	정부, 국민투표법안과 동 시행령 공포
9.20	신민당 재창당
10.4	김종필, 개헌지지 설득 위해 전국 순회
10.17	개헌안 국민투표 실시(가결)

삼선개헌을 둘러싼 균열과 대립은 1969년 6월 들어 한층 격렬한 형태를 띠고 전개되었다. 6월 3일 길재호 공화당 사무총장은 대통령의 연임 금지 조항을 삭제하고 삼선을 가능하게 하며, 나아가 대통령에게 비상대권을 부여하는 헌법 개정이 필요하다고 주장했다. 말할 것도 없이 이 같은 주장은 북한 측의 계속되는 무력도발과 안보상 위협에 대처해야 한다는 명분을 바탕으로 하고 있었다. 이에 맞서 야당 측은 일제히 개헌 반대의 목소리를 높였다. 신민당 김영삼 의원은 6월 13일 국회 본회의에서 개헌문제를 논의하면서 "이 나라는 독재국가요. 특히 독재국가를 끌고 나가고 있는 원부가 바로 중앙정보부다. 그 책임자인 김형욱이는 제2의 최인규와 같고, 민족의 반역자다.[419] 이러한 무리가 이 땅 위에 있는 동안까지는 다시는 이 나라의 민주주의는 살 길이 없다"고 기염을 토

했다.[420]

한편 재야는 6월 5일, 삼선개헌반대범국민투쟁준비위원회를 결성하고 13일 서울대의 헌정수호 선언을 시작으로 삼선개헌 반대운동을 조직적으로 전개하고자 했다. 저항세력의 주요 동력인 학생들이 삼선개헌 강행을 방관할 리 없었다. 6월 27일 고려대생 500여 명이 개헌 반대를 주장하는 학생시위를 점화시켰다.[421] 학생들은 집권연장을 위한 개헌은 민주주의의 원칙을 훼손하는 반민주적 작태라고 비판했다. 정부 당국은 7월 중순경 거의 모든 대학이 조기방학에 들어감으로써 학생들의 시위 열기가 식기를 기대했다. 7월 4일 경찰 집계에 따르면, 6월 27일부터 7월 3일까지 12개 대학에서 3만 3,200여 명이 시위에 참가하여 대학생 541명과 민간인 35명이 연행되었다. 이 기간에 시위 진압에 동원된 경찰은 연 1만여 명으로 추산되었다.[422]

신민당은 일부 재야인사와 정치인들로 구성된 삼선개헌반대범국민투쟁준비위원회와 함께 전국 각 도시에서 개헌반대운동을 활발하게 전개했다.[423] 이 위원회는 1969년 7월 17일 성명을 발표하여 "우리가 외치는 것은 반공을 위한 반공이 아니라 자유민주체제의 확립과 신장을 위한 승공"인데, "박 정권은 북괴 침공의 위협을 선전한다. 그러나 박 정권 자신이 민주 국민의 충고를 무시하고 헌정을 말살하는 삼선개헌을 강행하여 국론분열과 사회의 격동을 조장한다면 그것이야말로 북괴의 흉계에 호기를 제공하는 것이다"라고 비판했다.[424] 7월 29일 유진오 신민당 총재는 "요순이 재래한다 해도 일인집권의 영구화는 부패독재의 우려가 있기 때문에" 반대한다는 성명을 발표했다.[425]

한편 9월 3일 전국대학생반독재투쟁민주동맹 서울대 투쟁위원회는 선언문을 발표하여 "그들이 내세우는 개헌 구실은 몇 년 후에도… 그대로 존속할 것이며 앞으로 오히려 보다 새로운 위기의식을 조성해"낼 것이며, "목하 이 땅에는 자유당 말기 증상과 너무나도 흡사한, 아니 이를 능가하는 일련의 사태가 진행되고 있다"고 비판했다. 또한 "그들의 진정한 정체는 4·19를 계승하기는커녕 민주주의를 말살하고 대중 위에 군림하는 새로운 파시스트들이었다는 것을 우리는 뒤늦게야 자각하게 되었다. …우리는 사상 유례가 없을 만큼 부정과 권력이 난무한 6·8선거가 바로 이들에 의하여 계획된 개헌을 위한 예비음모였다는 것을 참으로 이제서야 깨닫게 된 것"이라면서 독재의 음모를 분쇄하자고 외쳤다.[426]

그러나 반대 목소리에도 아랑곳하지 않고 정권은 삼선개헌 추진에 박차를 가했다. 위기수준의 행위적 북한요인이 없었다고 하더라도 개헌을 위한 갖가지 방안에 골몰했을 박정희로서는 북한이 열어놓은 이 절호의 기회를 반대세력의 저항 때문에 반납할 가능성은 애초부터 없었다. 1969년 9월 10일 공화당의 백남억 의원이 국회에서 개헌안을 제안하면서 밝힌 이유는 이승만 정권 때의 개헌 발의 이유와도 흡사했다. 그는 "현행 헌법의 중임 조항은 평생을 두고 8년 이상 할 수 없는 것으로 우리의 여건하에선 너무 지나친 것이다. 특히 북괴의 도발에 대비해 자주국방 태세의 강화만이 번영과 안정의 기틀이 되며, 나라를 반석 위에 올려놓을 유능한 지도자를 모셔야 할 것"이라고 했다.[427] 이는 1954년 '사사오입' 개헌에서 이승만에게 삼선의 길을 열어주려 했을 때, 자유당 장경근 의원의 개헌 발의 이유를 연상하게 한다. 장경근 의원 역시 현재 공산주의의 침략에 직면해 있고 국내에서는 경제의 부흥과 재건에 힘써야 할 중대한 시기에 영도력이 있는 정치가가 계속 집권하는 것이 바람직하다는 논리를 폈다. 절묘하게도 백남억과 장경근의 제안은 완전히 일치

했다.[428]

백남억의 제안 설명에 대해 신민당의 조한백 의원은 장기집권은 독재를 유발하고 독재정권은 부정부패로 패망하기 때문에 민주국가에서는 장기집권을 못하도록 되어 있다고 비난했다. 신민당 김대중 의원 역시 반공은 오직 민주주의를 튼튼히 할 때 이루어지는 것인데, 오늘날 반공의 명목으로 독재가 자행되고 언론이 짓밟히며, 각종 사회운동이 금지당하고 있다고 비판했다. 그리고 삼선개헌이 강행되면 민주주의체제를 수호해야겠다는 국민들의 긍지가 사라질 것이기 때문에 이는 김일성이가 가장 바라는 바라고 공격했다.[429] 9월 11일, 신민당 대통령 후보였다가 낙선한 윤보선은 헌법은 박정희보다 상위에 있고, 아무리 위대한 영도자도 헌법보다 상위에 있을 수는 없으며, 삼선개헌안은 헌법의 원칙과 입법정신으로 볼 때 찬반의 가치판단이 허락될 수 없는 민주개헌의 파괴라고 주장했다.[430]

표15와 같이 삼선개헌을 둘러싼 정치균열에 북한이 이번에도 '초대되지 않은 행위자(uninvited actor)'로 가담하여 각종 선전공세를 가함으로써 개헌 이슈에 대한 공방은 '개헌추진세력－개헌반대세력－북한'이라는 복잡미묘한 삼각구도를 이루었다. 북한은 6월 15일부터 남한 내 삼선개헌 반대운동을 보도하며 "미제와 박정희 괴뢰도당을 반대하는 남조선 인민들의 영웅적 투쟁을 전폭적으로 지지한다",[431] "박정희 괴뢰도당은 장기집권으로 목숨을 부지해가려는 망상을 즉시 걷어치우라",[432] "남조선 청년학생들은 박정희 반역도당의 파쑈적 죄행을 반대하여 놈들의 삼선개헌 음모를 짓부수기 위한 정의투쟁에 힘차게 떨쳐나서 싸우라",[433] "남조선 청년학생들과 인민들은 반파쑈민주화투쟁의 기치를 높이 추켜들고 끝까지 싸우라"[434]며 삼선개헌 반대를 적극 선동·지지하는 캠페인

표15 삼선개헌 전후(1969)의 북한요인

월	상황적 북한요인	행위적 북한요인
1	6 조선인민군당 제4기 4차회의(~14), 김창봉·최광·허봉학 등 군부고위층 10여 명 숙청 30 외무성, 베트남전과 관련하여 미제 규탄 성명	
2	11 최고인민회의 상임위, '최영도 통혁당 전남 위원장에게 영웅 칭호를 수여함에 대한 정령' 발표 12 조총련 중앙위 상임위, 외무장관의 한일협력위원회 결성 규탄 담화	15 조총련, 중앙대회 열고 김종태(통혁당) 사형 반대 결의문 채택
3	1 전방 각 사단에 1개 경보병대대 창설 28 미국의 캄보디아 침략행위 규탄 성명 발표	15 한미 양군의 포커스 레티나 작전에 대한 비난 성명 16 북한 무장공비 8명 주문진 침투(공비 7명 사살, 미군경찰 1명 사망) • 북한, 휴전선에서 총격, 사망자 4명을 후송하려던 미 헬리콥터가 기관 고장으로 추락, 7명 사망 27 북한, 휴전선에서 아군 초소에 총격
4	28 외무성, 미국의 캄보디아 침략행위 규탄 성명 발표	1 조선중앙통신, 동백림 거점 간첩사건의 최종판결에 대해 논평 보도 15 미 해군정찰기 EC-121기, 동해상에서 북한에 피격 추락(승무원 31명 전원 사망)
5	6 코시긴 소련 총리, 북한 방문 27 〈조총련중앙위〉 제8기 5차회의(~28), 반미구국투쟁과 재일동포들의 권리강화 토의 30 북한 군사대표단, 중공 방문(무기원조 요청)	
6	11 북한 군사대표단, 소련 방문(추가군사원조 요청) 12 북한·베트콩 임시혁명 정부 간 대사급 외교관계 설정 27 〈노동당 중앙위원회〉 4기 19차 전원회의 개최(~30)	8 북한 간첩선 북평 연안 침투/격침(간첩 5명 사살, 민간인 5명 사망) 12 북한 간첩선 흑산도 해안 침투/격침(간첩 15명 사살)

월	상황적 북한요인	행위적 북한요인
7	12 최고인민회의 상임위, '김종태에게 영웅 칭호 수여 정령' 발표 • 내각, '평양 전기기관차공장'을 '김종태 전기기관차공장'으로, '해주사범대학'을 '김종태사범대학'으로 개칭함에 대한 결정 채택 26 어린이 체육시간에 사격훈련 과목 삽입	3 북한, 한국군이 캄보디아 침공하면 캄보디아에 의용군을 파견하겠다고 발표
8	31 북한·쿠바 간 경제 및 기술협조 협정 체결(평양)	17 휴전선 근처에서 미 육군 소속 헬리콥터 북한에 의한 포화로 추락 20 『로동신문』, '침략전쟁정책을 강화하기 위한 미국의 새로운 범죄적 음모'라는 제목하에 박 대통령 방미를 비난 25 북한, 통일혁명당 창설을 발표
9		17 완도해상에서 해안경찰정 1척 북한 간첩선에 의해 침몰 24 해군, 서흑산도 근해에서 50톤급 북한 간첩선을 격침
10		18 북한군, 서부 비무장지대에서 미군 차량 습격(미군 4명 사망)
11	22 북한·월맹 간 무상원조협정 조인	2 조선중앙통신, 납북 남한 어부들 송환 보도 발표 3 외무성, 제24차 유엔총회 정치위에서 남북한 동시 초청안이 부결되고 한국 단독 초청 가결에 성명 발표 19 외무성, 제24차 유엔총회 정치위에서 통한결의안이 통과된 데 반대하여 공산 측이 제안한 외군 철수안, 언커크 해체안, 한국문제 의결 종결안 등이 부결된 것을 비난하는 성명 발표
12		11 강릉발 서울행 KAL기(YS-11A) 납북(승객 47명, 승무원 4명, 1970년 2월 14일 39명만 귀환)

을 대대적으로 전개했다. 그 밖에도 전년도에 이어 1969년에도 통혁당 관련자 구속을 규탄하고, 통혁당사건으로 사형된 김종태, 최영도의 추도식을 거행하며 "남조선 인민들의 성스러운 혁명투쟁을 적극 지지성원하자",[435] 또한 "남조선 청년들이 치욕의《향토예비군》에 얽매이는 것을 단연 거부하여 뛰쳐나가고 있다"[436]고 선동하는 등 남한 내 각종 쟁점에 적극적으로 공명하고 개입했다. 북한의 무력도발과 간첩침투가 전년도에 비해 현격히 감소하기는 했으나 끊이지 않았으며 EC-121기 격추사건[437]으로 긴장이 고조되기도 했다.

삼선개헌 반대운동에는 해외동포 단체들도 활발히 참여했다. 예컨대 8월 15일 삼선개헌반대 뉴욕지구 한인 일동은 성명을 발표하여 '현 정부와 공화당은 북한의 남침 준동을 막고, 경제부흥의 추진을 위하여 강력하고 안정된 정권의 유지가 필요하다는 것을 삼선개헌의 유일한 이유로 내세우고 있다. 그러나 민심을 등진 삼선개헌이 정국의 불안정을 가져오고 나아가서는 수습하지 못할 파란을 낳으리라는 것을 누구나가 다 알고 있기 때문에 그들이 바라는 정치적 안정을 위해서도 삼선개헌을 반대한다'고 했다.[438] 삼선개헌반대 재일한국인투쟁위원회는 9월에 성명을 발표하고 "삼선개헌은 공산독재를 반대하는 명분을 상실하게 하고 사회불안과 혼란을 증대시킨다. 공화당은 북괴 침입을 저지하고 사회 안정을 위하여 개헌이 필요하다고 주장하나 이것은 오히려 반공의 명분이 상실되며 사회의 불안과 혼란이 격발되어 북괴가 침입할 수 있는 좋은 기회를 주는 것"이라고 비판했다.[439]

그러나 9월 14일 개헌을 저지하기 위해 본회의장을 점거하고 있던 야당 의원들을 피해서 공화당 의원들만 참석한 가운데 국회 제3별관에서 개헌안이 비밀리에 통과되었다. 야당은 삼선개헌안이 변칙적으로 통과되자 이를 국민투표에서 부결시키기 위해 전국에서 개헌반대운동을 전개했다. 또한 가을 학기 개강과 함께 대학생들의 시위가 재개되었으나 개헌안이 국민투표에서 통과될 때까지 40일 동안 대학에 휴교 조치가 내려졌다. 야당은 개헌반대 유세에서 '어떤 일이 있어도 장기집권은 막아야 한다'고 국민들에게 호소했다. 한편 여당은 '안정이냐 혼란이냐'의 양자택일로 개헌 지지를 호소했다.

박정희 정권은 삼선개헌으로 가는 길목에서 야당과 학생, 지식인 등 반대세력의 저항에 직면했다. 1968년에는 군사모험주의와 같은 행위적 북한요인으로 반공지향성과 안보지향성이 강화되면서 반대세력이 위축되었다. 그러나 1969년부터 박 정권의 삼선개헌을 통한 장기집권 의도가 노골화되면서 이를 저지하기 위한 반대운동이 다시 조직되었다. 삼선개헌 반대운동은 그 주체가 외견상 야당, 재야, 그리고 학생이었다는 점에서 6·3항쟁과 크게 다르지 않았다. 다만 6·3항쟁은 박 정권의 실정 이외에 한일회담 반대라는 민족적 문제가 개입되어 광범위한 대중의 직간접적인 지원을 받으며 규모가 커졌다. 그러나 삼선개헌 반대운동은 주로 학생, 재야 일부가 중심이 되면서 그에 미치지 못했다.[440]

과연 삼선개헌은 어떻게 가능했고, 어떠한 요인들이 작용한 결과로 볼 수 있는가? 그리고 거기에서 북한요인이 갖는 역할과 위상은 무엇인가? 우선 6·8부정선거에서 나타났듯이 삼선개헌의 발단은 박정희의 장기집권 의지에서 찾을 수 있다. 그의 장기집권 의지가 삼선개헌의 동인이었음은 말할 나위도 없다. 그러나 장기집권 의지만으로 삼선개헌을 강행할 수는 없다. 권력의지는 일종의 상수이다. 때문에 박정희는 장기집권에 방해가 되는 당내 세력을 하나하나 제거해나가야 했다. 박정희는 1969년 4·8항명파동[441]을 통해 김종필 계열의 개헌반대세력을 당내에서 제명하고 일인지배체제를 구축함으로써 삼선의 발판을 마련했다. 그러나 당내 여건 구비만으로 삼선개헌이 가능했다고 볼 수 없다. 장기집권 의지와 당내 여건 구비만으로도 개헌안의 국회 통과를 강행할 수는 있었겠지만, 명분을 얻기 어려웠음은 물론 국민투표에서 통과되기 어려웠거나 심각한 저항으로 좌절되었을지도 모른다.

따라서 이들 요인 외에 개헌 강행과 통과를 가능하게 한 다른 요인에 주목할 필요가 있다. 우선 박정희 정권하에서 급속한 산업화를 통해 경제성과가 가시화되었고, 계속적인 경제성장을 내세우는 박정희에 대한 기대가 상승했던 요인을 들 수 있다. 또한 6·3항쟁과 6·8부정선거규탄운동을 거치면서 박 정권의 집중적인 탄압으로 학생운동의 동력이 상당히 위축되었고, 지식인과 언론도 권력의 강화된 통제와 회유 아래 저항할 수 있는 여력이 없었다는 점도 지적할 수 있겠다.

그러나 무엇보다 청와대기습기도사건을 포함한 위기수준의 행위적 북한요인의 빈발을 주요 요인으로 착목해야 할 것이다. 그와 같은 행위적 북한요인이 일반 국민들의 반공과 안보에 대한 민감성을 자극하여 삼선개헌 반대에 대한 국민적 호응을 상쇄시키는 분위기를 조성했다고 볼 수 있기 때문이다.[442] 공화당의 삼선개헌 제안 이유도 '북한의 위협에 대처'하기 위해서였다. 행위적 북한요인이 삼선개헌의 단일 독립 변인은 아니었다고 하더라도 1968년 이후 위기수준의 행위적 북한요인을 고려하지 않고는 왜 삼선개헌의 본격적 추진이 그 시기에 있었고, 또한 성공할 수 있었는가를 설명하기 어렵다. 따라서 당시 빈발한 행위적 북한요인이 아니었으면 삼선개헌이 성공하기 어려웠을 것이라는 반사실적 가정이 가능하다. 요컨대 1968년 군사모험주의로 나타난 행위적 북한요인이 삼선개헌 강행에 결정적 명분을 주었고, 또한 정치사회 및 시민사회

수준에서의 정치균열과 개헌 반대를 제한적 수준에 머물게 했다고 할 수 있다.

북한의 무력도발은 1969년 들어 현격하게 줄어들었지만 여전히 산발적으로 계속되었고, 국내정치 이슈에도 개입하고 선동했다. 특히 1968년의 행위적 북한요인은 북한에 대한 극도의 불신과 안보불안을 시민사회의 집단적 기억(collective memories)으로 깊이 각인시키는 결정적 계기였다.[443] 1969년 말 국토통일원에서 실시한 전국여론조사에 의하면 근년에 발생한 북한에 의한 일련의 무력도발 행위에 대해 응답자의 81.53%가 '매우' 분개한다고 답했다.[444] 이제 일반 국민들은 개헌안 국민투표를 통해 반공(안보)과 민주의 양자택일을 강요받았다. 불과 1년 전의 악몽을 일깨우는 '기억의 정치'[445]를 동원한 박 정권의 공세에 대해 반대세력은 장기집권을 저지하여 민주주의를 수호하자고 호소했다.

마침내 1969년 10월 17일에 실시한 개헌안에 대한 국민투표에서 총 유권자의 77.1%가 투표에 참여하여 65.1%의 찬성을 얻어 삼선개헌안이 확정되었다.[446] 투표결과에서도 나타나듯[447] 안보를 명분으로 한 개헌을 학생들과 지식인들은 물론이고 일반 국민들도 적극적으로 수용한 것은 아니었다고 할 수 있다. 다만 박정희 정권이 안보위협을 동원하여 장기집권을 꾀한다는 것을 알면서도 가시화된 안보위협 때문에 개헌에 적극적으로 반대를 표명할 수 없었거나 소극적으로 동의했다고 보아야 할 것이다.

4·19혁명이라는 역사적 경험과 교훈은 박 정권에 대규모 부정선거나 삼선개헌의 위험성을 경각하는 굴레로 작용했다. 그런데 1968년 북한에 의한 일련의 무력도발은 이러한 정권의 강박관념을 완화시켜주는 유용한 소재가 되었다. 삼선개헌 반대운동과 투표결과에서 보듯 민주적 절

차와 틀 등 제한적 다원주의를 훼손하는 삼선개헌은 결코 반대세력이나 일반 국민들에게 쉽게 용납되지는 않았다. 그럼에도 불구하고 북한의 위협을 고려할 때 어느 정도 정치적 제약이 불가피하다는 인식과 반공이데올로기의 내면화가 이루어져 있었다고 할 수 있다.

요컨대 행위적 북한요인의 개입으로 강화된 반공(안보)지향성을 민주지향성이 넘지 못했다. 물론 원칙적으로 반공(안보)지향성과 민주지향성이 균형 또는 양립 불가능하다고 볼 수는 없다. 그러나 전자가 강화됨으로써 정치사회와 시민사회의 민주적 요구가 약화된 것이 현실이었다. 다시 말해 반공지향성은 국가안보와 친화력을 가졌고, 국가안보는 민주주의보다는 권위주의와 선택적 친화력을 가졌다고 할 수 있다. 이 점에서 결국 북한요인은 권위주의를 강화하는 데 기여했음을 부인하기 어렵다.

1971년 대선과 '안보논쟁': 국가안보와 민주주의

1971년 대선은 국가안보와 민주주의의 격돌 또는 국가안보의 방법을 둘러싼 균열로 볼 수 있다. 장기집권, 성장과 분배 등도 쟁점이 됐지만 무엇보다 여야 간 정책대결의 핵심은 국가안보 문제였다. 박정희는 1971년 대선에 임하면서 반공과 경제성장, 그리고 정치적 안정을 이루기 위해서는 국가안보를 책임질 강력한 리더십이 그 어느 때보다 요청되는데, 그 대안은 자신밖에 없다고 주장했다.[448] 말하자면 국가안보와 경제성장을 위해 자신이 삼선을 해야 한다고 역설했다. 박정희는 대선 전인 1970년 12월 10일 청와대의 기구를 대폭 개편하여 새로이 특별보좌관 8명을 임명하고 비서실의 수석비서관 일부를 바꾸었다. 이는 대선에 대비하는 것 외에도 향후 국정의 무게를 국가안보와 경제에 둔다는 구상에 따라 국가안보는 박정희 자신이 직접 맡고, 경제는 김정렴 비서실장으로 하여금 조정 역할을 담당하게 하려는 데 목적이 있었다.[449]

반면 신민당 김대중 후보는 1971년 선거전을 총통제의 영구집권으로 가는 과도기로 규정하고, 대선을 민주 대 독재의 구도로 집약시키고자 했다. 그리고 ① 남북한 간의 폐쇄적 무교류 상태를 변화시켜 서신교환·기자교류·체육경기 등 비정치적인 접촉 확대, ② 미·중·소·일에 대해 한반도의 전쟁 억제를 공동으로 보장하도록 요구, ③ 군의 정치적 중립과 정예화 추진을 통해 향토예비군 폐지 등과 같은 과감하고 파격적인 선거공약을 제시했다. 김대중은 집권 여당이 지나치게 안보위기를 내세우며 국민동원체제를 강화하고, 이를 바탕으로 장기집권을 획책한다고 비난하면서 이와 같은 선거공약을 제시했던 것이다. 이에 대해 집권당인 공화당은 그러한 주장은 국기를 뒤흔드는 위험한 것으로 안보문제는 선거쟁점이 될 수 없다고 강하게 비난했다. 박정희는 4대국보장론은 자주국방과 배치되는 사대주의적 발상이라고 비판하면서 인기에 영합한 감상적 통일논의가 안보를 위협할 수 있다고 주장했다. 이것이 바로 1971년 대선을 달구었던 '안보논쟁'이다.

표16에서 볼 수 있는 것처럼 정치사회와 시민사회에서 국가안보와 민주주의를 둘러싸고 정치균열이 전개되었다. 김대중은 1970년 9월 29일 열린 신민당 전당대회에서 후보로 선출되었고, 10월 16일에 야당 대통령후보로서 기자회견을 열고 국민에게 보내는 메시지를 발표했다. 김대중 후보는 이때 발표한 메시지를 통해 소수지배·소수번영을 시정하고 '대중시대'를 실현하겠다고 다짐했다. 이 메시지 중에서 박 정권에 충격을 던져준 것이 바로 향토예비군 폐지 주장이었다. 김대중은 "박 정권 아

표16 1971년 대선과 정치균열의 전개

시기		정치균열
1970	9.29	신민당 전당대회, 대통령 후보에 김대중 선출
	10.9	김대중 후보, '통일문제는 선거의 중요 쟁점으로 하지 말자'고 주장
	10.16	김대중 신민당 대통령 후보 첫 회견에서 ① 예비군 폐지 ② 노자공동위 구성 ③ 비정치적인 남북교류 ④ 4대국 보장안 제시
	10.24	김대중 후보가 대전 첫 유세에서 '정권을 잡아도 보복하지 않겠다'고 주장
	11.2	공화당, 김대중 후보의 안보문제 발언, 즉 향토예비군 전폐, 미·소·일·중공의 4개국에 대한 전쟁억제보장 요구에 대해 안보문제의 선거쟁점 중지 성명 발표
	11.19	김대중 후보, 예비군 폐지 대안으로 '국토방위 4대 원칙' 발표
	12.1	통일사회당, 대통령 후보에 김철 지명
1971	1.5	국민당 창당(총재 윤보선)
	1.6	정우회 해산, 공화당에 흡수
	1.15	김기철 등 재야 혁신계 24명 신민당 입당
	1.27	김대중 후보 자택 정원 폭발사건, 신민당, 정치테러 행위라고 비난
	2.5	정일형 신민당 선거대책본부장의 자택 전소, 여·야 화인 싸고 정치 시비
	3.4	대중당, 대통령 후보에 서민호 지명
	3.5	백남억 민주공화당 의장대리, 소위 '삼선조항'의 헌법 69조 3항의 해석과 관련하여 '박 대통령은 금번 선거에 한하여 출마할 수 있다'고 언명
	3.16	김대중 후보, 제주 유세에서 '집권하면 부통령제 신설하고 예비군 전면 폐지하겠다'고 언명
	3.17	공화당, 박 대통령을 대통령 후보에 지명
	3.22	국민당, 대통령 후보에 박기출 지명
	3.27	정의당은 진복기, 자유당은 이종윤을 대통령 후보에 지명
	4.6	고대·서울대·성대생들, 군사교련 전면철폐 및 언론자유 외치며 가두시위
	4.8	학계, 언론계, 법조계, 종교계, 문학계 등 각계를 망라한 인사들이 서울 YMCA에 모여 공명선거를 요구하는 '민주수호선언'을 채택, 민주수호국민협의회 결성 합의

시기		정치균열
1971	4.14	공화당 대변인, 신민당의 공약은 북한의 위장평화 공세의 도구로 이용된 결과를 낳았다고 비난 • 신민당은 북한동포와의 교류를 주장하는 것이라고 입장 밝힘
	4.16	김종필 공화당 부총재, 선거 후 대학교련 운용 시정하겠다고 언명
	4.17	김대중 후보, 전주 유세에서 박 정권의 종신총통제 획책의 증거 있다고 주장
	4.19	민주수호국민협의회(대표 김재준, 이병린, 천관우) 결성
	4.19	학생들 양차 선거 참관하기로 결의
	4.22	제7대 대통령 선거 • 민주수호협, 전국에 학생청년 참관인 6,139명을 파견했다고 발표
	4.28	신민당 중진회의에서 4·27대통령선거를 전면적 부정불법선거로 단정, 단계적 대여투쟁 전개하기로 결정
	4.29	제7대 대통령에 박정희 당선
	5.3	민주수호학생연맹대표, '대통령선거는 부정 관권 선거였다'는 성명 발표, 부정선거 규탄 시위
	5.5	신민당, 국민당, 대중당, 통일사회당, 민중당 등 5개 당 대표, 민주수호국민협의회가 주장한 국회의원 선거 보이콧 협의, 신민당의 반대로 결렬
	5.17	서울대생, 신민당사 점거 농성(5·25총선 거부 요구)

래에서의 국방은 중대한 허점을 거듭 노정하고 있습니다. 군과 향토예비군의 정치적 악용과 인사의 불공정을 위시해서 사기, 편제, 장비 등에 많은 문제점을 가지고 우리의 전력에 상당한 의문을 자아내게 하고 있습니다. …정치적 도구화와 비능률, 그리고 국민의 생업에 막대한 지장을 주는 향토예비군 제도를 폐지하겠습니다. 국민방위의 근본은 국민이 현실의 상황이 지킬 가치가 있다고 판단하고 그 의욕을 자발적으로 불러일으키는 데 있"다고 목소리를 높였다.[450] 그런데 이와 같은 향토예비군 폐지 주장은 여당을 극도로 자극시켰고 정국에 파란을 일으켰다.

11월 2일 공화당은 김대중의 주장이 국기를 뒤흔드는 위험한 발언이라고 하며 당장 중단할 것을 강력히 요구했고, '안보문제는 선거의 쟁점이 될 수 없다'고 못을 박았다. 공화당의 요구에 대해 신민당 김수한 대변인은 '4개국에게 전쟁억제를 보장하도록 해야 한다고 한 것은 한국을 외침으로부터 보호하자는 데 그 진의가 있으며, 예비군 폐지는 아무 실효 없이 다른 목적에만 악용함으로써 생기는 부작용과 국민 생업에 끼치는 지장을 없애 보다 알찬 국방을 하자는 데 그 뜻이 있다'고 반박했다.[451] 이에 대해 11월 4일 정래혁 국방부장관은 예비군 폐지론이 국민과 향토예비군을 선동 오도하여 조직과 운영을 교란 마비시키며, 국가 존립에 중대한 위협을 주고 있다고 비판했다. 그리고 북괴의 남침을 유도 촉진하는 향토예비군 폐지론을 즉각 철회하라고 요구했다. 또한 최규하 외무부장관은 4대국보장론은 비현실적인 것으로 통일시기를 늦출 가능성이 있다고 반박했다.[452]

그러나 김대중의 향토예비군 폐지 주장에 대한 격려와 지지 편지가 신민당과 김 후보의 동교동 자택으로 하루에 수천 통씩 쇄도했다. '야당 바람'은 김대중 후보가 박정희 정권을 독재정권으로 규정하고, 1971년 대선을 독재와 민주의 구도로 집약시킴으로써 더욱 증폭되었다. 박정희는 김대중의 예비군 및 교련 폐지 등의 주장에 대해 남북한의 긴장상태와 북한의 대남전략의 실상을 강조하면서 현실을 도외시한 부화뇌동 내지 망상이라고 비판했다. 자신에게 화살이 돌아올지도 모를 사상논쟁이라는 문제를 피해가면서 김대중을 이데올로기적으로 공격한 것이다.[453] 말하자면 북한요인을 동원하여 예비군 폐지 주장을 무력화시키고, 김대중에 대한 국민들의 지지를 경계하고자 했다.

중앙정보부는 향토예비군 폐지 주장이 몰고 온 야당 바람을 잠재우고자 북한요인을 동원하여 역공을 취했다. 중앙정보부 3국장(국내보안, 즉 정치담당) 전재구는 북한전문가인 강인덕 부국장에게 북한의 비정규 전력인 노농적위대 전투력 현황에 대해 물었다. 이에 강인덕은 "노농적위대 병력이 130만 명, 장비는 현역 보병사단 수준, 72시간이면 전선동원 가능한 막강전력"이라고 답변했다. 전재구는 쾌재를 부르며 노농적위대의 전력 수준을 근거로 야당의 예비군 폐지 주장의 비현실성과 위험성을 부각시킬 것을 박정희에게 건의했다. 박 대통령의 재가가 즉각 떨어졌다. 그리하여 정부 당국은 "예비군 폐지는 김일성의 남침을 촉진 유도하는 이적행위이다. 이를 폐지하려면 20개 정규사단이 창설되어야 한다. 북괴의 약 100여만 노농적위대도 정규군과 같은 화력이며 그들은 게릴라도 3만 명이나 양성했다. 야당은 예비군 폐지라는 이적행위를 철회하라"고 공격했다. 야당 바람을 꺾기 위한 북한요인 동원은 즉각 효력을 발휘했다. 북한의 위협을 전가의 보도로 삼은 여당의 위기논리는 '안보논쟁'을 유발해 야당 진영을 크게 위축시켰다.[454]

'예비군 폐지 주장=이적행위'라는 여당의 안보논쟁 유발로 1970년 11월 19일 김대중은 예비군 폐지 공약 한 달 만에 '향토방위대' 창설이라는 대안으로 후퇴하지 않을 수 없었다. 이렇게 되자 국민여론은 이제 예비군이나 김대중의 향토방위대나 그게 그것 아니냐는 식이었다. 김대중은 다시 투표일 40일을 앞두고 제주 유세 때 '예비군 전면 폐지'로 돌아섰으나 이미 김 샌 공약이 되고 말았다.[455] 한편 김대중 후보의 남북화해와 교류, 평화통일론에 대해서도 여당 측은 강력하게 반론을 제기하며, '공산주의와는 어떤 화해일지라도 절대로 있을 수 없다. 북한은 한국을 무력으로 정복해서 공산화시키려 하고 있는데, 그런 그들과 화해는 있을 수 없다'고 쐐기를 박았다. 그리고 박정희와 김종필은 유세에서 김대중이 용공적 색채가 농후하다며 색깔공세를 가했다. 1963년 대선에서 박정희, 김종필 등 쿠데타 주도세력에 대한 윤보선의 사상 시비를 구한민당의 매카시즘적 수법을 재연한다고 비판하던 그들이 상대 후보를 용공으로 모는 상황은 지독한 아이러니가 아닐 수 없었다. 여당은 "김대중이 피리를 불면 김일성이 춤을 추고 김일성이 북을 치면 김대중이 장단을 맞춘다"는 식으로 몰아붙이면서 김대중을 공산주의자인 양 선전했다.[456]

박정희는 선거가 다가오자 북한의 침략 위협을 한껏 상기시키면서 국민들의 마음에 김대중의 통치 능력에 대한 의구심을 불러일으키고자 했다.[457] 박정희는 안보를 강조하며 김대중의 향토예비군제에 대한 이의를 이적행위 내지 북한과의 공명으로 연계시킴으로써 민주지향성을 억누르고자 했다. 곧 안보지향에 대한 이의는 용공지향에 불과하다는 단순등식으로 제압하고자 한 것이다. 이러한 북한요인 동원은 선거기간 동안 반복되었다.[458]

반공지향성과 민주지향성을 요체로 하는 남한 분단국가의 정치균열은 '어느 것이 진정한 자유민주주의인가, 어느 것이 진정한 반공이며 국가안보인가' 하는 것이 중심축이 되었다. 1971년 대선도 '국가안보를 위해서는 민주주의가 능사가 아니다'라는 여당과 '국가안보를 위해서라도 민주주의를 해야 한다'는 야당의 상이한 민주주의관과 안보관의 대립이었다. 그런데 반공(안보)과 민주 간의 길항을 반공 쪽으로 급격히 기울게 할 수 있는 변수가 북한요인이었다. 그래서 박정희와 여당은 선거에 북한요인을 동원하려고 했다.

김대중은 대선 직전인 1971년 4월 18일 서울 장충단공원에서 수많은 인파가 운집한 가운데 열린 집회에서 안보를 동원하여 민주를 위축시키려는 정부와 여당을 맹공하고 나섰다.

> 오늘날 이 나라는 말만 민주주의야. …박 정권은 반공을 두고 마치 공산당을 자기네 혼자 반대하는 것같이 떠들어대요. 과연 박 정권이 반공을 하느냐? 오늘날 이 독재정치, 이것은 무엇 때문에 우리가 공산당을 반대하는가? 그 의미를 통쾌하게 말해봅시다. 오늘날 이 썩은 정치, 이것은 공산당을 키워주는 온상이요, 오늘날 이 몇 사람을 잘살게 하는 특권 경제, 공산주의는 이런 특권 경제 속에서 자라나요. 따라서 박 정권은 말로는 반공 하지만 그가 하는 정치는 오히려 공산당을 키우고 기르는 반공을 하고 있어요. 뿐만 아니라 박 정권은 '공산당을 잡자!', '간첩을 잡자!' 이렇게 말하지만 공산당도 안 잡아. 여러분! 지금 이 시간에 공산당을 잡으라는 중앙정보부나 경찰의 정보 형사들이, 지금 이 시간에 공산당 잡고 있습니까. 내가 전국을 돌아다녀보니까 지금 그 사람들이, 대공사찰기관들이 밤잠을 안 자고 잡으려고 뛰어다니는 것은 공산당 간첩이 아니라, 4월 27일날 선거날을 전후해서 신민당 대통령 후보 김대중이를 잡으러 뛰어다니고 있다 이 말야. 공산당도 안 잡아, 말뿐이야.[459]

김대중 후보는 박 정권이 반공을 강조하지만 기실은 독재와 부패로 공산주의를 이롭게 한다고 비판했다. 이날 김대중 후보의 장충단공원 유세에는 80만 명가량(중앙정보부 간부들도 60만 명은 넘었을 것으로 증언)의 청중이 몰려 박정희의 간담을 서늘하게 했다. 김대중은 안보를 동원하여 민주를 위축시키는 것이 바로 안보를 해치는 것이라고 박정희 정권을 직격했다. 김대중의 유세가 끝난 뒤 청중 1만여 명은 밤중까지 시가행진을 벌였다. 여당 측이 벌이는 부정불법 선거운동의 중단을 요구하는 야당 측의 시위는 박 정권에 대한 조직적인 세 과시였다.

야당의 기세에 놀란 박정희는 바로 그날 상황적 북한요인을 동원하여 국민들의 안보불안 심리를 자극하고, 선거를 유리한 국면으로 끌고 가고자 했다. 즉, 국군보안사령부는 선거를 틈타 민중봉기를 일으켜 정부를 전복시키려고 암약해온 재일교포 대학생 서승, 서준식 형제 등 간첩 10명에 대한 구속영장을 청구했다고 발표했다.[460] 서승은 '북괴공작지도원'인 큰형 서선웅에게 포섭되어 1967년 8월 첫 입북한 이래 1970년에는 동생 서준식까지 데리고 입북한 간첩이라는 것이다. 게다가 북한과 김대중의 연결고리가 아니냐고 다그쳤다.[461] 말하자면 향토예비군 폐지 등을 주장하는 김대중의 북한과의 연계 가능성을 내비침으로써 김대중에 대한 국민들의 불안감을 높이고자 했던 것이다.

한편 북한은 1971년 대선을 예전처럼 '미제와 박정희 괴뢰도당의 협잡선거'로 폄하했다.[462] 다만 남한 내 민주화세력의 주장을 보도하고 박정희 정권을 규탄함으로써 새로운 정권 등장에 대한 일정한 기대를 하는 것처럼 보이기도 했다.[463] 그러나 선거를 전후하여 주목할 만한 북한의 무력도발은 없었고, 선거 당일에는 "박정희 괴뢰도당이 국민의 비장한 각오를 무시하고 또다시 협잡선거를 감행한다면 놈들은 인민의 준엄한 심판을 면치 못할 것"[464]이라고 경고했다. 그러나 박정희가 당선되자 이번 선거를 "사기협잡의 광란극", "지능화된 부정선거"라고 공세를 펴부으며 "4·27 부정선거를 무효화"하고 "5·25 선거를 거부하라"고 연일 선동 공세를 가했다.[465] 이처럼 북한은 1971년 대선에 대하여 선전선동 캠페인을 전개하는 외에는 표17에서도 보는 것처럼 선거를 전후하여 특기할 만한 무력도발이나 간첩침투활동을 벌이지는 않았다.

이 점에서 앞서 살펴본 1967년 대선 및 총선 시기와는 달랐다고 할 수 있다. 물론 1967년은 1971년 대선 시기와는 달리 북한이 공세적 대남정책을 전개하던 때였기 때문에 객관적 지표상으로 무력도발과 간첩침투가 빈번했다는 차이가 있다. 박정희 정권이 1971년 대선에서 행위적 북한요인, 즉 가시화된 무력도발이 아니라 안보위협을 강조하고, 간첩사건을 조작 내지 확대 포장하려는 상황적 북한요인을 주로 동원했던 것도 이와 같은 사정과 무관하지 않다. 이렇게 볼 때 행위적 북한요인이 있든 없든 정권은 항상 북한요인을 동원·활용하려 한다는 사실을 알 수 있다. 남북 대치상황에서 반대세력 제압용으로 북한요인만큼 유용하고 위력적인 것은 없기 때문이다.

그러나 상황적 북한요인의 동원이 얼마나 효력을 발휘할 수 있는가는 다른 차원의 문제이다. 북한요인의 동원과 조작이 항상 효과적인 것은 아니기 때문이다. 이는 행위적 북한요인도 마찬가지이다. 상황적·행위적 북한요인의 동원 효과는 해당 시기 북한발 안보위협에 대한 일반 국민들의 위협인식, 국가-정치사회-시민사회의 역관계, 남한의 체제역량, 그리고 정책결정자의 인식과 의지 등의 매개를 거쳐 나타난다고 할 수 있다. 다만 북한으로부터의 안보위협이 고조 또는 강조되는 상황에서는 반공(안보)지향성에 대한 매개변수의 여과 및 조정 기능이 상대적으로 저하된다고 볼 수 있다.

1971년 대선 결과 박정희가 53.2%의 득표율로 45.3%를 득표한 김대중을 물리치고 약 90만 표 차이로 대통령에 당선되었다. 투표양상은 도농 간, 영호남 간 차이가 뚜렷했다. 도시지역에서는 김대중이 박정희를 51.5%대 47.5%로 이긴 반면, 농촌지역에서는 박정희가 50.5%의 표를 얻었고 김대중은 39.0%를 얻었지만 낮은 지지율이 아니었다. 한편 영남지역에서 박정희는 70%라는 압도적 지지를 받은 반면, 김대중은 호남에

표17 1971년 대선 전후의 북한요인

월	상황적 북한요인	행위적 북한요인
1	1　김일성, 신년사 발표 5　『로동신문』 사설, 당의 6개년 계획 완수를 위해 100일 전투 호소 22　외무성, 미국이 인지(印支) 전역에서 침략전쟁을 확대하고 있다고 성명 발표	6　휴전선 남방 서해 해상에서 북한 경비정이 남한 어선에게 기관포 사격을 가하여 1척 침몰(평양방송, 영해에 침입한 간첩선이라고 발표) 23　북한 간첩, 속초에서 서울로 향하던 KAL기 납북 미수(조종사 1명 사망, 14명 부상)
2	3　북한·소, 1971~1975년도 물자 상호공급 및 지원 협정 조인(평양) • 제4차 '조총련 북한 방문단' 평양 도착 25　외무성, 미국의 월맹에 대한 침공책동 규탄 성명 발표	
3	28　노동당 대표단(단장 부수상 김일), 소련공산당대회 참석 차 평양 출발	1　조총련 중앙상위, 한·미연합 대공수작전에 관한 항의문 20　조선중앙통신, 6·25 이래 억류했던 한국 어민 석방 보도 24　중앙정보부, 포항지역에서 북한 공작원 1명과 동조자 2명 검거 발표
4	9　중앙정보부, 일본거점 거물 스파이 고영호 귀순 발표, 기자회견에서 3단계 폭력전술에 대해 설명. 학생시위를 선동하여 민중을 끌어들인다, 밀파된 무장 게릴라가 경찰관을 가장 시위대에 발포하여 민중의 감정을 격앙시킨 후, 밀파 게릴라는 군복으로 바꿔 입고 격앙한 민중 속에 들어가서 방송국 점령, 북한에 지원 요청하면 이것을 구실로 북한이 남침한다는 것 12　최고인민회의 제4기 제5차 회의 개최 ① 김일성 체제 강화, ② 전 인민 무장화, ③ 적극적인 외교망 확장 18　중앙정보부, 서승·서준식 형제 등 간첩 10명 구속 발표	12　허담 북한 외상, 북한 최고인민회의 제4기 5차회의에서 조국통일 위한 8항목 구국방안 제안: ① 미군 철수, ② 남북 군대 10만 또는 그 이하로 축소, ③ 한미상호방위조약, 한일협정 등을 파기해 민족자주권 확립, ④ 자주·민주적인 기초 위에 자유로운 남북 총선거를 실시하고 통일중앙정부를 수립, ⑤ 남조선에서 민주적 권리를 보장하고 전 조선지역에서 각 정당, 대중단체 및 개별적 인사의 정치활동의 자유보장, ⑥ 필요하다면 과도적 조치로서 연방제를 실시, ⑦ 남북 경제·문화·인사의 교류, ⑧ 이상 문제를 협의하기 위한 남북 정치협상회의 개최
5	16　제156차 북송자 제1선 청진 도착(북송 대형선 만경봉호 완공)	

월	상황적 북한요인	행위적 북한요인
6	15 반미 투쟁의 날 평양시 군중대회 개최 21 반미 공동투쟁월간 맞아 세계 평화 애호 인민들 미제의 남조선 철거 위한 국제적 투쟁 벌일 것을 호소하며 공동 성명 발표	20 강화 석모도에 무장간첩 출현(1명 체포, 1명 사살) 23 북한 무장간첩 3명 경기도 문산지역 침투/교전(아군 12명 전사, 부상 19명)
7	27 '사로청호' 탱크를 인민군에게 전달하는 집회 개최	
8	11 조국평화통일위원회 위원장, 뉴욕의 고병철에게 회답(해외 조선동포 통일회담 개최 주장)	6 김일성, 남한의 정당·사회단체 인사들과의 접촉 용의를 표명 14 북한적십자회, 한적의 가족찾기운동 제의에 서신교환, 가족·친척의 자유방문을 위한 회담을 판문점에서 열자고 제의 23 북적, 26일 판문점 2차회담 갖자는 한적 제의 수락 27 북한 무장간첩 4명 경기도 문산 침투/교전(간첩 3명 사살, 민간인 1명 사망) 28 사로청, 남북예비회담 지지 담화 30 동해에서 어로작업 중이던 탁성호 선원 30명 북한경비정에 피랍
9	8 북한·중공, 무상군사원조협정 조인(북경)	17 북한 무장간첩 3명 경기도 김포지구 침투/교전(간첩 3명 사살, 아군 5명과 민간인 3명 사망) 27 김일성, 미군 철수와 한·미 방위조약 및 한·일 조약 폐기 조건으로 대소·대중공 방위조약 폐기 용의 발표 28 외무성, 평화통일의 선결조건 제시와 관련, 남한으로부터의 미군철수, 주한 언커크 해체 성명
10	24 제161차 북송선 만경봉호, 청진항 도착 29 북한·월맹, 경제 및 군사원조협정 조인	29 간첩선 소흑산도 침투(4명 사살, 아군 측 경찰 1명 전사)

월	상황적 북한요인	행위적 북한요인
12		7 외무성, 한국의 비상사태 선언을 비난 28 외무성, 한국의 국가보위에 관한 특별조치법 통과와 관련하여 내외 기자 회견

서 58%의 득표율을 보였다.[466]

선거결과가 보여주듯 국가안보와 경제성장을 강조했음에도 불구하고 박정희의 득표율은 만족스럽지 못했다. 1967년 대선에서는 100만 표 이상의 차이로 윤보선을 따돌렸고, 서울을 비롯한 대도시에서도 윤보선을 압도했던 데 비하면 이번에는 모든 면에서 기대에 미치지 못했다. 반면 김대중에 대한 지지는 실로 놀라운 수준이었다. 이는 무엇보다 박정희의 장기집권에 대한 반감이 높았던 데 기인한다고 볼 수 있다. 즉, 국가안보와 경제성장을 명분으로 한 장기집권을 학생들과 지식인들은 물론이고 일반 국민들이 적극 동의한 것은 아니었다고 할 수 있다. 따라서 안보위협을 강조하는 북한요인의 동원이 과연 투표결과에 어떠한 영향을, 얼마만큼 주었는가를 구체적으로 실증하기는 쉽지 않다.[467]

그럼에도 불구하고 국가안보나 북한요인을 동원하지 않았다면 박정희와 김대중의 표 차는 더 벌어졌을 것이라는 반사실적 가정이 가능하다. 흔히 안보위협 등은 사안의 우선순위 재조정과 지지도에 영향을 주는데,[468] 국민 대다수가 장기집권에 거부감을 보이면서도 국가안보의 중요성과 경제성장에 대한 기대 때문에 소극적으로나마 박정희에게 지지를 보냈다고 추론할 수 있다.[469] 즉, 장기집권에는 반대하지만 국가안보 역시 무시할 수 없거나 장기집권보다는 경제성장을 더 중시한다는 의미이다.

1963년의 '사상논쟁'과 1971년의 '안보논쟁'은 북한요인을 전제로 한 것이었다. 전자는 여당을 공격하기 위해 야당이 제기하였고, 후자는 야당을 공격하기 위해 여당이 제기한 점이 달랐다. 그리고 1971년의 안보논쟁은 1968년의 북한의 군사모험주의, 1969년 7월의 닉슨(Richard Nixon)의 괌 독트린 발표, 1970년 6월의 해군방송선피랍사건, 국립묘지 현충문폭파사건, 그리고 8월의 주한미군 감축발표[470] 등 안보불안을 자극하는 일련의 사태 전개를 배경으로 하고 있었다. 즉, 1963년이 '사상'의 논쟁이었다면 1971년은 더욱 구체적이고 실제적인 '안보'의 논쟁이었다. 정부·여당은 이를 빌미로 국민들의 안보의식을 적극 자극하고 또한 동원했다. 그와 같은 사태 전개는 여당에는 순풍이었던 반면, 당시의 야당 바람에는 역풍으로 작용했다고 볼 수 있다. 요컨대 박정희의 장기집권에 대한 거부감이 안보위협에 대한 불안감을 상쇄시키지 못했다고 할 수 있다.

이와 같이 1971년 대선에서의 국가안보와 민주주의의 격돌을 통해 볼 때, 국가안보의 강조 속에서도 자유민주주의의 도덕적 호소력이 매우 강했다고 볼 수 있다. 그러나 기본적으로 야당과 재야의 지식인을 중심으로 제기했던 자유민주주의는 그 사회적 기반이나 국민들과의 본격적인 결합을 결여하고 있었다. 따라서 일반 국민들을 자유민주주의 틀로 견인하는 데에는 일정한 한계를 지니고 있었다. 특히 북한요인의 지속적 개입으로 자유민주주의의 굴절, 곧 국민 다수가 국가안보와 경제성장을 위해 자유민주주의의 일정한 제한에 수동적으로나마 공감하고 동의하는 상황에서는 더욱 그랬다. 원칙으로서의 자유민주주의는 국가안보의 중요성이 강조되는 경우 현실적으로 그 소구력이 제한될 수밖에 없다. 반공을 위한 자유민주주의는 국가권력의 강화를 초래하며 이러한 조건에서는 자유민주주의가 제대로 작동하기 어려움은 물론이다. 이는 당위 또는 원칙으로서의 자유민주주의가 현실로서의 국가안보와 조화를 이루거나 넘어서지 못함을 뜻한다. 특히 행위적 북한요인의 발생과 그 영향으로 인하여 사회 저변에 대한 자유민주주의의 호소력이 국가안보에 비해 강하지 못하였고, 지속적으로 제약을 받았다.

유신체제의 형성과 북한요인

1968년의 행위적 북한요인과 유신체제로의 단계적 이행

유신체제는 1972년 10월 17일 돌연 등장한 것이 아니다. 유신체제는 사실상 1971년 12월 6일 국가비상사태선언으로 막이 올랐다. 그리고 유신체제를 수립하기 위한 준비는 이미 삼선개헌 시도에서 시작되었다고 보는 것이 타당하다. 박정희 정권의 삼선개헌 시도는 1969년 초 북한의 위협에 대처하고 경제성장을 지속적으로 수행하기 위해서 삼선개헌이 필요하다고 제기함으로써 본격적으로 시작되었다.

앞서 논의한 바와 같이 1968년 북한의 군사모험주의와 같은 행위적 북한요인이 삼선개헌에 기회의 창을 열어주었다. 그리고 삼선개헌 전에 군사모험주의의 영향으로 향토예비군 설치, 학생군사훈련 실시 등의 병영국가적 동원화가 가속화됨으로써 제한적 다원주의의 훼손, 노골적 독재체제로의 이행에 유리한 정치적·사회적 환경이 조성되었다. 삼선개헌의 강행은 제한적 다원주의로부터의 이탈을 보여주는 하나의 상징적이고 구체적인 예이다. 우리는 앞에서 이러한 일련의 사태 전개에 대해 충분히 논의해왔다. 요약하면 1968년 위기수준의 행위적 북한요인을 계기로 삼은 병영국가적 동원화는 삼선개헌으로 가는 징검다리였고, 삼선개헌은 유신체제로 가는 징검다리였다고 할 수 있다.[471] 결과적으로 보면 유신체제 수립은 1968년부터 1972년까지 무려 5년에 걸친 다단계 체제이행이었다.

박정희는 1969년 7월 25일 개헌 가부 표결로 자신과 정부에 대한 신임을 묻겠다고 발표했다. 당시는 청와대기습기도사건 등으로 국민의 안보불안 심리가 최고조에 달했을 때였다. 또한 그간의 경제개발계획이 가시적 성과로 나타났는데, 삼선개헌이 추진된 1969년은 역사상 유례없는 경제성장률을 기록했다. 당시 GNP 성장률은 15.9%를 기록하였고, 드문 풍작(773만 7,000석)으로 농가소득은 전년 대비 21%로 증가하였으며, 실업률 또한 4.8%로 하락했다.[472] 말하자면 박정희 정권은 북한요인의 위협성과 경제적 성과를 바탕으로 국민들에게 '개헌이냐, 혼란이냐'의 양자택일을 압박했던 것이다.

일반적으로 외부로부터의 위협이 클수록 정책결정자들이 안보카드를 사용할 가능성이 높아진다. 외부로부터의 안보위협의 도래와 안보카드의 사용 빈도는 일종의 공변관계에 있다.[473] 제3세계 많은 리더십이 지배의 정당화를 위해 안보 이슈를 동원한다고 상정할 때, 첨예한 남북 대치상태에 있는 남한의 리더십은 제3세계 일반에 비해 안보 이슈의 정략적 도구화에 있어 훨씬 유리한 위치에 있었다. 사실 이 시기 북한요인의 위협과 안보카드의 동원은 동반상승했다. 다시 말해 박정희 정권의 안보카드 동원이 단순히 허공 속의 자가발전만은 아니었다. 그리고 양자의 동반상승은 민주지향성 약화와 반공지향성 강화의 교차를 의미했다. 이러한 의미에서 북한요인은 박정희 정권이 제한적 다원주의를 훼손하며 노골적 독재체제로 나아가는 출발점이 된 것은 물론 단계별로도 주요 명분과 동력을 제공해주었다.

논의를 단순화하면 1968년 위기수준의 행위적 북한요인→병영국가적 동원화→삼선개헌→제한적 다원주의 이탈→유신체제 수립 간에 느슨하게나마 일정한 인과적 경로를 설정할 수 있다. 다시 말해 군사모험주의와 같은 행위적 북한요인은 반공–민주지향성의 길항과 그 벡터합에 영향을 주었다. 충격적인 행위적 북한요인은 민주주의 이슈보다는 안보 이슈가 강조되는 분위기를 조성함으로써 국가, 정치사회, 시민사회의 인식과 선호, 그리고 역관계에 영향을 미쳤다. 그리하여 정치균열을 제한하고 안보 중심 또는 병영국가적 정책·제도의 형성과 재편에도 영향을 주었다.

일반적으로 제도는 강력한 행위자들의 선호와 힘을 반영한다. 따라서 행위자들의 선호와 힘이 변화되고 새로운 정책들이 추구될 때 제도적 변화가 수반된다.[474] 나아가 정책과 제도가 변화됨으로써 제한적 다원주의로부터 유신체제라는 노골적 독재로의 이행, 곧 통치양태의 변화로 나아갔다고 할 수 있다. 즉, 위기수준의 행위적 북한요인이 박 정권의 제한적 다원주의 훼손과 노골적 독재로의 이행의 맥락을 조성하고, 유신체제 수립의 명분을 부여, 정당화하는 자원으로 소비되었다. 이 점에서 '정책이 정치를 만든다'는 지적은 경청할 만하다. 정책은 정치과정의 산물일 뿐만 아니라 정치과정에 투입기능을 행사하며, 흔히 극적으로 정치적 환경을 재형성하고 변화시킨다.[475] 그런데 1968년의 경우 '정책을 만든 것은 위기였다'고 할 수 있다. 다시 정리하면 행위적 북한요인이 야기한 위기가 병영국가적 정책을 만들고, 병영국가적 정책은 정권의 제한적 다원주의 훼손과 노골적 독재체제로의 이행을 초래했다고 볼 수 있다. 따라서 위기수준의 행위적 북한요인→정치균열→정책·제도→통치양태 변화 간에 느슨하게나마 일정한 맥락적 연관을 설정할 수 있다.

앞에서 살펴본 바와 같이 박정희 정권은 1968년의 행위적 북한요인을 강력한 권력자원으로 삼아 향토예비군 설치, 학생군사훈련 실시, 삼선개헌 강행 등을 기도했다. 이 과정에서 반대세력은 북한요인을 병영국가적 정책·제도 재편의 명분과 제한적 다원주의 훼손의 자원으로 활용하고자 하는 정권에 저항했다. 반대세력은 안보를 위해서 민주주의를 유보할 것이 아니라, 안보를 위해서라도 오히려 민주적 원칙과 절차를 견지해야 한다고 맞섰다. 이로 인해 안보와 민주의 대립축을 중심으로 정치균열이 전개되었으나 가시화된 행위적 북한요인의 충격과 영향으로 반공-민주지향성의 길항은 전자로 기울어졌다. 이는 힘의 중심과 헤게모니가 국가와 정권 쪽으로 편중되었음을 뜻한다.

박정희는 한층 강화된 국가권력을 기반으로 정치사회와 시민사회의 저항을 뚫고 자신이 의도하는 정책과 제도를 재편함은 물론 삼선개헌을 통과시키고 세 번째 집권을 이루었다. 그러나 그는 세 번째 집권에 만족하지 않고 미중 간의 데탕트와 미군철수로 인한 안보위협을 명분으로 영구집권을 도모했다. 그리하여 현재적 또는 잠재적인 정치적 반대를 봉쇄하고 안보위협에 대처할 수 있는 보다 견고한 체제로의 전환을 시도했다. 이를 위한 전 단계로 국가비상사태를 선포하고 모든 국내체제를 병영국가화하는 6개 항목[476]을 발표했다. 그리고 여당인 공화당은 대통령에게 비상대권을 부여하는 '국가보위에 관한 특별조치법'을 국회에 제출하여 야당의 반대에도 전격 통과시켰다.

박정희 정권의 병영국가화에 대해 반대세력은 그와 같은 비상조치의 목적이 국가안보보다는 반대세력 제압을 통한 정권안보에 있음을 폭로하고 저항했다. 박정희 정권이 내세운 안보위협이 당시 북한의 적대행위의 증가와 같은 객관적 지표와 조응하는 것은 아니었다. 다만 국제정세 급변과 남북대치 불변의 간극에서 오는 안보위협이 상당한 무게와 실체를 가지고 정권은 물론이고 일반 국민들의 뇌리에 일정하게 침투해 있었던 점도 부인할 수 없다. 때문에 안보위협에 대처하고 남북대화를 위한 체제결속 차원에서 유신체제 수립이 불가피하다는 박정희 정권에 대한 저항논리가 큰 탄력을 받지 못했다. 유신체제로의 이행과정에서 비대칭적이나마 반공–민주지향성 간의 길항이 계속되었으나 반공지향성의 헤게모니 속에서 민주지향성은 상당 정도 제약될 수밖에 없었다. 반공지향성 강화는 국가의 힘을 강화시키는 반면 반대세력의 힘을 약화시킨다. 유신체제 수립은 반공–민주지향성 길항의 결과물이자 이전까지 정치경쟁과 그로 인한 균열과 갈등이 일정 정도 보장·작동되었던 제한적 다원주의가 노골적 독재로 대체 및 봉인되었음을 가리킨다.

4·19혁명이라는 역사적 경험은 박정희 정권에게 영구집권 시도의 위험성을 경고하는 강한 교훈이자 압력으로 작용했다. 그런데 1968년에 일어난 북한에 의한 일련의 무력도발은 박 정권이 민주주의를 폐기하고 반공지향성을 강조하며, 제한적 다원주의의 훼손을 통해 노골적 독재체제로 이행하는 데 유용한 카드와 동력을 제공했다. 반면 민주지향성을 표방하는 세력에게는 연속적으로 악재가 되었다. 삼선개헌 반대운동과 투표결과에서 보듯 민주적 절차와 틀을 훼손한 삼선개헌은 학생들이나 일반 국민들에게 쉽게 용납되지 않았다. 그럼에도 북한으로부터의 위협을 고려할 때 일정 정도의 정치적 제약이 불가피하다는 인식이 일반 국민들은 물론이고 지식인들에게까지 퍼져 있었다. 말하자면 북한요인의 개입으로 반공지향성을 민주지향성이 견제 또는 제한하지 못했던 것이다.

안보위기·남북대화와 유신체제 수립: 명분과 영향

안보위기와 유신체제

유신체제 수립의 원인은 무엇이며, 북한요인과는 어떤 관련이 있는가?[477] 그간 유신체제의 수립 원인에 대해서는 다양한 논의가 개진된 바 있다.[478] 유신체제 수립을 설명하는 요인으로는 크게 경제적 요인과 정치적 요인을 강조하는 입장으로 나눌 수 있다. 전자는 유신체제 수립이 경제적 위기와 그에 따른 민중부문의 정치적 활성화가 체제 위협을 자극한 결과라는 것이다. 후자는 합법적인 절차로는 재집권을 확신할 수 없었던 박정희의 무한 권력의지에서 비롯되었다는 것이다.

그러나 전자는 한국의 경우 정치가 사회경제구조의 종속변수이기보다는 오히려 독립변수로서 사회경제적 구조나 세력을 규정할 정도의 자율성과 역량을 지니고 있다는 점에서 한계가 있다. 후자는 권력의지는 박정희에게만 한정된 것이 아닌 모든 정치인에게서 볼 수 있는 보편적 현상, 즉 상수라는 점에서 역시 한계를 갖는다.[479] 물론 박정희의 권력의지는 유신체제 시도의 동기라는 점에서 결코 무시할 수 없는 무게를 지닌다. 그러나 권력의지만으로 유신체제 수립을 시도하기는 어렵다. 명분을 제공받을 수 없기 때문이다. 또한 강성국가의 기반, 국가지배적 국가-사회관계도 유신체제 수립을 가능하게 한 기반이었음에는 분명하지만 중심 요인이라고 볼 수 없다. 그리고 대한 경제원조 축소, 한국군의 베트남 파병, 주한미군 철수 계획 등으로 인한 미국의 영향력 감소[480]도 유신체제 수립을 가능하게 한 하나의 요인으로 볼 수는 있지만 역시 중심 요인으로 보기는 어렵다.

위의 요인들만으로는 왜 박정희가 헌법으로 보장된 1975년의 임기만

료 이전인 1972년에 노골적 독재로의 통치양태 전환을 꾀했는가를 적절하게 설명할 수 없다.[481] 따라서 다른 요인에 주목할 필요가 있다. 무엇보다 유신체제가 왜 그 시점에 등장했고 다소라도 명분을 얻고 정당화될 수 있었는가를 설명하기 위해서는 북한요인과 결부된 당시의 안보위기에 주목하지 않을 수 없다. 요컨대 유신체제 수립과 관련하여 어떤 요인을 강조하든 유신체제 형성에 북한요인이 미친 영향을 간과하고서는 논의를 진전시킬 수 없다. 그만큼 북한요인이 유신체제 형성에 미친 영향이 크고 깊기 때문이다.[482] 특히 북한요인은 유신체제가 '왜 수립되었는가' 하는 것뿐만 아니라 유신체제 수립에 대해 '왜 저항하지 않았는가'를 일정하게 설명할 수 있다. 후자는 일반 국민들이 유신체제의 등장을 어떻게 보고 있었는가 하는 점에서 중요하다.

1972년 10월 유신체제가 등장했을 때, 국민들은 한국정치사의 전례없는 독재체제의 수립 앞에서 왜 제대로 저항할 수 없었거나 하지 않았는가에 답하기란 쉽지 않다. 그럼에도 원인을 찾자면 몇 가지를 제시할 수 있는데, 그 가운데 북한요인을 중심으로 이 문제에 접근할 수 있다. 유신체제의 수립과 관련하여 두 가지 문제를 제기해볼 수 있다.[483]

첫째는 박정희 정권 반대운동의 전면에 서 있었던 학생과 지식인의 저항논리는 무엇이었고, 그러한 논리는 박 정권을 얼마만큼 위협할 수 있었으며, 왜 유신을 저지하는 결정적 무기가 되지 못했는가, 그리고 왜 국민들을 효과적으로 동원하는 수단이 되지 못했는가 하는 점이다. 둘째는 당시 인구 구성에서 대다수를 차지한 농민, 노동자 등 사회적 소외층과 도시 중산층은 왜 박 정권을 묵시적으로 지지하거나 설사 지지하지는 않았더라도 박 정권 반대운동에 적극성을 보이지 않았는가 하는 점이다. 유신체제의 수립은 분명 그것을 가능하게 해준 구조적 조건과 그것을 관철 또는 저지하려는 행위 주체의 실천적 개입이 상호작용한 결과로 파악해야 한다. 그렇다면 왜 저지하려는 실천적 개입이 구조적 조건 또는 박정희의 선택과 강행을 넘어서지 못하였는가.

북한요인을 대입하면 많은 부분이 설명이 된다. 이는 삼선개헌과 1971년 대선에서의 민주주의와 국가안보 간의 길항에서도 엿볼 수 있다. 당시 국가안보의 강조 속에서도 자유민주주의에 대한 호소력이 강했던 것은 사실이지만, 안보와 성장에 지대한 관심을 갖는 일반 대중을 장악하기에는 역부족이었다. 말하자면 야당과 재야의 지식인을 중심으로 한 자유민주주의의 가치와 일반 국민과의 연결은 안보와 성장에 비해 상대적으로 약했다. 특히 북한요인의 지속적 개입으로 일반 국민들은 성장과 안보를 위해 자유민주주의를 일정하게 제한하는 데 공감했다. 말할 것도 없이 이러한 상황을 조성하는 데 힘을 실어준 것이 상황적·행위적 북한요인의 지속적 개입과 동원이었다. 때문에 자유민주주의의 호소력이 국가안보나 경제성장에 비해 강하지 못하였던 것이다.

물론 이는 박정희 정권이 이룩한 경제적 성과에도 기인하지만, 경제적 성과만으로는 실재하지 않는 북한요인을 동원하여 장기집권을 획책하는 박정희 정권을 묵인하거나 소극적으로나마 지지했을 가능성은 많지 않다. 다시 말해 박정희가 정권 유지를 위해 남북 대치라는 구조적 북한요인을 이용할 수 있었던 것은 행위적 북한요인과 이로 인한 안보위협이 실재하였기에 가능했다. 다수 국민들도 박정희 정권의 대북 위협인식에 어느 정도 동조했다. 이렇게 보면 유신체제의 수립은 궁극적으로 이를 막지 못한 민중세력의 패배가 낳은 산물이지만,[484] 왜 민중세력이 패배할 수밖에 없었는가에 대한 주요 설명을 북한요인으로부터 찾지 않을 수 없다.

이제 10월유신 당시 국민은 4월혁명의 경험을 가지고 있으며 불의에 저항할 수 있는 민주적 동력을 지녔던 1960년대 중반까지의 국민과는 달랐다. 예컨대 1971년 4월 제7대 대통령선거에서 여당인 공화당의 선거 슬로건은 '북괴의 야욕 앞에 누가 이 안정된 생활을 지켜줄 것인가?'[485]였다. 그 이전 민주적 동력을 지녔던 국민들에게 이제는 이 슬로건이 결코 과장된 구호만은 아니었던 것이다. 바로 여기서 우리는 당시 국민들이 왜 10월유신에 저항하기 어려웠는가 하는 의문의 일단을 풀 수 있다.[486] 말하자면 1961년 이후 4·19의 민주지향성과 긴장과 갈등을 유지하던 5·16의 반공지향성이 4·19지향성[487]을 압도해버린 것이다. 그 근저에는 1968년 군사모험주의와 같은 연쇄적으로 발생한 행위적 북한요인과 더불어 조성·동원된 일련의 안보위기가 결정적으로 작용했다고 볼 수 있다.

분단상황에서는 유신체제와 같은 노골적 독재의 등장 가능성이 상존한다. 그러나 유신체제는 등장 시점으로 보아 행위적 북한요인의 진공상태에서 나타난 단순히 분단이라는 구조적 북한요인의 산물만은 아니었다. 나아가 박정희 정권이 분단, 즉 구조적 북한요인을 정략적으로 이용한다는 야당과 지식인, 학생들의 공격에 '그렇지 않다'고 반박한 것은 박 정권이 아니라 역설적으로 북한이었다. 왜냐하면 북한이 가시적인 적대행위를 통해 박 정권이 주장한 북한의 실제적 위협을 간단없이 증거해주었기 때문이다. 물론 북한요인이 유신체제 수립의 단일 독립 변인이었다는 의미는 아니다. 유신체제는 여타 국제적·국내적 요인의 상호작용으로 중층결정된 측면을 무시할 수 없다. 그럼에도 북한요인, 특히 행위적 북한요인은 유신체제 수립으로 가는 데 있어 주요 요인으로 작용했던 점은 분명하다.[488]

유신체제 수립을 전후하여 남한사회에는 안보위협이 존재했고, 정치 권력은 그것을 병영국가화에 이용하고 나아가 권력의 안정화에 이용했다. 특히 북한이 주도한 남한에서의 통혁당 건설, 1968년에 발생한 일련의 무장게릴라침투사건 등은 남한사회의 병영국가적 동원화에 결정적인 영향을 미쳤다. 거기다가 1·21청와대기습기도사건 당시 미국은 북한에 대해서는 남한과의 맹방관계를 의심할 정도로 유화책을 쓰는 반면, 남한에 대해서는 주한 유엔군사령관이 혹시 있을지도 모르는 한국군의 단독 군사행동을 막기 위해 유류공급의 중지 등 견제 조치를 취했다. 박정희가 안보위협과 자주국방의 필요성을 뼈저리게 느꼈던 시기가 바로 이때였다. 그리고 이를 더욱 굳히고 가속화한 것이 1969년 7월 닉슨의 괌 독트린 선언과 주한미군 제7사단의 철수였다. 마치 1960년대 초 김일성이 쿠바사태와 중소분쟁의 와중에 생존에 불안을 느끼고 소련이나 중국의 영향력에서 벗어나고자 자주노선 견지에 분투했던 것처럼 박정희 역시 미국의 의존에서 벗어나 자주성을 확보하려고 노력했다.

한편, 1969년을 고비로 북한의 무력도발은 현저히 감소했으나 여전히 계속되었다. 그해 4월 북한에 의한 EC-121기격추사건에 이어 미군 헬리콥터격추사건, 그리고 1970년 6월 5일에는 서해 휴전선 부근에서 어선단 보호임무를 수행하던 해군방송선의 피랍사건이 발생했다. 해방 후 처음인 이 해군선박 피랍사건은 전국적으로 큰 충격을 주었다.[489] 또한 6월 22일에는 국립묘지 현충문 폭파사건이 발생했는데, 6·25 기념식에 참석하는 박정희를 비롯한 정부요인들의 암살이 목적이었다.[490] 현충문 폭파사건이 있은 후 약 2주일 만인 1970년 7월 상순 미국은 한국 정부에 주한미군 2개 사단 중 1개 사단의 철수방침을 통고해왔다. 이어 8월 24일 애그뉴(Spiro T. Agnew) 미 부통령이 주한미군 감축의 불가피성을 설명하기 위하여 닉슨 대통령의 특사 자격으로 한국을 방문했다.

당시 대통령 비서실장이었던 김정렴의 회고에 따르면, 박정희는 애그뉴 부통령과의 회담에 앞서 북한의 간단없는 무력도발로 한국이 준전시 상태에 있기 때문에 주한미군 철수에 앞서 군현대화가 선행되어야 한다는 점을 강조하기 위해 약 2주일 동안 거의 모든 일정을 미루고 대책에 골몰했다고 한다.[491] 애그뉴의 한 수행원에 따르면, 회담에서 박정희가 보여준 행동은 그가 지금까지 목격한 어떠한 것과도 견줄 수 없는 '절대적으로 공격적인' 국가원수의 행동이었다는 것이다.[492] 이는 당시 박정희의 위협인식 정도를 시사하는 대목이다.

이 회담에서 박정희는 7사단의 철수를 받아들이는 대신에 ① 한국군 장비의 현대화, ② 장기 군사원조, ③ 2만 명 이상 감군하지 않는다는 미국 측의 약속을 받아냈다. 그러나 애그뉴 부통령은 회담을 마치고 대만으로 향하면서 미국 기자단에게 "한국군의 현대화가 완전히 이루어질 때, 아마도 5년 이내에 주한미군은 완전 철수될 것이다"라고 말했다. 회담에서 공언한 약속과는 상치되는 이와 같은 발언은 한국 측을 당황시키고 불안하게 했다.[493]

이러한 일련의 충격과 그에 대응하여 취해진 안보강화와 동원체제화를 통해 남한사회에서 노골적 독재체제가 별 저항 없이 수용될 수 있는 정치지형이 형성되기 시작했다. 크래스너(Stephen Krasner)가 지적한 바와 같이 국가생존(national survival)에 관한 한 모든 국가는 강성국가적 면모를 보인다. 왜냐하면 안보 이슈에서 국가와 사회의 선호는 상호 수렴하기 때문이다.[494] 따라서 안보위기로 인하여 북한요인의 위협성이 높아지는 상황은 유신체제 수립에 중요한 영향을 미쳤다고 볼 수 있다.

물론 유신체제 수립 직전에 북한의 적대행위가 증가했다고 볼 만한 가시화된 도발이나 사건은 없었다. 더구나 1971년 9월부터 남북한 적십자 간에 일련의 예비회담이 개최되었으며, 그해 11월부터는 남북한 간의 비밀접촉이 이루어지고 있었다. 따라서 '남침 준비에 광분하고 있는 북한의 동향 등 제 양상을 감안할 때 한국은 안보상 중대한 시점에 있다'라는 명분을 내세운 국가비상사태 선포와 국가보위법(국가보위에 관한 특별조치법)의 공포는 북한의 남침 가능성 증가라는 어떤 객관적 지표에 대한 대응은 아니었다.

때문에 1971년 말에 취해진 국가비상사태 선포와 국가보위법 공포 등의 비상조치는 안보위기에 대한 대응이라기보다는 양대 선거 이후 점증한 반대세력의 저항과 그 잠재적 위협성에 대한 정치적 통제를 강화하기 위한 예방조치 또는 선제공격이었다고 볼 수 있다.[495] 그러나 안보위기에 대한 위협인식이 객관적 상황의 단순 반영만은 아니다.[496] 위협은 인식된 위협이다. 위협인식은 실재의 반영일 수도 있고 의식 영역[497]일 수도 있다. 그러나 그것이 단순 허위나 과장이라고만 치부할 수는 없다. 당시의 안보환경과 북한의 경향성으로 볼 때 박정희의 위협인식은 정당화될 수 있는 수준이었는지도 모른다.[498] 위협인식의 속성상 객관적인 위협이 부재하거나 미약한 경우에도 고조될 수 있다. 박정희는 미중의 데탕트 조류와 호전적인 북한과의 대치상태라는 양극단에 끼여 초조함을 느꼈을 수 있다.[499] 북한의 위협이 상존하는 상황 속에서 1969년 7월 발표된 '닉슨 독트린'은 안보 위기감을 가중시키기에 충분했을 것이다. 특히 1971년 3월 주한 미7사단의 철수와 미국의 대중국 화해정책은 박정희와 국민들에게 심각한 안보 불안감을 주었다고 볼 수 있다. 특히 박정희는 미7사단의 철수를 "북한이 다시 쳐들어와도 미국은 한국을 도와주지 않겠다는 메시지"로 받아들였다. 또한 미국이 통고도 없이 중국과

손을 잡았다는 사실에 매우 불쾌해하며 "미국을 더 이상 신뢰할 수 있을까"라며 우려를 표명했다.[500]

이 같은 안보 위기감은 북한과 대결할 수 있는 체제로의 전환 필요성을 집권세력 내부에서 강력하게 제기하는 계기로 작용했다고 볼 수 있다. 박정희는 1971년 10월 5일 위수령을 선포했으며, 12월 6일에는 국가비상사태를 선언하고 국제정세의 심대한 변화가 우리의 안전보장에도 직간접적인 위험한 영향을 줄 수 있다고 강조했다. 이를 기점으로 본격적인 병영국가 수립에 돌입했다. 박정희가 집권 초기에 내외의 저항이 예상되는 그와 같은 비상조치를 취한 결정적 동기는 무엇보다도 안보위협으로부터 찾아야 할지 모른다.[501] 박정희는 미군철수와 미중 데탕트, 그리고 남북접촉 상황에서 정권에 대한 점증하는 도전과 반대세력의 성장이 정치적·사회적 불안정을 초래함은 물론 안보위협이 될 것으로 인식했을 수 있다. 그리하여 안보위협에 적절하게 대처할 수 있는 국내 통제의 강화가 필요하다고 판단했을 것이라는 추론이 가능하다. 물론 박정희는 안보위기를 자신의 권력강화와 정권연장의 명분으로 활용하고 정당화할 줄 아는 권력의지를 가진 정치인이었다는 점에서 예외가 아니었다. 그러나 그와 같은 정치적 활용이 안보위기의 조작 또는 부재상황에서 이루어진 것은 아니었다.

방위산업을 담당한 오원철 전 청와대 경제제2수석비서관이 증언하는 박정희의 북한에 대한 위협인식은 일반적인 예상을 훨씬 뛰어넘었다. 박정희는 국가비상사태 선포 약 한 달 전인 1971년 11월 10일, 오원철에게 방위산업 긴급명령을 하달하면서 "우리나라는 현재 초비상사태라고 판단한다"면서 예비군 20개 사단을 무장시키는 데 필요한 무기를 개발·생산하라고 지시했다. 또한 북한군의 최근 동향에 대해서는 이후락 정보부장을 만나서 설명을 들으라고 했다. 이후락은 "오 수석! 대통령이 시국을 어떻게 느끼고 있는지 알 수 있지? 사력을 다할 각오를 하"라면서 남북 긴장관계 등 긴박한 안보상황을 설명했다.[502] 오원철은 이때의 방위산업 개념은 일반적 의미가 아니라 비상시국에 대처하는 조치였으며, 이는 당시의 긴박했던 남북관계를 반영하는 것이었다고 회고했다.[503]

이렇게 볼 때 박정희의 안보위기 강조가 국내적 모순을 대외적 긴장 고조로 상쇄하려는 의도에서 취한 위기조장의 정권안보책이라고 치부할 수만은 없다. 다만 박정희는 그러한 안보위기를 장기집권과 체제전환의 강력한 명분으로 적극 활용하고자 했다. 이 점에서 국가를 객관적 위험을 감소시키는 정당한 보호자가 아니라 '위험의 생산'과 '보호의 판매'를 동시에 수행하는 '공갈단(racketeteering organization)'으로 보는 틸리(Charles Tilly)의 지적은 적확하다.[504]

틸리가 말하는 국가의 속성에 비추어볼 때 당시 박정희 정권의 '위험의 판매'는 과도한 수준은 아니었다. 그리고 그러한 위험의 판매가 결코 일방적인 강매 또한 아니었다. 일반 국민들에게도 일정한 동조를 얻고 있었던 것이다. 이렇게 볼 때 당시의 안보위기는 단지 유신체제 수립을 정당화하기 위한 구실에 불과한 것이 아니라 상당한 실체를 지닌 것도 사실이었다.[505] 따라서 양자 간에 실존하는 함수관계를 상정하지 않고 단지 안보위기를 장기집권을 합리화하기 위해 동원하거나 과장한 것으로 일축하는 것은 또 다른 편향일 수 있다.

남북대화와 유신체제

한편 1971년 7월 닉슨의 중국방문 계획이 발표되는 등 미중 간의 화해 움직임이 본격화되는 국제 데탕트 분위기 속에서 남북한은 각기 우방인 미국과 중국으로부터 남북대화의 압력을 받고 있었다. 미중 간의 화해 무드를 진전시키기 위해서는 첨예한 냉전의 대결장인 한반도의 긴장 완화가 긴요했기 때문이다. 남북한 또한 미중 간의 화해 무드로 인하여 유사시 우방으로부터의 지원을 기대하기 어려운 안보위기를 느끼고 있었다. 따라서 급격한 국제정세 변화에 대응하여 각기 체제를 정비할 수 있는 시간을 벌기 위해서 대화를 통해 군사적 긴장을 완화하고 공존을 모색할 필요가 있었다.[506] 이와 같이 급변하는 국제정세에 적응하기 위한 노력의 일환으로서 취해진 남북대화도 결국 유신체제 수립의 명분으로 활용되었다. 유신체제는 안보와 더불어 남북대화와 통일을 명분으로 수립된 체제였다.

물론 남북대화가 처음부터 유신체제의 명분을 찾기 위한 각본의 일환으로 추진된 것은 아니었다. 그런데 대화를 추진하는 과정에서 남북대화를 유신체제 수립의 명분으로 이용할 수 있었다.[507] 박정희는 유신헌법을 제정하면서 그 대의를 '통일시대의 대비'에서 찾았다. 박정희는 1972년 10월 17일 비상계엄령으로 헌정 기능을 중단시키면서 유신 단행 이유를 "평화통일을 지향하는 헌법 개정"이라고 밝혔다. 그는 이 특별선언에서 '통일'이라는 단어를 18번이나 사용했다. 그리고 이를 증명이라도 하듯 통일주체국민회의를 비롯한 각종 통일 관련 어용기구들을 양산했다.[508] 박정희는 북한의 도발 감소와 남북대화 진행상황 속에 안보위기 강조만으로는 유신체제 수립을 정당화하기 어려웠던 듯 체제전환의 필요와 명분을 평화통일 추진과 연계시켰다.[509]

박정희가 남북대화를 추진한 것은 안보위협 완화와 미국의 권고 때문이기는 했지만, 다른 한편으로는 통일담론이 분단국가의 정치체제에 민족적 정당성을 부여할 수 있는 자원이었기 때문이다.[510] 따라서 당시까지도 선건설 후통일론을 확고하게 견지하던 박정희로서는 통일이 관심사가 아니었지만, 국민들의 지지를 끌어내기 위해서는 통일담론을 구사할 수밖에 없었다. 김형욱의 지적처럼 박정희는 "통일이라는 묘약을 풀어 한국민과 북한 당국을 동시에 이용"했을 수 있다. 박정희는 자신의 "영구적인 독재체제를 완전히 구축할 때까지는 김일성의 간접적인 도움이 필요했고", 국민들을 통일 열망에 부풀게 할 남북대화를 요긴하게 이용할 필요가 있었다. 남북대화가 "국민을 조작하고 탄압하는 데 더없이 좋은 무기요 구실이 되었기 때문"에 통일지향적 태도를 보여줄 필요가 있었던 것이다.[511]

남북대화는 통일에 대한 환상을 심어주어 유신체제 수립을 위한 명분을 제공하는 측면이 있었고 박정희는 이를 최대한 활용했다. 그러나 다른 한편으로 남북대화는 분단구조의 재생산을 통한 지배체제의 유지를 어렵게 하는 '양날의 칼'이었다.[512] 남북대화의 진행은 통일논의를 활성화시킴으로써 북한에 대한 경계를 늦추어 반공이데올로기와 안보이데올로기가 희석될 수 있었던 것이다. 각계에서 통일논의가 활발해짐에 따라 박 정권이 1960년대 내내 일관되게 주장해온 선건설 후통일론은 그 설득력을 상실하게 되었다. 또한 안보이데올로기에 기반하여 효력을 발휘해왔던 정권 유지의 수단들, 곧 국가보안법·반공법 및 정보정치의 폐기 요구가 가열되었다.[513] 이는 박정희가 원한 것이 아니었다. 때문에 박정희는 남북한 간에 7·4공동성명이 발표되어 전 국민이 통일 열기에 부풀어 있을 때, 역으로 분단질서의 이완을 우려하며 가장 먼저 체제 단속에 착수했다.

박정희는 7·4공동성명이 발표되자 즉각 김성진 청와대 대변인에게 각계의 책임 있는 인사들의 솔직한 반응을 파악하여 보고하라고 지시했다. 보안사령관에게도 같은 지시를 했다. 박정희는 7·4공동성명이 발표된 지 3일 후인 7월 7일 국무회의에서 7·4공동성명이 발표되었다고 해서 남북관계를 지나치게 낙관하지 말 것을 강조하면서 반공교육을 계속할 것을 지시했다. 그리고 7·4공동성명 발표에도 불구하고 사상범에 대한 처형을 오히려 서둘렀다. 박정희는 신직수 법무부장관에게 사형이 확정된 반공법 및 국가보안법 위반자들의 형 집행을 서두를 것을 지시했다. 유럽거점 간첩사건으로 복역 중이던 김규남은 7·4공동성명이 발표된 9일 후인 7월 13일, 박노수는 7월 28일에 전격적으로 사형이 집행되었다. 그 외 임자도간첩사건 정태홍 등 30여 명의 사상범들도 그때를 전후하여 모두 처형되었다.[514] 이는 박정희가 남북대화가 가져올지도 모를 체제혼란에 얼마나 민감하게 반응했는지 적나라하게 보여주는 예이다.

또한 남북대화 과정에서 대화의 주도권을 장악하기 위한 체제전환의 필요성이 정권 내부로부터 제기되었다. 박정희 정권은 실제로 체제전환을 남북대화를 효율적으로 추진하기 위한 체제정비라고 정당화했다. 남북대화가 체제전환의 필요성을 제기했다는 점은 유신작업이 본격화되기 시작한 것이 1972년 5월 중순, 곧 이후락이 평양을 다녀온 10여 일 뒤였다는 사실에서도 짐작할 수 있다. 이후락은 박 대통령에게 자신이 본 일사불란하고 질서정연한 북한체제를 설명하면서 우리도 남북대화에 대비하여 강력한 체제정비가 필요하다고 역설했다.[515]

7·4공동성명 발표 직후 박정희는 이동원 의원에게 "이후락 부장 얘기론 이북의 김일성을 모시는 사람들 자세가 남달라 우리도 배울 게 있다는구먼. 물론 거긴 공산국가라서 그렇겠지만 우리와는 비교도 안 된다는 거야. …이 부장은 앞으로 통일까지 일구려면 김일성의 파트너인 나도

그만큼 권위와 격을 갖춰야 한다는 거야. 그래야 정상회담도 가능하다나"라고 말했다.[516] 박정희 자신도 1972년 5월 31일 청와대를 방문한 북한의 박성철 부수상이 남북접촉에 대한 북한의 기본 입장이 깨알같이 적혀 있는 것을 그대로 낭독하는 것을 보고 북한의 유일성이 얼마나 강한지 직접 체험했다고 말했다.[517]

당시 중앙정보부에서는 대통령이 만장일치의 절대적 찬성으로 당선되어야만 남한의 통일된 의지를 북한에 강력하게 표시할 수 있다면서 체제전환 주장을 굽히지 않았다.[518] 말하자면 결과를 확실히 예측할 수 없는 기존의 민주적인 방식[519]을 대신하여 정권의 안정적 연장을 확실하게 제도화해야만 북한의 위협에 대처해나가고 통일을 이룰 수 있다는 것이다. 김일성을 중심으로 한목소리를 내는 북한에 대처하기 위해서는 민주주의보다는 김일성 유일체제와 견줄 수 있는 유신체제와 같은 강력한 체제정비가 불가피하다는 것이다.

한편 박정희는 김성진 청와대 대변인과의 사적 대화에서 "아무리 적의를 가진 사람이라도 그의 한쪽 손을 붙들고 있으면 그가 나를 칠지 안 칠지를 알아차릴 수 있"기 때문에 "대화가 필요"하다고 했다. "그러나 나는 김일성과 만나지는 않겠어. 만나야 아무 소용이 없어"라고 했다. 이는 박정희의 남북대화 목적이 5·16 직후 남북 간 비밀접촉 때와 마찬가지로 오로지 안보위협 완화와 전쟁 재발 방지에 있다는 것을 분명하게 말해주는 대목이다.[520] 말하자면 박정희의 관심은 통일이 아니라 안보와 공존의 실험이었으며, 이를 위한 강력한 체제정비였다고 볼 수 있다.

1970년 2월에 국토통일원에서 발표한 한 여론조사에 의하면, 응답자의 90.6%가 통일을 국가의 최고과제로 인정하면서도 단지 9.5%만이 북한 당국과의 직접대화를 지지했다.[521] 1971년 말 남북적십자회담 관련

여론조사에서도 응답자의 42.3%가 회담 성과에 회의적이며, 특히 지식인층에서 신중론과 회의론이 우세한 것으로 나타났다.[522] 이는 북한과의 대치상태로 인한 국민적 불안이 남북대화의 진행에도 불구하고 크게 완화되지 않았음을 보여주는 것이다. 따라서 남북대화의 효율적 추진을 위해서는 체제전환이 필요하다는 당시 정권담당자들의 주장이 단순히 집권 연장만을 위한 강변이었다고 평가할 수는 없다.[523]

유신체제가 미중 간의 관계 개선, 미군 철수 등의 조치가 취해짐으로써 야기된 안보위기감의 고조와 체제결속의 필요성에 의해 필연적으로 수립되었다고 보기는 어렵다. 그러나 동시에 안보위기가 단지 장기집권을 노리던 권력자에 의해 조장되고 동원된 것이 아니라 상당한 무게감과 실체를 지니고 있었다. 그리고 이것이 노골적 독재로의 체제전환에 대한 주요 명분과 동력으로 작용했던 측면을 간과할 수 없다. 유신체제 등장에 따른 큰 저항이 없었던 것도 이와 연관 지을 수 있다.

박정희 정권은 안보와 더불어 남북대화와 통일을 체제전환의 명분으로 이용한 측면이 강했다. 다만 남북대화나 체제경쟁에 대비하여 북한의 유일체제에 상응하는 체제전환이 필요하다는 주장이 권력 내부에서 있었던 것도 사실이다. 북한의 견고한 유일체제는 1968년 이후 군사모험주의와 같은 행위적 북한요인과 더불어 박정희가 국민들에게 체제전환을 납득시킬 수 있는 유용한 명분이자 자원이었다. 그런 점에서 유신체제의 수립은 박정희의 단독 작품만은 아니었다. 김일성은 박정희의 체제전환 구상에 영향을 주었을 뿐만 아니라, 이를 캔버스에 옮길 수 있는 화구를 지속적으로 제공해주었다는 점에서 김일성과의 합작품이라고 해도 지나친 과장은 아니다.

1972년 12월 27일 남한에서 유신헌법이 공포된 날 북한에서도 최고

인민회의 제5기 1차 회의가 열려 권력구조의 재편이 포함된 새로운 헌법이 제정되었다. 즉, 북한의 유일체제 역시 법적으로 제도화되었다. 요컨대 남북한이 통일담론을 동원하여 정권의 기반을 다지면서 동시에 독재체제를 수립했던 것이다. "박정희는 권력의 위기를 '적과의 동침'으로 풀었다. …이 역사적 동침으로 둘은 쌍둥이를 낳았다. 그 이름은 유신과 유일이다. 박정희는 남에서 유신체제를 선언했고 김일성은 북에서 유일체제를 선포했다."[524] 또한 양측 모두 남북대화의 목적이 체제정비에 있었다는 것을 증명이라도 하듯 독재체제가 수립된 이후 남북한의 통일열기는 급속히 냉각되었다. 그리고 유신체제와 유일체제로 재무장한 남북한은 다시 격렬한 체제경쟁을 전개했다.

남한의 유신체제 수립에 북한요인이 영향을 미쳤던 것처럼 1972년에 제도화된 북한의 유일체제 역시 정도의 차이는 있지만 1967년 구축기부터 남한요인으로부터 영향을 받아왔다. 한마디로 유신체제와 유일체제는 1960~1970년대 남북한 거울영상의 반영물로 볼 수 있다.[525] 사실 유신의 서곡이 된 박정희의 장기집권 기도의 출발점이 1967년 6·8부정선거였다고 할 때, 유신체제와 유일체제는 배태와 출생까지 같은 적대적 의존의 쌍생아인 것이다. 물론 특정 사안에서 적대적 의존이 발견된다고 해서 그 자체가 남북한의 적대적 의존관계를 증명하는 것은 아니다.[526]

김일성은 1972년 10월 23일에서 26일까지 열린 조선노동당 중앙위원회 제5기 전원회의에서 '원래 1970년 당 제5차 대회 전에 헌법과 국가기관 구성법을 고치려고 했으나 정세변동과 여러 사업상 관계로 중단되었다'고 밝혔다. 그러다가 '1971년 초 당 중앙위원회 정치위원회에서 새로운 헌법을 빠른 시일 내에 제정할 것을 결정했다'고 말했다. 이어 "남조선에서도《헌법》을 고치기 때문에 지금 우리가 헌법을 고치면 다른 나라 사람들에게 마치도 남북조선이 경쟁적으로 헌법을 고친다는 감을 줄 수 있다. 그러나 남조선에서《헌법》을 고치기 때문에 우리가 헌법을 고치는 것은 아니다. 우리는 새로운 사회주의 헌법을 채택하기 위하여 이미 오래전부터 준비해왔다"고 강조했다. 그리고 남측이 헌법을 고치기 위해 계엄령을 선포한 데 비해 북측은 계엄령 선포 없이 평온한 분위기에서 헌법을 채택했다고 강조했다.[527]

다시 말해 김일성은 북측의 헌법 개정이 오래전부터 예정되어왔던 지극히 정상적인 절차인 데 비해 남측의 헌법 개정은 그야말로 비상조치임을 대비시켰다. 사실 북한의 헌법 개정은 이미 1967년에 확립된 유일체제를 1972년 사회주의 헌법과 함께 신설된 주석제[528]로 성문화한 것이다. 반면, 남한의 헌법 개정은 전례 없는 노골적 독재체제의 등장을 의미했다. 따라서 남북한의 헌법 개정의 성격과 그 의미를 동일선상에서 평가할 사안은 아니다.

다만 김일성 역시 북측의 행동이나 조치에 의해 남북대화가 중단될 가능성을 우려하고 있었던 점에 비추어보면, 남한에서의 유신 선포가 북한의 헌법 개정 발표에 일정한 영향을 미쳤을 것으로 볼 수 있다. 아마도 1971년 초 당 중앙위원회 정치위원회에서 결정했던 북한의 헌법 개정 계획이 남북대화의 진행이라는 정세변동 국면을 맞아 재차 중단되었다가 남한의 계엄령 선포와 헌법 개정으로 이를 단행할 수 있는 계기를 포착했다고 할 수 있다. 만약 남한에서 유신헌법 선포가 없었다면 북한의 사회주의 헌법 채택은 그 이후의 시점으로 미루어졌을지 모른다.

따라서 비록 주석제가 새로운 국가기구의 창출이 아니라 단지 김일성의 지위와 역할을 헌법으로 명문화한 것에 불과할지라도 그 시점에서 유신체제 수립 없는 주석제 신설을 상정하기는 어렵다고 할 수 있다. 이

점에서 남북한의 국내정치 및 제도 변화와 상대 요인 간에 비대칭적이기는 하지만 일정한 상호 연관성을 설정해볼 수 있다.[529]

4. 마무리

우리는 이 장의 긴 논의를 통해 우선 북한요인의 동원이 북한과의 실제적인 연계성을 보여주지 못하는 상황적, 행위적 진공상태에서는 정치사회나 시민사회로부터 수긍 내지 동의를 확보하기 어렵다는 사실을 알 수 있다. 그러할 경우 특히 시민사회는 침묵하거나 반감을 보인다. 따라서 북한요인의 동원이 북한과의 직접적 연계 정도가 높고 행위적 북한요인의 빈발로 인해 일반의 위협인식이 높을 경우 보다 큰 효력을 발휘한다는 점을 해당 사례를 통해서 일정하게 볼 수 있었다. 박정희 정권은 북한요인을 활용하여 정권을 반대하는 저항세력을 국가에 대한 전복세력으로 간주하고 또한 등치시키려고 했다. 물론 이러한 연계등식의 적용 가능성은 북한과의 첨예한 대치라는 구조적 북한요인하에서 상존하는 것이지만 단순히 그것만은 아니라고 할 수 있다.

북한이 남한 국내정치 이슈에 개입하거나 각종 침투활동을 활발하게 전개하지 않는 상태에서는 북한요인의 동원이 명분을 확보하기 어렵다고 할 수 있다. 또한 저항세력이 쉽사리 침묵하지 않았거나 더 큰 억압비용이 요구되었을 것이다. 결국 북한요인의 발생 또는 동원이 국가, 정치사회, 그리고 시민사회에 가져온 영향은 대칭적으로 나타나지 않았다. 즉, 북한의 개입으로 국가의 입지는 강화되는 반면에 정치사회나 시민사회의 입지는 약화되는 결과를 가져왔다. 특히 북한요인의 개입이 직접적이고 위협적일수록 정치적 반대나 해당 이슈에 대한 적절한 논의나 여론 형성보다는 정치적·사회적 관심의 축은 안보 이슈로 재빠르게 이동했다. 이는 국가로 하여금 원하는 정책목표를 달성하기 위하여 계엄령과 같은 강압정책이나 공안사건 동원, 그리고 병영국가적 정책·제도 형성을 선호하고, 실행 가능하도록 만들어주었다.

1968년 위기수준의 행위적 북한요인은 결과적으로 제한적 다원주의를 역진시키고 노골적 독재체제로의 이행에 구실과 동력을 제공하는 결과를 초래했다. 이 장에서 살펴본 바와 같이 박정희 정권이 제한적 다원주의를 훼손하고 노골적 독재체제로 나아가는 데 있어서 맥락을 조성하고 제1의 조력자 역할을 한 것이 다름 아닌 북한이었다는 것은 단순한 과장이나 수사만은 아니다. 북한요인의 개입은 정치지형에서 반공지향성을 강화시키고 민주지향성을 약화시킴으로써 결국 제한적 다원주의 제한과 노골적 독재체제로 이행하는 데 기여했다. 박정희 정권은 1960년대 후반의 저항운동을 약화 및 침체시키는 호재로 여러 북한요인을 동원하고 활용했다. 그러나 저항운동을 결정적으로 약화시킨 것은 다름 아닌 1968년에 집중되었던 북한에 의한 일련의 군사모험주의, 곧 행위적 북한요인이었다. 북한의 위협이 가시화된 상황에서는 인혁당사건이나 동백림사건 때처럼 정치적 저항을 용공으로 조작한다든가 과대포장한다는 논란은 더 이상 제기될 수 없었다. 행위적 북한요인이 말하자 저항은 침묵할 수밖에 없었던 것이다.

물론 박정희 정권이 위기수준의 행위적 북한요인을 구실로 일련의 병영국가적 정책·제도를 재편하고, 삼선개헌을 강행하며 제한적 다원주의를 훼손시켜나갈 때 반대와 저항이 없지는 않았다. 그러나 그것은 반공지향성과 민주지향성의 비대칭적 길항이었다. 국가안보가 강조되는 분위기에서 민주지향성은 위축될 수밖에 없었다. 이러한 조건에서 반공과 민주는 길항하지만 반공과 안보는 공조하며, 또한 안보는 민주주의보다는 권위주의와 선택적 친화성을 가졌다.

결국 북한요인은 안보 이슈가 강조되는 분위기를 조성함으로써 국가, 정치사회, 그리고 시민사회의 인식과 선호, 그리고 힘 관계에 영향을 주었다. 그리하여 민주주의 이슈 등을 둘러싼 정치균열을 제한하고, 병영국가적 정책과 제도의 재편으로 나아가는 데 주요 동력이 되었다. 나아가 이러한 정책·제도의 재편을 통해 점차 제한적 다원주의를 이탈하여 마침내 유신체제라는 통치양태의 변화를 초래했다고 볼 수 있다.

유신체제 시기 한국정치의 북한요인

박정희 대통령은 유신체제 수립 전 반대세력에게 견제를 당해왔고 정당정치와 대의정치의 번거로움에 시달렸다고 판단했을 공산이 크다. 때문에 박 대통령의 눈에는 남한에 비해 질서정연하고 효율적인 통치가 이루어지는 것으로 보이는 북한의 정치체제가 매력적이었을 것이다. 그런 점에서 박정희와 그의 최측근 집권세력에게 유신체제 수립은 일사불란한 북한체제와 견줄 수 있는 일종의 체제정비였다.[1] 특히 이들은 북한을 압도하는 정치질서를 만들려면 지도자를 중심으로 온 국민이 똘똘 뭉쳐 마치 전쟁에 돌입한 국가의 전시비상체제를 방불케 하는 일종의 국민총동원체제의 창출이 필요하다고 보았을 것이다.[2]

박정희 정권은 유신체제 수립과 더불어 '한국적 민주주의'[3]를 강조했다. 박정희는 1972년 10월 27일 유신헌법으로의 헌법개정안을 공고하는 담화에서 "우리는 더 이상 남의 민주주의를 모방만 하기 위해 귀중한 우리의 국력을 부질없이 소모하고만 있을 수는 없습니다. …오늘 공고된 이 헌법개정안이 평화통일을 지향하며 능률을 극대화하여 국력을 조직화하고 안정과 번영의 기조를 굳게 다져 나감으로써 민주주의의 제도를 우리에게 가장 알맞게 토착화시킬 수 있는 올바른 헌정생활의 규범임을 확신"한다고 말했다.[4]

박정희는 유신체제가 "공산 침략자들로부터 우리의 자유를 지키자는 체제이다. 큰 자유를 지키기 위해서는 작은 자유를 일시적으로 희생할 줄도 알고, 또는 절제할 줄도 아는 슬기를 가져야만 우리는 큰 자유를 빼앗기지 않을 것이다"[5]라고 강조했다.

북한요인의 위협을 감안할 때, 서구 선진 자유민주주의국가들과 같은 수준의 자유를 요구하는 것은 분단 현실을 무시한 순진한 낭만주의라는 말이다. 박정희는 국민들이 자유의 일정한 제한을 수용하고 반공에 주력할 것을 요구했다. 그리고 반공이 곧 민주주의 수호의 길이라고 역설했다. 그러면 유신체제에서 북한요인이 어떻게 정치균열을 제한하며, 안보 중심의 정책·제도 및 통치양태의 변화·유지에 영향을 미치는 데 동원되었는지 살펴보자.

정치균열과 북한요인

'한국적 민주주의'의 탄생

1972년 10월 17일 오후 7시를 기해 전국에 비상계엄을 선포하고 대통령 특별성명을 통해 국회 해산, 정당 및 정치활동의 중지 등 헌법의 기능 일부를 정지시키면서 유신체제의 막이 올랐다. 박정희 대통령은 "이러한 비상조치를 취하는 것이 절대로 대의민주제도를 포기하는 것이 아니라 오히려 민주제도를 강화하는 것"[6]이라고 강변했다. 박정희는 냉전에서 데탕트로 이행하는 국제정세의 급격한 변화에 대한 신속한 적응, 평화통일, 그리고 낭비와 비능률을 배제할 수 있는 한국적 민주주의의 정착을 위한 헌정제도의 일대 유신적 개혁이 필요하다는 명분을 내세웠다. 여기서 한국적 민주주의란 남북의 대치상황에서 자유와 인권을 제한하고 반공과 건설에 주력하는 '토착화된 민주주의'를 말한다.

그러나 유신체제의 등장으로 민주정치의 최소한의 필수요건이라고 할 자유선거가 폐지되었고, 그 대신 통일주체국민회의가 간선으로 대통령을 선출하게 되었다. 일종의 친정(親政) 쿠데타였다.[7] 물론 이승만 정권 시기에도 자유민주주의가 제한되었다. 그러나 유신체제는 아예 자유민주주의 자체를 말살한 독재체제였다.[8] 유신체제하에서 박정희는 입법, 사법, 행정 3부 위에 군림하는 초헌법적 존재였다. 자연히 삼권분립은 물론 대의정치와 정당정치 역시 형해화되었다. 국회의원 임기는 6년인데 그 가운데 2/3는 1구 2 의석의 중선거구에서 선출하고, 나머지 1/3인 유정회 의원(임기 3년)은 대통령 추천으로 통일주체국민회의에서 선출하도록 했다.

이러한 유신헌법하에서 최소 수준의 민주주의 정치활동도 사실상 봉쇄되었다. 한국적 민주주의라는 미명하에 국가를 보위하기 위해 개인의 자유와 인권을 유보한다는 명목으로 민주주의 활동은 침묵을 강요받았다. 그렇다고 정치가 완전히 소멸된 것은 아니었다. 심한 통제와 감시하에 있었지만, 여야 지도층 간에 '기울어진 운동장'에서나마 정치는 있었다. 그리고 무엇보다 긴급조치령 선포에도 불구하고 유신체제를 정면으로 반대하는 지식인들과 학생들, 그리고 일부 정치인으로 구성된 과거보다 전투적이고 확신에 찬 비정당적 반대세력이 존재했다. 그들은 정권에 대한 정치적 도전을 멈추지 않았다. 유신정권이 준전시상황이라는 논리를 내세우며 능률의 극대화 필요성을 강조했으나 그들은 정치적 반대를 철회하지 않으려 했다. 그 때문에 유신체제하 한국정치는 정권과 반대세력 간의 타협할 수 없는 극한 투쟁적 성격을 띠었다. 반대세력은 과거보다 더 조직적이고 집요하게 정권 반대운동을 전개해나갔다. 이에 대응하여 정권 또한 과거에 비해 더 잔인하고 혹독하게 탄압과 폭력을 행사했다.[9]

산업화와 민주화운동의 동반 성장으로 제3공화국 시기부터 강한 국가에 맞서 시민사회 또한 점차 강해지고 있었다.[10] 그리하여 일사불란한 총력안보와 정치적 침묵을 강요하는 유신체제에 대한 저항의 몸부림이 시작되었다. 1973년 10월 2일 서울대의 반유신 시위와 12월 재야인사들의 유신헌법 개헌을 위한 '헌법 개헌 청원을 지지하기 위한 백만인 서명운동(이하 '개헌청원서명운동')'이 그것이다.[11]

유신체제 등장 후 1970년대 초중반 무렵 제1, 2차 경제개발계획의 성공적 수행으로 한국경제는 크게 발전했다. 그런데 경제는 급속하게 성장했지만 저임금 노동자들은 희생을 강요받았고, 국민들의 정치적 자유는 억압받았다. 산업화의 진전에 따라 학생층과 노동자층의 세력과 정치의식도 빠르게 성장했다. '실적에 의한 정당성(performance-based legitimacy)'에 기반하고 있던 유신체제는 역설적으로 '성공의 위기'를 맞을 가능성을 항상 안고 있었고, 그것이 빠르게 현실화되고 있었다.[12]

한편 유신체제는 일견 일제 식민지 조선에서의 국민총동원체제를 방불케 하는 면을 지니고 있었다.[13] 유신체제는 개인주의, 자유주의, 다원주의를 배격하고 의회주의를 부정하면서, 유신을 국체로 하는 국가에의 개인의 무조건적인 충성을 요구하는 정치체제였다. 개인은 일심동체적 공동운명체인 국가 속에서 '나를 버린' 탈정치적인 존재로서 총력동원에 순응하는 유순한 국민이어야 했다. 총력동원에 순응하지 않은 개인이나 세력은 '유신=국체'를 부정하는 반체제로 규정되었다. 총력안보 개념에는 반체제의 위협으로부터의 안보도 포함되었다.[14] 사실 유신체제를 구성했던 집권세력 일부는 남북한이 대치하는 당시 상황을 '준전시 비상사태'로 규정하고, 그 때문에라도 유신체제와 같은 총동원체제가 필요하다는 주장을 제기했다.[15] 유신체제하에서 박정희는 주로 안보를 내세워 정권의 정당성을 주장하면서 일종의 정치적 동원화를 시도했다. 그러나 이와 같은 정권의 동원화 시도는 국민들 사이에서 점차 반발을 불러일으켰다. 유신체제의 효율성으로 급속한 경제성장을 이룰 수 있었고, 조국통일을 달성하는 데 가장 적합한 정치체제라는 박 정권의 선전과 호소도 시간이 흐를수록 국민들로부터 큰 반향을 불러일으키지 못했다. 도시를 중심으로 정치적 냉소주의가 점점 팽배해졌다.[16] '산업화의 민주화 효과'였다. 그리고 산업화의 민주화 효과는 마침내 유신체제하에서 최초로 학생, 노동자, 빈민, 중산층이 연대한 대규모의 다계급 연합에 의한 부마항쟁으로 나타났고, 이는 유신체제 몰락의 도화선이 되었다.[17]

박정희 대통령은 유신체제를 정당화하고 유지하기 위해 한층 강화된 반공·안보이데올로기를 필요로 했다. 그리하여 이전까지의 고루한 반공·안보이데올로기가 갖는 효용의 한계를 보완하기 위해 파시즘적 성격이 짙은 국민총화 이데올로기를 유포했다. 나아가 한국적 민주주의라는 이데올로기를 부가적으로 제시하기에 이르렀다.[18] 새롭게 부가된 이 두 이데올로기는 기본적으로 개인의 기본권보다는 국가의 안보가 최고의 가치임을 전제하는 것으로서 기왕의 반공·안보이데올로기를 뒷받침하는 동시에 보강했다.

박정희 정권은 1974년 2월 백령도 해상 어선납북사건,[19] 6월 동해상 해양경비정격침사건,[20] 8월 육영수여사피격사건, 11월 북한의 침투용땅굴사건, 1975년 4월 김일성의 북경 방문과 사이공 함락, 1976년 8·18판문점도끼살해사건, 1978년 3인조 무장간첩과 양민학살사건,[21] 1979년 7월 삼천포간첩단사건[22] 등과 같은 사건들을 북한의 위협에 대한 경각심 제고와 안보이데올로기 강화 자원으로 활용했다.

1960~1970년대를 지배한 반공이데올로기는 국가안보, 사회안정, 친

미, 발전, 번영, 조국 근대화, 국민총화 등의 이데올로기와 결합하면서 모든 사회적 갈등과 대립, 그리고 비판을 불허하는 지고의 가치로 군림했다. 반공이데올로기는 결국 북한요인을 구실로 국민총화와 한국적 민주주의를 합리화시켜 사회운동을 예방적으로 봉쇄하고, 반대세력을 억압·배제하며, 유신체제를 정당화하는 반민주적 도구로 기능했다.[23] 유신체제는 일면 북한과 공산주의에 대한 극도의 공포를 '동원' 또는 '생산'하고 안보를 '제공'한다는 명분에 기초한 체제였다. 국가안보를 구실로 정권에 대한 모든 도전과 반대를 곧 이적, 친북, 용공으로 간주하여 탄압하고 처벌했다.

박정희 정권은 반대세력의 도전을 제압하기 위해 점점 힘에 의존하는 강권정치 일변도로 치달았다. 유신체제의 역설과 딜레마는 박정희 정권이 추진한 급속한 산업화에 따라 학생들과 노동자들의 세력과 정치의식도 동반 성장했다는 데 있었다. 따라서 박 정권의 힘에 의한 가혹한 통치는 점점 더 이들의 반감을 고조시키고 저항을 불러일으켰다. 박 정권은 그동안 여러 긴급조치를 발동하여 반대세력을 제압하려고 했으나 실효를 거두지 못했다. 오히려 재야 정치세력이나 종교계를 자극하여 정권이 궁지에 몰리는 결과를 자초하기도 했다.

국가와 시민사회의 대립

유신체제의 특징은 ① 정권 구조의 개인화와 정치사회의 위축, ② '총력안보체제'로 불린 준군사적 동원체제, ③ 시민사회에 대한 국가통제의 강화로 집약할 수 있다.[24] 그런데 박정희 정권의 연이은 긴급조치 발동에도 불구하고 유신체제를 반대하는 지식인과 학생, 그리고 일부 정치인으로 구성된 반대세력의 정치적 도전은 수그러들지 않았다. 유신체제하

정치사회의 위축과 시민사회 대비 국가의 압도적 힘의 우위 속에서도 유신체제에 대한 학생과 재야의 도전은 끊이지 않았다. 오히려 시간이 흐를수록 확대·강화되는 경향을 보였다. 강한 국가가 강한 시민사회를 키우고 있었던 것이다. 유신체제하 박정희 정권에 대한 조직적 반대운동의 결정적 계기는 1973년 8월 김대중납치사건 및 북한의 남북대화 중단 선언이었다. 정치적 반대세력의 상징 인물에 대한 납치사건은 정치적 반대세력과 학생들을 자극하고 분노하게 했다. 또한 유신체제 수립의 주요 명분이 남북대화와 통일 대비였던 만큼 남북대화 중단은 유신체제의 정당성을 반감시키는 것처럼 보였다.

유신체제하에서는 정치적 반대세력에 대한 불법 체포와 고문, 납치가 횡행했다. 주로 중앙정보부와 보안사령부, 수도경비사령부 등 군 기관들이 이를 담당했다. 박 정권은 1972년 10월 17일 유신 선포 당일 밤부터 야당 국회의원 중 눈엣가시 같은 인물 수십 명을 잡아들여 모진 고문을 가했다. 박 정권은 야당뿐만 아니라 사회 각 분야의 비판세력에 대해서도 대화보다는 정치공작으로 이를 분쇄하려고 했다. 야당에 대한 공작정치는 양보와 타협, 그리고 협상에 의한 이견 조정이 아니라 체제에의 순응을 일방적으로 요구하고, 이를 강제하기 위해 매수, 위협, 분열공작을 구사하는 방식이었다.[25] 더욱이 유신 선포 직후 일본으로 건너가 반정부 활동을 하던 야당 지도자 김대중을 중앙정보부 요원들이 납치 살해하려 했다.[26] 유신체제의 반정치와 공포정치가 여실히 드러나는 장면이다. 이후에도 정보기관은 국민사찰과 테러활동을 계속하였고, 이를 대부분 안보의 구실, 즉 북한요인을 동원하여 정당화하고자 했다. 박정희 정권은 분단상황이라는 구조적 북한요인은 물론 상황적·행위적 북한요인을 정치사회와 시민사회의 민주지향성 약화·봉쇄 시도에 이용하려고 했다.

1972년 말부터 유신체제에 대한 산발적인 반대가 발생했으나 학생들의 조직적 저항은 앞서 언급한 1973년 10월의 서울대 반유신 시위로 시작되었다. 이후 시위는 전국 대부분의 대학으로 확산되었다.[27] 그리고 1973년 12월 재야인사들이 중심이 된 개헌청원서명운동이 일어나 본격적인 반체제운동으로 발전했다. 즉, 유신체제의 억압적인 분위기에 눌려 있던 사회와 대학은 1년여의 강요된 침묵 끝에 드디어 항거하기 시작한 것이다. 박 정권은 납치 후 가택연금 상태에 있었던 김대중의 가택연금을 해제하는 등 처음에는 유화적 태도를 보였다. 그러나 학생시위가 격화되자 1974년 1월 긴급조치1, 2호를 선포하면서 강경책으로 맞섰다. 긴급조치1, 2호는 유신헌법에 대한 비판조차 금지하는 것으로서[28] 유신체제의 비민주성을 유감없이 보여주었다. 그러나 긴급조치1, 2호 선포에도 불구하고 학생들은 계속 유신체제 반대운동의 선두에 섰다.[29]

우리는 이미 유신체제 수립 직전 박정희가 김대중과 격돌한 1971년 제13대 대통령선거에서 향토예비군 폐지를 주장하는 김대중에 대해 안보지향에 대한 이의는 친북·용공지향에 불과하다는 단순등식으로 김대중 후보를 공격했음을 보았다. 육군보안사령부는 김대중 후보의 장충단 유세장에 청중이 구름같이 몰리자 서승·서준식 형제를 중심으로 한 간첩단사건 전모를 발표했다.[30] 거기에다 일본의 불순한 자금이 김대중 후보의 참모였던 김상현을 통해 전달되었다는 혐의도 덧붙였다. 국민들의 레드 콤플렉스를 자극하여 김대중 후보에 대한 지지를 막고자 한 것이다. 정치적 경쟁자에게 전가의 보도인 친북·용공 프레임을 덮어씌우려는 의도였다. 남북 대치상황에서 반대세력 제압용으로 친북·용공 프레임의 동원만큼 당장 요긴하고 위력적인 것도 없었다.

제3공화국에 이어 유신체제에서도 무수한 간첩사건이 발표되었다.

1973년 서울대 법대 최종길 교수가 연루되었다는 유럽거점간첩단사건,[31] 1974년 민청학련(전국민주청년학생총연맹)을 배후 조종한 혐의의 인혁당재건위사건,[32] 그리고 유신체제 마지막 조직사건인 1979년 남민전사건[33] 등이 그 예이다. 중대한 정치적 국면에서 발표되던 모든 간첩사건이 조작되었다고 단정 지을 수는 없다. 그러나 대부분은 실제 간첩과는 거리가 먼 민주화운동, 인권운동, 생존권투쟁이 확대 포장되거나 조작된 것이라고 할 수 있다.

유신체제는 출범 후 곧 반대운동에 직면하게 되었다. 주요 재야 지도자들에 의해 전개된 개헌청원서명운동은 이 시기 유신반대운동의 심화 정도를 상징적으로 보여준다. 박 정권은 1974년 1월 재야 지도자 장준하와 백기완을 긴급조치1호 위반으로 구속했다. 이후 종교인, 변호사, 문인 등도 잇달아 구속되었다.[34] 그러나 긴급조치 발동에도 불구하고 1974년에 접어들면서 학생운동을 전국적으로 확산하기 위해 민청학련이 조직되고, 새학기부터 유신철폐를 슬로건으로 내건 학생운동이 크게 고양되었다. 4월 3일 서울대, 연세대, 성균관대, 이화여대 등 주요 대학에서 시위와 함께 민청학련 명의로 '민중·민족·민주선언'과 '민중의 소리' 등의 유인물이 뿌려졌다. 민청학련의 결의문은 유신반대, 헌법개정, 부패한 특권족벌의 치부를 위한 경제정책 철폐 등을 요구했다.[35] 박정희 정권은 당일 밤 10시를 기해 긴급조치4호를 문자 그대로 '긴급 선포'했다.

김성진 청와대 대변인은 긴급조치4호 선포에 대해 "(민청학련이라는) 이 지하단체는 반국가적 불순세력과 결탁했고 또 그들의 지령에 의해 활동"하면서, "현 정부를 전복하고 이른바 노동자 농민의 정권을 수립하고자 기도한 것으로 현재 수사 당국에서는 소위 프롤레타리아혁명을 기도한 것으로 보고 수사를 계속"하고 있다고 밝혔다.[36] 박정희 정권은 유신반대운동을 차단하기 위해 민청학련에 대해 전가의 보도 격인 용공 딱지를 붙여 대대적인 탄압을 가했다. 긴급조치4호는 민청학련으로 불리는 유신반대 학생운동의 주도세력을 겨냥한 조치였다. 민청학련과 그에 관련된 단체를 조직하거나 가입, 고무, 찬양, 동조하거나 대학생들이 출석, 수업, 시험을 거부하거나 집회, 시위, 성토, 농성하거나 이 조치를 비방한 자는 5년 이상의 유기징역에서 최고 사형까지 처할 수 있도록 했다.

4월 25일 신직수 중앙정보부장은 "민청학련의 배후에는 과거 공산계 불법단체인 인혁당 조직과 재일 조총련계와 일본공산당, 국내 좌파 혁신계가 복합적으로 작용했다"고 밝혔다. 말하자면 인혁당 배후에 도예종 등 인혁당재건위원회의 암약이 있었다는 것이다. 이어 신 부장은 "학생 주모자들은 4단계 혁명을 통해 이른바 노동자 농민에 의한 정부를 세울 것을 목표로 과도적 통치기구로 '민족지도부'의 결성까지 계획했다"고 강조했다. 기자들과의 질의응답에서도 주모자를 공산주의자로 규정했다.[37] 민청학련사건에 연루되어 조사를 받은 사람의 수는 1,024명으로 그 가운데 234명이 1974년 5월 27일에 있었던 비상군법회의에 회부되었다. 그중 14명은 사형을 구형받았고, 나머지는 5년에서 20년의 징역형에 처해졌다.

비상군법회의는 민청학련사건의 주동자 21명이 '북괴'가 1969년부터 남한에서 지하조직을 운영해온 인혁당과 관계를 맺어왔고, 인혁당과 함께 남한의 공산혁명을 기도했다는[38] 국가전복 혐의로 기소했다. 또한 그들을 은닉·비호했다는 혐의로 박형규, 지학순, 김동길, 김찬국을 구속했다. 윤보선 전 대통령도 불구속기소했다.[39] 이승만 정권이 그랬던 것처럼 박정희에게 유신 반대, 즉 자신에 대한 반대가 곧 '빨갱이'였다. 실제 박정희는 "민청학련 대학생놈들은 보고를 들어보니 순 빨갱이들이야. 잡히기만 하면 모두 총살이야"[40]라고 말해 주변 기자들을 대경실색하게 했다.

한편 종교계에서도 민주화운동이 활발해져 천주교정의구현전국사제단과 한국기독교교회협의회를 중심으로 한 천주교와 개신교의 반독재인권운동이 활발하게 전개되었다. 또한 1974년 12월 25일 김대중, 김영삼, 윤보선 등을 포함한 각계의 반체제 지도자 71명이 민주회복국민회의(이하 '국민회의')를 결성했다. 이렇게 하여 재야의 지식인, 종교인, 구정치인들로 구성된 일종의 연대기구가 형성되었다. 그리고 1974년 11월 22~23일 포드(Gerald R. Ford) 미 대통령이 방한했을 때, 재야인사들이 포드에게 박 정권을 비판하는 메시지를 전달하고, 박 정권에 대한 미국 정부의 비판을 요구하기도 했다. 박 정권은 이러한 민주화운동 인사들의 움직임과 포드 대통령의 체면을 고려하여 시국 관련 구속자들을 석방하는 등 일시적인 유화 제스처를 취했다.

이와 같이 박정희 정권은 1974년 1월부터 반대세력의 통제를 위해 긴급조치1, 2호의 발동 등 강권으로 대응하고자 했으나 오래지 않아 강압통치만으로는 한계가 있다고 판단했다. 그리하여 유신헌법에 대한 국민투표를 실시하여 난국을 타개하고, 투표 결과를 가지고 반대세력을 고립시키려고 했다. 1975년 1월 22일, 박 대통령은 국민이 유신헌법의 철폐를 원한다면 자신에 대한 불신임으로 간주하고, 즉각 대통령직에서 물러나겠다는 특별담화를 발표하여 자신과 유신체제의 신임을 묻는 국민투표를 공고했다. 유신헌법 수호에 대한 대통령의 결연한 의지를 보여주는 담화 같았지만, 사실상 대국민 협박에 가까웠다. 야당과 재야세력은 찬반토론이 봉쇄된 현행법하에서는 진정한 민의를 파악하기 어렵다는 이유로 국민투표를 거부했다. 그러나 국민투표는 강행되었다. 투표 결과 유효표의 73.1% 찬성으로 유신체제와 박 대통령의 재신임이 확정되었다. 그러나 1972년 11월 21일 유신헌법에 대한 국민투표와 비교할 때, 투표율은 91.9%에서 79.8%로 감소했고, 찬성비율도 91.5%에서 73.1%로 낮아졌다.

박정희는 투표 결과가 나온 직후인 2월 13일, "이번 국민투표로 재확인된 국민적 정당성에 입각하여 앞으로 국민총화를 바탕으로 하는 거국적 정치체제를 발전시켜나가겠다." 또한 "국가의 안전보장을 더욱 공고히 해나갈 것이며 경제난국을 극복, 국민생활의 안정을 이룩하는 데 계속 헌신하겠다"고 강조했다.[41] 안보와 안정적 경제성장을 위해 자신을 중심으로 총화단결을 요구한 것이다. 같은 날 김성진 청와대 대변인은 북한요인으로 인한 국내정치 상황의 엄중함을 강조했다. 김 대변인은 더 노골적으로 북한의 국내정치 개입 시도를 거론함으로써 정치적 반대와 북한의 연결 가능성을 환기시켰다. 북한요인을 동원하여 정치균열을 봉쇄하고자 한 것이다.

그는 "이번 국민투표를 통해 북한 공산집단이 사실상 우리 국내정치에 영향을 미치려는 의도를 명백하게 드러"냈다. "정부는 커다란 관심을 가지고 이 같은 문제점을 검토하고 있다. 북한 공산집단이 무력도발이라는 종전까지의 차원을 훨씬 넘어서서 흑색방송, 공공연한 대남전파방해, 대량 전단살포 등으로 우리나라의 국내정치에 관여하려는 의도를 명백히 드러낸 것을 중요시한다. …정부·여당은 일부 야당인사들만을 대상으로 하여 국민투표를 치른 것이 아니라 북한 공산주의자들이 우리 반대 입장에 서 있어온 것을 중요시하는 것"[42]이라고 밝혔다. 김성진의 언명은 '정권 반대=북한 동조'라는 의미를 함축했다. 나아가 정부·여당은 야당과 북한을 포함하는 2대 1의 구도에 대응하며, 어렵게 국정을 운영하고 있음을 지적하면서 야당인사들을 고립시키고자 했다. 다시 말해 야당 동조가 곧 용공임을 경고한 것이다.

박정희 정권은 국민투표 실시 직후인 2월 15일에는 '국민총화를 다지고 민족중흥 과업에 동참케 하는 취지'에서 인혁당 관계자를 제외한 긴급조치 위반자 대부분을 석방하겠다고 발표하는 등 유화조치를 취했다.[43] 그러나 26일 시인 김지하가 감옥에서 인혁당사건 피고인들로부터 들은 얘기를 바탕으로 인혁당사건이 고문으로 조작된 것임을 폭로했다. 주요 일간지에 이 사실이 생생하게 보도되면서 파문이 커졌다.[44] 이어 28일 국민회의가 '민주국민헌장'과 '국민에게 보내는 메시지'를 발표하고, 불복종·비폭력으로 민주주의에 역행하는 (유신헌법과 같은) 제도적 장치를 타파해나가겠다고 선언했다.[45] 거기다가 새학기 들어 학생들의 소요가 계속되자 박정희 정권은 다시 강경책으로 돌아섰다. 이와 같이 박정희는 유신헌법 반대에 직면하자 유신헌법의 정당성을 찬반투표에 부쳐 상황을 돌파하려고 했다. 그러나 그것만으로는 유신체제 반대 및 개헌투쟁 주장을 잠재우지 못했다.

박정희는 다시 국면전환을 고민하지 않을 수 없었다. 북한의 침투용 땅굴의 진상과 사이공 함락 임박 관련 기사가 연일 지면을 장식하며 안보불안이 커지는 가운데 4월 8일, 박정희는 인혁당 관련자 8명의 사형을 확정하고 바로 다음 날 전격 집행했다. 동시에 긴급조치7호를 발동하여 시위를 하고 있던 고려대에 휴교를 명했다. 그러나 4월 11일 서울대 농대생 김상진은 민주화 요구를 긴급조치로 제압하려는 정권에 맞서 유신헌법 철폐와 박 정권 퇴진을 외치며 할복자결로 항거했다.

박정희는 유신체제 반대운동에 대한 탄압과 저항의 강 대 강 대결이 이어지는 가운데 사이공 함락 임박 상황을 재강조했다. '인도지나반도가 적화되면 김일성이 엉뚱한 짓을 할 가능성이 충분히 있다'[46]며 안보위기를 강조하며 유신체제 반대운동을 진정시키려고 했다. 육군지휘관회의에 참석한 군 지휘관들은 북한의 남침용 땅굴 등을 거론하며 현 사태를 '사실상의 전쟁상태'로 규정, 전후방 구분 없이 언제라도 현 전선에서 적을 격퇴할 것을 재확인했다.[47]

사이공 함락 직전 박정희는 안보강화 관련 특별담화를 발표하고 '국민들은 안보태세를 강화하기 위해 총화단결하고 국론을 통일해야 한다'고 강조했다. 또한 '국민들은 정부와 군을 신뢰해야 하며 남침 위협이 있다, 없다는 등의 정세분석과 토론을 할 시기는 지났다'고 단언했다.[48] 이처럼 박 정권은 학생, 재야 등 시민사회의 도전에 직면하여 상황적·행위적 북한요인을 적극 동원하여 반공지향성을 강화함으로써 민주지향성을 국론분열과 이적, 친북, 용공으로 직결시키며 억누르고자 했다.

한편 노동자들은 1970년대 들어 1970년 11월 13일 전태일의 분신을 계기로 저임금·장시간 노동조건 및 노동기본권 억압에 대항하는 생존권확보운동, 민주노조결성운동, 노조민주화운동, 노동탄압저지운동을 지속적으로 전개했다. 정권은 노동자들의 투쟁을 억누르기 위해 국가기구를 총동원했다. 국가보안법을 중심으로 한 반민주 악법, 노동기본권을 억압하는 노동관계법, 그리고 중앙정보부 및 경찰서 등 정보기관이 노동자들을 탄압하는 수단이자 첨병이었다. 이들 기관은 관계기관 회의를 수시로 열면서 활동가들에 대한 회유와 탄압, 노동자들의 집단행위에 대한 강력한 물리력 동원, 종교기관을 포함하여 노동자들을 지원하는 모든 단체를 공산주의세력으로 간주하는 여론 조성 등을 주도했다.[49]

그 결과 사회 일반의 인식은 노동운동이 경제성장에 저해된다는 차원을 넘어 친북·용공세력이 침투하여 벌이는 국가전복 행위라는 데까지 나아갔다. 이러한 인식은 1987년 민주화 이후까지 지속되었다.[50] 유신체제에서 국민들은 전쟁의 두려움에 세례되었고, 그 두려움을 북한이 제공한다는 박 정권의 공세에 소극적으로나마 동조하고 이를 체화했다고 할 수 있다.[51] 적대적 분단체제에서 정치적 수준의 민주화운동은 시민사회로부터 비교적 광범위한 지지를 받았다. 그러나 여기에 반공주의나 북한 요인이 개입될 때, 시민사회로부터의 지지는 급격히 철회되는 양상을 보였다. 특히 노동운동에 대해서는 친북·용공 이미지로 채색되는 경향이 강했던 것이 저간의 사정이다.[52]

1970년대 유신반대운동에 관련된 수많은 학생들과 민주인사들은 용공 혐의 때문에 활동이 크게 위축될 수밖에 없었고 강압수사 과정에서 갖은 고초를 겪어야 했다. 박정희 정권은 정권에 대한 일체의 반대를 친북·용공으로 몰고 갔다. 때문에 반대세력은 의도적으로 반공을 표방하거나 북한에 대한 비판 내지 각성 촉구를 사족처럼 첨가하며 자신들의 주장을 폈다. 이런 점에서 남한체제를 부정하는 혁명단체였던 남민전(남조선민족해방전선)사건은 당시 반대세력의 반독재민주화운동 일반과는 그 성격을 달리했다. 남민전사건은 부마항쟁과 박정희시해사건으로 크게 사건화되거나 부각되지 못했다. 남민전은 1975년 5월 박정희 정권이 선포한 긴급조치9호로 일체의 반독재 민주화 노력을 불법화한 상황에서 이재문, 김병권, 신향식 등이 1976년 2월 29일 결성한 정치조직이었다. 이 조직은 박 정권이 말기를 향해 가던 1979년 10월 이들이 검거됨으로써 해체되었다.

10월 9일 구자춘 내무부장관은 사회주의국가 건설을 위한 전위대로서 학생·지식인 및 긴급조치위반 수행자 등을 포섭, 폭력에 의한 적화통일을 기도해온 대규모 반국가조직체인 남민전을 적발, 일당 74명 가운데 총책 이재문 등 20명을 검거하고 나머지 54명에 대한 검거령을 내렸다고 발표했다.[53] 구 장관은 16일 2차 발표를 통해 '현재까지의 수사결과 이들은 불순세력을 규합, 지하조직을 완성하고 도시게릴라 방법으로 사회혼란을 조성하여 민중봉기와 국가변란을 유도, 베트남 방식의 적화를 획책해왔다'고 밝혔다.[54] 얼마 뒤 치안본부는 '남민전 간첩단은 혁명조직의 확대를 위해 민주화투쟁과 근로자의 권익옹호 등의 명분을 내세워 학생·농민·노동자연맹을 조직, 전위대로 활동케 한 새로운 사실이 드러났다'고 발표했다. 손달용 치안본부장은 '주범 이재문 및 관련자들의 공통된 진술과 이들이 결정적 시기에 중앙청에 걸려던 대형 전선기의 압수 등으로 북괴와 연결된 간첩단임이 확인됐다'고 주장했다.[55]

남민전은 1960년대 말 통혁당과는 달리 반독재민주화운동 및 민중운동의 대중적 성장을 반영하면서 나타난 자생적인 변혁조직의 성격을 띠고 있었다. 남민전이 북한과 연합전선을 구축하려고 노력했던 것으로 보이지만, 북한의 지시로 조직된 혁명세력이 아니라 남한 출신들이 자체적으로 조직한 혁명단체였다. 특히 남민전은 대중의 자연발생적인 투쟁을 선도할 '혜성대'와 같은 전투적 무장부대의 필요성을 강조했다. 1970년대까지 반독재 민주화 진영 내부에서 '반공'과 '개발'이 수용되던 상황에 비추어보면, 남민전의 인식과 목표는 가히 '변혁적'이었다. 남민전은 반제통일전선에 의해 지도되는 민주연합전선의 역량으로 유신체제를 타도하고, 기본계급의 대표로 자주적 민주연합정부를 구성하여 근본적인 변혁을 수행하는 것을 변혁의 경로로 상정하고 있었다. 그런 점에서 남민전은 1980년대 복원된 변혁운동의 '직접적인 전사(前史)'로서 규정될

수 있다.[56]

남민전사건으로 총 78명의 관련자 가운데 74명이 검거되었다. 당국의 발표에 따르면 남민전은 "무장 남파간첩도 아니며, 남파간첩과 접선하거나 고정간첩이라는 증거도 없으나 단순한 '반체제'라고 보기는 어려운 자생적 공산주의조직"이었다. 당시 발표에서는 "남민전이 표방한 연합정권이란 사회주의 내지 공산주의 체제로의 이행을 위한 과도기적 체제로서 비사회주의세력이 아닌 부르주아계급, 지주계급, 도시 소시민 계급 등과 연합한 정권으로서 사회주의계급의 지배 내지 지도를 받는 체제"라고 규정했다.[57]

한편 남민전사건 수사 2차 발표가 나오고 한미연례안보협의회에서 북한군 증강에 대한 대응책들이 한창 보도되고 있을 때, 부마항쟁이 일어났다. 정부 당국은 소요의 배후에 조직적 불순세력이 개입한 징후가 있다며 경각심을 고취시켰다. 그리고 부산·마산 소요의 특징은 단순한 시위가 아닌 폭동에 가까운 것으로 방화파괴행위를 자행하면서 화염병, 각목 등과 사제 총기까지 사용했다고 발표했다.[58] 시위 군중들이 총기를 사용했다는 과장된 발표는 바로 얼마 전 적발된 남민전사건의 도시게릴라 방식에 의한 사회혼란 조성 및 민중봉기 획책 계획[59]과 부마항쟁을 결부시키는 인상을 주었다. 박 정권은 시위에 가담한 시민과 학생들을 모두 불순세력의 배후 조종을 받고 있다고 단정하며 그들을 잠재적인 무장폭도로 몰고 갔다.[60] 그리고 부마항쟁을 불순분자가 합세하여 사회질서를 교란하고 공공질서를 파괴하려 한다면서 그 동기가 어떻든 북한의 대남적화전략을 돕는 이적·친북행위라고 주장했다.[61]

이처럼 박정희 정권은 부마항쟁이 박 정권의 폭정에 맞선 대학생들의 시위로 촉발된 자연발생적인 항쟁이 아니라, 북한 혹은 공산주의자들의

배후 조종에 의해 일어난 폭동이라는 친북·용공 프레임을 씌워 탄압하고 제압하고자 했다.[62]

행위적 북한요인과 정치균열의 냉각·봉쇄

1974년 8월 15일 육영수여사피격사건과 11월 15일 제1땅굴의 발견[63]은 북한에 대한 국민들의 위협인식을 고조시켰다. 또한 박정희 정권의 북한요인 동원을 통한 정치균열 냉각 및 봉쇄 시도에 일시적이나마 기여했다. 육영수 여사가 문세광의 총탄에 사망하자 분노한 국민들은 8월 27일과 28일 전국 10개 도시에서 150만 명이 참가한 집회를 열고 반공·반일의 공분을 표출했다. 박 대통령은 "8·15 저격사건을 계기로 국민총화가 굳건히 다져졌음을 보고"[64] 유신반대활동을 금지했던 긴급조치1호와 4호를 해제한다고 발표했다. 물론 그러한 조치를 취한 배경에는 9월 21일 방한 예정이었던 포드 미 대통령의 체면을 고려한 측면도 있었다. 그러나 포드 대통령의 방한은 두 달 정도 연기되었고, 유신반대운동도 다시 확산되었다.

육영수 여사 서거에 대한 국민들의 애도가 곧 박정희와 유신체제에 대한 지지로 전환되지는 않았다. 반대세력의 입장에서는 박정희가 민주화를 위한 어떤 실제적인 움직임도 보이지 않았고, 긴급조치1, 4호 위반자들은 석방에서 제외되었기 때문에 유신반대운동을 그만둘 수 없었다. 오히려 긴급조치 해제와 11월로 연기된 포드 대통령의 방한을 앞두고 정권이 일시 유화조치를 취하자 학생들의 반정부활동이 다시 고조되기 시작했다.[65]

유신반대운동으로 결집된 세력은 유신헌법의 폐지를 공동의 목표로 삼았다. 앞에서도 언급했듯 종교계에서도 민주화운동이 활발해져 천주교정의구현전국사제단과 한국기독교교회협의회를 중심으로 반독재인권운동을 활발하게 전개했다. 또한 한국 가톨릭교회가 국민회의를 후원했다. 이에 힘입어 국민회의는 1975년 3월까지 전국에 자생적으로 생긴 50여 개의 지부를 둘 정도로 급성장했다.[66] 국민회의는 일차적으로 유신체제에 대항하여 민주화의 정당성을 알리는 성명서를 발표하는 데 주력했다. 국민회의는 발족하자마자 1975년 1월 11일, '민주회복'을 북한 김일성의 주장과 같은 것으로 간주한 김종필 국무총리를 규탄하는 성명서를 발표했다.

김 총리는 1월 4일, 정부 시무식에서 "민주회복 운운하고 떠드는 것은 김일성이가 신년사에서 말한 것과 같으므로 이 같은 행위는 정부가 방치할 수 없다"고 말한 바 있었다. 내용이 아니라 단지 일부 표현의 유사가 곧 이적, 친북, 용공이라는 주장이었다. 국민회의 상임대표위원 윤형중 신부는 김 총리의 발언을 비판하며 "공산주의에 가장 힘 있게 대항할 수 있는 저력의 원천인 인권신장과 자유를 억압하는 행위는 김일성이가 바라는 최후의 목표"라고 지적하고, "이 같은 저의를 모르고 발언한 김 총리가 결과적으로 김일성에게 동조하는 것이 되어 이것이야말로 이적행위가 아니고 무엇이냐"고 반박했다.[67] 즉, 반민주야말로 이적, 친북이자 용공이라는 시민사회의 반론이자 반격이었다. 또한 '반공을 위해서는 민주주의를 제한해야 한다'와 '반공을 위해서라도 민주주의를 해야 한다'는 두 개의 반공, 두 개의 민주주의 간의 충돌이었다.

박정희 정권은 대학생들의 유신반대운동에 더하여 반대세력이 이처럼 연합하여 도전하자 당황하며 안보와 북한요인을 동원하여 제압하고자 했다. 1975년 정초 박정희는 신년사에서 안보에 있어서 국론분열은 북한의 남침을 자초한다며 총력안보태세의 확고한 수립을 최우선 과제로 재강조했다. 그리고 국가안보를 정쟁의 희생양으로 삼지 말라고 경고했다.[68] 이는 1974년 하반기부터 다시 고조된 유신체제 반대운동에 대응하여 육영수여사피격사건 및 휴전선에서 침투용 땅굴이 발견된 사건 등 안보위기를 상기시키며 민주화 요구를 억누르고자 하는 의도였다.

1월 14일 박정희는 연두기자회견에서 야당과 반대세력의 유신헌법 개헌 주장에 대해 "북한 공산주의자들이 남한을 적화통일하겠다는 폭력 혁명전술을 포기하고 북한의 남침위협이 없어질 때까지 현행 헌법을 고쳐서는 안 된다"[69]고 단언했다. 다시 말해 개헌 요구는 이적, 친북, 용공 행위라는 것이다. 동시에 박정희는 유신헌법의 주요 명분이었던 남북대화가 중단 상태에 있음을 의식한 듯 북한에 남북대화가 조속히 정상화되도록 성의를 표하라는 촉구도 잊지 않았다.[70] 남북대화를 촉구하며 남북관계 파탄의 책임이 북한에 있음을 강조하는 한편 남북대화와 통일대비를 위해서라는 유신헌법의 명분을 견지하고자 했다.

한편 대학가의 유신반대시위는 1975년 4월 초에 정점에 달했다. 민청학련 투쟁 1주년이던 4월 3일, 연세대생들은 긴급학생총회를 열고 정문에서 투석전을 전개하는 한편 일부는 후문을 통해 교외로 진출했다. 전교생 7,000여 명 가운데 6,000여 명이 참가한 개교 이래 최대의 시위였다. 같은 날 서울대생 수천 명도 집회를 열고 교문에서 투석전을 벌이는 한편 일부는 교외로 진출했다. 4월 7일 고려대는 총학생회 임원과 학생운동 지도부가 연행된 와중에도 2,000여 명이 모여 '석탑선언문'을 채택하고 시위를 벌인 후 도서관에 진입하여 철야농성에 들어갔다. 서울대에서도 2차 시위가 이어졌다. 이에 박 정권은 4월 8일 고려대를 대상으로 긴급조치7호를 발동했다. 그러나 민주화 요구를 강압조치로 제압하려는 정권에 항거하여 서울대생 김상진이 자결하면서 유신반대운동은

그 정점에 달했다.[71]

그런데 유신체제에 대한 도전으로 고전하던 박 정권이 전기를 맞게 된 것은 1975년 4월 말 사이공 함락과 김일성이 북경을 방문해서 한 호전적 발언이라는 폭발력이 큰 상황적·행위적 북한요인 때문이었다. 즉, 베트남 공산화를 계기로 국가안보에 대한 국민들의 우려와 불안감이 고조되자 국가안보에 적절하게 대처하기 위해서는 유신체제와 같은 비상적 체제가 필요하다는 주장과 설득이 한결 용이해졌다. 그 기회를 포착한 박 정권은 안보위협을 명분으로 정권을 반대하는 세력은 마땅히 규탄하고 탄압해도 정당화될 수 있다고 강변했다.[72] 박 정권은 베트남 공산화의 충격과 그 직전에 있었던 김일성의 북경 방문 사실을 활용하여 안보에 대한 국민들의 위협인식을 자극하면서 유신체제를 정당화하고자 했다.

1975년 4월 28일, 정부 대변인 이원경 문공부장관은 김일성의 북경 방문과 북중 간 공동성명에 관한 담화를 통해 "정부는 김일성의 중공 방문을 통해 북괴와 중공이 이른바 '전투적 친선과 혁명 단결'을 다짐하면서 주한미군의 철수, 남한혁명의 지원 등 한반도 적화통일전략을 중점적으로 논의하고 공동투쟁을 다짐했다는 점을 중시"한다고 말했다. 그리고 "김일성의 중공 방문이 북괴가 모든 전쟁 준비를 완료해놓았다고 스스로 호언한 단계에서 이뤄졌다는 점, 인도지나에서 공산군의 대대적인 공세가 진행되고 공산 측의 승리가 굳어진 시기에 이뤄졌다는 점, 최근 수개월 간 북괴가 대남방송의 강화, 전단살포, 간첩침투 등 모든 수단을 동원하여 학생, 교수, 언론인, 종교인 등 각계각층으로 하여금 한국정부를 전복할 것을 집중적으로 선동해온 점" 등을 지적했다. 때문에 '우리의 안보는 어느 때보다도 지극히 심각하고도 중대한 위협에 직면해 있다'고 강조했다. 또한 이 장관은 "정부는 최근 인도지나 사태가 우리의 안보에 직결돼 있고 정세 오판에 의한 북괴의 남침위협이 고조되고 있는 비상사태에 대처, 국민과 국가의 안전과 생존을 보위하기 위한 만반의 준비와 태세를 강화하고 있다"고 언급하고 "국민들의 총력안보태세"를 당부했다.[73]

박정희는 다음 날인 4월 29일 '시국에 대한 특별담화'를 발표하고 베트남의 전철을 밟지 않기 위해서라도 국민들이 총단결하여 안보강화를 위한 정부의 노력을 지원해줄 것을 호소했다. 박 대통령은 "국민들은 안보태세를 강화하기 위해 총화단결하고 국론을 통일해야 한다"면서 "금년이 북한공산집단이 무모한 불장난을 저지를 가능성이 가장 농후한 해"라고 강조했다. 이어 "이런 시기에 국론을 분열시키고 국민총화를 해치는 행위나 유언비어를 유포시켜 민심을 현혹시키는 행위는 적을 이롭게 하는 것으로 규정하지 않을 수 없다"고 경각심을 일깨우려 했다.[74] 박 대통령은 5월 2일 청와대 국무회의에서도 "인지반도에선 불과 2주일 동안에 2개의 국가가 공산화되는 등 사태가 급변하고 있으며, 우리가 처해 있는 시국 또한 긴박하다"며 "현 시국의 심각성을 똑같이 인식, 민주주의를 빙자한 방종과 무책임한 행동을 지양"해야 한다고 강조했다.[75] 박정희의 인식세계에서 민주주의는 총화단결과 국론통일에 역행하는 방종, 무질서, 무책임에 지나지 않았으며, 안보위기 상황에서 집단 자멸을 자초하는 행위였다.

드디어 5월 13일 박정희 정권은 가장 포괄적이고 폭압적인 긴급조치 9호를 발동함으로써 정권에 대한 도전을 완전 봉쇄하려고 했다. 긴급조치7호를 해제하면서 동시에 지금까지의 긴급조치 내용을 전부 담은 가장 혹독한 내용의 긴급조치9호를 선포했던 것이다. 즉, 유신헌법에 대해 부정·반대·개폐를 주장하거나 이를 보도하는 행위를 금지하고, 위반자는 영장 없이 체포할 수 있다는 살벌한 내용이었다. 박 정권은 국가안보에 대한 위기의식 공유와 총화단결 의지를 다지기 위해 전국 각지에서 안보 강화를 위한 국민대회를 개최하는 동시에 언론사들을 통해 방위성금기부운동을 전개하면서 긴급조치9호를 선포했다. 이는 국민적 분위기를 안보 우선으로 몰아감으로써 정권에 대한 비판을 봉쇄하려는 정략적 조치이기도 했다. 국민들은 이러한 안보위기 강조에 경도되어 방위성금 모금에 참여했고, 반정부운동도 일시 약화되었다.[76]

인도차이나 공산화가 초읽기에 들어간 시점에서 있었던 김일성의 북경 방문과 한반도 무력통일 시사 발언 보도, 사이공 함락 등 상황적·행위적 북한요인으로 인해 반공지향성이 민주지향성을 압도하는 상황에서 유신반대운동도 일시 둔화될 수밖에 없었다.[77] 북한요인은 민주주의 이슈보다는 안보 이슈가 강조되는 분위기를 조성함으로써 국가, 정치사회, 시민사회 영역의 인식과 선호, 그리고 역관계에 영향을 주었다. 국가는 정치사회나 시민사회로부터의 정치적 반대나 민주적 압력을 제압하고, 나아가 국가의 선호를 관철시키는 데 북한요인을 적절하게 이용했다. 곧 국내의 정치적 반대를 적전 분열로 규정하거나 북한과 연계시켜 탄압했다. 요컨대 북한요인은 정치균열을 냉각·봉쇄시키는 데 결정적 역할을 했다.

1975년 하반기 박정희 정권은 베트남 공산화 사태와 김일성의 북경 방문 시 발언 등의 북한요인을 이용하여 한동안 개헌 열기를 가라앉힐 수 있었다. 유신반대운동은 긴급조치9호 선포 후 시위 주동자들에 대한 철저한 감시와 색출 때문에 상당한 타격을 받았다. 일부 주동자들은 정보기관의 수사망을 피해 지하조직 중심으로 활동해야 했다.[78] 이 시기 박 정권은 일견 정치적 도전을 억누르고 통제를 확립한 것 같았다. 그러나 그 시기는 그리 오래가지 못했다. 1976년 3월 1일 김대중, 윤보선을 포함한 각계 지도자들의 '민주구국선언'으로 민주화운동은 다시 활기를 띠게 되었다. 이 선언은 베트남 패망으로 고조되었던 안보위기감이 차츰 식어가던 시기에 맞추어서 나온 새로운 단계의 유신헌법 개헌투쟁이었다.

박 정권은 이 선언이 긴급조치9호하의 삼엄한 분위기 속에서 나왔다는 데서 큰 충격을 받았다. 박정희로서는 예상치 못한 복병에 기습을 당한 격이었다.[79] 이 일로 김대중 외 11명이 구속기소되었고 나머지는 불구속기소되었다. 반공지향성의 압도적 강조 속에서도 오히려 '반공을 위해서라도 민주주의를 해야 한다'는 민주지향성이 일시 위축되었을 뿐 사회 저변에 면면히 흐르고 있었던 것이다. 요컨대 북한요인을 동원한 반공지향성 강화만으로는 민주지향성을 계속 금압할 수 없다는 데 박정희와 유신체제의 본질적 고민과 한계가 있었다.

이후 한국의 인권상황에 대한 미국의 비판, 미군철수 정책으로 인한 한미 마찰 등 혼란의 와중에서 재야의 인권운동은 더욱 강화되었다. 재야는 1977년 3월 23일 민주구국헌장을 선포하여 민주주의 회복을 주장했으며, 정부 비판에 대한 외국의 지원 도모가 정당함을 주장했다. 다만 주한미군 철수에는 반대했다. 당시 유신체제 반대세력은 북한의 남침 위협과 이로 인한 안보위기 상황을 인정하고 미군 주둔이 필요하다는 데 일정 정도 동의하고 있었다. 이는 당시 다수 체제 비판 인사들이 안보문제가 독재를 정당화하는 수단이라고 비판했던 점에 비추어볼 때 주목할 부분이다.[80] 당시에는 1980년대와는 달리 북한에 동조적인 태도를 표명하는 NL주사파와 같은 주요 집단은 아직 존재하지 않았다.[81] 뿐만 아니라 미군 주둔에 대한 수긍은 독재 비판이 안보 경시나 이적·친북·용공과는 무관함을 보여주는 방어논리이기도 했다. 말하자면 민주화운동 진영을 친북·용공으로 모는 권위주의정권들의 매카시즘에 대한 자기보호 조치였다.

1975년에 이어 1976년에도 북한의 위협과 안보위기를 고조하는 사건이 발생했다. 8월 18일 발생한 판문점도끼살해사건으로 한반도에서 자칫 대규모 무력충돌이 일어날 가능성을 배제할 수 없는 상황이 도래했다. 남한에서는 휴전 이후 처음으로 데프콘(DEFCON, Defense Readiness Condition)3의 조치가 취해졌다. 북한에서도 정규군과 비정규군의 전투태세 돌입명령이 떨어졌다. 만약 미국이 이 사건에 대한 응징으로 미루나무 제거가 아닌 더 강경한 조치를 취했거나 김일성의 유감 메시지를 수용하지 않았더라면 이후의 상황이 어떻게 전개되었을지는 아무도 장담할 수 없었다. 대규모 무력충돌도 배제할 수 없는 긴박한 일대 위기상황이었다.[82]

박정희 대통령은 8월 20일, 북한의 판문점에서의 만행에 대해 "우리가 참는 데도 한계가 있으며 미친개한테는 몽둥이가 필요하다"고 말했다. 그리고 북한이 "저지른 6·25침략전쟁을 비롯해서 청와대습격기도사건과 남침 지하땅굴 등 갖가지 무력도발상을 목도한 온 세상 사람들은 이미 그들의 저의가 무엇인가를 다 알고 있"으니, "그들의 침략기도를 사전에 분쇄할 수 있는 유비무환의 총력안보태세를 한층 강화해 나가야만"한다고 강조했다.[83] 판문점도끼살해사건은 북한에 대한 국제사회 여론 악화는 물론 일촉즉발의 한반도 긴장 상태를 여실히 보여줌으로써 당시 미국 내 주한미군 철수 여론에도 역효과를 가져왔다. 뿐만 아니라 국내 언론에서도 '언제까지 왜 참아야 하나', '버릇을 고쳐주어야 한다'며 북한에 대한 강경대응과 응징을 주문했다.[84] 국회 외무·국방위 연석회의에서도 여야 합동으로 강력한 대응책을 촉구했다. 신문 사설에서도 '북괴가 전쟁모험을 언제 어디서 어떻게 자행할지도 모르는 초비상상태에 직면하고 있기 때문에 새삼 승공·총력안보교육을 점검하고 강화해야 한다'[85]고 강조하는 등 전반적인 대북 여론이 크게 악화되었다. 이에 따라 북한에 대한 위협인식과 안보위기 또한 고조되었다.

이승만 시기의 논의에서부터 누차 지적해온 것처럼 가시적인 행위적 북한요인의 효과는 정권의 반대세력 탄압을 위한 친북·용공 프레임 동원을 용이하게 한다는 데 있다. 역대 권위주의정권들이 행위적 북한요인의 발생 이후 구조적·상황적 북한요인을 동원하는 것만으로도 일체의 정치적 반대를 제압할 수 있었다. 그리하여 북한과의 직접적 연계가 불명한 사안을 확대 적용하거나 친북·용공 프레임을 씌워 정치적 반대를 제압·봉쇄하고 정권 강화 자원으로 활용하는 행태를 보였다.

정책·제도 및 통치양태 변화와 북한요인

북한은 1973년 8월, 7·4공동성명 이후 1973년 중반까지 개최되었던 남북조절위원회 본회의와 적십자회담 본회의를 중단시켰다. 북한은 당초 주한미군 철수 및 '남조선 사회의 민주화'를 통해 박정희 정권 타도 내지 '남조선혁명'을 위한 분위기 조성 차원에서 남북대화에 임했다. 그러나 남북대화 중단 선언 직전, 7·4공동성명이 박정희의 방해로 인해 그 이행이 현실적으로 어려워졌고, 유일한 방법은 남측 야당에 기대를 거는 것이며, 남한 당국과 더 이상의 대화 진행은 의미가 없다고 보았다.[86] 이러한 정세판단에 따라 북한은 박정희의 6·23선언과 김대중납치사건을 비난하며 남북대화 중단을 선언했다. 이로써 한반도의 '미니 데탕트'는 사라졌다. 북한이 1973년 1월 베트남전을 종식시킨 파리평화협정의 실질적 주체가 미국과 북베트남 양자였던 것에 크게 고무되어 기존 남북평화협정에서 북미평화협정으로 전환한 것으로 볼 수 있다.

1973년 말부터 북한의 서해 NLL 침범, 1974년 2월 백령도 해상 어선 납북, 6월 동해상 해양경비정 격침, 8월 문세광의 육영수 여사 저격, 11월 비무장지대의 침투용 땅굴 발견 등으로 남북 간의 긴장이 더욱 고조되었다. 북한은 1975년 2월 노동당 중앙위원회 제5기 10차 전원회의에서 '남조선에서 혁명이 일어나면 우리는 그것을 지원해야 할 의무가 있다'며 '혁명적 대사변'을 앞당기자고 촉구하면서 한반도 혁명전략을 제기했다.[87] 그러한 맥락에서 1974년 4월 한국에서 민주화운동이 본격적으로 일어나자 북한은 여기에 기대를 걸었다고 볼 수 있다. 물론 당시 한국의 민주화운동은 북한과는 관계없이 시작되어 진행되고 있었다. 다만 북한은 이 민주화운동에 영향력을 행사하고자 했으며, 그 일환으로 공작원을 파견하려고 했다.[88] 더욱이 김일성은 1975년 4월 프놈펜 및 사이공 함락 직전 북경을 방문하여 한반도에서 혁명이 일어날 경우 방관하지 않겠다는 점과 중국의 대북 지원을 요청했다.[89] 인도차이나 공산화로 남한은 베트남혁명의 재연 가능성에 대한 우려로 심각한 안보위협에 직면했다. 박정희 정권은 김일성의 북경 방문 및 사이공 함락에 대한 위협인식에서 대내적으로 안보 조치 명분으로 일련의 정책·제도의 변경을 취해나갔다.

앞에서도 지적했듯이 1975년 5월, 박정희는 정부에 대한 모든 정치적 비난을 금지시킨 긴급조치9호를 선포했다. 정권은 당시 베트남의 공산화 및 김일성의 북경 방문 시 발언 등 상황적·행위적 북한요인을 이 조치를 정당화하는 명분으로 삼았다. 긴급조치9호는 유언비어의 유포를 금지하고 헌법 비방을 금지하여 체제에 대한 일체의 비판을 불허했다. 동시에 정부에 대한 어떠한 비판도 유언비어 유포 혐의로 제어할 수 있었다. 이 조치로 정부는 국민의 언로를 차단했고 정권과 대통령에 대한 여하한 비판도 금했다.[90] 긴급조치9호는 헌법 개정에 대한 청원 자체를 금지함으로써 유신헌법을 신성불가침의 영역에 올려놓았다. 동시에 헌법이 규정하는 국민의 기본권을 사실상 박탈한 조치였다. 무엇이 유언비어인가라는 문제는 차치하고라도 국민들은 권력자의 비위를 거스르기만 하면 언제라도 영장 없이 체포·구금될 위험에 노출되었다. 또한 언론의 봉쇄로 인해 누가 그러한 부당한 처우를 받았는지를 알 수조차 없게 되었다. 긴급조치9호는 박정희의 사망으로 유신체제가 막을 내릴 때까지 4년 6개월 동안 지속되면서 천여 명의 전과자를 양산하는 등 국민들의 자유와 권리를 억압했다.[91]

긴급조치9호 발효와 함께 주목할 것은 사회안전법, 방위세법, 민방위기본법, 교육관계법 개정 법률 등이 국회에서 통과되었다는 점이다. 사회안전법은 국가보안법, 반공법 등을 위반하여 처벌받은 사상범에게 전향을 강요하고,[92] 이를 거부할 경우 재범의 위험성이 없을 때까지 무한정으로 수감할 수 있게 하는 법이었다. 즉, 반공법 및 국가보안법 위반자에 대한 출옥 후 보안처분을 법제화한 것이다. 방위세법은 민방위법과 더불어 1975년 7월, 임시국회에 상정되어 여야 만장일치로 의결되어 7월 16일 공포와 더불어 실시되었다. 방위세법에 대한 구상이 나온 것이 5월이었으니 두달여 만에 일사천리로 제정 공포된 것이다.[93]

그리고 박정희 정권은 인도차이나가 공산화되자 군사주의교육을 다시 강화했다. 박 정권은 5월 20일 대학생들의 안보 관념을 강화하고 대학생의 전력화로 국가총동원 태세를 확립하기 위하여 대학생에게 부대 편성에 의한 군사교육을 실시하기로 했다. 이에 따라 대학 1학년생에게 10일간의 병영집체훈련을 실시하도록 했다. 그리고 고등학교 이상 전 학교에 학도호국단을 결성하여 2학기부터 시행한다고 발표했다.[94]

5월 21일, 4·19 이후 폐지되었던 학도호국단은 국무회의의 의결을 거쳐 부활되었다. 그리고 9월 2일 중앙학도호국단 발단식을 가졌다. 학도호국단은 학생은 물론이고 교직원을 모두 아우르는 군사조직이었다.[95] 따라서 각 대학의 학생회가 사용하던 예산도 학도호국단이 아니라 학생처로 이관되었다. 각 대학의 총·학장이 학도호국단 단장이 되었고 학생대표는 연대장으로 임명되었다. 학도호국단의 학생 간부들은 1주일씩 입영교육을 받았고, 여대생도 여군에 입소하여 훈련을 받도록 했다.[96]

또한 박정희 정권은 1975년 6월 27일부터, 1972년 1월부터 실시하던 민반공·소방의 날 훈련을 '민방위의 날' 훈련으로 개정했다. 7월 25일에는 민방위기본법을 제정했으며, 8월 22일 민방위기본법 시행령을 공포했다. 더불어 1975년 7월 25일, 안보태세를 강화하고 민방위대, 예비군 등 인력자원을 효과적으로 관리하여 총력전 태세의 기반을 확립한다는 명분하에 주민등록법을 개정했다. 개정된 주민등록법은 국민이 항상 주민등록증을 소지하도록 하는 조치로서 상시적 국민감시체계로 기능했다.[97] 가히 전시비상체제를 방불케 하는 정책·제도의 채택이자 통치양태의 구축이었다.

언론에도 재갈이 물려졌다. 1975년 5월 16일부터 1979년 11월 20일까지 4년 6개월이라는 긴 기간에 걸쳐 중앙정보부가 주도하여 언론사에 '보도지침'을 전달하고 검열했다.[98] 출판물의 경우 긴급조치9호 발동 이후 10·26까지 50여 종의 출판물이 긴급조치에 의해 판매금지 처분을 받았다. 판매금지 처분으로 출판물에 대한 반공법이나 국가보안법을 구실로 한 출판 탄압은 상대적으로 적었으나 이영희 교수가 『8억인과의 대화』로 반공법으로 구속되는 등 반공법 위반 사례가 이어졌다.[99] 한편 대중동원에서는 관제운동으로서 총력안보국민운동이 전면적으로 전개되었다. 이 운동의 조직체는 1975년 5월 결성된 총력안보국민협의회였다. 이 조직에는 대한교련, 민방위, 향토예비군 등 준군사조직을 비롯하여 각계각층의 대중단체들이 총망라되었다. 이 무렵부터 새마을운동 등 기존의 관제운동도 안보체제를 중심으로 기능적인 개편을 단행하고 총력안보국민운동에 합류하게 되었다.[100]

한편 박정희 정권은 모든 국민을 최말단 행정조직인 반 단위로 동원하기 위하여 1976년 4월 30일, 매월 말일을 '반상회의 날'로 지정했다.[101] 이에 따라 5월 31일 전국적으로 일제히 첫 반상회가 열리게 되었다. 반상회는 일제 식민지 시기 애국반, 해방 이후 국민반, 그리고 1950년대 말 국민방(國民坊)과 유사한 조직으로 민주당 정권 시기에 각 시·도의 조례에 따라 매월 1회씩 개최하도록 정해졌다. 그러나 그것이 제대로 이행되지 않다가 1976년 박정희 정권에 의해 재실시된 것이다. 반상회의 주 내용은 반공교육, 국정홍보, 국민행동지침 하달이었다. 특히 비상시 행동요령, 간첩과 수상한 사람 신고요령, 유언비어 신고 의무화, 불순한 언동 금지 등이 포함되었다.[102]

박정희 정권은 위에서 논의한 바와 같이 사이공 함락과 김일성의 북경 방문을 계기로 국정 전반에 걸쳐 전시비상체제에 준하는 국민총동원체제를 강화하고자 했다. 박정희는 1975년 8월 중순 『뉴욕타임스』와의 단독회견을 통해 "만약 북괴가 무력수단과 폭력으로 전 한반도를 통일한다는 그들 목표를 포기한다면, 그리고 북괴가 우리와의 평화공존을 수

락한다면 나는 내가 취한 비상조치들을 즉각 철회할 것이며 훨씬 자유로운 정책을 취하겠다"[103]고 말했다. 일련의 비상적인 정책·제도의 채택 및 통치양태가 북한요인과 직접 결부되어 있음을 강조하고 합리화했다.

또한 박정희 정권은 인도차이나 공산화를 배경으로 1971년 말부터 추진해오던 핵무기와 탄도미사일의 본격적 개발에 부심했다. 미국 측의 핵우산에 대한 거듭된 보장에도 불구하고 박정희는 핵무기 개발계획을 포기하지 않고 있었다.[104] 박정희는 1975년 6월 『워싱턴포스트』와의 인터뷰에서 남한은 이미 자체적인 핵무기 개발 능력을 보유하고 있다고 밝히고, 미국이 남한에서 핵무기를 철수하면 핵개발을 할 수 있음을 내비쳤다. 박 대통령은 미국의 강력한 요구로 1975년 8월 일단 핵무기 개발을 포기하는 듯했다. 그러나 이후에도 내밀하게 핵무장을 시도한 것으로 보인다.[105] 이와 더불어 탄도미사일 개발에도 더욱 박차를 가했다.[106]

포드 행정부는 당시 박정희의 핵개발이 미국의 대한 안보 공약 약화와 연관되어 있다고 보았다. 따라서 박정희의 핵개발을 저지하기 위해서라도 주한미군 재편 중단과 안보 공약 준수 등 일련의 동맹강화 조치가 필요했다. 미국은 박정희의 핵무장을 저지하는 대신 북한에 대한 공격적인 계획을 수립하고 이를 반영한 팀스피릿과 같은 합동군사훈련을 실시하기로 했다. 박정희 정권의 입장에서 보면 미군의 베트남에서의 철수로 대미협상에서 '파병 카드'가 사라진 조건에서, 김일성의 북경 방문과 사이공 함락 등 안보불안 상황을 '핵개발 카드'와 연결시켜 포드 행정부의 안보 공약 강화를 이끌어낼 수 있었다. 그리고 그와 같은 안보 공약 강화 분위기에서 인권이나 민주화 문제 등은 한미관계의 당면 주요 이슈가 되기 어려웠다.

사이공 함락과 김일성의 북경 방문 시 무력통일 시사 발언은 국가 대

정치사회 또는 국가 대 시민사회 간의 균열과 논란을 냉각·봉쇄시키는 주요 계기가 되었다. 이전 시기의 구조적 또는 상황적 북한요인의 영향 속에서는 제기될 수 있었던 정권에 대한 반대가 이제 위협 수준으로 표출된 상황적·행위적 북한요인 앞에서는 침묵할 수밖에 없게 된 것이다. 또한 북한요인의 실재에 대한 논란을 불식시키고, 북한요인의 위협을 사회 기저에까지 침투시킴으로써 반공지향성을 강화하고 민주지향성을 위축시키는 결과를 초래했다. 그리하여 사이공 함락과 김일성의 북경 방문이 없었다면 반대에 부딪혀 시행되지 못했을 일련의 전시비상체제를 방불케 하는 정책과 제도, 그리고 통치양태가 상황적·행위적 북한요인을 빌미로 채택되고 행해졌다. 따라서 심각한 상황적·행위적 북한요인이 없었다면 반공과 안보 이슈를 동원한 정권의 반대세력 탄압이나 정책·제도 변경, 그리고 전시비상체제적 통치양태 구축은 용이하지 않았거나 정치사회나 시민사회로부터 더 큰 저항을 불러일으켰을 것[107]이라는 반사실적 가정이 가능하다.

박정희는 유신반대운동을 펼치는 학생들과 언론, 재야인사, 국민들의 항거에 대해 민주헌정을 발전시키는 길은 북한의 공산 침략을 저지·분쇄하는 것이라고 대응했다. 사이공 함락의 여진이 여전한 가운데 1975년 7월 박정희는 제헌절 경축사를 통해 "지금 우리의 당면한 현실 속에서는 북한 공산주의자들의 침략을 저지, 격퇴시키는 것이 민주헌정을 육성 발전시켜나가는 첫길"이라고 강조했다. 또한 "이것이 바로 우리의 국가적 현실을 직시하고 그 속에서 우리의 민주헌정을 발전시켜나가는 길을 모색하는 가장 정직하고도 실현성 있는 방법"임을 상기시켰다. 박정희는 "민주주의는 백 마디의 허황된 말보다 국력배양을 위한 하나의 착실한 행동이 있을 때 비로소 육성 발전되는 것"이라고 규정했다. 이어 "민주주의를 그릇되게 인식한 나머지 방종과 낭비와 무절제로 국력배양을 저해하는 일이 있다면 이것은 민주발전을 저해하는 처사이며 또한 무책임한 언행으로 헌정질서를 유린하고 국가안보를 위태롭게 하는 일은 민주주의를 거부하고 파괴하는 반민주적 행위"라고 말했다.[108]

박정희는 반공과 승공이 곧 민주주의를 육성·발전시키는 길이며, 국력배양 없이는 민주주의의 육성·발전은 불가하다고 보았다. 따라서 국력배양과 국가안보를 저해하는 것은 곧 반민주행위라고 규정했다. 박정희의 시각에서는 도시와 농촌의 새마을 지도자, 산업전사, 기업인, 방위역군이야말로 진정한 민주주의 역군이며, 그들이 땀 흘려 일하는 농촌과 공장, 전장과 가정이 곧 민주주의의 실천도장이었다.[109] 반면에 민주주의 회복을 외치며 유신반대운동에 가담한 세력은 반민주 내지 민주주의 파괴세력이었다.

북한요인 동원과 성공 및 실패의 위기

유신체제 정당화의 세 가지 명분과 과제는 국가안보, 통일, 경제성장이라고 할 수 있지만 실제적인 핵심축은 안보와 성장이었고, 안보와 성장의 기저에는 반공 내지 승공이 자리 잡고 있었다.[110] 요컨대 유신체제 역시 기본적으로 반공의 토대 위에 구축되었다. 따라서 유신체제에 대한 반대는 곧 이적, 친북, 용공으로 간주되었다. 국가안보와 경제성장은 반공 내지 승공의 목표를 달성하기 위한 수단인 동시에 그 자체가 목표였다. 유신체제는 이와 같은 정당화 체계하에 국민들에게 자유와 인권을 일정하게 제한하는 통치양태를 감내할 것을 요구했다.

그 결과 유신체제하에서 세 가지 과제 가운데 경제발전 분야에서 뚜렷한 실적이 나타났다. 그런데 앞에서도 지적한 바와 같이 그것은 성공의 위기를 내포하고 있었다. 군비증강 등 국가안보 분야에서도 진전이 있었지만 유신체제 정당화를 위해 안보위기를 계속 소환함으로써 정권 스스로 안보 분야에서의 실패의 위기(crisis of failure)를 자초하고 있었다. 남북대화 역시 중단됨으로써 통일 명분도 실패의 위기에 직면해 있었다. 요컨대 유신체제는 성공 또는 실패의 위기로 인하여 시간이 갈수록 그 필요성과 실효성을 잃는 체제이자 통치양태임을 스스로 입증하는 방향으로 가고 있었다.

1970년대 들어 한국에서는 자본주의 심화에 따른 계급의 분화와 노동문제의 확산, 그리고 사회경제적 불평등이 표출되었다. 이 문제들은 유신체제하 북한요인을 빌미로 한 안보 및 성장 강조와 정치균열 봉쇄 시도로 억눌려 있었다. 그러나 야당인 신민당의 득표율이 집권 공화당의 득표율을 1.1% 앞서는 초유의 사태가 벌어진 1978년 12·12총선을 기점으로 자유민주주의를 지향하는 민주화세력과 재야가 정치적 계기를 획득함으로써 변화를 향한 강한 흐름이 형성되었다. 결과는 유권자들이 유신체제의 필요성과 정당성에 등을 돌리고 있었음을 '종이 돌(paper stone)'로서 보여주었다. 더욱이 당시 한국경제가 대외 경제환경의 악화 등으로 불황을 겪고 있었기 때문에 경제성장을 바탕으로 한 유신체제의 정당성은 더욱 침식될 수밖에 없었다.

1979년 5월 신민당 전당대회에서 온건 노선을 표방하던 이철승 대신 유신체제의 변혁을 주장하던 김영삼이 당권을 장악함에 따라 정치사회와 정권 간의 대결도 전례 없이 격화되었다. 신민당 김영삼 총재가 통일논의를 위해 김일성과 만날 용의를 표명하고 북한이 이에 호응하자 상이군경과 반공청년을 자처한 폭력배들이 한때 신민당 당사를 점거하고 농성하면서 김영삼을 용공분자라고 비난했다.[111] 김영삼 총재는 7월 23일 국회 본회의에서 더 이상 안보를 빙자해서 억압정치를 할 명분이 없고, 오히려 '안보를 위해서라도 민주주의를 회복해야 한다'고 강조했다.[112] 박정희 정권은 위기의식 속에서 박정희 타도운동을 선언한 김영삼을 그가 외신에서 한 발언을 이유로 의원직에서 제명하는 등 강경드라이브를 통해 정치적 통제력을 회복하고자 했다.[113] 그러나 이것이 부마항쟁의 도화선이 됨으로써 도리어 정권의 명운을 재촉하는 선택이 되고 말았다.

여느 독재정권이 그렇듯 유신체제는 스스로 민주개혁이나 유화국면으로 전환함으로써 정치적 도전을 완화할 수 있는 출구를 갖지 못한 체제였다. 부마항쟁이라는 시민사회의 저항이 유신체제 붕괴의 직접적 원인은 아니었다. 그럼에도 불구하고 유신체제의 종말을 가져온 지배세력의 내분에 결정적 영향을 미친 것은 다름 아닌 시민사회의 저항이었다.[114] 부마항쟁은 북한요인을 명분으로 한 유신체제라는 통치양태가 성공의 위기와 맞물리는 지점에서 표출된 저항이었다. 다시 말해 북한요인을 빌미로 한 통치양태가 반공을 위해서라도 민주주의를 해야 한다는 방향으로 전환·이행될 전망 없이 반공을 구실로 민주주의를 계속 제한할 것이 분명해진 이상 성공의 위기를 쌓아올린 유신체제는 오래갈 수 없었다.

한마디로 유신체제는 그 자체의 모순과 중압으로 인하여 일정 기간 이상 유지가 어려운 태생적 운명을 지닌 체제였다고 할 수 있다. 부마항쟁은 유신체제가 북한요인을 동원하여 민주지향성을 금압하면서 반공지향이 곧 민주지향이라고 지속적 억설을 펴는 데 대한 시민사회의 저항이자 거부였다. 요컨대 북한요인은 유신체제 수립의 명분으로는 동원될 수 있었지만, 유신체제 지속이나 제도화의 명분과 자원으로는 기능할 수 없었다. 이는 북한요인이라는 명분으로도 반공지향성이 민주지향성을 계속 금압 또는 압도할 수 없었거나 민주지향성이 반공지향성에 육박했다는 의미이다. 부마항쟁과 유신체제의 붕괴는 한국사회가 더 이상 반공과 안보, 그리고 성장을 이유로 민주지향성을 제한하는 것이 어렵다는 점을 분명히 한 계기였다는 데에서 정치사적 의미를 가진다.

1974년 8월 육영수여사피격사건과 같은 해 11월의 제1땅굴 발견은 북한요인의 위협을 고조시켜 박정희 정권의 냉전반공주의를 강화하고 강압통치를 정당화하는 데 일조했다. 또한 학원가를 중심으로 유신반대운동이 점차 거세지던 1975년 4월에 전해진 김일성의 북경 방문 시 호전적 발언과 사이공 함락 소식은 국민들의 대북 경계심을 한껏 고조시켰다. 전국적으로 총력안보궐기대회가 잇달아 열려 유신반대운동에 동정적이던 여론도 급속히 냉각되고, 냉전반공주의가 강화되는 분위기가 조성되었다. 정권은 이러한 분위기를 이용하여 긴급조치9호를 선포함으로써 민주화운동을 원천적으로 차단하려고 했다. 정권은 안보 위협을 빌미로 일련의 전시체제적 정책과 제도를 완비해나가면서 사회를 질식 상태로 만들었다. 그리하여 유신체제의 강압성이 극에 달했다.

당시 박정희에게 있어 '민주주의=혼란=이적·친북·용공'이었다. 곧 사회적 질식 상태에 대한 사소한 이견조차도 이적·친북·용공으로 의제되었다. 그야말로 정권안보가 곧 국가안보였다. 이런 상황에서는 반대세력에 대한 용공 조작조차도 번거로운 절차였다. 이른바 '막걸리보안법'이 상징하듯 반공만능주의의 무분별한 적용은 적대적 분단체제에서 부득이한 친북·용공 요소의 제거 또는 격리라는 최소 명분마저 희화화시켰다. 이러한 '빨갱이 올가미'를 동원한 반대세력의 탄압은 유신이 종말을 고할 때까지는 물론이고 전두환 정권에서도 그대로 반복되었다.

그런데 특정의 정치적 반대가 북한과의 연계가 없었거나 행위적 북한요인이 발생하지 않은 상황에서 완전한 조작에 근거했다면, 그 효력은 강하지도 않았을 것이고 정치사회나 시민사회에서 수용하기도 어려웠을 것이다. 문제는 많은 경우 정치적 반대를 곧 북한과의 직접적 연계 및 북한의 개입으로 의제하고 조작하였지만 북한의 침투용 땅굴사건, 육영수여사피격사건, 판문점도끼살해사건, 김일성의 북경 방문 시 발언, 남민전사건 등에서 보는 바와 같이 시기와 사안에 따라서 북한과 직간접적 연계가 있었다는 점이다. 이로 인해 '정치적 반대=이적·친북·용공'이라는 정권의 연계등식 설정이 일정 정도 먹혀들 수 있었다. 또한 북한요인을 동원한 정치균열 봉쇄와 반대세력 제압을 용이하게 해주었다.

물론 이와 같은 연계등식 설정의 가능성은 체제와 이념을 달리하는 북한과의 첨예한 대치라는 분단체제, 즉 구조적 북한요인하에서 상존하는 것이라고 할 수 있다. 또한 강성국가의 기반, 국가지배적 국가와 사회관계, 학생·지식인 중심의 반대세력이 갖는 한계, 약체의 정치사회 등을 가능조건으로 볼 수 있다. 그러나 단순히 그것이 전부는 아니라고 할 수 있다. 상황적·행위적 북한요인의 진공상태에서는 우선 북한요인을 동원할 명분을 확보하기 어렵다. 또한 반대세력이 쉽사리 침묵하지 않거나 보다 큰 억압비용이 요구되었을 것으로 가정할 수 있다. 권위주의 정권들이 북한요인을 동원하여 정치적 반대를 봉쇄하고 전시체제적 정책·제도를 만들고자 했을 때 반대와 저항이 없지 않았다. 그러나 그것은 반공지향성과 민주지향성 간의 비대칭적 길항이었다. 북한요인의 개입으로 반공지향성이 강화되는 조건 속에서 민주지향성은 위축될 수밖에 없었다. 다시 말해 북한요인의 개입은 정치지형에서 반공지향성을 강화하고 민주지향성을 위축시킴으로써 전시체제적 통치양태 구축에 기여했다고 할 수 있다.

그럼에도 불구하고 주목할 것은 유신체제에서 북한요인이 강압통치의 정당화나 전시체제적 통치양태 유지에 계속 활용되고 소비될 수 있었던 것은 아니었다는 점이다. 북한요인을 동원한 유신체제는 성공의 위기 또는 실패의 위기로 인하여 스스로의 정당성을 부정하는 방향으로 나아갔다. 북한요인의 압력과 안보를 명분으로 한 유신체제라는 통치양태가 반공을 위해서라도 불원간 민주주의로 이행할 가능성 없이, 반공을 빙자하여 민주주의를 계속 제한함으로써 스스로 그 정당성을 잃어가고 있었다. 즉, 유신체제는 표출이 임박한 성공의 위기 및 실패의 위기에 직면해 있었다. 북한요인을 빌미로 한 전시체제적 통치양태가 민주지향성과 연결되거나 비대칭적으로라도 병진할 가능성 없이, 반공지향성 일변도로 갈 것이 분명해진 이상 유신체제는 그 자체의 모순과 중압으로 오래 지속될 수 없었던 것이다.

제3장

전두환 정권기 북한요인

인간의 정의에 대한 능력은 민주주의를 가능하게 하지만, 인간의 불의에 대한 성향은 민주주의를 필요하게 만든다.

— 라인홀드 니버, *The Children of Light and the Children of Darkness* 중에서

이승만, 박정희, 전두환 세 권위주의정권은 민주화를 촉진하는 일보다 비민주적인 방법으로 권력 연장을 위한 제도를 고안하면서 민주화를 막으려는 데 주력한 정권이었다는 공통점을 갖고 있다. 그리고 세 정권 모두 북한요인을 이유로 민주주의보다는 권위주의를 유지, 강화하고자 했다. 특히 전두환 정권은 1979년 박정희 대통령 시해사건 후 국민 다수가 유신헌법 폐지와 대통령직선을 기대하고 있던 시점에서, 그러한 여망을 무시하고 그에 역행하는 쿠데타로 집권한 정권이었다. 그런 만큼 대통령간선으로 집권 연장을 꾀하는 정권에 대한 국민들의 반발과 저항도 컸다. 전두환 정권이 집권 말기에 이르러서야 대통령직선제 개헌을 수용한 것은 결코 자발적 결정은 아니었다. 6월 민주항쟁이라는 대규모 국민적 저항에 직면하여 대통령간선 방식에 의한 집권 연장 계획을 접을 수밖에 없었다. 부득이 직선제하에서의 정권 재창출을 도모한 일종의 강제된 선택이라고 하겠다.

이제 집권세력이 북한요인을 이유로 민주주의를 유보한 채 안보와 성장을 강조하며, 또 다른 군부 출신 후계자를 간선제로 당선시켜 집권 연장을 도모하는 것은 거의 불가능해졌다. 민주화를 요구하는 세력의 규모와 힘이 그만큼 커졌기 때문이다. 이는 전두환 정권의 권력 장악 방식, 권력 유지 과정에서의 억압과 탄압, 이에 대한 시민사회의 불만과 저항, 그리고 집권기간의 경제 실적을 포함한 한국사회 전반의 발전이 가져온 부메랑 효과이자 '성공의 위기'였다고 할 수 있다. 그럼 전두환 정권에서 국내정치와 북한요인이 어떻게 맞물려 전개되었는지 살펴보도록 하자.

1. 정치균열과 북한요인

‘서울의 봄’과 북한요인 강조

한국전쟁과 전후 장기간에 걸친 준전시적 남북 대치상황은 국민들로 하여금 ‘전쟁 포비아’를 갖게 했다. 그리고 반공을 모든 가치 앞에 두는 안보이데올로기를 국민의식의 요체로 내면화시켰다. 안보이데올로기의 특징은 혼란을 금기시하고, 안정과 획일성을 절대시하며, 적과 동지를 선명하게 구분하는 이분법적 사고로 표출된다. 이러한 안보이데올로기는 권위주의, 특히 군사적 권위주의의 이념적 기조가 되었다.

사실 5·16, 10월유신, 5·17로 점철된 정치변동의 파행성은 예외 없이 안보이데올로기와 접목되어 있었다. 또한 역대 정권, 특히 군부 지배세력들은 안보이데올로기를 자신들의 필요와 편의에 따라 권위주의 지배를 정당화하는 정치적 도구로 활용했다. 안보위기의 효율적인 관리와 극복을 위해서는 강력한 리더십과 총화단결이 불가피하다는 것이 그들의 상투적 논리였다.[1]

유신체제가 남북 대치상황에서 안보와 경제발전이라는 두 가지 명분을 정권유지의 수단으로 이용하였듯이 쿠데타로 집권한 전두환 정권도 두 가지 명분을 정권유지를 위해 기민하게 활용했다. 위기상황을 과장함으로써 민중부문을 정치적으로 크게 위축시켰고, 안보와 경제발전을 저해한다는 구실로 노동운동과 시민운동 등을 효과적으로 제어했다.[2] 그리하여 전두환 정권 역시 반공주의 기치 아래 북한요인의 정략적 동원 면에서 이전 권위주의정권들과 크게 다르지 않았다.

전두환 정권의 출범은 12·12쿠데타와 5·17비상계엄확대라는 두 사건 없이는 설명하기 어렵다. 전두환 신군부는 12·12쿠데타로 군부를 장악하고 5·17로 사실상 통치권을 장악했다. 즉, 신군부의 권력장악 방식은 12·12로 시작된 쿠데타가 5·17에 이르러 종결된 '다단계 쿠데타'였다.[3] 다시 말해 신군부가 12·12쿠데타와 더불어 곧바로 유신체제 붕괴 이후 높아진 민주화에 대한 국민적 기대를 꺾는 조치를 취한 것은 아니었다. 오히려 신군부는 정치갈등과 사회혼란이 격화됨으로써 집권의 명분과 분위기가 무르익기를 기다리고자 했다. 그리하여 신군부가 쿠데타로 군을 장악한 불안한 상황이 존재했지만, 민주화에 대한 기대 속에서 1980년 '서울의 봄'이 시작되었다.[4]

1979년 10월 박정희가 시해되고 약 한 달이 지난 12월 6일, 정부는 통일주체국민회의를 소집하여 대통령 권한을 대행하던 최규하 국무총리를 제10대 대통령으로 선출했다. 최 대통령은 긴급조치9호를 해제하고 양심수들을 일부 석방했고 정치활동 제한도 풀었다. 유신체제하 대학에서 쫓겨났던 교수와 학생들이 학교로 돌아오면서 서울의 봄이 찾아왔다. 공화당 총재로 선출된 김종필은 신민당 김영삼 총재를 만나 시국 수습책을 논의했고, 김대중도 가택연금에서 풀려났다. 국회는 개헌안 공청회를 열어 내각제 또는 이원집정부제 개헌론에 대하여 논의했다.[5] 노조 설립이 본격화되면서 임금 인상과 근로조건 개선을 요구하는 파업이 곳곳에서 일어났다. 1980년 4월 21일 사북사태를 비롯하여 서울 구로공단, 울산, 부산, 인천 등 대규모 사업장이 밀집한 곳에서 파업과 노사 충돌이 빚어졌다. 이러한 혼란 가운데 어떻게 새 헌법을 만들고 새 정부를 구성할 것인지는 불투명했다. 거기다가 민주화세력은 분열상을 드러내기 시작했고, 누가 차기 대통령 후보가 될 것인가에 대해 합의점을 찾지 못했다. 재야세력도 민주화세력을 통합하고 조정하는 역할을 하지 못한 채 양 갈래로 나뉘었다.[6]

한편 1980년 2월 29일 최규하 과도정부가 복권조치를 발표하면서 해직교수와 학생들이 학교로 돌아옴으로써 학생운동이 본격화되었다. 3월 28일 서울대 총학생회 출범을 시작으로 4월 초순에는 전국의 대학들에서 총학생회 부활 바람이 확산되었다. 학원민주화투쟁은 4월 병영집체훈련 거부, 어용교수 퇴진, 재단비리 척결투쟁으로 시작해서 5월에는 정치투쟁으로 발전해갔다.[7] 다만 학생들은 병영집체훈련 거부는 철회했다. 이는 병영집체훈련 거부가 학생들의 안보의식 결여에 대한 비판과 정부 당국의 반공이데올로기 공세의 빌미가 될 수 있다는 판단에 따른 것이었다.[8] 그 대신 학생들은 계엄령 해제, 유신 잔당 퇴진, 정부 주도의 개헌 중단, 그리고 노동3권 보장 등을 요구하며 본격적인 투쟁에 나서기로 했다.

5월 1일 서울대 긴급조치 위반 복교생 300여 명은 '민주화를 위한 시국성토대회'를 개최했다. 5월 2일에는 1만여 명의 학생들이 학생총회를 개최하여 비상계엄 해제를 요구하는 민주화 대행진을 이어갔다. 5월 6일에는 연세대에서 비상학생총회를 열어 비상계엄 해제, 전두환 퇴진, 구속인사 석방 등을 요구하는 성명서를 발표했다. 5월 9일에는 전국

23개 대학 총학생회 회장들이 고려대에 모여 당분간 비폭력적인 방법으로 교내시위를 전개하겠다는 입장을 밝혔다. 군부 쿠데타설이 도는 가운데 군부에 빌미를 주어서는 안 된다는 입장을 모은 것이다.[9]

학생시위의 격화와 더불어 5월 들어 노동운동도 금속노조 산하 조합원들의 투쟁, 한국노총의 '노동기본권 확보를 위한 전국 궐기대회' 등 급속하게 확산되었다. 이런 가운데 정치권에서도 5월 9일 신민당 김영삼 총재와 김대중이 각각 기자회견을 통해 계엄령 해제, 임시국회 즉각 소집, 정부 주도의 개헌 작업 중단을 요구했다. 12일에는 여야가 20일 임시국회 소집에 합의했다. 최근의 학원사태와 노사 문제, 계엄령 문제, 민주화 정치일정 문제 등을 다루기 위해서였다. 정치변동기의 정국 혼란을 수습하기 위한 국회 차원의 노력이었다. 학생과 노동계, 그리고 국회의 민주화 요구에 직면하여 최규하 과도정부는 더 이상 민주화 일정을 지체하기 어려웠다. 신군부로서는 행동 개시를 더 이상 미루면 집권 기회가 영영 사라질 수도 있는 상황에 처한 셈이었다.[10] 시민사회와 정치사회의 민주화 촉구에 신군부는 비상계엄확대라는 반동적 조치로 응답했다.

5·17비상계엄확대 이전부터 전두환 신군부는 서울의 봄 시기 학생들의 시위를 불순분자들의 책동으로 몰았다. 그리고 학생시위가 북한의 사주에 의한 것이라고 주장하며 북한의 남침 위협을 유포했다.[11] 신군부가 학생들의 시위를 불순분자들의 책동으로 몰아가는 상황에서 글라이스틴(William H. Gleysteen Jr.) 주한 미 대사는 5월 12일과 13일 각각 김대중과 김영삼을 만나 학생들의 시위 자제를 위해 노력해줄 것을 당부했다.[12] 이미 5월 12일 비상국무회의에서는 중앙정보부 담당 국장이 휴전선의 동태에 대하여 보고하면서 '일본 방위청으로부터 북괴 특수8군단이 자취를 감추었다는 연락을 받았다. 이 같은 상황으로 보아 북괴의

침투 가능성이 높다'고 강조했다.[13] 김대중·김영삼·김종필의 '3김'도 이러한 상황을 심각하게 받아들였다. 아직 정확하지 않은 정보라는 이유로 보도가 통제되어 일반 국민들은 이 같은 동향을 알지 못했다. 그러나 비공식 브리핑을 받은 총리실 출입기자 등 언론과 정치권은 아연 긴장하지 않을 수 없었다.

김영삼은 5월 12일 박권흠 대변인을 통해 신현확 총리가 전한 '5월 15~20일 남침설'을 전해 듣고 '사실인 것 같다'고 했다. 그리고 같은 날 신 총리로부터 이 소식을 들은 김종필은 즉각 당직자들에게 이 내용을 전달했다. 김대중도 5월 13일에 기자회견을 열어 '질서를 지키고 사회안정을 유지해서 북한 측에 오판의 자료를 주지 않도록 해야 한다. 사회혼란 조성을 피하겠다는 대학 총학생회장들의 결의를 충심으로 환영한다'고 말했다.[14] 이처럼 신군부의 북한요인을 동원한 안보드라이브에 정치권도 학생들의 자제를 당부하며 신중한 행보를 보였다.

한편 위컴(John Adams Wickham Jr.) 주한 미군 총사령관은 5월 13일 전두환과 만났다. 전두환은 '북한이 학생시위를 뒤에서 조종하고 있고 남침의 결정적인 시기가 가까워졌을지도 모른다'고 말했다.[15] 이에 대해 위컴 총사령관은 '북한으로부터 침공이 임박했다는 징조는 없다'고 반박했다. 위컴은 전두환이 북한으로부터의 위협을 강조하는 것은 청와대의 주인이 되기 위한 구실에 불과하다고 보았다.[16] 미국은 북한군의 동향을 정밀 분석한 후 대남 공격 조짐을 발견할 수 없다는 결론을 내렸다. 미 국무부는 서울에서 나돌고 있는 '전쟁 임박설'을 잠재우기 위해 이를 공개적으로 발표했다.[17] 위컴은 나중에 당시 자신은 물론 미국의 어떤 관리도 북한의 태도에서 의심스러운 점은 발견하지 못했다고 회고했다.[18] 그리고 한 한국군 정보담당 장교는 전두환 측근으로부터 '북한 위협설'

을 조작하라는 명령을 받았다고 폭로했다.[19]

정치사회와 학생들의 민주화 압력이 계속 높아지는 가운데 5월 중순부터 도심 시위가 벌어졌다. 총학생회를 불신한 강경파 학생들이 주도한 것이다. 13일부터 연세대를 주축으로 한 6개 대학 학생 3,000여 명이 종로 등 시내 중심가에서 가두시위를 벌였다. 13일 밤 27개 대학 총학생회장이 모인 전국 학생회장단 회의에서는 평화적 교내시위를 끝내고 가두시위를 전개할 것을 결의했다. 14일에는 서울시내 21개 대학 7만여 명의 학생들이 가두시위를 벌였고, 지방에서도 3만여 명의 학생들이 가두시위에 참여했다. 14일 김옥길 문교부장관은 학생들의 가두시위에 깊은 우려를 표하며 자제를 당부하고, 가두시위를 포고령 위반으로 다룰 수밖에 없음을 밝혔다.[20] 신군부는 5월 14일 오전 서울지역 대학생들의 총궐기 및 가두시위 시도에 맞서 소요진압본부를 설치하고 진압군 투입 지시를 내렸다. 이들 대학생은 비상계엄 해제, 유신 잔당 타도, 언론자유 보장, 정부 주도 개헌 중단, 노동3권 쟁취 등의 구호를 외치며 가두시위를 벌였다. 그러나 시위는 매우 비조직적이었고 일반 시민들의 호응이 거의 없어 무기력한 모습이었다.[21]

당시 도시 중산층을 중심으로 한 시민들은 군부의 정권 장악도 원하지 않았지만, 학생시위로 인한 정국 불안도 바라지 않았다. 그들은 정치적 안정을 희구하고 있었다. 다만 구체적으로 어떠한 정치구조의 정착이 안정을 가져올 것인가에 대해서는 뚜렷한 생각이 없었다. 여하간 박정희 정권에서 경제성장의 과실을 향유한 도시 중산층은 학생들의 저항운동에 가세하지 않음으로써 신군부에게 크게 유리한 환경을 조성해주었다. 이처럼 시민들의 지지를 얻는 데 실패한 학생들은 힘의 한계를 절감했다. 그리고 쿠데타의 가능성을 감지하고 시위를 중단하고 학교로 돌

아가기로 결의했다.[22]

한편 정치사회에서는 14일 신민당이 이기택을 비롯한 국회의원 66명의 명의로 비상계엄해제 건의안을 국회에 제출했다.[23] 시민사회에서는 지식인 134명이 5월 15일 비상계엄 즉각 해제와 최규하 과도정부에 금년 내 정부 이양 등을 요구하는 시국선언문을 발표했다.

드디어 5월 15일 오후 3시경 서울역 앞에는 서울시내 30개 대학의 학생 10만 명이 운집했다. 그들은 계엄철폐를 외치면서 민주화 일정을 제시할 것을 요구했다. 이에 대응하여 신군부의 진압군도 시내 도처에 진주했다. 이 같은 상황은 서울뿐만 아니라 부산, 대구, 광주, 인천, 목포, 청주, 춘천, 천안 등도 마찬가지였다. 그러나 15일 저녁 서울·경인지역의 총학생회장단은 시민들의 호응이 부족한 상태에서 방향 전환을 고민하지 않을 수 없었다. 더욱이 군이 투입될 경우 야기될 수 있는 유혈사태를 우려했다. 그래서 가두시위 철수, 곧 '서울역 회군'을 결정했다. 대규모 시위를 통해 자신들의 의사를 충분히 전달한 만큼 사태를 관망하겠다며 일단 시위를 중단했던 것이다.[24]

전두환 신군부는 서울역 '회군'에 대하여 비상계엄확대라는 일종의 '진군' 조치를 취했다. 그리고 '북괴의 동태와 전국적으로 확대된 소요'를 그 이유로 내세웠다. 그러나 당시 북한의 '이상 동태'는 존재하지 않았다.[25] 소요 역시 5월 16일 전국대학총학생회장단이 당분간 교내 및 가두시위를 중단하기로 결의했던 점을 고려하면 어불성설이다. 기실은 이 조치의 목적이 여야 정치권이 계엄해제 촉구 및 유신헌법 개헌에 합의하여 5월 20일 소집하기로 한 임시국회를 막고 정권 장악을 본격화하는 데 있었다.[26] 신군부는 학생들의 침묵을 역으로 이용하여 전국으로 비상계엄확대조치를 단행하면서 민주화운동에 대한 전면적인 탄압에 나섰다. 여의도 국회의사당 등을 군 병력으로 점거하여 폐쇄했다. 김종필·김대중 등은 체포하여 보안사로 연행하였으며, 김영삼·이철승·이민우·유치송을 가택연금했다. 신군부는 서울역 회군 결정에도 불구하고 민주화를 위한 일정 제시는 고사하고 군부 권위주의 독재로의 역행을 선택했던 것이다. 신군부는 민주화세력을 자극해서 폭력적 대응을 유도하고, 그들을 거리로 끌어냄으로써 전면적 대결 상황을 유도하려고 했다. 그러고는 민주화세력을 폭력적으로 진압하여 군부 권위주의 독재를 복원하고자 했다.[27]

5월 17일 밤, 정부 대변인 이규현 문화공보부장관은 당일 밤 24시를 기해 북한의 이상 동태와 학원 소요를 이유로 비상계엄을 전국으로 확대 실시한다고 발표하면서, 모든 정치활동 금지와 전국 대학에 휴교령을 내렸다.[28] 그리고 계엄사령부가 김종필·김대중 등을 포함하여 권력형 부정 혐의자, 사회불안 조성 및 학생·노조 소요의 배후 조종 혐의자 26명을 연행하면서 서울의 봄은 막을 내렸다. 18일 발표된 최규하 대통령의 특별성명에서도 북한의 대남 적화책동과 사회교란 목적의 무장간첩 침투 대비가 비상계엄 전국 확대의 이유로 강조되었다.[29] 비상계엄확대조치 직후, 전두환 보안사령관 겸 중앙정보부장 서리가 이 조치 직전한 외신과 했던 인터뷰가 보도되었다. 전두환이 인터뷰에서 말했던 '북한과의 대치상황 대처와 경제건설에 적합한 한국 자체의 조건에 부합하는 민주주의를 건설하는 것이 긴요하다'[30]는 내용이 눈길을 끌었다. 인터뷰의 시점이나 내용 면에서 '전두환 판 한국적 민주주의'를 예고했다고도 볼 수 있기 때문이다.

서울의 봄을 맞아 민주화에 대한 기대가 점차 고조되던 시점인 1980년 4월 14일 전두환 보안사령관이 중앙정보부장 서리까지 겸임했다. 그동안 수면 밑으로 흐르던 신군부 세력의 정치개입 의도가 수면 위로 모습을 드러내는 순간이었다. 이 같은 상황에서 민주화세력은 투명하고도 조속한 민주화 일정을 밝힐 것과 계엄령 해제를 요구했다. 다만 그 와중에도 학생들은 이미 언급한 것처럼 학생들의 안보의식 결여 비판과 정부 당국의 반공이데올로기 공세의 빌미가 될 수 있다는 판단에 따라 병영집체훈련 거부를 철회했다. 전국대학총학생회장단도 군의 투입 가능성을 우려하여 서울역 회군을 결정하는 등 나름대로 신중한 행보를 보였다.

그런 점에서 전두환 신군부가 내세운 북한의 대남책동과 사회혼란은 비상계엄확대의 실제적인 이유가 될 수 없었다. 북한의 대남책동이 날로 증대하는 상황에서 민주화세력이 무책임하게 내부의 혼란을 가중시키고 있다는 주장은 신군부세력의 쿠데타를 정당화하기 위한 한낱 구실에 지나지 않았다. 이승만 정권과 박정희 정권이 독재의 정당화 및 유지를 위해 수시로 북한요인을 동원했듯이 신군부세력 또한 북한요인을 동원하고 확대 포장하여 비상계엄확대조치를 정당화하며 권력 장악에 나섰다.

광주항쟁과 북한요인 동원

5월 17일 전두환 신군부는 전국에 계엄령을 선포하고 과격시위 주도자, 야당 정치지도자 등을 불순세력으로 지목하여 대규모 검거를 지시했다.[31] 신군부는 비상계엄확대조치를 계기로 촉발된 광주항쟁을 북한 공산주의자와 이에 동조하는 남한 내 불순분자들의 난동으로 규정하고자 했다. 또한 대규모 시위로 인해 경제가 침체되고 실업률이 증가하면

사회불안이 가속될 것이라고 하면서 중산층의 불안감을 조장했다.[32] 신군부의 강권으로[33] 비상계엄을 전국으로 확대한 최규하 대통령은 5월 18일 특별성명을 발표했다.[34] 최 대통령의 특별성명은 전두환과 신군부의 정세인식과 비상계엄확대의 구실을 그대로 반영하고 있어 다소 길게 인용하고자 한다.

최 대통령은 "북한 공산집단은 우리 학원의 소요사태를 고무·찬양·선동함으로써 남침의 결정적 시기 조성을 획책하고 있다"고 지적하면서 "이 같은 중요한 시기에 일부 정치인, 학생 및 근로자의 무책임한 경거망동은 사회를 혼란과 무질서, 선동과 파괴가 난무하는 무법지대로 만들고 있으며, 수출부진과 경기침체를 심화시키면서 노사분규와 실업이 증가하여 사회불안을 더욱 가중시키고 있어 우리 국가는 중대한 위기에 직면해 있다 하지 않을 수 없다"고 했다.

박정희 정권에서 보았듯이 북한의 남침 가능성과 관련한 정부 당국의 설명에서 '결정적 시기'가 아닌 적은 없었다. 매 시기가 남침의 결정적 시기였다. 최 대통령 역시 이를 반복했다. 최 대통령은 "엄연한 계엄하에서 학원소요가 진정되기는커녕 오히려 시간이 갈수록 현실 정치문제에 깊이 관여하면서 교외 소요로 과열 폭동화되어 감으로써 극심한 사회혼란을 야기하고 국방 및 치안력의 투입을 강요하는 사태로 발전되었다"[35] 고 지적했다. 이어 "이러한 상황에서 질서회복에 앞장서야 할 지도급 정치인이 정부의 안정유지 노력을 외면하고 오히려 사회불안을 선동, 자극함으로써 소요사태는 더욱 심각해지고 있다"고 비난의 화살을 주요 정치인에게 돌렸다. 그리고 "공공의 안녕질서와 사회안정 없이는 정치발전도 기약하기 어려운 것"이라고 전제하고 "정부는 앞으로 국민생활의 안정과 사회정의의 구현에 심혈을 기울일 것이며, 군도 국토방위의 신성한 의무를 성실히 수행하여 북한 공산집단의 위협에 철통같이 대처해나갈 것"이라고 밝혔다.

신군부는 5·17비상계엄확대조치와 함께 김대중을 비롯한 37명을 내란음모 혐의로 체포했다. 계엄사령부는 김대중에 대한 중간수사 발표에서 '김대중은 해방 직후부터 좌익활동에 가담한 열성 공산주의자였으며 해외에서 북괴의 노선에 동조하는 반국가단체인 한민통(한국민주회복통일촉진국민회의)을 만들었으며, 불순분자들과 근래에도 접촉해왔다'고 주장했다.[36] 김대중과 더불어 3김의 한 사람인 김종필 공화당 의장도 부정축재 혐의로 구속했다. 다만 남파 간첩에 의해 모친이 희생된 데다 상대적으로 반공·반북 이미지가 강한 김영삼 신민당 총재는 구속을 면하고 가택연금 수준에 그쳤다.

신군부가 김대중을 소요 조종 혐의로 구속한 것은 정권 장악의 마지막 장애물인 민중세력을 공격, 시민사회를 장악하기 위해 민주화 진영을 분열시켜 그 힘을 약화시킬 필요성이 있었기 때문이다. 특히 김대중은 재야 민중세력과 친밀했고, 박정희 정권의 오랜 정치공작으로 인해 급진적 이미지가 덧씌워져 있어 3김 가운데 친북·용공 조작을 하기가 가장 용이하다고 판단했다. 게다가 김대중은 지역 기반 역시 소외된 호남이었다. 그로 인해 광주·호남인들의 강한 반발을 초래했다.[37]

1979년 10월 일어난 부마항쟁은 부산, 마산지역에 지지 기반을 둔 김영삼 총재의 제명과 무관하지 않았다. 마찬가지로 광주항쟁도 당시 한국사회의 보편적 모순과 광주지역의 특수성이 결합되고, 그 잠재적 갈등이 김대중 구속을 계기로 표출된 것으로 볼 수 있다.[38]

비상계엄확대조치 후 전국은 쥐 죽은 듯 조용해졌지만 광주에서는 시위가 계속되고 있었다. 이에 신군부가 과잉진압에 나섰고, 이는 광주 시민들을 자극하면서 사태는 걷잡을 수 없이 커졌다. 그리고 신군부가 전방에 있는 군대를 광주에 파견하여 이를 무력으로 진압함으로써 엄청난 인명 희생을 초래했다. 광주 진압은 서울의 봄을 마감하는 신군부의 마지막 일격이었다.[39]

결국 박정희 사후 잠시 기대했던 민주화는 한바탕 '봄날의 꿈'이 되고 말았다. 5월 19일 광주항쟁이 광주시 전역으로 확대되고, 21일에는 시위대가 도청, 도경, 광주교도소를 제외한 광주 시내 전 공공건물을 완전 장악했다. 5월 21일 이희성 계엄사령관은 광주항쟁 관련 담화를 발표하여 "지난 18일 수백 명의 대학생들에 의해 제기된 평화적 시위가 오늘의 엄청난 사태로 확대된 것은 상당수의 타 지역 불순인물 및 간첩들이 극한적인 사태로 유도하기 위하여 여러분의 고장에 잠입, 터무니없는 악성 유언비어의 유포와 공공시설 파괴, 방화, 장비 및 재산약탈 행위 등을 통하여 계획적으로 지역감정을 자극·선동하고 난동 행위를 선도한 데 기인한 것"[40]으로 단정 지었다.

더욱이 신군부는 간첩이 군중에게 먹일 환각제를 소지하고 광주로 잠입하려다가 검거됐다는 허위 사실을 날조했다.[41] 광주항쟁을 북한 및 불순분자들의 조종에 의해 일어난 폭동으로 색칠하는 기시적 방식을 동원한 것이다. 이승만 정권 붕괴의 도화선이 된 4·19혁명과 유신체제 붕괴를 불러온 부마항쟁에서도 정권은 동일한 방식을 구사했다.

광주항쟁은 신군부의 언론통제로 간첩들의 사주에 의한 폭도들의 난동으로 몰렸다. 이런 상황에서 계엄군에 맞서 싸우던 광주 시민군은 자신들의 차량에 태극기를 휘날리며 〈애국가〉와 〈진짜 사나이〉를 부르면서 신군부의 친북·용공 프레임 설정에 대응하고 항변했다.[42] 광주항쟁 지도부는 최후의 항전을 앞둔 5월 26일 오후 "정부와 언론은 이번 광주의거를 허위 조작 왜곡 보도하지 말라!" 등 정부에 요구하는 80만 광주 민주시민의 결의를 발표했다. 그리고 "김일성은 순수한 광주의거를 오판하지 말라"고 덧붙였다.[43] 자신들의 항거가 북한의 사주 또는 북한과의 연계와 무관함을 거듭 밝히고 민주지향이 이적, 친북, 용공 지향이 아님을 강조했던 것이다. 마침내 신군부는 '상무충정작전'으로 불리는 무력 진압작전을 감행했다. 군은 5월 27일 아침 광주시내로 진입하여 전남도청에 남아 끝까지 항전하던 시민군을 살상·제압함으로써 진압작전을 마무리했다.

전두환 신군부는 처음부터 광주항쟁을 북한 공산주의자와 이에 동조하는 남한 내 불순분자들의 난동으로 몰아갔다. 그러나 광주항쟁 기간 동안 신군부가 정작 이 사태를 틈탄 북한의 책동과 사회혼란 야기에 촉각을 곤두세우고 있었다고 보기는 어렵다. 그보다는 자신들의 권력 장악을 위해 이 사태를 어떻게 돌파하고 마무리하느냐가 당면 과제였다. 물론 신군부가 권력 장악을 위해 의도적으로 광주참사를 일으켰다는 논리는 과잉단순화이며 근거도 빈약하다.[44] 그러나 이 사태가 정치권력을 장악하기 위해 신군부가 취한 여러 조치들의 연장선상에 있었음은 부인할 수 없다. 12·12쿠데타 이후 신군부는 정치권력을 장악하기 위한 계기가 필요했고, 광주에서의 시위가 그 계기가 되었다고 할 수 있다.[45]

광주항쟁 진압과 더불어 신군부는 자신들의 집권을 정당화하기 위하여 김대중과 주요 재야인사, 그리고 광주항쟁 관련자들을 내란음모 혐의로 구속했다. 신군부는 광주항쟁을 북한요인과 연결시키며 극도의 공안정국을 조성했다. 광주에서의 잔학한 진압의 부득이함과 명분을 북한요인에서 찾아 면책을 받고자 했다. 광주항쟁을 북한이나 북한을 추종하는 세력이 개입하여 일으킨 것으로 간주하고 그 방향으로 몰고 갔다. 그러나 반복하여 지적했듯이 10·26사태부터 광주항쟁에 이르기까지 북한이 남한의 정치변동기를 틈타 정권 전복이나 남침을 기도한 사실은 없었다.[46] 그런데도 광주항쟁 진압 후인 1980년 5월 31일 이희성 계엄사령관은 '광주폭동사태'의 배경으로 '북괴의 고정간첩과 이에 협력하는 불순 위해 분자들의 책동, 그리고 불순한 정치적 목적을 달성하기 위하여 학생소요사태를 배후 조종해온 김대중'을 배후 인물로 결론 내렸다.[47] 1980년 7월 14일 '김대중 일당 내란음모사건'이 발표되었는데, 이는 반공과 안보를 최대한 활용한 신군부의 권력 공고화 작업 및 명분 쌓기의 일환이었다.[48]

신군부의 김대중에 대한 용공 음해는 집요하고 치밀했다. 그들은 정부 홍보를 담당하는 문공부, 대공 업무를 담당하는 안기부, 보안사, 경찰, 공무원 등 국가권력기관을 총동원하여 민주화를 위해 싸워온 김대중의 이미지를 '빨간색'으로 채색하기 시작했다. 신군부가 장악한 문화공보부에서는 1980년 7월 20일 「당면과제에 대한 홍보계획」이라는 '대외비' 문건을 각 언론사에 보냈다. 당면과제에는 "김대중 일당의 군사재판을 계기로 이들의 좌경·용공성과 범죄상, 사건의 교훈을 집중 홍보하는 일"이라는 설명이 첨부되어 있었다. 이 문건에서 문화공보부는 "김대중은 북괴와 통하는 공산주의자이며 폭력주의자"라고 전제했다. 그리고 모든 매체와 모임 등을 동원하여 그의 좌경·급진 성향을 장기간 지속적으로 부각시켜나갈 것을 노골적으로 권고했다.[49]

KBS는 1980년 8월 2일 〈김대중과 한민통〉이라는 특집 프로그램을 내보냈는데, 이 프로그램은 김대중을 거의 간첩 수준으로 묘사했다. 『경향신문』 9월 11일 자 특집 기사도 김대중에 대해 '공판과정에서 드러난 출생서 친북괴 활동까지'라는 제목을 달아 보도했다. 해방 후 좌익에 가입하여 공산활동을 벌였다는 제목도 뽑았다. 특집 기사 옆에는 '김대중의 활동이 북괴의 책동과 유사하고, 한민통은 바로 북괴의 전위조직이며 김대중과 한민통의 제휴는 용인할 수 없는 타락'이라는 전문가의 견해도 큰 제목으로 실었다.[50] 당시 언론은 김대중에 대해 '공산주의자', '불순사상자', '위험인물', '정치술수의 화신', '약속을 잘 뒤집는 거짓말쟁이', '계략·선동의 명수', '무자비한 강경론자', '대통령병 환자' 등 부정적 이미지 만들기에 여념이 없었다.[51]

신군부는 광주항쟁을 김대중에 의해 계획된 반국가적 폭동으로 규정했다. 이로 인해 광주항쟁의 트라우마를 안고 있는 호남지역민들에게 김대중이라는 정치인은 곧 그들의 집단적 수난을 상징하는 인물로 깊이 각인되었다. 그들은 자신들의 수난과 김대중의 수난을 동일시하게 되었다.[52] 그들은 광주항쟁 과정에서 입은 정신적 충격을 통하여 강고한 집단의식을 내면화했다. 그리고 자신들의 억눌림으로부터의 해방을 김대중이라는 한 사람의 정치인을 통하여 실현해보려는 강렬한 욕구를 갖게 되었다. 호남지역민들의 소외의식이 깊었던 것만큼이나 그 욕구는 강렬했다. 또한 반호남 감정의 표출과 동원에 대한 그들의 대응 또한 격렬해질 수밖에 없었다.[53]

전두환 정권은 이후 광주항쟁과 급진혁명세력의 대부로서 김대중을 등치시켰고, 이에 따라 호남 배제의 지역감정을 조장했다. 김대중에 대한 급진혁명적 정치인으로서의 이미지와 김대중과 호남 양자의 등치는 한편으로는 반호남 지역감정과 접목되었다. 그리고 민주변혁운동과도 연계되었다. 김대중 이미지와 호남의 연결은 호남지역민들의 소외 극복 의지와 열망을 이념의 스펙트럼에서 급진세력으로 채색시키는 효과를 갖는다. 이를 통해 계급적 대중운동을 여타 사회세력 및 지역으로부터 고립시키는 것이 가능하게 된다. 사실 이승만, 박정희 정권까지는 주로 반공이념이 계급적 대중운동 및 민주변혁운동을 사회로부터 고립시키는 역할을 해왔다. 그러나 반공이념 효과가 점차 체감하는 상황에서[54] 지역감정의 동원이 반공이념을 보완하는 부차적인 이데올로기로서의 기능[55]을 갖게 되었다. 말하자면 지역감정 동원은 북한요인의 영향력 체감 사실을 반영한 호남과 '급진' 이미지의 연계 시도였다.

특히 광주항쟁은 정권에 의한 친북·용공 프레임 설정의 허구성과 기만성을 인식하는 계기가 되었다. 광주항쟁에서 신군부가 일반 시민들을 북한의 사주를 받은 '폭도'라고 규정하며 과잉진압하고 살상함으로써 정권의 반공주의 및 북한요인 동원·소비에 대한 불신을 가속화시켰다. 광주항쟁 시 정권에 의한 반공주의와 북한요인 동원은 상당 정도 그 정당성과 명분을 잃어버렸다. 이로 인하여 1980년대 중반 한국의 민주적 전환 과정에서 정권의 북한요인 동원을 보는 시민들의 의식은 일정 정도 밑간이 되어 있었다. 나아가 일부 학생운동권은 북한과 무관한 일반 시민들을 학살한 전두환 정권에 대한 증오와 반발로 북한으로 눈을 돌렸다. 주체사상 표방 등 정통성 면에서 남한에 비해 우위에 있다고 간주된 북한 사회주의체제를 대안사회로 인식하는 경향이 확산되었다.[56] 말하자면 신군부가 친북·용공 프레임을 오남용함으로써 비록 일부이기는 하지만 북한요인을 위협으로 인식하기는커녕 오히려 북한을 동경하는 현상이 나타나기도 했다.

유화조치 이후 민주화운동과 북한요인 호명

광주항쟁 이후 민주화운동은 전두환 정권의 탄압으로 다시 시련의 길로 들어서게 되었다. 이른바 사회의 불순분자는 삼청교육대로 보내졌으며, 저항하는 학생들은 강제 징집되거나 수감되었다. 언론은 통폐합되었고 보도지침이 내려졌다. 정부에 비판적인 출판물과 이념 서적은 폐간되거나 금서로 지정되었다. 학생운동, 통일운동, 빈민운동, 민중운동 등도 탄압받았다. 용공조작에 의한 간첩 만들기도 여전했다. 민주화를 위한 연대운동 결성은 대부분 급진좌경세력에 의한 반국가단체 결성으로 간주되어 국가보안법으로 처벌받았다. 불법연행, 구금, 연금, 가두검문, 연행, 대량구속, 고문, 가혹행위 등의 인권침해가 다반사였다.[57] 그 결과 인권침해와 탄압은 박정희 시대에 비해 더욱 일상화되었고 강제징집 또한 빈번해졌다. 그러나 다른 한편으로는 광주항쟁의 경험을 토대로 학생운동도 변화하기 시작했다. 학생운동을 노동운동을 비롯한 전체 운동과의 관계 속에서 보았고, 노학연대 강화의 모습으로 나타났다. 특히 광주항쟁 이후 학생운동은 전례 없는 반미운동의 움직임을 보였다.[58]

5·17비상계엄확대조치와 광주항쟁 진압을 거쳐 1981년 2월 25일 출범한 전두환 정권은 이후 1983년에 이르는 동안 강압통치를 지속했다. 이에 대한 다수 국민들의 반응은 대체로 침묵을 통한 불만 표시 수준을 벗어나지 않았다. 물론 학생들의 반정부시위는 전두환 정권 출범 직후에도 계속되었으나 시민사회의 대규모 저항은 정권 초기에는 나타나지 않았다.[59] 다만 광주항쟁을 계기로 학생운동에서 반미의 경향이 두드러지게 나타났다. 당시 언론에 제대로 보도되지 않았지만 1980년 12월 9일 밤, 광주 미문화원 방화사건이 일어났다. 반면에 1982년 3월 18일 발생한 부산 미문화원 방화사건은 인명 피해 등으로 언론에 크게 보도되었다. 사건 수사과정에서 정부 당국과 사건 주모자들을 보호하려던 천주교 간의 갈등이 커지면서 세간의 관심을 모았다. 광주와 부산에서 발생

한 미문화원 방화사건은 신군부의 광주항쟁 진압을 지원했던 미국에 대한 항의이자 응징이었다. 그런 점에서 이 사건들은 한국에서 반미운동의 시작을 알렸다.[60]

광주항쟁 이후 전두환 정권은 노동계 정화 조치와 노동관계법 개정을 통해 노동운동을 크게 약화시키고자 했다. 그러나 학생운동과 노동운동에 대한 정권의 탄압에도 불구하고 1982년 후반 이후 민주화운동의 새로운 출발을 위한 노력이 일어나고 있었다. 특히 노학연대에 대한 노력이 새롭게 모색되고 있었는데, 소그룹 활동과 노동야학, 학생들의 노동현장 대거 참여 등으로 나타났다. 학생운동의 경우는 1982년 하반기에 일본 교과서 왜곡에 대한 항의 시위, 원풍모방 노조 탄압에 대한 항의 시위, 그리고 학생의날 가두시위 등으로 나타났다. 또한 1983년 들어 상반기에는 학원민주화 투쟁으로, 하반기에는 국제의원연맹(IPU) 서울총회 반대투쟁과 레이건(Ronald W. Reagan) 대통령 방한 반대투쟁으로 이어졌다.[61] 이처럼 서울의 봄과 광주항쟁 후 침잠하던 민주화운동이 새롭게 가열되고 있었다.

전두환 정권에 대한 반대투쟁은 1982년 형 집행정지로 석방되어 미국으로 건너간 김대중의 정치활동 재개와 1983년 5월 김영삼 전 신민당 총재의 단식투쟁으로 새로운 국면을 맞이했다. 1983년 9월 30일, 1970년대 이후 민주화운동을 주도해온 청년활동가들이 민청련(민주화운동청년연합)을 결성하여 공개적인 민주화운동에 나섰다. 이와 같이 각 영역에서 민주화운동이 재개된 결과 1983년이 끝나갈 무렵에는 광주항쟁 이후 전두환 정권의 탄압으로 침체를 면할 수 없었던 민주화운동이 다시금 부활할 준비와 동력을 갖추게 되었다.[62]

민주화운동의 부활과 동력 확보에는 전두환 정권의 유화조치도 촉진

제 역할을 했다. 통치의 공고화를 이루었다고 판단한 전 정권은 1983년 말부터 일종의 유화조치를 취하기 시작했다.[63] 1983년 말을 전후하여 정권이 이처럼 유화조치로 방향을 튼 데는 배경과 이유가 있었다. 우선 출범 후 정권의 순항 및 경제회복을 통한 권력기반의 안정적 구축에 따른 자신감의 발로였다. 전 정권은 경제 호전과 통치 안정에 자신감을 갖게 되었으며, 1985년 총선에서의 승리로 권력기반을 더욱 굳건하게 하고자 했다. 무엇보다 급진적인 학생운동세력을 온건 반대세력에게서 분리, 고립시켜 반대세력을 순치시키려고 했다.[64] 전 정권은 1983년 10월 발생한 버마 아웅산묘소폭탄테러사건도 육영수여사피격사건처럼 '태극기 아래 결집 효과'를 가져와 정권 비판을 완화할 수 있을 것으로 기대했다. 물론 1983년 11월 12일 레이건 미 대통령이 한국을 방문하면서 한국의 민주화를 공개적으로 거론했던 점도 유화조치에 영향을 미쳤다. 전 정권은 미국의 민주화 요구를 수용하여 1983년 12월 21일 학원소요와 관련한 학생 131명을 포함하여 공안사범 172명을 석방했다. 그리고 142명의 공민권 상실자를 복권시키는 등 유화조치를 취했다.[65]

이러한 유화조치는 1984년 초의 대학자율화조치와 정치 피규제자 해금으로 확대되었다. 그런데 유화국면이 전개되자 자율적인 사회세력과 학생조직이 출현하기 시작했다. 시민사회가 다시 정치화된 것이다.[66] 민주화세력은 정권의 유화조치가 충분하지 못하다고 비판했다. 유화국면 속에 학생운동과 노동운동, 도시빈민의 생존권투쟁이 점점 활성화되면서 정권을 위협하기 시작했다.[67] 이 역시 낯설지 않은 풍경이다. 유신체제에도 1974년 8월 육영수여사피격사건과 포드 미 대통령 방한을 앞두고 박정희 정권이 긴급조치1, 4호를 해제하며 일시 유화조치를 취하자 학생들의 반정부활동이 오히려 고조되었다.

민주화세력의 조직 규모가 점차 확대되어가는 가운데 1985년 2월 12일 실시된 제12대 국회의원선거 결과는 전두환 정권에게 큰 충격으로 다가왔다. 집권 초인 1981년 3월 실시된 국회의원선거에서는 여당인 민정당과 전 정권에 의해 급조된 민한당이 양대 정당을 이루었다. 그러나 2·12총선에서는 민정당은 지역구 87석과 전국구 61석을 획득, 총 148석으로 원내 과반수를 확보하는 데에는 성공했으나 총 유효 득표율은 35.2%에 그쳤다. 이것은 창당한 지 채 한 달도 안 된 신생 신민당(신한민주당)이 얻은 29.3%와 민한당의 19.7%를 합친 49%에 비하여 14%나 뒤지는 것이었다. 이는 전 정권에 대한 민심 이반을 보여준 것이며 민정당은 총선에서 사실상 패한 것이나 다름없었다. 마치 유신체제 붕괴 1여 년 전에 실시된 1978년 12·12총선에서 신민당의 득표율이 공화당을 1.1% 앞선 상황을 연상하게 하는 사태였다.[68]

1980년대에는 박정희 정권 시기 산업화의 민주화 효과와 광주항쟁을 계기로 강력한 권위주의정권에 맞서 시민사회의 민주지향성 또한 전례 없이 강하게 성장하고 있었다. 이러한 상황에서 유화국면이 전개되자마자 시민사회 내에서 독립적이고 자율적인 조직이 족출하여 민주화 열망을 분출하기 시작했다. 당황한 전두환 정권은 민주화운동 진영을 친북·용공으로 몰면서 국가보안법을 동원하여 억압·통제하고자 했다.[69] 물론 전 정권은 집권 초부터 공안 분위기 조성을 위해 여러 간첩사건들을 조작하여 발표해왔다.[70]

그렇다면 전두환 정권에서 친북·용공 프레임의 동원과 소비는 어떻게 이루어졌는가? 민주화운동에 대한 전두환 정권의 친북·용공 프레임의 무분별한 설정으로 간첩과는 거리가 먼 일반 시국사범까지 고문과 조작 속에 국가보안법 사범이 되었다. 1985년 9월 안기부와 보안사가 공동 발표한 구미유학생간첩단사건[71]은 그 한 예이다. 이 사건은 학생운동 배후에 간첩의 사주가 있다는 정권의 주장을 뒷받침하기 위해 조작된 것이었다.[72] 또한 1985년 10월 29일 정권은 대학가 시위와 노사분규의 배후에 좌경용공 학생들의 지하단체인 민주화추진위원회(이하 '민추위')가 있으며, 이 단체의 위원장 문용식의 배후에 민청련 전 의장 김근태가 있다면서 관련자들을 구속 및 수배했다고 발표했다. 이 또한 2·12총선 이후 아래로부터의 거센 도전에 직면한 정권이 재야에서 선도적으로 투쟁해온 민청련과 학생운동을 하나로 묶어 뿌리 뽑으려고 한 용공조작사건이었다.[73] 서울지검은 민추위가 사회주의혁명을 목표로 하는 용공·이적단체로서 학생과 노동자에게 이 같은 이념을 전파하고 대학에 삼민투위를 조직하여, 서울 미문화원 사건 등 좌경폭력 소요를 배후 조종해왔다고 주장했다. 또한 이들이 민청련 등 재야세력의 지원을 받아 재야 불순세력과 운동권 학생들을 연결해온 사실도 드러났다고 밝혔다.[74]

그런데 이 같은 조작은 결국 간첩에 대한 인식의 전환을 가져왔다. 민주화운동으로 투옥된 다수의 학생·재야인사 등 지식인들은 사회로부터 완전히 격리된 채 장기 복역하고 있는 '간첩'들에게 접근이 가능했다. 이 지식인들의 목격과 체험이 간첩의 실상을 외부에 알린 계기가 되었다는 것은 아이러니였다.[75] 그러나 민주화실천가족운동협의회(1985년 12월 발족) 산하 장기수가족협의회의 정식회원(7년 이상의 장기형을 선고받은 양심수 가족)은 40명 안팎에 불과했다. 간첩으로 몰린 사람들은 민주화운동을 하던 재야 사람들로부터도 경계의 대상이 되었음을 뜻한다.[76] 이는 민주화운동 진영 일반을 친북·용공으로 모는 전두환 정권의 '마녀사냥'에 대한 부득이한 자기보호 조치였다.

1980년대 학생운동에 가담했던 사람들은 이승만, 박정희 권위주의정권 때와 마찬가지로 레드 콤플렉스에서 자유롭지 못했다. 4·19혁명, 부마항쟁, 그리고 광주항쟁 때처럼 누가 묻기도 전에 스스로를 보호하기 위해 자신이 빨갱이가 아니라는 것을 먼저 밝혀야 했다. 전두환 정권이 반독재민주화운동 자체를 이적, 친북, 용공으로 몰고 갔기 때문이다.[77] 1986년 10월 28일 이른바 건국대 전국반외세반독재애국학생투쟁연합(이하 '애학투련') 사건이 발생했을 당시에도 학생들은 자신들이 빨갱이로 몰릴 것을 우려해 〈6·25의 노래〉, 〈애국가〉, 〈우리의 소원은 통일〉 등의 노래를 불렀다. 그러나 몸조심에도 불구하고 학생들은 어느새 빨갱이로 몰리고 있었다.[78] 검찰은 애학투련을 친북 불법단체로 규정했고,[79] 11월 4일 이 사건에 대한 검찰 발표문 제목은 '공산혁명분자 건국대점거난동사건'이었다.

건국대사건 직후 전두환 정권은 반정부 민주화운동을 잠재우기 위해 상투적인 북한요인을 동원했다. 10월 30일 이규호 건설부장관은 북한에 대한 위협인식을 호출했다. 즉, 북한의 금강산 댐 건설을 발표하며 수도권 일원을 포함한 한강 전역의 수몰 가능성을 강조한 것이다.[80] 전국에서 북한 규탄시위가 이어졌고 평화의 댐을 건설하기 위한 국민성금 모금운동이 전개되었다.

전두환 정권의 '빨갱이' 양산, 더 정확히 말해 조작적 북한요인 동원이 가져다준 '간첩가족'의 피폐한 삶을 극명하게 보여준 사례가 바로 1987년 1월 발생한 수지김사건이었다.[81] 당시 민주화와 대통령직선제 개헌요구 운동을 '북풍'으로 잠재우기 위해 장세동의 안기부가 조작한 정치공작이자 국가범죄였다. 전두환 정권은 반공과 안보를 내세워 민주화세력과 반체제세력을 고립시키기 위해 이들을 좌경·용공으로 몰아붙여 처벌하는 강압책을 썼다. 다른 한편으로는 이들과 중산층을 분리하는 분할지배도 구사했다. 분할지배의 일환으로 각급 교육기관과 언론기관을 이념교육의 도구로 활용했다. 예컨대 각 대학에 국민윤리교육학과를 신설하고 이념교육을 강화했다. 그러나 정권의 이 같은 지배전략은 오히려 급진주의와 민중주의를 더욱 확산시켰고, 민주화세력과 반체제세력을 결집시키는 역효과를 가져왔다.[82]

그런데 북한의 무력도발, 침투, 테러 등의 행위적 북한요인이 정권에 의한 북한요인의 정략적 동원이나 친북·용공 프레임이 먹힐 여지를 제공한 것도 사실이다. 1983년 10월 아웅산묘소폭탄테러사건, 같은 해 12월 부산 다대포 앞바다 간첩침투사건, 1985년 10월 부산 청사포 간첩선침투사건, 1986년 9월 북한의 소행으로 추정된 김포공항폭발사건, 1987년 11월 KAL858기폭파사건 등이 그 예이다. 이 점에서 북한은 남한의 민주화운동과 민주화세력을 도와준 것이 아니라 오히려 궁지에 빠뜨렸다. 반면 권위주의정권과 냉전적 보수세력의 입지 강화에 도움을 주고 민주화세력 억압의 구실을 제공했다. 이승만, 박정희 정권에서와 마찬가지로 북한의 국내정치 개입이나 무력도발은 민주주의를 제약하고 권위주의를 강화하는 결과를 초래하는 데 기여했다. 북한이 남한의 정권에는 위기를 주고 반대세력에는 기회를 제공하고자 했을지 몰라도 실제 결과는 정반대로 나타났다. 이는 분단국가 수립 이래 반복되어온 한국정치의 북한요인이 갖는 역설로서, 전두환 정권에서도 그 역설이 유사하게 반복되었다.

2. 정책·제도 채택과 북한요인

그렇다면 전두환 정권에서 북한요인이 정책·제도에는 어떤 영향을 주었는가? 결론부터 말하면 전두환 정권에서 북한요인이 주목할 만한 영향을 주었다고 보기는 어렵다. 유신체제 시기와 마찬가지로 냉전권위주의적 정책·제도가 큰 변화 없이 유지되었다. 기본적으로 전두환 정권은 박정희 정권이 5·16쿠데타와 유신을 단행하면서 사용하던 논리와 방식을 그대로 답습했다. 전두환 정권 역시 반공과 안보를 핵심 가치로 강조했으며 5·17비상계엄확대조치와 더불어 국가보위비상대책위원회 구성을 통해 이를 분명히 했다.

전두환 정권은 1980년 말 언론통폐합과 언론기본법의 제정을 통해 언론기관을 국가기구에 예속시켰다. 1980년 12월에는 반공법을 폐지하고 국가보안법을 전면 개정하여 반공법상의 찬양고무조항을 흡수하여 사소한 민주화운동에 대해서도 국가보안법을 과잉 적용했다. 사회악을 일소한다는 구실 아래 1980년 8월부터 '삼청교육'을 실시했다. 같은 해 11월에는 정치권 정화라는 미명하에 정치풍토쇄신법을 통해 정치권에 재갈을 물렸다. 그리고 집회와시위에관한법률을 개정하여 학생 및 재야세력의 집단행동을 규제하고자 했다. 5·17비상계엄확대조치 직후인 1980년 2월, 폐지된 학도호국단을 재조직한 것도 학생운동 통제 차원이었다. 또한 보안사령부의 기능과 권한을 확대하여 대민사찰업무를 담당하게 했다. 1985년에는 학생운동 자체를 말살하려고 학원안정법 제정을 시도하다 무산되기도 했다.[83] 이것들은 전두환 정권에서 새로이 채택·변화된 정책·제도라기보다는 박정희 정권과 그 궤를 같이하는 것이었다.

앞에서 지적했듯 전두환 정권에서 북한요인이 정책·제도의 채택·변화에 주목할 만한 영향을 미쳤다고 보기는 어렵다. 그보다는 북한요인의 상존을 구실로 박정희 정권의 정책·제도를 대부분 유지·보완·강화하려 한 측면이 강했다. 일면으로는 북한과의 체제경쟁과 외교경쟁에서 승리하겠다는 능동적 의지를 전향적인 정책과 제도를 통해 적극 표방한 측면도 있었다. 이 점에서 전 정권은 박 정권과 일정한 차별을 보이기도 했다. 1982년 1월의 민족화합민주통일방안 제안, 1980년대 초 제3세계에서 북한과 치열한 외교전 전개, 그리고 1981년 88서울올림픽 유치와 더불어 북방정책의 기초를 마련한 것 등이 그 예가 될 것이다.[84] 그 밖에 1981년 3월 연좌제 폐지, 1981년 8월 해외여행 자유화 시작, 1982년 1월 야간통행금지 해제 등 이전 권위주의정권에서는 상상하기 어려웠던 일련의 전향적인 조치들이 취해졌다.

물론 박정희 정권의 예에서 보듯 권위주의정권이 정치적 정통성을 위해 안보, 경제, 대외관계, 그리고 남북관계에서 성과를 추구해왔다는 점은 새로운 사실이 아니다. 또한 전두환 시기 채택된 전향적 정책·제도는 한국사회 내부의 산업화 진전과 북한보다 우세한 국력의 산물이지 북한요인의 직접적 결과로 보기 어려울 수 있다. 그럼에도 전두환 정권이 북한을 의식하며 이전보다 더 적극적이고 공세적인 자세로 체제경쟁과 외교경쟁에 임했던 점은 부인할 수 없고, 주목할 필요가 있다.

민족화합민주통일방안 제안 및 남북대화와 통일정치게임

1980년대 초반 북한은 10·26사건 및 12·12쿠데타 등 남한의 정치변동기에 정세파악을 위해 남북대화 채널의 복원을 꾀했다. 나아가 남북문제 및 통일문제에 대한 주도권을 잡기 위하여 발 빠르게 움직였다. 전두환 신군부도 정국 안정화를 위해 북한의 남북대화 제의에 호응했다. 북한은 1980년 1월 12일 이종옥 정무원 총리와 김일 조국평화통일위원회 위원장 명의로 된 대남 편지공세를 폈다. 신현확 국무총리에게 보낸 편지에서는 이례적으로 '대한민국 국무총리'라는 명칭을 사용했다. 편지는 남한의 각계 인사 11명에게 보내졌다.

이에 대해 최규하 과도정부는 "남북의 총리가 직접 만나 격의 없는 의견을 나눌 것"을 제안한 편지만을 선별적으로 수용하여 남북총리회담을 개최하기 위한 실무대표 접촉을 1월 24일 제의했다. 북측이 이를 수용함에 따라 10회의 실무대표 접촉이 있었다. 실무대표 접촉에서 상호 간의 호칭, 남측의 국무총리가 서리라는 자격문제, 의제문제 등을 둘러싸고 남북 간 의견이 대립했다. 그러다가 광주항쟁 후 전두환이 대통령에 취임하자 북측은 제11차 접촉을 이틀 앞둔 1980년 9월 24일 일방적으로 대화 중단을 선언했다.[85]

북한은 광주항쟁에 대한 폭압사태와 같은 비정상적 상황에서는 실무대표 접촉을 할 의미가 없으며, 남측에서의 상황이 정상화될 때까지 중단하겠다고 밝혔다. 이로써 1980년 서울의 봄 시기에 잠시 진행되었던 남북 총리 간 대화를 위한 실무대표 접촉이 중단되었다. 이후 북한은 반민주적 군사정권의 정통성 문제를 내세워 남한 당국자를 대화 상대로 인정하지 않으려 했다.[86] 북한이 1980년 1월 남북회담을 먼저 제의한 것은 남한의 정치변동에 따른 혼돈과 이에 대한 동태 파악에 있었다. 북한은 박 대통령의 시해 이후 새롭게 권력의 핵심으로 등장한 신군부세력과 과도정부와 접촉하여 정세를 파악하고 앞으로의 권력의 향배를 타진해보려는 목적에서 남북회담을 제의했던 것이다.

북한이 5·16쿠데타 이후 황태성을 밀사로 보낸 것도 쿠데타 주도세력의 향배와 의중을 파악하려 한 것이었다. 또한 5·16쿠데타 직후 박정희 중심의 쿠데타 주도세력도 서해의 용매도와 불당포에서 수차례에 걸쳐 남북 간 비밀 접촉을 가졌다.[87] 군부 정권이 안정된 기반을 마련할 때까지 시간을 벌자는 목적에서였다. 분단체제하에서 북한은 남한의 정치변동과 권력의 향배에 관심을 가질 수밖에 없었다. 남한 역시 정치변동기의 위기관리 차원에서 남북관계 관리는 필수적이었다. 정치변동기의 남북 접촉은 이러한 남북 상호의 위기와 정세관리 차원에서 이루어진 것으로 볼 수 있다. 그러나 북한은 최규하 과도정부 및 전두환 신군부의 성향과 남북관계에 대한 태도가 이전의 박정희 정권과 별다른 차이가 없다고 판단하고 회담을 중단했다.

전두환 정권 시기 남북관계 역시 7·4공동성명 전후 남북관계와 마찬가지로 남북한의 동상이몽을 적나라하게 보여주었다. 그리고 남북 모두 통일을 내세웠지만 정작 통일과는 거리가 먼 이몽의 국내정치적 계산을 깔고 있었다. 이런 점에서 전두환 정권 시기 또한 비통일적 통일상징조작기였다고 할 수 있다.[88] 이는 결국 남북은 모두 통일이 아니라 국내정치적 목적에서 '통일정치게임(the game of unification politics)'[89]을 구사했다는 의미와 다르지 않다.[90] 북한은 1980년 10월에 열린 노동당 제6차대회에서 남측에 '고려민주연방공화국 통일방안'을 제안했다. 이에 맞서 전두환 정권은 북한의 통일공세를 차단하고 국내외의 지지를 모으기 위해 1982년 1월 22일 '민족화합민주통일방안'을 제안했다.[91] 이는 남한 정부 최초의 체계적이고 적극적인 제안[92]으로, 남북한 당국의 최고책임자 회담을 실현시켜 남북한 간에 기본관계협정을 체결한 후 남북대표로 민족통일협의회를 구성한다는 것이 골자였다. 그리고 여기서 통일민주공화국을 실현하기 위해 통일헌법을 기초하여 민주총선거로 통일을 이룩하자는 것이었다.

2월 1일에는 손재식 국토통일원장관 명의로 남북 간 중단된 대화의 물꼬를 트기 위하여 20개 시범실천사업을 제의하기도 했다.[93] 서울·평양 도로 연결·개통, 이산가족 우편교류 및 상봉, 자유관광 공동지역 설정, 인천·남포의 자유교역항 개방, 남북 간 정규방송 자유 청취, 공동어로구역 설정 등이 그것이었다. 그러나 남북은 통일방안과 관련 사업 제의를 실질적인 관계개선 차원에서 접근하지 않았다. 단지 서로에 대한 공세와 선전용으로 활용하면서 주도권 잡기에 매달렸다.

전두환 정권 입장에서는 국민들의 관심을 밖으로 돌리는 수단으로 새로운 통일방안을 제안한 것이라고 볼 수 있다. 1차적으로 광주항쟁과 같은 유혈 진압의 후유증은 물론이고 그 출발부터 탈법적이고 초헌법적인 수단으로 권력을 장악한 데서 오는 정통성 결여를 만회하고, 국민들의 시선을 민족문제로 돌려 희석시킬 필요가 있었다. 통일방안 제안에 앞서 1월 12일 새해 국정연설에서 전 대통령이 김일성과의 정상회담을 제의한 것도 같은 맥락에서 볼 수 있다.[94] 전 대통령은 김일성의 조건 없는 서울 방문과 함께 자신도 평양을 방문할 용의가 있음을 밝혔다. 이후 6월

5일에도 같은 제의를 반복했다. 더욱이 1980년대 중반에는 남북정상회담 성사 직전까지 가기도 했다. 남북정상의 만남에 소극적이고 회의적이던 박정희와 확연히 대비되는 대목이다. 물론 북한은 1월 19일 전 대통령의 정상회담 제안을 부주석 김일의 성명을 통해 거부했다.[95] 북한은 전두환을 대화상대로 인정할 수 없다는 입장이었다.

전두환 정권기의 남북관계는 긍정적으로 보면 체육회담, 적십자회담, 경제회담, 국회예비회담 등 남북 간의 다각적인 접촉을 통해서 서로의 의도, 대화 전략, 그리고 남북관계의 가능성과 한계 등을 알아내는 탐색기였다고 볼 수 있다. 또 일련의 접촉을 통해서 상대방의 적나라한 정치계산과 정략도 드러난 시기였다. 전 정권은 출범 과정에서 빚어진 유혈과 탈법적 정권 찬탈로 인한 권력의 정통성 결여에서 오는 지속적 국내정치 불안정과 소요의 돌파구로 남북대화의 창구를 열려고 했다.[96] 더욱이 1986년 서울아시안게임과 1988년 서울올림픽을 앞두고 남북한 긴장완화는 최소한의 필요조건이었다.[97] 전 정권으로서는 국내정치용은 물론 양대 스포츠 행사의 안정적 개최를 위한 환경조성 차원에서도 남북대화가 필요했던 것이다.

1983년 9월 소련전투기에 의한 KAL007편격추사건, 10월 버마 아웅산묘소폭탄테러사건 등은 남북 긴장완화를 가로막는 악재였다. 그러나 1984년 9월 북한의 수재 물자 지원을 계기로 경제회담과 적십자회담 등 남북대화의 길이 열렸다. 1985년에는 남북적십자회담 결과 소수의 남북이산가족 고향방문단과 예술단이 서울과 평양을 교환 방문하는 행사가 성사되었다. 전 정권이 취했던 남북관계 개선 시도는 당시 신냉전의 국제환경과 아웅산묘소폭탄테러사건으로 인한 남북 간 긴장 상황에 비추어볼 때 가히 괄목할 만했다. 그만큼 정권의 명운이 걸려 있다고 판단한

올림픽의 원만한 개최를 위해 국제사회의 불안감 불식은 중요했다. 따라서 남북관계를 가능한 한 안정적으로 관리할 필요가 있었던 것이다. 그러나 당시 남북대화와 상호 방문 행사들은 남북한 간의 지속적인 대화와 상호 신뢰를 바탕으로 이루어진 것이 아니라 공세와 선전, 위기관리 차원에서 이루어졌다는 점에서 한계가 있었다. 때문에 남북관계 개선에 기여하지 못하고 일회성으로 그치고 말았다.[98]

북한은 1986년 서울아시안게임, 1988년 서울올림픽을 훼방하는 공작을 전개했다. 북한은 전두환 정권의 정통성 부재에서 오는 아킬레스건을 공격하면서 남한의 국론을 분열시키고, 반정권 분위기를 반체제 분위기로 전환하는 데 역점을 두었다. 나아가 남한 내 '인민정권'을 창출할 수 있지 않을까 하는 일말의 기대를 갖고서 탐색과 실험을 하는 것처럼 보였다.[99] 그러나 그러한 시도가 먹혀들 가능성이 크지 않자 대화의 창구마저 닫아버린 것으로 볼 수 있다.

위의 논의에서 보듯 전두환 정권은 정권안보를 국가안보, 민족안보로 분식하는 정략적 차원에서 대북접촉과 통일상징조작을 시도했다. 반면 김일성 정권은 유화적 평화통일 위장공세를 펴면서 남한 내에서의 '전두환 정권 붕괴→인민혁명정권 창출'이라는 마지막 희망을 버리지 못하고 있었다. 그리고 그 탐색전의 일환으로 대화와 접촉이라는 창구를 열었다 닫았다 하는 줄다리기를 하다가 끝내는 성공하지 못했던 것이다.[100]

우리는 1970년대 초 남북대화의 시작과 귀결을 통해서도 이와 유사한 경로를 관찰할 수 있었다. 남북대화 당시 박정희는 북한의 도발과 전쟁 방지를 통해 경제성장을 위한 시간 벌기에 방점을 두고 있었다. 반면 김일성은 주한미군 철수를 위한 환경 조성이라는 동상이몽 속에 있었다.

두 지도자 모두 남북관계의 진전보다는 자신들의 목적을 달성하는 도구로서 남북대화를 활용했다. 이 점에서 그때와 별반 달라진 것이 없었다. 다만 전두환 정권 역시 유신체제 수립 전후 박정희 정권과 마찬가지로 북한요인의 위협 측면만이 아니라 북한과의 화해 제스처도 적극 동원하며 국내정치에 활용하고자 했다.[101] 그러나 1986년 1월 들어 북한은 팀스피릿 훈련을 구실로 남북체육회담 외 모든 남북대화를 중단했고, 1987년 11월 KAL858기폭파사건으로 남북관계는 완전히 파탄 나고 말았다.

서울올림픽 유치와 북한과의 체제경쟁

전두환 정권은 당초부터 올림픽 유치를 단순히 메가 스포츠 이벤트의 서울 개최로만 보지 않았다. 국제무대에서의 남한의 위상 제고와 사회주의권과의 관계개선을 도모하는 남북 체제경쟁의 결정적 전기로 인식하고 접근했다.[102] 북한도 올림픽이 갖는 이와 같은 정치적·외교적 함의와 파급효과를 간파하고 있었다. 때문에 올림픽 유치를 위한 남한의 득표활동을 방해하고 비난했다.[103] 이후 서울올림픽 개최가 확정되고 개막이 가까워지자 북한은 전전긍긍하면서 서울올림픽 저지 방안과 방해 전략에 골몰했다.

서울올림픽 유치 당시 경제사정과 서울시의 과도한 재정지원 요청에 대한 부담 등을 이유로 경제 부처와 서울시, 심지어 청와대 비서실까지도 올림픽 유치에 매우 부정적이거나 회의적이었다.[104] 그러나 전두환 대통령은 1981년 9월 3일 청와대 안보대책회의 석상에서 반드시 올림픽을 유치할 것을 당부했다. 그리고 노태우 정무장관이 직접 유치활동을 지휘할 것을 지시했다. 이를 계기로 올림픽 유치활동은 범국가적 차원에서 추진되었다.[105] 전 대통령의 올림픽 유치에 대한 강한 의지는 12·12쿠데타와 광주항쟁을 유혈 진압하며 정권을 획득한 데 따른 정통성 시비와 무관하지 않았다. 올림픽 유치라는 대외적 승인을 통해 취약한 국내적 정통성을 만회하고자 한 것이다. 동시에 남북 체제경쟁과 외교무대에서의 우위 확보를 하고자 했다. 그래서 정권은 서울올림픽 유치를 위해 국가적 역량을 총동원했다.

남한은 서울올림픽 유치를 위한 IOC 총회의 프레젠테이션 질의 답변에서 취약점으로 지적되었던 분단국으로서의 안보불안 문제를 평화를 도모하려는 올림픽 이념의 구현을 위해 오히려 적지라는 논리로 설득했다. 그리고 일본에 차관을 요청하는 등의 경제사정 등에 대해서는 당시 무역협회 유창순 회장이 이는 많은 선진국도 직면하는 일본과의 무역역조에 대한 대응방안일 뿐이라고 설명했다. 그리고 1964년 동경올림픽 당시 일본의 경제사정과 비교하더라도 남한의 경제사정이 그에 못지않다고 설득했다.[106] 그 결과 마침내 9월 30일 IOC 총회에서 서울은 52대 27이라는 압도적인 표차로 나고야를 누르고 제24회 올림픽대회 개최지로 선정되었다. 올림픽 유치는 미소 간의 신냉전 고조라는 국제환경, 정부 내의 반대 목소리, 강력한 후보지였던 나고야와의 유치경쟁, 아시안게임 반납 전력, 분단국으로서의 안보불안 문제 등 여러 제약요인을 뚫고 거둔 전 정권의 강력한 의지의 산물이자 쾌거였다.

당시 전두환 정권이 서울올림픽의 성공적 개최를 국가적 과제로 인식했던 것과 마찬가지로 북한 역시 이에 대한 대응을 국가적 과제로 인식했다. 남한은 올림픽 유치와 개최를 대외적 승인, 즉 남한의 경제력과 발전상을 세계에 과시하고 정권의 정통성을 제고하는 기회로 여겼다. 또한 사회주의권과의 스포츠 외교를 통해 북방정책을 추진하는 기반이 될 수 있다고 보았다. 북한도 올림픽 개최가 갖는 이와 같은 파급효과를 잘 인지하고 있었기에 예민하게 반응했다. 이는 1986년 5월 20일 김일성이 유고슬라비아 신문과의 면담에서 "1988년에 남조선 서울에서 열리기로 된 제24차 올림픽경기대회에 대해 말한다면 그것은 단순한 체육문제가 아니라 조선의 통일문제와 관련되는 심각한 정치적 문제"라고 언급한 것에서 잘 알 수 있다.[107]

북한은 88올림픽 서울 개최 결정은 "미국의《두개 조선》정책의 산물"로서 "남조선을《독립국가》로 분식"시켜 "조선의 분렬을 고정화하려는 불순한 정치적 목적"에서 비롯된 것으로 규정했다. 따라서 남한에서 진행하는 올림픽 경기에 참가하는 것은 "미국의 남조선 강점을 찬성하는 것으로 되며《두개 조선》을 조작하여" 남북을 영원히 분열시키려는 미국과 남한의 책동을 부추기는 것에 지나지 않는다고 비난했다.[108] 북한은 올림픽 서울 개최가 확정된 이후에는 남한과 미국이 올림픽경기 주최를 정략적 목적으로 이용하고 있다고 주장했다. 아래 인용에서 보듯 북한은 남한의 서울올림픽 개최를 남한의 유엔 가입, 사회주의권 국가들과의 수교, 그리고 남한의 국제적 위상 제고와 관련된 심각한 정치·외교적 사안이자 체제경쟁의 문제로 보았다.

> 남조선이 국제올림픽경기대회를 주최하는 만큼《유엔성원국》으로 되는 것은 당연한 일이라고 하면서《유엔단독가입》을 위한 외교활동을 적극 벌릴 것이라고 하였으며《공산권》과《공식관계》를 수립하기 위해서 노력할 것이라고 발표하였다. …이번 기회에 사회주의나라들과 쁠럭 불가담 나라들에 접근하여《국교》및 기타《공식관계》를 맺어보려는 괴뢰들의 책동은 또한 올림픽 간판을 들고 국제적으로 고립된 저들의 처지를 개선하며 나아가서

남조선을 그 무슨《국가》로 인정받아보자는 것이다. 이것이《두개 조선》정책의 또 하나의 다른 표현인 이른바《교차승인》을 실현하기 위한 교활한 술책이라는 것은 더 말할 것도 없다.[109]

북한은 남한이 88서울올림픽 유치를 발표한 이후 소련 등 사회주의권 국가들의 IOC 위원들과 접촉하며, 남한이 유치능력이 없다는 정치적 선전과 함께 남한의 올림픽 유치를 적극적으로 저지하려고 시도했다.[110] 그리고 북한은 남한의 올림픽 유치가 확정된 이후에는 전쟁 위험이 있는 서울에서의 올림픽 개최는 적절하지 않다는 논리를 유포시키려고 했다. 소련과 중국, 동구 등 사회주의권 국가들에 서울올림픽 보이콧 운동에 동참해줄 것을 요청했다. 그러나 1984년 6월 1일 사마란치(Juan Antonio Samaranch) IOC 위원장이 서울올림픽은 1981년 IOC 결정사항이므로 변경할 수 없다는 확고한 입장을 밝혔다. 그리고 1984년 7월 24일 중국 국가올림픽위원회 노금동(路金棟) 부위원장이 서울올림픽에 대한 보이콧 운동이 일어날 경우 중국은 이에 동조하지 않을 것이라고 발표했다.[111]

한편 남한은 서울올림픽 유치 후 초기 단계에서 북한의 서울올림픽 보이콧 시도에 대응하여 사회주의권 국가, 특히 소련의 서울올림픽 참가를 유도하기 위해 가능한 모든 노력을 경주하고자 했다. 사회주의권 국가들의 불참은 서울올림픽의 의미를 반감시키고, 남한의 국제적 이미지 제고도 무색해지기 때문이었다. 일례로 노태우 서울올림픽조직위원회 위원장은 만약 소련이 서울올림픽에 참가한다면 1983년 사할린 상공에서의 KAL007편격추사건과 관련된 모든 사안에 대해서 문제 삼지 않겠다고 하면서 은밀히 소련 대표들에게 접근하기도 했다.[112] 그만큼 서울올림픽에 사회주의 종주국 소련의 참가 여부는 중요했다. 비단 반쪽짜리 스포츠행사가 아닌 전 세계인이 함께하는 온전하고도 성공적인 올림픽을 만든다는 의미뿐만 아니라 올림픽을 안전하게 치르기 위해서도 긴요한 과제였다.

당시 서울이 올림픽을 치르기에 과연 안전한 곳이냐는 국제사회의 우려가 없지 않았다. 각국의 선수들은 물론이고 관광객들도 서울이 안전한 곳이냐는 데 의혹을 가지고 있었다. 만약 소련과 중국 등 사회주의권이 참가하지 않는다면 안전문제는 더욱 심각한 사안이 될 수 있었다. 그러나 소련과 중국이 참가하면 북한이 테러 등을 통해 올림픽을 방해하기는 어려울 것으로 전망했다.[113] 남한은 1986년 4월경 사회주의권 국가들이 서울올림픽을 보이콧하지 않고 참가할 것이라는 강한 자신감을 갖게 되었다. 그라모프(Marta Gramov) 소련올림픽위원회 위원장이 서울을 방문하여 소련이 서울올림픽에 참가하는 쪽으로 가닥을 잡고 있음을 강하게 내비쳤기 때문이다.[114] 중국 역시 1985년 11월 올림픽 참가 방침을 굳히고 있었고, 한국도 이를 감지하고 있었다. 남한은 올림픽 유치로 북한과의 체제경쟁은 물론 북한의 주요 동맹국 소련과 중국의 올림픽 참가를 이끌어냄으로써 이미 외교경쟁에서도 우위를 확보했다.

그런데 이러한 남한의 체제경쟁과 외교경쟁에서의 자신감은 급기야 IOC더러 북한에 대해 과도한 양보를 하지 말도록 권고하는 공세적 태도로 나타났다. 즉, 사마란치 위원장은 1986년 4월 19일 전 대통령과 만나 "북한이 서울올림픽을 방해하기 위해 무슨 짓을 할지 모르기 때문에 이를 무마하기 위해 2~3개 경기 종목을 북한에 배분하는 게 어떻겠느냐"고 물었다. 이에 대해 전 대통령은 "북한의 위협에 크게 신경 쓸 것 없다"고 말했다. 전 대통령은 "북한의 군사력이 남한보다 앞서는 것은 사실이나 한미 양군과 대적해 싸울 만한 적절한 군사적 수단이 결여되어 있다. 김일성 자신도 남한을 공격할 수 없음을 잘 알고 있고, 내가 이 사실을 알고 있다는 점을 김일성 또한 잘 알고 있다"고 단언했다. 무엇보다 "소련과 중국의 동의 없이는 북한이 남한을 공격할 수 없고, 양국이 지원하지 않는 상태에서 감행하는 공격행위는 자살행위에 지나지 않는다"고 지적했다.[115] 그간 정부 당국은 올림픽을 앞두고 북한의 테러 및 남침 가능성을 누차 강조해왔다. 이를 고려할 때, 북한으로부터의 안보위협이 심각하지 않음을 전 대통령 스스로 고백한 것이다. 이는 정권의 북한요인 동원이 국내정치용임을 자인한 단면으로 볼 수 있다.

4월 25일 사마란치 위원장과 다시 만난 전 대통령은 '우리는 북한을 잘 알고 있는데, 우리가 북한에게 종목 하나를 배분하면, 북한은 더 많은 것을 요구하며 여러 가지 문제를 야기할 것이다. 북한으로부터 선의와 협력을 기대하기는 난망하다. 그리고 솔직히 말해 올림픽게임을 배분하는 것은 쉽지 않다. 북한이 올림픽 공동주최에 따른 이익금 배당을 요구하는 등 더 골치 아픈 문제를 일으킬 것으로 본다'고 말했다.[116] 물론 전 대통령은 북한이 IOC 헌장과 IOC의 결정사항을 존중한다는 보장이 있으면, 사마란치 위원장이 제안한 2개 종목 배분을 준비할 것이라고 했다. 그러나 서울올림픽을 체제경쟁 차원에서 접근하고 있던 전두환 정권으로서는 기본적으로 북한과의 서울올림픽 공유보다는 독점을 통한 체제경쟁에서의 완전한 승리를 추구하고 있었다. 전 대통령의 말에 대해 사마란치 위원장은 동의를 표하면서, 북한이 1만 명 이상의 기자들과 올림픽 선수단에게 자유로운 입출경을 허용하기가 쉽지 않을 것이라고 덧붙였다. 그리고 북한이 이 제안을 수용하지 않을 경우 그 책임을 북한에 돌릴 수 있다는 점에서도 유용하다고 했다.[117]

북한은 올림픽 보이콧 운동이 사회주의권에서도 별 호응을 얻지 못하자 공동주최 쪽으로 선회했다. 북한은 1985년 10월부터 1987년 7월까지 네 차례에 걸친 로잔 남북체육회담에서 올림픽의 남북 공동주최안을 고수했다. 북한의 핵심 주장은 대회 명칭에 '평양'이 들어갈 것과 조직위 구성에 있어 공동주최에 걸맞은 실권과 조직 형태를 인정하라는 것이었다. 북한은 서울올림픽을 그동안 견지해온 통일원칙, 즉 체제의 정당성과 직결된 고도의 정치적 문제로 파악했다. 따라서 북한의 몇몇 지역에서 일부 종목을 분산 개최할 수 있다는 남한의 제안은 수용하기 어려웠다. 1987년 9월 24일 남한이 북한의 남북 간 직접협상 제의를 거부함으로써 남북 간 타협의 여지는 사라졌다. 그로부터 약 10여 일이 지난 시점인 10월 7일, 해외에서 공작 중이던 김현희 등은 평양으로 급거 소환되었다. 그리고 두 달여 뒤인 1987년 11월 29일 KAL858기는 미얀마 상공에서 폭파되었다.[118]

북한의 이와 같은 긴장조성 행위는 서울올림픽을 앞두고 소련, 중국, 동구 등 사회주의권과 접촉하고 있는 남한과 미국 등 서방에 대한 위협뿐만은 아니었다. 사실 소련과 중국 등에 대한 압박과 경고의 의미도 담고 있었다. 왜냐하면 지금도 마찬가지이지만, 당시 소련과 중국이 가장 두려워했던 것은 북한의 군사모험주의로 한반도에 긴장이 고조되는 사태였다. 이는 중소의 남한과의 관계개선 노력에 찬물을 끼얹는 일이었고, 나아가 진영논리 강화와 중소로 하여금 북한과의 동맹 강화를 압박하는 것이기도 했다.[119] 북한은 이와 같은 소련과 중국의 아킬레스건을 적극 활용, 중소 화해 국면에서 하락해가는 북한의 전략적 가치를 유지하며, 소련과 중국 등으로부터 협력을 끌어내고자 한 것으로 해석할 수 있다.

서울올림픽에는 초청받은 167개 국가올림픽위원회(NOC) 가운데 소련과 중국 등 당시 남한과 미수교 상태였던 30개국을 포함해 160개국이 참가했다. 결과적으로 서울올림픽은 사회주의권 국가들에게 한국의 이미지를 제고하고 발전상을 알림으로써 상호 간에 교류의 물꼬를 트는 전기가 되었다. 그리하여 서울올림픽은 동구 사회주의권과 국교를 확대해나가는 전환점이 되었다. 그리고 소련 및 중국과 수교함으로써 북방정책은 정점을 찍는 듯했다.

그러나 서울올림픽의 성공은 북한에 남북한 체제경쟁 및 외교경쟁에서 그만큼 큰 타격이 될 수밖에 없었다. 북한은 서울올림픽 개최에 대응하여 제13차 세계청년학생축전 개최를 무리하게 추진하다가 경제적으로 큰 타격을 입었다. 이로 인해 남북 간 국력 격차는 더 크게 벌어졌다. 문제는 세계적인 탈냉전의 한 상징이자 결과인 서울올림픽의 성공적 개최가 정작 남북관계에서는 갈등과 대립을 극복하는 계기가 되지 못했다는 점이다. 남한의 체제경쟁 및 외교경쟁에서의 승리는 오히려 신냉전의 남북관계를 재형성하는 공이치기(hammer) 역할을 했다. 그리하여 서울올림픽이 사회주의권과의 원교에는 탈냉전의 확산, 북한과의 근교에는 신냉전의 호출이라는 상반되고 자기분열적인 결과를 초래했다.

제3세계 외교 및 북방정책과 북한과의 외교경쟁

전두환 정권은 출범 당시부터 정통성 결여의 문제를 안고 있었기 때문에 남북관계와 외교에서 성과를 냄으로써 정통성 문제를 보완하려 했다. 이는 남북 간 세력균형 변화를 발판으로 전 정권이 북한과 공세적인 외교경쟁을 추진한 이유와 동인이 되었다. 분단국가 간 외교경쟁은 일견

당연하다. 이승만 정권도 정통성 경쟁 차원에서 '한반도 유일 합법정부 외교'를 전개했다. 박정희 대통령 역시 1973년 6·23선언과 더불어 "외교 면에서의 남북전쟁에서 대북 우위를 확보해야 한다"면서 '외교전'에서의 승리를 주문했다.[120] 전두환 정권의 외교를 관통한 핵심도 북한요인이었다. 전 대통령은 "우리가 외국 국가원수들을 초청하는 것은 북한과 치르는 외교전쟁에서 이기기 위한 것"[121]이라고 밝혔다. 다만 박정희 정권의 외교경쟁이 다소 수동적이었다면, 전두환 정권의 경우 북한보다 우세한 국력을 바탕으로 더 능동적이고 적극적인 공세였다는 점에서 차이가 있다.

전두환 정권은 취약한 정통성을 만회하기 위해 우선 친미외교를 통해 미국으로부터 정통성을 인정받고자 했다. 그리고 순방외교를 통한 정상외교, 국제회의 개최, 올림픽 유치와 같은 이벤트성 행사로 국민들의 지지를 확보하고자 했다.[122] 특히 전 대통령은 북한과의 외교전에서 승리하기 위해 아시아와 아프리카 등을 순방했고, 중남미와 아프리카 등 제3세계에는 무상원조까지 제공했다.[123] 한국외교에서 변방으로 치부되던 제3세계 지역에 대한 관심은 이승만 정권이나 박정희 정권 시기에는 볼 수 없었던 새로운 시도였다.[124]

한국의 대(對)제3세계 외교는 대북 경쟁에서 우위 확보, 북한 견제, 북한 고립화를 위해 이용되었고, 제3세계 국가들에게 대북 봉쇄와 친한·반북을 강요했다. 그 결과 실리적 관계의 증진보다 대북 대결성 소모전에 역점을 두었다.[125] 1980년대 제3세계를 대상으로 한 대북 외교경쟁의 구체적 목표로는 첫째, 제3세계에서 북한을 외교적으로 제압하는 것이다. 남한 지지 세력을 확대하고 미수교국 및 북한 단독 수교국과의 수교로 제3세계 외교망을 완성하고자 했다.

둘째, 유엔 및 각급 비동맹회의에서 북한에 의한 반한 책동의 근원적 봉쇄를 추구했다. 특히 비동맹국들은 관계개선, 북한의 영향력 차단에 방점이 있었다. 이 같은 목표를 위해 무상원조, 경제협력, 방한 초청, 사절단 파견 등을 추진했다. 상대 나라들은 미수교국, 북한 단독수교국, 남북 동시수교국, 한국 단독수교국으로 분류하여 목표를 설정하고 추진 방안을 마련했다.[126]

북한의 대규모 초청외교[127]가 남한의 경쟁의식을 자극하면서 제3세계를 대상으로 한 남북 간의 외교경쟁은 더욱 과열되었다.[128] 외교경쟁은 대체로 보이지 않는 수단과 방식을 동원한 간접적인 대결방식을 띠었다. 그중에는 상대국의 비위 사실 또는 탈법행위를 적극적으로 들추어내고 공격함으로써 자국의 반사이익을 추구하는 경우도 있었다. 북한 해외공관이 관련된 밀수사건을 계기로 한국 외무부가 적극적인 대북 네거티브 공세를 펼친 사례가 대표적이다. 제3세계 현지 한국 외교관들은 북한의 활동과 현지 친북인사들의 방북 초청활동 등을 늘 주시하고, 이와 관련된 정보를 끊임없이 본국으로 타전했다. 냉전기 제3세계를 무대로 한 한국외교는 북한 외교관들에 대한 감시와 동향 파악에 집중하는, 많은 시간과 재정, 에너지가 필요한 활동이었다.[129]

1981년 외무부는 전두환 대통령의 아세안 순방이 한국 정상으로는 최초의 아세안 5개국 순방이라는 점을 강조하며 '새로운 한·아세안(ASEAN) 제국 협력시대 개막'이라는 캐치프레이즈를 내걸었다. 아세안 순방에서 주목되는 것은 외무부가 신냉전하의 남북대치라는 시대적 상황을 감안하여 순방의 목적에서 통상 등 경제적 요인보다 정치·안보 요인을 우선시했다는 점이다. 한반도 통일의 방법론을 두고 남북이 주도권 경쟁을 벌이는 상황에서 한·아세안 간 공동의 안보인식을 확인하고,

한국 정부가 제안한 '1·21 제의'에 대한 국제적 지지를 확대하고자 했던 것이다.[130]

아세안 순방은 남북 외교경쟁에 있어 남한의 우세를 구축하는 데 중요한 계기가 되었다.[131] 전 대통령은 아세안 순방에 이어 1982년에는 '남북한 외교의 경쟁장'[132]이 된 아프리카 4개국 순방에 나섰다. 특히 전 대통령은 한국의 통일정책인 민족화합민주통일방안을 설명하고 순방국의 지지를 확보하고자 했다. 아울러 아프리카 순방을 통해 비동맹 외교의 강화를 도모했다. 지난해 아세안 방문과 마찬가지로 경제외교보다는 대북정책과 관련 한국의 입장에 대한 지지 획득이라는 외교·안보 요인이 우선적으로 고려되었다.[133] 말하자면 전 대통령의 순방외교, 정상외교의 핵심은 북한을 의식한 외교경쟁에서의 우위 확보였다.

제3세계 외교와 마찬가지로 북방정책을 꿰뚫고 있었던 것도 북한과의 경쟁이었다. 전 대통령 자신은 1981년 아세안 5개국 순방, 1982년 아프리카 4개국 순방으로 비동맹국가들에 대한 외교적 지지 기반이 이루어진 토대 위에서 북방정책을 의욕적으로 펼쳐나가고자 했다고 강조한다.[134] 한국의 대제3세계 유대 확대가 대중국, 소련 관계에도 영향을 줄 것으로 기대한다는 한 국제정치학자의 견해[135]에서도 알 수 있듯, 제3세계 외교경쟁의 종착역은 바로 사회주의권 진출이었다. 전 정권은 1981년 9월 서울올림픽 유치 이후 올림픽의 성공을 위해서는 한반도 긴장완화가 필요하고, 한반도의 긴장완화를 위해서는 소련과 중국을 비롯한 동구권 국가들로 눈을 돌려[136] 이들의 참가가 반드시 실현되어야 한다고 보고 심혈을 기울였다. 북방정책은 그 기원을 1970년대 초 박정희 정권의 대공산권 외교정책에서 찾을 수 있지만[137] 북방정책이 실제로 가동된 계기는 서울올림픽에 사회주의권 국가를 참가시키려고 노력하면서부터였다. 사회주의권 국가들의 서울올림픽 참가는 서울올림픽 자체의 성공뿐만 아니라 북한과의 외교경쟁에서의 대승을 뜻했다.

전 대통령은 1983년 신년 재외공관장회의에서 대북 압도적 우위의 외교를 재차 강조했다.[138] 그리고 대통령의 북방정책 추진 의지에 따라 1983년 6월 29일 이범석 외무부장관은 '선진조국의 창조를 위한 외교과제'라는 국방대학원 연설에서 앞으로 우리 외교가 풀어나가야 할 최대 과제는 소련 및 중국와의 관계를 정상화하는 북방정책의 실현에 있다고 선언했다. 정책당국자가 처음으로 북방정책을 공식 언급한 것이다. 주지하듯이 북방정책의 진전에 있어서 매우 중요한 계기가 된 것은 1983년 5월 중국 민항기납치사건에 따른 중국 정부의 항공총국장 심도(沈圖)의 서울 방문이었다. 심도는 중국공산당 중앙위원으로 그의 직위는 차관급에 해당했다. 심도는 한국 정부와 협상과정에서 남한을 '대한민국'으로 공식 호칭했다.[139]

이 외무부장관의 북방정책 선언이 있은 지 약 2개월 후인 1983년 9월 1일 소련의 KAL007편격추사건으로 사회주의권 외교환경, 특히 한소관계가 전반적으로 후퇴했다. 이에 전 대통령은 그렇다고 북방정책을 전면적으로 후퇴시킬 수는 없었으며, 한반도의 긴장완화 문제와 서울올림픽 개최를 고려할 때 미수교 사회주의권과의 관계개선은 지속되어야 할 과제였다고 말한다.[140] 전 대통령은 10월 2~13일에 서울에서 열릴 국제의회연맹(IPU) 총회에 소련의 참가를 유도하기 위해 소련에 대한 비난을 자제하도록 했다.[141]

남한이 제3세계 외교와 북방외교에 주력하는 동안 고립을 우려한 북한은 버마 아웅산묘소폭탄테러사건을 일으켰다. 그러나 이 사건으로 인하여 북한의 국제적 고립은 더욱 심화되었다.[142] 아울러 제3세계를 대상으로 한 전두환 정권의 순방외교도 이 사건을 계기로 자취를 감추었다.[143] 그러나 이 사건으로 인한 남북관계 경색은 오래가지 않았다. 한반도 긴장 상태 지속은 올림픽을 앞둔 남한은 물론 미국, 소련, 중국 모두가 원하는 것이 아니었기 때문이다. 북한 또한 국제적 고립과 한반도 긴장 상태가 지속되길 원하지 않았다. 앞서 언급한 1984년 9월 북한이 수해를 입은 남한에 구호물품 제공을 제의함으로써 남북관계가 재개된 것은 이런 맥락에서 이해할 수 있다.

아웅산묘소폭탄테러사건은 북한이 국제무대에서 한국에 비해 크게 열세에 놓이자 초조감에서 사건을 저질렀다는 것이 일반적인 견해이다. 즉, 한국이 1981년 서울올림픽 유치에 성공하고 1983년 10월 국제의회연맹 총회 개최 등으로 그 위상이 높아지자 이를 깎아내리고자 테러를 자행했다는 것이다.[144] 그런데 북한이 전 대통령을 살해하려 한 것은 버마가 처음이 아니었다. 1981년 7월에 필리핀, 1982년에 가봉 등지에서 전 대통령을 암살하려는 시도가 있었다.[145] 당시 국내 언론에도 1982년 2월 24일, 캐나다 경찰이 캐나다 거주 친북괴 최중화가 중심이 되어, 캐나다인 3명을 고용하여 전 대통령 위해를 6개월 동안 모의해온 음모를 적발했다고 보도했다.[146] 이러한 암살 기도의 명분은 광주항쟁과 직접 관련이 있고, 아웅산묘소폭탄테러사건도 그 일환으로 볼 수 있다는 것이다. 북한은 광주에서 신군부에 대항하여 유혈사태가 일어나고 제5공화국에 대한 반대시위가 지속되는 상황을 어느 때보다도 주시하였고, 남한사회의 불안정성이 극도로 높다고 보았다. 이전 박정희 대통령의 갑작스러운 사망 이후 남한의 혼란을 확인한 북한은 전 대통령의 갑작스러운 암살 상황이 발생하면 더욱 큰 혼란에 빠질 것으로 예상했다는 것이다.[147]

당시 북한은 남한 국민들의 지지가 취약한 정권의 최고책임자를 살해하면 남한에서 통치권의 공백과 전반적인 사회혼란과 동요, 그리고 민주화운동이 격화될 것으로 보았다. 그렇게 되면 집권층은 큰 혼란에 빠질 것이고, 그나마 취약한 지지 세력의 신뢰도 흔들릴 것이다. 반면 민주화투쟁 세력과 광주항쟁 때의 주동세력은 크게 고무되어 전국적으로 집권층에 대한 저항이 확산될 것으로 보고 테러를 감행했다는 것이다.[148]

북한지도부는 광주항쟁의 유혈 진압으로 정권을 찬탈하여 근본적인 정통성 문제를 안고 있으며, 학생 등 저항세력의 도전에 노출된 전두환만 제거하면 남한사회는 분열되고, 민주화운동이 격화되어 그 결과 민주정부가 들어서면 그 민주정부와 통일 가능성까지도 기대하고 있었는지 모를 일이다.[149] 그러나 그것은 오산이었다. 남한 국민들이 비록 전두환 정권에 대한 충심 어린 지지자가 아니었거나 또는 전 정권에 반대한다고 할지라도 최고지도자에 대한 북한의 테러를 반길 수는 없었다. 다시 말해 반전두환이 곧 친김일성은 아니었던 것이다. 이는 1968년 1월 청와대기습기도사건으로 남한 국민들의 북한에 대한 불신과 적개심이 더욱 고조된 결과와 다르지 않다.

전두환 정권은 정권 중기에 이르러 외교정책을 더욱 체계화하고 장기정책을 수립하고자 했는데 그 산물이 바로 북방정책이라는 틀이었다.[150] 북방정책의 본격적 실행은 시간이 더 필요했지만, 분명 공세적 외교정책의 설정이었다. 전두환 정권의 북방정책 추진 배경에는 서울올림픽의 성공적 개최 목적이 주요하게 자리 잡고 있었다. 소련과 중국의 참가는 서울올림픽 성공의 대표적 상징이며, 그 자체가 북한과의 체제경쟁에서의 승리를 확정 짓는 것이었다. 따라서 전 정권으로서는 소련 및 중국과의 관계개선이 가장 급선무였던 것이다.

한중, 한소 상호 간 양보와 절제로 한중관계와 한소관계도 진전을 보였다. 1985년 3월 중국 해군 어뢰정사건이 발생했을 때 중국 정부가 한국 정부에 공식 사과했고, 1986년 북한의 반대와 불참에도 불구하고 중국은 아시안게임에 참가했다. 한편 소련의 KAL007편격추사건 후에도 약간의 단절기를 거쳐 비정치적 교류가 이어졌다. 특히 1986년 4월에는 소련올림픽위원회 위원장 그라모프가 서울을 방문하는 등 양국 관계가 진전되었다.

중국 및 소련과의 부분적 관계 변화는 5공화국의 적극적인 대북전략과 궤를 같이했다. 특히 중국과의 관계개선을 주목할 수 있다. 앞서 지적했듯 1983년 5월 발생한 중국 민항기납치사건으로 중국과의 부분적 관계개선의 계기가 마련되었다. 어뢰정사건 역시 양국 관계 진전의 기회가 되었다. 돌발사건들을 관계 진전의 계기로 삼은 것이다. 한편 소련과도 체육교류가 간헐적으로 있었고, 남한과 소련의 보건장관이 세계보건기구(WHO)에서 회동하는 등 변화가 있었는데, 이는 소련이 남한과 경제관계를 시작하려는 것으로 파악되었다.[151] 전두환 정권 또한 KAL007편격추 사태가 한·소관계 진전에 큰 악재가 되지 않도록 신중하게 상황을 관리해나가고자 노력했다.

5공화국은 북한과의 외교경쟁을 지속하였고, 그 과정에서 북한에 대한 우위를 점차 확보했다. 즉, 1975년 기준으로 북한은 80개국과 남한은 93개국과 외교관계를 맺고 있었다. 그중 45개국이 동시 수교국이며, 공산국가 중 남한을 승인한 나라는 1989년 2월 헝가리가 최초인 상황이었다. 그러나 점차 남한의 외교가 북한을 능가하는 경향을 보였다. 북한과의 외교경쟁 내지 대북 압도적 우위 확보 차원에서 전개된 전 정권의 공세적인 제3세계 외교와 북방정책이 가져온 성과는 컸다.

그러나 그러한 성과가 남북관계 개선과 한반도 긴장완화에는 도리어 역행하는 측면이 있었다. 아웅산묘소폭탄테러사건도 전두환 정권의 공세적인 제3세계 외교 전개에서 오는 북한의 외교적 고립감에서 비롯된 면이 있다. 전 정권의 북방정책 역시 북한의 고립감을 심화시켰다. 이범석 외무부장관은 북방정책 선언에서 '북방정책의 진전이 남북관계를 개선하는 계기 또한 제공할 수 있을 것'이라고 기대했지만 현실은 정반대로 나타났다. 사실 외교경쟁이 격화되는 속에서 남북관계가 진전되기 어렵다는 것은 자명하다. 양자는 병립이 어려운 딜레마이기 때문이다. 전두환 정권의 북방정책은 노태우 정권에서 한소수교와 한중수교로 결실을 보게 되지만, 노태우 정권은 북한의 대미, 대일관계 개선을 저지하고자 했다. 북미관계와 북일관계가 정상화되지 못한 한반도의 비대칭 교차승인 구도는 북한을 핵에 의존한 생존 모색으로 몰았던 측면이 없지 않다.

요컨대 전두환 정권의 제3세계 외교와 북방정책의 추진이라는 외교경쟁에는 북한요인이 자리 잡고 있었는데, 그와 같은 외교경쟁이 가져온 결과는 절반의 성공을 거두었다고 할 것이다. 전 정권의 공세적 제3세계 외교는 아웅산묘소폭탄테러사건이라는 북한의 극단적 대응을 불러왔다. 북방정책 또한 소련, 중국과의 수교는 이루었지만 남북관계 개선 및 한반도 평화로는 연결되지 못했다. 오히려 북한이 극도의 고립상태와 생존위협을 타파하기 위하여 핵을 통한 자체적인 균형전략을 모색하도록 하는 역작용을 초래한 것과 무관하다고 단언하기 어렵다.

3. 통치양태의 지속 및 변화와 북한요인

전두환 신군부가 집권하면서 유신체제 못지않은 권위주의체제를 재수립하고 지속하는 데 있어서 분단하 북한과의 대치라는 구조적 북한요인, 아웅산묘소폭탄테러사건 등과 같은 북한의 도발과 남한 국내정치 개입 등의 행위적 북한요인, 그리고 정권의 정략적인 상황적 북한요인 동원이 일정하게 영향을 미쳤다고 할 수 있다.

그러나 전두환 정권 후반기로 갈수록 위협을 빌미로 한 북한요인 동원이 국내정치에서 갖는 파급력은 상대적으로 약화되었다. 이는 남북관계에서 남한의 총체적 국력 우세, 민주주의의 발전과 시민사회의 성숙 등 매개변수의 여과·조정 기능에 기인한다고 볼 수 있다. 이에 따라 한국정치의 민주지향성은 점차 확장된 반면 반공지향성은 상대적으로 축소되었다. 북한에 대한 경계심과 시민사회의 낮은 대북 관용도가 상존하고 있었지만 북한요인을 빌미로 민주주의 진전에 제한을 둔다는 것이 이제 시민사회로부터 묵인되거나 수용되기가 점점 더 어렵게 되었던 것이다.

유신체제 붕괴 이후 권위주의 지속

유신체제 붕괴 이후 논의된 개헌의 방향은 유신 이전으로 돌아가는 것이었다. 김종필, 김영삼, 김대중도 개헌은 당연히 유신 이전의 제3공화국 헌법으로 돌아가는 것이라고 생각했다. 즉, 정부 형태는 대통령직선제가 가장 우선시되는 대안이었다.[152] 이는 국민 일반의 여망에도 부합하는 것이었다. 그렇다면 유신체제 붕괴 후 민주화에 대한 기대에도 불구하고 전두환 정권으로의 재권위주의화는 어떻게 가능했는가?

표면적으로는 신군부의 강한 응집력, 민주화세력의 분열, 정치적 불안과 경제 침체를 우려하는 중산층의 안정 선호가 작용했다고 볼 수 있다.[153] 그러나 그 기저에는 다음과 같은 요인이 자리하고 있었다. 즉, 국가주도 산업화는 국가 자체의 조직적·재정적 능력을 증대시켜 시민사회에 대한 국가의 지배력을 확대 재생산했다. 그리고 국가주도 발전은 현존하는 질서 아래 기득권을 공유하는 군부, 관료, 기업 등 기본 지배연합의 결속을 제고하여 기존 질서의 지속능력을 증대시켰다. 유신시대 지배연합의 주요 구성원이었던 이들 집단의 결속은 유신체제 붕괴 이후에도 그대로 유지되었다. 따라서 유신체제 이후 재권위주의화의 근본 원인은 이와 같은 구조적 요인에서 찾을 수 있다.[154]

전두환 신군부는 12·12쿠데타로 권력을 찬탈한 뒤 최규하 과도정부를 업은 채 공식적으로 정권을 장악하기 위한 준비에 나섰다. 12·12쿠데타 직후 최규하 대통령은 1980년 연두 기자회견을 통해 국정의 기본목표를 국가안보의 공고화, 사회안정과 공공질서의 유지, 민생안정과 경제의 안정적 성장, 그리고 착실한 정치발전의 추진에 두겠다고 밝혔다. 최 대통령은 2월 6일 내무부와 법무부를 순시한 자리에서도 무분별한 정치과열이 사회안정을 저해할 수 있다고 강조한 바 있었다.[155] 그런데 신현확 국무총리는 3월 11일, '정부는 시정의 최대 중점을 안보에 두고 그다음의 중점은 경제, 그리고 세 번째의 중점을 정치발전에 둔다는 생각을 확고하게 갖고 있다'고 말했다. 따라서 "국가의 안전이 보장되고 경제발전이 이루어지는 범위 안에서 정치발전을 추진해나갈 것"이라고 강조했다.[156]

말하자면 북한과의 대치상황으로 인해 정치발전보다는 안보와 경제를 최우선시할 수밖에 없다는 것이다. 이는 위에서 언급한 유신시대 지배연합이 선호하는 현존 질서의 유지와 다르지 않았다. 사실 최규하 대통령 권한대행 이하 내각과 전두환 신군부는 정치발전이나 민주화를 향한 체제 변화의 명제에 부합하는 정치성향을 가질 만한 사회화 경험이나 이익이 없는 유신체제 지배연합의 구성원이었다.[157] 이들이 박정희의 유고로 유신체제가 붕괴되었다고 해서 하루아침에 갑자기 민주의식과 민주지향을 가질 수는 없었다. 이들에게는 10·26사태 이후 국가안보가 위급하다는 인식에서 민주보다는 안정을 위한 정부의 통제력 확보가 급선무였다.[158]

이와 같은 정부의 '안보＞경제＞정치발전'의 국정 우선순위 설정에 대해 공화당과 신민당은 정치발전이 먼저라고 맞섰다. 특히 공화당의 김종필 총재는 2월 27일 관훈클럽 초청연설에서 민주화를 국가목표의 최우선 순위에 두어야 한다면서, "우리 사회의 일각에는 아직도 자유화의 과정이 사회불안과 혼란을 가중시켜 경제발전과 국가의 안보마저 위태롭게 할지 모른다는 우려를 갖는 사람들이 있지만 1980년대에는 오히려 정치, 경제, 사회, 문화, 외교 등 국민생활의 각 분야에서 민주화의 과정을 꾸준히 추진해나가는 것이 경제발전과 안보의 증진을 돕는 일이 될 것"이라고 강조했다. '유신본당'을 자처한 김종필의 이 언명만큼 유신체제의 자기모순을 고백하고, 더 이상 안보와 경제를 민주 위에 둘 수 없다는 웅변도 드물 것이다. 신민당 정재원 임시대변인도 "안보와 경제가 우선하고 그 뒤에 민주발전"이라고 말한 신 총리의 연설에 대해 "안보와 경제가 국가존립의 기본요건이긴 하지만 민주주의 없이는 안보와 경제목표를 달성할 수 없으므로 민주화가 가장 시급한 과제"라고 주장했다.[159] 말하자면 '안보와 경제를 위해서는 민주를 제한할 수 있다'와 '안보와 경제를 위해서라도 민주를 해야 한다' 간의 길항이었다. 신군부와 과도정부는 전자에 힘을 싣기 위해 북한요인을 수시로 강조하고 동원했다. 그런데 두 지향성 간 길항의 결정적 전환점은 광주항쟁이었다. 광주항쟁 진압과 더불어 힘은 전자로 비대칭적으로 기울었다.

광주항쟁 진압 후 신군부는 1980년 6월경부터 집권을 위한 사전 창당 작업에 들어갔다. 8월에 접어들면서 정부로부터 강력한 대통령제와 선거인단에 의한 간선제 내용을 담은 헌법 초안의 내용이 흘러나왔다. 그리고 8월 16일 최규하를 하야시키고 전두환을 대통령으로 추대하기 위한 신군부의 움직임이 조직적으로 전개되었다. 전두환을 새 지도자로 추대하는 움직임이 벌어지는 가운데 발표된 한 여론조사에서 응답자의 압도적 다수인 76.1%가 대통령중심제를 선호하며, 국정 우선순위로는 안보정책이 53%, 경제발전이 25%를 차지하여 국민의 높은 안보의식을 보여준다고 했다. 남북 대치상황에서 여론은 안보를 1순위로, 경제발전을 그다음 순위로 꼽고 있다는 것이다. 그리고 승공·승북을 위한 중요 정책과제로 고도경제성장의 지속(30.3%), 국방력 강화(27.7%), 그리고 국론통일을 꼽았다.[160] 즉, 광주항쟁 진압 후 '안보와 경제를 위해서는 민주를 제한할 수 있다'는 주장이 '안보와 경제를 위해서라도 민주를 해야 한다'

는 주장을 현저하게 앞서는 것으로 나타났다.

최규하를 강압적으로 하야시키고 9월 1일 대통령으로 취임한 전두환은 국가보위입법회의라는 초법적 입법기관을 통한 유신헌법 개정 과정에서 대통령단임제를 채택했다. 그리고 유정회와 같은 대통령에 의한 국회의원 임명제 폐지 등 유신헌법의 반민주적 규정의 일부 삭제를 통해 정권의 정통성을 조금이나마 제고해보고자 했다. 1980년 10월 27일, 전두환 대통령은 제5공화국 헌법을 공포하면서 유신헌법의 1인 영구집권제를 7년 단임제로 바꿔 "평화적 정권교체를 희구하는 국민의 요청에 응답하는 뜻을 담고 있다"[161]고 말했다. 애써 유신체제와의 차별성을 강조하고자 했다. 그러나 자신의 집권을 확고하게 보장해줄 선거인단에 의한 대통령 간선 방식은 그대로 유지했다.

앞의 1979년 12월 여론조사에서도 보았듯이, 당시 대통령 직선에 대한 여론이 높았다. 그러나 전두환 신군부는 간선 유지 방침을 밝혔다. 대통령 직선은 인적·물적 국력 낭비가 심하고 인기영합에 급급한 무분별한 공약 남발, 여야 대립, 그리고 지역주의 격화 등으로 인한 국론분열을 초래한다는 이유를 들었다. 특히 전 정권은 북한요인을 구실로 안보, 경제발전, 국론통일 등을 강조하며 간선 방식을 정당화하고자 했다. 다수 국민들의 반감이 컸던 유신체제 붕괴 상황에서 전두환 신군부는 유신체제를 받아들일 수도, 그렇다고 완전히 부정할 수도 없었다. 그들의 정치적·역사적 정체성에 비추어 민주주의를 수용하기는 어려웠다. 유신체제와 같이 안보와 성장이 여전히 우선시되어야 한다고 보았기 때문이다. 그렇지만 유신체제에 그대로 머물 수도 없었다.[162] 그러한 딜레마의 결과가 다름 아닌 대통령 간선을 유지한 7년 단임의 대통령제 제시로 나타났다고 볼 수 있다.

이 책의 여는 글에서 논의한 바와 같이 1948년 정부수립 시부터 반공체제와 결합한 자유민주주의 이념의 이식 및 자유민주주의의 제도화로 한국정치는 민주지향성과 반공지향성이라는 서로 길항하는 두 벡터 합의 결과에 의해 규정되어왔다. 지배세력은 반공을 빌미로 민주지향성을 제한하려고 한 반면, 반대세력은 반공을 위해서라도 민주주의를 해야 한다고 맞서왔다. 냉전권위주의 시기 한국의 정치균열은 '어느 것이 진정한 자유민주주의인가', '어떠한 것이 진정한 반공이며 국가안보인가' 하는 것이 중심축이 되었다. 1971년 박정희와 김대중이 격돌한 제7대 대통령선거에서도 '국가안보를 위해서는 민주주의가 능사가 아니다'라는 여당과 '국가안보를 위해서라도 민주주의를 해야 한다'는 야당의 상이한 민주주의관 및 안보관이 대립했다. 유신체제 붕괴 이후 서울의 봄 국면에서의 정치균열도 그와 다르지 않았다.

서울의 봄이 전두환 정권으로의 재권위주의화로 귀착된 것은 결국 민주지향성이 안보·성장지향성을 넘어서지 못했다는 의미이다.[163] 원칙적으로 양자가 양립 불가능하다고 볼 수는 없다.[164] 그러나 후자가 강조됨으로써 정치사회가 위축되고 시민사회의 민주화 요구가 억압되는 것이 현실이었다. 다시 말하면 반공지향성은 안보·성장과 친화력을 가졌고, 안보·성장은 민주주의보다는 권위주의와 선택적 친화력을 가졌다고 할 수 있다. 1980년대 중후반으로 갈수록 반공주의와 북한요인의 영향력이 약화된 것은 사실이다. 안보와 더불어 성장을 강조한 전두환 정권은 경제적 재도약의 발판을 마련하는 데에는 어느 정도 성공했다고 할 수 있다. 그러나 유신체제에서 보았듯이 경제가 성장할수록 민주화를 요구하는 세력도 지속적으로 동반 성장했다는 점이다. 경제성장으로 빈곤 상황이 개선될수록 자연스레 자유와 민주에 대한 요구도 높아지기 때문이다. 더욱이 북한의 위협을 상기하고 동원하는 국가안보에 대한 강조도 12·12쿠데타와 광주항쟁 때 전방부대 동원 및 시민 학살 등으로 상당 부분 그 정당성과 설득력을 상실했다.[165] 그럼에도 반공지향성은 서울의 봄 국면 등 1980년대 초반까지 여전히 민주지향성을 제어할 만한 힘을 가지고 있었다.

4·13호헌조치와 대통령직선제 수용

1983년 5월 김영삼의 단식투쟁과 1984년 5월 민추협(민주화추진협의회)의 발족은 민주화운동을 확산시키는 결정적 계기가 되었다. 이어 정치규제에서 풀린 야당 인사들이 1985년 1월 신민당을 창당하고 2·12총선에서 돌풍을 일으켜 전두환 정권을 위협했다. 창당 한 달도 채 되지 않은 정당이 일약 제1 야당이 되었다는 것은 국민들의 민주화에 대한 열망과 전 정권에 대한 거부감이 그만큼 크다는 것을 말했다. 이는 2·12총선을 계기로 전두환 정권의 기반이 사실상 와해되기 시작했다는 것을 일러준다. 제1 야당이 된 신민당은 기회 있을 때마다 5공화국의 정통성 문제를 제기하면서 직선제 개헌을 주장했고, 그 여파로 개헌운동은 점차 확산되기 시작했다. 그러나 신민당이 1년 동안 직선제 개헌을 주장했지만 전두환 정권에 의해 번번이 거부당했다.

전 대통령은 1986년 1월 16일 국정연설을 통해 개헌 논의를 올림픽 이후로 미룰 것을 강조하며, 현재로선 평화적 정권교체와 올림픽이 최우선 과제이고, '지금 제도 변경에 골몰하면 국민여론 분열과 국력 분산으로 난국을 자초하는 일이 될 것'[166]이라며 개헌 요구를 거부했다. 정권이 개헌을 거부하는 상황에서 달리 대안이 없었던 신민당은 운동권과 연합하여 거리에서 대중동원을 통해 정권에 대한 민주화 압력을 가하고자 했다. 일천만개헌추진서명운동은 그런 배경 속에서 1986년 2·12총선 1주년을 기해 전격적으로 전개된 것이다. 이를 계기로 민주화운동은 더욱 고조되었다. 그제야 전 정권은 야당과 국민들의 개헌 요구를 수용하는 태도를 보였다.[167]

일천만개헌추진서명운동이 전개되자 전 대통령은 1986년 4월 30일 여야 3당 대표들을 청와대로 불러 1989년 개헌 소신에는 변함이 없지만 여야가 합의하면 임기 중 개헌에 반대하지 않는다는 제스처를 취했다.[168] 전 대통령은 가두서명운동 중단을 요청하는 동시에 제도권 야당과 군부독재 즉각 퇴진을 위해 대중동원을 지속하자는 운동권을 일단 분열·분리시키고자 했다.[169] 전 대통령은 야당과 운동권의 개헌 요구에 직면하여 일단 타협적인 자세로 대응했다. 그리하여 1986년 6월 24일 여야는 국회헌법개정특별위원회 구성에 합의하여 국회에서 개헌 협상을 시도하게 되었다.

그러나 대통령직선제를 주장하는 야당과 내각제를 주장하는 여당의 의견이 첨예하게 갈려 개헌 협상은 처음부터 난항을 거듭했고 1986년 9월 결렬되고 말았다. 그래서 신민당의 두 지도자 김영삼과 김대중은 아시안게임이 끝난 직후 운동권과 연합하여 대중동원을 통한 직선제 개헌 압력에 다시 나서기로 결정했다.[170] 아시안게임이 끝나자 개헌을 요구하는 야당 측의 개헌 시위와 운동권의 시위가 이어졌다. 궁지에 몰린 전두환 정권은 10월 30일 북한의 금강산 댐 건설을 발표하여 수도권 일원을 포함한 한강 전역의 수몰 가능성을 언급했다.[171] 북한으로부터의 위협을 상기하며 개헌보다 안보의 중요성을 강조하고자 했다. 역대 권위주의정권과 마찬가지로 정치적 위기 국면에서 북한요인을 동원하여 대통령직선제 개헌운동으로 표출된 민주지향성을 제압하려고 했던 것이다.

전 정권은 북한의 수공 위협을 빌미로 한 평화의 댐 건설로 국면을 전환하게 되면, 직선제 개헌투쟁을 전개하고 있는 야당과 재야의 기세가 한풀 꺾일 것으로 기대했다. 그러나 그러한 기대는 보기 좋게 빗나갔다. 평화의 댐 공사 착공과 별개로 개헌 요구를 중심으로 한 민주화운동은 수그러들지 않고 오히려 가열되어갔다. 집권세력은 반공과 북한요인을 빌미로 민주화를 유예하려고 했지만, 저항세력은 반공과 북한요인 때문에라도 대통령직선 등 민주화가 필요하다고 맞섰던 것이다.

야당과 운동권의 개헌 공세에 위기감을 느낀 정권은 이번에는 신민당의 분열을 획책하여 이른바 '이민우 구상'을 내도록 정치공작을 벌였다. 이민우 신민당 총재가 전 정권의 내각제 개헌안에 동조하자 개헌 추진파는 신민당을 탈당하여 통일민주당 창당을 추진했다. 전 정권은 신민당의 분당을 야당 진영의 파벌싸움으로 매도하면서 1987년 4월 13일 대통령 특별담화를 통해 4·13호헌조치를 발표했다. 전 대통령은 국론을 분열시키고 국력을 낭비하는 소모적 개헌 논의를 지양할 것을 선언했다.[172] 평화적 정부 이양과 서울올림픽이라는 국가적 양 대사를 성공적으로 치르기 위한 조치라고 밝혔다.

같은 날 오전 가칭 통일민주당은 민추협 사무실에서 발기인 500명이 참석한 가운데 창당 발기인대회를 열어 창당준비위원회를 결성했다. 그리고 창당준비위원장에 김영삼을 선출했다. 개헌을 둘러싼 정권과 야권의 정치적 행보와 선택이 극명하게 엇갈리며 양자 간 갈등과 충돌을 예고했다. 김영삼 위원장은 정부·여당의 개헌 포기 표명은 예견된 장기집권 음모라고 비판했다. 같은 날 서동권 검찰총장은 개헌 관련 집단행동 및 사회혼란 책동에 엄중 대처하라고 전국 검찰에 긴급 지시했다.[173] 그러나 직선제 개헌을 표방하는 통일민주당 창당을 저지하려던 전두환 정권의 방해공작은 여의치 못했다. 이에 대검찰청은 통일민주당에 대해 방해공작보다 한층 강도 높은 색깔공세를 가하며 직선제 개헌을 친북·용공과 연계시키고자 했다.

대검찰청은 통일민주당 정강정책 중 통일에 관한 부분이 현행 국가보안법에 저촉된다는 1차 결론을 내렸다. 대검찰청의 고위관계자는 "통일민주당의 정강정책 18개항 가운데 '정치적 이념과 체제를 초월, 통일을 제1의 국정지표를 삼는다'는 통일 관계 강령은 국기와 민족생존권을 위협하는 심각한 내용이 아닐 수 없다"[174]고 밝혔다. 곧 용공 소지가 있는 통일민주당이 내거는 직선제 지지는 친북·용공이 될 수 있음을 경고하고자 했다. 불과 반년 전인 1986년 10월에도 신민당 유성환 의원이 국회 본회의에서 "이 나라의 국시는 반공보다 통일이어야 한다"고 말했다가 '용공 발언'으로 구속되는 사태가 벌어졌다.[175] 그런데 이번에는 개별 의원이 아니라 직선제 개헌을 주장하는 통일민주당 자체를 아예 친북·용공시하려는 시도였다.

통일민주당 정강정책의 통일론을 둘러싼 시비에 대해 통일민주당은 반박성 해명문을 통해 통일민주당의 기본정책은 '공산통일을 용인하는 게 아니라는 것이 너무도 명백한 사실'이라고 강조했다. 이어 여측이 시비를 거는 것은 '우리 당을 용공으로 매도하려는 명백한 야당 탄압이며 생트집'이라고 비판했다. 이에 대해 민정당은 통일민주당의 해명 내용 자체가 부실할 뿐만 아니라 통일에 관한 문제는 여야 간 대결 차원이 아닌 국기에 관한 사항이라고 지적했다. 따라서 통일민주당의 정강정책을 수정하는 조치를 통해 이른바 민중통일론 등의 확산을 막아야 한다는 입장을 거듭 밝혔다.[176]

여야 간의 공방에 대해 허문도 통일원장관이 통일문제에 대한 정부의 공식 견해를 발표하면서 "민주당의 정강정책은 자유민주주의 이념의 상대화와 반공이념의 무력화, 나아가서 공산이념의 포용공간까지 용인할 수 있다는 표방"이라고 규정했다. 이어 "정부는 이 정강정책이 그동안 반국가적 입장을 분명히 해왔던 좌경운동권의 주장과 논리적 맥락이 닿은 것이라는 점에서 자유민주주의를 기본이념으로 하는 대한민국의 국기를 지켜나가는 데 중대한 지장을 초래할 것이라고 본다"고 지적했다. 허 장관은 "민주당의 통일정강정책 제1항은 자유통일과 공산통일을 같은 차원으로 받아들이게 하는 여지를 마련해 어떤 통일이라도 마찬가지라는 극히 위험하고도 무분별한 통일논의마저 유발할 우려가 있다"고 경고했다. 또한 "이것은 통일을 위해서 자유민주주의체제를 파기할 수도 있다는 통일지상주의적 발상으로 자유민주주의 제도권 내에 용공성향을 접목시키려는 의도를 엿보이게 하는 것"[177]이라고 주장했다.

민정당은 통일민주당 통일정책의 위험성과 문제점을 적극 부각시키며 대국민 홍보를 강화하는 계기로 삼는 등 대야 공세를 이어갔다. 이에 반해 통일민주당은 정부·여당과의 통일논쟁 지속이 국익에 도움이 되지 않음은 물론 친북·용공 시비가 자신들에게 일방적으로 불리하다고 보았다. 따라서 통일논쟁을 조기종식하고 4·13호헌조치 철회투쟁으로 국면을 전환하고자 했다. 그리고 대국민 해명과 대정부 반박 성명으로 대응해나가기로 했다.[178]

통일민주당의 김태룡 대변인은 허문도 통일원장관의 기자회견에 대한 반박성명을 발표했다. 이 성명에서 정부·여당의 정강정책 수정요구에 대한 거부의사를 거듭 밝히면서 통일논의 중단을 재촉구했다. 그리고 "우리 당의 통일정강이나 정책은 7·4남북공동성명과 1982년 대통령 국정연설[179]과 조금도 다를 바가 없다"고 강조했다. "그럼에도 불구하고 현 정권이 불순한 저의를 가지고 우리 당의 정강정책을 계속 문제 삼아 비난과 공격을 일삼고 악랄한 탄압을 하려는 데 대해 분노와 개탄을 금할 수 없다"고 비판했다. 이어 "통치권자가 대외적으로 북한을 상대로 통일 문제를 얘기하는 것은 괜찮고 야당이 대내외적으로 같은 말을 하는 것은 안 된다는 것은 무슨 경우인가"라고 반문했다. "현 정권이 우리의 정강정책을 수정 요구하려면 먼저 7·4남북공동성명과 1982년 국정연설이 잘못됐음을 시인하고 수정하라"고 요구했다.[180]

한편 4·13호헌조치에도 불구하고 민주화운동은 급물살을 탔다. 통일민주당은 전두환 정권의 창당 방해공작에도 1987년 5월 1일 창당에 성공했다. 5월 22일 박종철고문치사사건 은폐·축소 사실이 언론에 대서특필되고 후속 보도들이 이어졌다. 이러한 상황에서 재야는 5월 27일 민주헌법쟁취국민운동본부를 발족시켜 민주화운동을 이끌어갔다. 그리고 국민운동본부가 주축이 되어 6월 10일, 박종철고문치사사건을 규탄하고 직선제 개헌을 요구하는 범국민대회를 전국 주요 도시에서 동시에 개최했다. 이로써 민주화운동은 바야흐로 시민항쟁의 성격을 띠게 되었고 6월 민주항쟁의 도화선이 되었다.

박종철고문치사사건 보도는 야당과 운동권이 그간의 불화를 치유하고 다시 연합전선을 구축하는 주요 계기가 되었다. 뿐만 아니라 지금까지 방관자적 자세를 보였던 중산층이 민주화를 위한 대중동원에 적극 가담하는 전기가 되었다.[181] 이러한 사태에 직면한 전두환 정권은 한때 군 동원까지 검토했지만[182] 결국 국민들의 민주화 요구를 수용할 수밖에 없었다. 6·29선언을 계기로 직선제 개헌을 위한 여야 협상이 진행되었고, 여야 합의로 마련된 대통령직선제 개헌안은 국회 가결을 거쳐 10월

27일 국민투표로 확정되었다.

1987년 6월항쟁에 이르는 민주화 과정에서 직선제 개헌은 그 자체로 곧 민주헌법 쟁취를 의미했다. 직선제 개헌이 대통령 선출방식의 변화를 요구한 것이라는 점에서 형식적·절차적 민주주의에 집중한 것은 사실이다. 그러나 역대 권위주의정권이 헌법 개정의 방식으로 민주주의의 형식과 절차를 지속적으로 파기해왔다는 점에서 당시 형식적·절차적 민주주의의 복구는 실질적 민주주의에 못지않게 절실하고 우선적인 과제였다.[183] 한 가지 주목할 점은 1987년 한국의 민주화 과정은 종래 권위주의 지배를 지탱해오던 반공주의와 발전주의의 약화와 결부되어 있었다는 것이다. 북한이 1980년대 후반 이후 만성적인 경제난에 시달리고, 남한체제가 북한체제에 비해 경제적 우위를 확보함으로써 북한발 안보위협의 무게 역시 줄어들었다. 따라서 한국정치의 장에서 과거처럼 반공, 안보, 발전을 명분으로 체제 비판적인 세력이나 운동을 탄압하고 정당화하는 것이 갈수록 어렵게 되었다. 즉, 북한요인이 국내정치에 미치는 영향을 여과·조정하는 매개변수의 역할이 점차 커졌다는 의미이다.

특히 한국경제가 1980년대 중반까지 지속적인 성장을 거듭하여 1996년 경제협력개발기구(OECD)에 가입할 정도로 세계경제에서의 위상이 제고되었다. 과거와 같은 따라잡기(catch-up)식 경제발전 단계가 사실상 완료되었다는 뜻이다.[184] 따라서 이제는 경제성장에 필요한 정치적 안정을 명분으로 한 권위주의 통치양태의 정당화가 용이하지 않았다. 말하자면 경제발전이 일정한 수준에 도달한 이상 이제 반공과 안보, 그리고 성장을 빌미로 민주주의의 유예를 정당화하기가 점점 어렵게 되었다.[185] 전두환 정권에서도 유신체제와 마찬가지로 안보와 경제성장을 강조했다. 그러나 이미 1970년대 말에도 유신체제에서만 경제를 용이하게 발전시킬 수 있다는 견해는 더 이상 유효하지 않았다. 당시 오일 쇼크로 경제위기가 도래했고, 중화학공업의 중복투자로 인해 위기가 가중되었다. 또한 경제가 성장함에 따라 국가에 의한 시장 통제력은 점점 한계를 드러냈다. 무엇보다 민주주의 요구를 더 이상 봉쇄하기 힘들었다.[186] '실적에 의한 정당성'에 기반하고 있던 박정희 정권은 이미 부마항쟁 직전 '성공의 위기'와 '실패의 위기'가 동시에 맞물리는 형국에 처해 있었다.[187]

전두환 정권도 실적의 성공을 통해 역설적으로 정권의 위기로 진입하고 있었다. 전두환 신군부는 집권과 함께 경제 안정화에 전념하여 단기간에 물가안정에 성공했다. 이를 기반으로 1980년에 발생한 저이자율, 저유가, 저환율 등의 3저 요인에 힘입어 국제수지 흑자는 물론 저물가, 고성장의 달성으로 경제적 호황 국면을 맞고 있었다. 특히 민주화 이행의 정점이던 1987년 한국경제는 3저 호황 속에서 나타난 활황 국면에 있었다. 1986년부터 1990년까지 5년 동안 GNP 성장률의 변화 추이를 보면 1987년이 가장 높은 12.3%의 성장률을 기록했다. 또한 국제수지도 1986년에 비해 52억 달러 이상 증가했다.[188] 이 점에서 전두환 정권이 내세운 경제성장은 성공의 역설에 직면했다. 박정희 시기에 태동된 산업화의 민주화 효과가 전두환 시기에 이르러 한층 증폭되어 나타날 수밖에 없었다.

여기에서 우리는 1987년을 전후한 민주화 이행기에 전두환 정권이 비민주적인 제5공화국 헌법이나 권위주의 통치양태를 더 이상 옹호하기 어렵게 된 사정을 알 수 있다. 북한의 위협에 대처하고 경제성장을 추진하기 위해 정치적 안정과 국론통일이 필요하다는 논리는 더 이상 만능보검이 되기 힘들었다. 요컨대 반공과 발전, 즉 북한으로부터의 위협에 대한 대처와 경제성장의 중요성을 호소하는 것만으로는 민주화의 유예를 더 이상 정당화할 수 없었던 것이다. 또한 이 시기에는 특별히 주목할 만한 가시적인 행위적 북한요인도 부재했다. 전 정권이 민주화세력의 도전 앞에 6·29선언을 통해 민주화와 직선제 개헌 요구를 받아들이지 않을 수 없었던 이유이다.

6·29선언 이후 민주화 이행 및 대통령선거

6·29선언 이후 민주화 이행을 위한 여야 간의 협상은 온건파를 중심으로 한 정치엘리트들의 주도로 진행되었다. 그 과정에서 약간의 폭력사태가 발생했으나 대규모는 아니었고 비교적 평온한 가운데 협상이 계속되었다. 정치사회의 여야 그리고 시민사회의 재야세력 가운데에는 온건파 중심의 민주화 협상에 불만을 가진 세력도 있었으나, 강경론자들이 주장하는 폭력에 의한 상대방의 괴멸이라는 전략 사용이 어려운 이상 다른 대안은 현실성이 떨어졌다. 이것이 민주화 협상의 성격을 온건파 중심의 정치엘리트 간의 타협으로 제한하거나 규제했던 당시 한국 정치 공간의 구조적 특징이었다.[189]

요컨대 6·29선언은 정치엘리트들 간의 정치협약(political pact)의 성격을 벗어나지 못했다. 이는 전두환 권위주의정권과 민주화연합 간의 기초가 된 6·29선언 8개항 어디에도 노동자를 비롯한 민중의 사회경제적 권리를 보장하는 내용이 포함되지 않았던 점에서 알 수 있다.[190] 그리고 개헌 협상 과정에서 급진적 사회운동세력은 물론 6월 민주항쟁에서 주도적 역할을 했던 국민운동본부도 배제되었다는 사실에서 더욱 분명해진다. 집권세력과 반대세력이 타협한 것은 일인 일표의 보통평등선거제도에 기초한 공정한 정치적 경쟁규칙의 확립이었다. 직선제 개헌은 민주화 진영의 최소강령적 전략이었고 당시 한국적 상황에서 유효한 것이었다. 선거권의 회복을 통해 국민주권을 되찾으려는 직선제 개헌 투쟁은 권위주의를 반대하는 모든 정치세력이 서로의 차이 또는 문제를 뒤로 미루고 단결할 수 있게 한 최소한의 공통분모였다.[191] 그 때문에 최대 규모의 민주연합 구축이 가능했다.

말하자면 6월항쟁 이후 새로운 정치적 대표체계를 창출해낸 정치협약은 우선 당사자들이 구질서하에서 존립해왔던 여당과 야당에 한정된 것이었다. 헌법을 비롯한 정당 및 선거와 관련된 제반 법체계는 그 정치협약 당사자의 이해와 성격을 반영하는 것이었다. 여기에서의 가장 큰 특징은 노동자계급이 제도권에 참여할 수 있는 진입의 문턱을 극히 높였다는 점이다. 다시 말하면 계급정치로의 전환 내지는 그것을 지향하는 전향적 조치들을 배제했다. 보수적 이념의 스펙트럼 내에서의 여야당 구조의 재창출은 실질적 민주화문제, 노동문제, 경제적 민주화와 경제정의 실현의 문제, 자주외교와 통일문제 등 보다 핵심적 문제가 좌우에 걸친 광범한 이념적 스펙트럼에서 정치적 이슈로 등장하는 것을 억제했다.[192] 그런데 여기서 눈여겨볼 것은 바로 그와 같은 정치적 이슈의 대두를 억제하는 기저에 북한요인이 자리 잡고 있었다는 점이다.

이승만, 박정희 권위주의정권기에 비해 반공주의나 북한요인의 영향력이 약화되었음에도 불구하고, 1987년 5월 통일민주당 정강정책을 둘러싼 논란에서 보듯 용공·친북 프레임이 여전히 작동하는 한국정치에서 민주화투쟁의 영역은 일정한 한계선을 넘어서기 어려웠다. 만약 민주화투쟁이 선거를 통한 경쟁 이상의 총체적 변혁운동으로 발전했다면 경제성장의 수혜자라고 할 수 있는 중산층이 민주화연합에서 이탈하고 군부가 개입할 수도 있었다.[193] 이로 인해 거리에서의 폭력적 대결로 민주화 게임이 끝나게 되었다면 그 결과는 신생 민주주의의 탄생이 아닌 또 다른 형태의 비민주적 정치체제의 등장이었을 개연성이 높다. 한국에서의 민주화투쟁이 선거정치의 회복이라는 최소강령적 방식을 채택함으로써 민주화 과정은 권위주의정권과 반대세력 간의 유혈 충돌을 피하고 타협에 의해 진행될 수 있었음을 부인하기 어렵다.[194]

만약 전두환 정권이 시민사회의 직선제 개헌 요구를 계속 무시하고 호헌 방침을 고수했다면 엄청난 저항에 부딪히고 시민사회와의 충돌이 불가피했을 것이다. 당시 타협에 의한 민주화가 가능했던 이유로는 군부의 시위 진압이 초래한 광주항쟁의 경험, 정치적 협상으로 문제를 해결하라는 미국의 압력, 서울올림픽 개최 임박, 야당 분열 속 여당의 직선제를 통한 정권 재창출 가능성 등이 작용했다고 할 수 있다. 요컨대 정권으로서는 직선제 개헌 수용비용에 비해 거부비용이 너무 높았던 것이다.[195]

그리고 북한과의 대치상황, 즉 북한요인이 재야 급진세력의 폭력 사용이나 여권 강경세력의 쿠데타 유발 충동을 동시에 억제하는 요인으로 작용했다고 볼 수 있다. 군부 쿠데타로 광주항쟁에 이어 또다시 유혈사태나 내란이 벌어진다면 북한의 도발을 자초할 위험이 없지 않았기 때문이다.[196] 미국 역시 6월항쟁이 더 격화되면 북한에 유리해질 수 있으며 친미·반공국가인 한국이 무너질지도 모른다고 판단하여 적극 개입했다. 미국은 직접 전두환의 장기집권을 공개적으로 제어하고 전두환에게 민주화세력과의 타협을 강제했다.[197] 우리가 북한요인의 영향을 이런 각도에서 본다면 이제 이 국면에서 북한요인은 과거처럼 민주주의를 유예하는 요인보다는 오히려 권위주의 연장을 막고 민주주의를 회복하는 요인으로 작용했다고 할 수 있다. 북한요인이 한국 민주주의에 정(正)의 영향을 미쳤음을 부인하기 어렵다.

1987년의 6월항쟁은 4·19혁명 이후 두 번째로 국민의 압력에 의한 정치변동을 가능하게 했다. 6·29선언에 이어 개헌 협상이 재개되어 여야 합의로 마련된 제6공화국헌법안이 국회 가결을 거쳐 국민투표로 확정되었다. 이에 따라 1987년 12월 16일 제13대 대통령선거가 실시되었다. 선거 결과 한국의 민주화운동은 반체제 저항운동에서는 성공했지만, 결실 단계에서는 성공하지 못했다. 6월항쟁으로 독재가 종식되고 정당 간 경쟁과 선거제도를 주축으로 하는 민주주의제도가 도입되었지만, 바로 그 제도적 기제를 통해 구권위주의세력이 다시 정권을 획득했기 때문이다.[198]

6월항쟁을 주도하던 세력은 김대중과 김영삼이라는 두 후보를 중심으로 분열되었고, 그 결과 구권위주의세력이 미는 노태우 후보가 승리했다. 두 후보가 단일화하지 않고는 현직이라는 엄청난 이점을 가진 노태우 후보에 대항해서 이길 수 있는 확률은 희박했다. 1960년대 이래 선거에서 집권당이 총 유권자의 1/3 정도의 표를 동원해왔다.[199] 따라서 두 후보 중 어느 한 후보가 압도적인 우위를 점하지 않는 한 야당이 가진 제약을 극복하기 어려웠다. 그런데 집권세력과 제도언론에 의해 동원된 지역주의의 심화로 두 야당 후보의 지역적 고착현상이 나타났다. 그로 인해 권위주의를 반대하는 대다수의 표를 어느 한 후보에게 집중시키지 못했다. 이에 더하여 사회운동세력까지 분열함으로써 노태우 후보의 당선에 기여했다.[200] 선거 결과 후보별 득표율은 노태우 36.6%, 김영삼 28.0%, 김대중 27.1%, 김종필 8.1%였다.

한편 6·29선언으로 정치적 해빙을 맞자 시민사회는 또다시 격렬하게 달아올랐다. 특히 노동운동에서 이러한 현상이 두드러졌는데, 7~9월에 신규 노조가 1,000개 이상 설립되고 노동자 투쟁이 3,000회 이상 벌어졌다. 더욱이 1987년의 노동운동은 그 양과 이념적 급진성에서 큰 변화를 보여주었다. 민주화 과정에서 나타나는 절차적 민주화 요구에 이은 실질적 민주화 요구의 대두였다. 당시 노동운동이 직접적인 정치적 목표를 가지고 있었다고 보기는 어렵지만 그 정치적 여파는 상당히 큰 것이었다. 노동운동은 학생·재야세력에 의해 민주화운동의 일부로 이용되었을 뿐 아니라 많은 사람들에게 그렇게 인식되었다.

이전에 비해 약화되기는 했지만 여전히 반공보수적 성향을 지니고 있던 다수 국민들에게 국가는 노동투쟁이 국가의 안위를 위협하는 것으로 선전했다. 실제로 6월 거리의 민주화투쟁을 적극 지지했던 중산층은[201] 이제 거리의 정치와 노동투쟁에 더 이상 지지를 보내지 않게 되었다.[202] 야당과 중산층은 정치사회가 중심이 되어[203] 군정 종식과 자유민주주의적인 민주화를 달성할 것을 원했다. 반면 학생·재야세력은 더 근본적인 사회개혁을 강조하는 민중민주주의의 대안을 관철시키기 위해 노력했다. 이는 선거 국면에서 민주화연합이 분열하는 중요한 원인이 되었다.[204]

6·29선언과 12월 대통령선거 일정으로 정치사회가 정치과정의 주역이 되자 학생·재야세력이 지닌 독자적인 역량은 곧 한계를 노정했다. 그리하여 이들은 1987년 가을에서 겨울 동안의 선거운동 기간에 단결과 조직 역량을 보여주지 못했다. 학생·재야세력은 선거전에서 중심적인 역할을 차지하지 못했으며, 선거의 결과에 큰 영향을 미치지도 못했다. 결국 직선제 개헌 쟁취에서 승리한 저항세력은 그 승리가 마련해준 선거전에서 노태우의 당선으로 반승반패했다고 볼 수 있다. 1985년 2·12총선을 계기로 시작된 민주화 흐름은 6월 민주항쟁과 6·29선언을

거쳐 12월 대통령선거 결과, 권위주의의 존속도 신속한 민주개혁도 아닌 절충적이고 제한된 민주화로 귀결되었다.[205] 직선제 개헌을 통한 제5공화국의 몰락은 '운동의 정치'가 상당한 역할을 했으나 운동의 정치의 결과로 보기는 어렵다. 비록 야당 후보가 당선되지는 못했지만 직선제 개헌과 제5공화국 몰락은 궁극적으로는 운동의 정치가 아니라 중산층의 지지에 기반한 '제도권 정치'의 주도로 이루어졌다.[206]

노태우의 당선과 제6공화국 출범은 야당과 학생·재야세력의 입장에서 보면 패배인 동시에 절차적 민주주의를 회복하는 데 기여했다는 점에서 절반의 승리를 의미했다. 노태우 정권 출범을 전후하여 민주개혁의 방향을 둘러싸고 일어난 민주화세력 내 갈등은 온건 노선과 급진 노선의 갈등을 반영했다. 온건 노선은 자유민주주의의 확립에 힘을 기울인 반면, 급진 노선은 민중민주주의의 건설을 목표로 삼았다. 이러한 대립구도 속에서 급진세력에 의한 계급혁명의 가능성이 보일 때, 자유민주주의를 선호한 세력은 민중민주주의 세력보다는 오히려 권위주의 잔재 세력과 힘을 합칠 가능성이 컸다. 이 두 노선의 대립에서 성공한 것은 분명 자유민주주의의 대안이었다. 중산층, 보수적 야당 정치인과 재야, 학생, 급진 노동세력은 각각 자신들이 원하는 체제를 위해 활동하였고, 그들의 힘이 합쳐져 권위주의 통치양태를 종식시킨 것이지, 그들 사이에 굳건한 민주연합이 있었던 것은 아니었다.

6월 민주항쟁이 6·29선언을 도출할 수 있었던 것은 '호헌철폐', '독재타도'라는 구호 아래 야당을 비롯한 모든 민주세력이 노선과 지향의 차이를 넘어 선거정치의 회복이라는 최소주의 강령을 목표로 독재정권에 대항할 최대의 역량을 동원하여 연합을 이루었기 때문이다.[207] 그러나 직선제 개헌이라는 공동의 목표가 달성되자 각자 갈 길이 달랐다.[208] 마치

4·19혁명 당시 학생들과 민주당의 연합 및 분열을 떠오르게 하는 사태 전개였다. 4·19혁명에서 민주질서의 회복을 위해 학생들과 민주당은 서로 연합했다. 그러나 학생을 비롯한 지식인들의 급진 분파들이 급진적 이념에 근거하여 반공주의를 기반으로 한 분단국가에 근본적인 문제를 제기하고자 했을 때, 그들과 민주당의 분열은 거의 필연적이었다.

학생운동과 재야세력의 힘이 빠진 것은 기본적으로 정치 민주화라는 목표가 달성되었기 때문이다. 일단 정치 민주화가 달성되자 자유민주주의적 절차 수립에 투쟁 목표를 맞춘 제도권 정당들과 다수 국민들은 운동권의 급진적인 노선투쟁에 냉담한 반응을 보였다. 급진세력의 민중민주주의적 이상은 분단으로 공고화된 보수적 이념과 사회정치 구조 속에서 실현되기 어려웠다. 구조적 북한요인으로 인한 한계 설정 때문이었다. 권위주의 통치양태를 종식시킬 대통령직선제 개헌에 의한 선거 일정이 잡히자, 국민 다수와 정치 주도 세력은 반공적 자유민주주의 제도와 사회적·경제적 안정을 선호하여 급진 민주화세력에게 등을 돌렸다.[209] 중산층과 대체로 이들을 대변한 정치사회의 야당 정치인들은 원래 보수적 이념을 견지하여 자유민주주의와 사회적·경제적 안정을 원했다.[210] 그리고 양자가 충돌할 경우 민주주의보다는 안정을 선택했다. 이렇게 보면 한국의 민주화가 보수적 민주주의로 귀결된 것은 국가의 강압 때문이 아니라 국민 다수의 보수적 성향 때문이었다고 할 수 있다. 그리고 이러한 보수적 성향은 무엇보다 분단과 반공, 즉 북한요인에 기인했다.[211]

한편 역대 선거 때마다 동원되었던 북한요인은 제13대 대통령선거에서는 어떤 형태로 나타났고, 또한 선거에 어떤 영향을 미쳤는가? 전두환과 노태우 등 집권세력은 시민사회로부터의 민주화 압력에 마지못해

6·29선언을 하고 김대중을 사면 복권시켰지만, 어떻게 해서든 그에게 '색깔론'을 입혀 집권을 막으려고 했다. 노태우 후보는 이번 선거가 "혼란이냐 번영이냐"의 기로를 결정하는 선거라고 못 박으며 김대중을 포함한 야당 후보들을 겨냥했다. 노 후보는 "야당 사람들은 자유민주주의체제를 송두리째 부인하는 세력 위에 얹혀 있는 사람들이므로 그들에게 나라를 맡길 경우 혼란과 무질서는 필지의 사실이며, 안정이 무너지고 경기가 가라앉고 수출이 막히는 등 나라가 떠내려갈 것"이라고 강조했다.[212]

북한은 대통령선거 한 달 전부터 "유신 잔당, 파쇼 독재자는 '대통령 후보'에 나설 수 없다"[213]며 노태우 반대 입장을 표명했다. 또한 양 김의 분열에 대해서도 재북평화통일촉진협의회가 "남조선의 모든 야당인사들은 분열되지 말고 단결하여 군부독재세력과 맞서 싸워야 한다"[214]고 후보 단일화를 촉구하고 나섰다. 이와 같이 북한은 선거 기간 중 『로동신문』 등을 통해 노태우 후보의 낙선을 공개적으로 선동하고, 양 김의 단일화를 촉구함으로써 남한의 민주화를 지지하고 기대하는 인상을 주었다.

노태우 후보 진영은 북한의 선거 개입을 구실로 "야당이 집권을 위해 불순한 좌익 폭력세력과 손을 잡고 있다"며 김대중, 김영삼 후보를 용공으로 몰아붙였다. 두 야당 후보가 재야 민주세력의 지원을 받는 것을 두고 불순한 좌익 폭력세력으로 매도한 것이다.[215] 북한의 선거 개입은 선거 당일까지 이어졌다. 그런데 북한의 남한 국내정치 개입이 양 김에게나 민주화에 결코 유리하게 작용하지 않았음은 불문가지이다. 북한도 이를 잘 알고 있었을 것이다. 그렇다면 북한이 야당 후보를 지지하는 태도를 표명함으로써 결과적으로 야당 후보의 낙선을 기대하거나 남한의 민주화를 원하지 않았던 것인지도 모른다. 만약 그렇다면 이는 북한이 상대적으로 진보적인 인사보다는 보수적인 인사가 집권하고 남한의 민주화가 유예되는 것을 선호한다는 말이다. 북한 당국은 후자의 상황이 적대적 분단체제 유지와 내부 결속에 유리하다고 판단했을 수 있다. 그리고 거기에는 체제 역량이 변수로 작용한다고 할 수 있다. 즉, 북한의 대남 대비 체제 역량이 우세할 때에는 혁신세력을 지지하고, 열세할 때에는 실제로는 보수세력의 집권이 자신들의 체제 유지에 유리하다고 보는 것이다.

북한의 남한 민주화에 대한 표리부동이 극적으로 드러난 경우가 바로 대통령선거 직전 발생한 북한 공작원 김현희 등에 의한 KAL858기폭파사건(1987년 11월 29일)일 수 있다. 물론 북한은 이 사건이 자신들과 하등 관련이 없다고 주장했다. 앞서 본 1968년 발생한 청와대기습기도사건과 마찬가지로 이는 자신들과 무관한 남측 내의 자생 무장게릴라들에 의한 투쟁이라고 보도했다. 북한은 "남조선여객기 사건이 우리 공화국과는 하등의 관계도 없"으며, 이는 "선거 전야에 마유미를 서울에 끌어옴으로써 유리한 '선거표밭'을 극적으로 조성하며, 선거 후에 폭발할 수 있는 대중적 항쟁의 불길을 끌 '소방차'를 미리 마련"하려는 것이라고 규정하며[216] 전두환 정권을 맹렬히 비난했다.

결과적으로 이 경악할 행위적 북한요인은 여당 후보인 노태우의 당선에 결정적 요인은 아니었다고 하더라도 유권자들의 안보 및 대공의식을 다시 자극·호출함으로써 노 후보의 득표에 상당한 영향을 미쳤음은 분명하다. 전두환 정권은 이 사건을 연일 보도했으며, 선거 하루 전에 김현희를 서울로 압송함으로써 북한요인의 실재 및 위협을 일깨우는 극적인 효과를 거두고자 했다. 이렇게 볼 때 1987년의 북한요인은 6월 민주항쟁 과정에서 한 번은 타협을 통한 민주화에 긍정적 영향을 미쳤던 반면, 또 한 번은 민주화에 불리하게 작용하는 정(正)과 부(負)의 이중적 영향을 미쳤다는 평가도 가능할 것이다.

4. 마무리

안보와 성장을 기치로 내걸고 상대적으로 정치적 안정을 기해오던 전두환 정권은 1985년 2·12총선을 분수령으로 정치사회와 시민사회로부터의 강력한 민주화 요구에 직면하게 되었다. 특히 전 대통령의 임기가 끝나는 1987년을 얼마 앞둔 시점에서 한국정치는 심각한 소용돌이에 빠져 있었다. 당시 정치적 쟁점은 군사정권을 이어가느냐, 아니면 헌법을 개정하고 대통령을 직선으로 선출하는 민주적인 체제로 전환하느냐는 것이었다. 민주화운동 지지 세력과 장기집권을 획책하려던 군사정권 간의 갈등과 경쟁은 전 대통령의 임기가 끝나는 1987년 초에 극에 달했다.

부마항쟁을 두고 '학생이건 신민당이건 깔아 뭉개버리자'는 차지철 경호실장의 건의도 있었지만, 부마항쟁 직후 유신체제가 붕괴했기 때문에 부마항쟁에서는 광주항쟁과 같은 대대적인 유혈사태가 일어나지 않았다. 광주항쟁의 비극에 비추어볼 때, 만약 전두환 정권이 국민과 야당이 요구하는 직선제 개헌을 거부하고, 대신 계엄령을 선포하여 군사정권을 계속 유지하려고 했다면 광주항쟁이나 그보다 더 큰 규모의 희생과 참사가 뒤따랐을 가능성을 배제할 수 없다. 그런 사태를 피할 수 있었던 까닭은 한국이 북한과 대치하는 상황과 한반도에 심각한 위기가 발생할 것을 우려한 미국의 개입으로 볼 수 있다.[217]

가령 중남미 나라들처럼 대량학살을 거쳐 집권하거나 정권을 유지하려 했다면 민주화 과정에 폭력사태가 수반될 가능성이 컸다. 그러나 비교적 평화로운 방법으로 권위주의정권에서 민주주의정권으로 이행이 이루어진 것은 정권과 반대세력 간에 혼란이 계속되면 북한으로부터의 위협으로 한국이 위태로울 수 있다는 인식을 공유했기 때문이다. 당시 민주화 협상에 임한 대표들이 북한과 대치하고 있는 한국의 안보와 관련하여 공유했던 인식이, 이들 간의 격렬한 투쟁으로 야기될 수 있는 유혈사태나 내란으로 비화되는 것을 막았다고 가정할 수 있다. 이는 한국의 독특한 분단 및 지정학적 상황을 반영한 것으로 한국 민주화의 특성이라고 할 수 있다.[218] 말하자면 한국 민주화의 북한요인이다.

그럼에도 불구하고 분단체제하에서 국가보안법의 유지와 반공이데올로기의 효력은 정치적 경쟁에서 상당한 영향력을 행사해왔다. 전두환 정권도 예외가 아니었다. 특히 정적을 친북·용공으로 몰거나 북한요인의 위협을 동원한 것은 거의 항상 위력을 발휘했다. 1987년 13대 대선 직전 KAL858기폭파사건은 노태우 후보의 당선에 상당한 영향을 미쳤다. 그리고 색깔론으로 표현되는 반공이데올로기의 동원은 비록 약화되긴 했지만 여전히 일정한 효력을 지니고 있었다. 그 때문에 1987년 민주항쟁의 성과로 실시된 13대 대선에서 노태우 후보 진영은 정권 재창출을 위해 김영삼, 김대중 후보를 좌경·용공으로 모는 상투적 매카시즘을 동원했다.

냉전반공주의에 기반을 두었던 권위주의정권들은 정치적 목적을 위해 북한의 위협이나 무력도발과 같은 행위적 북한요인이 있든 없든 친북·용공 프레임을 설정하고 활용하려고 했다. 이것은 분단체제에서 반대세력 제압용으로는 말할 것도 없고, 민주개혁 및 통일 이슈 등의 억압이나 국면전환용으로 북한요인만큼 유용하고 위력적인 것은 없기 때문이었다. 여기에 행위적 북한요인의 가시화는 친북·용공 프레임 동원에 더욱 힘을 실어주었다. 그런데 1987년 6월항쟁을 전후한 시기에는 권위주의정권들의 북한요인 남용에 대한 불신과 내성, 산업화의 민주화 효과 등 긍정적 매개변수의 증가로 북한요인의 부정적 영향력은 점차 감소되었다. 그리고 오히려 민주화에 기여하는 정의 측면을 보여주기도 했다.

정리하면 북한요인은 이승만, 박정희 시기에는 주로 민주주의를 제약하는 구실로 이용되는 부의 측면을 보여주었다면, 1987년 민주화 국면에서는 여전히 민주주의의 제약 요인이기는 했지만 동시에 민주주의를 촉진하는 정의 요인이 되기도 한 이중성을 보여주었다.

맺는 글

권위주의시대 북한요인이 한국정치에 던진 질문

질문과 결론

이 책은 분단 이래 남북한 간의 갈등과 대립, 그리고 체제경쟁이 가장 첨예하게 전개되었다고 볼 수 있는 이승만, 박정희, 전두환이 집권한 권위주의정권 시기를 중심으로 과연 북한요인이 한국정치에 어떤 영향을, 어느 정도, 그리고 어떻게 미쳤는가라는 문제설정에서 출발했다. 기존 논의의 대부분은 '북한이 한국정치에 영향을 주고 있다'라고 전제하면서도 북한을 일종의 상수로 취급하거나 통제하고 한국정치를 논의해왔다. 이 책은 이와 같은 기존의 논의 경향에 대한 반성에서 출발했다. 분단 80여 년 동안 북한이 한국정치에 주는 영향의 형태나 정도는 시기별, 사안별로 동일하지 않았고, 국내정치와 맞물려 변화해왔다. 따라서 북한요인의 영향을 구체적이고 동태적으로 고려하지 않고는 한국정치의 북한요인을 온전히 분석하고 설명하기는 어렵다.

이 책에서는 한국정치의 북한요인이 갖는 구체성과 동태성을 파악하기 위해 북한요인을 구조적 북한요인, 상황적 북한요인, 그리고 행위적 북한요인으로 분류하여 분석했다. 이들 북한요인이 한국정치에 영향을 미치는 방식과 영향력 정도, 그것이 가져오는 결과가 각기 다르다고 보기 때문이다. 따라서 북한요인을 구조로만 보고, 상황적·행위적 측면을 간과할 때 북한요인이 한국정치에 주는 규정력과 역할을 시간의 경과에 따라 동태적으로 포착하기 어렵다.

이 책에서 다룬 구체적인 종속변수는 세 권위주의정권 시기의 정치균열, 정책·제도, 그리고 통치양태의 변화이다. 우선 북한요인이 국내의 정치균열에 어떠한 영향을 주었으며, 북한요인을 계기로 정책·제도상에는 어떠한 변화가 있었는가? 그리고 정치균열과 정책·제도의 변화가 한국 민주주의의 외연과 내포를 어떻게 변화시켜나갔는가 하는 과정을 분석했다. 이는 통치양태의 점진적 변화과정과도 다르지 않았다. 그리고 북한요인을 빌미로 정치균열의 억압, 정책·제도와 통치양태 변화를 둘러싸고 국가, 정치사회, 그리고 시민사회의 영역이 어떻게 갈등·대립하였고, 어떻게 귀결되었는가를 검토했다.

해방 후 지역적 분단으로 북한요인은 한국정치에 영향을 주는 변수로 등장했다. 그리고 이 지역적 분단은 이념적 분단→사회적 분단→체제적 분단으로 점층적으로 굳어져 갔다. 이러한 단계를 거치면서 북한요인의 강도와 영향력도 함께 변화되었다. 이와 같이 형성·변화된 북한요인은 한국정치의 틀인 반공체제와 결합한 자유민주주의의 운영에 영향을 미쳤다. 곧 한국정치는 민주지향성과 반공지향성이라는 두 벡터 합의 결과에 의해 규정되었는데, 두 벡터의 정도에 영향을 준 것이 구체적 국면에서의 북한요인이었다. 더욱이 시민사회가 활성화되어 있지 않고 반공지향성이 강한 조건에서는 북한요인의 영향이 컸다고 할 수 있다. 권위주의세력은 북한요인을 빌미로 민주지향성을 제한하려고 한 반면, 민주화세력은 반공을 위해서라도 민주지향성을 견지해야 한다고 맞섰다. 그러나 현실은 거의 항상 전자가 후자를 압도했다.

자유민주주의는 반공체제를 정당화하는 이념이었기 때문에 건국초기 정치지형에서는 반공지향성과 민주지향성이 일정한 균형을 이루었다. 그러나 제주4·3사건, 여순사건, 국회프락치사건, 한국전쟁, 1960년대 말 북한의 군사모험주의 등을 거치면서 이러한 균형은 급격하게 깨졌고, 힘의 균형은 반공지향성 쪽으로 가파르게 기울었다. 그에 따라 해당 시기의 정치 이슈를 둘러싼 균열은 위축되거나 봉쇄되고, 정치사회나 시민사회의 힘에 비해 국가권력이 한층 강화될 수 있었다. 그 결과 반공체제를 강화하는 일련의 정책·제도는 물론이고, 이승만의 강압적 통치체제 구축, 박정희의 유신체제 수립 등과 같은 통치양태의 변화가 나타났다.

그런데 북한요인이 한국정치에 영향을 준다고 하더라도 구조적, 상황적, 행위적 영향은 대등하지 않았고, 또한 특정 시점의 구체적인 정치지형과 맞물려 각기 다른 결과를 가져왔다. 예컨대 초기 북한의 토지개혁이라는 상황적 북한요인은 혁명적 열기를 남하시킴으로써 남한의 토지개혁을 압박했다. 즉, 북한 내부의 혁명이 남한의 개혁을 불러왔던 것이다. 또한 행위적 북한요인, 그 가운데에서도 위기수준의 행위적 북한요인의 영향은 상당히 컸다. 국내의 정치적 반대에 부딪혀 시행되지 못하던 특정 정책과 제도들이 위기수준의 행위적 북한요인과 더불어 시행되는 패턴의 반복을 발견할 수 있다. 위기수준의 행위적 북한요인이 이를 가능하게 하는 공간과 동력을 제공했던 것이다.

또한 위기수준의 행위적 북한요인은 정권이 저항세력을 탄압하기 위해 구조적 북한요인을 비롯하여 상황적 북한요인과 조작적 북한요인을 동원하는 것을 용이하게 했다. 요컨대 행위적 북한요인에 힘입어 구조적, 상황적, 조작적 북한요인의 효과가 동반 상승할 수 있었다. 더불어 특정한 정치적 반대가 북한과의 연계가 절연된 것이고 정권에 의한 탄압이 완전한 조작에 근거하고 있었다면 그 효력은 강하지도 오래 지속될 수도 없었을 것이다. 문제는 정치적 반대와 이에 대한 억압에 있어 많은 경우 조작적 북한요인이 동원되었지만, 시기와 사안에 따라서는 북한과 직간접적 연계가 없지 않았다는 점이다. 이로 인해 정권의 북한요인 동원은 탄력을 받을 수 있었다.

특히 북한의 무력도발, 침투, 테러, 국내정치 이슈에의 개입 등 행위적 북한요인이 정권에 의한 북한요인의 동원이나 정략적 친북·용공 프레임 설정이 먹혀들 수 있는 여지를 제공했다. 이 점에서 북한은 남한의 민주화운동과 민주화세력을 도와준 것이 아니라 오히려 궁지에 빠뜨렸다. 반면 권위주의정권의 입지 강화에 도움을 주고 민주화세력 억압의 구실을 제공했다. 북한이 권위주의정권에 위기를 주고 민주화세력에 기회를 제공하고자 했을지 몰라도 실제 결과는 정반대로 나타났다.

한편 권위주의정권 시기 한국정치에서 갖는 북한요인의 위상과 역할은 정(正)의 기능과 부(負)의 기능의 이중적 결합으로 특징지을 수 있다. 즉, 권위주의정권 시기 북한요인은 한국정치 발전에 있어 분명 하나의 저해요인이었지만, 역사적으로 단지 한국정치를 퇴행시키는 역할만을 수행한 것은 아니었다는 점이다. 북한요인이 산업화는 물론 민주화에도 기여했다는 점은 하나의 큰 역설이 아닐 수 없다.

또한 '실적에 의한 정당성'을 내세웠던 권위주의정권들이 그 실적의 크기와 속도만큼 민주화의 도전, 즉 '성공의 위기'에 직면했다는 점도 역설적이다. 박정희 정권과 전두환 정권은 실적에 성공하면 할수록 북한요인을 빌미로 민주주의의 유예를 정당화하기가 점차 어렵게 되었다. 특히 전두환 정권 시기 남한이 북한에 비해 총체적 국력 면에서 확고한 우위를 확보함으로써 북한발 안보위협의 무게 역시 줄어들 수밖에 없었다. 따라서 이전처럼 반공, 안보, 발전을 명분으로 정권 비판적인 세력이나 민주화운동의 탄압을 정당화하는 것이 날이 갈수록 어렵게 되었다. 말하자면 국내정치로의 북한요인의 영향을 여과·조정하는 국력 등 남한의 체제역량, 정치사회와 시민사회의 활성화 및 국가·시민사회의 역관계, 정치지형상의 민주지향성과 반공지향성의 강약 정도 등 매개변수의 역할이 점차 커지게 되었다.

냉전반공주의에 기반을 두고 있었던 권위주의정권들은 정치적 목적을 위해 북한의 위협이나 무력도발과 같은 행위적 북한요인이 있든 없든 북한요인을 동원하고 친북·용공 프레임을 설정하고 활용하려고 했다. 이것은 분단체제에서 반대세력 제압용으로는 말할 것도 없고, 민주개혁 및 통일 이슈 등의 억압이나 국면전환용으로 북한요인의 이슈화만큼 유용하고 위협적인 것은 없었기 때문이다. 그런데 1987년 6월항쟁을 전후한 시기에는 권위주의정권들의 북한요인 남용에 대한 불신과 내성, 산업화의 민주화 효과 등 국내 매개변수의 기능 증가로 북한요인의 부정적 영향력은 약화되었다. 그리고 오히려 민주화에 기여하는 정의 측면을 보여주기도 했다. 북한요인은 이승만, 박정희 시기에는 주로 민주주의를 제약하는 구실로 이용되는 부의 측면을 보여주었다면, 1987년 민주화 국면에서는 여전히 민주주의의 제약 요인이기는 했지만 동시에 민주주의를 촉진하는 정의 요인이 되기도 한 이중성을 보여주었다.

주요 내용 요약

이 책에서 다룬 내용을 요약하면 다음과 같다.

우선 이승만·박정희 정권 시기의 무력을 동반한 행위적 북한요인인 여순사건, 한국전쟁, 청와대기습기도사건을 비롯한 북한의 군사모험주의 등은 국가 대 정치사회, 또는 국가 대 시민사회 간의 논란과 균열을 냉각·봉쇄시키는 결정적 계기가 되었다. 이전 시기의 구조적 또는 상황적 북한요인의 영향 속에서는 제기될 수 있었던 정권에 대한 비판과 반대가 이제 위협적으로 표출된 행위적 북한요인으로 인해 침묵할 수밖에 없게 된 것이다. 또한 북한요인의 실재 여부에 대한 논란을 불식시키고,

북한의 위협성을 사회 기저에까지 침투시킴으로써 반공지향성을 강화하고 민주지향성을 약화하는 결과를 초래했다. 그리하여 이전에는 정치적 반대에 부딪혀 시행되지 못하던 특정한 정책과 제도들이 행위적 북한요인과 더불어 시행되는 양상이 반복되었다. 행위적 북한요인이 이를 가능하게 하는 공간과 힘을 제공한 것이다. 따라서 행위적 북한요인이 없었다면 상황적 또는 조작적 북한요인을 동원한 국가의 저항세력 탄압이나 정책·제도 변화, 그리고 통치양태의 변화가 용이하지 않았거나 정치사회나 시민사회로부터 큰 저항을 불러일으켰을 것이라는 반사실적 가정이 성립한다.

예컨대 1948년의 여순사건은 이승만에게 위기가 아니라 국가보안법 제정, 숙군 단행, 학도호국단 창설 등을 통해 강압통치의 제도화를 이룰 수 있는 기회를 제공했다. 한국전쟁이 국가의 성격과 국가기구, 지배연합, 그리고 이데올로기 지형의 변화에 큰 영향을 미쳤음은 말할 것도 없다. 또한 1968년에 발생한 청와대기습기도사건과 같은 일련의 행위적 북한요인은 유신체제와 같은 통치양태 변화의 길을 열었다고 할 수 있다. 1968년 북한의 군사모험주의와 같은 일련의 행위적 북한요인은 향토예비군 창설, 학생군사훈련 실시, 주민등록증 개정안 통과, 반공교육 강화책 수립 등 일련의 정책·제도 재편에 결정적인 영향을 미쳤다. 특히 삼선개헌을 가능하게 한 기회의 창을 열어주었다. 북한의 무력도발은 안보를 명분으로 한 개헌에 대한 국민의 비판과 의문의 표명을 봉쇄하여 저항세력이 아니라 오히려 박정희 정권을 도와주는 역설적인 상황을 초래했던 것이다. 이렇게 보면 1968년 일련의 행위적 북한요인으로 인한 병영국가적 동원화는 삼선개헌으로 가는 징검다리였고, 삼선개헌은 유신체제로 가는 징검다리였다고 할 수 있다.

1974년 8월 육영수여사피격사건과 11월의 제1땅굴 발견 등과 같은 행위적 북한요인은 북한에 대한 위협인식을 고조시켜 박정희 정권의 냉전반공주의를 강화하고 강압통치를 정당화하는 데 일조했다. 또한 학원가를 중심으로 반유신운동이 점차 거세지던 1975년 4월 김일성의 북경 방문 시 한반도 무력통일 지원 요청 및 사이공 함락 소식 등은 국민들의 대북 경계심을 한껏 고조시켰다. 전국적으로 총력안보궐기대회가 잇달아 열려 반유신운동에 동정적이던 여론도 냉각되고, 냉전반공주의가 재강화되는 상황이 조성되었다.

박정희 정권은 이러한 분위기를 이용하여 긴급조치9호를 선포함으로써 민주화운동을 원천적으로 차단하려고 했다. 또한 정권은 베트남 패망을 기점으로 북한의 위협을 강조하며 국방력을 강화하고, 사회기강을 확립하기 위한 일련의 강압적인 조치들을 취해나갔다. 고교 및 대학에 학도호국단을 재결성하고 대학의 병영집체훈련 같은 군사교육체제를 정비·강화했다. 또한 지역 및 직장 단위로 민방위대를 결성하고, 국방비를 증액하고 방위세를 신설했다. 그리고 반공법 및 국가보안법 위반자에 대한 출옥 후 보안 처분을 법제화한 사회안전법을 제정했다. 이처럼 박정희 정권은 안보위협을 빌미로 전시체제적 정책과 제도를 정비해나가면서 사회를 질식 상태로 만들었다. 그리하여 유신체제의 강압성은 극에 달했다.

이와 같이 행위적 북한요인은 민주주의보다는 반공과 안보가 강조되는 분위기를 조성함으로써 국가, 정치사회, 시민사회 영역의 위협인식과 역관계에 영향을 주었다. 국가는 정치사회나 시민사회의 정치적 반대나 민주적 압력을 제압하고, 나아가 국가의 선호를 관철시키는 데 행위적 북한요인을 유용하게 이용했다. 곧 국가는 국내의 정치적 갈등을 남북 간의 갈등으로 전치시키거나 북한과 연계시켜 탄압했다. 요컨대 행위적 북한요인은 정치균열을 냉각·봉쇄하는 데는 물론 병영국가적 정책·제도 재편에도 영향을 주었다.

일반적으로 제도는 강력한 행위자들의 선호와 힘을 반영한다. 따라서 행위자들의 선호와 힘이 변화되고 새로운 정책들이 추구될 때 제도적 변화가 수반된다. 나아가 정책과 제도가 변화됨으로써 정권 유형(regime type) 또는 통치양태가 바뀌는 데 기여했다고 볼 수 있다. 정책은 정치과정의 산물일 뿐만 아니라 정치과정에 투입 기능을 행사하며, 흔히 극적으로 정치환경을 재형성하고 변모시킨다. 이렇게 볼 때 당시의 행위적 북한요인이 병영국가적 정책·제도를 만들고 병영국가적 정책·제도는 통치양태의 변화를 가져왔다고 말할 수 있다.

한편 행위적 북한요인의 효과는 정권이 저항세력을 탄압하기 위해 조작적 북한요인을 포함한 상황적 북한요인을 동원하는 것을 용이하게 한다는 데 있다. 역대 권위주의정권들은 행위적 북한요인의 발생 이후부터 한동안 구조적 또는 상황적 북한요인을 동원하는 것만으로도 일체의 정치적 반대를 제압할 수 있었다. 즉, 행위적 북한요인에 힘입어 상황적·구조적 북한요인의 동원 효과가 동반 상승했다. 그리하여 역대 권위주의정권들은 북한과의 직접적 연계가 불명한 사안을 확대 적용하거나 용공 조작하여 정치균열을 봉쇄하고 정권강화 자원으로 활용하는 통치양태를 보였다. 우리는 그러한 예를 1949년 국회프락치사건, 1952년 부산정치파동 시의 국제공산당사건, 1954년 대통령 중임 제한 폐지 개헌('사사오입' 개헌) 시의 뉴델리밀담설, 1956년 진보당사건, 1964년 6·3항쟁 직후의 인혁당사건, 1967년 6·8부정선거 규탄운동이 가열되던 때의 동백림사건, 1971년 대통령선거 시의 서승·서준식 형제를 중심으로 한 재일교포간첩단사건, 1974년 민청학련을 배후 조종했다는 인혁당재건위사건 등에서 무수히 접할 수 있었다.

그런데 특정한 정치적 반대가 북한과는 무관하거나 정권의 저항세력 탄압이 완전한 조작에 근거했다면 그 효력은 강하지도, 오래 지속될 수도 없었을 것이다. 정권은 많은 경우 정치적 반대를 곧 북한과의 직접적 연계 및 북한의 개입으로 의제하고 조작했다. 그러나 문제는 국회프락치사건, 동백림사건, 통혁당사건 등에서 보는 바와 같이 시기와 사안에 따라서는 북한과의 직간접적인 연계 내지 북한의 개입이 없지 않았다는 점이다. 후자로 인해 '정치적 반대=용공·친북'이라는 정권의 프레임 설정이 일정하게 먹혀들고 탄력을 받을 수 있었다. 또한 북한요인을 동원한 정치균열 봉쇄 및 저항세력 제압을 용이하게 해주었다.

물론 이와 같은 연계 프레임 설정 가능성은 북한과의 대치라는 구조적 북한요인하에서 상존하는 것이라고 할 수 있다. 그러나 단순히 그것이 전부는 아니다. 상황적·행위적 북한요인의 진공상태에서는 우선 정권에 의한 북한요인 동원이 명분을 확보하기 어렵다. 또한 저항세력이 쉽사리 침묵하지 않거나 보다 큰 억압비용이 필요할 수 있다. 역대 권위주의정권들이 북한요인을 동원하여 냉전적이고 억압적인 정책·제도를 채택하고 강압통치를 구축하고자 했을 때 반대와 저항이 없지 않았다. 상황적·행위적 북한요인의 작용은 전자를 강화시키고 후자를 약화시킴으로써 강압통치를 조장했다고 할 수 있다.

이 책에서 논의한 한국정치에 미치는 행위적 북한요인의 영향력은 여순사건, 한국전쟁, 1968년 북한에 의한 일련의 군사모험주의 등의 결절점에서 단절적으로 상승했다. 이러한 결절점 이후의 구조적·상황적·행위적 북한요인은 그 이전과는 다른 의미와 파급효과를 가져왔다고 할 수 있다. 위기적 형태로 표출된 행위적 북한요인을 통해 반공지향성이 강화되었고, 반공지향성이 강화됨으로써 북한요인의 위력 또한 일층 증폭되었다. 그리고 그만큼 민주지향성은 위축되었다.

이승만·박정희 권위주의정권 시기 한국정치에 영향을 미쳤던 북한요인의 기본구도와 경로, 양상 등은 이후 전두환 정권에서도 지속되었다. 그러나 전두환 정권에서는 이전과는 다른 변화의 측면을 보인 것도 사실이다. 10·26사건으로 인한 박정희의 갑작스러운 사망은 권위주의 종식과 자유민주주의의 회복에 대한 기대를 높였다. 그러나 전두환을 중심으로 한 신군부세력이 12·12쿠데타를 일으키고, 최규하 과도정부도 유신헌법에 따라 대통령선거를 치르면서 헌법 개정을 지연시키자 민주화의 전망이 불투명해졌다.

이에 따라 재야세력과 야당은 최규하 과도정부에 민주화 일정을 제시할 것을 요구했다. 대학생들은 1980년 4월부터 민주화를 요구하는 집회와 시위를 전개함으로써 잠시나마 '서울의 봄'이 열렸다. 또한 1980년 4월, 회사 측의 착취와 어용노조에 반발하여 탄광노동자들이 총파업을 일으킨 사북사태가 발생했다. 이에 신군부는 반공·안보이데올로기를 동원하여 이들의 민주화 요구를 묵살했다. 그리고 5월 17일 밤 비상계엄을 전국으로 확대하면서 시위 지도부와 정치인들을 검거했다. 그럼에도 불구하고 광주에서는 18일에도 대학생들이 민주화 시위를 전개했고 군의 강경 진압으로 일반 시민들까지 시위에 참여했다. 이에 신군부는 김대중 내란음모사건을 조작해 발표하고 간첩 잠입, 불순분자들의 책동 등 북한요인을 동원하여 민주화 요구에 철퇴를 가하고자 했다.

이처럼 유신체제가 종말을 고하고 들어선 전두환 정권 역시 북한요인의 동원과 정략화 면에서 이승만·박정희 정권과 크게 다르지 않았다. 전두환 신군부는 그들의 집권기도에 반대해 일어난 광주항쟁을 북한 및 불순분자들의 조종에 의해 발생한 폭동으로 선전했다. 물론 이전 권위주의정권들 또한 4·19혁명, 6·3항쟁, 부마항쟁 등을 동일한 방식으로 몰고 갔다. 이와 같은 친북·용공 프레임에 대응하여 시민군은 태극기를 흔들고 〈애국가〉를 부르며 항거했다. 그러나 신군부는 국가건설기에 좌익소탕을 명분으로 자행된 '인간사냥'을 다시금 연상시키는 민간인 학살을 저질렀다. 이는 비록 광주라는 제한된 공간이었지만 시민사회 수준에서 정권에 의한 친북·용공 프레임의 허구성을 집단적으로 체험하고, 북한요인을 국내정치에 이용하는 것에 대한 거부감이 확산되는 계기가 되었다. 이 점에서 4·19혁명, 6·3항쟁, 부마항쟁, 광주항쟁, 그리고 6월 민주항쟁 등과 같은 민주화운동에 대한 세 권위주의정권의 대응 논리와 방식을 통시적으로 보는 것은 중요하다. 우리는 이 책에서 북한요인을 동원한 세 권위주의정권의 탄압 방식과 이에 대한 정치사회 및 시민사회의 인식과 반응이 시간의 흐름에 따라 변화하는 모습과 원인을 살펴보았다.

한편 전두환 정권은 1983년 말 학원자율화 조치로 제적학생을 복교시키고, 해직교수를 복직시켰으며, 뒤이어 정치활동 규제자들을 해금했다. 이러한 유화조치는 전두환 정권이 아래로부터의 압력에 굴복한 결과라기보다는 그간 자신들의 무자비한 탄압정책이 오히려 반대세력의 이념적 급진화를 초래하고 반정부 민주화운동의 도덕성을 부여하는 역효과를 자초했다고 판단했기 때문이었다. 또한 그때까지의 정국 주도에 고무되어 정치적 공간을 어느 정도 열어놓은 상태에서도 계속 정국을 자신들이 의도하는 대로 끌고 갈 수 있다는 자신감 때문이기도 했다. 그러나 박정희 시기 '산업화의 민주화 효과'와 광주항쟁을 계기로 1980년대에는 강력한 권위주의체제에 맞서 민주화운동의 에너지 또한 강하게 축적되고 있었다. 이러한 상황에서 유화국면이 전개되자마자 독립적이고 자율적인 각종 조직이 시민사회 내에서 폭발적으로 출현했다. 당황한 전두환 정권은 민주화운동 진영 일반을 친북·용공으로 몰면서 국가보안법을 동원하여 통제하고자 했다.

북한과의 대결이라는 영합적(zero-sum) 조건에서 한국의 자유민주주의가 허용하는 정치적 반대와 그것이 정치적 불안과 사회적 혼란에 의해 체제를 약화시키는 행위로 해석될 반체제적 반대 사이의 경계는 애매했다. 시민사회와 정치사회의 야당은 이를 분리해야 한다고 주장한 반면, 권위주의정권은 이를 연계하고자 했다. 이런 조건에서 권위주의 정권은 북한과의 자명하거나 추정되는 연계는 말할 것도 없고, 그것과 무관한 반대 역시 친북 또는 용공·이적으로 간주하여 제압하고자 했다. 1986년 10월 신민당 유성환 의원의 '우리나라의 국시는 반공보다 통일이다'라는 대정부 질문 원고에서 비롯된 국시 파동이 한 예가 될 것이다. 나아가 단순히 북한의 주장과 흡사한지 여부 자체가 친북·용공의 기준이 되었다. 그 때문에 민주화운동은 종종 북한의 위협과 안보를 빌미로 탄압받았다. 심지어 일체의 이견이나 민주화운동 자체가 친북·용공으로 의제되기도 했다. 국가보안법은 이것을 위한 효율적인 수단이었다.

그런데 1983년 10월 버마 아웅산묘소폭탄테러사건, 그해 12월 부산 다대포 앞바다 간첩침투사건, 1987년 KAL858기폭파사건과 같은 북한의 무력도발과 테러와 같은 행위적 북한요인은 남한의 민주화세력과 민주화운동을 도와준 것이 아니라 궁지에 빠뜨렸다. 반면 정권의 권위주의 지속과 냉전적 보수세력의 입지 강화에 강력한 구실이 되었다. 이승만·박정희 정권에서와 마찬가지로 전두환 정권에서도 북한의 국내정치 개입이나 북한요인의 작용은 민주주의를 역진시키고 권위주의를 강화하는 결과를 초래했다. 남한의 저항세력에게는 북한의 지원이 곧 궤멸을 의미했다. 북한이 남한의 정권에는 위기를 주고 저항세력에는 기회를 제공하고자 했다면 실제 결과는 정반대로 나타났던 것이다. 이는 분단국가 수립 후부터 반복되어온 한국정치의 북한요인이 갖는 역설이었다. 이렇게 볼 때 역대 정권들이 권위주의를 강화하는 맥락을 조성하고 명분을 확보하는 데 다름 아닌 북한이 주요한 조력자 역할을 했다고 말하는 것은 단순히 수사적 과장만은 아니다. 이 책에서는 왜 그렇게 볼 수 있는지에 대하여 짚어보았다.

그리고 전두환 정권에서 북한요인이 정책과 제도에 어떤 영향을 미쳤는가도 살펴보았는데, 북한요인의 영향과 동원으로 인해 냉전적 정책·제도가 특별히 새롭게 만들어졌다고 보기는 어려웠다. 신군부가 1980년 12월 반공법을 폐지하고 국가보안법을 전면 개정하여 반공법상의 찬양고무조항을 흡수하여 사소한 민주화운동에 대해서도 국가보안법을 과잉 적용한 것이 예외라면 예외인 정도였다. 오히려 전두환 정권에서는 북한 대비 우세한 국력을 바탕으로 북한과의 체제경쟁과 외교경쟁에서 승리하겠다는 의지를 전향적인 정책과 제도를 통해 표방했다고 볼 수 있다.

전두환 정권은 1982년 민족화합민주통일방안을 제시했다. 그 이전까지 한국 정부는 제대로 된 통일방안을 제시하지 못하고 있었다. 전 정권이 제시한 통일방안은 한국 정부가 제시한 최초의 체계적이고 적극적인 제의였다. 또한 1980년대 초 제3세계에서 북한과의 치열한 외교전 전개, 1981년 서울올림픽 유치와 더불어 북방정책의 기초를 마련한 것도 전 정권의 전향성을 보여주었다. 1981년 3월 연좌제 폐지, 같은 해 8월 해외여행 자유화 시작, 1982년 1월 야간통행금지 해제 등 이전 권위주의정권에서는 상상하기 어려운 일련의 과감하고 전향적인 조치들이 취해졌다. 물론 이와 같은 정책과 제도는 산업화 등 한국사회 내부 발전의 산물이지 북한요인의 직접적 산물로 보기 어려울 수 있다. 그럼에도 불구하고 전두환 정권은 북한을 의식하여 전향적 정책과 제도를 채택하고, 이전보다 더 적극적이고 공세적인 자세로 체제경쟁과 외교경쟁에 임했다.

전두환 신군부가 집권하면서 유신체제 못지않은 권위주의체제를 재수립하고 지속하는 데 있어서 북한과의 대치상황이라는 구조적 북한요인을 비롯하여 상황적, 행위적 북한요인이 일정하게 영향을 미쳤다. 다만 전두환 정권에서는 이승만 정권의 강압적 통치체제 구축, 박정희 정권의 유신체제 수립과 같이 북한요인이 통치양태의 변화에 뚜렷한 영향을 미쳤다고 보기는 어렵다. 오히려 남북한 힘의 역전에 따른 북한으로부터의 위협 감소는 4·13호헌조치나 계엄령 선포를 통한 권위주의정권 유지 시도를 제약하는 하나의 요인으로 작용했다. 나아가 오히려 북한요인이 한국의 민주적 전환에 기여하는 정의 요인이었다. 1980년대 초중반 남한의 대북 우위가 뚜렷해지는 상황에서 북한요인의 정략적 활용은 이승만, 박정희 정권에서처럼 국내정치를 크게 동요시킬 수 있는 영향력을 점차 잃어가고 있었다.

또한 1985년 2월 총선에서 선명 야당 신민당이 돌풍을 일으키면서 그동안 순치상태에 있던 정치사회가 부활했다. 신민당은 국회에서 헌법 개정을 요구했고, 학생운동과 재야운동이 거리에서 이를 지원하면서 전두환 정권을 압박했다. 이에 정권은 저항세력을 그들의 반미, 반제, 반파쇼 등의 구호를 근거로 좌경용공세력으로 규정하고, 갖가지 방법으로 억압하고 탄압했다. 이는 정권의 친북·용공 프레임 남발과 정권의 억압성·몰도덕성을 드러냄으로써 민주화운동에 대한 대중적 지지를 확산시키는 계기가 되었다.

결국 중산층을 비롯한 일반 국민들이 대통령직선제 개헌을 내건 민주화운동에 동참함으로써 1987년 전두환 정권은 저항세력의 민주화 요구를 수용할 수밖에 없었다. 이후 민주화 조치가 시행되었고, 여야 합의로 제5공화국 헌법과는 대비되는 형식적·절차적 민주주의의 회복을 담은 제6공화국 헌법이 제정되기에 이르렀다.

전두환 정권 시기 북한요인의 영향력과 성격을 이승만, 박정희 정권과 비교해보는 것도 중요하다. 전두환 정권 후반기로 갈수록 북한요인이 국내정치에서 갖는 부정적 파급력은 크게 약화되었다고 할 수 있다. 이는 무엇보다도 남북관계에서 남한의 총체적 국력 우세, 민주화운동의 발전, 그리고 시민사회의 성숙 등에서 기인한다고 볼 수 있다. 이에 따라 한국정치의 민주지향성은 강화된 반면 반공지향성의 위력은 상대적으로 약화되었다. 여전히 북한에 대한 경계심과 시민사회의 낮은 대북 관용도가 상존했지만 이전 권위주의정권과 같이 북한요인을 빌미로 민주주의의 진전에 제한을 두는 것이 어렵게 되었다. 이 점에서 이승만, 박정희 정권과는 달랐다.

기대와 함의

이승만, 박정희, 전두환 등 권위주의정권 시기 한국정치의 북한요인의 형성, 전개 과정에 대한 체계적 분석을 통해 시기별 특징을 추출하고 파악하려는 이 책에서의 논의는 다음과 같은 기여와 의미를 지닐 것이다.

첫째, 한국정치의 북한요인을 논함에 있어서 특정 정권을 넘어 권위주의정권 시기 간의 유사점 및 차이점에 대해 비교 분석하고 종합하여 권위주의 시기 전체를 제한된 수준에서나마 일반화해볼 수 있다. 그 점에서 이 책은 향후 체계적인 탈냉전민주화 시기 한국정치의 북한요인 연구를 위한 기초가 되는 동시에 양 시기를 비교 분석하는 의미 있는 준거로서 기여할 것이다.

둘째, 이승만, 박정희, 전두환 시기를 포괄하는 이 책의 논의를 통해 한국정치의 북한요인에 관한 심층적 연구의 활성화와 방법론적 진전에 일정하게 기여할 수 있을 것이다. 이 책에서의 논의를 계기로 한국정치와 북한, 양자의 연관과 상호작용을 보다 적절하게 설명할 수 있는 인과 분석틀의 모색과 구체적인 통시적 사례연구들이 활발하게 이루어지기를 기대한다.

셋째, 이 책은 북한정치의 남한요인을 설계하고 분석하는 데에도 참고할 수 있을 것이다. 북한정치의 남한요인 연구는 자료 부족, 연구 설계와 분석을 위한 구체적인 종속변수 설정의 어려움, 남한으로부터의 영향보다는 남한에 대한 영향을 강조해온 북한체제의 성격 등의 제약으로 인하여 아직 불모상태로 남아 있다. 이 책은 이 분야의 기초연구를 시작하고, 나아가 한국정치의 북한요인과 북한정치의 남한요인을 교직·교차시켜 한반도정치를 논구해나가는 계기가 될 수 있을 것이다.

넷째, 냉전권위주의 시기 북한의 무력도발과 한국정치 개입은 북한의 의도와는 무관하게 민주주의를 역진시키고 권위주의를 강화하는 데 기여했다. 이로부터 도출할 수 있는 하나의 반면 교훈은 오늘날 한국의 대북정책에도 그대로 적용될 수 있다. 한국이 북한에 대해 압박·대결 정책을 취한다면 북한의 위협인식과 반발을 불러일으켜 개혁개방을 막고, 독재정권 강화와 북한 주민의 고통만을 연장시킬 뿐이라는 점이다. 남북관계에서 상대에 대한 압박과 고립 시도는 반작용을 일으킨다. 서울올림픽과 북방정책의 성과로 북한을 외곽에서부터 '양파껍질 벗기듯' 개방시킨다는 남한의 전략은 성공하지 못했다. 이 양자의 성과로 체제경쟁 및 외교경쟁에서 승리한 남한은 '7·7선언'과는 달리 북한의 대미, 대일 관계개선을 저지하고자 했다. 그러나 북의 실패가 곧 남의 성공일 수는 없으며 단지 북의 실패일 뿐이었다. 북미 및 북일 수교 불발로 남한이 북한에 대해 '완전한 승리'를 거둔 것처럼 보였지만, 결과적으로 그것은 북핵문제를 불러들인 '피로스의 승리(Pyrrhic victory)'였는지도 모른다. 비대칭 교차승인 구도에 놓인 북한을 핵에 의존한 생존 모색으로 몰고 간 면이 있었기 때문이다. 분단체제에서 상대방에 대한 노골적 개입과 압박, 그리고 완전한 승리의 추구는 반명제로 귀결될 수 있음을 교훈으로 새길 필요가 있다.

다섯째, 제2공화국 민주주의 실험에서 보았듯이 분단한국에서 통일논의의 분출과 남북협력 시도는 남남갈등을 동반했다. 뿐만 아니라 결국 반공 국시의 5·16쿠데타로 통일지향성 위축은 물론 민주지향성마저 역진시켰다. 국내 냉전의 관성을 감안할 때 대북·통일정책을 둘러싼 균열과 갈등은 결코 이 책에서 본 제2공화국이나 황용주의 '통일론' 필화사건, 유성환의 '통일 국시' 발언 때와 같은 일시적 현상이 아니다. 앞으로도 상당 기간 지속될 문제라고 할 수 있다. 대북·통일정책의 국내정치에서 오는 갈등의 격화는 이념적 양극화 내지 심리적 내전상태를 초래하여 사회통합을 저해한다. 그리고 이는 남북 갈등 및 적대의 고조로 이어질 수밖에 없다. 이런 조건에서 남북관계 발전과 한반도 평화는 무망하다. 우리가 남북관계 발전과 한반도 평화의 기초를 국내 합의의 기반

조성에서 찾아야 하는 이유이다. 대북·통일정책의 정쟁화로 인하여 합의 도출이 용이하지 않을 수 있다. 그럼에도 불구하고 정책을 추진하는 정부·여당이 합의 기반 도출을 위해 정치사회와 시민사회 영역에서 진지하게 노력하고 관련 절차를 밟는 것이 중요하다. 대북·통일정책의 핵심은 '밖'이 아니라 '안'이고, 궁극적으로는 정치의 문제이다. '안'과 정치 없이는 어떤 것도 하기 어렵다고 할 것이다.

여섯째, 전두환 정권의 권위주의 통치에 맞서 민주화운동이 거세게 일어난 데서 볼 수 있듯이 한국 민주주의의 진전과 남한의 체제역량 강화로 인해 그 이전 권위주의정권에서와 같은 북한요인이 지닌 부의 영향력은 약화되었다. 그 때문에 북한요인을 동원하여 4·13호헌으로 권위주의 연장을 도모했던 전두환 정권의 기도는 좌절되었다. 요컨대 북한요인이 지닌 부의 영향을 제어할 수 있을 만큼 한국의 정치와 시민사회가 성숙했던 것이다. 다시 말해 정권의 북한요인을 동원한 반공지향성 강화 시도가 민주지향성을 압도하지 못했다는 것이다. 이것이 함의하는 바는 한국 민주주의의 심화를 저지 또는 촉진하는 변수가 더 이상 북한요인 등 외부가 아니라 우리 내부에 있음을 보여준 것이라고 할 수 있다. 이로부터 탈분단이 민주화의 전제조건이 아니라 우리 사회의 민주주의 심화가 북한요인의 부정적 파급력을 제어하고 탈분단을 이루는 조건이자 과제임을 알 수 있다.

에필로그

민주화 이후 북한요인의 지속과 변화

유신체제 시기까지 권위주의정권들을 지탱하는 주요 명분 중 하나였던 반공[1]은 전두환 권위주의정권 등장 이후 점차 그 설득력과 영향력을 상실해갔다. 그 이유는 우선 1980년대 초중반 남북한 힘의 역전이 뚜렷해지는 상황에서 북한카드가 그전만큼 국내정치를 크게 동요시킬 정도의 영향력을 갖기 어렵게 되었기 때문이다. 또한 전두환 신군부가 광주시민들을 북한의 사주를 받은 폭도라고 규정하며 과잉진압하고 학살을 감행한 것도 정권[2]의 반공소비에 대한 회의를 가속화했다. 이로써 북한과의 대치상황에서 일정한 명분과 설득력을 유지해오던 반공은 정치사회와 시민사회로부터 동조를 얻기가 차츰 어려워졌다.

나아가 일부 학생운동권을 중심으로 김일성의 항일운동 전력과 주체사상이 유포되면서 광주시민을 학살한 전두환 정권은 물론이고 이승만, 박정희 등 남한 정권에 비해 북한 정권의 정통성이 우위에 있다는 인식까지 퍼졌다. 이는 광주항쟁을 유혈 진압한 전두환 정권을 비호하는 미국에 대한 비판의식과 결합하여 반미·친북 성향으로 나아가기도 했다. 이러한 사정으로 반공은 서서히 약화되었다.

무엇보다 한국의 반공은 1987년 민주화와 1980년대 후반부터 1990년대 초에 걸쳐 급격하게 진행된 동구 사회주의권 및 소련의 붕괴와 냉전의 해체로 상당 정도 약화되었다.[3] 더욱이 북한이 1980년대 이후 만성적인 경제침체를 겪은 반면, 남한이 북한에 비해 월등한 경제 우위를 확보함으로써 북한에 대한 위협인식 역시 현저하게 감소했다. 따라서 남한의 국내정치에서 과거와 같이 반공과 안보를 구실로 반대세력을 억압하고 민주주의를 제한하는 것이 점차 용이하지 않게 되었다. 그런데도 유신체제가 종말을 고하고 들어선 전두환 정권은 물론이고 노태우, 김영삼 정권 역시 북한요인의 동원과 이른바 친북·용공[4] 프레임의 정략적

이용이라는 면에서 이승만, 박정희 정권과 크게 다르지 않았다. 전두환 정권은 그렇다고 해도 1987년 6월 민주항쟁과 대통령직선제를 통해 등장한 노태우 정권, 특히 '문민정부'를 자임한 김영삼 정권에서도 반대세력을 제압하고 정적을 무력화하기 위해 북한요인을 동원했다는 사실은 역설이다.

1948년 정부 수립 이래 한국정치를 규정해온 반공과 민주라는 두 길항하는 지향성 가운데 반공지향성의 약화는 국제환경, 남북관계, 국내정치의 세 수준에서 접근하고 분석할 수 있다. 동시에 전두환, 노태우, 김영삼 정권 시기의 북한요인 동원과 친북·용공 프레임의 정략적 설정과 영향 역시 세 분석 수준에서 설명 가능하다. 다만 이 글은 세 분석 수준을 염두에 두되, 이에 입각하여 정치하게 설명하고자 하는 시도는 아니다.

우리가 주목하는 것은 유신체제 이후 반공의 약화라는 점진적인 추세 속에서 전두환 정권은 물론이고 노태우, 그리고 김영삼 정권조차 북한요인 동원이나 친북·용공 프레임 활용에서 왜 과거의 권위주의정권과 비교하여 별 차이를 보이지 않았는가 하는 점이다. 이는 민주지향성 강화와 반공지향성의 약화 속에서도 북한요인의 동원과 친북·용공 프레임 설정이 일정한 효력을 발휘할 수 있었던 원인에 대한 질문이기도 하다. 이 글에서는 유신체제 시기까지의 북한요인 동원의 유산과 관성이 세 정권 시기의 국내정치에 어떻게 작용하고 영향을 미쳤는지 살펴봄으로써 한국정치에서 북한요인이 갖는 지속과 변화, 그리고 각 시기의 특징을 도출해보고자 한다.

반공지향성 약화 속 북한요인의 재래적 동원: 전두환 정권

유신체제가 국가안보와 경제발전이라는 두 가지 명분을 정권 유지의 수단으로 이용하였듯이 12·12쿠데타로 집권한 전두환 정권 역시 이들 명분을 권위주의정권 유지를 위해 기민하게 동원·활용하고자 했다. 남북대치라는 상황을 위기로 과장함으로써 민중부문을 정치적으로 크게 위축시켰고, 결과적으로 노동운동과 시민운동 등을 효과적으로 제어했다.[5] 그리하여 전두환 정권 역시 북한요인의 동원과 정략화 면에서 이전의 권위주의정권들과 크게 다르지 않았다. 전두환 신군부는 '서울의 봄' 시기 학생들의 시위를 '불순분자들의 책동'으로 몰면서, 학생시위가 북한의 사주에 의한 것이라고 주장하며 북한의 남침 위협을 유포시켰다.

그러나 위컴 주한 미군 총사령관은 전두환과 만나 '북한의 침공이 임박했다는 징조는 없다'고 반박했다. 위컴은 전두환이 북한의 위협을 강조한 것은 청와대의 주인이 되기 위한 구실에 불과하다고 보았다.[6] 신군부는 1980년 5·17비상계엄확대조치를 취하면서 그 이유로 '북괴의 동태와 전국적으로 확대된 소요'를 내세웠다. 그러나 당시 북한의 '이상 동태'는 존재하지 않았다. 소요 역시 5월 16일 전국대학총학생회장단이 당분간 교내 및 가두시위를 중단하기로 결의했던 점을 고려하면 어불성설이다. 사실 이 조치를 취한 목적은 여야 정치권이 계엄해제 촉구와 유신헌법 개헌에 합의하여 5월 20일 소집하기로 한 임시국회를 막고 정권 장악을 본격화하는 데 있었다.[7]

신군부는 5·17비상계엄확대조치와 김대중 구속에 반발하여 일어난 광주항쟁을 북한 및 불순분자들의 조종에 의해 발생한 폭동으로 선전했다. 물론 이승만, 박정희 정권도 1960년 4·19혁명, 1964년 6·3항쟁, 1979년 부마항쟁 등 학생과 시민들의 저항을 동일한 방식으로 몰아갔다. 이와 같은 북한요인 동원과 친북·용공 프레임 설정에 대응하여 광주 시민군은 태극기를 흔들고 〈애국가〉를 부르며 항거했다. 그러나 신군부는 과거 국가건설 시기에 좌익 소탕을 명분으로 자행된 '인간사냥'을 다시금 연상시키는 민간인 학살을 자행했다. 이는 비록 광주라는 제한된 공간이었지만 시민사회 수준에서 정권에 의한 용공·친북 프레임의 실체와 그 허구성을 집단적으로 체험하는 계기가 되었다.

광주항쟁을 진압한 후 신군부는 자신들의 집권을 정당화하기 위하여 김대중과 주요 재야인사들, 그리고 광주항쟁 관련자들을 내란음모 혐의로 구속했다. 신군부는 광주항쟁을 북한요인과 연결시키며 극도의 공안정국을 조성했다. 즉, 유혈 진압을 북한의 위협을 구실로 합리화하고자 했다. 또한 광주항쟁을 북한 또는 북한을 추종하는 세력이 개입하여 일으킨 것으로 간주하여 정치사회와 시민사회에 재갈을 물리고자 했다.

광주항쟁 진압 후인 1980년 5월 31일, 이희성 계엄사령관은 '북괴의 고정간첩과 이에 협력하는 불순 위해분자들의 책동과 김대중이 자신을 추종하는 학생들을 배후 조종·선동해온 것이 '광주폭동사태'의 발단'이라고 규정했다.[8] 문화공보부는 1980년 7월 20일, 「당면과제에 대한 홍보계획」이라는 대외비 문건을 각 언론사에 보냈다. 이 문건에서 문화공보부는 "김대중은 북괴와 통하는 공산주의자이며 폭력주의자"라고 못 박았다. 그러고는 언론사로 하여금 동원할 수 있는 모든 매체와 모임 등을 활용하여 김대중의 좌경·급진 성향을 장기간 지속적으로 부각시켜나가도록 노골적으로 권고했다.[9]

동시에 정권은 1981년 남북정상회담 제의, 1982년 민족화합민주통일방안 제의, 그리고 1985년 남북정상회담 추진 등 북한과의 화해 제스처도 취했다. 그러나 이는 남북관계 발전에 목적이 있었다기보다는 광주항쟁으로 인한 정권의 정통성 결여 만회, 북한의 고려연방제에 대한 견제와 대응, 그리고 국제사회의 불안감 불식을 통한 서울올림픽의 원만한 개최를 위한 남북관계의 안정적 관리 필요성이 주요 배경이자 동기였다. 이전 박정희 정권에서도 이와 유사한 사례를 발견할 수 있다. 1970년대 초 박 정권이 남북대화에 나서고 7·4공동성명을 채택한 것도 남북관계의 획기적 발전보다는 북한의 도발 및 전쟁방지를 통해 경제성장을 위한 시간 벌기가 주목적이었다.[10]

광주항쟁을 유혈 진압하고 집권한 전두환 정권은 1980년에서 1983년에 이르기까지 억압적인 통치를 지속했다. 이에 대한 국민들의 대체적인 반응은 침묵을 통한 불만 표시 또는 체념이었다고 할 수 있다. 물론 학생들의 반정부 시위는 정권 출범 직후에도 계속되었고, 노학연대의 노력도 있었다. 그리고 1983년 9월 민청련이 결성되었으나 시민사회의 대규모 저항은 정권 초기에는 나타나지 않았다.[11] 전두환 정권은 1983년 말 학원자율화 조치로 제적 학생을 복교시키고, 해직교수를 복직시켰다. 뒤이어 정치활동 규제자들을 해금했다.

이러한 유화조치가 정권이 아래로부터의 저항 압력에 굴복한 결과는 아니었다. 그보다는 그간 자신들의 무자비한 탄압정책이 반대세력의 이념적 급진화를 초래하고, 반정부 민주화운동의 도덕성을 제고하는 역효과를 가져왔다고 판단했기 때문이다. 또한 이제까지의 정국 주도에 고무되어 자신들이 의도하는 대로 정국을 운영할 수 있다는 자신감도 있었다.[12] 거기다가 1983년 10월 발생한 버마 아웅산묘소폭탄테러사건도 정권에 '태극기 아래 결집 효과'를 가져다줄 것으로 기대했다. 물론 11월 방한을 앞둔 레이건 미 대통령이 민주주의와 인권 증진을 요구한 것도 영향을 미쳤다.

그러나 박정희 정권 시기 '산업화의 민주화 효과'와 광주항쟁을 계기로 강력한 권위주의정권에 맞서 시민사회의 민주화운동 에너지 또한 강하게 축적되고 있었다. 이러한 상황에서 유화국면이 전개되자 시민사회 내에서 독립적이고 자율적인 조직이 족출하여 민주화 열망을 분출하기 시작했다. 당황한 정권은 민주화운동 진영을 친북·용공으로 몰면서 국가보안법을 동원하여 억압·통제하고자 했다.

전두환 신군부가 집권하면서 유신체제 못지않은 권위주의체제를 재수립하고 지속하는 데 있어 북한과의 대치라는 구조적 북한요인, 아웅산묘소폭탄테러사건과 같은 북한의 도발과 남한 국내정치 개입 등의 행위적 북한요인, 그리고 정권의 정략적인 상황적 북한요인 동원이 일정하게 영향을 미쳤다고 할 수 있다. 그러나 서두에서도 지적했듯이 정권 후반기로 갈수록 위협을 빌미로 한 북한요인이 국내정치에서 갖는 파급력은 상대적으로 약화되었다. 이는 무엇보다도 남북관계에서 남한의 총체적 국력 우세, 민주화운동의 발전과 시민사회의 성숙 등 국내 매개변수의 여과·조정 역할의 증가에 기인한다고 볼 수 있다. 이에 따라 한국정치의 민주지향성은 강화된 반면 반공지향성은 상대적으로 약화되었다. 북한에 대한 경계심과 시민사회의 낮은 대북 관용도가 상존하고 있었지만, 북한요인을 빌미로 민주주의 발전에 제한을 둔다는 것이 시민사회로부터 묵인되거나 수용되기가 점차 어렵게 되었다.

그럼에도 북한과의 대치라는 영합적 조건에서 한국의 민주주의가 허용하는 정치적 반대와 그것이 정치적 불안과 사회적 혼란을 야기하여 체제를 약화시키는 행위로 해석될 반체제적 반대 간의 경계는 여전히 애매했다. 일반적으로 냉전권위주의 시기의 시민사회와 정치사회의 야당은 이를 분리시켜야 한다고 주장한 반면, 권위주의정권은 이를 연계시키려는 속성과 경향을 지녔다. 이런 조건에서 권위주의정권은 북한과의 자명하거나 추정되는 연계는 말할 것도 없고, 그것과 무관한 반대 역시 친북 또는 용공으로 간주하여 제압하고자 했다. 민주화운동은 종종 북한의 위협과 안보를 빌미로 탄압받았다. 심지어 일체의 이견이나 민주화운동 자체가 친북·용공으로 의제되기도 했다. 국가보안법은 이것을 위한 효율적인 수단이었다.

그렇다면 전두환 정권에서 북한요인의 동원과 소비는 어떻게 이루어졌는가? 민주화운동에 대한 정권의 친북·용공 프레임의 무분별한 설정으로 간첩과는 거리가 먼 일반 시국사범까지 고문과 조작 속에 국가보안법 사범이 되었다. 1985년 9월 안기부가 발표한 구미유학생간첩단사건은 그중 한 예이다. 이 사건은 학생운동 배후에 간첩의 사주가 있다는 전두환 정권의 주장을 뒷받침하기 위해 조작된 것이었다. 이러한 사태의 연속은 결국 간첩에 대한 인식의 전환을 가져왔다. 즉, 민주화운동으로 투옥된 다수의 학생·재야인사 등 지식인들은 사회로부터 완전히 격리되어 장기형을 복역하고 있는 '간첩'들에게 접근이 가능했다. 이 지식인들의 목격과 체험이 간첩의 실상을 외부에 알리는 계기가 되었다는 것은 하나의 아이러니였다.[13] 그러나 민주화실천가족운동협의회 산하 7년 이상의 장기형을 선고받은 양심수 가족들의 모임인 '장기수가족협의회'의 정식회원은 40명 안팎에 불과했다. 간첩으로 몰린 가족들은 민주화운동을 하던 재야 사람들로부터도 경계의 대상이 되었던 것이다.[14] 이는 민주화운동 진영 일반을 북한요인을 동원하여 친북·용공으로 모는 전두환 정권의 마녀사냥에 대한 일종의 자기보호였다.

1980년대 학생운동을 했던 이들은 이승만, 박정희 정권 때와 마찬가지로 레드 콤플렉스에서 자유롭지 못했다. 누가 묻기도 전에 먼저 스스로 빨갱이가 아니라는 것을 밝혀야 했다. 전두환 정권이 반독재민주화운동을 좌경·용공으로 몰아갔기 때문이다. 예컨대 1986년 10월 28일 이른바 건국대 애학투련사건이 발생했을 당시에도 학생들은 자신들이 빨갱이로 몰릴 것을 우려해 〈6·25의 노래〉, 〈애국가〉, 〈우리의 소원은 통일〉 등의 노래를 불렀다. 그러나 이런 몸조심에도 불구하고 학생들은 언론을 통해 어느새 빨갱이로 몰리고 있었다.[15] 검찰은 애학투련을 친북 불법단체로 규정했고,[16] 11월 4일 이 사건에 대한 검찰 발표문 제목은 '공산혁명분자 건국대점거난동사건'이었다.

건국대 사건 직후 전두환 정권은 북한요인의 위협성을 호명하여 반정부 민주화운동을 친북·용공으로 채색시켜 잠재우려고 했다. 10월 30일 이규호 건설부장관은 북한의 금강산 댐 건설을 발표하며, 수도권 일원을 포함한 한강 전역의 수몰 가능성을 강조했다.[17] 전국에서 북한 규탄 시위가 이어졌고, 평화의 댐을 건설하기 위한 국민성금 모금운동이 전개되었다. 정권의 빨갱이 양산, 더 정확히 말해 조작이 가져다준 '간첩가족'의 피폐한 삶을 극명하게 보여준 사례가 바로 1987년 1월 발생한 수지김사건이었다. 당시 민주화와 대통령직선제 개헌 요구 운동을 '북풍'으로 잠재우기 위해 장세동의 안기부가 조작한 정치공작이자 국가범죄였다.

그런데 북한의 무력도발, 침투, 테러 등 행위적 북한요인이 정권에 의한 북한요인의 동원이나 정략적 친북·용공 프레임 설정이 먹혀들 수 있는 여지를 제공한 것도 사실이다. 1983년 10월 아웅산묘소폭탄테러사건, 같은 해 12월 부산 다대포 앞바다 간첩침투사건, 1985년 10월 부산 청사포 간첩선침투사건, 1986년 9월 북한의 테러로 추정된 김포공항폭발사건, 1987년 11월 KAL858기폭파사건 등이 그 예이다. 이 점에서 북한은 남한의 민주화운동과 민주화세력을 도와준 것이 아니라 오히려 궁지에 빠뜨렸다. 반면 권위주의정권과 냉전적 보수세력의 입지 강화에 도움을 주고 민주세력 억압의 구실을 제공했다. 이승만, 박정희 정권에서와 마찬가지로 북한의 국내정치 개입이나 무력도발은 민주주의를 제약하고 권위주의를 강화하는 결과를 초래했다. 북한이 남한의 정권에는 위기를 주고 반대세력에는 기회를 제공하고자 했을지 몰라도 실제 결과는 정반대로 나타났다.

전향적 7·7선언과 북한요인의 재래적 동원: 노태우 정권

탈냉전민주화 이후 북한요인이 한국정치에 미친 영향은 이전 냉전권위주의 시기와 비교하여 지속과 변화의 측면을 동시에 보여주었다. 1980년대 중반 이후 국제적 차원의 신데탕트가 도래하는 상황 속에서 남북한 모두 긴장완화의 필요성을 공유하였고 국내에서도 통일운동이 고조되었다. 노태우 정권 출범 직후인 1988년 3월 서울대 총학생회장 선거유세에서 김일성대에 보내는 공개서한이 발표되면서 통일운동이 불붙기 시작했다. 1988년 6·10남북학생회담 및 8·15남북학생회담 시도 등은 민간 차원의 통일 분위기를 더욱 고조시켜 통일문제가 주요 쟁점이 되었다. 그리고 다양한 집단과 단체들이 북한과의 만남을 시도했다. 불과 1년 반여 전인 1986년 10월 신민당 유성환 의원이 국회 본회의에서 "이 나라의 국시는 반공보다 통일이어야 한다"고 주장했다가 '용공 발언'으로 몰려 구속되는 사태까지 벌어진 점을 상기하면 격세의 변화가 아닐 수 없었다.

통일운동의 고양과 함께 청년학생들은 '북한바로알기운동'을 전개, 반공·반북의식을 허물고 민족 대단결 의식을 확산시키고자 했다.[18] 그 과정에서 일부 청년학생들이 북한을 남한사회의 병폐와 모순을 해결해 줄 수 있는 대안사회로 인식하는 친북적 입장을 보이기도 했다. 4·19혁명 후 민주당 정권의 경로에서 보았듯이 통일문제가 정치적·사회적 쟁론으로 등장하면 분단체제와 현 정치체제에 대한 회의와 도전으로 점층하는 경향을 띠었다.[19] 말하자면 분단국가에서 민족정체성의 부상은 국가정체성에 대한 도전과 논란을 예고했다. 그리고 이는 '반공-반북-안보'라는 분단국가 한국의 지배적 틀에 대한 문제 제기나 논란으로 비화될 수 있었다. 자연 분단된 남한의 국가정체성에 기득이익과 이념적 정향을 지니고 있던 냉전적 보수세력[20]은 이와 같은 사태 진전에 위기의식을 느꼈다.

1988년 노태우 정권의 7·7선언과 북방정책 전개는 이와 같은 사태에 대한 공세적 방어로 해석할 수 있다. 즉, 민간의 통일 열기를 일정 정도 선택적으로 수용하고 국가가 통제할 수 있는 틀 내로 끌어들여, 개혁적 통일논의의 분출에 대응하여 이니셔티브를 쥐겠다는 것이다. 물론 노 정권이 6월 민주항쟁으로 인한 국내적 민주화와 국제적 탈냉전에 부응하여 전향적인 북방정책을 표방하고 추진한 것도 사실이다. 노 정권은 북방정책 실행의 일환으로 7·7선언을 발표하여 사회주의권과의 관계개선은 물론 적극적인 남북대화 추진 의사를 천명했다. 북방정책 추진으로 동구 사회주의권과의 국교 확대를 비롯하여 소련, 중국과 수교하는 개가를 올렸다. 7·7선언은 이전 시기의 대결적인 남북관계를 청산하고 화해와 교류·협력 추구 의지를 담고 있었고, 1991년 남북기본합의서를 채택하는 획기적 성과를 거두었다.

그럼에도 노 대통령은 냉전기의 대북 적대의식과 체제경쟁 의식을 버리지 않았다. 노 대통령은 7·7선언을 통해 북한을 상생의 동반자라고 공표했음에도 불구하고 실제로는 '힘'을 앞세워 북한을 압박하고자 했다. 그리고 국내적으로는 국가보안법을 내세워 시민사회의 민주화 열기와 통일운동을 정권이 설정한 범위 내로 제한하고자 했다.[21] 말하자면 북방정책 컨트롤 타워의 정점에 있었던 노 대통령의 '선언'은 전향적이었지만, 실질적인 '인식'과 '대응'은 냉전적 현실주의에서 크게 벗어나지 못했다. 특히 한소수교를 전후하여 북한의 대미·대일 교섭을 저지하며 비대칭 교차승인 구도로 북한과의 외교경쟁에서 완전한 승리를 추구했다. 그로 인해 노 정권의 북방정책은 대북정책 면에서는 '현실주의적 포용정책'이라는 일종의 형용모순 속에 있었다고도 할 수 있다.[22]

노 대통령은 집권 기간 중 민주화 진전, 5공 청산 주도, 사법부 독립, 한소수교 및 한중수교, 입법부 존중을 통한 여야 합의의 통일방안 도출, 남북기본합의서 체택, 주택 200만 호 건설, 재벌과 부동산 개혁 추진, 중산층 형성, 신국제공항과 경부고속전철 건설 등 괄목할 만한 여러 업적을 남겼다.[23] 그러나 탈냉전민주화 흐름에 부응한 전향적인 북방정책 표방에도 불구하고 북한에 대한 인식과 접근은 냉전적 현실주의에 머물러 있었다. 국내 정국 운영 또한 냉전적 현실주의를 완전히 탈피하지 못했다. 과거 권위주의정권과 마찬가지로 북한요인을 여전히 정략적으로 동원했다.

1988년 4월 총선으로 조성된 여소야대 정국으로 인해 노 정권과 냉전적 보수세력은 위기에 직면했다. 노 정권은 전두환 신군부가 광주항쟁을 북한과 연계하며 극도의 공안정국을 조성했듯 공안정국을 조성함으로써 난국을 타개하고자 했다. 정권 출범 초기에는 국가보안법 개폐 논란 때문에 그 적용을 비교적 자제했다. 그러나 1989년 3월 현대중공업 파업과 4월 문익환 목사의 방북을 계기로 정권은 전가의 보도인 국가보안법을 방편 삼아 급격히 공안정국을 조성해나갔다. 공안합수부가 만들어져 77일 동안 85명을 구속했다. 이는 전년도 국가보안법 구속자의 약 2배에 달하는 수치였다.[24] 노동자, 출판인, 화가, 교사 등이 국가보안법으로 탄압받았는데, 국가보안법 사건 중 이적표현물 제작과 찬양고무 동조 사례가 80%를 차지했다.[25]

노 정권은 1989년 6월 평민당 서경원 의원의 방북 사실이 알려지자마자 이를 평민당 및 김대중 총재와 관련짓기 위해 총력을 기울였다. 안기부를 통하여 '공작금 수수설'을 퍼뜨리는가 하면 불고지죄를 동원하여 평민당 고위당직자들을 입건하는 사태까지 벌어졌다. 결과적으로 문익환 목사와 서경원 의원 방북사건은 노 정권에게 야당과 재야세력에 대한 전면적인 공안탄압의 빌미를 제공했다. 이러한 방북 행렬에 대해 재향군인회, 실향민호국운동중앙협의회 등 냉전적 보수단체에서도 방북 비난 성명을 내는 등 조직적 대응을 보였다.

이와 같이 여소야대 정국 속 위기에 직면한 노태우 정권은 공안정국 조성을 통해 냉전적 보수세력의 결집·반전을 꾀하고자 했다. 노 정권은 문익환 목사 및 임수경의 방북 등 급진적 통일운동과 1987년 6월 민주항쟁 직후 7~8월 노동자 대투쟁으로 본격적으로 시작되고 활성화된 노동운동을 탄압했다. 특히 노동운동에 대한 사회 일반의 부정적 태도는 단순히 노동운동이 경제성장에 저해된다는 인식을 넘어 친북·용공세력이 침투하여 벌이는 국가전복행위로 간주되었다. 1987년 민주화 이후까지도 반공·반북주의의 헤게모니는 일정한 지속성을 보여주었다. 시민사회 수준에서의 반공의 위력은 다소 약화되었지만, 냉전권위주의 시기

반공이데올로기의 오랜 교화와 정치사회화 과정에 의해 기본적으로 유지되고 있었기 때문이다.

그 결과 이러한 반공·반북의식의 동원은 자주 급진주의나 민중운동에 대한 두려움과 혐오감을 불러일으키는 '확산효과(spillover effect)'를 가져왔다. 그리하여 노태우 정권은 민중 주도 통일운동의 확산을 공안분위기를 동원하는 계기로 삼아 전투적 양상으로 진행되는 노동운동과 전반적으로 고조된 개혁 분위기를 냉각·저지하고자 했다.[26] 물론 일부 청년학생들의 '북한 편향주의'와 전투적 노동운동도 공안정국의 조성에 일정 정도 빌미를 주었음을 부인할 수 없다. 더욱이 사노맹 같은 경우는 1989년 초부터 사회주의에 대한 공개적인 선전선동을 통해 반정부투쟁을 전개한 것도 사실이다.[27]

곧 드러났지만 노태우 정권의 공안정국 조성은 다름 아닌 1990년 1월의 3당 합당을 위한 사전 포석이자 정지작업이었다. 공안정국으로 정치적 이슈는 구체제의 유지냐 민주개혁이냐에서 보혁 대결의 양분 구도, 즉 보수주의(또는 온건개혁주의) 대 급진좌경주의로 빠르게 변전되었다. 말하자면 북한요인을 동원한 친북·용공 프레임이 민주화를 둘러싼 사회세력 간 갈등관계에 갑자기 삽입되었다. 그리하여 권위주의 신봉자나 권위주의체제에 긍정적으로 기여하는 사람은 민주주의자가 되는 반면, 반체제 민주화세력은 용공·좌경·혁신세력이 되는 전도현상이 발생했다.[28] 여기서 노태우 정권에서 친북·용공 프레임의 의미와 적용이 변용·진화하는 모습을 볼 수 있다. 김대중 정부나 노무현 정부에서 이슈화되었던 친북·용공 청산 논의[29] 역시 그 제기 주체가 야당으로 변화된 것을 제외하고는 기본적으로 이와 유사한 구도에서 전개되었다고 할 수 있다.

위에서 살펴본 바와 같이 노태우 정권은 1988년 4월 총선으로 조성된 여소야대 정국과 더불어 민주지향성과 통일지향성이 급속한 강화 조짐을 보이자 북한요인을 동원한 친북·용공 프레임으로 이를 차단하고자 했다. 분단체제하에서 북한요인 동원은 정치적 경쟁에서 냉전적 보수세력의 우위를 담보해주었다. 특히 정적을 사실 여부와는 관계없이 친북·용공으로 몰거나 북한요인의 위협 측면을 동원하는 것은 여전히 위력을 발휘했다. 1987년 민주적 개방 이후의 사례만 보더라도 1987년 13대 대선 직전의 KAL858기폭파사건은 노태우 후보의 당선에 상당한 영향을 미쳤고, 북한요인을 토대로 한 '색깔론' 동원은 정치적 효력을 발휘했다. 1987년 6월 민주항쟁의 성과로 치른 13대 대선에서 직선제를 통해 정권 재창출을 해야 했던 노태우 후보 진영은 김대중, 김영삼 후보를 좌경·용공으로 몰아붙였다. 즉, "야당이 집권을 위해 불순한 좌익 폭력세력과 손을 잡고 있다"며 상투적인 매카시즘을 동원했다.[30] 북한은 선거기간 중 『로동신문』 등을 통해 노태우 후보의 낙선을 공개적으로 선동하고 양 김의 단일화를 강조함으로써 양 김을 지지하는 인상을 주었다. 북한의 국내정치 개입이 양 김에게 결코 유리하게 작용하지 않았음은 말할 것도 없다.

한편 1992년 12월 14대 대통령선거에서도 여당은 야당 후보인 김대중에 친북·용공 프레임을 씌웠다. 민자당의 김영삼 후보는 민주당 신·구파로서 자신과 함께 보수 야당의 길을 걸어온 김대중 후보를 용공으로 몰았다.[31] 1954년 '사사오입' 개헌 시도 시 이승만이 자신 못지않게 반공을 기저이념으로 한 민국당 등 보수야당 정치인에게까지 북한과의 연계를 시도했던 프레임의 데자뷔였다. 김영삼 후보와 참모들은 남북협력 강조와 남북관계 진전이 김대중 후보에게 유리할 것이므로, 보수 심리를 자극하는 것이 자신들에게 유리하다고 보았다. 노태우 대통령의 레임덕과도 연관된 1992년 9월의 '훈령조작파동'[32]이 그와 같은 선거전략과 맞닿아 있었다는 합리적 의심도 제기된다.[33]

민자당은 과거 반공권위주의 시기의 정권 못지않게 레드 콤플렉스를 자극하며 선거전을 치렀다. 북핵문제도 본격적으로 불거졌다. 또한 1993년 팀스피릿 훈련 재개 여부와 특별사찰을 포함한 남북 상호 핵사찰의 북한 수용 여부를 연동하는 문제에 대한 남북 당국 간의 공방으로 남북관계는 급속도로 악화되었다.[34] 대선이 본격적으로 시작되는 9월과 10월에 들어서자 안기부는 김낙중간첩단사건과 남조선노동당사건에 대한 중간수사 결과를 발표했다. 남조선노동당사건 구속자 중에는 김대중 후보의 개인 비서가 포함되어 있다면서 김 후보를 친북·용공으로 몰았다.[35] 뒤이어 남조선노동당 중부지역당 관계자들이 남파간첩 이선실과 관련된 것으로 발표하여 선거정국은 공안 분위기로 더욱 얼어붙었다. 또한 민주주의민족통일전국연합(이하 '전국연합')이 민주당과 정책연합을 선언하고 김대중 후보를 범민주 단일후보로 확정하자 민자당은 전국연합의 색깔이 의심스럽다고 공격했다. 선거나 정국이 어려울 때 등장하던 북한요인 동원이 어김없이 재현된 것이다. 냉전권위주의 시기와 큰 차이 없는 기시감이 드는 정치공세였다.

이와 같이 노태우 정권에서도 정치적 목적을 위해 북한의 위협이나 무력도발과 같은 행위적 북한요인이 있든 없든 북한요인을 동원하고 활용하려고 했다. 다만, 1987년 대선 국면에서 발생했던 KAL858기폭파사건, 1990년 3월 북한의 '제4땅굴'사건, 1992년 9월 미국의 첩보위성 자료 공개로 알려진 북한의 핵무기 개발 등 북한요인의 가시화[36]와 각종 간첩사건, 그리고 문익환, 서경원, 임수경의 방북사건 등은 정권의 북한요인 동원에 힘을 실어주는 결과를 가져왔다.

요컨대 노태우 정권은 북한요인의 평화적 측면도 활용했지만 위협적 측면의 동원에도 비중을 두었다. 이것은 분단체제에서 반대세력을 제압하고, 민주개혁 및 통일 이슈 등의 억압이나 국면전환용으로 북한요인만큼 유용하고 위력적인 것은 없었기 때문이다. 그래서 노태우 정권에서도 북한요인을 이용한 친북·용공 프레임은 사회의 주요 모순이나 개혁과제를 은폐하고 억압하는 반민주적 억압기제로 종종 동원되었다.

북한요인의 전향적·재래적 동원의 지그재그: 김영삼 정권

1986년 10월 '통일 국시' 발언으로 구속된 유성환 의원의 사례에서 보는 것처럼 반공이 대한민국의 '국시'임은 김영삼 정권이 출범할 때까지 그 독점적 위치가 크게 바뀌지 않았다. 그러나 탈냉전과 소연방 해체에 따른 세계질서의 변화와 한중수교 등으로 '반공 국시'의 국가정체성은 도전을 받게 되었다. 이를 반영하듯 김영삼 대통령은 취임사를 통해 "어느 동맹국도 민족보다 더 나을 수는 없다"며 민족정체성 회복 및 추구를 강조했다. 그리고 이를 뒷받침이라도 하듯 정권 출범과 더불어 남북관계에서 일정 정도 자유주의적 개혁성을 보여주었다.[37] 비전향 장기수 이인모의 조건 없는 북한 송환이 그 대표적인 예이다.

그러나 송환 결정을 발표한 바로 다음 날인 1993년 3월 12일 북한이 핵확산금지조약(NPT, Nuclear Nonproliferation Treaty) 탈퇴를 선언함으로써 정권의 대북정책에 찬물을 끼얹었다. 이는 급기야 냉전적 보수세력의 반발과 반격을 초래하는 소재로 활용되었다. 한완상 통일부총리 스스로도 "북한의 이 선언은 냉전세력을 총궐기시킨 사건"이라며, "여기에 휘발유를 뿌린 것이 이인모 노인 송환이었다"고 말했다.[38] 이인모 송환을 주도했던 한완상 부총리는 여당 의원들과 냉전적 보수세력, 그리고 보수언론으로부터 비판의 표적이 되었으며, 경질될 때까지 보수 진영과 진보 진영 간 남남갈등의 초점이 되었다.[39]

전향적인 대북정책 전개를 표방했던 김영삼 정권은 북핵문제가 불거지자 대북 강경책으로 급선회했다. 김 대통령은 1993년 6월 영국 BBC와의 인터뷰에서 "핵을 가진 자와는 악수할 수 없다"는 입장을 표명함으로써 민족정체성 추구 선언을 거두어들였다. 냉전적 보수세력은 북핵문제의 등장을 계기로 결집력을 강화하고 언론매체를 동원하여 반북 정서를 확산시켰다. 냉전적 보수세력의 반북 정서는 1994년 3월 북한의 '불바다 발언'으로 절정에 이르렀다. 그리하여 얼마 후 북핵문제가 북미 간의 제네바 합의로 일단락된 후에도 남북관계는 협력관계로 발전하지 못했다. 한편 5월, 북한이 영변 원자로에서 꺼낸 사용후 핵연료봉 문제로 미국이 대북 군사제재를 검토하고, 북한이 제재는 곧 선전포고라고 맞서면서 한반도는 일촉즉발의 위기상황으로 치달았다.

위기의 한복판에서 카터(Jimmy Carter) 미 전 대통령의 중재로 성사된 남북정상회담 개최 예정으로 일시 남북대결 완화와 민족정체성이 복원되는 듯 보였다. 그러나 7월 김일성 사망 이후 조문파동과 주사파논쟁이 일어남으로써 남북관계는 다시 대결국면으로 회귀했다. 전군비상경계태세 발령과 김일성에 대한 전범 문제 제기 등으로 남북관계 개선은 난망하게 되었다. 북한 역시 며칠 간의 애도 후 준전시태세를 발동, 체제단속에 나섰다. 조문파동을 계기로 냉전적 보수세력은 남북관계 유화 흐름에 제동을 걸었다. 특히 서강대 박홍 총장이 '폭력시위를 벌이는 주사파의 배후에는 김정일이 있다'[40]라며 학생운동권을 친북시함으로써[41] 결과적으로 공안당국의 주사파 검거와 수사에 힘을 실어주었고 공안정국 조성에 기여했다.

그러나 1995년 6월 지방자치제 선거를 앞두고 김영삼 정권이 득표 전략의 일환으로 대북 쌀지원 방침을 발표하면서 남북관계는 또다시 유화 국면으로 가는 듯했다. 정권은 분단 역사상 처음으로 이루어지는 대북 쌀지원이 남북관계 진전을 주도하는 정권의 이미지 창출과 선거에 도움이 되기를 기대했다. 김영삼 정권이 또다시 대북정책을 급변침한 이유였다. 그러나 쌀수송 과정에서 빚어진 인공기 게양사건 및 쌀수송선 억류사건 등으로 정권의 대북정책에 대해 야당은 물론 여당으로부터도 비난이 쏟아졌다. 비판 여론도 비등했다. 비판 여론이 정권의 대북정책뿐만 아니라 전반적인 국정운영 능력에 대한 비판으로 비화될 조짐마저 보였다.[42] 이런 상황에서 결국 남북관계는 개선의 실마리를 찾지 못했다. 사태가 이렇게 전개되자 1996년 1월, 여당인 신한국당은 대북 쌀지원 불가를 거듭 천명했다. 김 대통령 또한 3월, 식량난을 겪고 있는 북한의 도발 가능성을 강조하는 등 다시 대북 강경 입장으로 선회했다.

김영삼 정권은 대북 강경 입장을 견지하면서 1996년 4월 15대 총선이 다가오자 1995년 6월 지방선거 때와는 정반대로 이번에는 북한요인의 위협적 측면을 적극 활용하려는 듯했다. 4월 11일 총선 투표일을 며칠 앞두고 북한군 수백 명이 정전협정 무력화를 위해 중무장한 채 비무장지대에 침입하는 사태가 벌어졌다. 언론이 이를 연일 대대적으로 보도함으로써[43] 북풍이 선거판을 강타했다. 선거 후 북풍이 장학로사건[44]으로 궁지에 빠진 여당을 구출하고 야당에 패배를 안겨준 원인으로 분석되었다. 이에 대해 야당은 북한이 남한의 모종의 제의에 대한 대가로 그 사건을 지휘했다는 미확인된 의혹을 제기하기도 했다. 이처럼 김영삼 정권의 대북정책은 화해와 대결의 냉온탕을 부주의하고 원칙 없이 왔다 갔다 했다.

김영삼 정권은 1996년 4, 5월 들어 학생운동, 노동운동, 통일운동에 대응하여 북한요인을 긴급 동원했고, 이 상황은 여름까지 이어졌다.[45] 그리고 8월, 한총련의 연세대 시위 사태와 그 진압 과정에서 전경 1명이 숨지고 1,000여 명이 크고 작은 부상을 입자 학생운동의 정당성과 대중성도 타격을 받았다. 김영삼 정권은 학생들이 북한의 주장을 그대로 추종한다고 비난했다. 그리고 9월 강릉 앞바다에서 북한잠수함사건이 일어나면서 냉전적 보수세력의 입지는 더욱 강화되었다. 같은 해 12월 국가보안법 날치기 통과는 이를 상징했다.[46] 국가보안법 개정을 둘러싸고 국회 내에서 논란이 있었으나 1997년 초 또 다른 북한요인, 즉 북풍을 몰고 온 황장엽망명사건으로 곧 묻히게 되었다. 그가 가지고 왔다는 대략 5만 명에 달하는 '황장엽 리스트'는 북풍의 회오리가 몰아칠 수 있음을 예고하는 것이어서 정국을 바짝 긴장시켰다.

선거 때면 으레 있었던 북풍 시도는 1997년 15대 대선에서도 재현되었다. 보수언론도 여기에 가세했다. 1997년 8월 『조선일보』는 1995년에 출간된 한국외국어대 이장희 교수의 『나는야, 통일 1세대』를 문제 삼으며 매카시즘 공세를 펼쳤다. 또한 당시 국민회의 이석현 의원이 외국인(중국인)용으로 만든 명함에 '남조선'이라는 글자가 들어가 있다는 이유로 용공으로 몰기도 했다.[47] 선거가 임박하자 김대중 후보가 북한으로 망명한 오익제로부터 편지를 받았다고 보도되어 북풍이 부는 듯했다. 또한 선거 전날 여당인 신한국당 대변인이 김대중 후보를 겨냥하여 서울에 붉은 정권은 절대 용납할 수 없다며 국민들의 레드 콤플렉스를 자극하고자 했다. 그러나 선거에 거의 영향을 주지 못했다. 선거를 앞두고 가시적인 북한의 도발도 없었고, 대선 때면 으레 나오는 북한요인의 동원 시도가 선거전략의 일환임을 이제 유권자들도 익히 알고 있었다.

김영삼 정권은 출범 초기 민족정체성 지향의 전향적인 대북정책을 추진하고자 했다. 그러나 북한의 NPT 탈퇴 선언 등 북핵문제의 대두와 냉전적 보수세력의 협공, 그리고 대통령 자신의 뚜렷한 철학과 전략 부재 속에 표류하고 말았다.[48] 김영삼 정권도 집권 기간 동안 북한요인이 갖는 평화와 위협의 측면을 국내정치에 활용하고자 했다. 그러나 민족정체성 추구 표방과 정상회담 추진 등 평화의 동원은 위협의 동원만큼 효과를 거두지 못했다.[49] 또한 대북 온건과 강경을 원칙 없이 왔다 갔다 하며 정략적으로 접근했다. 그 결과 집권 후반기로 가면서 '문민정부'가 아니라 역대 권위주의정권으로 재회귀한 것이 아닌가 착각할 정도로 북한요인을 정략적으로 이용하고자 했다. 북한요인을 동원하여 권력기반을 다지고자 시도하는가 하면, 친북·용공 프레임의 정략적 설정을 통해 노동운동 및 학생운동 등을 억누르고자 했다. 이 점에 관한 한 문민정부를 자임했던 김영삼 정권은 김대중, 노무현 정권보다는 그 이전의 권위주의정권에 가까웠다고 할 수 있다.

앞으로 한국정치의 주요 과제

지금까지 살펴본 것처럼 유신체제가 종말을 고하고 들어선 전두환, 노태우, 김영삼 정권 역시 북한요인의 동원과 친북·용공 프레임의 정략적 설정이라는 면에서 이승만, 박정희 정권과 크게 다르지 않았다. 전두환 권위주의정권은 물론이고 6월 민주항쟁을 거쳐 등장한 노태우 정권, 특히 '문민정부'를 자임한 김영삼 정권에서도 반대세력을 제압하고 정적을 무력화시키기 위해 이전 시기와 큰 차이 없이 북한요인을 정략적으로 동원했다. 이 점에 관한 한 분단 반세기 동안 어떤 정권도 예외가 없었다.

이승만 정권이 반공을 정략적으로 빈번하게 이용해왔음은 주지의 사실이지만, 이를 비판했던 민주당 정권조차 집권 후 얼마 가지 않아 '빨갱이'를 다스리기 위한 국가보안법의 강화 개정을 역설하지 않을 수 없었다. 또한 집권과정에서 용공 또는 친공으로 공격받던 장본인이었던 박정희 자신이 집권 내내 정치적 반대세력을 용공으로 몰아 탄압했다. 김영삼은 냉전권위주의 시기 '반공과 안보를 위해서라도 민주주의를 해야 한다'고 앞장서서 외쳤고, 그 자신 1987년 대선에서 김대중과 더불어 좌경·용공으로 몰리기도 했다. 그런 그가 1992년 대선에서 김대중 후보를 용공으로 몰았고, 문민정부를 자처했던 집권 기간에도 북한요인을 정략적으로 동원했다.

이렇게 정권을 가리지 않고 북한요인을 동원한 이유가 무엇일까? 우선, 분단체제하 반공과 결합한 자유민주주의와 보수적 지배구조의 한계를 들 수 있다. 반공이 점진적으로 약화되는 추세였지만 '국시' 지위를 유지하고 있었고, 1987년 민주화 이후에도 반공주의는 시대 변화에 적응하면서 변용·진화했다. 그리고 무엇보다 전두환 정권과 노태우 정권이 기본적으로 냉전적 보수세력 중심으로 구성되었다는 점을 들 수 있다. 김영삼 정권 역시 취임 초기 잠시 개혁적 보수의 모습을 보여주기도 했으나 냉전적 보수세력과의 연합으로 구성된 태생적 한계를 벗어나지 못했다.

둘째, 정치사회에서도 개혁적 보수나 진보에 비해 냉전적 보수의 헤게모니가 관철되고 있었다. 시민사회에서도 광주항쟁과 6월 민주항쟁 등을 거치며 학생운동, 노동운동, 통일운동 등이 활성화되고 국민들의 민주의식이 성장하고 있었지만, 그간 반공주의의 헤게모니로 인해 국민 다수는 보수적, 안정희구적 성향을 가지고 있었다. 말하자면 정치사회나 시민사회에서 민주지향성이 반공지향성을 넘어서거나 압도하지 못한 데에서도 원인을 찾을 수 있다.

셋째, 북한의 무력도발이나 선거에서 특정 후보의 공격 또는 지지 등 국내정치 개입이 민주주의를 제약하고 오히려 권위주의를 강화하는 데 기여했다. 본문에서 살펴본 아웅산묘소폭탄테러사건, KAL858기폭파사건, 강릉 앞바다 북한잠수함사건 등 북한의 무력도발, 침투, 테러 등의 행위적 북한요인이 정권에 의한 북한요인의 정략적 동원이나 친북·용공 프레임 설정이 먹혀들 수 있는 여지를 제공하고 힘을 실어주었다.

넷째, 민주화와 탈냉전은 물론이고 북한경제의 침체와 남한의 경제 우위라는 남북 힘의 격차 상황에서도 정권에 의한 북한요인의 동원이 이어진 데는, 1990년대 초부터 불거진 북핵문제가 새로운 안보 이슈로 등장한 데에도 그 원인이 있었다. 말하자면 민주화, 탈냉전, 남북 간 힘의 역전 효과를 북핵문제 대두가 일정하게 상쇄시켰다고 할 수 있다.

위와 같은 원인들로 인해 전두환 정권은 물론이고 민주화와 탈냉전 이후에도 냉전권위주의 시기의 반공주의를 크게 탈피하지 못한 정권들은 북한요인을 정략적으로 동원하고 이용하고자 했다. 이는 분단체제에서 반대세력 제압용이나 국면전환용으로 여전히 북한요인 동원이 유용했기 때문이다. 물론 전두환 정권 이후 북한요인 동원이 국내정치에 영향을 주는 양상과 정도는 유신체제를 비롯한 이전 권위주의정권과는 차이가 있었다.

본문에서 살펴본 대로 1987년 민주화 이후 출범한 노태우 정권을 기점으로 친북·용공 프레임의 의미와 적용이 변용·진화되었다. 또한 이승만, 박정희 정권까지는 대북 제의가 다분히 수세적이었으나 전두환 정권부터 노태우, 김영삼 정권을 거치면서 공세적이고 적극적으로 바뀌었다. 특히 노태우 정권부터는 북한요인의 위협적 측면뿐만 아니라 평화적 측면을 적극적으로 동원했다. 이러한 평화적 동원이 남북 간 국력 및 국내 민주화와 함수관계에 있었다는 점은 두말할 필요가 없다.

분단국가에서 체제와 이념을 달리하는 상대방의 존재는 '위협'과 '평화' 양면에서 유용한 정치자원이다. 따라서 분단국의 모든 정권은 이를 이용한다고 보아야 하고 실제로도 그랬다. 전두환 정권 역시 남북정상회담 추진 등 평화적인 모색도 했으나 주로 활용한 것은 북한요인의 위협적인 면이었다. 노태우 정권도 북방정책과 7·7선언, 그리고 1991년 남북기본합의서 채택으로 정치적 정당성 제고를 도모하기도 했으나 북한요인의 위협을 정략적으로 이용하는 것을 마다하지 않았다. 김영삼 정권은 초기 민족정체성 추구와 선거 시 남북관계 개선을 국내정치에 이용하려고 시도했으나 역시 북한요인의 위협을 동원하여 정치적 반대세력 제압과 선거에 이용하고자 했다.

북한요인이 한국정치에 미친 영향을 거친 수준에서 평가하면 이승만, 박정희 정권 시기에 컸고, 전두환 정권 시기는 과도기로서 중간 정도였으며, 1987년 민주화 이후 노태우, 김영삼 정권 시기를 거치면서 상대적으로 약화되었다고 할 수 있다. 노태우 정권 이후 국가안보와 북한의 위협을 빌미로 민주화 흐름을 역진시키고 권위주의체제로 회귀하는 것은 거의 불가능하게 되었다. 과거 이승만, 박정희 정권처럼 북한요인을 구실로 공안적 정책·제도를 새로 만들고, 통치양태를 변화시키는 것은 가능하지 않게 되었다. 그 결과 북한요인이 한국정치의 변동이나 방향을 큰 폭으로 결정짓는 변수로는 더 이상 작용하지 않았다.

그렇다고 한국정치에서 북한요인의 영향과 친북·용공 논란이 사라진 것은 아니었다. 민주주의의 진전 및 탈냉전과 더불어 한국정치에 미치는 북한요인의 영향은 과거 권위주의정권 시기 집권세력의 입지를 강화하고 반대세력을 위축시켰던 것에서 남북관계 설정과 대북정책, 정치개혁과 사회개혁, 한미동맹 등을 둘러싼 남남갈등의 소재로 그 양상 및 성격이 바뀌었다. 이 글에서 다룬 세 정권 시기는 북한요인 동원의 지속과 변화가 혼재되어 나타난 과도기로서 그 의미를 찾을 수 있다. 특히 북한요인이 민주화 이후 시대 변화에 적응하면서 지속 또는 변용을 통해 영향력을 유지해가는 과정과 그 원인을 짚어본다는 의미가 있다.

북한요인을 소재로 한 정치사회 및 시민사회 수준에서의 균열·갈등·대립은 정도의 문제이지 앞으로도 지속될 것이다. 분단이 해소되지 않는 한 북한요인은 한국정치에서 계속 논쟁의 소재로 남아 있을 것이기 때문이다. 또한 사회주의 정당의 진입이 어려운 정당체제, 노동운동의 정치세력화 제약 등 한국정치가 본래적 의미의 자유민주주의로 이행·기능하는 데 걸림돌로 작용할 것이다. 따라서 어떻게 북한요인의 부정적 영향을 최소화하면서 민주주의의 심화와 남북관계 발전, 그리고 한반도 평화를 만들어갈 것인가가 앞으로 한국정치의 주요 과제라고 하겠다.

미주

여는 글 권위주의정권기 북한요인에 대한 분석, 이해, 평가

1 이에 대한 다양한 논의는 Joel D. Singer, "Threat-Perception and Armament Tension Dilemma," *Journal of Conflict Resolution*, Vol.2, No.1(1958); Dean G. Pruitt, "Definition of the Situation as a Determinant of International Action," Herbert G. Kelman ed., *International Behavior: A Social Psychological Analysis*(New York: Holt, Rinehart and Winston, 1965); Klaus Knorr, "Threat Perception," Klaus Knorr ed., *Historical Dimension of National Security Problems*(Lawrence: University of Kansas Press, 1976) 참조.

2 김영명, "한국의 정치변동과 유신체제," 한국정치학회 편, 『현대한국정치와 국가』(서울: 법문사, 1987), p.380.

3 최장집, 『한국민주주의의 조건과 전망』(서울: 나남, 1996), p.415.

4 박명림, "'수동혁명'과 '광기의 순간': 한국 현대정치의 구조와 특징 1945-1995," 『사회비평』 제13호(1995), pp.251-252. 그러나 북한요인을 빌미로 민주주의를 기각하고 권위주의를 강화한 결과 그에 대한 반작용으로 점차 강력한 민주화세력이 태동하게 되었다.

5 최장집, "한반도 통일의 내외적 조건과 전망," 김재한 외, 『한국 정치외교의 이념과 논제』(서울: 소화, 1995), p.281.

6 Adam Prezeworski et al., *Sustainable Democracy*(Cambridge: Cambridge University Press, 1995), pp.110-112.

7 *Ibid.*

8 *Ibid.*, p.110.

9 Albert O. Hirschman, "Political Economy of Import-Substituting

Industrialization in Latin America," *The Quarterly Journal of Economics*, Vol.82, No.1(1968), p.9.

10 이는 북한의 경우도 마찬가지였다. 말하자면 남북한이 경제관리와 정책에서 효율적이고 효과적인 성과를 거둘 수 있었던 것은 남북한 상호경쟁에서 비롯된 압력 때문이었다. 정치체제의 생존 자체와 전 사회의 생존능력이 걸려 있는 제로섬적 정통성 경쟁은 남북한 정권이 더욱 열심히 일해야 하는 추가적인 유인을 제공했다. 또한 전 세계에 자신들의 체제가 상대보다 우월하다는 것을 입증하지 않으면 안 되었다. 따라서 남북한은 경제적 성과와 경제발전을 최우선으로 생각할 수밖에 없었다. 어쩌면 남북한 상호경쟁으로 인해 남북한 양 체제는 각기 발전을 지속시킬 수 있는 동력을 공급받아왔는지도 모른다. Young Whan Kihl, *Politics and Policies in Divided Korea: Regimes in Contest*(Boulder: Westview Press, 1984), pp.158-159.

11 물론 한국의 경우 산업화와 민주주의가 친화적인 이유는 산업화 과정이 민주주의를 담당할 부르주아계급을 양산하였기 때문이 아니라 산업화가 시민사회의 성장을 강화시키고, 특히 노동계급을 비롯한 피지배계급이 자신들의 권익 옹호를 위해 조직화를 통해 부단히 저항해왔던 사실에 기인한다. Dietrich Rueschemeyer, Evelyne Huber Stephens, and John D. Stephens, *Capitalist Development and Democracy*(Chicago: University of Chicago Press, 1992), pp.5-6. 서구에서 부르주아지가 민주화의 과정에서 진보적 역할을 한 것과는 달리 한국의 경우 부르주아지는 권위주의정권과 공생관계를 유지해왔기 때문에 시민사회 내에서 헤게모니를 확보할 수 없었던 것이 저간의 사정이었다. Carter J. Eckert, "The South Korean Bourgeoisie: A Class in Search of Hegemony," Hagen Koo ed., *State and Society in Contemporary Korea*(Ithaca: Cornell University Press, 1993), pp.95-130 참조.

12 박광주, "민주화운동과 사회세력의 변천," 『한국정치외교사논총』(1996), p.559.

13 손호철, "전환의 한국정치: '61년체제'의 해체와 변형," 『아세아연구』 제43권

제1호(2000), pp.32-33.

14 정영철 외, 『한반도정치론: 이론, 역사, 전망』(서울: 선인, 2014)은 이에 대한 시론적 연구로 볼 수 있다.

15 Young Whan Kihl, *op. cit.*.

16 서진영, "남북관계와 한국정치," 김상준 외, 『한국의 정치: 쟁점과 과제』(서울: 법문사, 1993).

17 김진균·조희연, "분단과 사회상황의 상관성에 관하여: 분단의 정치사회학적 범주화를 위한 시론," 변형윤 외, 『분단시대와 한국사회』(서울: 까치, 1985).

18 백낙청, 『분단체제 변혁의 공부길』(서울: 창작과비평사, 1994); 『흔들리는 분단체제』(서울: 창작과비평사, 1998); 『한반도식 통일, 현재진행형』(파주: 창비, 2006); 『2013년체제 만들기』(파주: 창비, 2012) 등 참조.

19 Manwoo Lee, "Domestic Politics and Unification: Seoul's Perspective," Young Whan Kihl ed., *Korea and World: Beyond the Cold War*(Boulder and London: Westview Press, 1994).

20 박명림, "제2공화국 정치균열의 구조와 변화," 백영철 편, 『제2공화국과 한국민주주의』(서울: 나남, 1996).

21 이종석, "탈냉전기 남북관계와 국내정치," 박기덕 편, 『한국 민주주의 10년: 변화와 지속』(성남: 세종연구소, 1998).

22 이종석, "남북대화와 유신체제: 체제형성에 대한 분단구조의 영향," 한국정치학회 주최 한국정치사 기획학술회의 발표 논문(2000년 4월 7-8일, 고려대학교 인촌기념관).

23 류길재, "북한과 박정희 정권의 형성: 남북한관계와 국내정치의 변증법," 한국정치학회 주최 한국정치사 기획학술회의 발표 논문(2000년 4월 7-8일, 고려대학교 인촌기념관).

24 정준표, "북풍의 정치학: 선거와 북한변수," 『한국과 국제정치』(1998년 봄·여름호).

25 박명림, "국내정치와 남북관계: '1.5 레벨게임'의 구조와 동학," 『계간 사상』(2000년 여름호).

26 김도종, "햇볕정책과 국내정치적 역학: 대북포용정책의 정치적 함의," 『국가전략』 제6권 1호(2000).

27 임수호, "국내정치와 남북한 관계," 서울대학교 국제문제연구소 편, 『남북한 관계와 국제정치 이론』(서울: 논형, 2012).

28 차기벽, "정치변화와 한일관계," 『일본연구논총』 제2집(1986); 이종석, 『분단시대의 통일학』(서울: 한울, 1998).

29 박광주, "남북대화의 새로운 모색: 상대방 인식과 대화," 『전환기의 통일문제』(서울: 대왕사, 1990); 이종석, 위의 책.

30 박명림, "분단질서의 구조와 변화: 적대와 의존의 대쌍관계동학, 1945-1995," 『국가전략』 제3권 1호(1997).

31 Jack Levy, "Domestic Politics and War," *The Origin and Prevention of Major Wars*(Cambridge: Cambridge University Press, 1989).

32 Jack Snyder, *Myths of Empire: Domestic Politics and International Ambition*(Ithaca and N.Y.: Cornell University Press, 1991).

33 Bruce Russett, *Controlling the Sword: The Democratic Governance of National Security*(Cambridge: Harvard University Press, 1990).

34 Peter Kazenstein, "International Relations and Domestic Structures: Foreign Economic Policies of Advanced Industrial States," *International Organization*, Vol.30, No.1(1976).

35 Peter Gourevitch, "The Second Image Reversed: The International Sources of Domestic Politics," *International Organization*, Vol.32, No.4(1978).

36 Robert O. Keohane and Helen V. Milner eds., *Internationalization and Domestic Politics*(Cambridge: Cambridge University Press, 1996).

37 Robert D. Putnam, "Diplomacy and Domestic Politics: The Logic of Two-Level Games," *International Organization*, Vol.42, No.3(1988).

38 Robert W. Cox, "Social Forces, States and World Orders: Beyond International Relations Theory," Robert O. Keohane ed., *Neorealism*

and Its Critics(New York: Columbia University Press, 1986).

39 페르낭 브로델 저·주경철 역, 『물질문명과 자본주의 3-1, 2: 세계의 시간(상, 하)』(서울: 까치, 1997) 참조.

40 한국의 국가, 정치사회, 시민사회 영역을 이념적 정향을 중심으로 냉전적 보수, 개혁적 보수, 진보 등으로 나누어볼 수 있다. 손호철, "남남갈등의 기원과 전개과정," 경남대학교 극동문제연구소 편, 『남남갈등: 진단 및 해소방안』(서울: 경남대학교 극동문제연구소, 2004), pp.13-17 참조. 다만 탈냉전민주화 이후 시기까지도 진보는 한국의 정치와 사회에서 보수와 유의미한 경쟁을 벌일 정도로는 성장하지 못했다고 할 수 있으며, 일단 보수 대 개혁의 길항으로 보는 데 무리가 없을 것이다.

41 최장집은 국가와 시민사회에 사이에서 양자를 매개하는 정치사회라는 삼분 구도를 제시했다. 선거와 정당체제를 중심으로 한 정치사회는 국가의 정책과 조정능력을 시민사회에 전달하고 부과하며 시민사회의 요구와 갈등을 국가에 투영하는 기능을 한다는 것이다. 최장집, 『한국민주주의의 이론』(서울: 한길사, 1993), pp.391-394 참조. 한편 국가(state)는 정권(regime) 및 정부(government)와 구분되는 개념이다. 특히 국가와 정권은 밀접한 관계를 가지면서도 서로 구분된다. 국가를 국내의 정치, 경제, 사회를 포괄적으로 통제하는 총체적 구조라고 한다면, 정권은 국가의 정치적 하부구조로서 지배층과 피지배층과의 관계를 규정하는 규칙, 절차, 제도와 규범체계를 갖춘 정치구조이자 사회조직라고 할 수 있다. 그러나 이 책에서는 국가와 정권, 그리고 정부를 특별한 구분 없이 혼용하기도 함을 밝혀둔다. 각각에 대한 개념 정의와 그 차이에 대해서는 Robert M. Fishman, "Rethinking State and Regime: Southern Europe's Transition to Democracy," *World Politics*, Vol.42, No.3(1990), pp.422-440; Roy C. Macridis, *Modern Regimes: Patterns and Institutions*(Boston: Little, Brown and Company, 1986) 등 참조.

42 그런데 정책과 제도는 정치과정의 산물일 뿐만 아니라 정치과정에 투입기능을 행사하며 정치구조를 재형성하고 변화시킨다. 이 점에서 정치가 정책을 만들 뿐만 아니라 정책이 정치를 만든다고 말할 수 있다.

43 이에 대한 논의는 신종대, "권위주의 정권 시기 반공주의의 유산과 한국정치: 북한요인 동원의 지속과 변화," 『한국과 국제정치』(2023년 가을호) 참조.

44 손호철, "남남갈등의 기원과 전개과정," 경남대학교 극동문제연구소 편, 앞의 책, pp.32-46. 우선 2000년 6·15공동선언 이후 남북갈등 완화와 남남갈등 격화가 동시에 나타났던 사태는 탈냉전민주화 이후에도 북한요인이 국내정치와 얼마나 긴밀하게 연관되어 있는가를 보여주었다. 과거 냉전권위주의 시기에 억눌려 있었던 민족문제를 둘러싼 균열과 갈등이 탈냉전민주화 이후 본격화된 것이다. 그러나 민족문제를 둘러싼 남남갈등과 사회적 양극화는 민주주의를 후퇴시키고 남북관계의 발전을 저해할 수 있다. 또한 탈냉전민주화 이후 정책과 제도 면에서는 '7·7선언' 등을 통해 남북 교류·협력을 위한 제도적 기반이 마련되고, 북방정책과 대북포용정책 등 전향적인 대북정책이 추진되었다. 그러나 북한요인은 여전히 국가보안법 개폐를 제한하는 요소로 작용하고 있다. 그리고 정치구조나 이념 면에서도 과거처럼 북한요인을 빌미로 권위주의적인 제도나 이념을 도입, 강화하는 사태는 사라졌지만, 북한요인이 한국 민주주의의 외연과 내포를 일정한 범위 내로 가두는 한계선으로 작용하는 점에는 크게 변화가 없다. 이처럼 북한요인의 영향은 탈냉전민주화 이후까지도 여전하다. 다만 문제는 분단환원론의 오류에 빠지지 않고 북한요인이 두 벡터의 길항에 얼마만한 영향을, 어떻게 미치는가를 객관적이고 정확하게 규명하는 것이다.

45 이에 대해서는 James D. Fearon, "Counterfactuals and Hypothesis Testing in Political Science," *World Politics*, Vol.43, No.2(January 1991) 참조.

46 Sven Steinmo & Kathleen Thelen & Frank Longstreth eds., *Structuring Politics: Historical Institutionalism in Comparative Analysis*(Cambridge: Cambridge University Press, 1992).

47 이 점에서 분단을 고정된 본질과 실재(being)로서가 아니라 행해지고 있는 분단으로 파악하려는 홍민의 '수행적 분단론'은 의미 있는 논의이다. 이에 대한 자세한 내용은 홍민, "분단의 사회-기술적 네트워크와 수행적 분단," 『북한연구학회보』 제17권 제1호(2013) 참조.

48 물론 이들은 사건적 형태로 나타나기 때문에 행위적 북한요인으로도 볼 수 있겠지만, 이 책에서는 행위적 북한요인을 '북한이 특정한 시점에 일정한 의도를 가지고 직접적으로 개입하는 경우'로 국한하고자 하기 때문에 이를 상황적 북한요인에 포함시킨다.

49 북한과의 직간접적인 연관이 전혀 없는 사안을 국가가 정치적 목적에 따라 조작했을 경우 이를 상황적 북한요인과 구분하여 '조작적 북한요인'으로 칭할 수 있을 것이다. 그러나 관련 정보를 국가권력이 독점하고 있는 상황에서 조작인지 아닌지 판별하기 용이하지 않은 사안의 경우는 조작적 북한요인과 구분하여 '동원적 북한요인'으로 칭할 수 있다. 그러나 분석의 편의상 이들 모두를 상황적 북한요인에 포함시킨다.

50 권위주의정권(authoritarian regimes)은 여러 가지로 개념 규정할 수 있으나 이 책에서는 "제한된 정치적 다원주의와 저수준의 정치적 동원력을 지닌 채 혜택과 의무를 수반하는 후원·수혜관계와 권위에 대한 경외를 강조하는 지배형식을 토대로 중앙집권력의 강화를 통해 사회에 대한 수직적·수평적 통제와 정치화를 달성하려는 지배양식"이라는 정의를 따른다. 한배호, 『한국정치변동론』(서울: 법문사, 1994), p.17. 전체주의, 권위주의, 민주주의 등 정치체제의 유형과 권위주의정권에 대한 자세한 논의는 Juan J. Linz, *Totalitarianism and Authoritarian Regimes*(Boulder: Lynne Rienner, 2000), pp.1-48, 159-261; Robert A. Dahl, *Polyarchy: Participation and Opposition*(New Haven: Yale University Press, 1971) 참조.

51 정치균열이란 한 사회 내 집단 간 이해관계, 가치관, 신념, 정체성 등의 차이에서 비롯된 분할을 지칭하며, 이 분할이 정치화되어 집단 간 갈등을 유발하고, 이로 인해 정당체계와 유권자 형태가 구조적으로 결정되는 것으로 볼 수 있다. 립셋과 록칸에 의하면 서구는 국민혁명(national revolution)과 산업혁명(industrial revolution)을 통해 주요 정치균열이 형성되었고, 각국이 처한 정치적 조건, 경제적 이해관계, 두 혁명의 시점 등에 따라 각기 다른 정당체계가 형성되었다고 본다. Seymour M. Lipset and Stein Rokkan eds., *Party Systems and Voter Alignments: Cross-National Perspectives*(New York:

Macmillan, 1967), pp. 1-64. 서구의 정치균열 구조의 형성과 그 결과를 한국에 기계적으로 적용할 수는 없을 것이나 한국에서도 해방 후 분단국가 수립 및 산업화 과정을 통해 정치균열 구조가 형성되었다고 볼 수 있다. 최장집은 해방 후 한국에서 나타난 상호 구분되면서도 연관되는 세 가지 정치균열을 상정한 바 있다. 그것들은 첫 번째는 민주주의 대 권위주의의 대립이며, 두 번째는 경제적 정의 대 발전, 그리고 세 번째는 민중주의적 통일 대 보수주의적 통일의 대립이다. 이러한 균열을 둘러싸고 정치적 대립이 발생하였으며 첫 번째, 두 번째, 세 번째 균열 중에서 어느 것을 따라 대립이 전개되는가는 국제정치적 맥락의 변화, 국가와 시민사회의 권력관계의 변천에 따라 규정되어왔다는 것이다. 또한 최장집은 해방 직후 서로 경쟁하는 정치세력 간의 갈등은 세 수준의 균열 모두와 관련된 것이었다고 지적했다. 그러나 제1공화국이 수립되고 남한 내 좌파세력이 제거된 시점 이후에는 두 번째와 세 번째 수준의 균열은 강제력과 이데올로기적 교화에 의해 잠복하게 되었다. 그 이후로 특정의 역사적 시점에서 이러한 세 가지 수준의 균열은 뚜렷한 순서를 갖고 정치지형 위에 나타났다. 그것은 민주주의로부터 경제적 정의로, 경제적 정의로부터 통일문제로, 즉 보다 덜 근본적인 균열로부터 가장 근본적인 균열로 이어지는 것이었다. 그러나 이 세 균열들은 반드시 시계열적이지만은 않았고 많은 경우 그것들은 중첩되어 나타났다. 한국의 정치균열 구조에 대한 논의로는 최장집, 『한국민주주의의 이론』, p. 156; 강원택, "한국에서 정치 균열 구조의 역사적 기원: 립셋-록칸 모델의 적용," 『한국과 국제정치』 (2011년 가을호) 참조. 필자의 문제의식은 이 세 가지 수준의 정치균열에 북한요인이 여하한 방식으로든 개재되어 있거나 연관되어 있고, 균열의 수준과 정도를 규정한다는 것이다.

52 손호철, 『전환기의 한국정치』(서울: 창작과비평사, 1993), p. 130.

53 Sven Steinmo & Kathleen Thelen & Frank Longstreth eds., *op. cit.*, p. 6.

54 이는 풀란차스(Nicos Poulantzas)의 분류인 국가유형(type of state), 국가형태(forms of state), 그리고 정권형태(forms of regime) 가운데 정권형태에 속하되 일종의 그 하위 개념이라고 할 수 있다. 각각에 대한 자세한 논의는

Nicos Poulantzas, *Political Power & Social Classes*(London: NLB, 1978), pp.142-156 참조. 한국의 국가는 분단국가 수립 이래로 자본주의 국가였으나 국가-정치사회-시민사회의 역관계에 따라 같은 권위주의정권 간에도 각기 그 성격과 형태가 상이한 변화를 보였다. 이 책에서는 비록 정치한 개념은 아니지만 논의와 분석의 편의를 위해 통치양태(mode of governing) 개념을 도입한다. 다만 이 책에서는 통치양태를 정권형태는 물론 권력의 실질적 행사와 운영 메커니즘을 뜻하는 통치방식(governing method), 그리고 통치가 드러나는 양상과 형태를 포괄하는 보다 광의로 사용하고자 한다.

55 이는 주기적 선거 실시, 반대당 및 노조의 존재, 언론 자유 등 일정 수준의 정치적 다양성과 집단 간 경쟁을 허용하는 등 자유민주주의의 외양은 유지하고 있지만 그 범위와 정도가 제한된 상태를 의미한다. Juan J. Linz, "Authoritarianism and Totalitarianism," *Handbook of Political Science*, Vol. 3(Reading Mass.: Addison-Wesley Pub. Co., 1975). 한배호의 준경쟁적 권위주의도 제한적 다원주의와 비슷한 개념이다. 한배호에 따르면 준경쟁적 권위주의체제는 국가권력을 독점한 소수의 지배세력이 선거라는 형식적 절차만으로 정당성의 외투를 입고 반대세력을 통제, 억압하면서 집권을 계속해나가는 권위주의적 지배양식이라는 것이다. 그것이 준경쟁적인 이유는 집권세력이 민간인 정치가로서 무력보다 의회제도라는 형식을 지배 강화와 정당성 확보의 수단으로 삼고, 또한 동원된 유권자층이 결과를 좌우하는 선거라는 요식행위 또는 형식적인 절차를 인정하는 형식적인 경쟁의 원칙을 수용하기 때문이라는 것이다. 한배호, 앞의 책, pp.67-80 참조.

56 Albert Hirshman, *Exit, Voice, and Loyalty*(Cambridge: Harvard University Press, 1970) 참조.

57 이승만 정권이 반공을 정략적으로 빈번하게 이용했음은 주지의 사실이지만, 이를 비판했던 민주당 정권조차도 집권 후 얼마 가지 않아 '빨갱이'를 다스리기 위한 국가보안법의 강화 개정을 역설하지 않을 수 없었다. 더욱이 민주화 이후 '문민정부'를 자처했던 김영삼 정권조차도 북한요인을 정략적으로 적극 동원하고 이용했다. 이에 대한 자세한 논의는 이 책의 본문에서 살펴볼 것

이다.

제1장 이승만 정권기 북한요인

1 모스크바 삼상회의는 그 최종결정안이 '조선의 임시정부를 수립하여 미소공위가 협의하여 신탁통치협정을 결정한다'는 것인데, 이것이 12월 28일 국내에는 신탁통치 결정으로 와전되어 큰 정치갈등을 불러왔다.

2 박명림, 『한국전쟁의 발발과 기원 II』(서울: 나남, 1996), p. 154; 이정식, 『대한민국의 기원』(서울: 일조각, 2006), pp. 189-209.

3 박찬표, "한국의 국가형성: 반공체제의 수립과 자유민주주의의 제도화, 1945-48,"(고려대학교 정치외교학과 박사학위 논문, 1995), pp. 192-193.

4 이정식, 앞의 책, pp. 178-214 참조.

5 박찬표, 앞의 논문, pp. 318-372 참조.

6 한배호, 『한국정치변동론』(서울: 법문사, 1994) 참조.

7 이완범, "1950년대 후반기의 정치위기와 미국의 대응: 1958년 국가보안법 개정 파동을 중심으로," 한국정신문화연구원 현대사연구소 편, 『한국현대사의 재인식 4』(서울: 오름, 1998), pp. 158, 176-177. 다만 미국의 독재에 대한 우려와 한국 민주주의에 대한 관심에도 불구하고 1960년대 중반을 지나면서 미국이 한국의 국내정치에 개입하여 조정할 수 있는 영향력과 수단은 점차 축소되었다. 제1, 2차 경제개발계획의 성공적 추진으로 한국 정부의 자율성이 커진데다, 박정희 정권의 정치적 기반 역시 강화되어 뚜렷한 대체세력이 부재했다. 또한 닉슨 독트린 이후 주한미군 철수 추진으로 군사적 측면의 영향력 역시 줄어드는 추세였다.

8 임혁백, 『비동시성의 동시성: 한국 근대정치의 다중적 시간』(서울: 고려대학교출판문화원, 2015), pp. 375-380. 미국은 민주적 체제보다는 반공체제의 안정화에 관심이 더 있었다. 따라서 사실상 반공체제의 동요보다는 권위주의 체제를 선호했다. 미국은 국가안보와 민주주의가 상충할 경우 항상 안보를

우선시했다. Gregg Brazinsky, *Nation Building in South Korea: Koreans, Americans, and the Making of a Democracy*(Chapel Hill: The University of North Carolina Press, 2007), pp. 13-40 참조.

9 박찬표, 앞의 논문, p. 387.

10 최장집, 『한국민주주의의 이론』(서울: 한길사, 1993), pp. 205-206.

11 『국회속기록』 제2회, 제24호, p. 444.

12 백영철, 『제1공화국과 한국민주주의』(서울: 나남, 1995), p. 274.

13 박광주, "한국의 국가이념과 현실: 자유민주주의의 이념과 권위주의적 현실 간의 갈등," 『한국정치학회보』 제22집 제2호(1988), p. 34.

14 문지영, 『지배와 저항: 한국 자유주의의 두 얼굴』(서울: 후마니타스, 2011), pp. 200-206.

15 박찬표, 앞의 논문, p. 5.

16 Gregory Henderson, *Korea: The Politics of the Vortex*(Cambridge: Harvard University Press, 1968), p. 158.

17 최장집, 앞의 책, p. 206.

18 박명림, 앞의 책, pp. 351-352.

19 심지연, "해방조국의 체제구상과 체제논쟁," 한국정신문화연구원 편, 『현대 한국 체제논쟁사연구』(성남: 한국정신문화연구원, 1992), p. 81.

20 손호철, "한국전쟁과 이데올로기 지형," 『한국과 국제정치』(1990년 가을·겨울호), pp. 1-27 참조.

21 박광주, 앞의 글, pp. 37-38.

22 진보당에 대해서는 정태영·오유석·권대복 편, 『죽산조봉암전집』 제1-6권(서울: 세명서관, 1999); 서중석, 『조봉암과 1950년대(상, 하)』(서울: 역사비평사, 2000) 참조.

23 한배호, 앞의 책, pp. 222-223.

24 최장집, 앞의 책, pp. 207-208.

25 위의 책, pp. 201-202.

26 위의 책, pp. 206-207.

27 George M. McCune, *Korea Today*(Cambridge: Harvard University Press, 1950), p.84.

28 한국의 토지개혁은 크게 두 차례에 걸쳐 실시되었다. 첫 번째는 1948년 3월에 미군정에 의해 실시된 귀속농지의 분배이고, 두 번째는 1950년 3월 이래 이승만 정권에 의해 실시된 일반 지주농지의 분배이다. 토지개혁에 대해서는 김성호·전경식·장상환·박석두, 『農地改革史硏究』(서울: 한국농촌경제연구원, 1989); 신병식, "한국의 토지개혁에 관한 정치경제적 연구,"(서울대학교 정치학과 박사학위 논문, 1992); 강정구, 『좌절된 사회혁명』(부산: 열음사, 1989); 박명림, 앞의 책, pp.475-517 참조.

29 박명림, 위의 책, pp.179-180.

30 토지개혁에 관한 농민들의 강한 변혁 요구를 반영하여 제헌헌법 제86조에는 "농지는 농민에게 분배하며, 그 분배의 방법, 소유의 한도, 소유권의 내용과 한계는 법률로서 정한다"는 조항이 삽입되었다. 유진오, 『헌법해의』(서울: 명세당, 1949), p.181. 뿐만 아니라 제헌헌법 경제 관련 조항들에는 국가자본주의적 요소가 강하게 내포되어 있었다. 즉, 극우세력도 대기업의 국유화와 통제경제체제를 표방할 정도로 좌경화된 당시의 이데올로기 지형을 반영하여 운수, 통신, 보험, 전기 등 기간산업 내지 주요산업의 국공유화와 국민적 필요에 따른 사용기업의 국공유화를 명문화했다. 이를 '제헌헌법의 북한요인'으로 칭할 수 있을 것이다. 손호철, 『현대한국정치: 이론과 역사』(서울: 사회평론, 1997), p.139.

31 박명림, 앞의 책, pp.369-370.

32 위의 책, p.200.

33 위의 책, pp.362-363.

34 위의 책, pp.363-364.

35 한국정치연구회 정치사분과 편, 『한국현대사 이야기주머니 1』(서울: 녹두, 1993), p.177.

36 박명림, 앞의 책, p.503.

37 Young Whan Kihl, *Politics and Policies in Divided Korea: Regimes in*

Contest(Boulder: Westview Press, 1984), p.236.

38 신병식, 앞의 논문, pp.320-322.

39 Barrington Moore Jr., *Social Origins of Dictatorship and Democracy* (Boston: Beacon Press, 1966), pp.430-431.

40 최장집, 『한국민주주의의 조건과 전망』(서울: 나남, 1996), p.154.

41 김태일, "농촌사회의 구조변화와 농민정치," 한배호 편, 『한국현대정치론 I』(서울: 나남, 1990), p.460.

42 박명림, 앞의 책, p.478.

43 이에 대해서는 역사문제연구소 편, 『한국근현대지역운동사 I · 영남편』, 『한국근현대지역운동사 II · 호남편』(서울: 여강, 1993) 참조.

44 북한이 한국전쟁 초기의 점령기간 중 실시한 빈농 우선적 토지개혁에 대해, 제1공화국으로부터 토지를 분배받은 중간층의 농민들은 북한이 기대했던 것과는 달리 이를 크게 환영하지 않았다. 오히려 북한의 현물세 수취에 대해 비판적이었고, 빈농 중심의 토지분배와 그에 따른 농촌질서의 급격한 변화에 저항적이었다. 따라서 북한의 토지개혁은 고농, 즉 머슴 등의 빈농층의 지지를 받을 수 있었을 뿐이다. 이러한 점에서 토지개혁은 남한정권에 대한 중간층 농민들의 이탈을 막는 데 기여했다. 신병식, 앞의 논문, p.319. 한국전쟁 중 북한의 점령지에서의 토지개혁에 대해서는 김주환, "한국전쟁 중 북한의 대남한 점령정책," 최장집 편, 『한국전쟁연구』(서울: 태암, 1990), pp.190-201; 박명림, 『한국 1950 전쟁과 평화』(서울: 나남, 2002), pp.263-283 참조.

45 소장파에 대한 체계적 연구로는 백운선, "제헌국회 내 '소장파'에 관한 연구,"(서울대학교 정치학과 박사학위 논문, 1992) 참조.

46 백운선, "한국 현대국가의 형성과 통치양태의 정형화," 구영록 교수 화갑기념논총편집위원회 편, 『국가와 전쟁을 넘어서: 국제환경의 변화와 한국정치』(서울: 법문사, 1994), p.529.

47 여순사건에 대해서는 김남식, 『남로당연구』(서울: 돌베개, 1984), pp.379-392; 정병준, 『한국전쟁: 38선 충돌과 전쟁의 형성』(파주: 돌베개, 2006), pp.232-240 참조.

48 『해방 20년: 기록 편』(서울: 세문사, 1965), p.322.

49 『호남신문』, 1948년 11월 1일, 박명림, 『한국전쟁의 발발과 기원 II』, p.414에서 재인용.

50 서병조, 『정치사의 현장증언: 제1공화국』(서울: 중화출판사, 1981), p.203.

51 김남식, 앞의 책, p.420.

52 한국정치연구회 정치사분과 편, 앞의 책, p.113.

53 박명림, 『한국전쟁의 발발과 기원 II』, pp.404-405.

54 서중석, 『한국현대민족운동연구 2: 1948-1950 민주주의·민족주의 그리고 반공주의』(서울: 역사비평사, 2002), p.169. 여수 14연대의 반란은 남로당 프락치인 하사관이 일으킨 것이었고, 남로당 중앙부, 전남도당, 심지어 여수도당과도 무관했다. 같은 책, 같은 면.

55 서중석, 위의 책, pp.170-172, 178.

56 위의 책, pp.198-200.

57 이에 대해서는 한국정치연구회 정치사분과 편, 앞의 책, pp.153-160; 서병조, 앞의 책, pp.217-227; 국군보안사령부, 『대공30년사』(1978), pp.55-56; 중앙정보부, 『북한대남공작사 I』(1972), pp.279-288; 서중석, 『이승만과 제1공화국: 해방에서 4월혁명까지』(서울: 역사비평사, 2007), pp.67-72; 김정기, 『국회프락치사건의 재발견 I, II』(파주: 한울, 2008). 또한 국회프락치사건에 대한 실록소설로는 오재호, 『특별수사본부 3: 국회푸락치사건』(서울: 창원사, 1972) 참조.

58 박명림, 『한국전쟁의 발발과 기원 II』, p.472.

59 서중석, 『한국현대민족운동연구 2: 1948-1950 민주주의·민족주의 그리고 반공주의』, pp.204-211.

60 위의 책, pp.216-217.

61 검찰이 발표한 공작보고서 내용은 중앙정보부, 앞의 책, p.280 참조.

62 『해방 20년사』(서울: 희망출판사, 1965), p.320; 동아일보 편, 『비화 제1공화국』 제2권(서울: 홍우출판사, 1975), p.55; 서용길, "제헌국회 프락치사건의 진상," 『민족통일』 제1권 제2호(1989), p.52.

63 서중석, 『한국현대민족운동연구 2: 1948-1950 민주주의·민족주의 그리고 반공주의』, pp.227-229.

64 박명림, 『한국전쟁의 발발과 기원 II』, p.500.

65 국군보안사령부, 앞의 책; 중앙정보부, 『북한대남공작사 II』(1972) 참조.

66 유영구, 『남북을 오고 간 사람들』(서울: 도서출판 글, 1993), pp.62-63.

67 이에 대해서는 대검찰청수사국, 『좌익사건실록』 제1권-11권(1965) 참조.

68 한국정치연구회 정치사분과 편, 앞의 책, p.160.

69 백운선, "제헌국회 내 '소장파'에 관한 연구," p.220.

70 이에 대한 유용한 분석은 윤민재, "한국의 현대 국가형성과정에서 중도파의 위상에 관한 연구"(서울대학교 사회학과 박사학위 논문, 1999) 참조.

71 이혜원·조현연, "한국전쟁의 국내외적 영향," 한국정치연구회 정치사분과, 『한국전쟁의 이해』(서울: 역사비평사, 1990), p.352.

72 최장집, 『한국민주주의의 조건과 전망』, p.159.

73 최장집, "제2공화국에서의 민주주의의 등장과 실패," 백영철 편, 『제2공화국과 한국민주주의』(서울: 나남, 1996), p.40.

74 Sung-joo Han, *The Failure of Democracy in South Korea*(Berkeley: University of California Press, 1974), p.78.

75 최장집, 『한국민주주의의 이론』, pp.165-166.

76 위의 책, pp.176-177.

77 이에 대한 자세한 내용은 이종석, 『조선노동당연구: 지도사상과 구조변화를 중심으로』(서울: 역사비평사, 1995), pp.275-284; 서동만, 『북조선사회주의 체제 성립사 1945-1961』(서울: 선인, 2005), pp.567-589; 백준기, "정전 후 1950년대 북한의 정치 변동과 권력재편," 북한연구학회 편, 『북한의 정치 1』(서울: 경인문화사, 2006), pp.322-329 참조.

78 Donald Stone MacDonald, *U.S.-Korean Relations from Liberation to Self-Reliance: The Twenty-Year Record*(Boulder: Westview Press, 1992), p.184.

79 백운선, "한국 현대국가의 형성과 통치양태의 정형화," pp.524-526.

80 『경향신문』, 1952년 5월 26일.

81 조용중, 『대통령의 무혈혁명: 1952 여름, 부산』(서울: 나남출판, 2004), p.196.

82 위의 책, pp.201-210 참조.

83 서병조, 앞의 책, pp.331-334.

84 서중석, 『이승만과 제1공화국: 해방에서 4월혁명까지』, pp.107-109.

85 『조선일보』, 1952년 5월 29일.

86 심지연, 『한국정당정치사: 위기와 통합의 정치』(서울: 백산서당, 2004), pp.80-81.

87 서중석, 『이승만과 제1공화국: 해방에서 4월혁명까지』, p.128.

88 아니러니하게도 북한도 1956년 8월 '종파사건' 이후 1959년까지 진행된 반대파 제거 과정에서 조소앙, 엄항섭, 김약수, 원세훈 등에 의해 지도된 '평화통일위원회'가 '최창익 그룹'과 관계를 유지하고 일명 '통일 프로젝트'를 수립하여 수상에 조소앙, 부수상에 김달현을 내정하고, 향후 통일정부하에서 의석 배분 문제도 논의했다는 내무성 조사결과를 발표했다. 조사가 진행되는 과정에서 엄항섭 등은 자살을 시도하였고, 조소앙은 물에 투신자살했다고 알려졌다. 백준기, 앞의 글, pp.322-329, 343 참조.

89 서중석, 『이승만과 제1공화국: 해방에서 4월혁명까지』, pp.128-129.

90 위의 책, pp.129, 136.

91 서희경, 『한국헌정사: 1948-1987』(서울: 도서출판 포럼, 2020), p.1198.

92 심지연, 앞의 책, pp.84-99 참조.

93 양명산(본명 양이섭)과 조봉암의 관계에 대해서는 김윤경, "진보당 사건 관련자 양이섭의 실체에 관한 연구"(서울시립대학교 국사학과 석사학위 논문, 2011) 참조.

94 최장집, "제2공화국에서의 민주주의의 등장과 실패," p.38.

95 조봉암과 진보당의 평화통일론과 사회민주주의정책에 대해서는 서중석, 『조봉암과 1950년대(상): 조봉암의 사회민주주의와 평화통일론』(서울: 역사비평사, 1999) 참조.

96 Donald Stone MacDonald, *op. cit.*, p.193.

97 윤기정, 『한국공산주의운동 비판: 부 진보당사건기록』(서울: 통일춘추사, 1959) 참조.

98 한국역사연구회 현대사연구반, 『한국현대사 2』(서울: 풀빛, 1991), pp.196-197. 몽골 출신 냉전사 연구자인 페렌레이(Onon Perenlei) 박사가 2012년 11월 26일 미국 우드로윌슨센터에서 소개한 몽골 외교문서에 따르면, 4·19 직후인 1960년 4월 21일 평양에서 김일성은 각국 대사들을 불러 남한에서의 4·19 사태를 설명하면서, 자신이 "진보당 당수였던 조봉암을 너무 세게 지원했다"고 후회하며 "만약 그렇지 않았다면 이승만을 대체할 훌륭한 지도자가 될 수 있었을 것"이라고 말했다. Jong-Dae Shin, Christian F. Ostermann & James F. Person, "North Korean Perspectives on the Overthrow of Syngman Rhee," *NKIDP e-Dossier*, No.13(Washington D.C.: Woodrow Wilson International Center for Scholars, 2013).

99 Donald Stone MacDonald, *op. cit.*, p.194. 이에 대한 자세한 내용은 유영구, 앞의 책, pp.124-164 참조.

100 장택상, "유고: 나의 교우 반세기," 『신동아』(1970년 10월호), pp.236-237.

101 한배호는 이승만체제를 '준경쟁적 권위주의'라고 명명하고 있다. 이에 대한 자세한 내용은 한배호, 앞의 책, pp.35-122 참조.

102 국가보안법은 여순사건을 계기로 좌익세력의 폭동과 내란행위를 처단함으로써 신생 대한민국의 기틀을 다지고 좌익세력을 제거하려는 목적으로 1948년 12월 1일 공포·시행된 법이다. 당시 국가보안법 제정과정상의 논란과 구체적인 조항에 대해서는 박원순, 『국가보안법연구 1』(서울: 역사비평사, 1997), pp.71-101 참조. 이 법이 발효된 직후인 1949년 한 해에만 11만 8,621명이 검거·투옥되었다. 박용상, "제1공화국 헌정사," 『법조』(1989년 6월호), pp.31-33. 국가보안법은 좌익사상이나 북한에 대한 공감 혐의로 고발되는 사람들에게 가혹했음에도 불구하고 이승만과 자유당은 언론과 야당이 자신들의 집권 연장에 최대 걸림돌이라고 보고 이들을 제어하기 위해 국가보안법 개정을 시도했다. 새로운 국가보안법은 이적행위에 대한 개념과 적용대상을 확대함과 동시에 처벌 규정을 추가했다. 이는 본래 용공적 행위

의 색출을 목적으로 했지만, 그 조항들이 지닌 애매함과 포괄성으로 인하여 야당, 언론, 일반 국민에 대한 자의적 탄압으로 악용될 소지를 안고 있었다. 예컨대 적에게 유리하다는 것을 알면서도 거짓된 정보를 퍼뜨리거나 혹은 사실을 왜곡하고 그런 왜곡된 사실을 퍼뜨리는 사람을 최대 5년까지 금고형에 처할 수 있게 만들었다.

한편, 이승만 정권은 1958년 12월 국회에서 경위권을 발동하여 여당 단독으로 신국가보안법을 통과시켰다. 1956년 정·부통령선거와 1958년 민의원선거 결과 민심 이반이 가속화되자 집권 자유당은 그 원인이 야당과 언론의 선동적 비판에 기인한다고 보고, 여론과 국민 비판에 재갈을 물릴 방안을 찾기 시작했고 그 결과가 2·4 보안법 파동이다. 그 내용은 국가보안법상의 이적행위 개념의 확대, 선전·선동 행위에 대한 처벌 규정 신설 등인데, 특히 국가기밀의 개념 확대와 언론조항을 포함하고 있었다. 이는 정권에 대한 반대와 비판을 불허하고 야당의 정치활동을 규제하여 1960년 3·15선거에 대비하는 측면이 컸다. 결국 이 보안법 파동은 4·19혁명 폭발로 가는 불씨가 되었다. 1958년 이승만의 국가보안법 개정 시도와 그로 인한 정치적 파동에 대한 자세한 논의는 이완범, 앞의 글 참조.

103 제헌헌법에는 자유민주주의에 대한 반공주의의 압도적 규정력을 짐작케 하는 직접적인 내용은 없었다. 정부 수립 당시 좌파세력이 잔존하여 곳곳에서 영향력을 행사하고 있던 사정에 비추어보면 제헌헌법에 공산주의 사상을 불온시하거나 친공산단체의 정치세력화를 금하는 어떤 규정도 명기하지 않았음은 주목할 만하다. 그런데 국가보안법 제정으로 그 공백을 메우게 되었다. 문지영, 앞의 책, pp.96-97.

104 서병조, 앞의 책, p.206.

105 박명림, 『한국전쟁의 발발과 기원 II』, pp.434-435.

106 이승만 정부는 불순분자 색출을 명분으로 1949년 5월 '외래 유숙자 신고제'를 신설하고 6월부터 이를 발효함으로써 주민감시체제를 제도화했다. 이 제도에 따르면 동회장(洞會長)은 10세대 이내로 '애국반'을 편성하고, 각 반장은 경찰이 임명하며 매월 반상회 소집 시에는 경찰관이 배석하도록 되어 있

었다. 『조선일보』, 1949년 4월 13일; 『동아일보』, 1949년 4월 28일.

107 한국정치연구회 정치사분과 편, 앞의 책, pp. 142-143; 백운선, "한국 현대국가의 형성과 통치양태의 정형화," pp. 524-526.

108 서중석, 『한국현대민족운동연구 2: 1948-1950 민주주의·민족주의 그리고 반공주의』, pp. 261-262.

109 위의 책, p. 259.

110 위의 책, pp. 265-266.

111 이에 대해서는 김기진, 『끝나지 않은 전쟁 국민보도연맹: 부산·경남지역』(서울: 역사비평사, 2002); 문창재, 『대한민국의 주홍글자: 국민보도연맹과 국민방위군 사건』(파주: 푸른사상, 2021) 참조.

112 개정 과정에 대한 자세한 논의는 서희경, 앞의 책, pp. 130-273 참조.

113 이에 대한 자세한 논의는 신용옥, "제헌헌법 및 2차 개정 헌법의 경제질서에 대한 인식과 그 지향," 『사학연구』 제89호(2008); 채오병, "이승만 정권의 사회정책, 1948-1958: 헌법제정과 개정을 중심으로," 『사회이론』(2014년 가을·겨울호) 참조.

114 이에 대해서는 신병식, "부산정치파동과 이승만체제의 확립," 구영록 교수화갑기념논총편집위원회 편, 앞의 책, pp. 567-599; 조용중, 앞의 책 참조.

115 자세한 내용은 김정기, 『국회프락치사건의 재발견 I』, pp. 368-379 참조.

116 서병조, 앞의 책, pp. 402-408.

117 위의 책, pp. 405-407. 나중에 알려진 바로는 뉴델리밀담설을 조작한 사람은 중국에서 돌아와 각계각층을 누비고 다니며 정보통임을 자처해온 김지웅이었다. 그는 이 같은 각본을 만들어 민국당 중진으로 있던 김준연과 함상훈을 움직여 뉴델리밀담설을 퍼뜨리게 했다는 것이다. 그는 자유당 고위층과 김창룡 특무부대장과도 관련을 맺고 많은 공작비를 받고 이 같은 일을 꾸몄다고 한다. 자유당 지도부가 이러한 조작극을 감행한 이유는 그렇게 해야만 다음 선거 시 국민적 지지도가 높은 신익희를 꺾고 재집권이 가능했기 때문이다. 같은 책, pp. 407-408.

118 위의 책, p. 408.

119 위의 책, pp.449-451.

120 물론 제헌헌법에 명시된 경제조항들은 제주4·3사건과 여순사건, 그리고 한국전쟁으로 인해 제대로 실현되지 못하고 1954년에 개정되었다고 할 수 있다. 채오병, 앞의 글, p.433.

121 손호철, 『현대한국정치: 이론과 역사』, pp.139-141.

122 채오병, 앞의 글, pp.435-439.

123 백운선, "한국 현대국가의 형성과 통치양태의 정형화," p.529.

124 최장집, "제2공화국에서의 민주주의의 등장과 실패," p.37.

125 박명림, 『한국전쟁의 발발과 기원 II』, pp.414-415.

126 이에 대한 자세한 논의는 이 책의 제2장에서 다룬다.

127 대한민국공보처, 『대통령 이승만박사 담화집』 제1집(1953), p.18.

128 『국회속기록』 제1회, 제98호, p.821; 『조선일보』, 1948년 11월 3일 자 참조.

129 박명림, 앞의 책, p.437.

130 백운선, "제헌국회 내 '소장파'에 관한 연구," pp.240-241.

131 홍용표, "한국전쟁이 남북한 관계에 미친 영향," 한국전쟁연구회 편, 『탈냉전시대 한국전쟁의 재조명』(서울: 백산서당, 2000), pp.328-329.

132 박명림, 앞의 책, pp.881-882.

133 이에 대해서는 황남준, "제1공화국의 체제위기에 관한 연구: 한국전쟁의 원인과 관련해서,"(고려대학교 정치외교학과 석사학위 논문, 1986) 참조.

134 이에 대한 논의는 강정구, "5·10선거와 5·30선거의 비교연구," 『한국과 국제정치』(1993년 봄·여름호), pp.1-29 참조.

135 이혜원·조현연, 앞의 글, p.351.

136 한배호, 앞의 책, pp.43, 51-52.

137 최장집, 『한국민주주의의 이론』, p.166.

138 한국전쟁이 북한사회에 미친 영향에 대해서는 고병철·심지연 외, 『한국전쟁과 북한사회주의체제 건설』(서울: 경남대학교 극동문제연구소, 1992) 참조.

139 손호철, 앞의 책, pp.131-133.

140 이에 비견할 수는 없지만 유사한 효과를 정부 수립 직전의 여순사건의 영향

에서 지적한 바 있으며, 1968년 북한의 군사모험주의가 국내정치에 몰고 온 영향을 분석하면서 지적하게 될 것이다.

141 최장집, 『한국민주주의의 조건과 전망』, pp.149-150.

142 바로 이와 같은 이승만 정권의 상반되고 모순되는 통치양태를 제한적 다원주의, 준경쟁적 권위주의, 그리고 '민주주의와 전제정치의 어색한 결합'으로 지칭할 수 있을 것이다. 한배호, 앞의 책, pp.35-64; 임혁백, 앞의 책, pp.381-391; Gregory Henderson, *op. cit.*, p.158 참조.

143 손호철, 앞의 책, pp.138-139.

144 위의 책, pp.144-145.

보론 제2공화국 붕괴와 5·16쿠데타의 북한요인

1 통일지향성은 민주지향성 및 반공지향성 양자와 친화성을 가진다고 할 수 있으나 북진통일 외 통일 논의를 금하거나 선건설 후통일을 강조하는 상황에서는 민주지향성보다는 반공지향성과 중첩되고 친화성을 갖는다고 할 수 있다.

2 4·19를 혁명으로 지칭할 수 있느냐에 대해서는 논쟁의 여지가 있겠으나 전후 극우반공체제에서 자유민주주의 제도와 정치적·경쟁의 규칙들을 파기했다는 이유로 독재정권을 국민들의 저항으로 붕괴시켰다는 점에서 혁명으로 칭할 수 있을 것이다.

3 이승만 정권과 장면 정권의 붕괴에서 미국이 미친 영향과 역할에 대해서는 이재봉, "4월혁명, 제2공화국, 그리고 한미관계," 백영철 편, 『제2공화국과 한국민주주의』(서울: 나남, 1996), pp.71-110; 이완범, 『미국의 한국 정치 개입사 연구 1: 박정희 제거 공작 편』(성남: 한국학중앙연구원출판부, 2022), pp.165-308 참조.

4 4·19혁명은 '반공을 위해서는 민주주의를 제한할 수 있다'는 이승만 정권의 상황논리를 '반공을 위해서라도 민주주의를 견지해야 한다'는 학생, 야당, 지식인 등에 의한 아래로부터의 저항논리로 정권을 퇴진시킨 원형으로

서 의미를 갖는다. 이승만 정권은 마산에서의 1960년 3·15부정선거 규탄시위를 공산당 지하조직에 의한 좌익 폭동으로 몰아갔다. 3월 16일 국무회의에서는 마산시위 관련자들을 형법과 국가보안법으로 엄벌한다는 방침을 밝혔다. 3월 17일 치안국장 이강학은 마산소요사건은 공산당 수법에 의해 이루어진 증거가 있어 배후에 공산당 개입 여부를 수사 중이라고 발표했다. 그러나 마산사태를 조사한 한신옥 부장검사는 '좌익 연루설'을 부정하는 등 이승만 정권의 용공조작은 정부 내부에서조차 인정받지 못했다. 북한은 3·15선거를 미국이 한국에 대한 식민지 통치를 위해 이승만을 대통령직에 계속 두고자 한 요식에 불과하다고 폄하했다. 또한 이승만의 경쟁 후보들이 모두 이상한 죽음을 맞이했으며 자유당과 민주당 간에는 별다른 정책 차이가 없는 초록동색으로서 선거는 의미 없는 형식에 불과하다고 주장했다. 『로동신문』, 1960년 3월 11, 14, 15, 16, 17, 19일. 북한은 김주열의 시신이 발견된 다음 날인 4월 12일 '마산시 인민봉기를 지지하는 평양시 군중대회'를 개최하고, 마산에서의 민중봉기를 적극 지지하는 한편, 3·15부정선거의 무효화와 이승만 정권의 종식을 외쳤다. 『로동신문』, 1960년 4월 13일. 북한은 4월 19일 이후 남한에서의 시위에 대한 지지 집회를 북한 각지에서 대대적으로 진행했고, 기아에 허덕이는 피폐한 남한 경제의 복구를 위해 북한의 강유력한 경제력을 제공할 용의가 있음을 밝히기도 했다. 『로동신문』, 1960년 4월 20, 21일. 3·15부정선거 규탄시위와 4·19혁명 국면에서 일부 북한 당국자가 평양 주재 소련대사관의 외교관과 만나 '조선로동당 지하그룹이 남조선 주민들을 투쟁으로 이끌고 있다'며 남한 사태에 대한 일정한 개입을 말하기도 했다. 『북한관계사료집 79』(과천: 국사편찬위원회, 2016), pp.473-474. 그러나 대체로 북한이 처음부터 학생들과 시민들의 저항에 의해 이승만 정권이 붕괴될 수 있음을 예견하고 남한 정세에 적극 개입했다고 보기는 어렵다. 그보다는 나름대로 남한의 정세를 관망·분석하면서 사태의 추이를 지켜보았던 것으로 파악된다. 유영구, 『남북을 오고 간 사람들』(서울: 도서출판 글, 1993), pp.185-198; 한모니까, "4월민중항쟁 시기 북한의 남한정세 분석과 통일정책의 변화," 한국역사연구회 4월민중항쟁연구반, 『4·19와 남북관계』(서울: 민연, 2000) 참조. 이승만 정권은 전국 각지로 번져가는 학생시위에 대하여 용공조작으로 제압하고자 했으나 학생과 시민들의 분노를 가라앉힐 수 없었다. 오히려 마산에서의 규탄시위에 대한 경찰의 무차별적인 폭력진압과 당국의 용공조작은 부정선거 규탄여론을 한층 확대·강화하는 계기가 되었다. 그리고 4월 11일 경찰의 최루탄을 맞은 김주열의 시신이 마산 앞바다에 떠오르면서 마산에서의 학생, 시민들의 시위는 한층 격렬해졌다. 홍진기 내무부장관은 4월 12일 '마산소요에 오열개재의 혐의가 있다'는 담화를 발표하였고, 13일 국무회의에서는 '적색분자들의 준동 혐의를 과학적으로 수사할 방침'이라고 표명했다. 그리고 13일 이승만이 직접 나서서 마산사태에 대해 '이 난동에는 뒤에 공산당이 있다는 혐의도 있어서 지금 조사 중인데, 난동은 결국 공산당에 대해서 좋은 기회를 주게 할 뿐'이라고 특별담화문을 내는 등 부정선거에 대한 시민사회의 저항을 용공조작으로 대응했다. 그러나 이승만 정권에 대한 반감과 저항은 오히려 더 거세졌고 급기야 정권퇴진운동으로 발전함으로써 이승만 대통령은 하야하지 않을 수 없었다. 한국사료연구소 편, 『해방30년사 제3권: 제2공화국』(서울: 성문각, 1976), pp.7-20; 심재택, "4월혁명의 전개과정," 한완상 외, 『4·19혁명론』(서울: 일월서각, 1983). 여기에서 우리가 주목할 것은 한국의 저항세력과 시민사회는 4월혁명, 부마항쟁, 6월항쟁에서 보듯 냉전권위주의 시기에 있어서도 정권이 반공 및 북한과의 대치상황 등 북한요인을 적극적으로 동원·조작하여 자유민주주의를 심각하게 훼손하거나 무화시킬 경우, 바로 그 자유민주주의의 수호를 명분으로 권위주의정권들에 저항했고, 그 저항에 의해 정권은 모두 붕괴되었다는 점이다. 이는 냉전권위주의 시기 한국정치에서 민주지향성이 과도하게 확장될 수 없었을 뿐만 아니라, 동시에 반공지향성 역시 자유민주주의를 무화시킬 정도로 확장될 수 없었음을 여실히 보여준다.

5 혁신정당은 혁신이라는 구호가 용공 또는 친공과 연결되지 않도록 노력하였으나 사회 전반의 반공 분위기 속에서 참패를 면치 못했다. 7·29총선에 대한 자세한 분석은 이갑윤, "제2공화국의 선거정치," 백영철 편, 앞의 책, pp.185-203 참조.

6 당시에는 구정권의 붕괴에도 불구하고 국가와 사회의 보수적 구조는 계속 유지되고 있었다. 이런 점에서 좌우익의 대립이 격렬했던 해방 직후의 상황과는 달랐다. 보수 대 혁신의 대립이 있었다고는 하나 이는 보수세력의 힘이 압도하는 비대칭 대립구도였다. 다만, 수와 조직, 자금, 국민적 지지에서 열세였던 혁신세력이 제도권 밖에서 벌인 정치적 투쟁이 학생들의 시위와 더불어 정국을 상당한 소용돌이로 몰아갔다. 이는 결과적으로 군부가 정치에 개입하는 하나의 빌미를 제공했다. 김영명, 『한국현대정치사: 정치변동의 역학』(서울: 을유문화사, 1992), p.239.

7 한승주, "제2공화국," 한국정치학회 편, 『현대한국정치론』(서울: 법문사, 1987), p.195.

8 최장집, "제2공화국에서의 민주주의의 등장과 실패," 백영철 편, 앞의 책, p.37.

9 위의 글, p.41.

10 이에 대해서는 최장집, 『한국민주주의의 조건과 전망』(서울: 나남, 1996), p.22 참조.

11 박명림, "제2공화국 정치균열의 구조와 변화," 백영철 편, 앞의 책, p.261.

12 Bruce Cumings, *Korea's Place in the Sun: A Modern History*(New York: W.W. Norton & Company, 2005), p.347.

13 Gregory Henderson, *Korea: The Politics of Vortex*(Cambridge: Havard University Press, 1968), p.182.

14 김정원, 『분단 한국사』(서울: 동녘, 1985), p.251.

15 위의 책, p.253.

16 이갑윤, 앞의 글, p.202.

17 김영명, 앞의 책, p.240.

18 1961년 3월 8일 민주당 정권은 '반공임시특별법'과 '시위규제법' 안을 추진하고 있다는 사실을 발표했다.

19 박명림, 앞의 글, p.233.

20 위의 글, 같은 면.

21 자유당은 1958년 11월 18일 국가보안법 강화를 위한 개정안을 국회에 제출했다. 간첩을 극형에 처하는 등 간첩 검거와 반공체제의 강화를 목적으로 마련한 법안이라는 자유당의 설명이 있었다. 그러나 이 법안은 반여당계 정치세력에 대한 탄압과 야당에 동조하는 언론기관에 대한 통제를 목적으로 한 것임이 분명했다. 즉, 이승만의 종신 집권을 방해하는 반대세력을 탄압하는 제도적 장치를 구축하려는 데 그 의도가 있었다. 이 법안은 1959년 1월 15일자로 발효되었다. 임혁백, 『비동시성의 동시성: 한국 근대정치의 다중적 시간』(서울: 고려대학교출판문화원, 2015), pp.389-391 참조.

22 당시 미 대사관은 이 법안 내용과 통과방식 모두가 "한국 민주주의 발전을 퇴행시킨 무덤"이라고 평가했다. 반면 이승만은 다울링(Walter C. Dowling) 주한 미 대사와의 전화통화에서 "공산주의자들과 싸워야 하는 상황에서 정상적인 민주적 관행으로부터의 일탈이 불가피했다"고 강변했다. 이승만은 자신을 반대하는 사람들을 용공으로 의심하고 있었다. Donald Stone MacDonald, *U.S.-Korean Relations from Liberation to Self-Reliance: The Twenty-Year Record*(Boulder: Westview Press, 1992), p.197. 이승만은 다울링 대사와의 면담에서도 민주당이 곧 공산당이라는 식으로 말했다. "Memorandum of Conversation: Political Situation in the Republic of Korea"(January 19, 1959), *FRUS*, 1958-1960, Vol. XVIII, p.533.

23 제2공화국에 들어와 자유당 시대의 국가보안법을 완화·개정한 민주당 정권이 다시 강화된 국가보안법을 내놓기 어렵게 되자 반공법이라는 단일 법안을 제정하고자 했다. 특히 이 법안은 당시 활발히 논의되던 통일논의를 위축시키는 데 직접적인 목적을 가지고 있었다. 법안에 따르면 반정부조직으로 규정된 용공집단의 이익이나 활동을 지원하거나 촉진하는 자에게는 무거운 처벌을 할 수 있었다. 특히 공산당을 지지하거나 찬양하는 가장 경미한 표현에 대해서도 무거운 처벌을 할 수 있었다. 그러나 민주당 정권은 반공법 제정에 대한 격렬한 반대에 직면하여 반공법을 철회하고 국가보안법을 강화하는 선으로 후퇴했다. 한편 시위규제법은 일반 대중과 결합하고 있는 혁신정당과 사회단체, 그리고 학생들의 활동을 축소하려는 데 목적을 두고 있었다.

24 한국사료연구소 편, 앞의 책, p. 183.

25 박명림, 앞의 글, p. 232.

26 4·19를 전후한 시기의 통일논의에 대한 체계적 연구로는 홍석률, 『통일문제와 정치·사회적 갈등: 1953-1961』(서울: 서울대학교출판부, 2001) 참조.

27 서병조, 『정치사의 현장증언: 제2공화국』(서울: 중화출판사, 1981), p. 440.

28 박명림, 앞의 글, pp. 230-232.

29 전인영, "장면정권기 남·북관계와 통일정책," 한국정신문화연구원 현대사연구소 편, 『한국현대사의 재인식 5: 1960년대의 전환적 상황과 장면정권』(서울: 오름, 1998), p. 270.

30 김준엽 외 공편, 『북한연구자료집』 제4집(서울: 고려대학교 아세아문제연구소, 1979), pp. 435-442. 4·19 전후 북한의 남한 정세 분석과 대남정책에 대해서는 한국역사연구회 4월민중항쟁연구반, 『4·19와 남북관계』(서울: 민연, 2000) 참조.

31 노중선 편, 『남북한 통일정책과 통일운동 50년』(서울: 사계절, 1996), pp. 73-74.

32 『로동신문』, 1960년 6월 27일, 7월 12일 자 참조.

33 홍석률, 앞의 책, p. 132.

34 김정원, 앞의 책, pp. 254-256.

35 서중석, "민주당·민주당정부의 정치이념," 역사문제연구소 편, 『한국정치의 지배이데올로기와 대항이데올로기』(서울: 역사비평사, 1994), p. 156; 이국영, "제2공화국의 실패요인과 군부권위주의의 등장," 백영철 편, 앞의 책, p. 315.

36 김동성, "박정희와 통일정책," 동아일보사 편, 『현대사를 어떻게 볼 것인가 IV: 박정희와 5·16』(서울: 동아일보사, 1990), p. 227.

37 당시 남북교류 그 자체에 대해서는 남한사회 내부에 이를 지지하는 의견이 많았다. 그러나 남북한 학생들이 직접 만나 양자 간의 교류·협력을 모색하겠다는 학생들의 제안은 대단히 돌출적인 것이어서 엄청난 파문을 불러일으켰다. 홍석률, 앞의 책, p. 147.

38 김정원, 앞의 책, p. 254; 김학준, 『한국문제와 국제정치』(서울: 박영사, 1995),

p.674.

39 기존 견해들 역시 대체로 어느 한 요인을 붕괴의 결정적인 요인으로 보기보다는 여러 요인들의 복합적 상호작용의 결과로 보고 있다. 다만 그 강조점과 비중에 차이를 두고 있을 뿐이다.

40 이국영, 앞의 글, pp.311-316.

41 한용원, "5·16쿠데타의 발생과 전개과정," 한배호 편, 『한국현대정치론 II』(서울: 오름, 1996), p.48.

42 이승만의 하야는 미국의 지나친 개입에 힘입은 바 컸고, 5·16쿠데타의 성공에는 미국의 신중한 방관이 일조했다. 미국은 독재정권의 붕괴과정에서는 '민주주의의 진열장'을 통한 이익을 지키기 위하여 극심한 내정 간섭의 정당성을 주장하였고, 민주정권의 몰락과정에서는 '반공 보루'를 통한 이익을 확보하기 위하여 내정 불간섭의 원칙을 내세웠다. 이재봉, 앞의 글, p.110.

43 이에 대해서는 경남대학교 극동문제연구소 편, 『남남갈등: 진단 및 해소방안』(서울: 경남대학교 극동문제연구소, 2004); 진영재, "분단구조와 남한내부의 정치적 갈등," 2002년 한국정치학회 하계학술대회 발표 논문(2002년 7월 25-27일, 프레스센터·외교안보연구원); 남궁영, "대북정책의 국내정치적 갈등: 쟁점과 과제," 『국가전략』(2001년 겨울호) 등 참조.

44 최장집, "제2공화국에서의 민주주의의 등장과 실패," p.68.

45 김한교, "남한 통일정책의 평가," 경남대학교 극동문제연구소 편, 『한반도의 통일전망: 가능성과 한계』(서울: 경남대학교 극동문제연구소, 1986), pp.5-6; 한배호, 『한국정치변동론』(서울: 법문사, 1994), p.158.

46 최장집, "제2공화국에서의 민주주의의 등장과 실패," pp.63-64.

47 위의 글, pp.36-37.

48 Hans J. Morgenthau, *Politics among Nations: The Struggle for Power and Peace*(New York: Alfed A Knopf, 1948).

49 Gregory Henderson, *op. cit.*, p.182.

50 *Ibid.*, p.183.

51 한배호, 앞의 책, pp.137-138.

52 위의 책, pp.136-137.

53 이와 관련하여 '반공 국시'를 직접 기초했던 김종필은 다음과 같이 회고한다. "민주당 때… 학생들이 판문점에 가자, 평양에 가자 했습니다. 또 학생들이 국회에 들어가서 의정단상에 올라가 작대기를 짚고 이게 무슨 국회냐고 호통을 치고. 그래도 당시에 그걸 말릴 수 있는 사람들이 없었어요. 이런 걸 보고, 1,200명 동기생 중 6·25 때 반을 잃은 우리들이 뭘 느꼈겠어요? 학생들이 '우리가 가서 통일하면 됐지, 무슨 이데올로기가 필요하냐'고 날뛸 때 뭘 느꼈겠어요? 우리는 4·19 이후에 세상이 바뀌었다고 날뛰는 이런 엉터리 같은 사조에 종지부를 찍어야겠다고 생각했습니다. 확실히 우리는 반공을 해야 한다, 우리가 근대화를 한다지만 우선 반공을 해서 허튼 붉은 생각들을 불식시켜야 된다, 그래서 나온 생각이 반공이오. 4·19 후에 세상이 그렇게 어지럽지 않았다면 우리 군대가 나오지도 않았을 거요." 오효진, 『3김과 노태우: 오효진이 추적한 정치현장』(서울: 세종출판공사, 1987), p.201. 그러나 '반공 국시'는 북한의 간접침략 및 용공세력 준동에 대응하는 반공정책 강화 차원뿐만 아니라 박정희 등 쿠데타 주도세력이 자신들의 사상 성향에 대한 국내 및 미국의 우려를 불식한다는 고려도 작용했다고 할 수 있다. 이완범, 앞의 책, pp.387-410 참조.

54 한국군사혁명사 편찬위원회, 『한국군사혁명사』 상(1963), pp.173-194.

55 『합동연감』(1964년판), p.80; 내외통신 편, 『북괴의 대남도발사: 1945. 8-1980. 4』(서울: 내외통신, 1980), p.135.

56 유영구, 앞의 책, pp.195-205 참조.

57 실제 김일성은 7·29총선을 며칠 앞둔 7월 26일 평양주재 소련대사 푸자노프에게 사회대중당과 한국사회당 등 남한 내 혁신정당과 조선노동당이 연계를 가지고 있다고 말했다. 한모니까, 앞의 글, p.233.

58 서중석, 앞의 글, pp.113-114.

59 홍석률, 앞의 책, p.136.

60 Gregory Henderson, *op. cit.*, p.356.

61 데이비드 콩드 저·장종익 역, 『남한, 그 불행한 역사: 1953-1966』(서울: 좋은

책, 1988), p.119; 이완범, 앞의 책, p.375.

62 강성재, 『참군인 이종찬』(서울: 동아일보사, 1987), p.149.

63 양성철, 『박정희와 김일성』(서울: 한울, 1992), pp.200-202.

64 전인영, 앞의 글, pp.294-296.

65 물론 당시 혁신세력들은 쿠데타설을 의식하여 행동을 자제한 것도 사실이지만, 그때는 이미 군부가 정치적 위기를 이유로 행동을 취할 빌미를 확보한 후였다.

66 5·16쿠데타가 발생한 지 보름 만인 1961년 6월 1~3일에 공보부가 실시한 서울시민 여론조사는 이러한 점을 지지해주는 하나의 자료가 될 수 있다. 즉, 반공 국시와 경제재건 등을 내건 혁명공약에 대해 88.6%(썩 잘되었다 48.8%, 대체로 잘되었다 39.8%)가 높은 호응을 보였으며, 군정 시책에 대해서도 70.5%(썩 잘한다 34.3%, 대체로 잘한다 36.2%)가 긍정적 반응을 나타냈다. 한편, 정당과 사회단체의 해체 조치에 대해서도 79.1%(썩 잘했다 37.8%, 대체로 잘했다 27.1%, 부득이하다 14.2%)가 동의하였으며, 사회혼란을 가중시키는 데 일조했던 신문·통신발행정지 조치에 대해서도 85.7%(썩 잘했다 50.0%, 대체로 잘했다 27.9%, 부득이하다 7.8%)가 수긍했다. 『조선일보』, 1961년 6월 14일.

67 학생들의 시위가 김일성에게만 도움이 되고, 학생들의 주장 역시 북한의 대남방송과 흡사하다는 인식은 쿠데타 주도세력의 한 사람인 유원식 대령이 대학생 통일운동을 하던 자신의 조카인 유세희를 5·16 직전 만나서 하는 말을 통해서도 나타난다. 유세희, 『남남갈등의 한국정치: 어느 정치학자의 80년 회고』(서울: 글통, 2024), pp.132-133.

68 김정원, 앞의 책, p.263.

69 "Special National Intelligence Estimate"(March 21, 1961), *FRUS*, 1961-1963, Vol.XXII, p.432.

70 『사상계』(1961년 6월호), p.34.

71 4·19혁명으로 등장한 민주당 정권이 권력의 실질적인 행사에 있어서 민주적이 되려고 노력한 점은 부인할 수 없으나 민주당 정권의 정치엘리트도 자

유당 정권처럼 전통 지향적일 뿐만 아니라 권위주의적 성향을 공유했던 정치집단이었다. 때문에 기본적으로 민주당 정권하에서도 준경쟁적 권위주의 지배는 여전히 지속되었다고 할 수 있다. 즉, 민주당이 집권했다고 해서 한국정치가 갑자기 권위주의정치에서 민주정치로 변할 수는 없었다고 보는 것이 합리적이다. 한배호, 앞의 책, p.117.

72 한배호, 위의 책, pp.159-163.

73 5·16쿠데타에 대한 당시 북한의 인식과 대응, 그리고 북한에 미친 영향에 대한 자세한 논의는 신종대, "5·16쿠데타에 대한 북한의 인식과 대응: 남한의 정치변동과 북한의 국내정치,"『정신문화연구』 제33권 제1호(2010); 신종대, "남한의 5·16쿠데타가 북한에 미친 영향,"『근대화 프로젝트: 자본주의의 길, 사회주의의 길』(제4회 규장각 한국학 국제심포지엄 발표문, 서울대학교 규장각한국학연구원, 2011년 8월 25일) 참조.

제2장 박정희 정권기 북한요인

1 Harold D. Lasswell, *Essays on The Garrison State*(London and New York: Routledge, 2017) 참조.

2 전면적 동의 및 수동적 동의 등에 대한 논의는 임지현 외,『대중독재 1』(서울: 책세상, 2004), pp.17-55 참조.

3 강원룡,『빈들에서 2』(서울: 대화출판사, 1998), pp.150-158 참조. 박정희를 비롯한 쿠데타 주도 그룹의 '사상' 시비에 대한 미국 측의 시각과 판단에 대해서는 이완범,『미국의 한국 정치 개입사 연구 1: 박정희 제거 공작 편』(성남: 한국학중앙연구원출판부, 2022), pp.387-434 참조.

4 강원룡, 위의 책, p.157.

5 위의 책, p.158.

6 황태성사건에 대해서는 김학민·이창훈,『박정희 장군, 나를 꼭 죽여야겠소』(서울: 푸른역사, 2015) 참조.

7 김경래, “전향자냐? 아니냐,” 『사상계』(1963년 11월호), pp. 102-110; 김정원, 『분단한국사』(서울: 동녘, 1985), p. 283.

8 이상우, 『박정희, 파멸의 정치공작』(서울: 동아일보사, 1993), p. 141.

9 베이커는 주한 미 고문단 참모장으로 한국군 창설을 주도한 후 주한 유엔 군사령관 특별보좌관을 역임하는 등 ‘한국군의 대부’라 불리는 하우스먼(James H. Hausman) 밑에 있던 사람인데, CIA 비노출 요원으로서 보험회사 세일즈맨으로 가장해 한국에서 일했다. 5·16 후 외교관 추방 1호가 주한 미대사관의 헨더슨(Gregory Henderson) 문정관이라면, 민간인으로는 그가 추방 1호였는데 그 이유는 바로 그가 황태성사건에 매달렸기 때문이라는 것이다. 문명자, 『내가 본 박정희와 김대중』(서울: 월간 말, 1999), p. 46.

10 강문봉은 얼마 후 문명자에게 다시 중요한 정보를 제공했다. 강문봉에 따르면, 박정희는 여순사건 당시 남로당 군책으로 체포되어 재판을 받았는데 동 사건 재판장 최석 장군이 현재 미 국방성 장학생으로 미시간에 와 있다는 것이다. 정일권과 백선엽, 이용문 장군 등이 박정희를 구출하느라 힘썼는데 결국 박정희는 3천여 명에 달하는 군내 남로당 명단을 군 수사기관에 넘겨주고, 자신은 구제받아 문관으로 군에 복귀할 수 있었다는 것이다. 이 말을 듣고 문명자는 곧장 최석 장군에게 전화로 문의했고, 그는 강문봉의 말대로 “박정희는 남로당 군책으로 있었다”고 확인해주었다. 위의 책, p. 53.

11 질문서와 답변서의 구체적 내용에 대해서는 위의 책, pp. 47-52 참조.

12 비밀리에 착수한 민주공화당의 조직은 이른바 ‘이원조직’ 원리에 바탕을 두었다. 당 소속 국회의원과는 별도로 중앙당 사무국에 당 관료체제를 형성하고 실제 권력은 당 관료가 행사하도록 하며, 국회의원도 중앙당의 지시를 받도록 한다는 것이었다. 김동하 최고위원이 그것을 김종필의 ‘사조직’이라고 규탄한 것은 이러한 조직상의 특수성에서 비롯되었다고 할 수 있다. 다른 반김종필파도 ‘이원조직’에 반대했으며, 결국 처음 구상이 폐기되고 국회의원 위주의 정당으로 환원하게 되었다. 한배호, 『한국정치변동론』(서울: 법문사, 1994), p. 150.

13 김정원, 『분단 한국사』(서울: 동녘, 1985), p. 284.

14 황태성에 대한 심문 등 황태성을 둘러싼 한미 당국 간의 밀고 당기는 신경전에 대해서는 이완범, 『미국의 한국 정치 개입사 연구 2: 박정희 제거 공작 편』(성남: 한국학중앙연구원출판부, 2022), pp.169-183 참조. 5·16쿠데타에 가담했으며, 중앙정보부장을 지낸 김형욱은 미국 대사관과 정보당국의 박정희에 대한 불신이 높은 것에 새삼 놀랐다고 했다. 또한 미 정보당국은 박정희를 비롯하여 김종필, 이주일, 장태화, 김용태 등을 사실상 공산주의자로 보고, 그 때문에 간첩 황태성사건을 미군당국에 알리지도 않고 쉬쉬하며 감추고 있다고 믿었다고 한다. 김형욱·박사월, 『김형욱 회고록 II』(서울: 아침, 1985), p.23. 한편, 5·16 직후 박정희는 특별사절단을 미국 워싱턴 D.C.에 보내 국회도서관에 소장되어 있는 자신의 좌익 관련 자료를 없애려고 했으나 마이크로필름으로 보관되어 있어 실패했다고 한다. 김성곤도 국내에 남아 있는 자신의 좌익 전력 기록과 미국의 관계 기관에 남아 있는 기록을 없애려고 백방으로 노력했으나 결국 실패하고 말았다. 내무부장관을 지낸 엄민영 역시 좌익 경력으로 고통받았으며, 주일대사 재직 중 북에 남아 있던 아들이 연일 방송에 출연해 아버지를 부르는 사태가 일어났다. 이 문제로 고민하던 엄민영은 일본에서 사망했는데 사실은 자살이었다는 것이다. 문명자, 앞의 책, pp.59-61; 이완범, 『미국의 한국 정치 개입사 연구 1: 박정희 제거 공작 편』, p.409. 강원룡 역시 1967년까지도 박정희와 좌파세력 간의 관계가 계속 유지되었다고 보았다. 그 대표적인 예로 내무부장관으로서 1967년 양대 선거를 치러낸 '좌파 인사'인 엄민영을 들고 있다. 강원룡은 박정희 정권의 색깔에 대해 뿌리 깊은 의구심을 갖고 있었고, 그런 만큼 박정희도 자신을 경계했다고 한다. 강원룡, 앞의 책, pp.269-270.

15 문명자, 앞의 책, p.46.

16 김형욱·박사월, 앞의 책, pp.47-60. 김형욱에 따르면, 황태성을 미 정보당국에 인계한 것을 계기로 비로소 1963년 8월 13일에 체결된 제4차 한미잉여농산물자 도입협정이 발효되어 소맥 11만 5천 톤의 추가 도입이 확정되었고, 인천항에 정박 중이던 미국 화물선에서도 소맥이 하역되기 시작했다고 한다. 당시 황태성사건을 둘러싼 미국의 불만으로 인해 인천항 앞바다에 정박 중

이던 미국 수송선들이 미공법(美公法) 480호에 의거, 양곡을 하역할 생각을 하지 않고 있었다는 것이다. 이 시기는 극심한 흉년으로 쌀값이 치솟고 매점 매석이 판을 치고 있었다. 게다가 정부가 보유한 쌀마저 9월 20일이면 완전히 바닥이 나게 되어 있었다. 이것이 대통령선거를 앞둔 박정희에게 치명적이었음은 물론이다. 이에 대해 자세한 내용은 같은 책, pp.45-65 참조.

17 강원룡, 앞의 책, p.271. 1960년대 후반경 강원룡은 이와 같은 미국의 정책이 박정희를 지원하는 정책으로 바뀌게 된 사정을 미 대사관에 있던 하비브로부터 들었다. 하비브는 앞서 강원룡이 박정희의 사상적 의구점에 대해 제공해준 정보가 상당히 유익했다며, 자신들도 박정희가 좌익사상을 갖고 있다고 결론 내렸다고 했다. 다만, 박정희의 인물됨이 '이념'보다는 '권력'에 더 집착함을 간파하고 그를 배척하기보다는 그의 권력욕을 충족시켜주면서 이후락이나 정일권 같은 사람들로 주위에 울타리를 쳐서 박정희 정권의 좌경화를 막아왔다고 했다. 같은 책, pp.272-273.

18 "Special National Intelligence Estimate"(May 31, 1961), *FRUS*, 1961-1963, Vol. XXII, p.469; "Embtel 88"(Seoul)(July 15, 1961), 한국정신문화연구원 현대사연구소 편, 『5·16과 박정희정부의 성립』 제2집(성남: 한국정신문화연구원, 1999), pp.288-289.

19 "OCI-2298-61: Current Situation in South Korea"(May 18, 1961), p.1, 한국정신문화연구원 현대사연구소 편, 『5·16과 박정희정부의 성립』 제1집(성남: 한국정신문화연구원, 1999), p.83.

20 문명자, "박정희·김종필의 좌익전력," 『월간 말』(1997년 10월호), pp.84-87.

21 그 보고서 가운데 제1정보는 김종필이 황태성을 직접 만나 허심탄회하게 의견을 교환하고 남북 비밀협상에 대한 일반 원칙에 합의하는 일방, 황태성의 좌익조직 이론에 감복한 김종필이 황태성의 자문을 받아 공화당을 사전 조직했다는 것이다. 심지어 황태성이 공화당 비밀요원들의 밀봉교육을 담당했다는 설도 있었다. 또한 제2정보는 김종필이 후환을 두려워하여 황을 직접 만나지 않고 수사관을 파견하여 황을 심문하였으나 황이 김종필을 직접 만나지 않고는 얘기할 수 없다고 버티는 바람에 김종필과 얼굴이 흡사한 치안

국 정보과 박문병 경감을 김종필로 가장시켜 반도호텔 735호실에서 황과 대면하여 황의 대남공작 임무를 파악했다는 설이다. 김종필은 위의 제2정보가 사실이라고 증언한다. 오효진, 『3김과 노태우: 오효진이 추적한 정치현장』(서울: 세종출판공사, 1987), pp.165-166. 이에 대한 김종필의 증언도 시인과 번복으로 일관성이 없다. 이완범, 『미국의 한국 정치 개입사 연구 2: 박정희 제거 공작 편』, p.183.

22 김형욱·박사월, 앞의 책, pp.27-28. 그 후 가끔 박정희는 술이 거나하게 취하면 김형욱이 조속한 사형 집행을 주장한 데 대해 '안 죽여도 될 사람을 김형욱이 미욱하여 죽였다'고 김성곤과 더불어 김형욱을 몰아세웠다고 한다. 같은 책, p.142.

23 이완범, 앞의 책, pp.174-175.

24 김형욱·박사월, 앞의 책, p.47.

25 "Embtel 88"(Seoul)(July 15, 1961), 한국정신문화연구원 현대사연구소 편, 『5·16과 박정희정부의 성립』 제2집, p.289.

26 강원룡의 회고에 의하면, 박정희의 사상에 대해 깊은 의구심을 갖고 있던 그가 대통령 선거전이 시작되면서 윤보선 후보를 찾아가 박정희와 관련하여 알고 있는 이야기를 대충 털어놓자 윤보선이 매우 놀라는 표정을 지었다고 한다. 그 얼마 후인 9월 24일 윤보선은 호남지방 유세에서 '박정희 의장의 사상 성분을 의심한다'는 발언을 함으로써 이른바 '사상논쟁'을 불러일으켰다. 강원룡, 앞의 책, p.212. 물론 박정희의 좌익전력에 대해 의구심을 가지고 있던 미국이 박정희의 당선 저지를 위해 야당에 황태성사건과 함께 박정희의 좌익전력을 제보했을 가능성을 배제할 수 없다. 이완범, 앞의 책, p.182.

27 자세한 내용은 『동아일보』, 1963년 9월 28일 자 참조.

28 『동아일보』, 1963년 9월 24일; 한국사료연구소 편, 『해방30년사 제4권: 제3공화국』(서울: 성문각, 1976), pp.189-190; 김교식, 『다큐멘터리 박정희 2』(서울: 평민사, 1992), pp.211-213; 조갑제, 『내 무덤에 침을 뱉어라 5』(서울: 조선일보사, 1999), pp.316-318 참조.

29 당시 지식인들은 윤보선의 주장에 대해 박정희가 민주주의자인지 아닌지

는 향후 그의 정치형태로 판가름 날 문제라고 주장하고, 일본과의 관계개선을 추진하는 박정희가 구정치세력의 대미의존정책을 사대주의로 비난하는 것도 난센스라고 박정희를 비판했다. 전재호, "박정희 체제의 민족주의 연구: 담론과 정책을 중심으로"(서강대학교 정치외교학과 박사학위 논문, 1997), p.114 참조.

30 『동아일보』, 1963년 9월 27일.

31 『동아일보』, 1963년 9월 24일.

32 이상우, 『비록 박정희 시대 1』(서울: 중원문화, 1984), pp.129-132.

33 『동아일보』, 1963년 9월 27일.

34 『동아일보』, 1963년 9월 24일.

35 『동아일보』, 1963년 9월 26일.

36 조갑제, 앞의 책, pp.316-318; 김교식, 앞의 책, p.234.

37 이상우, 앞의 책, p.136.

38 『동아일보』, 1963년 9월 27일.

39 『동아일보』, 1963년 9월 27일.

40 『동아일보』, 1963년 9월 28일 호외.

41 김종필은 "황태성이 (공화당 창당에) 관여했다고 하는데 전혀 시간이 안 맞아요. 황태성이 잡힌 건 61년 10월이오. 사무국 요원 교육을 할 땐 황태성이는 대구형무소에 있었소!"라며 이를 극구 부인한다. 오효진, 앞의 책, p.185

42 '범탕(범국민정당의 속칭)'의 일환으로 추진되다가 박정희 의장이 발을 빼고 김도연, 김준연 등이 참여하여 당초 의도와는 달리 야당 성향으로 1963년 9월에 창당하여 1964년 11월에 민정당에 흡수 합당된 정당이다.

43 이상우, 앞의 책, p.143. 그러나 당시 공화당의 사전 조직에 착수하기 위해 전역하여 재건동지회의 조직부장으로 정당조직의 실무책임을 맡았던 강성원의 증언은 다르다. 한마디로 김재춘이 말하는 공화당 사전 조직에 황태성이 관련되었다는 것과 밀봉교육 운운은 터무니없는 주장이라는 것이다. 김재춘이 그런 주장을 했던 이유는 공화당 대신에 자신들이 준비하고 있던 '범탕'이 집권하기 위해 JP세력을 몰락시키려고 그런 조작을 했다는 것이다. 또

한 박정희 의장이 공화당과 '범탕'의 조직 작업을 방관한 것은 박 의장이 여차하면 말을 바꿔 타고, 이도 저도 아닐 경우 둘 다 버리는 등 자신의 입지를 넓히기 위한 의도에서였다고 추측한다. "강성원의 박정희 비사 증언,"『월간조선』(2002년 9월호), pp. 509-511. 한편, 김형욱은 당시 자신의 정보망을 통해 공화당 사전 조직에 관여했던 김성희, 윤천주 등에 의해 입안된 '8·15 계획서'를 입수하여 읽다가 그 내용이 공산당의 비밀지하조직 밀봉교육의 지침서와 너무나 흡사하여 문서를 떨어뜨릴 뻔했다고 밝히고 있다. 또한 밀봉교육에 설사 황태성이 직접 개입하지는 않았다고 하더라도, 적어도 공화당 조직을 사전에 입안, 추진한 인물들 중에 공산당의 전력 또는 사상을 가진 자가 있음이 분명하다고 결론 내렸다고 한다. 김형욱·박사월,『김형욱 회고록 I』(서울: 아침, 1985), pp. 239-241.

44 『동아일보』, 1963년 10월 3일.

45 『동아일보』, 1963년 10월 5일, 1면 광고.

46 중앙일보 특별취재팀,『실록 박정희』(서울: 중앙 M&B, 1998), p. 327.

47 여·야당을 포함한 정치적 대표체계의 형성에 대해서는 심지연,『한국민주당연구 I』(서울: 풀빛, 1982); 유재일, "한국정당체제의 형성과 변화: 1950-61년,"(고려대학교 정치외교학과 박사학위 논문, 1996) 참조.

48 예컨대 민주당 정부에서 각료급 관리를 지낸 사람들의 41%는 지주의 자제들이었던 반면, 5·16 이후 군정 참여자의 71%가 농촌 출신이었다. 김정원, 앞의 책, p. 264.

49 『동아일보』,1963년 9월 28일 호외; 김교식, 앞의 책, p. 236.

50 김종필은 이는 있을 수 없는 일이라고 부인한다. 황태성이 가지고 온 18만 달러를 재무부에 보관시켰다가 그 이전에 다른 간첩들이 가져온 2만 달러를 합쳐 KBS-TV 방송국을 만들면서 외국으로부터 방송기자재를 도입하는 데 이 돈을 사용했다고 한다. 즉, KBS-TV는 황태성의 공작금, 곧 김일성이 황에게 주어서 보낸 북한 돈으로 설립한 셈이 된다. 金石野·小谷豪治郎,『실록·박정희와 김종필』(서울: 프로젝트 409, 1997), pp. 186-188; 오효진, 앞의 책, p. 185.

51 『동아일보』, 1963년 10월 9일 호외, 10월 10일.

52 조갑제, 앞의 책, p.322.

53 김교식, 앞의 책, pp.236-237.

54 『동아일보』, 1963년 10월 9일 호외.

55 그러나 박정희의 선거 공약에도 불구하고 연좌제는 폐지되지 않았고, 10·26사건 후 1980년 8월 1일에 가서야 국가보위비상대책위원회가 공식적 폐지를 발표했다. 폐지 과정에는 남파간첩이었던 자신의 동생 허화남으로 인해 연좌제의 고통을 누구보다 잘 알고 있었던 신군부 실세였던 허화평이 주도적 역할을 한 것으로 알려져 있다.

56 김형욱·박사월, 『김형욱 회고록 II』, pp.78-79.

57 박정희는 대통령선거를 통해 사상공세가 오히려 득표에 유리한 점이 더 많았다고 판단한 듯 좌익표의 이탈을 막기 위해 다가오는 국회의원선거가 끝날 때까지 황태성에 대한 사형집행 연기를 지시했다고 한다. 위의 책, p.88.

58 조갑제, 앞의 책, pp.320-323; 김교식, 앞의 책, pp.236-237.

59 『동아일보』, 1963년 10월 10일; 김교식, 앞의 책, p.237-238. 그러나 조웅은 당시 자신의 주장이 모두 사실임을 밝히는 책을 낸 바 있다. 조웅, 『황태성과 박정희·김종필의 커넥션』(서울: 고려글방, 1997) 참조.

60 "지난 10일 서울에서 가진 기자회견에서 한국 군사정권의 박 의장은 자신이 최고위급 북한 간첩과 직접 만난 사실이 최근에 폭로되자 이로부터 국민의 관심을 돌리기 위해 장도영 장군과 내가 그것을 허위조작했다고 반박했다. 그러나 박 의장의 비난은 철두철미 조작된 것이다. 그가 북한 첩자와 비밀리에 접촉한 사실이 알려지면 오는 10월 15일 대선에서 당락이 좌우될 것이므로 그는 계획적으로 국민을 속이려 한 것이다. 이 사건의 내용은 1962년에서 1963년 사이 본인이 서울에 있을 때 지극히 믿을 만하고 신빙성 있는 소식통들에게 들은 것이다. 이들 소식통 중 일부는 군사정권의 최고 지도층에 속한다. 또한 이 정보는 세 번이나 재검토·확인된 것으로 정확성에 대해서는 의심할 바가 없다. …1961년 9월 1일 남하 직전까지 북한 정권의 무역성 부상으로 있던 황태성이 박정희를 만나기 위해 서울에 도착했다. …박정희

는 1961년 11월에서 12월 사이에 서울에 있는 반도호텔에서 비밀리에 세 번이나 황을 만났다. …본인은 박 의장의 궁극적 목적을 완전무결하게 말할 수는 없으나 1946년에서 1948년 사이의 공산당과의 연관, 황태성사건을 다룬 방식, 그리고 공산당식 통제방법을 쓰고 있는 것 등은 그에 대한 강한 의심을 불러일으키게 하고 있다. 그가 이번 대선에서 이긴다면 한국의 장래는 대단히 우려스럽다." 문명자, 앞의 책, pp. 56-57.

61 『동아일보』, 1963년 10월 12일.

62 『동아일보』, 1963년 10월 12일.

63 국군보안사령부, 『대공30년사』(1978), pp. 296-297.

64 북한은 4·19 이후 등장한 장면 정권에 대해서도 이름만 바꾼 '장승만 정권'이라고 비난했다. 『로동신문』, 1960년 8월 15일.

65 이는 윤보선이 "내가 당선되면 미국 가서 소매 동냥이라도 해서 국민을 굶지 않게 하겠다. 우리나라는 외국원조 없이는 살기 어렵게 되었다"라고 한 발언을 두고 한 비난이다. 『동아일보』, 1963년 10월 9일.

66 『로동신문』, 1963년 10월 10일.

67 1967년 6·8국회의원선거 후에도 "남조선 《국회》는 《대의제》의 너울을 쓴 신식민주의적 통치기구"라는 제하의 보도에서 "력대 국회는 이와 같이 로동자, 농민을 대표한 광범한 근로인민의 대표라고는 단 한 사람도 들어간 적이 없으며 그것은 오직 미 제국주의세력을 남조선에 부식하는 지반으로 되고 있는, 한 줌도 못 되는 지주, 예속자본가, 반동관료배의 대표들 및 그에 복무하는 머슴군들로 이루어지고 있다"고 혹평했다. 『로동신문』, 1967년 11월 18일.

68 『로동신문』, 1963년 10월 18일.

69 『동아일보』, 1963년 10월 13일 호외.

70 『동아일보』, 1963년 9월 27일. 당시 미 중앙정보국은 돈과 조직이 우세하고, 여타 후보에 비해 이미지가 나쁘지 않으며, 유권자의 2/3를 차지하는 농촌의 여당 지지성향으로 인해 박정희 후보가 우세한 것으로 보고 있었다. "SC 00613/63c: Special Report: Background for Elections in South Korea/

OCI, CIA"(October 11, 1963), p.5, 한국정신문화연구원 현대사연구소 편, 『5·16과 박정희정부의 수립』 제1집, p.369.

71 이에 대한 자세한 분석은 손호철, "1956년과 1963년 대선: 조봉암, 박정희의 득표는 잔존 좌익의 지지였나?," 『해방 50년의 한국정치』(서울: 새길, 1995), pp.98-127 참조.

72 김교식, 앞의 책, p.239.

73 이완범, 『미국의 한국 정치 개입사 연구 2: 박정희 제거 공작 편』, pp.201-204.

74 서병조, 『정치사의 현장 증언: 제3공화국』(서울: 중화출판사, 1981), p.236; 한국사료연구소 편, 앞의 책, p.193.

75 이상우, 『비록 박정희 시대 1』, pp.159-160.

76 위의 책, pp.126-127; 이완범, 『미국의 한국 정치 개입사 연구 1: 박정희 제거 공작 편』, pp.409-410.

77 황태성이 처형된 뒤에도 말이 많았다. 정부가 황태성을 처형했다고는 하지만 실은 처형된 사람은 다른 사람이고 그는 외국에 나가 버젓이 생존해 있다는 루머가 나돌기도 했다. 야당은 국회에서 이 루머를 정치 이슈로 거론하여 국정감사를 실시했다. 그 결과 처형이 확실하다는 다수의견과 의문의 여지가 있다는 소수의견으로 엇갈렸다. 이에 대해서는 『해방 20년: 기록 편』(서울: 세문사, 1965), p.674; 『해방 20년사』(서울: 희망출판사, 1965), p.1164 참조.

78 최석채, "대통령선거전의 분석," 『사상계』(1963년 11월호), pp.41-42.

79 강민, "박정희의 권위주의통치와 저항운동," 동아일보사 편, 『현대사를 어떻게 볼 것인가 Ⅳ: 박정희와 5·16』(서울: 동아일보사, 1990), pp.49-50.

80 국제문제연구소, 『한일회담에 대한 공산권 반향』(서울: 국제문제연구소, 1965), pp.16-17.

81 『조선중앙년감』(1963년판), pp.40-42.

82 국제문제연구소, 앞의 책, pp.17-18.

83 『조선중앙년감』(1963년판), pp.154-157.

84 『제3공화국 연표』(서울: 인간사, 1984), p.20.

85 위의 책, 같은 면.

86 Donald Stone MacDonald, *U.S.-Korean Relations from Liberation to Self-Reliance: The Twenty-Year Record*(Boulder: Westview Press, 1992), p.134.

87 백종천, "북한의 군사정책과 대남관계," 박웅서 외, 『북한군사정책론』(서울: 경남대학교 극동문제연구소, 1983), p.334.

88 유영구, 『남북을 오고 간 사람들』(서울: 도서출판 글, 1993), p.243.

89 『조선일보』, 1964년 3월 21일.

90 이정식, 『한국과 일본: 정치적 관계의 조명』(서울: 교보문고, 1986), p.81.

91 3·24시위는 한미행정협정을 촉구했던 1962년 6월의 시위, 1963년 군정 연장 반대시위에 이은 민정 이양 후 가장 치열했던 최초의 가두시위였다. 이날 서울 전역에서 파상적으로 수천 명의 학생들이 국회의사당으로 몰려드는 과정에서 시위 군중과 경찰은 25차례나 공방전을 치러야 했다. 3·24시위는 사전에 조직된 시위라기보다 그동안 학생들의 의사표출이 좌절되면서 누적된 불만 등으로 교내 시위가 격화되어 발생한 측면이 강했다. 또한 일반 시민들은 군정의 부정부패와 함께 누적되어온 생활고, 물가고 해소의 돌파구를 이 시위에서 찾으려 했다. 3·24시위를 계기로 서울을 비롯한 부산, 광주, 대전 등지에서 반대시위가 증폭되었고 고등학생들도 시위에 가담했다. 3월 26일 경기고등학생들은 뉴코리아호텔 앞에서 "굴욕적인 한일회담을 즉시 중지하고 매판자본을 축출하라"는 구호와 함께 시위를 벌였는데 고등학생들의 시위 가담은 4월혁명을 연상시키기에 충분했다. 한국정치연구회 정치사분과 편, 『한국현대사 이야기주머니 2』(서울: 녹두, 1993), pp.187-188.

92 평양방송 1964년 3월 14일, 15일, 20일, 23일, 30일 보도. 자세한 내용은 국제문제연구소, 앞의 책, pp.24-29 참조.

93 『로동신문』, 1964년 3월 22일, 25일, 26일, 27일, 28일, 29일, 31일, 4월 2일자 참조.

94 『조선중앙년감』(1965년판), pp.59-61.

95 김성진 편저, 『박정희시대: 그것은 우리에게 무엇이었는가』(서울: 조선일보사, 1994), p.64.

96 『조선일보』, 1964년 3월 22일.

97 『조선일보』, 1964년 5월 21일.

98 한국사료연구소 편, 앞의 책, p.246.

99 이는 4월 5일부터 11일 사이에 국회의원 조재천과 몇몇 학생시위 주동자들 앞으로 배달된 발신자를 알 수 없는 괴소포를 말한다. 그 내용물은 대개 일본 잡지와 미화 100달러, '동지의 영웅적인 투쟁을 찬양한다'는 내용의 편지 등이었다. 당시 학생들은 이 괴소포 배달사건을 박정희 정권이 학생운동을 압살하기 위해 조작한 '매카시즘의 장난'이라고 비난했다. 반면, 서울지검 공안부는 이를 재일 조총련의 협력을 얻은 오열의 소행으로 간주했다. 위의 책, pp.241-242; 신동호, 『인물로 보는 오늘의 한국정치와 6·3세대』(서울: 도서출판 예문, 1996), p.37.

100 김삼웅 편, 『민족·민주·민중선언』(서울: 일월서각, 1984), pp.42-44.

101 때문에 시민사회는 북한과의 연계를 공감할 수 있는 사안이나 행위적 북한요인이 가시화될 때 국가와 위협인식을 더 용이하게 공유한다고 볼 수 있다. 다만 행위적 북한요인이 빈발하여 북한요인에 대한 위협인식이 높아지고 각인된 상황에서는 국가와 시민사회 간의 위협인식 수렴 내지 공유가 더 용이해진다고 할 수 있다

102 한국정치연구회 정치사분과 편, 앞의 책, p.190.

103 "31. National Intelligence Estimate"(January 22, 1965), *FRUS*, 1964-1968, Vol. XXIX, p.9.

104 전재호, "자유민주주의와 민주화운동," 강정인 외, 『민주주의의 한국적 수용』(서울: 책세상, 2002), pp.150-151.

105 1964년 초 『조선일보』가 여야 국회의원들을 대상으로 실시한 설문조사에 의하면, 한일회담의 연내 타결에 대해 여당은 적극적이었고 야당은 신중론을 펴 상반된 모습을 보여주었다. 『조선일보』, 1964년 1월 22일. 한편 공보부가 1963년 4월 실시한 국민여론조사에 의하면, 한일국교정상화의 필요성을 인

정하면서도 이를 저자세로 타결 지으려는 데 대해서 비판적인 여론이 우세했다. 즉, 우리가 내세운 조건을 약간 양보해서라도 조속히 국교를 맺어야 한다는 여론이 33.8%였던 반면, 우리가 내세운 조건을 양보하면서까지 국교를 맺을 필요가 없다는 여론이 53.8%로 나타났다. 『합동연감』(1964), p.378.

106 이광일, "개발독재 시기의 국가-제도정치의 성격과 변화," 조희연 편, 『한국 민주주의와 사회운동의 동학』(서울: 도서출판 나눔의집, 2001), pp.172-173.

107 조희연, "50·60·70년대 민족민주운동의 전개과정에 관한 연구," 조희연 편, 『한국사회운동사』(서울: 한울, 1990), p.79.

108 양성철, 『박정희와 김일성』(서울: 한울, 1992), p.224.

109 이수언, "공화당과 신민당," 『민중』 제1권(서울: 청사, 1983), pp.137-138.

110 그러나 그 후 박정희 정권이 언론사에 유무형의 압력을 가하자 대부분의 언론은 굴복했다. 마지막 남은 동아일보사 역시 1968년 이른바 무분별한 차관 도입을 비판한 기사를 문제 삼아 기업주를 굴복시키는 데 성공했다. 박 정권은 한일협정으로 들여온 차관의 일부를 언론에 배분하고, 일부 언론인들을 관료로 영입하여 권력에 유착시켰다. 그리하여 삼선개헌을 앞둔 박 정권은 언론통제의 발판을 확고하게 다졌다. 나아가 이제 언론은 삼선개헌을 실질적으로 뒷받침하고 대중의 비판의식과 사회의식을 마비시키는 일에 앞장서게 된다. 김종철, "종속과 독재와 저항: 1965-72년의 정치 전개과정," 박현채·한상진 외, 『해방40년의 재인식 II』(서울: 돌베개, 1986), pp.71-73.

111 중앙정보부, 『북한대남공작사: 제2권』(1973), pp.379-381; 국군보안사령부, 앞의 책, pp.297-298.

112 서대숙 저·서주석 역, 『북한의 지도자 김일성』(서울: 청계연구소, 1989), p.196.

113 『제3공화국 연표』, p.22.

114 "13. Telegram from the Embassy in Korea to the Department of State"(June 3, 1964), *FRUS*, 1964-1968, Vol. XXIX, p.3.

115 『조선일보』, 1964년 6월 10일.

116 『조선일보』, 1964년 6월 13일.

117 『조선일보』, 1964년 6월 14일.

118 『박정희대통령 연설문집 2』(대통령비서실, 1973), pp. 135-136.

119 이에 대한 자세한 내용은 신동호, 앞의 책, pp. 144-149 참조. 또한 김정강 자신의 구술에 대해서는 한국정신문화연구원 편, 『내가 겪은 민주와 독재』(서울: 선인, 2001), pp. 59-89 참조.

120 한국사료연구소 편, 앞의 책, p. 254.

121 인혁당사건은 한일회담 반대운동이 비화된 6·3항쟁을 진압하기 위해 계엄령을 선포한 직후와 유신반대투쟁이 한참 진행되던 1974년 두 차례에 걸쳐 발표되었다. 1차는 당시 한일회담 반대투쟁을 주도했던 학생운동 서클인 서울대 문리대의 '불꽃회'와 고려대의 '구국투쟁위원회' 등을 배후 조종한 혐의로 적발되었고, 2차는 유신독재 반대투쟁을 주도하였던 민청학련을 배후 조종했다는 혐의로 적발되었다.

122 이재오, 『해방후 한국학생운동사』(서울: 형성사, 1984), pp. 246-247.

123 이에 대해서는 편집부 편, 『공안사건기록: 1964-1986』(서울: 세계, 1986), pp. 9-16; 한국정치연구회 정치사분과 편, 앞의 책, pp. 209-212; 김재명, "유신독재의 제물 인혁당사건," 『월간중앙』(1989년 2월호), pp. 292-311 참조.

124 『동아일보』, 1964년 8월 14일.

125 『조선일보』, 1964년 8월 15일.

126 그러나 인혁당사건을 동원한 탄압에도 불구하고 학생들은 1965년에 다시 한일협정 반대투쟁을 활발히 전개했다. 그리고 박정희 정권은 이에 맞서 그해 8월 26일 위수령을 발동시켜 재차 군부의 힘으로 시위를 진압하지 않을 수 없었다.

127 조희연, 『박정희와 개발독재시대: 5·16에서 10·26까지』(서울: 역사문제연구소, 2007), pp. 67-70.

128 당시 담당 검사로서 기소를 거부, 사표를 제출했던 장원찬은 다음과 같이 회고한다. "한 차례 구속기간을 연장해가면서까지 수사를 해도 정보부 발표대로 그들이 북쪽의 지령을 받고 반국가단체를 구성했다는 혐의를 찾을 수 없었다. 피의자 모두가 '인혁당'이란 단어 자체를 전에 들어본 일이 없고 고문

에 의해 조작된 것이라며 혐의 사실을 강력히 부인했다. 뿐만 아니라 실제로 물증도 전혀 없었다. 인혁당이란 실체가 있었다면 정강·정책이란 게 있을 테고, 하다 못해 초안이라든가 심증이 갈 만한 무슨 종이쪽지라도 있어야 할 텐데 답답했다. 공안부 다른 선배 검사들의 심정도 마찬가지였다. 무리하게 기소를 한다 해도 공소유지에 자신이 없었다. 그것은 또 나의 양심에 배치되는 짓이었다. 우리가 사표를 내기까지 이른 데는 이런 갈등을 겪은 끝이었다." 김재명, 앞의 글, pp.292-293. 그러나 인혁당의 존재 여부가 아니라 다른 측면을 주목해야 한다는 주장도 있다. 즉, 인혁당이 당으로서의 조직적인 수준에까지는 이르지 못했다는 것이다. 공판과정에서도 드러났듯 이들은 앞으로 당을 결성하기 위해 당명과 강령 등에 대해 언급한 적은 있으나 공식적으로 당을 결성한 것은 아니었다는 것이다. 단지 새로운 세대에 의한 전투적 차원의 지도핵심 결성 노력을 진행시켜나갔다는 것이다. 그러므로 이들을 기소, 재판하는 과정에서 많은 무리가 나타났고, 이 점이 인혁당사건의 초점이 되어버렸다는 것이다. 그러나 인혁당사건은 인혁'당' 자체가 있었느냐 없었느냐가 아니라 전통적인 변혁운동의 계승 차원에서 비합법 지하운동조직을 발전시켜나가다 드러난 사건으로 볼 수 있다. 한국역사연구회 현대사연구반, 『한국현대사 3』(서울: 풀빛, 1991), pp.180-182.

129 『국회속기록』 제45회, 제7호, pp.6-21.

130 김재명, 앞의 글, p.293.

131 물론 북한에서는 인혁당사건이 6·3항쟁으로 수습하기 어려운 난국을 타개하기 위하여 조작됐다고 주장한다. 『조선전사』 제31권(평양: 과학백과사전출판사, 1982), p.425.

132 한국정치연구회 정치사분과 편, 앞의 책, pp.209-211.

133 한홍구, 『사법부: 법을 지배한 자들의 역사』(파주: 돌베개, 2016), pp. 122-125; 조희연, 앞의 책, pp.67-70 참조.

134 민비연은 1963년 10월 7일 서울대 문리대 강당에서 50여 명의 창립 회원이 참석한 가운데 서울대 사회학과 황성모 교수를 지도교수로 발족했다. 창립 선언문에서 이들은 "고립적, 일방적, 전근대식 강의의 맹점을 탈피하고 여러

나라의 민족주의를 비교, 연구함으로써 민족주의에 대한 과학적 인식의 토대를 마련하여 민족사적 현실을 타개할 수 있는 한국적 민족주의의 관념을 모색, 정립한다"라는 활동 목표를 제시하였고 세미나, 연구발표회, 연구지 발간 등의 활동을 하는 학술단체로서의 성격을 표방했다. 이들이 황성모 교수를 지도교수로 추대한 까닭은 그가 당시 권력의 핵심에 있던 김종필과 가까운 사이라는 소문이 있어 학생들의 방패 역할을 해줄 수 있을 것으로 보았기 때문이라는 것이다. 박태순·김동춘, 『1960년대의 사회운동』(서울: 까치, 1991), p.173.

135 김형욱·박사월, 『김형욱 회고록 II』, p.131.

136 안병직, "증언: 민주화운동과 민주주의; 좌익운동을 중심으로," 안병직·김주성 외, 『한국 민주주의의 기원과 미래』(서울: 시대정신, 2011), pp.157-158.

137 남한 변혁세력이 통혁당에 집단적·조직적 참여 또는 북한과의 연계가 있었느냐 여부에 대해서는 이견이 있다. 이에 대해서는 편집부 편, 『통혁당: 역사·성격·투쟁·문헌』(서울: 대동, 1989); 조희연, 『현대 한국 사회운동과 조직』(서울: 한울, 1993); 안병직, 위의 글 등 참조. 북한에서 발간한 문헌으로는 『주체의 기치 따라 나아가는 남조선 인민들의 투쟁』(평양: 조국통일사, 1982)이 있다.

138 한국역사연구회 현대사연구반, 앞의 책, p.179.

139 한 논자는 6·3항쟁 전후 남한의 정치적, 사회적 갈등과 혼란은 북한에게 '베트콩식 민족해방전쟁' 전개의 상황이 조성된 것으로 판단할 수 있는 소지가 다분히 있었다고 분석한다. 그리고 통혁당 창당도 그와 무관하지 않다는 것이다. 강광식, "1960년대 남북관계와 통일정책," 한국정신문화연구원 편, 『1960년대의 대외관계와 남북문제』(서울: 백산서당, 1999), p.190.

140 서대숙 저·서주석 역, 앞의 책, p.196.

141 편집부 편, 『통혁당: 역사·성격·투쟁·문헌』, pp.87, 117.

142 김질락, 『어느 지식인의 죽음』(서울: 행림출판, 1991), pp.47-48.

143 서대숙 저·서주석 역, 앞의 책, p.197.

144 김용규, 『대남공작 비화소설: 소리 없는 전쟁』(서울: 원민, 1999), pp.60-67.

저자 김용규는 노동당 연락부 공작원으로 10년간 종사하면서 일곱 차례 남파공작 경험을 지니고 있는 인물이다.

145 조희연, 『현대 한국 사회운동과 조직』, p.237; 조희연, "1960-1970년대 공안조직사건과 '비합법정치'," 조현연 외 편, 『한국 진보정치운동의 역사와 쟁점』(파주: 한울, 2011), pp.74-79.

146 한국사료연구소 편, 앞의 책, p.398.

147 당시 야당이 밝힌 부정선거 사례와 양태에 대해서는 6·8부정선거백서편찬위원회, 『6·8부정선거백서』(서울: 신민당, 1967) 참조.

148 김삼웅 편, 앞의 책, p.61.

149 위의 책, p.62.

150 『조선일보』, 1967년 6월 13일.

151 『조선일보』, 1967년 6월 15일.

152 표3, 표4, 그리고 그림6 참조.

153 국군보안사령부, 앞의 책, pp.277-278.

154 중앙정보부, 앞의 책, pp.384-385; 이문항, 『JSA-판문점(1953-1994)』(서울: 소화, 2001), p.16. 당시 한 신문 사설은 이 같은 북한의 도발행위에 대해 "빈번한 북괴의 휴전선 침범사건은 선거를 앞두고 민심을 교란시키기 위한 계획적이며 악랄한 도발행위"로 보면서 "새삼 이들의 만행을 철저히 저지하고 규탄하는 데 있어 보다 강력한 방첩태세와 전 국민의 비상한 경각심이 요청되고 있다"며 경계했다. 『조선일보』, 1967년 4월 17일.

155 "120. Report Prepared by the Office of National Estimates of the Central Intelligence Agency"(June 23, 1967), *FRUS*, 1964-1968, Vol. XXIX, pp.11-12.

156 『로동신문』, 1967년 3월 15일.

157 『로동신문』, 1967년 3월 24일.

158 『로동신문』, 1967년 3월 28일.

159 『조선일보』, 1967년 4월 19일.

160 『조선일보』, 1967년 3월 12일.

161 1967년 3월 탈북 귀순한 이수근은 1969년 1월 스위스로 재탈출하려다 홍콩에서 체포되어 돌연 이중간첩으로 간주되었다. 김정인 외, 『간첩 시대: 한국 현대사와 조작간첩』(서울: 책과함께, 2020), pp.92-95 참조.

162 『조선일보』, 1967년 4월 30일.

163 Narushige Michishita, *North Korean's Military-Diplomatic Campaigns, 1966-2008*(London and New York: Routledge, 2010), pp.7-9.

164 『로동신문』, 1967년 5월 1일, 6월 2일, 6월 6일.

165 『조선일보』, 1967년 5월 31일. 북한의 남한 어선 나포사건들도 1967년 들어 급증했다. 예컨대 1961년부터 1966년 사이에는 매년 어선 한두 척이 나포되다가 1967년에는 어선 67척과 어부 352명이 무더기로 납북되었고, 1968년에는 어선 100여 척과 어부 805명이 납북되었다. 이문항, 앞의 책, p.130.

166 『동아일보』, 1967년 6월 1일.

167 『동아일보』, 1967년 6월 3일.

168 『동아일보』, 1967년 6월 5일.

169 『동아일보』, 1967년 6월 3일.

170 유영구, 앞의 책, p.257.

171 『로동신문』, 1967년 6월 14일.

172 『로동신문』, 1967년 6월 15일.

173 『로동신문』, 1967년 6월 16일.

174 『로동신문』, 1967년 6월 17일.

175 『로동신문』, 1967년 6월 18일.

176 『조선일보』, 1967년 6월 23일.

177 『조선일보』, 1967년 6월 25일.

178 조희연, 『현대 한국 사회운동과 조직』, p.236.

179 『조선전사』 제31권, pp.442-443.

180 편집부 편, 『통혁당: 역사·성격·투쟁·문헌』, pp.87-88, 117.

181 유사한 내용이 김용규의 책에도 나와 있다. 김용규, 앞의 책, pp.67-73 참조.

182 김질락, 앞의 책, p.177.

183 위의 책, pp.174-177.

184 조희연, 앞의 책, pp.236-237.

185 당시 북한의 도발 격화 동기에 대해서는 대표적으로 베트남전에서의 북부 베트남을 지원하기 위한 공작의 일환(백종천, 앞의 글, p.334), 경제침체 등 내부 불만에 대한 관심 전환, 남한의 경제발전을 저지하기 위한 위기 조성, 그리고 중국 및 소련과의 동맹강화 목적 등 여러 가지 시각이 제시되었다. 이에 대해서는 곧 논의할 북한의 군사모험주의 부분에서 다시 살펴보도록 한다.

186 Donald Stone MacDonald, *op. cit.*, p.108.

187 김일성, 『남조선혁명과 조국통일에 대하여』(평양: 조선로동당출판사, 1969), p.346.

188 위의 책, pp.385, 387.

189 林建彦 저·최현 역, 『남북한 현대사』(서울: 삼민사, 1989), p.148.

190 위의 책, p.143.

191 "130. Special National Intelligence Estimate"(September 21, 1967), *FRUS*, 1964-1968, Vol. XXIX, p.1.

192 "120. Report Prepared by the Office of National Estimates of the Central Intelligence Agency"(June 23, 1967), *FRUS*, 1964-1968, Vol. XXIX, p.12.

193 이에 대해서는 편집부 편, 『공안사건기록: 1964-1986』, pp.17-60 참조.

194 노가원, 『청와대 경호실 1』(서울: 월간 말, 1994), pp.332-334; 전진우, "동백림사건과 '6·8부정선거'," 『신동아』(1989년 4월호), p.381.

195 김삼웅 편, 앞의 책, pp.67-68.

196 위의 책, pp.68-69.

197 『박정희대통령 연설문집 3』(대통령비서실, 1973), pp.3-6.

198 김삼웅 편, 앞의 책, pp.70-71.

199 『동아일보』, 1967년 7월 8일.

200 이재오, 앞의 책, pp.255-256; 전진우, 앞의 글, pp.382-383.

201 북한의 고위간부를 지낸 한 인사는 황성모가 북한공작원 김종근과 접촉했다는 중앙정보부의 발표는 완전히 날조된 것이라고 증언한다. 북한 측 공작원이 황성모와 접촉하려 했던 것은 사실이지만 실제 접촉은 없었다고 한다. 유영구, 앞의 책, pp.356-357. 한편 황성모는 임석진의 법정 증언에 대해 그 정도의 주문을 임석진의 입장에서 거부할 수 있었겠느냐고 반문한다. 전진우, 위의 글, p.383.

202 국군보안사령부, 앞의 책, pp.302-303; 김정기, 『북한의 대남전략을 해부한다』(서울: 재일한국신문사, 1970), pp.102-103.

203 북한은 이 철도폭파사건을 남한 내 무장유격대의 투쟁이라고 주장한다. 『조선전사』 제31권, p.452.

204 김형욱·박사월, 『김형욱 회고록 II』, p.192.

205 위의 책, p.201.

206 전진우, 앞의 글, pp.375-376.

207 노가원, 앞의 책, p.334.

208 문용식, "1960-80년대의 청년학생운동," 한길사 편, 『한국사』 제20권(서울: 한길사, 1994), pp.248-252 참조.

209 유영구, 앞의 책, pp.340-344.

210 1968년 통혁당사건의 주요 조직 관련자들이 사형을 당하거나 무기징역에 처해졌던 사정에 비추어보아 만일 동백림사건이 조직사건이었다면 대부분 형집행 정지로 풀려날 수 없었을 것이다. 위의 책, p.346.

211 유영준, "한국 역대정권의 국가목표 설정과 그 정치적 과제," 『한국정치학회보』 제14집(1980), pp.47-65. 이와 같은 박정희의 국가목표 설정은 국민들의 여망에 일정하게 부응했다. 다음의 진술은 이러한 점을 잘 보여준다. "(당시) 우리 국민의 한이 있었다면… 첫째는 가난에서 벗어나고 싶은 한이고, 둘째는 북한의 전쟁 위협에서 살아남으려는 한이었다고 봅니다. 정치하는 사람과 몇몇 지식인들에게는 자유민주주의를 마음껏 해보지 못한 것이 한이 되었을지는 몰라요. 그러나 일반 국민 대부분은 잘살아보자는 것과 북한의 침략 위협에서 안전하게 마음 놓고 살아보자는 한이었다." 김성진 편저, 『박

정희시대: 그것은 우리에게 무엇이었는가』(서울: 조선일보사, 1994), p.108.

212 전문에 대한 자세한 내용은 『동아일보』, 1961년 7월 4일 자 1면 참조.

213 박원순, 『국가보안법연구 1』(서울: 역사비평사, 1997), pp.193-194.

214 『동아일보』, 1961년 6월 11일.

215 김혜진, "박정희정권기 반공이데올로기의 정치경제적 기능," 『역사비평』(1992년 봄호), pp.160-161.

216 『동아일보』, 1961년 6월 11일.

217 한배호, 『한국정치변동론』(서울: 법문사, 1994), p.164.

218 강민, "박정희의 권위주의통치와 저항운동," 동아일보사 편, 『현대사를 어떻게 볼 것인가 Ⅳ: 박정희와 5·16』(서울: 동아일보사, 1990), p.44.

219 한배호, 앞의 책, p.241.

220 오창헌, 『유신체제와 현대 한국정치』(서울: 오름, 2001), p.115.

221 양병기, "1960년대 국가통치기구의 재편: 군부통치의 내용을 중심으로," 한국정신문화연구원 편, 『1960년대의 정치사회변동』(서울: 백산서당, 1999), pp.263-266.

222 최장집, 『한국현대정치의 구조와 변화』(서울: 까치, 1989), p.184.

223 김영명, 『한국 현대 정치사: 정치 변동의 역학』(서울: 을유문화사, 1992), pp.276-277.

224 진덕규, 『한국현대정치사 서설』(서울: 지식산업사, 2000), p.154.

225 이에 대한 논의는 Bruce Cumings, "The Origins and Development of the Northeast Asian Political Economy," Frederic C. Deyo ed., *The Political Economy of the New Asian Industrialism*(Ithaca and London: Cornell University Press, 1987), pp.44-83; Jung-en Woo, *Race to the Swift: State and Finance in Korean Industrialization*(New York: Columbia University Press, 1991); Shin Wook-hee, "Security, Economic Growth, and the State: Dynamics of Patron-Client Relations in Northeast Asia," Ph. D. Dissertation(Yale University, 1992); 기미야 다다시, "냉전구조와 경제개발," 한배호 편, 『한국현대정치론 II: 제3공화국의 형성, 정치과정, 정책』(서

울: 오름, 1996), pp.342-389; 기미야 다다시, 『박정희 정부의 선택』(서울: 후마니타스, 2008); Hyung-A Kim & Clark W. Sorensen eds., *Reassessing The Park Chung Hee Era 1961-1979*(Seattle: University of Washington Press, 2011) 등 참조.

226 Immanuel Wallerstein, "Dependence in an Interdependent World: The Limited Possibilities of Transformation within the Capitalist World-Economy," *The Capitalist World-Economy*(Cambridge: Cambridge University Press, 1979), pp.66-94.

227 최장집, 『한국민주주의의 조건과 전망』(서울: 나남, 1996), p.25.

228 『동아일보』, 1961년 6월 21일.

229 『동아일보』, 1961년 6월 22일.

230 경제개발이 제3공화국의 독창적 산물은 아니다. 이미 1953년에 네이선(Robert R. Nathan)을 단장으로 한 자문단이 '한국경제 재건계획'을 수립했다. 또한 아이젠하워 미국 대통령의 특사 자격으로 파견된 타스카(Henry J. Tasca)가 '타스카 보고서'라는 한국경제 부흥을 위한 보고서를 작성했다. 이러한 보고서와 계획을 바탕으로 제1공화국에서는 미국의 원조를 증대시키기 위해 '경제부흥 5개년계획(1954-1958)'을 수립했다. 이것은 미국의 원조를 중심으로 세운 계획이기 때문에 부흥부 산하 산업개발위원회가 작성한 '경제개발 3개년계획(1960-1962)'이 본격적 의미의 경제계획이라고 볼 수 있다. 김홍기 편, 『비사 경제기획원 33년: 영욕의 한국경제』(서울: 매일경제신문사, 1999). 한편 민주당 정권도 완성된 경제개발 5개년계획을 갖고 있었다. 이 계획은 자유당 정권의 '3개년계획'을 토대로 하되, 그것과는 근본적으로 달랐다. 그런데 이 계획 발표 직전에 쿠데타가 일어나 공표되지 않았고, 이것을 군사정권이 자신들의 작품인 양 일부 수치만 바꾸어 발표하고 그대로 실천했다는 것이다. 이용원, 『제2공화국과 장면』(서울: 범우사, 1999), pp.34-51 참조. 1차 5개년계획에 대한 자세한 논의는 이완범, 『박정희와 한강의 기적: 1차 5개년계획과 무역입국』(서울: 선인, 2006) 참조.

231 Young Whan Kihl, *Politics and Policies in Divided Korea: Regimes in*

Contest(Boulder: Westview Press, 1984), p. 236.

232 이에 대해서는 김광수, “북한 경제계획에 대한 평가,” 정상훈 외, 『북한경제의 전개과정』(서울: 경남대학교 극동문제연구소, 1990), pp. 229-236; 황의각, “북한의 경제 침체: 개괄 및 총량분석,” 황의각 외, 『북한 사회주의경제의 침체와 대응』(서울: 경남대학교 극동문제연구소, 1995), pp. 5-6 참조.

233 이에 대해서는 백준기, “정전 후 1950년대 북한의 정치변동과 권력재편,” 경남대학교 북한대학원 편, 『북한현대사 1』(파주: 한울, 2004); 백학순, 『북한 권력의 역사: 사상·정체성·구조』(파주: 한울, 2010), pp. 187-561 등 참조.

234 최근 연구는 남북 소득 역전 시기를 대략 1960년대 후반에서 1970년대 초반 무렵으로 본다. 조태형·김민정, “북한의 장기 경제성장률 및 국민소득 추정: 1956-1989년,” 『경제학연구』 제69권 1호(2021).

235 “Special National Intelligence Estimate”(September 7, 1962), *FRUS*, 1961-1963, Vol. XXII, p. 598.

236 이완범, “제1차 경제개발 5개년계획의 입안과 미국의 역할, 1960-1965,” 한국정신문화연구원 편, 『1960년대의 정치사회변동』(서울: 백산서당, 1999), p. 84.

237 당시 남한은 인구억제정책의 하나로 인력진출계획을 수립하고 서독 등 해외로 노동력을 진출시켰다. 자세한 내용은 이광규, “박정희의 이민정책,” 동아일보사 편, 『현대사를 어떻게 볼 것인가 IV: 박정희와 5·16』; 노명환 외, 『독일로 간 광부·간호사: 경제개발과 이주 사이에서』(서울: 대한민국역사박물관, 2014) 참조.

238 『조선중앙년감』(1963년판), pp. 42-44.

239 『김일성저작집』 제16권(평양: 조선로동당출판사, 1982), p. 67.

240 『조선중앙년감』(1963년판), pp. 71-73.

241 위의 책, p. 70.

242 박광주, “한국의 국가이념과 현실,” 『한국정치학회보』 제22집 제2호(1998), pp. 40-41.

243 박상섭, “한국정치와 자유민주주의: 현대한국정치사의 정치사회학적 이해

를 위한 시론," 한국정치학회 편, 『현대한국정치와 국가』(서울: 법문사, 1987), p.425.

244 박정희, 『국가와 혁명과 나』(서울: 지구촌, 1963. 1997년 재출간), pp.45, 285.

245 박정희 정권 시기 남북 간의 경제전에 대해서는 정광민, 『김일성과 박정희의 경제전쟁』(서울: 북콘서트, 2012) 참조.

246 최장집, 『한국민주주의의 조건과 전망』, p.163.

247 응답 항목별로는 실업자 구제(42.9%), 물가안정(19.5%), 곡가조정(8.8%), 중소기업육성(6.3%), 고리채 정리(3.5%), 주택문제(1.5%) 등 당시 국민들은 경제문제에 높은 관심을 나타냈다. 『조선일보』, 1961년 6월 14일.

248 박정희, 앞의 책, pp.275-276.

249 김혜진, 앞의 글, p.158.

250 박종철, "남북한의 산업화전략: 냉전과 체제경쟁의 정치경제, 1950년대-1960년대," 『한국정치학회보』 29집 3호(1996), p.235.

251 국가건설에 대해서는 Charles Tilly eds., *The Formation of National States in Western Europe*(Princeton: Princeton University Press, 1975), pp.3-83, 601-638; Charles Tilly, *Coercion, Capital and European States, AD990-1990*(Cambridge: Basil Blackwell, 1990) 참조.

252 자세한 내용은 한배호, 앞의 책, pp.166-172; 류근일, 『권위주의체제하의 민주화운동 연구: 1960-70년대 제도외적 반대세력의 형성과정』(서울: 나남, 1997), pp.57-63 참조.

253 김진균·조희연, "분단과 사회상황의 상관성에 관하여: 분단의 정치사회학적 범주화를 위한 시론," 변형윤 외, 『분단시대와 한국사회』(서울: 까치, 1985), p.401.

254 진덕규, 앞의 책, p.139.

255 진덕규, "한국 현대 정치 구조 연구 서설: 제3공화국 시대의 정치구조 분석," 『한국사회변동연구 II』(서울: 민중사, 1985), pp.11-12. 진덕규는 산업화 통치체제를 "산업화에 의한 경제성장을 국가발전의 기본으로 삼고, 그것을 위한 국민동원체제로서의 권위주의 지배양식"으로 정의하고 있다. 이에 대한 자

세한 내용은 위의 책, pp.139-167 참조.

256 김대환, "박정희 경제개발 정책의 현대적 조명," 『역사비평』(1993년 여름호), p.151.

257 이에 대해서는 Michael Mann, *States, War and Capitalism*(New York: Blackwell, 1988) 참조.

258 최장집, "박정희 정권과 한국 현대사," 『대화』(1995년 여름호), p.150.

259 김대환, 앞의 글, p.152.

260 강정구, "박정희정권의 대북정책과 통일정책," 『역사비평』(1997년 가을호), pp.221-222; 정광민, 앞의 책 참조.

261 김성진 편저, 『박정희시대: 그것은 우리에게 무엇이었는가』, pp.67-68.

262 김정렴, 『아, 박정희』(서울: 중앙 M&B, 1997), p.148.

263 강인덕·송종환 외, 『남북회담: 7·4에서 6·15까지』(서울: 극동문제연구소, 2004), 제3장 참조.

264 김연철, 『북한의 산업화와 경제정책』(서울: 역사비평사, 2001), pp.254-263.

265 박종철, 앞의 글, p.242.

266 유임수, "제3공화국의 대북한정책과 경제," 유광호 외, 『한국 제3공화국의 경제정책』(성남: 한국정신문화연구원, 1999), p.240.

267 최장집, 『한국민주주의의 조건과 전망』, p.163.

268 오원철, 『한국형 경제건설 1』(서울: 기아경제연구소, 1995), p.3.

269 김정렴, 앞의 책, pp.91-92.

270 정광민, 앞의 책 참조.

271 김용복, "개발독재는 불가피한 필요악이었나," 한국정치연구회 편, 『박정희를 넘어서』(서울: 푸른숲, 1998), p.279.

272 이에 대해서는 조갑제, 『내 무덤에 침을 뱉어라 4』(서울: 조선일보사, 1999), pp.258-269 참조.

273 1970년대 초 영화배우 김희갑, 황정순이 주인공으로 출연하여 전국 각지의 자식들을 찾아다니며 남한의 공업발전상을 소개하는 형식으로 제작된 〈꽃피는 팔도강산〉도 북한에서 가져온 영화 필름에서 힌트를 얻은 것으로 알려져

있다.

274 최장원, "박정희는 김일성을 농락했다: 5·16 직후 남북한 비밀접촉의 내막," 『월간조선 』(1992년 8월호), p.234.

275 중앙일보 특별취재팀, 『실록 박정희』(서울: 중앙 M&B, 1998), p.191.

276 이 표현은 에반스(Peter B. Evans)의 논의를 원용했다. 산업화 과정에서 국가와 사회 간의 자율성과 상호 연계의 균형 문제에 대해서는 Peter B. Evans, *Embedded Autonomy: State and Industrial Transformation*(Princeton: Princeton University Press, 1995) 참조.

277 Lewis Coser, *The Functions of Social Conflict*(New York: The Free Press, 1956), pp.94-95; John E. Muller, *War, President, and Public Opinion*(New York: John Wiely and Son, 1973), pp.208-209.

278 한배호도 박정희 시기 북한과의 산업화 경쟁이 국가통합(national integration)에 기여했음을 지적한다. 한배호, 『한국의 국가건설 단계와 자유민주주의의 진로』(서울: 오름, 2020), pp.22-26.

279 Dankwart A. Rustow, "Transitions to Democracy: Toward a Dynamic Model," *Comparative Politics*, Vol.2, No.3(1970), pp.350-352.

280 Seymour Martin Lipset, "Some Social Requisites of Democracy: Economic Development and Political Legitimacy," *American Political Science Review*, Vol.53, No.1(1959), pp.69-105; Dankwart A. Rustow, *Ibid*..

281 Adam Prezeworski et al., *Sustainable Democracy*(Cambridge: Cambridge University Press, 1995), p.110.

282 Seymour Martin Lipset, *op. cit.*; Samuel Huntington, *The Third Wave: Democratization in the Late Twentieth Century*(Norman: University of Oklahoma Press, 1991); Larry Diamond, "Elections Without Democracy: Thinking About Hybrid Regimes," *Journal of Democracy*, Vol.13, No.2(2002) 참조.

283 임혁백, 『비동시성의 동시성: 한국 근대정치의 다중적 시간』(서울: 고려대학

교출판문화원, 2015), p.495.

284 김영래, "제3공화국 시기의 민주화운동," 신명순 편, 『한국의 민주화와 민주화운동: 성공과 좌절』(파주: 한울, 2016), pp.171-174.

285 Albert O. Hirschman, "The Political Economy of Import-Substituting Industrialization in Latin America," *Quarterly Journal of Economics*, Vol.82, No.1(1968), p.9.

286 김동성, "박정희와 통일정책," 동아일보사 편, 『현대사를 어떻게 볼 것인가 IV: 박정희와 5·16』, p.220.

287 위의 글, p.227.

288 김성진 편저, 앞의 책, p.52.

289 홍용표, "국가안보와 정권안보: 이승만 대통령의 안보정책을 중심으로, 1953-1960," 『국제정치논총』 36집 3호(1997), pp.237-262; 서중석, 『배반당한 한국민족주의』(서울: 성균관대학교출판부, 2004), pp.175-254 참조.

290 민족일보사건 관련자들이 검거되자 북한은 5월 20일발 조선중앙통신을 인용하면서 "장도영을 두목으로 하는 군사 파쇼 악당들은 미제의 지시하에《민족일보》의 건물을 습격하고 발행인과 기자들을 검거 투옥한 데 이어 19일에는 이 신문을 끝내 폐간까지 시켰다"고 보도했다. 그리고 이는 "그들이 평화통일을 실현하기 위한 정치활동과 언론활동을 탄압 말살하기에 얼마나 광분하고 있는가 하는 것을 단적으로 말해주고 있"으며, "인민들의 이목을 봉쇄하고 남조선을 완전히 중세기적 암흑천지로 만들려 하고 있다"고 비판했다. 『로동신문』, 1961년 5월 21일.

291 한국정치연구회 정치사분과 편, 『한국현대사 이야기주머니 2』(서울: 녹두, 1993), p.139.

292 위의 책, p.140.

293 이와 관련 저널리스트 이상우는 민족일보의 자금이 이영근에게서 나오고, 그 배후에 조총련이 있다는 사실을 적어도 조용수나 송지영, 안신규 등은 알고 있었을 것이라고 본다. 그들이 민족일보를 통한 자신들의 활동이 북한의 지령에 따른 반국가적 행위라고는 보지 않았으며, 남북 간에 가능성 있는 교

류와 협상방안을 주장하기 위해 민족일보를 운영한다는 일종의 사명감을 가지고 있었을 것이라고 지적했다. 이상우, 『박정희, 파멸의 정치공작』(서울: 동아일보사, 1993), p. 137.

294 한국정치연구회 정치사분과 편, 앞의 책, pp. 140-141.

295 위의 책, p. 141; 박태순·김동춘, 『1960년대의 사회운동』(서울: 까치, 1991), pp. 201-204.

296 북한은 조용수에게 사형이 선고되자 "처형을 받아야 할 자는 《민족일보》의 관계자들이 아니라" 오히려 "민족분열을 강요하고 있는 미제 침략자들과 그에 추종하여 애국적인 인민들을 야만적으로 탄압 학살하는 반역행위를 자행하고 있는 주구들이다"라고 비난했다. 『로동신문』, 1961년 8월 30일.

297 한국정치연구회 정치사분과 편, 앞의 책, p. 142; 이상우, 앞의 책, pp. 131-133.

298 『박정희대통령 연설문집 2 』(대통령비서실, 1973), pp. 24, 32.

299 안경환, 『황용주: 그와 박정희의 시대』(서울: 까치, 2013), pp. 419-452; 이완범, "권력 내 암투로서의 황용주 필화사건: 박정희 친위세력 내 반공주의자의 사회주의 전력자 제거 공작," 김경일 외, 『1960년대 사회변동과 자기 재현』(성남: 한국학중앙연구원출판부, 2018) 참조.

300 노중선 편, 『민족과 통일 I: 자료 편』(서울: 사계절, 1985), pp. 436-437.

301 북한은 남한 일각에서 제기되는 통일논의에 불을 지피려는 듯 1964년 11월 5일 조국평화통일위원회의 부위원장 백남운이 기자회견을 열고 "자유로운 남북 총선거를 실시해서 통일정부를 세우는 방법으로 조국을 통일한다면 그것보다 더 좋은 일은 없을 것"이며, "남북조선 간의 서신거래와 인사내왕, 경제문화 교류와 협조 등 호상 접촉과 교류를 실현하는 문제는 아주 중요한 의의를 가"진다고 남북한 접촉·교류 실현을 주장했다. 노중선 편, 『연표: 남북한 통일정책과 통일운동 50년』(서울: 사계절, 1996), pp. 121-122.

302 강광식, "1960년대 남북관계와 통일정책," 한국정신문화연구원 편, 『1960년대의 대외관계와 남북문제』(서울: 백산서당, 1999), p. 196; 이상우, 앞의 책, pp. 225-230; 안경환, 앞의 책, pp. 419-452.

303 안경환, 위의 책, pp.419-452; 이완범, 앞의 글, pp.50-71.

304 『동아일보』, 1964년 11월 6일.

305 통일문제와 국내정치의 함수관계에 대해서는 Manwoo Lee, "Domestic Politics and Unification: Seoul's Perspective," Young Whan Kihl ed., *Korea and World: Beyond the Cold War*(Boulder and London: Westview Press, 1994), pp.167-188 참조.

306 『조선일보』, 1964년 11월 4일.

307 이만섭에 따르면, 1964년 10월 9일의 신금단 부녀의 동경 상봉에 자극받아 이 결의안을 국회에 제출했는데 김형욱 중앙정보부장이 반공법 위반이라며 철회 압력을 가했다고 한다. 이에 이만섭은 박정희를 방문하여 결의안 제출의 전후 배경을 소상히 설명하자 박정희는 "김형욱이 돌았구먼" 하며 자신의 주장에 동조했다고 한다. 이만섭, 『증언대: 청와대 담판과 나의 직언』(서울: 문호사, 1989), pp.62-64.

308 김질락은 1967년 월북했을 때, 당시 『청맥』 권두언을 통해 반미, 반정부 투쟁을 은연중 선동했고, 남북한 서신교류와 남북면회소 설치안을 적극적으로 지지한 것이 북한의 대남전술에 요긴하게 이용되는 것임을 알았다고 언급한 바 있다. 김질락, 『어느 지식인의 죽음』(서울: 행림출판, 1991), pp.55-56.

309 『조선일보』, 1964년 10월 27일.

310 최완규, "전환기 남북한의 국내정치와 통일게임," 『한국과 국제정치』(1995년 가을·겨울호), p.11.

311 이상우, 앞의 책, p.230.

312 김혜진, 앞의 글, p.154.

313 서민호에 대해서는 김삼웅, 『통 큰 정치인 서민호 평전』(파주: 지식산업사, 2024) 참조.

314 논란의 핵심은 반공법 제4조 2항 "반국가단체나 그 구성원 또는 국외 공산계열의 활동을 찬양, 고무 또는 이에 동조하거나 기타의 방법으로 반국가단체(국외 공산계열을 포함)를 이롭게 하는 행위를 한 자는 7년 이하의 징역에 처한다. 이러한 행위를 목적으로 하는 단체를 구성하거나 이에 가입한 자

도 같다"는 부분이었다. 물론 제5조 "반국가단체나 기타 공산계열의 이익이 된다는 점을 알면서"라는 이적행위 규정도 논쟁이 되었다.

315 이상우, 앞의 책, p.231.

316 서중석, "분단과 통일," 『창작과비평』(1992년 가을호), p.29.

317 박정희, 앞의 책, p.246; 심지연, 『남북한 통일방안의 전개와 수렴』(서울: 돌베개, 2001), p.53.

318 김동춘, "1960, 70년대의 사회운동," 한길사 편, 『한국사』 제19권(서울: 한길사, 1994), pp.290-291.

319 이종석, "탈냉전기 남북관계와 국내정치," 박기덕 편, 『한국민주주의 10년: 변화와 지속』(성남: 세종연구소, 1998), p.148.

320 김태일, "남북한 통일정책의 변화와 결정요인," 한배호 편, 『한국현대정치론 II: 제3공화국의 형성, 정치과정, 정책』(서울: 오름, 1996), pp.443-444.

321 예컨대 국토통일원이 1969년 말 실시한 전국여론조사결과 90.6%가 통일은 꼭 이루어져야 한다고 답했다. 그러면서도 공산적화통일은 생활에 큰 위협이 된다는 견해가 74.1%로 나타나 강한 반공태도와 북한에 대한 높은 불신을 보여주었다. 자세한 내용은 『조선일보』, 1970년 2월 22일 자 참조. 이처럼 통일에 대한 열망이 강함에도 불구하고 대북 불신감이 동시에 높은 것은 1968년에 군사모험주의와 같은 무력적 형태로 표출된 일련의 행위적 북한요인이 몰고 온 효과라고 할 수 있다.

322 이에 대해서는 황일호, "극비·25년 만에 밝혀진 1·21 청와대 기습사건 전모," 『월간 중앙』(1993년 2월호); 황일호, "극비·북한의 '제2의 6·25' 작전," 『월간 중앙』(1993년 4월호); 김형욱·박사월, 『김형욱 회고록 II』(서울: 아침, 1985), pp.221-230; Christian F. Ostermann & James F. Person eds., *Crisis and Confrontation on the Korean Peninsula: 1968-1969·A Critical Oral History*(Washington, D.C.: Woodrow Wilson International Center for Scholars, December 2011) 참조. 북파공작원들의 증언에 따르면 남한에서도 1·21사태 후 특수부대원들을 적지에 대거 투입해 대대적인 응징공격을 가했고 이 과정에서 북한 측의 피해도 상당히 컸다고 한다. 그 외에도 문세광의

육여사저격사건, 판문점도끼만행사건 때도 보복공격을 했다는 것이다. 김성동, "대북 보복작전, 김영삼 집 절도, 양순직 테러는 우리가 했다," 『월간조선』(2002년 5월호), p.253.

323 이 사건의 진상에 대한 증언은 황일호, "60년대 말 무장소조 대량침투와 울진·삼척 사건," 『월간 중앙』(1993년 7월호) 참조.

324 이에 대해서는 편집부 편, 『통혁당: 역사·성격·투쟁·문헌』(서울: 대동, 1989); 편집부 편, 『공안사건기록: 1964-1986』(서울: 세계, 1986); 조희연, 『현대 한국 사회운동과 조직』(서울: 한울, 1993); 『동아일보』, 1968년 8월 25일자 참조.

325 이에 대해서는 홍석률, "1968년 푸에블로 사건과 남한·북한·미국의 삼각관계," 『한국사연구』 제113호(2001), pp.179-208; Mitchell B. Lerner, *The Pueblo Incident: A Spy Ship and the Failure of American Foreign Policy*(Lawrence: University Press of Kansas, 2002); 이신재, 『푸에블로호 사건과 북한』(서울: 선인, 2015) 참조.

326 당시 미국은 청와대기습기도사건과 푸에블로호피랍사건을 시기상 상호 연관된 사건으로 파악하고 있었다. 북한이 이 두 사건을 감행한 것은 여러 이유가 있겠으나 베트남전이 중요하게 작용한 것으로 보았다. 북한지도부로서는 베트남전을 우회적으로 지원하고 남한에 타격을 주기 위해서는 이와 같은 군사적 행동이 요긴할 것으로 판단했다는 것이다. 곧 이를 통해 베트남전 지원을 저지시키고, 6·8부정선거 시비로 정치적 어려움을 겪고 있는 박정희 정권에 대한 국민적 신뢰를 더 저하시키며, 한국과 미국을 이간시키고자 했다. 또한 한반도의 긴장 조성으로 인한 전선 분산으로 베트남전을 간접 지원하고 미국의 아시아정책에 반대하는 국내외의 압력을 추가적으로 유발하는 효과를 노렸다는 것이다. "219. Telegram From the Embassy in Korea to the Department of State"(January 24, 1968), *FRUS*, 1964-1968, Vol. XXIX, p.15.

327 김광동, "1960년대의 사회주의 건설과정," 한길사 편, 『한국사』 제21권(서울: 한길사, 1994), p.217.

328 이종석, 『분단시대의 통일학』(서울: 한울, 1998), p.203.

329 함택영, 『국가안보의 정치경제학』(서울: 법문사, 1998), p.167.

330 위의 책, pp.168, 172-173.

331 이 시기 북한의 군사모험주의에 대한 논의로는 Chuck Downs, *Over the Line: North Korea's Negotiating Strategy*(Washington, D.C.: AEI Press, 1999); Bernd Schaefer, "North Korean "Adventurism" and China's Long Shadow, 1966-1972," *Cold War International History Project Working Paper* No.44(Washington, D.C.: Woodrow Wilson International Center for Scholars, October 2004); Sergey Radchenko, "The Soviet Union and the North Korean Seizure of the USS Pueblo: Evidence from the Russian Archives," *Cold War International History Project Working Paper* No.47(Washington, D.C.: Woodrow Wilson International Center for Scholars, April 2005); Mitchell B. Lerner, " 'Mostly Propaganda in Nature': Kim Il Sung, the *Juche* Ideology, and the Second Korean War," *North Korea International Documentation Project Working Paper* No.3(Washington, D.C.: Woodrow Wilson International Center for Scholars, December 2010); Narushige Michishita, *North Korea's Military-Diplomatic Campaigns, 1966-2008*(London and New York: Routledge, 2010) 등 참조.

332 "Letter from GDR Embassy in the DPRK to State Secretary Hegen" (December 12, 1966), *New Evidence on North Korea*(Document Reader, NKIDP at the Woodrow Wilson International Center for Scholars, June 2010) 참조.

333 황일호, "극비·25년 만에 밝혀진 1·21 청와대 기습사건 전모," pp.597-598. 황일호는 고위탈북자(전 노동당 선전선동부 부부장) 박병엽의 가명이다.

334 이에 대한 자세한 내용은 황일호, "극비·북한의 '제2의 6·25' 작전," pp.633-641 참조.

335 황일호, "극비·25년 만에 밝혀진 1·21 청와대 기습사건 전모," p.610. 그런

데 황일호의 증언처럼 청와대기습기도사건 등에 대해 초기에 김일성은 몰랐고, 일부 군부강경파가 주도했다거나 푸에블로호 나포는 김일성이 모르는 상태에서 김정일이 주도했다는 것은 신빙성이 떨어진다. 당시 북한의 군사모험주의는 김일성의 인지 또는 주도 아래 진행되었다고 보아야 할 것이다.

336 1960년대 말 북한 군사모험주의의 주요 동기에 대하여 군부강경파의 득세, '민족해방전쟁' 촉발에 대한 기대, 남한경제 타격, 북한 내부 불만 타개용, 그리고 북베트남에 대한 우회적 지원 효과 등 일종의 전통주의적 해석뿐만 아니라 다음과 같은 수정주의적 해석들도 제시되었다. 즉, 당시 북한의 군사모험주의가 베트남전쟁 와중에서 진영 간의 대립을 보다 분명히 하고, 소련 및 중국의 연루 우려를 자극하여 이들로부터 북한과의 동맹조약 재확인을 비롯하여 필요한 경제적, 군사적, 외교적 지원을 획득하려는 북한의 위기조성 전략으로 볼 수도 있다. 최명해, 『중국·북한 동맹관계』(서울: 오름, 2009), pp.263-271 참조. 또한 청와대기습기도사건과 푸에블로호 나포가 북베트남에 대한 북한의 우회적 지원이 아니라 오히려 베트남전을 북한의 군사모험주의를 위해 활용하고 소비했다는 시각도 있다. 사실 북한은 사이공이 급격히 몰락하는 것을 원하지 않았다. 오히려 베트남 공산화 이후 베트남에 집중되었던 미군이 남한으로 재배치될 가능성에 더 비중을 두고 우려했다. Balazs Szalontai and Sergey Radchenko, "North Korea's Efforts to Acquire Nuclear Technology and Nuclear Weapons: New Evidence from Russian and Hungarian Archives," *Cold War International History Project Working Paper* No.53(Washington, D.C.: Woodrow Wilson International Center for Scholars, August 2006); Balazs Szalontai, "In the Shadow of Vietnam: A New Look at North Korea's Militant Strategy, 1962-1970," *Journal of Cold War Studies*, Vol.14, No.4(Fall 2012) 참조. 그리고 당시 북한의 군사모험주의가 대미항쟁을 통해 통일을 달성하고자 했던 베트남 방식에 고무된 김일성이 문화대혁명이라는 혼돈에 빠진 모택동을 대신해서 '아시아 공산주의의 리더'로 부상하고자 한 결과라는 다소 도발적인 견해도 제시되었다. Bernd Schaefer, *op. cit.* 아무튼 1960년대 말 북

한 군사모험주의의 배경과 동기에 대해서는 더 면밀한 검토와 연구가 필요하다. 1960년 말 이래 북한 군사모험주의의 배경과 원인 등에 대한 논의는 Narushige Michishita, *op. cit.*; Van Jackson, *Rival Reputations: Coercion and Credibility in US-North Korea Relations*(New York: Cambridge University Press, 2016) 참조.

337 1967년 5월 월북했던 통혁당의 김질락에 따르면, 당시 북한 측 지도원이 교양을 통해 결정적 시기는 첫째, 남한 자체에 의하여 혁명이 성공하거나 내전 사태에 빠지는 경우, 둘째, 북한과 남한이 전쟁에 돌입하는 경우, 셋째, 소련이나 중공 또는 기타 공산국가와 미국 간에 전쟁이 발생하는 경우인데, 북한은 이러한 시나리오에 대해 항시 임전태세를 갖추고 있음을 강조했다고 한다. 그리고 당시에도 이미 전쟁준비를 완료했다는 것이다. 김질락, 『어느 지식인의 죽음』(서울: 행림출판, 1991), p. 292.

338 황일호, "극비·25년 만에 밝혀진 1·21 청와대 기습사건 전모," pp. 641-642.

339 김질락, 앞의 책, p. 292.

340 위의 책, pp. 342-243.

341 Stephen J. Solarz, *The Korean Conundrum: A Conversation with Kim Il Sung*(Washington, D.C.: U.S. Government Printing Office, 1981), pp. 8-12.

342 함택영, 앞의 책, pp. 175-176.

343 김대중, 『행동하는 양심으로』(서울: 금문당출판사, 1985), pp. 110-115.

344 북한은 1·21청와대기습기도사건이 일어나자 다음 날부터 이를 '남조선무장유격대'에 의한 투쟁이라고 보도했다. 『로동신문』, 1968년 1월 24일, 25일, 26일, 27일. 이후 1년 동안 연일 '무장유격대에 의한 영웅적 투쟁' 사실을 보도했다. 이는 마치 한국전쟁 전인 1949년 6월 이후 북한의 무장게릴라 남파로 인해 남한 내 게릴라투쟁이 격화된 상황을 두고 북한이 보인 반응을 떠오르게 했다. 당시 『로동신문』을 비롯한 북한의 언론매체는 남한 인민들의 저항이 점차 강력해지고 수세에 몰린 이승만 괴뢰도당의 멸망이 멀지 않았다고 선동하며 흥분을 감추지 못했다. 그들은 게릴라의 대부분을 남파하였으면서도 남한 인민들이 봉기한 것처럼 위장했다. 박명림, 『한국전쟁의 발발과

기원 II』(서울: 나남, 1996), p.630. 또한 청와대기습기도사건을 자행한 북한의 만행을 규탄하는 궐기대회가 확산되고 일련의 반공조치가 강화되자 역공을 가했다. 곧 2월 27일 외무성 대변인 명의의 성명을 통해 미국과 남한이 북한을 반대하는 "전쟁소동을 벌"이고 "《반공》소동을 일으키고 있"다고 비난했다. 『조선중앙년감』(1968년판), p.595.

345 이문항, 『JSA-판문점(1953-1994)』(서울: 소화, 2001), pp.360-361 참조.

346 이처럼 한쪽의 선택으로 유발된 긴장고조가 상대편 체제의 안정으로 귀착되는 패턴은 남북관계가 지닌 주요한 특징 가운데 하나이다. 북한 또한 한일국교정상화, 베트남 파병 등이 유발하는 긴장을 군사적 동원체제와 사회통제 강화, 김일성에 대한 개인 숭배, 나아가 유일체제 확립의 주요 명분으로 적극 활용했다. 이러한 양상은 탈냉전기에 들어서도 반복적으로 나타났다. 예컨대 한미 간에 실시되는 팀스피릿 군사훈련은 끊임없이 북한을 긴장시키며, 김일성·김정일 독재정권의 강압통치를 합리화했다. 팀스피릿 군사훈련은 남한과 미국에 대한 적개심을 동원하고 유발할 수 있는 좋은 빌미가 되었고, 위기의식을 고조시킴으로써 북한 주민과 지도부 간의 결속을 공고화하는 데 기여했다. 북한지도부는 그간 남쪽에서 팀스피릿 군사훈련을 실시하면 전국에 전투태세 명령을 하달하고, 지역마다 이 훈련을 규탄하는 대규모 군중집회를 열게 했다. 이러한 전쟁태세의 강조와 군중집회가 북한사회를 더욱 병영사회체제로 몰아가고, 그렇게 몰아가는 북한지도부에게 정당성을 부여했다. 이종석, 앞의 책, p.47.

347 Robert A. Dahl, *Polyarchy: Participation and Opposition*(New Haven: Yale University Press, 1971).

348 林建彦 저·최현 역, 『남북한현대사』(서울: 삼민사, 1989), p.239.

349 Donald Stone MacDonald, *U.S.-Korean Relations from Liberation to Self-Reliance: The Twenty-Year Record*(Boulder: Westview Press, 1992), p.108.

350 James B. Palais, ""Democracy" in South Korea, 1948-1972," Frank Baldwin ed., *Without Parallel: The American-Korean Relationship Since*

1945(New York: A Division of Ramdom House, 1974), pp.340-341.

351 유임수, "제3공화국의 대북한정책과 경제," 유광호 외,『한국 제3공화국의 경제정책』(성남: 한국정신문화연구원, 1999), p.240.

352 주민등록제도는 주민의 거주 및 이동 실태를 정확히 파악하여 모든 행정을 능률적으로 처리함과 동시에 불순분자 및 범법자 등을 색출하여 안정된 사회생활과 국가안보 태세를 보장하는 데 그 목적이 있었다. 내무부 한국지방행정연구원,『한국지방행정사: 1948-1986』(내무부, 1987), p.1004. 박정희 정권 이전의 주민등록제도는 상대적으로 미비하여 자진 신고가 부실하고 호적과의 관련 또한 미흡하다는 문제점이 있었다. 때문에 '국민통제'에 허점이 없지 않았다. 그런데 1968년에 발생한 북한에 의한 일련의 무력도발사건은 주민등록제의 강화에 결정적으로 기여했다. 같은 책, pp.1007-1013.

353『조선일보』, 1968년 1월 30일.

354『조선일보』, 1968년 2월 8일.

355『조선일보』, 1968년 2월 8일.

356『조선일보』, 1968년 2월 9일.

357 한국사료연구소 편,『해방30년사 제4권: 제3공화국』(서울: 성문각, 1976), pp.422-423. 1·21청와대기습기도사건 직후 박정희는 곧바로 포터(William J. Porter) 주한 미 대사를 청와대로 불러 자신을 죽이려고 한 북한에 대해 보복공격하겠다며 미국의 지원을 요청했다. 그러나 이에 대해 포터 대사는 "할테면 혼자서 해보시오"라며 시큰둥한 반응을 보였다. 그런데 청와대기습기도사건에는 별 관심을 보이지 않던 미국이 푸에블로호피랍사건이 발생한 뒤 유화적인 태도로 북한과 비밀협상을 벌이자 한국은 배신감을 느꼈고, 최규하 외무부장관과 김성은 국방부장관은 미국 측에 강력하게 항의했다. 한국 정부의 반발이 워낙 거세자 미국은 밴스(Cyrus R. Vance) 미 대통령특사를 서울로 보내 북한과의 협상에 한국을 따돌리지 않겠다는 것과 1억 달러의 추가 군사원조, M-16 소총 공장의 건설 등을 제시하며 박정희를 무마하고자 했다. 이때만 하더라도 한국군이 베트남에서 싸우고 있어 미국은 박정희의 비위를 거스를 수 없었다. 이상우,『박정희, 파멸의 정치공작』(서울: 동아일보

사, 1993), pp.88-90; 미하원국제관계위원회 국제기구소위원회 편·서울대학교 한미관계연구회 역, 『프레이저보고서』(서울: 실천문학사, 1986), pp.90-93.

358 한국사료연구소 편, 위의 책, p.424.

359 김정렴, 『아, 박정희』(서울: 중앙M&B, 1997), pp.104-105.

360 한국의 방위산업에 대해서는 Peter Banseok Kwon, *Cornerstone of the Nation: The Defense Industry and the Building of Modern Korea under Park Chung Hee*(Cambridge: The Harvard University Asia Center, 2024) 참조.

361 오원철, 『한국형 경제건설 5』(서울: 기아경제연구소, 1995) 참조.

362 전재호, "박정희 체제의 민족주의 연구: 담론과 정책을 중심으로,"(서강대학교 정치외교학과 박사학위 논문, 1997), pp.54-55.

363 Robert O. Keohane & Helen V. Milner eds., *Internationalization and Domestic Politics*(Cambridge: Cambridge University Press, 1996) 참조.

364 Peter Gourevitch, *Politics in Hard Times: Comparative Responses to International Economic Crises*(Ithaca: Cornell University Press, 1986), p.65.

365 국가보안사령부, 『대공30년사』(1978), p.394.

366 Barry Buzan, *People, States and Fear*(Chapel Hill: University of North Carolina Press, 1983), pp.59, 65-69.

367 Lewis Coser, *The Functions of Social Conflict*(New York: The Free Press, 1956), p.94.

368 결의안에서는 ① 대통령에게 단호한 조처를 취할 것을 촉구하고 이를 지지, ② 북괴 불법침입의 재발방지를 위한 확고한 보장책을 강구하고 우리 단독으로라도 응징할 것을 정부에 촉구, ③ 푸에블로호피랍사건보다 공비의 수도침입사건이 더 중대하다는 점에 대한 강조, ④ 북괴를 능가할 군사력의 유지 강화를 위한 적극적인 대책의 시급한 강구 요청, ⑤ 판문점 비밀회담에 대한 분노 표시, ⑥ 한국의 안전보장을 위해 모든 조약과 국제적 약속의 재검토

요청, ⑦ 경찰장비의 확보와 제도의 개선으로 전투력 증강 요청, ⑧ 무장공비 색출에 협조한 국민에 대한 보상과 중요시설에 자체 방위수단 완비 대책 강구 촉구, ⑨ 국민정신 진작, 기강확립 및 정보기관의 정치사찰을 떠난 본연의 직무완수에만 전력을 경주할 것 등을 요청했다. 『조선일보』, 1968년 2월 8일.

369 John E. Mueller, *War, President, and Public Opinion*(New York: John Wiley and Son, 1973), pp.208-209.

370 이는 북한의 만행을 규탄하는 학생과 시민들의 궐기대회가 서울을 비롯한 전국 곳곳으로 요원의 불길처럼 번져가는 가운데 방위성금 모금운동이 시작된 것에서도 볼 수 있다.

371 위기와 국기 아래 결집 효과에 대해서는 Bruce Russett, *Controlling the Sword: The Democratic Governance of National Security*(Cambridge: Havard University Press, 1990), pp.34-38 참조.

372 Richard C. Eichenberg, *Public Opinion and National Security in Western Europe*(Ithaca: Cornell University Press, 1989), pp.49, 70, 97; Ronald H. Hinckley, *People, Poll, and Policymakers: American Public Opinion and National Security*(New York: Lexinton Books, 1992), pp.33, 56.

373 전용신, "한국대학생의 정치적 태도," 『고려대학교 논문집: 인문·사회과학편』 제15집(1969), pp.33-50.

374 『조선일보』, 1968년 5월 7일; 『동아일보』, 1968년 5월 8일; 『중앙일보』, 1968년 5월 8일 자 참조.

375 김질락, 앞의 책, p.359.

376 John G. Ikenberry, "Conclusion: An Institutional Approach to American Foreign Economic Policy," John G. Ikenberry, David A. Lake, and Michael Mastanduno, eds., *The State and American Foreign Economic Policy*(Ithaca: Cornell University Press, 1988), pp.233-234. 이 책의 유신체제 시기 논의 부분에서 다시 살펴보겠지만, 안보위기 상황이 정책·제도의 재형성을 초래하는 전환점은 1975년 4월 베트남 패망 이후 반복된다. 박정희 정권은 베트남 패망 이후 북한의 위협을 강조하며, 자주국방력을 강화하고

사회기강을 확립하기 위한 일련의 획기적 조치들을 취했다. 군, 경찰, 향토예비군, 학도호국단에 소속되지 않은 17세 이상 50세 이하의 남성을 대상으로 지역·직장 단위로 '민방위대'가 창설되었다. 또한 고등학교 이상의 모든 학교에서 학도호국단이 결성되었다.

377 외적 위기와 국내의 정책, 제도, 그리고 정권유형의 변화에 대해서는 Peter Gourevitch, "The Second Image Reversed: The International Sources of Domestic Politics," *International Organization*, Vol.32, No.4(1978), pp.883-884 참조.

378 이러한 점은 1·21청와대기습기도사건 직후인 1968년 2월 2일, 신민당 유진오 의원이 국회에서 한 다음 발언에서도 볼 수 있다. "…이번 사건을 통해서 우리가 다시 한번 똑똑하게 알게 된 것은 공산주의자의 정체입니다. 6·25사변을 통해서 우리 국민은 공산주의의 정체를 신물이 나도록 알았습니다. 그 기억이 약간 흐려지려고 하고 있는 이때에 다시 한번 우리는 새삼스러이 그들의 잔인무도한 정체를 알게 된 것입니다." 『국회속기록』 제63회, 제2호, p.34.

379 Christian F. Ostermann & James F. Person eds., *op. cit.*, pp.17-93.

380 『조선일보』, 1968년 1월 6일, 1월 7일.

381 『조선일보』, 1968년 1월 7일.

382 박 대변인은 정치, 경제위기의 원인으로 이외에도 ① 100억 원 이상의 선거자금 살포로 인한 통화량의 팽창 및 악성 인플레의 위험, ② 국민소득을 도외시한 중과세 정책, ③ 예산 없는 공사의 남발, ④ 공공요금 인상, ⑤ 소득분배의 불균형, ⑥ 저임금 저곡가 정책, ⑦ 금융특혜 등 재벌 위주의 경제정책을 지적하며 여당을 비판했다. 『조선일보』, 1968년 1월 7일.

383 『국회속기록』 제63회, 제2호, p.38.

384 『국회속기록』 제63회, 제2호, p.35.

385 한국사료연구소 편, 앞의 책, p.421.

386 『조선일보』, 1968년 2월 8일.

387 『박정희대통령 연설문집 3』(대통령비서실, 1973), p.163.

388 『조선일보』, 1968년 2월 8일.

389 이 슬로건은 1962년 12월 10~14일간 열린 당중앙위원회 제4기 제5차 전원회의에서 발표되었다. 『김일성저작선집』 제4권(평양: 조선로동당출판사, 1968), p.365; 『조선중앙년감』(1963년판), pp.157-162.

390 『동아일보』, 1968년 2월 20일.

391 원래 향토예비군설치법은 군정 초기인 1961년 12월 27일 최고회의에서 통과된 바 있다. 이 법에 따르면 "예비군은 예비역 무관과 제1 예비병으로 조직"하고 "연대, 대대, 중대로 편성"하며 "임무수행을 위하여 그 소속 대원을 훈련할 수 있다"고 되어 있었다. 법은 공포되었지만 야당의 반대 등으로 실행되지 못했다. 그러다가 1968년 1·21청와대기습기도사건, 푸에블로호피랍사건이 일어나자 2월 20일 국무회의에서 국회에 계류 중인 향토방위법을 폐기하고, 100만 향토예비군의 무장과 조직을 목표로 향토예비군설치법 시행령을 의결하기에 이르렀다. 서주석, "박정희 시대의 국민통제," 한국정치학회 주최 한국정치사 기획학술회의 발표 논문(2000년 4월 7-8일, 고려대학교 인촌기념관), pp.12-13.

392 주민등록법은 1962년에 제정되었는데, 당시 충분한 연구와 검토 없이 시급히 제정되었기 때문에 필요한 행정기관의 직권조치와 호적과의 관계, 그리고 이중등록 금지규정이 없는 등 법률상의 미비로 1968년 5월 10일 개정되었다. 그 후 1969년 12월 23일, 간첩이나 불순분자를 용이하게 식별·색출하고자 치안상 필요시 신원이나 거주관계를 확인하기 위하여 주민등록증을 제시하도록 하는 개정법률안이 가결되었다.

393 한국사료연구소 편, 앞의 책, pp.425-427.

394 『동아일보』, 1968년 3월 1일.

395 『조선일보』, 1968년 4월 25일.

396 『국회속기록』 제65회, 제4호, p.22.

397 『국회속기록』 제65회, 제4호, p.25.

398 『조선일보』, 1968년 4월 27일.

399 『조선일보』, 1968년 4월 27일.

400 5월 1일 자 신문에는 4월 30일 저녁 서울 세종로 소재 국제전신전화국 등에서 수류탄이 폭발하여 군경 합동 수사대가 간첩 소행으로 의심하고 수사 중이라고 보도되었다. 『조선일보』, 1968년 5월 1일. 5월 1일 내무부는 전국 주요도시에 비상경계령을 내렸다. 또한 같은 날 최영희 국방부장관은 '국제전신전화국 폭발물 사고는 후방 민심과 치안교란을 기도한 간첩의 소행으로 본다면서 북괴 간첩의 활동 양상 변화와 최근 빈번해진 북괴의 도발행위에 강력한 대책을 세우고 있다'고 밝혔다. 『조선일보』, 1968년 5월 2일.

401 치안당국은 6월 26일 0시부터 군·경·예비군을 동원하여 서울·경기 일원에서 대규모 간첩 색출 작전을 벌인 결과 총 1만 741명을 연행하여, 그 가운데 이 작전과 연관된 자는 293명이며 신원조회 등을 거쳐 선별 처리 중이라고 밝혔다. 『동아일보』, 1968년 6월 26일.

402 중앙정보부는 7월 20일, 전남 무안군 임자도를 거점으로 한 대규모 간첩단 사건을 발표하여 북한을 왕래하며 공작금을 받아 지하당을 조직하여 간첩활동을 해오던 정태묵 등 일당 27명을 체포하여 구속했다고 발표했다. 이들 간첩은 위장 기업체를 운영하면서 월간지 『청맥』을 통해 학생층의 사상적화에 힘쓰는 등 북한으로부터 받은 167회의 지령을 수행하던 중 체포된 것이라고 밝혔다. 『동아일보』, 1968년 7월 20일.

403 북한은 남한에서 발생한 일련의 도발을 으레 그렇듯 '박정희 괴뢰도당과 미제를 응징하기 위한 남조선 애국자의 투쟁'이라고 선전 보도했다. 『로동신문』, 1968년 5월 2일, 12일, 6월 25일, 7월 30일, 31일, 8월 1일, 3일, 6일, 14일 자 등 참조.

404 북한은 남한에서 일어나고 있는 "향토예비군 조작놀음" 반대운동을 보도하면서, 남한사회의 병영국가적 동원화 동향에 촉각을 곤두세웠다. 『로동신문』, 1968년 5월 12일.

405 서주석, 앞의 논문, p.14.

406 『동아일보』, 1968년 4월 1일.

407 김용호, "공화당과 3선개헌," 동아일보사 편, 『현대사를 어떻게 볼 것인가 Ⅳ: 박정희와 5·16』(서울: 동아일보사, 1990), p.109.

408 이미 삼선개헌은 박정희의 두 번째 임기가 시작되기도 전인 1966년경부터 박정희의 측근에서 거론되기 시작했다. 이것이 박정희와 교감 없이 거론된 것은 아니었다고 볼 수 있다. 이상우, 『박정권 18년: 그 권력의 내막』(서울: 동아일보사, 1986), pp.197-198. 김형욱도 1967년 대통령 및 국회의원 선거 전부터 박정희가 삼선개헌 의지를 갖고 있었다고 증언한다. 박정희는 김형욱을 불러 "나 절대로 정권 못 내놓겠단 말이야. 임자, 알아서 해!"라고 했다는 것이다. 김형욱·박사월, 『김형욱 회고록 II』(서울: 아침, 1985), pp.211-213.

409 林建彦 저·최현 역, 앞의 책, p.227.

410 5·16 이후 위축되었던 정치적 분위기가 한일회담 반대운동을 통해 해빙되고, 군사정권에 저항할 수 있는 사회운동적 공간이 확대되면서 4·19 이후 혁신적인 청년운동·학생운동을 했던 세력 및 1960년대 전반의 일부 학생운동 세력은 사회운동의 새로운 방향을 모색하게 되었다. 이들 제 세력은 군부 파시즘의 대두와 한일회담 반대운동의 실패라는 상황에서 보다 근원적인 문제를 고민하게 되었다. 곧 군부 파시즘의 대두로 인한 지배체제의 강고화에 대응하여 자연발생적 대중투쟁 역량을 어떻게 조직적 역량으로 전환할 수 있을 것인가 하는 문제와 군부 파시즘의 극복을 포함한 한국사회의 변혁과정에서 남한의 운동역량과 북한의 혁명역량의 관계는 무엇이고, 또한 어떻게 설정할 것인가에 대한 고민이었다. 바로 이러한 고민 가운데 학생운동 출신 세력과 구좌익 세력의 결합에 의해 마르크스-레닌주의당 건설 시도로 나타난 것이 통혁당이다. 조희연, "50·60·70년대 민족민주운동의 전개과정에 관한 연구," 조희연 편, 『한국사회운동사』(서울: 한울, 1990), pp.82-83. 1964년 한일회담 반대운동을 전후하여 결성된 통혁당은 4·19 이후 1960년대 초의 정치적 공간에서 사회운동 및 학생운동의 선진적 세력이 시도하였던 제반의 운동형태 중 하나이며, 그것은 운동이념의 변화상을 반영하는 것으로 볼 수 있다. 물론 통혁당사건은 학생운동 및 사회운동의 이념적 급진화 과정의 연속선상에서 파악할 수 있다. 그러나 동시에 1960년대 이후 북한의 지하당 노선의 반영으로서의 성격을 지닌다고 볼 수 있다. 북한은 4·19혁명의 실패에 대한 자체 평가 위에서 남한의 혁명역량을 기반으로 지하당 건설

을 적극 추진했다. 이렇게 볼 때 통혁당은 북한 대남노선의 적극화와 남한의 학생 및 사회운동의 급진화가 결합되면서 이루어진 것으로 평가할 수 있다. 조희연, 같은 글, pp.83-85. 한편 북한은 통혁당에 대해 "남조선 혁명가들은 당 창건사업을 통일적으로 밀고 나갈 수 있는 유일적인 중앙조직을 내오기 위한 정력적인 투쟁을 벌렸으며 마침내 1964년 3월 15일 주체사상을 지도 리념으로 하는 강력한 지하혁명조직으로서 통일혁명당 창당준비위원회를 결성하였다"고 주장했다. 『조선전사』 제30권(평양: 과학백과사전출판사, 1982), p.351. 통혁당 창당에 관한 북한 측 문건으로는 같은 책, pp.348-357 참조.

411 이날 중앙정보부는 지하당을 조직, 국가전복을 기도하려다가 적발 검거된 가칭 '통일혁명당지하간첩단'사건의 전모를 발표하면서 주모자급인 김종태가 4차에 걸쳐 북한을 왕래하면서 김일성과 면담하고 대남사업총국장 허봉학으로부터 지령과 공작금을 수수했다고 밝혔다. 그리고 김종태 등이 가칭 '통일혁명당'을 결성하고 이를 혁신정당으로 위장, 합법화하여 반정부 및 반미 시위를 전개하는 등 대정부 공격과 반정부적 소요를 유발하려 주력했다고 강조했다. 이 사건 관련자는 모두 158명인데 그 가운데 1차로 73명을 송치했다고 밝혔다. 『동아일보』, 1968년 8월 24일.

412 북한은 1968년 8월 26일 평양방송을 통하여 중앙정보부에서 발표한 통혁당 간첩단사건을 가리켜 "이는 식민지 통치를 청산하고 나라의 통일을 염원하는 남한인민들에 대한 도전이며 반역행위"라고 비난했다. 편집부 편, 『공안사건기록: 1964-1986』, p.61.

413 한국사료연구소 편, 앞의 책, p.433.

414 위의 책, p.435.

415 『광복30년 중요자료집』(월간중앙 1975년 1월호 별책부록), p.218.

416 정일형, 『오직 한길로』(서울: 을지서적, 1991), p.395.

417 1969년 3월 7일 제68회 임시국회에서 신민당 김대중 의원 역시 삼선개헌에 반대하며 '공산주의와 대결해서 승리하기 위해서는 혼란과 파국으로 공산주의자들이 좋아할 일을 제공해서는 안 된다'고 주장했다. 또한 '한 사람이 계

속 집권하고 다른 사람에게는 절대 안 넘겨주겠다는 그러한 제도와 정치체제를 가지고서는 공산주의자들과 싸우자고 국민들에게 요구할 수 없다'고 삼선개헌의 부당함을 비판했다. 『국회 속기록』 제68회, 제5호, p.144.

418 Adam Prezeworski ed., *Sustainable Democracy*(Cambridge: Cambridge University Press, 1995), p.110.

419 김영삼 의원의 발언에 흥분한 중앙정보부는 귀가하던 김 의원에게 초산을 살포하는 테러(1969. 6. 20)를 가함으로써 정치적 긴장을 고조시켰다. 김 의원은 6월 21일 국회에서 신상발언을 통해 6월 13일에 있었던 본회의 발언에 대한 정치적 보복으로 감행된 계획적이고 살인적인 테러행위라고 규탄했다.

420 강성재, 『쿠데타 권력의 생리』(서울: 동아일보사, 1987), p.198.

421 이기택, 『한국야당사』(서울: 백산서당, 1987), p.248.

422 『동아일보』, 1969년 7월 4일.

423 이기택, 앞의 책, p.249.

424 김삼웅 편, 『민족·민주·민중선언』(서울: 일월서각, 1984), pp.80-81.

425 위의 책, pp.84-85.

426 위의 책, pp.104-107.

427 한국사료연구소 편, 앞의 책, p.449.

428 林建彦 저·최현 역, 앞의 책, p.227.

429 『국회속기록』 제72회, 제2호, pp.37-38.

430 한국사료연구소 편, 앞의 책, p.450.

431 『로동신문』, 1969년 6월 18일.

432 『로동신문』, 1969년 6월 20일.

433 『로동신문』, 1969년 8월 9일.

434 『로동신문』, 1969년 9월 14일 자 사설.

435 『로동신문』, 1969년 2월 20일 자 사설.

436 『로동신문』, 1969년 6월 20일.

437 이에 대해서는 Richard A. Mobley, *Flash Point North Korea: The Pueblo and EC-121 Crises*(Annapolis: Naval Institute Press, 2003) 참조.

438 김삼웅 편, 앞의 책, p.94.

439 위의 책, p.112.

440 이광일, "'반체제운동'의 전개과정과 성격," 한국정치연구회 편, 『박정희를 넘어서』(서울: 푸른숲, 1998), p.174.

441 1969년 4월 김종필계열은 개헌저지를 위한 전략으로 개헌이 발의되기 전에 개헌반대세력의 실력을 과시함으로써 발의 자체를 저지하기로 했다. 이들은 야당이 제출한 권오병 문교부장관의 불신임안에 대해서 찬성표를 던짐으로써 불신임안이 가결되었다. 이에 분노한 박정희는 양순직, 예춘호, 박종태, 정태성, 김달수 등을 제명함으로써 개헌반대세력을 제압했다. 김용호, 앞의 글, p.101.

442 이광일, 앞의 글, 같은 면.

443 인혁당사건, 임자도고정간첩사건, 통혁당사건 등 조직사건들의 빈발은 남한 지식인들의 대북 인식 악화와 반공이데올기 강화에 상당한 영향을 미쳤다. 이들 사건이 북한과 연계되어 있었다는 점에서 진보적 지식인들도 비판적 인식을 보였다. 거기다가 청와대기습기도사건, 울진·삼척무장게릴라침투사건까지 일어나면서 일반 국민들은 물론 지식인층에서도 반공이데올로기가 깊이 내면화되는 계기가 되었다. 이 점에서 당시 위기수준의 행위적 북한요인은 정책·제도 재편뿐만 아니라 전반적인 대북 인식 변화에도 큰 영향을 미쳤다. 정창현, "1960년대 반공이데올로기의 정착과 지식인층의 대북 인식 변화," 정용욱 외, 『1960년대 한국의 근대화와 지식인』(서울: 선인, 2004).

444 『조선일보』, 1970년 2월 20일.

445 이삼성, 『20세기의 문명과 야만』(서울: 한길사, 1998), pp.49-61 참조.

446 중앙선거관리위원회, 『대한민국선거사』 제1집(중앙선거관리위원회, 1980), p. 1385.

447 찬성투표 독려를 위한 박정희 정권의 관권·부정선거에도 불구하고 반대자와 기권자가 총유권자의 54.3%를 차지했다는 사실은 장기집권에 대한 국민의 반대 정서가 만만치 않았음을 보여준다.

448 한국정치연구회 정치사분과 편, 『한국현대사 이야기주머니 2』(서울: 녹두,

1993), p.271.

449 김성진, 『한국정치 100년을 말한다』(서울: 두산동아, 1999), pp.302-303.

450 문일석, 『비록 중앙정보부 II』(서울: 물결, 1993), pp.305, 307-308. 김대중 후보의 향토예비군 폐지 주장에 대해 공화당 김창근 대변인은 "국방현실을 망각한 망발"이라고 비난했다. 『동아일보』, 1970년 10월 16일.

451 『동아일보』, 1970년 11월 2일.

452 한국사료연구소 편, 앞의 책, p.464.

453 한국정치연구회 정치사분과 편, 앞의 책, p.272.

454 김충식, 『남산의 부장들 I』(서울: 동아일보사, 1993), pp.298-299.

455 위의 책, p.299.

456 김대중, 앞의 책, pp.123-124.

457 James B. Palais, *op. cit.*, p.341.

458 정부는 선거운동 막바지 기간 동안 안보문제 등 위기감을 조성하는 발표를 계속했다. 예컨대 4월 9일 한 북한 간첩이 전향하여 쿠데타 음모에 대하여 자백하였다고 발표했으며, 4월 20일과 23일에도 두 개의 간첩망이 발각되었다고 발표했다. 이어 4월 24일 박정희는 전군에 완전전투태세를 명령했다. 미하원국제관계위원회 편·서울대학교 한미관계연구회 역, 앞의 책, p.65.

459 문일석, 앞의 책, pp.324-327.

460 서씨 형제가 보안사에 붙잡힌 것은 1971년 2월 말이었다. 둘은 체포당해 조사를 받고는 '역공작' 명목으로 풀려났다. 그러다 선거 열기가 달아오른 4월 중순 서준식은 '북의 지령을 받고 교련반대투쟁을 배후 조종하고 선동한 간첩'이라는 혐의로 구속되었다. 국군보안사령부, 앞의 책, pp.471-478 참조. 그러나 그가 입북한 것은 사실이라고 하더라도 간첩이라고는 보기 어렵다. 강준만·김환표, 『희생양과 죄의식: 대한민국 반공의 역사』(서울: 개마고원, 2004), pp.172-176 참조.

461 김충식, 앞의 책, pp.307-309.

462 『로동신문』, 1971년 4월 9일, 15일.

463 『로동신문』, 1971년 4월 10일, 25일. 북한은 선거 직후 '통일문제에 대

하여 북측과 유사한 입장을 갖고 있는 김대중 후보가 이번 대선에서 비록 선전했지만, 미군이 주둔하는 한 선거를 통한 정권교체는 불가능하다'고 결론지었다. 따라서 '주한미군이 철수한 상황에서만이 남측 주민들 스스로의 힘으로 박정희를 축출하고 민주정부를 수립할 수 있으며, 민주정부가 수립되어야 북측과의 긴밀한 협력을 통하여 통일을 이룰 수 있다'고 보았다. "Minutes of Conversation on the Occasion of the Party and Government Delegation on behalf of the Romanian Socialist Republic to the Democratic People's Republic of Korea"(June 10, 1971), Christian F. Ostermann & James F. Person eds., *The Rise and Fall of Detente on the Korean Peninsula, 1970-1974*(Document Reader, Washington, D.C.: Woodrow Wilson International Center for Scholars, 2010).

464 『로동신문』, 1971년 4월 27일.

465 『로동신문』, 1971년 4월 28일, 30일, 5월 1-9일, 5월 13일, 15일.

466 중앙선거관리위원회, 『대한민국선거사』 제1집(1980) 참조.

467 다른 지역에서는 분명하지 않지만 안보에 민감한 강원도의 경우, 북한요인 동원이 표심에 일정한 영향을 미쳤다고 가정할 수 있다. 강원도는 1967년 대선에서 박정희에게 51.3%, 윤보선에게 41.7%의 표를 주었고, 1971년 대선에서 박정희에게 59.9%, 김대중에게 38.8%의 득표율을 안겨주었다.

468 David Skidmore & Valerie M. Hudson eds., *The Limits of State Autonomy: Societal Groups and Foreign Policy Formulation*(Boulder: Westview Press, 1993), p.31.

469 이갑윤, 『한국의 선거와 지역주의』(서울: 오름, 1998), p.69.

470 1970년 8월 27일 미 국방성은 미군 1만 명이 이미 철수했으며, 5만 3,000명 중 1만 명이 더 철수하면 2만 명 감축 목표가 달성된다는 요지의 발표를 했다. 이에 대해 같은 날 오후 정부 대변인 신범식 문공부장관은 '정부는 주한미군 2만 감축을 미국 측에 동의한 바 없으며, 박 대통령과 애그뉴 미 부통령 회담에서 주한미군의 철수문제를 전혀 논의하지 않았다'고 발표했다. 『조선일보』, 1970년 8월 28일. 그러나 1971년 2월 주한미군 2만 2,000여 명이

추가 철수함으로써 2월 8일부터 미군이 빠진 250km 휴전선 전체를 한국군이 방어하게 되었다.

471 신종대, "유신체제 수립원인에 관한 재조명: 북한요인의 영향과 동원을 중심으로,"『사회과학연구』 제13집(2005).

472 김성환 외,『1960년대』(서울: 거름, 1984), p.199.

473 Richard H. Friman, "Side-payment versus Security Cards: Domestic Bargaining Tactics in International Economic Negotiations," *International Organization*, Vol.47, No.3(1993), pp.402-405.

474 Robert O. Keohane & Helen V. Milner eds., *Internationalization and Domestic Politics*(Cambridge: Cambridge University Press, 1996), pp.244-245.

475 Paul Pierson, "When Effect Becomes Cause: Policy Feedback and Political Change," *World Politics*, Vol.45, No.4(1993), pp.595-628; Theda Skocpol, *Protecting Soldiers and Mothers: the Political Origins of Social Policy in the United States*(Cambridge: Harvard University Press, 1995), pp.57-60.

476 ① 정부의 시책은 국가안보를 최우선으로 하고 조속히 안보태세 확립, ② 안보상 취약점이 될 사회불안 불용, 불안요소 배제, ③ 언론은 무책임한 안보논의 삼가, ④ 모든 국민은 안보상 책무수행에 자진 성실, ⑤ 모든 국민은 안보 위주의 새 가치관 확립, ⑥ 최악의 경우 우리가 향유하고 있는 자유의 일부도 유보할 결의를 가질 것 등이다.『동아일보』, 1971년 12월 6일.

477 유신체제 수립과 북한요인의 관계에 대한 논의로는 신종대, 앞의 글 참조. 그리고 유신체제 수립에 대한 북한의 인식과 대응에 대해서는 신종대, "유신체제 수립을 보는 북한과 미국의 시각과 대응,"『아세아연구』 제55권 3호(2012) 참조.

478 유신체제의 등장 원인에 관한 다양한 논의는 최완규, "'유신' 권위주의체제의 성립요인에 관한 연구: 정치경제학적 접근,"(경희대학교 정치외교학과 박사학위 논문, 1986); 오창헌,『유신체제와 현대 한국정치』(서울: 오름, 2001);

임혁백, 『비동시성의 동시성: 한국 근대정치의 다중적 시간』(서울: 고려대학교출판문화원, 2015) 제11장; 강민, "관료적 권위주의의 한국적 생성," 『한국정치학회보』 제17집(1983); 김태일, "권위주의체제 등장원인에 대한 사례 연구: 유신권위주의의 성립을 중심으로," 최장집 편, 『한국자본주의와 국가』(서울: 한울, 1985); 김영명, "한국의 정치변동과 유신체제," 한국정치학회 편, 『현대한국정치와 국가』(서울: 법문사, 1986); 김영순, "유신체제 수립원인에 대한 연구," 한국산업사회연구회 편, 『오늘의 한국자본주의와 국가』(서울: 한길사, 1988) 등 참조.

479 정영국, "유신체제 성립 전후의 국내정치," 한국정신문화연구원 편, 『1970년대 전반기의 정치사회변동』(서울: 백산서당, 1999), pp.208-210.

480 한국에 민주적 압력을 행사하던 미국이 한국의 베트남 파병으로 마찰을 피하기 위해 삼선개헌 시도에 대한 압력을 가하지 않았으며, 1970년대 초 미국이 주한미군 철수 방침을 밝힌 상태에서 유신체제 수립이라는 장기집권 시도가 이루어졌다는 점도 간과할 수 없는 대목이다. 말하자면 유신체제 수립은 미국이 박정희 정권에 대하여 행사할 수 있는 압력 수단을 거의 지니고 있지 않은 상태에서 이루어졌다. 또한 당시 아시아에서 미국의 국익은 "긴장완화와 안정"이었지 "민주주의의 모범 진열장"을 만드는 것이 아니었다. 임혁백, "유신의 역사적 기원: 박정희의 마키아벨리적인 시간," 한국정치학회 주최 한국정치사 기획학술회의 발표 논문(2000년 4월 7-8일, 고려대학교 인촌기념관), p.38; 한배호, 『한국정치변동론』(서울: 법문사, 1994), pp.221-222.

481 *Human Rights in South Korea and the Philippines: Implications for U.S. Policy*, Hearing Before the Subcommittee on International Organizations of the Committee on International Relations, U.S. House of Representative, 94th Congress, 1st Session May 20, 22. June 3, 5, 10, 12, 17 and 24, 1975(Washington D.C.: Government Printing Office, 1975), p.238. 박정희 정권이 헌법으로 보장된 임기를 3여 년이나 남겨놓고 유신을 단행한 데 대하여 반대세력의 잠재적 위협성을 감안하여 정권이 반대세력에 대하여 압도적 우위를 점하고 있는 시점에서 가한 '선제공격(preemptive

strike)'이었다는 관점도 있다. 임혁백, 위의 글, p.23. 그 외에도 1975년에 임박하여 이러한 조치를 취하면 장기집권 의도로만 채색되어 큰 반발을 야기할 수 있기 때문에 이를 피하기 위해서였다고 볼 소지도 있다.

482 이종석, "남북대화와 유신체제: 체제형성에 대한 분단구조의 영향," 한국정치사 기획학술회의 발표 논문(2000년 4월 7-8일, 고려대학교 인촌기념관), p.16.

483 김동춘, "1960, 70년대 민주화운동세력의 대항이데올로기," 역사문제연구소 편, 『한국정치의 지배이데올로기와 대항이데올로기』(서울: 역사비평사, 1994), pp.211-212.

484 손호철, 『현대한국정치』(서울: 사회평론, 1997), p.260.

485 『조선일보』, 1971년 4월 20일.

486 이종석, 앞의 책, pp.203-204; 임혁백, 앞의 책, p.519.

487 박광주, "한국의 국가이념과 현실: 자유민주주의 이념과 권위주의적 현실 간의 갈등," 『한국정치학보』 제22집 제2호(1988), p.35.

488 1972년 남북한 독재체제 수립에 미친 분단구조의 영향에 관한 논의는 이종석, 앞의 책, pp.196-213; 유세희, "유일사상체계와 유신체제의 대립," 양호민 외, 『평화통일을 위한 남북대결』(서울: 소화, 1996), pp.71-163 참조.

489 『조선일보』, 1970년 6월 6일 참조.

490 『조선일보』, 1970년 6월 23일 참조.

491 김정렴, 『한국경제30년사: 김정렴회고록』(서울: 중앙일보사, 1995), pp.316-317.

492 미하원국제관계위원회 국제기구소위원회 편·서울대학교 한미관계연구회 역, 앞의 책, p.107.

493 위의 책, p.108; 김정렴, 『아, 박정희』, p.29.

494 Stephen Krasner, *Defending the National Interest: Raw Materials Investments and U.S. Foreign Policy*(Princeton: Princeton University, 1978), p.70.

495 임혁백, 앞의 책, pp.516-520. 1971년 4월과 5월에 있었던 대선과 총선은 박정희와 공화당의 사실상 패배였다. 야당의 개헌 저지선 확보로 박정희의

4선을 위한 개헌은 불가능했다. 따라서 장기집권을 꿈꾸고 있던 박정희로서는 유신선포라는 비상적 조치로 헌정 중단이 필요했다고 할 수 있다. 또한 당시 계엄령을 선포할 만한 정치적, 사회적 무질서는 존재하지 않았다. 그리고 1971년 말에 국가비상사태가 선포되고 나서 유신체제가 수립되기까지 10개월이 넘는 기간 동안 국내 정치적 상황은 상당히 조용한 편이었다. 1971년 하반기부터 광주대단지의 철거민소요사태, 대학가의 교련반대운동, 한진상사 파월근로자 방화점거사건, 지식인들의 저항 등 당시 정권에 대한 반대세력의 힘이 성장하고 저항이 증가한 것은 사실이었지만, 그것이 박정희 정권을 위협할 만한 수준이 되지는 못했다. 때문에 이러한 비상조치를 반대세력에 대한 예방조치 또는 선제공격으로 볼 수 있다. 다만 그와 같은 비상조치의 직접적 원인을 단지 반대세력에 대한 정치적 통제로만 국한할 수 없다는 주장도 제기되었다. 그러한 비상조치를 안보위기에 대한 예방조치로 볼 여지 역시 없지 않다는 것이다. 아래 주석에도 나와 있듯 김성진 청와대 대변인과 이정식 교수 등은 이런 견해를 피력하기도 했다. 따라서 이 문제는 여전히 논쟁적이다.

496 Robert Jervis, *Perception and Misperception in International Politics* (Princeton: Princeton University Press, 1976), p. 20.

497 1971년 박정희 정권의 국가비상사태선언에 대해 당시 『타임』은 '상상된 비상(imaginary emergency)'이라고 지적했다. *Time*, December 20, 1971, p. 23. 그러나 이 조치가 안보문제와는 전혀 관련 없는 단순히 장기집권을 위한 조치에 불과했다고 단언할 수는 없다. 이는 당시 청와대에 몸담았던 김성진의 다음과 같은 회고에서도 나타난다. "북한의 가중되는 침략 위협과는 상관없이 국제정세는 계속 데탕트 방향으로 치닫고 있어서 미국은 주한 미군을 철수하려 들(어)… 그 틈바구니에 끼여서 박 대통령은 국가안보에 참으로 노심초사"했다고 회고했다. 김성진 편저, 『박정희시대: 그것은 우리에게 무엇이었는가』(서울: 조선일보사, 1994), p. 46.

498 1975년 재미 정치학자 이정식은 미 의회의 청문회 증언을 통해서 1960년대 말과 1970년 초 박 대통령의 안보에 대한 위협인식은 정당화될 수 있다는

견해를 밝힌 바 있다. *Human Rights in South Korea and the Philippines: Implications for U.S. Policy*, Hearings Before the Subcommittee on International Organization of the Committee on International Relations, U.S. House of Representatives, 94th Congress, 1st Session May 20, 21, June 3, 5, 10, 12, 17 and 24, 1975(Washington, D.C.: J.S. Government Printing Office, 1975), pp.236-241. 이정식 외의 논자들도 당시 안보위협이 존재했다는 데 대해서는 인정하고 있다. 배긍찬, "닉슨 독트린과 동아시아 권위주의체제의 등장; 한국, 필리핀, 그리고 인도네시아의 비교분석," 『한국정치학회보』 제22집 2호(1988); Mark L. Clifford, *Troubled Tigers: Businessman, Bureaucrats, and Generals in South Korea*(New York: M.E. Sharpe, 1994); 김영명, "유신체제의 수립과 전개," 한국정치외교사학회 편, 『한국현대정치사』(서울: 집문당, 1997) 참조. 물론 당시 안보위협에 대한 위기의식이 상당히 고조되기는 했지만 비상사태로 몰아갈 정도로 심각한 상황은 아니었다는 설명도 동시에 존재한다. 임혁백, 앞의 책, pp.521-522; Hak-Kyu Sohn, *Authoritarianism and Opposition in South Korea*(London: Routledge, 1989) 참조.

499 *Human Rights in South Korea and the Philippines: Implications for U.S. Policy*, p.238.

500 Don Oberdorfer & Robert Carlin, *The Two Koreas*(New York: Basic Books, 2014), pp.10-11.

501 *Human Rights in South Korea and the Philippines: Implications for U.S. Policy*, p.234. 한편 북한요인이 또 다른 차원에서 유신체제 수립에 영향을 주었다는 지적도 있다. 1971년 4월 25일 서울 장충동에서 대통령선거 유세를 마치고 돌아온 박정희는 유혁인 정무비서관에게 "이거 무서워 안 되겠어. 수십만 명이 모이는데 간첩이 순사 옷 입고 들어와 총이라도 한 방 쏘면 나라 뒤집어지게 생겼"다며 고개를 저었다고 한다. 즉, 그 간첩이 야당 후보를 암살이라도 하고, 그것을 정부가 한 것이라고 모략선전한다면 선거는 고사하고 극도의 혼란 상황에 빠질 것을 우려했다는 것이다. 박정희는 대통령선거

에서 김대중을 어렵게 이긴 후에도 얼굴을 잔뜩 찌푸리며 이동원 의원에게 같은 말을 했다고 한다. 김정렴은 "이런 위험천만한 원시적 유세보다는 좀더 질서 있고 평화로운 선거방법은 없겠느냐 하는 것"이 당시 박정희의 생각이었다는 것이다. 중앙일보 특별취재팀, 『실록 박정희』(서울: 중앙 M&B, 1998), p.328; 이동원, 『대통령을 그리며』(서울: 고려원, 1993), p.324; 김성진 편저, 앞의 책, pp.54-55.

502 이후락은 현재 최일선은 일촉즉발의 분위기라면서 북한 측은 각 부대를 최일선으로 대이동하고 탱크들은 휴전선 부근으로 집결하고 있는 상황이라고 했다. 김일성은 최근 환갑을 서울에서 열자는 구호를 내걸고 전쟁 준비를 다 해놓고 시기만 노리고 있는데, 우리 현역군은 소총조차도 완전한 것을 갖추지 못하고 있다고 했다. 뿐만 아니라 탱크가 공격해올 때 육탄전을 하려고 해도 여기에 쓸 지뢰조차도 모자라는 상황이라고 설명하면서 오원철에게 조속한 무기개발에 사력을 다할 것을 당부했다고 한다. 오원철, 『한국형 경제건설 7』(서울: 한국형경제연구소, 1999), pp.394-395.

503 위의 책, pp.393-396.

504 Charles Tilly, "War Making and State Making as Organized Crime," Peter B. Evans, Dietrich Rueschemeyer and Theda Skocpol eds., *Bringing the State Back In*(Cambridge: Cambridge University Press, 1985), pp.170-172.

505 임혁백은 박정희가 상황적 변화에 대응하기 위해 유신을 한 것이 아니라 유신체제를 수립하기 위해 상황을 자신이 원하는 방향으로 이끌어나갔고, 또한 자신이 구상하는 유신체제에 맞게끔 안보, 경제, 사회체제를 정비하기 위해 상황적 변화를 이용했다고 지적한다. 즉, 유신체제로의 전환을 구조적 결정론보다는 박정희의 정치적 선택론으로 설명한다. 임혁백, 앞의 책, p.544.

506 신종대, 『7·4공동성명 및 남북대화: 한국의 대북협상과 외교』(서울: 국립외교원, 2023).

507 최완규, 앞의 논문, pp.129-130.

508 이종석, 앞의 책, p.205.

509 임혁백, 앞의 책, p.548; 문지영, 『지배와 저항: 한국 자유주의의 두 얼굴』(서

울: 후마니타스, 2011), pp.124-125.

510 최장집, 『한국민주주의의 이론』(서울: 한길사, 1993), p.232.

511 김형욱·박사월, 『김형욱 회고록 Ⅲ』(서울: 아침, 1985), pp.126-127.

512 임혁백, 앞의 책, pp.527-528.

513 김영순, 앞의 글, pp.55-56.

514 김형욱·박사월, 『김형욱 회고록 Ⅲ』, pp.127-128.

515 이경재, 『유신쿠데타』(서울: 일월서각, 1986), p.211.

516 이동원, 앞의 책, p.324.

517 김정렴, 『아, 박정희』, pp.166-168.

518 김성진, 『한국정치 100년을 말한다』(서울: 두산동아, 1999), p.355.

519 Philippe Schmitter, "Democratic Theory and Neo-corporatist Practice," *Social Research*, Vol.50, No.4(1983), pp.887-891.

520 김성진, 앞의 책, p.337.

521 『경향신문』, 1970년 2월 21일.

522 『경향신문』, 1971년 12월 18일.

523 정영국, 앞의 글, p.213.

524 최상천, 『알몸 박정희』(서울: 사람나라, 2001), p.231.

525 이종석, "유신체제의 형성과 분단구조: 적대적 의존관계와 거울영상효과," 이병천 편, 『개발독재와 박정희시대: 우리 시대의 정치경제적 기원』(파주: 창비, 2003).

526 손호철·방인혁, "'적대적 상호 의존관계론' 비판: 1972년 남한 유신헌법과 북한 사회주의헌법 제정을 중심으로," 정영철·손호철 외, 『한반도 정치론: 이론, 역사, 전망』(서울: 선인, 2014) 참조.

527 『김일성저작집』 제27권(평양: 조선로동당출판사, 1984), pp.467-469.

528 당시 남북조절위원회 남측 대변인을 지낸 이동복에 의하면 북한은 박정희가 대통령으로, 김일성이 수상으로 호칭되는 데 대해 매우 민감하고 불편해했다고 한다. 그러므로 북한은 남한의 헌법 개정을 김일성의 헌법상 지위를 주석으로 격상시키는 기회로 활용할 수 있었다. 때문에 남한의 헌법 개정

에 대해 별달리 부정적 반응을 보이지 않았다고 증언한 바 있다. Christian F. Ostermann and James F. Person eds., *The Rise and Fall of Detente on the Korean Peninsula, 1970-1974*(Washington, D.C.: Woodrow Wilson International Center for Scholars, 2011), pp.81-83.

529 신종대, "유신체제 수립을 보는 북한과 미국의 시각과 대응," pp.201-203 참조.

보론 유신체제 시기 한국정치의 북한요인

1 당시 유신을 입안하는 데 관여한 중앙정보부 관계자들이 유신헌법의 초안을 마련하여 박 대통령에게 설명하면서 "우리가 강력하게 단합되어 있다는 사실을 북측에 과시하려면 북한의 표결 결과처럼 100% 찬성은 못하더라도 대통령이 압도적인 다수의 지지를 받고 있다는 결과가 나와야 한다"고 건의했다. 김성진, 『박정희를 말하다: 그의 개혁 정치, 그리고 과잉 충성』(서울: 삶과꿈, 2006), pp.154-155.

2 한배호, 『한국정치변동론』(서울: 법문사, 1994), pp.316-317; 이경재, 『유신 쿠데타』(서울: 일월서각, 1986), p.211; 정광민, 『김일성과 박정희의 경제전쟁』(서울: 북콘서트, 2012), pp.302-306 참조.

3 이에 대한 논의는 윤해동, "'대중독재'론과 한국의 민주주의," 장문석·이상록 편, 『근대의 경계에서 독재를 읽다』(서울: 그린비, 2006), pp.235-254; 문지영, 『지배와 저항: 한국 자유주의의 두 얼굴』(서울: 후마니타스, 2011), pp.163-177 참조.

4 『동아일보』, 1972년 10월 27일.

5 『경향신문』, 1974년 10월 1일.

6 『조선일보』, 1972년 10월 18일.

7 유신체제의 성격과 유형에 대해서는 한배호, 앞의 책, pp.318-328 참조.

8 이승만 정권은 부정선거를 획책하는 등 개인 지배 성향이 강한 권위주의정

권이었지만 대통령 및 국회의원 선거는 주기적으로 실시했다. 유신 이전까지의 박정희 정권도 국회와 대법원에 대한 막강한 권한 행사, 언론·대학·지식인 및 사회단체에 대해 통제력을 행사했지만, 선거 자체를 폐기하지는 않았다. 그런 점에서 유신체제는 제3공화국의 정치체제와 그 성격이 달랐다. 한배호, 『한국의 국가건설 단계와 자유민주주의의 진로』(서울: 오름, 2020), pp. 129-130.

9 한배호, 『한국정치변동론』, pp. 318-319, 337.

10 김영래, "제3공화국 시기의 민주화운동," 신명순 편, 『한국의 민주화와 민주화운동: 성공과 좌절』(파주: 한울, 2016).

11 이재오, 『해방후 한국학생운동사』(서울: 형성사, 1984), pp. 276-277.

12 임혁백, 『비동시성의 동시성: 한국 근대정치의 다중적 시간』(서울: 고려대학교출판문화원, 2015), pp. 495-496.

13 정광민, 앞의 책, p. 305.

14 위의 책, pp. 309-310; 『총력안보의 지도요강』(문화공보부, 1972).

15 한배호, 『한국정치변동론』, p. 337.

16 위의 책, pp. 353-354.

17 임혁백, 앞의 책, pp. 492-493. 부마항쟁에 대해서는 손호철, 『해방 60년의 한국정치 1945-2005』(서울: 이매진, 2006) 제5장 등 참조.

18 한지수, "지배이데올로기의 형성과 변화과정," 한길사 편, 『한국사』 제20권 (서울: 한길사, 1994), pp. 362-363.

19 『동아일보』, 1974년 2월 15일.

20 『매일경제』, 1974년 6월 29일.

21 『동아일보』, 1978년 11월 28일.

22 『조선일보』, 1979년 7월 19일.

23 한지수, 앞의 글, p. 364.

24 김영명, 『대한민국 정치사: 민주주의의 도입, 좌절, 부활』(서울: 일조각, 2013), p. 184.

25 이상우, 『박정권 18년: 그 권력의 내막』(서울: 동아일보사, 1986), p. 375.

26 도널드 P. 그레그 저·차미례 역, 『역사의 파편들: 도널드 그레그 회고록』(파주: 창비, 2015), pp.212-222.

27 김대영, "반유신 재야 운동," 안병욱 외, 『유신과 반유신』(서울: 민주화운동기념사업회, 2005), p.411; 이재오, 앞의 책, pp.323-330.

28 자세한 내용은 서희경, 『한국헌정사: 1948-1987』(서울: 도서출판 포럼, 2020), pp.874-875 참조.

29 김영명, 앞의 책, pp.197-198.

30 국군보안사령부, 『대공30년사』(1978), pp.471-478.

31 김정인 외, 『간첩 시대: 한국 현대사와 조작간첩』(서울: 책과함께, 2020), pp.284-289 참조.

32 한홍구, 『사법부: 법을 지배한 자들의 역사』(파주: 돌베개, 2016), pp.105-125 참조.

33 자세한 것은 조희연, 『현대 한국 사회운동과 조직』(서울: 한울, 1993), pp.153-164 참조.

34 김영명, 앞의 책, p.187; 조희연, 『박정희와 개발독재시대』(서울: 역사비평사, 2007), p.157.

35 조희연, 위의 책, 같은 면.

36 『동아일보』, 1974년 4월 4일.

37 『동아일보』, 1974년 4월 25일.

38 그러나 당시 인혁당이 민청학련에 대한 지도를 시도했을 수는 있지만 양자 간의 조직적 연결은 거의 없었다고 할 수 있다. 조희연 편, 『한국사회운동사』(서울: 한울, 1990), pp.97-98; 안병직, "증언: 민주화운동과 민주주의: 좌익운동을 중심으로," 안병직 편, 『한국 민주주의의 기원과 미래』(서울: 시대정신, 2011), pp.169-170.

39 김충식, 『남산의 부장들 II』(서울: 동아일보사, 1992), pp.91-94, 97; 한배호, 『한국정치변동론』, pp.364-365.

40 김충식, 위의 책, p.114. 1975년 4월 9일 인혁당사건 관련자 8명에 대한 사형이 전격적으로 집행되었다. 2005년 국가정보원과거사위원회는 조사 결과 사

건의 조작이 있었다고 발표했고, 2007년 인혁당사건에 대한 유족의 국가배상 소송에서는 국가가 637억 원을 배상하라는 판결이 나왔다. 민청학련사건 역시 학생들의 반정부 시위를 왜곡한 학생운동 탄압의 사례로 발표되었으며, 2009년 내란죄가 적용되었던 민청학련 관계자들은 무죄 선고를 받았다.

41 『경향신문』, 1975년 2월 13일.

42 『경향신문』, 1975년 2월 13일.

43 『경향신문』, 1975년 2월 15일.

44 『동아일보』, 1975년 2월 26일.

45 『동아일보』, 1975년 2월 28일.

46 『조선일보』, 1975년 4월 17일.

47 『조선일보』, 1975년 4월 18일.

48 『조선일보』, 1975년 4월 30일.

49 김영수, "유신체제의 지배적인 이데올로기와 이데올로기적 동원 정책," 안병욱 외, 앞의 책, pp. 234-236.

50 최장집, 『한국민주주의의 조건과 전망』(서울: 나남, 1996), p. 235

51 김영수, 앞의 글, p. 236.

52 1975년 4월 말 사이공 함락으로 저항운동은 일시 소강상태를 보였다. 그러나 혹독한 내용의 긴급조치9호 선포에도 불구하고 1975년 후반부터 1977년까지 국내외 인권운동과 지하 노동운동 조직이 연대하여 저항운동을 전개하자, 박정희 정권은 다시 탄압을 강화하는 방식으로 대응했다. 이런 저항과 탄압은 1979년 10월 부마항쟁과 박정희 시해로 유신체제가 종말을 고할 때까지 계속되었다.

53 『서울신문』, 1979년 10월 9일.

54 『서울신문』, 1979년 10월 16일.

55 『서울신문』, 1979년 11월 13일. 남민전사건의 재판 결과는 1980년 5월 21일 1심 선고에서 사형 4명, 무기 4명, 징역 15년 5명, 징역 10년 4명 등 중형자가 많았다. 다만, 당시 '서울의 봄'의 상황을 반영하여 집행유예 석방자도 26명이나 되었다. 항소심을 거쳐 조직지도부에 해당하는 이재문과 신향식은 사

형이 확정되었다. 남민전 중앙위원회 서기 이재문은 사형 집행 전 1981년 11월 22일 옥중에서 사망했고, 신향식은 1982년 10월 8일 사형이 집행되었다. 중심적인 역할을 맡았던 안재구, 임동규, 이해경, 박석률, 최석진 등은 무기징역, 그리고 김남부, 이수일 등 다수가 중형을 선고받았다.

56 조희연, "1960-1970년대 공안조직사건과 '비합법정치': 통혁당과 남민전 사건을 중심으로," 조현연 외 편, 『한국 진보정치운동의 역사와 쟁점』(파주: 한울, 2011), pp.79-89.

57 조희연, 위의 글, pp.79-81. 2006년 3월 '민주화운동관련자 명예회복 및 보상심의위원회'는 남민전사건 관련자 29명을 '민주화운동관련자'로 인정했다.

58 『경향신문』, 1979년 10월 22일.

59 『경향신문』, 1979년 10월 16일.

60 안병욱, "1970년대 유신체제와 반유신 민주화운동," 안병욱 외, 앞의 책, pp.35-36.

61 『경향신문』, 1979년 10월 22일.

62 차성환, "유신체제와 부마항쟁: 지배와 저항의 사회심리적 기제를 중심으로," 『역사연구』 제23호(2012), pp.61-64.

63 서종철 국방부장관은 11월 16일 "북괴가 간첩의 직접 남파와 조총련을 통한 우회 침투 등 지하공작 획책이 실패하고 또한 최근의 민청학련, 인혁당사건, 8·15저격사건 등으로 한국 내 국론분열과 정치적, 사회적 혼란 조성이 수포로 돌아가자 드디어 비무장지대 밑으로 땅굴을 파고 남하하는 '두더지작전'을 감행하기에 이르렀다"며 북한으로부터의 위협을 한껏 강조했다. 『조선일보』, 1974년 11월 17일.

64 『조선일보』, 1974년 8월 24일.

65 오창헌, 『유신체제와 현대 한국정치』(서울: 오름, 2001), p.201.

66 『동아일보』, 1975년 4월 8일.

67 『동아일보』, 1975년 1월 11일.

68 『동아일보』, 1975년 1월 1일.

69 『동아일보』, 1975년 1월 14일.

70 『동아일보』, 1975년 1월 14일.

71 이기훈, "1970년대 학생 반유신 운동," 안병욱 외, 앞의 책, pp.481-482.

72 한배호, 『한국정치변동론』, p.370.

73 『조선일보』, 1975년 4월 29일.

74 『조선일보』, 1975년 4월 30일.

75 『조선일보』, 1975년 5월 3일.

76 전재호, "유신체제의 구조와 작동 기제," 안병욱 외, 앞의 책, p.147.

77 김영명, 앞의 책, p.199.

78 한배호, 앞의 책, p.371.

79 위의 책, p.372.

80 유신체제하에서 재야는 반공지향성과 민중지향성을 동시에 보여주었다고 할 수 있다. 다만 유신체제에서 재야의 민중지향성은 자유민주주의 질서 내에서의 지향이었다고 할 수 있다. 1970년대 말 간혹 재야의 담론 내에 민중주체의 관점이 제시되기도 했지만 일관성이나 지속성을 띤 것은 아니었다. 따라서 유신체제 시기 재야의 이데올로기는 진보주의와는 일정한 거리가 있었다. 민중 중심의 관점에서 사회적 모순을 극복하고자 하는 민중 주체성이 재야의 이데올로기 체계 내에 들어온 것은 1980년대 이후의 일이다. 김대영, 앞의 글, pp.443-444.

81 김영명, 앞의 책, p.199.

82 홍석률, "1976년 판문점 도끼 살해사건과 한반도 위기," 『정신문화연구』(2005년 겨울호) 참조.

83 『조선일보』, 1976년 8월 21일.

84 『조선일보』, 1976년 8월 21, 22일.

85 『경향신문』, 1976년 8월 21일.

86 신종대, 『7·4 공동성명 및 남북대화: 한국의 대북협상과 외교』(서울: 국립외교원, 2023), pp.163-164.

87 『김일성저작집』 제30권(평양: 조선로동당출판사, 1985), pp.46-47.

88 와다 하루끼 저·남기정 역, 『와다 하루끼의 북한 현대사』(파주: 창비, 2014),

p.191. 김정일은 사이공 함락 직후인 1975년 6월부터 대남사업 장악에 나서 대남사업을 적극적으로 도모한 것으로 알려져 있다. 정창현, 『CEO of DPRK, 김정일』(서울: 중앙북스, 2007), pp.213-232 참조.

89 북경을 방문한 김일성은 모택동과의 회담에서 '지금이야말로 무력통일을 할 수 있는 최고의 적기'라고 말했다. 그런데 이 발언도 무력남침에 대한 중국의 지원을 받기 위해서라기보다는 중국의 연루의 우려(fear of abandonment)를 자극하여 북한이 필요로 하는 경제적 지원 확보 및 안보공약 재확인과 같은 북중동맹 강화 차원으로 볼 수 있다. 그러나 남한은 북한이 한반도에서 베트남혁명을 재현하려는 것으로 보고 극도의 위협인식을 가졌다. 이와 같은 위협인식에서 남한은 미국에 대한(對韓) 방위공약 준수를 요청했고, 미국은 남한의 안보 불안을 달래기 위하여 주한미군의 대비태세 강화와 한국군 현대화 작업에 대한 지원을 강화했다. 그런데 한국과 미국의 이러한 움직임은 역으로 북한을 자극했다. 사실 북한은 사이공 패망에 고무되기보다는 오히려 안보 불안을 느꼈다고 볼 수 있다. 사이공 패망으로 베트남에 집중되었던 미군이 남한으로 이동 배치되면 북한으로서는 한층 더 경계태세를 강화할 수밖에 없기 때문이다. 당시 김일성의 북경 방문에 대한 자세한 논의는 신종대, "1975년 인도차이나 공산화 시 김일성의 북경 방문: 배경, 의도, 귀결," 『동아연구』 제39권 1호(2020) 참조.

90 김영명, 앞의 책, p.188.

91 전재호, 앞의 글, p.139.

92 최정기, 『비전향 장기수: 0.5평에 갇힌 한반도』(서울: 책세상, 2002), pp.47-48.

93 오원철, 『한국형 경제건설 5』(서울: 기아경제연구소, 1996), p.271.

94 『경향신문』, 1975년 5월 20일.

95 학도호국단의 조직과 활동에 대해서는 김행선, 『박정희와 유신체제』(서울: 선인, 2006) 제2장 참조.

96 이기훈, 앞의 글, p.468.

97 이내영, "유신체제 후반기의 민주화 동학과 유신 붕괴의 동학: 긴급조치 9호부터 10·26까지," 신명순 편, 앞의 책, p.233.

98 김서중, "유신체제 권력과 언론," 안병욱 외, 앞의 책, p.198.

99 위의 글, pp.210-212 참조.

100 허은, 『냉전과 새마을』(파주: 창비, 2022).

101 『조선일보』, 1976년 5월 1일.

102 전재호, 앞의 글, pp.150-152.

103 『조선일보』, 1975년 8월 22일.

104 함택영, 『국가안보의 정치경제학』(서울: 법문사, 1998), p.179.

105 Lyong Choi, "The First Nuclear Crisis in Korean Peninsula, 1975-76," *Cold War History*, Vol.14, No.1(2014); Sung Gul Hong, "The Search for Deterrence: Park's Nuclear Option," Byung-Kook Kim and Ezra F. Vogel eds., *The Park Chung Hee Era: The Transformation of South Korea*(Cambridge: Harvard University Press, 2011) 참조.

106 그 결과 마침내 1978년 9월 '백곰(NHK-1)'으로 명명된 미사일 시험 발사에 성공했다. 심융택, 『백곰 하늘로 솟아오르다: 박정희 대통령의 핵개발 비화』(서울: 기파랑, 2013).

107 5월 16일 국회는 만장일치로 '안보결의문'을 채택했는데 그 요지는 ① 북괴 도발 격퇴, ② 7·4공동성명과 6·23선언 재확인, ③ 국군현대화 5개년계획 실현 등이었다. 이는 정치사회 차원에서 사이공 함락이라는 상황적 북한요인과 김일성의 한반도 무력통일 시사 발언이라는 행위적 북한요인의 심각성에 대한 수긍으로 볼 수 있다.

108 『조선일보』, 1975년 7월 19일.

109 『조선일보』, 1975년 7월 19일.

110 반공이 곧 승공의 의미를 내포하고 있음은 물론이다. 또한 앞의 유신체제 수립 부분에서도 설명했지만, 박정희 정권은 안보만으로 유신체제 수립을 정당화하기가 용이하지 않자 남북대화와 통일 대비를 명분으로 내걸었으나 당시까지도 선건설 후통일을 견지하고 있던 박정희에게 안보와 성장 외 통일은 당면 과제가 아니었다. 유신체제에서 평화통일 또는 조국통일을 얘기했으나 실제 내용상으로는 안보와 성장을 바탕으로 한 후일의 승공통일이었다.

111 『동아일보』, 1979년 6월 21일.

112 『국회속기록』 제102회, 제2호, p.6.

113 김세중, "10월유신과 민주회복운동," 한국정치학회 편, 『한국현대정치사』(서울: 법문사, 1995), pp.471-473; 조정관, "한국 민주화에 있어서 부마항쟁의 역할," 『21세기정치학회보』 제19집 제2호(2009), p.77.

114 손호철, 『현대한국정치: 이론과 역사』(서울: 사회평론, 1995), pp.260-261; 조정관, 위의 글, p.80.

제3장 전두환 정권기 북한요인

1 김호진, 『한국정치체제론』(서울: 박영사, 1994), p.526; 이진복, 『한국의 인권과 안보』(서울: 일월서각, 1987); 역사문제연구소 편, 『한국정치의 지배이데올로기와 대항이데올로기』(서울: 역사비평사, 1994).

2 이남영, "전두환·노태우 정권의 성격과 리더십," 한국정치학회 편, 『한국현대정치사』(서울: 법문사, 1995), p.309.

3 이남영, 위의 글, p.308; 손호철, 『현대한국정치: 이론과 역사』(서울: 사회평론, 1997), pp.352-353.

4 정해구, 『전두환과 80년대 민주화운동』(고양: 역사비평사, 2018), p.34.

5 윤성이, "민주화운동의 좌절: 1980년 서울의 봄에서 광주항쟁까지," 신명순 편, 『한국의 민주화와 민주화운동: 성공과 좌절』(파주: 한울, 2016), p.307.

6 위의 글, 같은 면.

7 위의 글, 같은 면.

8 김영명, 『한국의 정치변동』(서울: 을유문화사, 2006), p.249; 정해구, 앞의 책, p.44.

9 윤성이, 앞의 글, p.310.

10 정해구, 앞의 책, pp.44-45.

11 당시 학생 시위에서 나온 "김일성은 오판 마라. 반공전선 이상 없다"는 구호

와 일본 국회의원단이 중국의 등소평을 방문했을 때 '북한의 남한 침공은 불가능하다'는 얘기를 들었다는 내용(5월 14일), 프랑스의 『르몽드』가 '북한 남침 가능성 없다'고 보도한 내용(5월 14일) 등은 신군부의 언론 통제로 신문에는 전혀 보도되지 않았다. 강준만, 『한국 현대사 산책: 1980년대 편 1권: 광주학살과 서울올림픽』(서울: 인물과사상사, 2003), p. 101.

12 윌리엄 글라이스틴 저·황정일 역, 『알려지지 않은 역사』(서울: 중앙M&B, 1999), p. 170.

13 이도성, 『남산의 부장들 3』(서울: 동아일보사, 1993), p. 151.

14 위의 책, p. 152.

15 이완범, 『미국의 한국 정치 개입사 연구 5: 전두환 제거 구상 편』(성남: 한국학중앙연구원출판부, 2022), p. 101.

16 존 위컴 저·유은영 외 역, 『12·12와 미국의 딜레마』(서울: 중앙 M&B, 1999), pp. 188-192; 이도성, 앞의 책, pp. 151-153.

17 윌리엄 글라이스틴 저·황정일 역, 앞의 책, p. 169; Don Oberdorfer & Robert Carlin, *The Two Koreas: A Contemporary History*(New York: Basic Books, 2014), p. 99.

18 존 위컴 저·유은영 외 역, 앞의 책, p. 194. 솔라즈 미 하원의원이 평양을 방문하여 1980년 7월 18일 김일성 주석과 만났는데, 이 자리에서 김 주석은 솔라즈 의원에게 다음과 같이 말했다. "광주항쟁이 일어났을 때 미국은 제3자가 거기에 개입해서는 안 될 것이라고 말했는데, 그것이 우리에 대한 경고라는 것을 알고 있었고, 우리는 전혀 개입할 의사가 없었음을 말했다. 앞으로도 우리는 그러한 문제에 결코 개입하지 않을 것이다. 즉, 남한 당국자들이 말하는 남침 위협이 존재하지 않는다는 것이다. 미국 정부는 남한에서 혼란한 사태가 발생하면 우리가 그 틈을 타서 남침하려는 의도를 갖고 있는 것으로 우려하고 있는데, 이번 광주항쟁에서 보듯이 우리에게는 그러한 의도가 없다. 과거에도 1960년 4월 이승만에 반대하는 민중 봉기가 있었고, 이번에도 박정희와 전두환에 반대하여 항쟁이 일어났다. 작년 부산과 마산에서 민중 봉기가 일어났을 때에도 우리는 그런 상황을 이용하지 않았다. 남

한 인민들이 전두환을 반대하고 있는데 그것이 광주항쟁이 발생한 원인이다." Letter from Stephen J. Solarz to Zbigniew Brzezinski "Records of Conversation between Congressman Stephen J. Solarz and Kim Il Sung and KimYong-nam," August 4, 1980(Wilson Center Digital Archive).

19 Don Oberdorfer & Robert Carlin, *op. cit.*, p.99.

20 『동아일보』, 1980년 5월 14일.

21 김영명, 앞의 책, p.249; 윤성이, 앞의 글, pp.310-311.

22 김영명, 위의 책, pp.249-250.

23 『동아일보』, 1980년 5월 14일.

24 정해구, 앞의 책, p.47.

25 12·12쿠데타로 군권을 장악한 전두환 신군부는 1980년 2월 18일 작전명령을 통해 1/4분기 이전까지 전군과 경찰에 '충정훈련'이라는 고도의 폭동진압 훈련을 지시했다. 원래 충정훈련은 공수특전단에서만 실시되는 특수훈련임에도 이를 수도경비사령부가 주관하여 1, 2, 3군 및 경찰에까지 실시했다는 것은 신군부가 정권장악 음모를 진행할 경우 있을 수 있는 국민들의 저항에 미리 치밀하게 대비한 것으로 볼 수 있다. 전두환 보안사령관과 이희성 계엄사령관은 "북한의 남침 위협과 심각한 소요사태에 강력한 대책이 필요했기 때문"이라고 주장했다. 그러나 광주특위의 질문서에 대한 노태우 정부의 답변서(1989.6.19)는 "당시 북한의 남침 징후가 없었으며, 학생시위는 군대 없이 경찰력만으로 견제할 수 있었다"고 언급한 바 있다. 한정일, "신군부의 등장과 5·18 광주의 비극," 동아일보사 편, 『현대사를 어떻게 볼 것인가 6: 5공 평가 대토론』(서울: 동아일보사, 1994), pp.66-67.

26 손호철, "5·18 광주민중항쟁의 재조명," 한국정치학회 편, 『한국현대정치사』(서울: 법문사, 1995), p.486.

27 임혁백, 『비동시성의 동시성: 한국 근대정치의 다중적 시간』(서울: 고려대학교출판문화원, 2015), pp.580-581

28 『조선일보』, 1980년 5월 18일.

29 『조선일보』, 1980년 5월 20일.

30 『조선일보』, 1980년 5월 20일.

31 국군보안사령부는 이미 5월 16일 전군 보안부대 수사과장 회의를 소집하여 17일 비상계엄 전국 확대와 더불어 검거할 800여 명의 리스트를 확보해놓고 있었다. 김충식, 『5공 남산의 부장들 1: 권력, 그 치명적 유혹』(서울: 동아일보사, 2022), p.154.

32 윤성이, 앞의 글, p.314.

33 그 과정에 대해서는 김충식, 앞의 책, pp.152-157 참조.

34 『경향신문』, 1980년 5월 19일.

35 그런데 5월 19일 자 신문에는 '북한의 신문과 방송 등 선전기관들이 학생들의 가두시위가 5월 16일 이후 중단된 사실에는 함구한 채 그동안의 시위상황 등을 되풀이 과장하거나 왜곡 보도하고 있다고 지적'했다. 『동아일보』, 1980년 5월 19일. 국내언론이 이러한 점을 지적하고 있음에도 불구하고 학원소요가 과열 폭동화되어 간다는 특별성명 내용은 앞뒤가 맞지 않는다.

36 『동아일보』, 1980년 5월 22일.

37 손호철, 앞의 글, p.494.

38 위의 글, p.495.

39 임혁백, 앞의 책, p.581.

40 『동아일보』, 1980년 5월 22일.

41 『조선일보』, 1980년 5월 25일.

42 강준만·김환표, 『희생양과 죄의식: 대한민국 반공의 역사』(서울: 개마고원, 2004), pp.209-210.

43 전남사회문제연구소 편, 『5·18 광주민중항쟁자료집』(광주: 도서출판 광주, 1988), pp.117-118.

44 손호철, 앞의 글, pp.493-494; 김영명, 앞의 책, p.251.

45 김영명, 위의 책, p.251; 손호철, 위의 글, pp.493-497.

46 이완범, 앞의 책, pp.104-108 참조.

47 『조선일보』, 1980년 6월 1일.

48 김영명, 앞의 책, p.256.

49 강준만 외, 『레드 콤플렉스: 광기가 남긴 아홉 개의 초상』(서울: 삼인, 1997), p.187.

50 『경향신문』, 1980년 9월 11일 3면.

51 강준만·김환표, 앞의 책, pp.216-217.

52 최장집, "지역감정의 지배이데올로기적 기능," 김종철·최장집 외, 『지역감정연구』(서울: 학민사, 1991), p.34; 김영명, 앞의 책, p.251.

53 최장집, 『한국현대정치의 구조와 변화』(서울: 까치, 1989), p.289.

54 1970년대 중반 이후 남북 간의 경제력, 군사력의 균형이 변화하여 한국이 점차 우위에 서는 추세가 뚜렷해졌다. 전두환 정권 출범을 전후하여 한국은 박정희 정권 시기의 경제발전 노력이 성공을 거두어 북한을 압도하는 위치로 올랐고, 군사력 부문 역시 북한을 앞서기 시작했다. 함택영, 『국가안보의 정치경제학』(서울: 법문사, 1998), pp.201-250 참조. 이에 따라 1986년 10월 신한민주당 유성환 의원의 발언에서 비롯된 '국시 논쟁'이 보여주듯 반공이 지배이데올로기로서 여전히 효력을 지니고 있었으나 남북 간 힘의 균형 변화에 따라 이전 시기에 비해 반공과 북한요인의 효력이 점차 감소되었다고 할 수 있다.

55 최장집, 앞의 책, p.290.

56 한배호, 『한국의 국가건설 단계와 자유민주주의의 진로』(서울: 오름, 2020), p.206. 예컨대 초기에 NL(National Liberation)을 수용한 학생들은 북한 사회에 대한 정확한 지식과 정보가 부재한 상태에서 전두환 정권 등 남한의 독재정권에 대한 반감으로 주체사상을 내세우는 북한 정권의 정통성이 상대적으로 우위에 있다고 인식했다. 또한 남한에서의 사회주의혁명 수행을 위해서도 북한과의 연대가 필요하다고 보았다. 박찬수, 『NL 현대사: 강철서신에서 뉴라이트까지』(서울: 인물과사상사, 2017), p.83. 남북 대치라는 구조적 북한요인이 엄존하는 상황에서 NL주사파는 여전히 반공보수 이념을 견지하고 있는 국민 다수로부터 외면받을 수밖에 없었다.

57 임혁백, 앞의 책, p.589; 동아일보사 편, 앞의 책, p.259.

58 정해구, 앞의 책, p.99.

59 김영명, 앞의 책, p.270.

60 정해구, 앞의 책, pp.99-100.

61 위의 책, pp.100-101.

62 위의 책, p.101.

63 1981년 12월 21일 권이혁 문교부장관은 전국 대학 총학장회의에서 '국민화합'이라는 명분 아래 5·17조치 이후 정치적 이유로 제적된 대학생 1,363명에 대한 복교 허용조치를 발표했다. 이와 더불어 권 장관은 학원 대책도 처벌위주에서 선도 위주의 예방정책으로 바뀔 것이라고 말했다. 22일에는 수감 중인 학생사범 131명을 포함해 공안사범 172명과 형사범 1,623명의 형 확정자에게 특별사면과 형 집행정지의 조치가 취해졌다. 142명의 공민권 상실자에게는 특별복권 조치를 내리는 등 일련의 유화조치를 취했다. 전두환 정권의 유화조치는 이미 1983년 초부터 정치활동 피규제자 250명에 대한 1차 해금(2.25), 부산 미문화원 방화사건과 김대중 내란음모사건 및 광주민주화운동 관련자 등 695명을 포함한 1,944명에 대한 광복절 특사(8.12), 1980년 해직교수의 단계적 복직 허용(8.16)과 타 대학 복직 허용(12.6) 등 부분적으로 이루어지고 있었다. 그러므로 1983년 말에 취해진 유화조치는 그동안 부분적으로 취해오던 유화조치를 더욱 확대한 것이라고 할 수 있다. 이 같은 유화조치는 1984년에도 계속되었다. 정해구, 위의 책, p.104.

64 김영명, 앞의 책, p.271.

65 전재호, "전환기 한국 민주주의와 한미관계(1980-1997)," 정일준 외, 『한국의 민주주의와 한미관계』(서울: 대한민국역사박물관, 2014), pp.248-250.

66 김영명, 앞의 책, p.271.

67 자세한 내용은 임혁백, 앞의 책, pp.598-607; 정해구, 앞의 책, pp.104-123 참조.

68 한국의 선거 정치가 갖는 역동성에 대해서는 강원택, 『제5공화국』(서울: 역사공간, 2024), pp.403-450 참조. 1978년 12·12총선 이후의 민주화운동은 4·19혁명에 이어 한국 민주주의가 성취한 위업 중 하나이다. 1956년 정부통령 선거가 1960년 제1공화국 몰락의 서곡이었던 것처럼, 그리고 1978년

12·12총선이 그 이듬해 일어난 정치적 격변의 출발점이 되었던 것처럼, 1985년의 2·12총선은 한국 민주화를 향한 중요한 모멘텀을 제공했다. 다만 1978년 12·12총선의 민주화 에너지는 1980년 민주화로까지 이어지지 못했다. 그러나 1985년 2·12총선에서 드러난 민주헌정에 대한 국민적 열망은 1987년까지 이어졌다. 1987년 민주화가 4·19혁명이나 10·26사건과 달랐던 것은 정치변동 이후 새로운 정치질서를 이끌 대안세력의 존재 여부였다. 학생이 주축이 된 4·19혁명이나 궁정 쿠데타로 붕괴된 10·26과 달리 2·12총선은 국회의원 선거라는 정치공간을 통해 도시화의 확산, 고등교육의 증대, 중산층의 성장, 젊은 세대의 부상 등 민주화를 이끌어나가는 데 중요한 정치적 자원이 신민당이라는 정치사회의 대안세력을 중심으로 집결하는 기회를 마련했다. 강원택, 같은 책, pp.447-448; 서희경, 『한국헌정사: 1948-1987』(서울: 도서출판 포럼, 2020), pp.1059-1060.

69 신군부는 1980년 12월 반공법을 폐지하고 국가보안법을 전면 개정하여 반공법상의 찬양고무조항을 흡수했다. 그 후 전두환 정권은 사소한 민주화운동에 대해서도 국가보안법을 적용했다. 그 결과 예컨대 1984년 7월부터 1987년 6월까지 3년 동안 매일 0.9명이 국가보안법으로 입건되었다. 김헌식, 『색깔논쟁』(서울: 새로운사람들, 2003), p.133.

70 김정인 외, 『간첩 시대』(서울: 책과함께, 2020), pp.212-225 참조.

71 1985년 9월 9일, 안기부와 보안사는 동아특위 해직자였던 서정균이 미국 웨스턴 일리노이대에서 만난 양동화 등 유학생과 재미교포 등을 간첩으로 포섭했고, 그들이 한국에 들어와 극렬 학생들에게 공작금을 지급하는 등 간첩 활동을 했다고 발표했다. 『조선일보』, 1985년 9월 10일.

72 김정인 외, 앞의 책, pp.294-298.

73 한홍구, 『사법부』(파주: 돌베개, 2016), p.315.

74 『경향신문』, 1985년 10월 29일.

75 박원순, 『국가보안법연구 2』(서울: 역사비평사, 1997), p.384.

76 강준만·김환표, 앞의 책, p.236.

77 1986년 5·3사태 당시 인천에서 1만 5천여 명의 학생, 노동자, 시민들이 '미

제축출 파쇼타도'를 전면에 내걸고 반미반독재투쟁을 벌였다. 이에 놀란 전두환 정권은 5·3 관련자, 민민투, 자민투 관련자들을 대거 구속, 투옥, 수배하였고, '반미=좌경'이라는 이념공세를 강화했다. 조희연, 『한국사회운동사』(서울: 한울, 1990), pp.257-258 참조.

78 강준만·김환표, 앞의 책, pp.238-239.

79 『조선일보』, 1986년 11월 4일.

80 『경향신문』, 1986년 10월 30일.

81 1987년 1월 8일, 한 유통회사의 홍콩 주재원으로 근무하고 있던 윤태식이 북한이 자신의 부인인 수지 김을 통해 자신을 납치하려 했다고 주장하는 사건이 발생했다. 당시 안기부는 윤태식이 수지 김을 살해했다는 사건의 실체적 진실을 알고 있었음에도 불구하고 납북 미수극으로 몰고 갔다. 결국 수지 김의 가족은 '간첩 가족'으로 몰려 고난의 세월을 보내지 않을 수 없었다. 강준만·김환표, 앞의 책, p.236.

82 김호진, "제5공화국의 정권적 성격," 동아일보사 편, 앞의 책, p.104.

83 강원택, 앞의 책, pp.353-357 참조.

84 박정희 정권도 1970년 8·15평화통일구상선언과 1973년 6·23선언을 통해 전향적인 정책을 표방한 바 있지만, 기실은 수동적 전환이라는 점에서 전두환 정권의 능동성과 차이가 있다고 할 것이다. 신종대, "남북한관계와 북방외교," 동북아역사재단 한국외교사편찬위원회 편, 『한국의 대외관계와 외교사: 현대 편 2』(서울: 동북아역사재단, 2019) 참조.

85 김계동, 『북한의 외교정책과 대외관계: 협상과 도전의 전략적 선택』(서울: 명인문화사, 2012), p.198.

86 노중선, 『남북대화 백서: 남북교류의 갈등과 성과』(서울: 한울, 2000), pp.42-46.

87 최장원, "박정희는 김일성을 농락했다: 5·16 직후 남북한 비밀접촉의 내막," 『월간 조선』(1992년 8월호), p.230.

88 양성철, "5공의 남북한 관계," 동아일보사 편, 앞의 책, p.404.

89 '통일정치게임'에 대해서는 Manwoo Lee, "The Two Koreans and Unification

Game," *Current History: A Journal of Contemporary World Affairs* (December 1993), pp. 421-422 참조.

90 예컨대 1981년 정부 측은 남북정상회담 제의에 대한 국회에서의 답변에서 '북한의 거부 내지 부정적 반응을 예측했다'고 했다. 또한 1981년 6월, 전두환 대통령이 평화통일정책자문회의에서 남북한 당국 최고책임자 회담을 제의한 것도 '북한의 수락 여부에 관계없이 그것만이 긴장완화와 평화통일의 유일한 길이기 때문이었다'고 말했다. 이는 통일문제와 남북관계를 국내정치적 목적으로 소비하고 있음을 스스로 고백한 것에 다름 아니다. 김영식, "제5공화국의 대외정책," 『한국정치외교사논총』 제10집(1994), p. 437.

91 양성철, 앞의 글, pp. 404-405.

92 김학준, 『한국문제와 국제정치』(서울: 박영사, 1995), p. 803.

93 김계동, 앞의 책, p. 198.

94 양성철, 앞의 글, pp. 404-405.

95 당시 재미학자였던 양성철 교수는 1981년 7월 중순부터 8월 초까지 북한 대외원호위원회(위원장 허정숙) 초청으로 평양을 방문하여 전금철 등 북한 당국자들과 전 대통령의 정상회담 제안에 대해 의견을 나누었다. 양 교수에 따르면 북측은 전두환 같은 살인마와 위대한 수령 김일성이 어떻게 자리를 할 수 있느냐고 핀잔하면서 정상회담은 정통성 없는 전두환에게 들러리 서는 격이라고 쏘아붙였다고 한다. 위의 글, p. 406.

96 정연선, "한국의 통일정책과 방안," 민병천 편, 『전환기의 통일문제』(서울: 대왕사, 1990), p. 246.

97 김학준, 앞의 책, p. 804; 양성철, 앞의 글, p. 411.

98 이종석, 『한반도 평화통일론』(파주: 한울, 2012), p. 108.

99 1970년대 초 남북대화를 전후한 시기의 북한의 평화공세도 국제사회에서의 고립 탈피, 주한미군 철수 분위기 조성, 한미 간의 갈등 조장, 남한의 반공체제 약화, 그리고 남한 내 통일전선 형성 등을 겨냥한 것이었다. 당시 북한의 평화공세 이면에는 박정희 정권을 국내외적으로 고립시키고, 남한 내 혁명역량을 길러 궁극적으로 남한에서의 인민혁명정권을 창출한다는 목표가

깔려 있었다. 즉, 평화공세를 통해 남한의 노동자, 농민, 학생, 지식인 등 북한을 지지하는 민주세력들과의 광범한 접촉으로 그들의 혁명역량을 고취시킨다는 것이다. 그리고 그렇게 될 경우 민주인사가 집권할 수 있고, 민주인사가 집권하면 북측과의 연공(聯共)을 통해 통일을 이룰 수 있다는 것이 당시 북한이 평화공세를 전개한 동기였다. 신종대, "남북관계사의 분석 수준과 주요 의제," 『한국과 국제정치』 제30권 제3호(2014년 가을호), pp.176-177. 북한은 이 시점에도 기본적으로 그러한 기대를 견지하고 있었다고 할 수 있다.

100 양성철, 앞의 글, pp.411-412.

101 신종대, "남북관계사의 분석 수준과 주요 의제," pp.162-163. 분단국가에서 체제와 이념을 달리하는 상대방의 존재는 '위협'과 '평화' 양면에서 유용한 정치자원이다. 따라서 역대 모든 정권은 어떤 방식으로든 이를 이용한다고 보아야 하고 실제로도 그러했다. 즉, 이승만 정권 이래 김영삼 정권까지 거의 모든 정권이 위협과 평화 양자 간 비중의 문제이지 북한요인을 이용하려 했다는 점에서 예외가 없었다. 다만 이승만 정권은 위협 일변도로, 김대중 정권에서는 북한의 위협이 아니라 남북 화해협력 등 평화 측면을 선거 등 국내정치에 활용하고자 했다는 점에서 차이가 있었다.

102 신종대, "서울의 환호, 평양의 좌절과 대처: 서울올림픽과 남북관계," 『동서연구』 제25권 3호(2013).

103 노신영, 『노신영 회고록』(서울: 고려서적, 2000), p.266. 북한은 1986년 서울아시안게임 유치를 둘러싸고도 '남북 스포츠 외교전'을 펼쳤으나 열세를 자인하고 기권했다. 그러면서도 '아시아 경기가 반쪽 대회가 될 수 있으니 서울에 개최권을 주지 말자'며 방해공작을 폈다. 『동아일보』, 1981년 12월 4일.

104 이연택, "88서울올림픽과 노태우 대통령," 노재봉 외, 『노태우 대통령을 말한다: 국내외 인사 175인의 기록』(파주: 동화출판사, 2011), pp.384-385.

105 전상진, "공산권 국가들의 올림픽 참가를 이끌어낸 노 대통령," 노재봉 외, 위의 책, p.400-401.

106 이연택, 앞의 글, p.387.

107 김일성, 『김일성저작집』 제39권(평양: 조선로동당출판사, 1993), p.426.

108 위의 책, 같은 면.

109 『로동신문』, 1981년 12월 3일.

110 국민체육진흥공단, 『서울올림픽사: 올림픽 유치』 제1권(서울: 국민체육진흥공단, 2000), pp.213, 227-228.

111 국민체육진흥공단, 『서울올림픽사: 올림픽의 성과(1)』 제2권(서울: 국민체육진흥공단, 2000), pp.23-24.

112 Sergey Radchenko, "Inertia and Change: Soviet Policy toward Korea, 1985-1991," Tsuyoshi Hasegawa ed., *The Cold War in East Asia: 1945-1991*(Washington D.C.: Woodrow Wilson International Center for Scholars Press, 2011), p.295.

113 국민체육진흥공단, 『서울올림픽사: 올림픽 유치』 제1권, pp.95-103.

114 신종대, "서울의 환호, 평양의 좌절과 대처: 서울올림픽과 남북관계," p.91.

115 "IOC President Interview with Chun Doo-hwan on North Korean Threats to the 1988 Seoul Olympics," April 19, 1986(Wilson Center Digital Archive).

116 "Meeting between President Chun Doo-hwan and President Antonio Samaranch," April 25, 1986(Wilson Center Digital Archive).

117 "Meeting between President Chun Doo-hwan and President Antonio Samaranch," April 25, 1986(Wilson Center Digital Archive).

118 KAL858기폭파사건이 남한의 대선 또는 올림픽 개최 저지 시도와 연관이 있는가에 대해서는 더 체계적인 검토가 필요하다. 미 국무부는 2012년 6월 11일 이 사건과 관련한 비밀문서를 시기를 앞당겨 공개했다(http://www.state.gov./m/a/ips/c52384.htm 참조).

119 Mitchell Lerner and Jongdae Shin, "New Romanian Evidence on the Blue House Raid and the USS Pueblo Incident," *NKIDP e-Dossier*, No.5(Washington D.C.: Woodrow Wilson International Center for Scholars, 2012) 참조. 1983년 10월 9일 발생한 버마 아웅산묘소폭탄테러사건도 제3세계 국가에 대한 남북한 외교경쟁에서 북한의 불안, 특히 남한의 소련과

중국에 대한 접근을 차단하려는 특단의 위기조성 행위로 볼 수 있다. 실제로 1983년 6월 29일, '6·23선언' 10주년을 맞아 당시 이범석 외무부장관이 '앞으로 한국 외교의 최고 과제가 소련 및 중국과의 관계를 정상화하는 북방정책의 실현에 있다'고 선언했는데, 북한이 이를 아주 민감하게 받아들였을 가능성이 있다. 오진용, 『김일성시대의 중소와 남북한』(서울: 나남, 2004), pp. 112-114.

120 신종대, "남북한관계와 북방외교," p. 361.

121 『동아일보』, 1985년 5월 23일.

122 정기웅, "전두환 정부의 외교정책과 1988년 서울올림픽," 함택영·남궁곤 편, 『한국 외교정책: 역사와 쟁점』(서울: 사회평론, 2010), pp. 336-337.

123 이만우, "북한과 중남미," 박재규 편, 『북한의 대외정책』(서울: 경남대학교 극동문제연구소, 1986), pp. 492-493.

124 조양현, "전두환 정부의 외교 다변화: 대통령의 ASEAN, 아프리카, 서남아 순방," 동북아역사재단 한국외교사편찬위원회 편, 『한국의 대외관계와 외교사: 현대 편 3』(서울: 동북아역사재단, 2019), p. 162.

125 서재만, "제3세계 외교," 『국제정치논총』 Vol. 28, No. 2(1989), p. 161.

126 김지형, "1980년대 초 남북한의 제3세계 외교경쟁: 공개 외교문서(1979-1981)를 중심으로," 『동북아연구』 제28권 1호(2013), pp. 10-11.

127 김영진, "북한과 제3세계," 이홍구·스칼라피노 공편, 『북한과 오늘의 세계』(서울: 법문사, 1986), pp. 273-275; 위의 글, pp. 17-20 참조.

128 당시 국내 언론은 '북한이 한국이 20여 개국에 이르는 비동맹 각국의 총리, 외상들에 대한 방한초청 교섭을 하면서 비동맹외교를 대대적으로 강화하는 추세에 대해 불안과 불만을 드러내며 일제히 비난하고 있다'고 보도했다. 『동아일보』, 1981년 1월 9일.

129 김지형, 앞의 글, pp. 29, 31.

130 조양현, 앞의 글, p. 168.

131 김국신, "북한·동남아 관계," 박재규 편, 앞의 책, pp. 438-439.

132 『조선일보』, 1982년 6월 19일 2면.

133 조양현, 앞의 글, pp.172-176.
134 전두환, 『전두환 회고록 2: 청와대 시절 1980-1988』(파주: 자작나무숲, 2017), p.440.
135 『경향신문』, 1981년 7월 21일 9면.
136 박철언, 『바른 역사를 위한 증언 1』(서울: 랜덤하우스 중앙, 2005), p.66.
137 신종대, "박정희 정부와 북방정책의 기원: 닉슨 독트린 전후 시기," 동북아역사재단 한국외교사편찬위원회 편, 『한국의 대외관계와 외교사: 현대 편 2』.
138 『경향신문』, 1983년 1월 14일.
139 정종욱, "공산권외교의 등장과 전개: 북방외교의 과제와 전략," 구영록 외 편저, 『남북한의 평화구조』(서울: 법문사, 1990), p.246. 중국의 '대한민국' 호칭이 북한에 준 충격과 분노는 마치 1968년 푸에블로호피랍사건 당시 북한이 판문점에서 미국과 직접 협상하고 '조선민주주주의인민공화국'이라는 정식 국호를 쓰며 미국으로부터 국가적 실체를 인정받으려 했을 때 남한이 받았던 충격과 실망, 그리고 분노에 비견될 수 있다.
140 전두환, 앞의 책, pp.440-441.
141 박철언, 앞의 책, pp.112-113.
142 전재성, "전두환 정부의 대북전략과 외교전략," 동북아역사재단 한국외교사편찬위원회 편, 『한국의 대외관계와 외교사: 현대 편 3』, p.67.
143 조양현, 앞의 글, p.184.
144 김계동, 앞의 책, p.199; 이상숙, "1980년대 초 외교 환경 변화와 북한의 아웅산 테러," 『담론201』 제19권 3호, p.93.
145 자세한 것은 라종일, 『아웅산 테러리스트 강민철』(파주: 창비, 2013), p.61; Don Oberdorfer & Robert Carlin, *op. cit.*, p.111; 김충식, 『5공 남산의 부장들 2: 권력과 함께 춤을』(서울: 동아일보사, 2022), pp.62-71; 전두환, 앞의 책, pp.489-495 등 참조.
146 『경향신문』, 1982년 2월 26일.
147 이상숙, 앞의 글, p.94
148 신평길 편저, 『김정일과 대남공작』(서울: 북한연구소, 1997), p.263; 라종일,

앞의 책, p.60.

149 1980년 7월 방북한 솔라즈 미 하원의원이 김일성에게 '북이 남한의 혼란 상황을 이용할 의사가 없다고 했는데, 그러면 과거에 남한에서 인민 봉기가 일어나면 북은 팔짱 낀 채 지켜만 보고 있지 않겠다는 귀하의 발언은 어떤 의미냐'고 묻자, 김일성은 '그 말은 북이 남조선사회의 민주화를 지지한다는 차원에서 남한 인민을 격려하는 말'이라고 답했다. 이어 김일성은 '군사력 균형 면에서도 남이 북에 비해 우세하며, 군사 장비 면에서도 주변국의 도움이 없는 북에 비해 미국이 군사장비를 공급하고 있어 남이 우세하다. 인구 등 모든 면에서 북이 열등하다. 이런 상황에서 남측 당국자들이 남침 위협 운운하는 것은 근거 없는 우려이자 남한 인민들을 억압하고, 주한 미군을 묶어두기 위한 모략이나 구실에 지나지 않는다'라고 말했다. Letter from Stephen J. Solarz to Zbigniew Brzezinski "Records of Conversation between Congressman Stephen J. Solarz and Kim Il Sung and Kim Yong-nam," August 4, 1980(Wilson Center Digital Archive).

150 전두환은 1986년 안기부에 중소팀을 만들어 대공산권 관계를 개선하는 방안을 만들라고 지시했다고 알려지고 있다. 국립외교원 외교안보연구소 외교사 연구센터 편, 『북방정책과 7·7선언』(서울: 선인, 2020), pp.59-60. 박철언 장관은 이미 1985년 3월부터 1988년 3월까지 자신이 국가안전기획부장 특별보좌관으로 재임할 당시부터 북방정책 원안을 가지고 있었다고 한다. 국사편찬위원회, 『고위 관료들, '북핵위기'를 말하다』(과천: 국사편찬위원회, 2009), pp.84-89.

151 전재성, 앞의 글, p.66.

152 강원택, 앞의 책, p.47. 1979년 12월 15일부터 한국공법학회 회원을 대상으로 한 한 언론사의 여론조사 결과, 응답자의 67.1%가 대통령 중심제를 지지했고, 90.8%가 국민이 직선하는 대통령제를 원하는 것으로 집계되었다. 또한 대통령의 권한을 축소·견제해야 한다는 의견이 82.6%였다. 『동아일보』, 1980년 1월 4일.

153 김세중, "한국의 권위주의적 산업화와 민주주의: 동태적 접근," 한국정치외

교사학회·사단법인 아셈연구원 편, 『한국 현대 정치외교의 주요 쟁점과 논의』(서울: 선인, 2010), p.291; 김영명, 『대한민국 정치사: 민주주의의 도입, 좌절, 부활』(서울: 일조각, 2017), pp.213-223; 손호철, 『한국과 한국 정치: 한국 정치의 이론과 쟁점』(서울: 이매진, 2018), pp.293-295.

154 김세중, 위의 글, pp.290-292.

155 『조선일보』, 1980년 2월 7일.

156 『동아일보』, 1980년 3월 12일.

157 강원택, 앞의 책, p.74.

158 김동성, "80년 서울의 봄과 민주화운동의 좌절," 동아일보사 편, 앞의 책, pp.43-44.

159 『동아일보』, 1980년 3월 12일.

160 『경향신문』, 1980년 8월 21일.

161 『동아일보』, 1980년 10월 27일.

162 서희경, 앞의 책, pp.1061-1062.

163 전두환은 1981년 3월 3일 제12대 대통령 취임식에서 "국가의 성장"이 자신에게 "부과된 역사적 과제임을 통감하고 있"으며, "전쟁공포로부터의 해방을 실현"하겠다는 의지, 즉 성장과 안보를 최우선 과제로 제시했다. 『동아일보』, 1981년 3월 3일.

164 임혁백, 앞의 책, pp. 463-466.

165 강정인 외, 『한국정치의 이념과 사상: 보수주의·자유주의·민족주의·급진주의』(서울: 후마니타스, 2009), p.86.

166 『조선일보』, 1986년 1월 17일.

167 임혁백, 앞의 책, pp.597-609.

168 『조선일보』, 1986년 5월 1일.

169 임혁백, 앞의 책, p.609.

170 위의 책, p.612.

171 『경향신문』, 1986년 10월 30일.

172 『조선일보』, 1987년 4월 14일.

173 『조선일보』, 1987년 4월 14일.

174 『조선일보』, 1987년 5월 14일.

175 분단 이래 국시 표방을 비롯한 국시논쟁은 종종 제기되었다. 1954년 11월 이승만 정권에서의 '뉴델리밀담설' 관련 통일방안에 대한 국시 천명, 5·16쿠데타 시 반공 국시 표방, 1964년 말 황용주의 통일론을 둘러싼 국시 논란, 그리고 1971년 9월 김종필 국무총리의 반공 국시 표방을 둘러싼 논란에 대해서 이 책에서 이미 살펴본 바 있다.

176 『조선일보』, 1987년 5월 15일.

177 『조선일보』, 1987년 5월 16일.

178 『동아일보』, 1987년 5월 16일.

179 전두환은 1982년 1월 22일 국회 본회의 국정연설에서 남북 대표로 '민족통일협의회의'를 구성하고, 이 기구에서 통일헌법을 기초하여 통일 민주공화국을 실현하도록 하며, 통일될 때까지의 실천조치로서 서울과 평양에 상주 연락대표부를 설치할 것 등 7개항의 남북한 기본관계에 관한 잠정 협정을 체결하자고 제의했다. 『조선일보』, 1982년 1월 23일.

180 『조선일보』, 1987년 5월 16일.

181 임혁백, 앞의 책, p.613.

182 이완범, 『미국의 한국 정치 개입사 연구 6: 전두환 제거 구상 편』(성남: 한국학중앙연구원출판부, 2022), pp.211-214 참조.

183 강정인 외, 앞의 책, pp.156-157.

184 1987년 6월항쟁의 경우 3저 호황에 따른 경제 활황 국면이 경제적 침체를 염려하는 중산층의 보수화 경향을 일정 정도 차단했다고 볼 수 있다. 손호철, 『한국과 한국 정치: 한국 정치의 이론과 쟁점』, pp.290-292; 김세중, 앞의 글, pp.294-295; 한배호, 『한국정치변동론』(서울: 법문사, 1994), pp.444-445.

185 강정인 외, 앞의 책, pp.89-90.

186 서희경, 앞의 책, p.1058.

187 임혁백, 앞의 책, pp.495-496.

188 통계청, 『통계로 본 대한민국 50년의 경제사회상 변화』(서울: 한국은행,

1998), p.117.

189 한배호, 『한국정치변동론』, p.443.

190 한정훈, "정치사로서의 6·29선언," 강원택 편, 『6·29선언과 한국 민주주의』(서울: 푸른길, 2017), pp.52-53; 강신구, "6·29선언 8개항의 의미와 진전에 대한 평가," 강원택 편, 같은 책 참조.

191 임혁백, 앞의 책, pp.626-627.

192 최장집, 『한국민주주의의 이론』(서울: 한길사, 1993), p.271.

193 당시 여야 협상이 결렬되고 정국이 혼돈에 빠지면 시국 수습이라는 명분 아래 군이 다시 정치에 개입하여 정권을 장악할 수 있기를 은근히 바라는 세력도 있었다. 또한 개헌 협상 중 항간에는 쿠데타 소문이 떠돌기도 했다. 아무튼 개헌 협상에 참여한 엘리트들은 군부의 동향에 신경을 써야 했다. 한배호, 『한국정치변동론』, p.443. 다만 1980년 광주항쟁의 경험은 다수의 군부 지도자들로 하여금 또다시 엄청난 인명 희생을 수반할 군대에 의한 시위 진압을 선호하지 않게 만들었다. 더욱이 군부의 정치 개입이 비단 시위자들뿐만 아니라 전두환 등 집권세력까지 타도해버릴 가능성도 배제할 수 없었다. 임혁백, 앞의 책, p.615.

194 임혁백, 위의 책, pp.626-627; 강원택, 앞의 책, pp.451-471.

195 Robert A. Dahl, *Polyarchy: Participation and Opposition*(New Haven: Yale University Press, 1971), pp.15-16. 참고로 박정희 정권 시기의 북한요인에서 논의한 바 있듯이 1968년 북한에 의한 일련의 군사모험주의 행위는 반대세력의 도전비용은 대폭 높이고 집권세력의 억압비용은 낮추었다.

196 한배호, 『한국정치변동론』, pp.443-444; 임혁백, 앞의 책, p.616.

197 이완범, 『미국의 한국 정치 개입사 연구 6: 전두환 제거 구상 편』, pp.306-311.

198 민주화운동기념사업회 한국민주주의연구소 편, 『한국 민주주의, 100년의 혁명 1919-2019』(파주: 한울아카데미, 2019), p.266

199 김영명, 『한국의 정치변동』, p.292.

200 임혁백, 앞의 책, pp.621-622.

201 강원택, 앞의 책, pp.463-467.

202 Bruce Cumings, *Korea's Place in the Sun: A Modern History*(New York: W.W. Norton & Company, 2005), pp.392-393.

203 한국의 민주화는 대학생과 사회운동세력뿐만 아니라 중산층을 포함한 국민 다수의 염원과 행동의 결과였지만 그 과정을 이끌어온 데에는 신민당, 즉 정치사회에서의 야당의 역할이 컸다. 강원택, 앞의 책, p.468.

204 김영명, 『한국의 정치변동』, pp.289-291; 한국사회과학연구협의회 편, 『한국사회의 인식논쟁』(서울: 법문사, 1990), pp.41-45.

205 김영명, 위의 책, pp.293-295.

206 강원택, 앞의 책, pp.446-447.

207 민주화운동기념사업회 한국민주주의연구소 편, 앞의 책, p.233.

208 김영명, 『한국의 정치변동』, pp.315-316.

209 김영명, 위의 책, pp.308-309; 임혁백, 앞의 책, pp.623-625; 강원택, 앞의 책, pp.445-446.

210 이는 다른 나라의 민주주의 이행에서도 나타나는 전형적인 양상이다. Dietrich Rueschemyer, Everlyne Huber Stephens, and John D. Stephens, *Capitalist Development and Democracy*(Chicago: University of Chicago Press, 1992) 참조.

211 김영명, 『한국의 정치변동』, p.316.

212 『조선일보』, 1987년 11월 19일.

213 『로동신문』, 1987년 11월 16일.

214 『로동신문』, 1987년 12월 5일.

215 강준만 외, 『레드 콤플렉스: 광기가 남긴 아홉 개의 초상』, p.180.

216 『로동신문』, 1987년 12월 6일.

217 한배호, 『자유를 향한 20세기 한국 정치사』, pp.367-370.

218 위의 책, pp.370-371.

1 서구의 반공주의는 자유민주주의의 이념을 구현하는 하나의 수단으로 존재했다고 할 수 있다. 반면 이승만, 박정희 권위주의정권은 '반공을 위해서는 자유민주주의를 제한할 수 있다'거나 '반공이 곧 자유민주주의'라고 억설하고 강변했다. 이 시기 야당과 학생들은 '반공을 위해서라도 자유민주주의를 해야 한다'고 맞서기도 했으나 현실에서는 전자가 후자를 압도했다. 이것이 권위주의정권 시기 한국 반공주의의 모습이었다. 한국의 반공주의에 대한 자세한 논의는 역사문제연구소 편, 『한국정치의 지배이데올로기와 대항이데올로기』(서울: 역사비평사, 1994); 김동춘·기외르기 스첼 외 저·안인경 외 역, 『반공의 시대: 한국과 독일, 냉전의 정치』(파주: 돌베개, 2015); 강정인 외, 『한국정치의 이념과 사상』(서울: 후마니타스, 2009) 참조.

2 정권(regime)은 정부(government)나 국가(state)와 구분되는 개념이다. Robert M. Fishman, "Rethinking State and Regime: Southern Europe's Transition to Democracy," *World Politics*, Vol.42, No.3(1990) 참조. 또한 정권의 내부 구성도 대통령, 참모, 집권 엘리트 등 다양하게 이루어지고, 이들 간의 이견, 각축, 갈등의 동학이 특정 정책이나 선택에 응축되어 있다. 다만 이 글에서는 분석의 편의상 정권 내 여러 행위자들 간의 동태적 상호작용 과정에 관한 구체적 분석 대신 정권을 단일한 행위자로 간주한다. 또한 정권과 국가를 뚜렷하게 구분하지 않고 혼용한다. 정권 또는 국가뿐만 아니라 정치사회와 시민사회의 영역도 단일하지 않고, 특히 노태우, 김영삼 정권 시기로 올수록 점차 냉전적 보수, 개혁적 보수, 진보 등으로 다양한 구성과 내부적 역동성을 보였다. 그러나 이에 대한 심층적 분석과 그 영역 내부에서 북한요인 및 친북·용공 프레임의 동원에 대해 어떤 균열과 이견이 있었는가는 이 글의 범위를 벗어남을 밝혀둔다. 국가, 정치사회, 시민사회에 대한 논의는 손호철, 『현대한국정치: 이론과 역사』(서울: 사회평론, 1997), pp.41-77 참조.

3 이는 물론 반공주의의 위력이 과거 권위주의정권과 비교하여 약화되고, 그 성격이 변화되었다는 상대적 의미이다. 한국에서 반공주의는 이념과 체제

를 달리하는 북한이라는 정치적 실체를 기반으로 구성되었기 때문에 분단이 해소되지 않는 한 반공주의는 존속할 것이다. 한국의 반공주의가 반북주의와 맞물리는 고리이자 이유이다. 또한 반공주의와 반북주의는 민주주의보다는 국가안보와 선택적 친화관계에 있다. 따라서 '반공-반북-안보' 간에 연관 고리를 설정할 수 있다. 그리고 국가보안법의 존속, 사회주의 정당의 진출이 어려운 정당체제, 노동운동의 정치세력화 제약에서 보듯이 반공주의는 한국정치에서 여전히 일정한 영향력을 행사하고 있다. 민주화와 탈냉전 이후에도 반공주의는 시장주의 및 신자유주의와 결합하여 변형 내지 진화를 보이고 있다. 강명세, "반공주의와 정당체제의 왜곡"; 김동춘, "맺음말," 김동춘·기외르기 스첼 외 저·안인경 외 역, 앞의 책 참조.

4 한국적 맥락에서 '친북', '용공', '좌익'은 특별한 구분 없이 거의 동일한 호환 개념으로 사용되어왔다. 심지어 '비판', '일탈', '불순', '급진'과도 큰 구분 없이 통용되어왔다고 하겠다. 그리고 '친북'은 종북(從北)은 물론이고, 화북(和北), 교북(交北), 포북(抱北)과도 별다른 구분 없이 그것들과 동의어로 사용되기도 하는 기형적인 개념이라고 할 수 있다.

5 이남영, "전두환·노태우 정권의 성격과 리더십," 한국정치학회 편, 『한국현대정치사』(서울: 법문사, 1995), p.309.

6 이도성, 『남산의 부장들 3』(서울: 동아일보사, 1993), pp.151-153.

7 손호철, "5·18 광주민중항쟁의 재조명," 한국정치학회 편, 앞의 책, p.486.

8 『동아일보』, 1980년 5월 31일.

9 강준만 외, 『레드 콤플렉스: 광기가 남긴 아홉 개의 초상』(서울: 삼인, 1997), p.187.

10 신종대, "남북관계사의 분석 수준과 주요 의제," 『한국과 국제정치』(2014년 가을호), pp.162-163.

11 김영명, 『한국의 정치변동』(서울: 을유문화사, 2006), p.270; 정해구, 『전두환과 80년대 민주화운동』(고양: 역사비평사, 2018), pp.107-123.

12 임혁백, 『비동시성의 동시성: 한국 근대정치의 다중적 시간』(서울: 고려대학교출판문화원, 2015), pp.598-599.

13 박원순, 『국가보안법연구 2』(서울: 역사비평사, 1997), p. 384.

14 강준만·김환표, 『희생양과 죄의식: 대한민국 반공의 역사』(서울: 개마고원, 2004), p. 236.

15 위의 책, pp. 238-239.

16 『조선일보』, 1986년 11월 4일.

17 『경향신문』, 1986년 10월 30일.

18 조희연 편, 『한국사회운동사』(서울: 한울, 1990), p. 265.

19 박명림, "제2공화국 정치균열의 구조와 변화," 백영철 편, 『제2공화국과 한국 민주주의』(서울: 나남, 1996).

20 손호철은 냉전적 보수를 자유민주주의를 말하면서도 자유민주주의의 핵심인 사상의 자유 등을 부정하고 반공을 제일로 여기는 극우반공주의세력으로 규정한다. 냉전적 보수세력을 포함한 개혁적 보수세력, 진보세력의 규정에 대해서는 손호철, 『현대한국정치: 이론과 역사 1945-2003』(서울: 사회평론, 2003) 참조.

21 이는 적대적 분단체제와 냉전권위주의 시기의 반공주의에 기득이익을 두고 있는 국가, 정치사회, 그리고 시민사회 영역의 냉전적 보수세력의 이해와도 합치되는 것이었다. 아울러 당시 시민들의 민주의식이 성장하고 있었지만 그간 반공주의의 헤게모니로 인한 시민 다수의 보수적, 안정 희구적 성향도 지적될 필요가 있다. 김영명, 앞의 책, pp. 257-259.

22 신종대, "'짧은 화해, 긴 대립'의 남북관계: 원인, 과제, 전망," 경남대학교 극동문제연구소 편, 『분단 70년의 남북관계』(서울: 선인, 2016), pp. 75-76.

23 유재일, 『통합정치와 리더십』(서울: 운주사, 2024), p. 31; 김학준, 『대한민국의 북방정책: 기원·전개·성과 그리고 앞으로의 방향』(서울: 박영사, 2024), pp. 135-171 참조.

24 박원순, 앞의 책, p. 45.

25 1989년 4월 한겨레신문사의 논설고문이었던 리영희 교수는 동 신문사의 창간 1주년 기념사업으로 방북 취재를 위해 북한의 초청이나 입국허가 등을 일본을 통해 타진하다가 구속되었다. 반국가단체 지역으로 탈출을 예비음모

했다는 것이 그 이유였다. 또한 1989년 6월 평양 세계청년학생축전에 참가했던 임수경 역시 그 후 구속되었다.

26 최장집, 『한국민주주의의 조건과 전망』(서울: 나남, 1996), p. 235.

27 조희연. 『현대 한국 사회운동과 조직』(서울: 한울, 1993), pp. 267-268.

28 최장집, 『한국민주주의의 이론』(서울: 한길사, 1993), p. 207. 1987년 민주화 이전의 반공 담론은 대체로 개발독재 및 권위주의를 정당화하는 기능을 했다. 그러나 1987년 이후 민주화 과정에서 노골적인 반공주의는 더 이상 북한의 위협이나 국가 발전의 명분으로 민주주의 제약을 정당화할 수 없게 되었다. '민주주의(정확히 말하면 이때의 민주주의는 '민주안정'임)'가 지배적인 담론으로 등장하자 반공주의는 재빨리 그것을 흡수하여 새로운 의미체계를 만들어냈다. '좌익세력 경계하여 민주화합 이룩하자', '민주 위장 좌익세력 다시 보고 신고하자' 등과 같은 구호들은 한결같이 민주주의에 대한 대중적 동의를 활용하여 오히려 반공주의를 강화하려는 세련된 시도이며, 동시에 개혁에 대한 일정한 경계를 통하여 민주화 운동과 방향에서 진보성을 제거하려는 매우 교묘한 의미를 담고 있었다. 권혁범, "반공주의 회로판 읽기: 한국 반공주의의 의미 체계와 정치사회적 기능," 조한혜정·이우영 편, 『탈분단 시대를 열며』(서울: 삼인, 2000), p. 44.

29 신종대, "분단체제와 '친북청산': 국가정체성·민족정체성, '친북청산'의 연관구조와 동학," 양승함 편, 『한국사회의 주요쟁점과 국가관리』(서울: 연세대학교 국가관리연구원, 2005) 참조.

30 강준만 외, 앞의 책, p. 180.

31 위의 책, p. 170.

32 이에 대한 당시 임동원 통일원 차관과 이동복 안기부 특보의 회고는 임동원, 『피스메이커: 남북관계와 북핵문제 25년』(파주: 창비, 2015), pp. 219-231; 국립외교원 외교안보연구소 외교사연구센터 편, 『남북기본합의서와 한반도 비핵화 공동선언』(서울: 선인, 2023), pp. 252-268 참조.

33 노태우 정권 내 관료들의 분열과 임기 말 대통령의 레임덕, 김영삼의 대통령 후보 확정 등이 대북정책에 미친 영향에 대해서는 이정철, "외교·통일 분화

기 한국 보수의 대북정책: 정책연합의 불협화음과 전환기 리더십의 한계," 강원택 편, 『노태우 시대의 재인식』(파주: 나남, 2012) 참조.

34 한용섭, 『북한 핵의 운명』(파주: 박영사, 2018), pp.73-76.

35 당시 지역주의적 투표 성향이 선거의 주요 변수였던 점에 비추어 그와 같은 북한요인의 동원이 김대중 후보의 당락을 결정한 요인은 아니었다. 그러나 득표율에 일정한 영향을 주었음은 분명하다.

36 남북한의 특정한 선택과 행위(남북 간에 그 양상과 영향 정도는 다르겠지만)가 상대방의 국내정치에 동원될 가능성은 분단이 유지되는 한 상존한다. 1992년 9월 본격적으로 불거진 북한의 핵개발 문제도 한소수교, 한중수교 등 한국의 북방정책과 결코 무관하다고 볼 수 없다. 남한요인이 북한의 국내정치에 영향을 주는 것처럼 무력도발이나 핵개발 등 북한요인의 위협 측면 가시화는 남한의 국가나 정치사회뿐만 아니라 시민사회의 선택과 인식에도 영향을 미친다. 예컨대 북한의 핵과 미사일에 대한 우려가 고조되면서 남한 국민들의 대북인식은 남북 교류협력 시기와 비교할 때 상당히 부정적이다. 2023년 12월 말 북한이 '적대적 두 국가'를 선언하기 전인 2023년 8월 초 KBS 공영미디어연구소의 여론조사에 의하면, 북한의 김정은 정권과 집권세력에 반감을 느낀다는 응답자는 82.3%이며, 전체 응답자의 75.9%가 북한을 경계 및 적대적 대상으로 인식하는 것으로 나타났다. KBS 공영미디어연구소 조사팀, 『2023년 국민 통일의식조사』(서울: KBS 공영미디어연구소, 2023).

37 김영삼 후보는 14대 대통령선거 기간 중 선거전략의 일환으로 북한에 대한 강경 입장과 김대중과의 이념적 차이를 강조했다. 그러나 대통령 취임 직후 북한에 대한 온건한 입장을 표명하며 남북관계를 발전시키려고 했다.

38 강준만 외, 앞의 책, p.164.

39 위의 책, pp.142-165.

40 『조선일보』, 1994년 7월 19일. 1987년 이후 친북 성향을 가진 '주사파'가 전대협, 한총련 등을 조직하여 학생운동의 주도권을 잡고, 이를 바탕으로 재야운동과 노동운동 등에 활발하게 진출했던 것은 사실이다. 그러나 1990년대 중반 이후 극심한 식량난 등 북한의 참혹한 현실이 알려지면서 친북 성향

이 급격하게 약화되었다고 할 수 있다. 예컨대 1994년 주사파의 대부였던 김영환 등은 별도의 모임을 조직하고 남한혁명의 지도이념으로 삼았던 주체사상을 포기하고, 북한사회를 비판적으로 보는 등 기존 운동권과는 다른 방향을 모색했다. 따라서 이 시기의 학생운동이 북한과의 '직접적 연계'하에 전개되었다고 보기는 어렵다. 문제를 제기한 박홍 총장 역시 주사파가 북한과 연계되었다는 사실을 구체적으로 입증하지 못했다. 강준만·김환표, 앞의 책, pp.257-261.

41 박홍·남용우 편, 『레드바이러스』(서울: 거목, 1997).

42 정진위·김용호, 『북한 남북한 관계 그리고 통일』(서울: 연세대학교출판부, 2003), pp.239-241.

43 『조선일보』, 1996년 4월 5일, 7일, 8일, 9일, 10일, 11일.

44 청와대 제1부속실장인 장학로가 17개 기업에서 거액의 뇌물을 받은 사건으로 국민회의의 주선으로 제보자가 폭로하여 논란이 되었다.

45 강준만 외, 앞의 책, pp.119-120.

46 김영삼 정권이 출범했던 1993년 처음으로 민주적 통제의 관점에서 안기부법을 개정했다. 내란과 외환죄 및 반국가단체범죄 등을 제외한 대공수사권 일부를 안기부로부터 박탈했다. 그러나 김영삼 정권은 1996년 12월 국가보안법상의 고무찬양죄와 불고지죄에 대한 수사권을 안기부에 다시 돌려주는 법률을 여당의 일방적인 강행 처리로 통과시켰다. 야당은 여당이 다가올 대선에서 국가보안법을 악용하겠다는 저의라고 비판했으나 저지하지 못했다. 우리는 이 책에서 1958년 이승만 정권이 정략적 목적으로 강행한 2·4국가보안법파동을 살펴본 바 있다. 또한 이를 비판했던 민주당 정권도 국가보안법 강화를 위한 재개정을 강조했음을 보았다. 그로부터 38여 년이 지난 문민정부에서도 국가보안법의 정략적 이용 여부가 여전히 정쟁이 되었다.

47 강준만·김환표, 앞의 책, p.269.

48 김영삼 정권으로서는 북한의 NPT 탈퇴 선언을 남한의 화해 제스처에 대한 배신으로 여길 수 있었다. 또 김영삼 정권의 대북정책이 표류한 데에는 북한의 특정한 선택과 행위에도 그 책임이 있다고 할 수 있다. 그러나 북한으로

서는 국제체제 수준에서의 안보위협이 해소되지 않은 상태에서 남북관계의 개선만으로는 체제보장이 불안정하다고 보았을 것이다. 즉, 남한의 화해 제스처 때문에 NPT 탈퇴 선언 선택을 배제하는 것은 김영삼 정권의 희망사항에 불과했다. 사실 1993년 3월 12일 북한의 NPT 탈퇴 선언은 같은 달 18일부터 실시 예정이었던 한미의 팀스피릿 훈련에 반발하면서 취해진 조치였다. 따라서 김영삼 정권으로서는 북한의 입장과 선택 상황을 종합적으로 고려한 보다 면밀한 대북 접근 전략과 위기관리 방안이 필요했다. 또한 쌀 수송 과정에서 빚어졌던 남북 간의 갈등과 대립이 시사하는 것처럼 남북관계 개선 과정에서 있을 수 있는 제반 사항과 사태에 대한 사전 고려와 접근 원칙, 대처 방안 등 면밀한 검토와 준비가 필요했다. 그러나 김영삼 정권은 그와 관련한 충분한 검토와 대비 없이, 다분히 정략적 차원의 이벤트로 접근하고, 대북정책의 방향 및 원칙의 정립 없이 즉흥적 정책 구사로 갈지자 행보를 했다는 비판을 면하기 어렵다.

49 위협과 평화 간 효과의 차이에 대한 논의는 강원택, 『한국의 선거정치: 이념, 지역, 세대와 미디어』(서울: 푸른길, 2003), 제4장 "남북한관계와 선거: 남북정상회담과 2000년 국회의원 선거" 참조.

참고문헌

1. 1차 자료

국군보안사령부, 1978, 『대공30년사』, 국군보안사령부.

김삼웅 편, 1984, 『민족 · 민주 · 민중선언』, 서울: 일월서각.

김준엽 외 공편, 1979, 『북한연구자료집』 제4집, 서울: 고려대학교 아세아문제연구소.

내무부 한국지방행정연구원, 1987, 『한국지방행정사: 1948-1986』, 내무부.

내외통신 편, 1980, 『북괴의 대남도발사: 1948.8-1980.4』, 서울: 내외통신.

노중선 편, 1985, 『민족과 통일 I: 자료 편』, 서울: 사계절.

대검찰청수사국, 1965, 『좌익사건실록』 제1-11권, 대검찰청수사국.

대통령비서실, 1973, 『박정희대통령 연설문집』 제2, 3집, 대통령비서실.

대한민국공보처, 1953, 『대통령 이승만박사 담화집』 제1집, 대한민국공보처.

세문사 편, 1965, 『해방 20년: 기록 편』, 서울: 세문사.

6 · 8부정선거 백서편찬위원회, 1967, 『6 · 8부정선거백서』, 서울: 신민당.

전남사회문제연구소 편, 1988, 『5 · 18 광주민중항쟁자료집』, 광주: 도서출판 광주.

중앙선거관리위원회, 1980, 『대한민국선거사』 제1집, 중앙선거관리위원회.

중앙일보사, 『광복30년 중요자료집』(『월간중앙』 1월호 별책부록).

중앙정보부, 1972, 『북한대남공작사 Ⅰ』.

__________, 1972, 『북한대남공작사 Ⅱ』.

통계청, 1998, 『통계로 본 대한민국 50년의 경제사회상 변화』, 한국은행.

편집부 편, 1986, 『공안사건기록: 1964-1986』, 서울: 세계.

________, 1989, 『통혁당: 역사 · 성격 · 투쟁 · 문헌』, 서울: 대동.

한국군사혁명사 편찬위원회, 1963, 『한국군사혁명사』 상.

한국정신문화연구원 현대사연구소 편, 1999, 『5 · 16과 박정희정부의 성립』 제1, 2집, 성남: 한국정신문화연구원.

『동아연감』, 『합동연감』, 『국회속기록』.

과학백과사전출판사 편, 1982, 『조선전사』 제31권, 평양: 과학백과사전출판사.
김일성, 1968, 『김일성저작선집』 제4권, 평양: 조선로동당출판사.
______, 1969, 『남조선혁명과 조국통일에 대하여』, 평양: 조선로동당출판사.
______, 1982, 『주체의 기치따라 나아가는 남조선 인민들의 투쟁』, 평양: 조국통일사.
______, 1982, 『김일성저작집』 제16권, 평양: 조선로동당출판사.
______, 1984, 『김일성저작집』 제27권, 평양: 조선로동당출판사.
______, 1985, 『김일성저작집』 제30권, 평양: 조선로동당출판사.
______, 1993, 『김일성저작집』 제39권, 평양: 조선로동당출판사.
경남대 · 북한대학원대 · 코리아 데이터 프로젝트 공편(김광운 주석), 2018-2025, 『북조선실록: 년표와 사료』 제1-210권, 서울: 민속원 · 선인.
『로동신문』, 『조선중앙년감』, 『평양방송』.

FRUS, 1948, Vol.VI.
FRUS, 1949, Vol.VII, IX.
FRUS, 1952-1954, Vol. XVI, XV.
FRUS, 1955-1957, Vol. XXIII, XIX, XI.
FRUS, 1958－1960, Vol. XVIII.
FRUS, 1961－1963, Vol. XXII.
FRUS, 1964－1968, Vol. XXIX.
FRUS, 1969-1972, Vol. XIX.

North Korea International Documentation Project, Woodrow Wilson International Center for Scholars ed, 2009, *New Evidence on Inter-Korean Relations, 1971-1972*(Document Reader).
North Korea International Documentation Project, Woodrow Wilson International Center for Scholars ed, 2010, *Inter-Korean Relations Documents*(Document

Reader).

North Korea International Documentation Project, Woodrow Wilson International Center for Scholars ed, 2010, *The Rise and Fall of Detente on the Korean Penisula, 1970-1974*(Document Reader).

North Korea International Documentation Project, Woodrow Wilson International Center for Scholars ed, 2011, *After Detente: The Rise and Fall of Detente on the Korean Peninsula, 1973-1976*(Document Reader).

North Korea International Documentation Project, Woodrow Wilson International Center for Scholars ed, 2012, *The Carter Chill: US-ROK-DPRK Trilateral Relations, 1976-1979*(Document Reader).

Ostermann, Christian F. & Person, James F. eds, 2011, *Crisis and Confrontation on the Korean Peninsula: 1968-1969:A Critical Oral History*, Washington, D.C.: Woodrow Wilson International Center for Scholars.

____________________ eds, 2011, *The Rise and Fall of Detente on the Korean Peninsula, 1970-1974*, Washington, D.C.: Woodrow Wilson International Center for Scholars.

Solarz, Stephen J., 1981, *The Korean Conundrum: A Conversation with Kim Il Sung*, Washington, D.C.: U.S. Government Printing Office.

U.S. Congress, 1975, Human Rights in South Korea and the Philippines: Implications for U.S. Policy, 1975, Hearing Before the Subcommittee on International Organizations of the Committee on International Relations, U.S. House of Representatives, 94th Congress, 1st Session, May 20, 22; June 3, 5, 10, 12, 17, and 24, 1975, Washington, D.C.: Government Printing Office.

U.S. Congress, 1975, Hearings Before the Subcommittee on International Organization of the Committee on International Relations, U.S. House of Representatives, 94th Congress, 1st Session, May 20-21; June 3, 5, 10, 12, 17, and 24, 1975, Washington, D.C.: U.S. Government Printing Office.

Wilson Center Digital Archive(wilsoncenter.org/digital-archive).

Office of the Historian, US. Department of State(history.state.gov/historicaldocuments/frus1969-76v19p1).

2. 단행본

강원룡, 1998, 『빈들에서 2』, 서울: 대화출판사.
강원택, 2024, 『제5공화국』, 서울: 역사공간.
강원택 편, 2017, 『6·29 선언과 한국 민주주의』, 서울: 푸른길.
강정인 외, 2009, 『한국정치의 이념과 사상: 보수주의·자유주의·민족주의·급진주의』, 서울: 후마니타스.
강준만·김환표, 2004, 『희생양과 죄의식: 대한민국 반공의 역사』, 서울: 개마고원.
강준만 외, 1997, 『레드 콤플렉스: 광기가 남긴 아홉 개의 초상』, 서울: 삼인.
경남대학교 극동문제연구소 편, 1986, 『한반도의 통일전망: 가능성과 한계』, 서울: 경남대학교 극동문제연구소.
__________________, 2004, 『남남갈등: 진단 및 해소방안』, 서울: 경남대학교 극동문제연구소.
국민체육진흥공단, 2000, 『서울올림픽사: 올림픽 유치』 제1, 2권, 서울: 국민체육진흥공단.
국제문제연구소, 1965, 『한일회담에 대한 공산권 반향』, 서울: 국제문제연구소.
김남식, 1984, 『남로당연구』, 서울: 돌베개.
김대중, 1985, 『행동하는 양심으로』, 서울: 금문당출판사.
김동춘·기외르기 스첼 외 저, 안인경 외 역, 2015, 『반공의 시대: 한국과 독일, 냉전의 정치』, 서울: 돌베개.
김성진, 1999, 『한국정치 100년을 말한다』, 서울: 두산동아.
김성진 편저, 1994, 『박정희시대: 그것은 우리에게 무엇이었는가』, 서울: 조선일보사.
김성환 외, 1984, 『1960년대』, 서울: 거름.
김영명, 2006, 『한국의 정치변동』, 서울: 을유문화사.

______, 2013,『대한민국 정치사: 민주주의의 도입, 좌절, 부활』, 서울: 일조각.
김정렴, 1995,『한국경제30년사: 김정렴회고록』, 서울: 중앙일보사.
______, 1997,『아, 박정희』, 서울: 중앙M&B.
김정원, 1985,『분단 한국사』, 서울: 동녘.
김질락, 1991,『어느 지식인의 죽음』, 서울: 행림출판.
김충식, 1992,『남산의 부장들』제 I, II권, 서울: 동아일보사.
______, 2022,『5공 남산의 부장들』제1, 2권, 서울: 동아일보사.
김학준, 1995,『한국문제와 국제정치』, 서울: 박영사.
______, 2024,『대한민국의 북방정책: 기원·전개·성과 그리고 앞으로의 방향』, 서울: 박영사.
김형아 저, 신명주 역, 2005,『유신과 중화학공업: 박정희의 양날의 선택』, 서울: 일조각.
김형욱·박사월, 1985,『김형욱 회고록』제I, II, III권, 서울: 아침.
김호진, 1994,『한국정치체제론』, 서울: 박영사.
김흥기 편, 1999,『비사 경제기획원 33년』, 서울: 매일경제신문사.
노재봉 외, 2011,『노태우 대통령을 말한다: 국내외 인사 175인의 기록』, 서울: 동화출판사.
노중선, 2000,『남북대화 백서: 남북교류의 갈등과 성과』, 서울: 한울.
도널드 P. 그레그 저, 차미례 역, 2015,『역사의 파편들: 도널드 그레그 회고록』, 파주: 창비.
문명자, 1999,『내가 본 박정희와 김대중』, 서울: 월간 말.
문지영, 2011,『지배와 저항: 한국 자유주의의 두 얼굴』, 서울: 후마니타스.
박명림, 1996,『한국전쟁의 발발과 기원 II』, 서울: 나남.
______, 2002,『한국 1950 전쟁과 평화』, 서울: 나남.
박원순, 1997,『국가보안법연구』제1, 2권, 서울: 역사비평사.
박재규 편, 1986,『북한의 대외정책』, 서울: 경남대학교 극동문제연구소.
박정희, 1963(1997 재출간),『국가와 혁명과 나』, 서울: 지구촌.
박태순·김동춘, 1991,『1960년대의 사회운동』, 서울: 까치.

박철언, 2005, 『바른 역사를 위한 증언 1』, 서울: 랜덤하우스중앙.
백낙청, 1994, 『분단체제 변혁의 공부길』, 서울: 창작과비평사.
______, 1998, 『흔들리는 분단체제』, 서울: 창작과비평사.
백영철, 1995, 『제1공화국과 한국민주주의』, 서울: 나남.
서대숙 저, 서주석 역, 1989, 『북한의 지도자 김일성』, 서울: 청계연구소.
서동만, 2005, 『북조선사회주의체제 성립사 1945-1961』, 서울: 선인.
서병조, 1981, 『정치사의 현장증언: 제1공화국』, 서울: 중화출판사.
______, 1981, 『정치사의 현장증언: 제2공화국』, 서울: 중화출판사.
______, 1981, 『정치사의 현장증언: 제3공화국』, 서울: 중화출판사.
서중석, 2002, 『한국현대민족운동연구 2: 1948-1950 민주주의·민족주의 그리고 반공주의』, 서울: 역사비평사.
______, 2007, 『이승만과 제1공화국: 해방에서 4월혁명까지』, 서울: 역사비평사.
서희경, 2020, 『한국헌정사: 1948-1987』, 서울: 도서출판 포럼.
손호철, 1997, 『현대한국정치』, 서울: 사회평론.
______, 2003, 『현대한국정치: 이론과 역사 1945-2003』, 서울: 사회평론.
______, 2006, 『해방 60년의 한국정치 1945-2005』, 서울: 이매진.
신종대, 2023, 『7·4공동성명 및 남북대화: 한국의 대북협상과 외교』, 서울: 국립외교원.
심지연, 2001, 『남북한 통일방안의 전개와 수렴』, 서울: 돌베개.
______, 2004, 『한국정당정치사: 위기와 통합의 정치』, 서울: 백산서당.
안병욱 외 편, 2005, 『유신과 반유신』, 서울: 민주화운동기념사업회.
양성철, 1992, 『박정희와 김일성』, 서울: 한울.
오원철, 1995, 『한국형 경제건설』 제1, 5, 7권, 서울: 기아경제연구소.
오창헌, 2001, 『유신체제와 현대 한국정치』, 서울: 오름.
윌리엄 글라이스틴 저, 황정일 역, 1999, 『알려지지 않은 역사』, 서울: 중앙M&B.
유영구, 1993, 『남북을 오고 간 사람들』, 서울: 도서출판 글.
이갑윤, 1998, 『한국의 선거와 지역주의』, 서울: 오름.
이도성, 1993, 『남산의 부장들 III』, 서울: 동아일보사.
이동원, 1993, 『대통령을 그리며』, 서울: 고려원.

이상우, 1986, 『박정권 18년: 그 권력의 내막』, 서울: 동아일보사.
______, 1993, 『박정희, 파멸의 정치공작』, 서울: 동아일보사.
이완범, 2006, 『박정희와 한강의 기적: 1차 5개년계획과 무역입국』, 서울: 선인.
______, 2022, 『미국의 한국정치 개입사 연구: 박정희 제거 공작 편』 제1-6권, 성남: 한국학중앙연구원출판부.
이재오, 1984, 『해방후 한국학생운동사』, 서울: 형성사.
이정식, 2006, 『대한민국의 기원』, 서울: 일조각.
이종석, 1998, 『분단시대의 통일학』, 서울: 한울.
______, 2012, 『한반도 평화통일론』, 파주: 한울.
林建彦 저, 최현 역, 1989, 『남북한현대사』, 서울: 삼민사.
임혁백, 2015, 『비동시성의 동시성: 한국 근대정치의 다중적 시간』, 서울: 고려대학교출판문화원.
정광민, 2012, 『김일성과 박정희의 경제전쟁』, 서울: 북콘서트.
정병준, 2006, 『한국전쟁: 38선 충돌과 전쟁의 형성』, 서울: 돌베개.
정진위·김용호, 2003, 『북한 남북한 관계 그리고 통일』, 서울: 연세대학교출판부.
정해구, 2018, 『전두환과 80년대 민주화운동』, 고양: 역사비평사.
조갑제, 1999, 『내 무덤에 침을 뱉어라』 제4, 5권, 서울: 조선일보사.
조용중, 2004, 『대통령의 무혈혁명: 1952 여름, 부산』, 서울: 나남출판.
조희연, 1993, 『현대 한국 사회운동과 조직』, 서울: 한울.
______, 2007, 『박정희와 개발독재시대: 5·16에서 10·26까지』, 서울: 역사비평사.
조희연 편, 1990, 『한국사회운동사』, 서울: 한울.
존 위컴 저, 유은영 외 역, 1999, 『12·12와 미국의 딜레마』, 서울: 중앙M&B.
진덕규, 2000, 『한국현대정치사 서설』, 서울: 지식산업사.
최장집, 1993, 『한국민주주의의 이론』, 서울: 한길사.
______, 1996, 『한국민주주의의 조건과 전망』, 서울: 나남.
한국사료연구소 편, 1976, 『해방30년사』 제1-4권, 서울: 성문각.
한국정치연구회 편, 1998, 『박정희를 넘어서』, 서울: 푸른숲.
한배호, 1994, 『한국정치변동론』, 서울: 법문사.

______, 2020, 『한국의 국가건설 단계와 자유민주주의의 진로』, 서울: 오름.
한배호 편, 1990, 『한국현대정치론 I』, 서울: 나남.
함택영, 1998, 『국가안보의 정치경제학』, 서울: 법문사.
홍석률, 2001, 『통일문제와 정치·사회적 갈등: 1953-1961』, 서울: 서울대학교출판부.

Brazinsky, Gregg, 2007, *Nation Building in South Korea: Koreans, Americans, and the Making of a Democracy*, Chapel Hill: The University of North Carolina Press.
Buzan, Barry, 1983, *People, States and Fear*, Chapel Hill: University of North Carolina Press.
Clifford, Mark L., 1994, *Troubled Tigers: Businessman, Bureaucrats, and Generals in South Korea*, New York: M.E. Sharpe.
Coser, Lewis, 1956, *The Functions of Social Conflict*, New York: The Free Press.
Cumings, Bruce, 2005, *Korea's Place in the Sun: A Modern History*, New York: W.W. Norton & Company.
Dahl, Robert A., 1971, *Polyarchy: Participation and Opposition*, New Haven: Yale University Press.
Eichenberg, Richard C., 1989, *Public Opinion and National Security in Western Europe*, Ithaca: Cornell University Press.
Gourevitch, Peter, 1986, *Politics in Hard Times: Comparative Responses to International Economic Crises*, Ithaca: Cornell University Press.
Henderson, Gregory, 1968, *Korea: The Politics of the Vortex*, Cambridge: Harvard University Press.
Hinckley, Ronald H., 1992, *People, Poll, and Policymakers: American Public Opinion and National Security*, New York: Lexington Books.
Hirshman, Albert, 1970, *Exit, Voice, and Loyalty*, Cambridge: Harvard University Press.
Jervis, Robert, 1976, *Perception and Misperception in International Politics*,

Princeton: Princeton University Press.

Keohane, Robert O. and Milner, Helen V. eds., 1996, *Internationalization and Domestic Politics*, Cambridge: Cambridge University Press.

Kihl, Young Whan, 1984, *Politics and Policies in Divided Korea: Regimes in Contest*, Boulder: Westview Press.

Kim, Hyung-A & Sorensen, Clark W. eds., 2011. *Reassessing The Park Chung Hee Era 1961-1979*, Seattle: University of Washington Press.

Krasner, Stephen, 1978, *Defending the National Interest: Raw Materials Investments and US. Foreign Policy*, Princeton: Princeton University.

Kwon, Peter Banseok, 2024, *Cornerstone of the Nation: The Defense Industry and the Building of Modern Korea under Park Chung Hee*, Cambridge: The Harvard University Asia Center.

Lerner, Mitchell B., 2002, *The Pueblo Incident: A Spy Ship and the Failure of American Foreign Policy*, Lawrence: University Press of Kansas.

Linz, Juan J., 2000, *Totalitarianism and Authoritarian Regimes*, Boulder: Lynne Rienner.

MacDonald, Donald Stone, 1992, *U.S.-Korean Relations from Liberation to Self-Reliance: The Twenty-Year Record*, Boulder: Westview Press.

Macridis, Roy C., 1986, *Modern Regimes: Patterns and Institutions*, Boston: Little, Brown and Company.

Mann, Michael, 1988, *States, War and Capitalism*, New York: Blackwell.

McCune, George M., 1950, *Korea Today*, Cambridge: Harvard University Press.

Michishita, Narushige, 2010, *North Korea's Military-Diplomatic Campaigns, 1966-2008*, London and New York: Routledge.

Mueller, John E., 1973, *War, President, and Public Opinion*, New York: John Wiley and Son.

Oberdorfer, Don & Carlin, Robert, 2014, *The Two Koreas: A Contemporary History*, New York: Basic Books.

Prezeworski, Adam et al., 1995, *Sustainable Democracy*, Cambridge: Cambridge University Press.

Rueschemeyer, Dietrich, Evelyne Huber Stephens, and Stephens, John D., 1992, *Capitalist Development and Democracy*, Chicago: University of Chicago Press.

Russett, Bruce, 1990, *Controlling the Sword: The Democratic Governance of National Security*, Cambridge: Harvard University Press.

Skidmore, David & Hudson, Valerie M. eds., 1993, *The Limits of State Autonomy: Societal Groups and Foreign Policy Formulation*, Boulder: Westview Press.

Skocpol, Theda, 1995, *Protecting Soldiers and Mothers: the Political Origins of Social Policy in the United States*, Cambridge: Harvard University Press.

Snyder, Jack, 1991, *Myths of Empire: Domestic Politics and International Ambition*, Ithaca and N.Y.: Cornell University Press.

Steinmo, Sven & Longstreth, Kathleen Frank eds., 1992, *Structuring Politics: Historical Institutionalism in Comparative Analysis*, Cambridge: Cambridge University Press.

Tilly, Charles eds., 1975, *The Formation of National States in Western Europe*, Princeton: Princeton University Press.

3. 논문

강광식, 1999, "1960년대 남북관계와 통일정책," 한국정신문화연구원 편, 『1960년대의 대외관계와 남북문제』, 서울: 백산서당.

강민, 1990, "박정희의 권위주의통치와 저항운동," 동아일보사 편, 『현대사를 어떻게 볼 것인가 Ⅳ』, 서울: 동아일보사.

강원택, 2011, "한국에서 정치 균열 구조의 역사적 기원: 립셋-록칸 모델의 적용," 『한국과 국제정치』 2011년 가을호.

강정구, 1993, "5·10선거와 5·30선거의 비교연구," 『한국과 국제정치』 1993년 봄·여름호.

권혁범, 2000, "반공주의 회로판 읽기: 한국 반공주의의 의미 체계와 정치사회적 기능," 조한혜정·이우영 편, 『탈분단시대를 열며』, 서울: 삼인.

김광수, 1990, "북한 경제계획에 대한 평가," 정상훈 외, 『북한경제의 전개과정』, 서울: 경남대학교 극동문제연구소.

김동성, 1990, "박정희와 통일정책," 동아일보사 편, 『현대사를 어떻게 볼 것인가 Ⅳ』, 서울: 동아일보사.

김동춘, 1994, "1960·70년대 민주화운동세력의 대항이데올로기," 역사문제연구소 편, 『한국정치의 지배이데올로기와 대항이데올로기』, 서울: 역사비평사.

김세중, 1995, "10월유신과 민주회복운동," 한국정치학회 편, 『한국현대정치사』, 서울: 법문사.

______, 2010, "한국의 권위주의적 산업화와 민주주의," 한국정치외교사학회·아셈연구원 편, 『한국 현대 정치외교의 주요 쟁점과 논의』, 서울: 선인.

김영래, 2016, "제3공화국 시기의 민주화운동," 신명순 편, 『한국의 민주화와 민주화운동: 성공과 좌절』, 파주: 한울.

김용호, 1990, "공화당과 3선개헌," 동아일보사 편, 『현대사를 어떻게 볼 것인가 Ⅳ』, 서울: 동아일보사.

김지형, 2013, "1980년대 초 남북한의 제3세계 외교경쟁: 공개 외교문서(1979-1981)를 중심으로," 『동북아연구』 제28권 제1호.

김진균·조희연, 1985, "분단과 사회상황의 상관성," 변형윤 외 편, 『분단시대와 한국사회』, 서울: 까치.

김태일, 1985, "권위주의체제 등장원인," 최장집 편, 『한국자본주의와 국가』, 서울: 한울.

류길재, 2000, "북한과 박정희 정권의 형성: 남북한관계와 국내정치의 변증법," 한국정치학회 주최 한국정치사 기획학술회의 발표 논문(2000년 4월 7-8일, 고려대학교 인촌기념관).

박광주, 1988, "한국의 국가이념과 현실: 자유민주주의의 이념과 권위주의적 현실 간의 갈등," 『한국정치학회보』 제22집 제2호.

______, 1990, “남북대화의 새로운 모색: 상대방 인식과 대화,” 민병천 편, 『전환기의 통일문제』, 서울: 대왕사.

박명림, 1996, “제2공화국 정치균열의 구조와 변화,” 백영철 편, 『제2공화국과 한국민주주의』, 서울: 나남.

박상섭, 1987, “한국정치와 자유민주주의: 현대한국정치사의 정치사회학적 이해를 위한 시론,” 한국정치학회 편, 『현대한국정치와 국가』, 서울: 법문사.

박종철, 1996, “남북한의 산업화전략: 냉전과 체제경쟁의 정치경제, 1950년대-1960년대,” 『한국정치학회보』 제29집 제3호.

박찬표, 1995, “한국의 국가형성: 반공체제의 수립과 자유민주주의의 제도화, 1945-48,” 고려대학교 정치외교학과 박사학위 논문.

배긍찬, 1988, “닉슨독트린과 동아시아 권위주의 체제의 등장: 한국, 필리핀, 그리고 인도네시아의 비교분석,” 『한국정치학회보』 제22집 제2호.

백운선, 1992, “제헌국회 내 ‘소장파’에 관한 연구,” 서울대학교 정치학과 박사학위 논문.

______, 1994, “한국 현대국가의 형성과 통치양태의 정형화,” 구영록 교수 화갑기념논총편집위원회 편, 『국가와 전쟁을 넘어서: 국제환경의 변화와 한국정치』, 서울: 법문사.

백준기, 2006, “정전 후 1950년대 북한의 정치변동과 권력재편,” 북한연구학회 편, 『북한의 정치 1』, 서울: 경인문화사.

서중석, 1994, “민주당·민주당정부의 정치이념,” 역사문제연구소 편, 『한국정치의 지배이데올로기와 대항이데올로기』, 서울: 역사비평사.

서진영, 1993, “남북관계와 한국정치,” 김상준 외 편, 『한국의 정치: 쟁점과 과제』, 서울: 법문사.

손호철, 1990, “한국전쟁과 이데올로기 지형,” 『한국과 국제정치』 1990년 가을·겨울호.

______, 1995, “1956년과 1963년 대선: 조봉암, 박정희 득표는 잔존 좌익의 지지였나?,” 『해방 50년의 한국정치』, 서울: 새길.

______, 1995, “5·18 광주민중항쟁의 재조명,” 한국정치학회 편, 『한국현대정치사』, 서울: 법문사.

손호철·방인혁, 2014, “‘적대적 상호 의존관계론’ 비판: 1972년 남한 유신헌법과 북한 사회주의헌법 제정을 중심으로,” 정영철·손호철 외, 『한반도 정치론: 이론, 역사, 전망』, 서울: 선인.

신병식, 1992, “한국의 토지개혁에 관한 정치경제적 연구,” 서울대학교 정치학과 박사학위 논문.

신용옥, 2008, “제헌헌법 및 2차 개정 헌법의 경제질서에 대한 인식과 그 지향,” 『사학연구』 제89호.

신종대, 2005, “유신체제 수립원인에 관한 재조명: 북한요인의 영향과 동원을 중심으로,” 『사회과학연구』 제13집.

______, 2011, “남한의 5·16 쿠데타가 북한에 미친 영향,” 『근대화 프로젝트: 자본주의의 길, 사회주의의 길』 제4회 규장각 한국학 국제심포지엄 발표문(서울대학교 규장각한국학연구원, 2011년 8월 25일).

______, 2012, “유신체제 수립을 보는 북한과 미국의 시각과 대응,” 『아세아연구』 제55권 제3호.

______, 2019, “남북한관계와 북방외교,” 동북아역사재단 한국외교사편찬위원회 편, 『한국의 대외관계와 외교사: 현대 편 2』, 서울: 동북아역사재단.

양병기, 1999, “1960년대 국가통치기구의 재편: 군부통치의 내용을 중심으로,” 한국정신문화연구원 편, 『1960년대의 정치사회변동』, 서울: 백산서당.

유세희, 1996, “유일사상체계와 유신체제의 대립,” 양호민 외, 『평화통일을 위한 남북대결』, 서울: 소화.

유영준, 1980, “한국 역대정권의 국가목표 설정과 그 정치적 과제,” 『한국정치학회보』 제14집.

유임수, 1999, “제3공화국의 대북한정책과 경제,” 유광호 외, 『한국 제3공화국의 경제정책』, 성남: 한국정신문화연구원.

유재일, 1996, “한국정당체제의 형성과 변화: 1950-61년,” 고려대학교 정치외교학과 박사학위 논문.

윤성이, 2016, “민주화운동의 좌절: 1980년 서울의 봄에서 광주항쟁까지,” 신명순 편, 『한국의 민주화와 민주화운동: 성공과 좌절』, 서울: 한울.

윤해동, 2006. "'대중독재'론과 한국의 민주주의," 장문석·이상록 편, 『근대의 경계에서 독재를 읽다』, 서울: 그린비.
이남영, 1995, "전두환·노태우 정권의 성격과 리더십," 한국정치학회 편, 『한국현대정치사』, 서울: 법문사.
이내영, 2016, "유신체제 후반기의 민주화동학과 유신 붕괴의 동학: 긴급조치 9호부터 10·26까지," 신명순 편, 『한국의 민주화와 민주화 운동: 성공과 좌절』, 서울: 한울.
이완범, 1998, "1950년대 후반기의 정치위기와 미국의 대응: 1958년 국가보안법 개정 파동을 중심으로," 한국정신문화연구원 현대사연구소 편, 『한국현대사의 재인식』 제4권, 서울: 오름.
______, 2018, "권력 내 암투로서의 황용주 필화사건: 박정희 친위세력 내 반공주의자의 사회주의 전력자 제거 공작," 김경일 외, 『1960년대 사회변동과 자기 재현』, 성남: 한국학중앙연구원.
이재봉, 1996, "4월혁명, 제2공화국, 그리고 한미관계," 백영철 편, 『제2공화국과 한국 민주주의』, 서울: 나남.
이정철, 2012, "외교·통일 분화기 한국 보수의 대북정책: 정책연합의 불협화음과 전환기 리더십의 한계," 강원택 편, 『노태우 시대의 재인식』, 서울: 나남.
이종석, 1998, "탈냉전기 남북관계와 국내정치," 박기덕 편, 『한국 민주주의 10년: 변화와 지속』, 성남: 세종연구소.
______, 2003, "유신체제의 형성과 분단구조: 적대적 의존관계와 거울영상효과," 이병천 편, 『개발독재와 박정희시대: 우리 시대의 정치경제적 기원』, 서울: 창비.
이혜원·조현연, 1990, "한국전쟁의 국내외적 영향," 한국정치연구회 정치사분과, 『한국전쟁의 이해』, 서울: 역사비평사.
전용신, 1969, "한국대학생의 정치적 태도," 『고려대학교 논문집: 인문사회과학 편』 제15집.
전인영, 1998, "장면정권기 남북관계와 통일정책," 한국정신문화연구원 현대사연구소 편, 『한국현대사의 재인식 5: 1960년대의 전환적 상황과 장면정권』, 서울: 오름.
전재성, 2019, "전두환 정부와 대북전략과 외교전략," 동북아역사재단 한국외교사편찬위원회 편, 『한국의 대외관계와 외교사: 현대 편 3』, 서울: 동북아역사재단.
전재호, 1997, "박정희 체제의 민족주의 연구: 담론과 정책을 중심으로," 서강대학교

정치외교학과 박사학위 논문.
______, 2002, “자유민주주의와 민주화운동,” 강정인 외, 『민주주의의 한국적 수용』, 서울: 책세상.
정기웅, 2010, “전두환 정부의 외교정책과 1988년 서울올림픽,” 함택영·남궁곤 편, 『한국 외교정책: 역사와 쟁점』, 서울: 사회평론.
정영국, 1999, “유신체제 성립 전후의 국내정치,” 한국정신문화연구원 편, 『1970년대 전반기의 정치사회변동』, 서울: 백산서당.
정준표, 1998, “북풍의 정치학: 선거와 북한변수,” 『한국과 국제정치』 1998년 봄·여름호.
정창현, 2004, “1960년대 반공이데올로기의 정착과 지식인층의 대북인식 변화,” 정용욱 외 편, 『1960년대 한국의 근대화와 지식인』, 서울: 선인.
조양현, 2019, “전두환 정부의 외교 다변화,” 동북아역사재단 한국외교사편찬위원회 편, 『한국의 대외관계와 외교사: 현대 편 3』, 서울: 동북아역사재단.
조정관, 2009, “한국 민주화에 있어서 부마항쟁의 역할,” 『21세기정치학회보』 제19집 제2호.
차성환, 2012, “유신체제와 부마항쟁: 지배와 저항의 사회심리적 기제를 중심으로,” 『역사연구』 제23호.
채오병, 2014, “이승만 정권의 사회정책 1948-1958: 헌법제정과 개정을 중심으로,” 『사회이론』 2014년 가을·겨울호.
최완규, 1986, “‘유신’ 권위주의체제의 성립요인에 관한 연구: 정치경제학적 접근,” 경희대학교 정치외교학과 박사학위 논문.
______, 1995, “전환기 남북한의 국내정치와 통일게임,” 『한국과 국제정치』 1995년 가을·겨울호.
최장집, 1995, “한반도 통일의 내외적 조건과 전망,” 김재한 외 편, 『한국 정치외교의 이념과 논제』, 서울: 소화.
______, 1996, “제2공화국에서의 민주주의의 등장과 실패,” 백영철 편, 『제2공화국과 한국민주주의』, 서울: 나남.
한모니까, 2000, “4월 민중항쟁 시기 북한의 남한정세 분석과 통일정책의 변화,” 한국역사연구회 4월민중항쟁연구반, 『4·19와 남북관계』, 서울: 민연.

한승주, 1987, "제2공화국," 한국정치학회 편, 『현대한국정치론』, 법문사.

한용원, 1996, "5·16쿠데타의 발생과 전개과정," 한배호 편, 『한국현대정치론 II』, 서울: 오름.

한정일, 1994, "신군부의 등장과 5·18광주의 비극," 동아일보사 편, 『5공 평가 대토론: 현대사를 어떻게 볼 것인가 6』, 서울: 동아일보사.

홍석률, 2001, "1968년 푸에블로 사건과 남한·북한·미국의 삼각관계," 『한국사연구』 제113호.

______, 2005, "1976년 판문점 도끼 살해사건과 한반도 위기," 『정신문화연구』 2005년 겨울호.

홍용표, 1997, "국가안보와 정권안보: 이승만 대통령의 안보정책," 『국제정치논총』 36집 3호.

______, 2000, "한국전쟁이 남북한 관계에 미친 영향," 한국전쟁연구회 편, 『탈냉전시대 한국전쟁의 재조명』, 서울: 백산서당.

황의각, 1995, "북한의 경제침체: 개괄 및 총량분석," 황의각 외, 『북한 사회주의경제의 침체와 대응』, 서울: 경남대학교 극동문제연구소.

Choi, Lyong, 2014, "The First Nuclear Crisis in Korean Peninsula, 1975-76," *Cold War History*, Vol. 14, No. 1.

Cox, Robert W., 1986, "Social Forces, States and World Orders: Beyond International Relations Theory," Keohane, Robert O. ed., *Neorealism and Its Critics*, New York: Columbia University Press.

Cumings, Bruce, 1987, "The Origins and Development of the Northeast Asian Political Economy," Deyo, Frederic C. ed., *The Political Economy of the New Asian Industrialism*, Ithaca and London: Cornell University Press.

Diamond, Larry, 2002, "Elections Without Democracy: Thinking About Hybrid Regimes," *Journal of Democracy*, Vol. 13, No. 2.

Eckert, Carter J., 1993, "The South Korean Bourgeoisie: A Class in Search of Hegemony," Koo, Hagen ed., *State and Society in Contemporary Korea*, Ithaca:

Cornell University Press.

Fearon, James D., 1991, "Counterfactuals and Hypothesis Testing in Political Science," *World Politics*, Vol.43, No.2.

Fishman, Robert M., 1990, "Rethinking State and Regime: Southern Europe's Transition to Democracy," *World Politics*, Vol.42, No.3.

Gourevitch, Peter, 1978. "The Second Image Reversed: The International Sources of Domestic Politics," *International Organization*, Vol.32, No.4

Hirschman, Albert O., 1968, "The Political Economy of Import-Substituting Industrialization in Latin America," *The Quarterly Journal of Economics*, Vol. 82, No.1.

Ikenberry, John G., 1988, "Conclusion: An Institutional Approach to American Foreign Economic Policy," Ikenberry, John G., Lake, David A., and Mastanduno, Michael eds., *The State and American Foreign Economic Policy*, Ithaca: Cornell University Press.

Kazenstein, Peter, 1976, "International Relations and Domestic Structures: Foreign Economic Policies of Advanced Industrial States," *International Organization*, Vol.30, No.1.

Knorr, Klaus, 1976, "Threat Perception," Knorr, Klaus ed., *Historical Dimension of National Security Problems*, Lawrence: University of Kansas Press.

Lee, Manwoo, 1993, "The Two Koreans and Unification Game," *Current History: A Journal of Contemporary World Affairs*, Vol 92.

____________, 1994, "Domestic Politics and Unification: Seoul's Perspective," Young Whan Kihl ed., *Korea and World: Beyond the Cold War*, Boulder and London: Westview Press.

Levy, Jack, 1989, "Domestic Politics and War," *The Origin and Prevention of Major Wars*, Cambridge: Cambridge University Press.

Linz, Juan J., 1975, "Authoritarianism and Totalitarianism," *Handbook of Political Science*, Vol.3, Reading Mass: Addison-Wesley Pub. Co.

Lipset, Seymour Martin, 1959, "Some Social Requisites of Democracy: Economic Development and Political Legitimacy," *The American Political Science Review*, Vol.53, No.1.

Palais, James B., 1974, ""Democracy" in South Korea, 1948-1972," Baldwin, Frank ed., *Without Parallel: The American-Korean Relationship Since 1945*, New York: A Division of Ramdom House.

Pierson, Paul, 1993, "When Effect Becomes Cause: Policy Feedback and Political Change," *World Politics*, Vol.45, No.4.

Pruitt, Dean G., 1965, "Definition of the Situation as a Determinant of International Action," Kelman, Herbert G. ed., *International Behavior: A Social Psychological Analysis*, New York: Holt, Rinehart and Winston.

Putnam, Robert D., 1988, "Diplomacy and Domestic Politics: The Logic of Two-Level Games," *International Organization*, Vol.42, No.3.

Radchenko, Sergey, 2005, "The Soviet Union and the North Korean Seizure of the USS Pueblo: Evidence from the Russian Archives," *Cold War International History Project Working Paper*, No.47, Washington, D.C.: Woodrow Wilson International Center for Scholars.

________________, 2011, "Inertia and Change: Soviet Policy toward Korea, 1985-1991," Hasegawa, Tsuyoshi ed., *The Cold War in East Asia: 1945-1991*, Washington D.C.: Woodrow Wilson International Center for Scholars Press.

Richard, Friman H., 1993, "Side-payment versus Security Cards: Domestic Bargaining Tactics in International Economic Negotiations," *International Organization*, Vol.47, No.3.

Rustow, Dankwart A., 1970, "Transitions to Democracy: Toward a Dynamic Model," *Comparative Politics*, Vol.2, No.3.

Schaefer, Bernd, 2004, "North Korean "Adventurism" and China's Long Shadow, 1966-1972," *Cold War International History Project Working Paper*, No.44, Washington, D.C.: Woodrow Wilson International Center for Scholars.

Schmitter, Philippe, 1983, "Democratic Theory and Neo-corporatist Practice," *Social Research*, Vol.50, No.4.

Singer, Joel D., 1958. "Threat-Perception and Armament Tension Dilemma," *Journal of Conflict Resolution*, Vol.2, No.1.

Szalontai, Balazs, 2012, "In the Shadow of Vietnam: A New Look at North Korea's Militant Strategy 1962-1970," *Journal of Cold War Studies*, Vol. 14, No.4.

Szalontai, Balazs and Radchenko, Sergey, 2006, "North Korea's Efforts to Acquire Nuclear Technology and Nuclear Weapons: New Evidence from Russian and Hungarian Archives," *Cold War International History Project Working Paper*, No.53, Washington, D.C.: Woodrow Wilson International Center for Scholars.

Tilly, Charles, 1985, "War Making and State Making as Organized Crime," Evans, Peter B., Rueschemeyer, Dietrich and Skocpol, Theda eds., *Bringing the State Back In*, Cambridge: Cambridge University Press.

Wallerstein, Immanuel, 1979, "Dependence in an Interdependent World: The Limited Possibilities of Transformation within the Capitalist World-Economy," *The Capitalist World-Economy*, Cambridge: Cambridge University Press.

4. 정기간행물(신문 및 잡지)

『경향신문』, 『동아일보』, 『매일경제』, 『서울신문』, 『조선일보』.

『계간 사상』, 『대화』, 『민족통일』, 『법조』, 『사상계』, 『사회비평』, 『신동아』, 『역사비평』, 『월간 말』, 『월간 조선』, 『월간 중앙』, 『창작과비평』.

찾아보기

ㄹ

ㅁ

ㅇ

ㅈ